北京师范大学刑事法律科学研究院
中国刑法学研究会 组织编写

国家级精品课程教材
中国刑法学研究会推荐教材

总主编 赵秉志

刑法各论

（第三版）

主　编　赵秉志　李希慧

副主编　阮齐林　刘志伟

撰稿人　（以撰写章节先后为序）

赵秉志　李希慧　刘志伟　陈家林
卢勤忠　阴建峰　左坚卫　刘　科
夏　勇　阮齐林

中国人民大学出版社
·北京·

编审委员会

作者简介

赵秉志 北京师范大学刑事法律科学研究院暨法学院院长、长江学者特聘教授、博士生导师，法学博士。兼任中国法学会常务理事，中国刑法学研究会会长，中国法学会法学教育研究会副会长，国际刑法学协会副主席暨中国分会常务副主席，国务院学位委员会学科评议组法学评议组成员，最高人民法院特邀咨询员，最高人民检察院专家咨询委员会委员等，出版个人专著24部，主编、合著（译）专业书籍300余部，发表论文600余篇，教学科研成果曾获得国家级、省部级等各种奖励70余项。

李希慧 北京师范大学刑事法律科学研究院教授、博士生导师，法学博士。兼任中国刑法学研究会学术委员会副主任、国际刑法学协会中国分会理事等，出版个人专著2部，主编、合著专著、教材30余部，发表学术论文130余篇，教学科研成果曾获得国家图书奖等省部级以上奖励。

阮齐林 中国政法大学刑事司法学院教授，博士生导师，法学博士。兼任中国刑法学研究会理事、国家检察官学院兼职教授。主要著述有《刑法学》《毛泽东刑事法律思想初探》《中国刑法上的量刑制度与实务》《刑法总则案例教程》《刑法案例研习教程》，在《法学研究》《中国法学》等期刊上发表学术论文100余篇。

刘志伟 北京师范大学刑事法律科学研究院副院长、教授、博士生导师，法学博士。兼任中国刑法学研究会秘书长、中国法学会案例研究专业委员会常务理事等。独著、主编、参编刑法学著作50余部，发表学术论文140余篇，主持国家级、省部级项目6项，协助主持、参与国家级、省部级和国际合作项目20余项，科研成果曾多次获得省部级奖励。主要著作有《业务过失犯罪比较研究》《侵占犯罪的理论与司法适用》《危害公共安全犯罪疑难问题司法对策》等。

夏　勇 中南财经政法大学刑事司法学院教授、博士生导师、军事法研究所所长，法学博士。兼任中国刑法学研究会理事、国际刑法学协会中国分会理事，湖北省刑法学研究会副会长。在《法学研究》等中外法学刊物上发表论文数十篇，出版《中外军事刑法比较》《定罪与犯罪构成》《中国军事法学基础理论研究》等专著，主持国家社科基金、省部级课题多项，获中国法学会优秀论文一等奖、钱端升法学研究部级奖项三等奖。

卢勤忠 华东政法大学教授、博士生导师，法学博士，《华东政法大学学报》副主编。兼任中国刑法学研究会理事。出版的专著有《中国金融刑法国际化研究》《基金犯罪研究》《商业贿赂犯罪研究》《金融犯罪理论专题研究》4部，参与多部教材、著作撰写，在《法学》《法律科学》《法学评论》《法商研究》等核心期刊上发表论文30余篇。

阴建峰 北京师范大学刑事法律科学研究院副院长暨中国刑法研究所所长、教授、博士生导师，法学博士。兼任中国刑法学研究会理事暨副秘书长、中国法学会立法学研究会理事、北京市法学会刑法学研究会理事等。出版个人专著4部，主编、合著专著、教材70余部，发表论文100余篇，主持、参与科研项目30余项，教学、科研成果10余次获得省部级奖励。

左坚卫 北京师范大学法学院刑法教研中心主任、教授、博士生导师，法学博士。兼任北京市法学会刑法学研究会理事暨副秘书长。出版个人专著2部，主编、合著学术著作、教材30余部，发表学术论文70余篇，教学科研成果多次获得省部级以上奖励。

陈家林 武汉大学法学院刑法教研室主任、教授、博士生导师，法学博士。兼任中国犯罪学研究会副秘书长、中国刑法学研究会理事等。曾为日本早稻田大学法学研究科外国人特别研究生。出版个人专著《外国刑法：基础理论与研究动向》《共同正犯研究》《不能犯初论》《外国刑法通论》4部，发表学术论文50余篇，教学科研成果曾获得钱端升法学研究成果奖等省部级奖励。

刘　科 北京师范大学刑事法律科学研究院副教授，法学博士，兼任中国刑法学研究会会刊《刑法评论》主编助理。在《中国法学》《中国刑事法杂志》等核心期刊上发表学术论文60余篇，主持、参加省部级以上项目10余项，独著、参编、翻译学术著作、教材20余部。

总 序

通过法律和法治实现正义、维护秩序、保障自由，已经成为全人类的共识。依法治国是人类社会，也是我国迄今能够选择的最佳治国方略。在建设社会主义法治国家的事业中，刑事法治建设是重要的领域之一。刑事法治建设所具有的这种地位，是由刑事法所保护法益之广泛性与重要性、所采用的违法制裁手段之严厉性和所剥夺权利之至关重要所共同构筑而成的。“法律不理会琐碎之事。”① 相对于民事法而言，刑事法无疑更有力地诠释了这一法律格言。当看到刑事司法实践中，那些被判处死刑的人从死亡的恐惧、绝望和痛苦中重获新生，或者就此走上生命的终点，恐怕没有任何其他部门法学者敢说他所研究的法律较之刑事法所保护的权益或者剥夺的权利更加重要。刑事法所关涉的问题如此重要，以致在一些国家，刑事法的重大问题被直接规定在宪法当中。例如，1789年法国《人权宣言》第8条规定：“法律只应规定确实需要和显然不可少的刑罚，而且除非根据在犯罪前已制定和公布的且系依法施行的法律以外，不得处罚任何人。”而在美国的宪法修正案中，刑事法的内容占据着相当大的比重。在人权保障已成为全球主题话语的今天，刑事法作为保障善良公民权利和犯罪人权利的宪章，其重要性又从维护上层建筑和巩固经济基础之外的另一个方面得到突显。

在梳理刑事法“家族”的主要成员——刑法与其他部门法的关系时，也能感受到刑事法在整个法律体系中的重要性。当各个部门法所调整的社会关系或者保护的权益遭到严重的破坏或者侵犯，以致其他法律制裁手段已经明显力量不足时，它们的一致选择都是从刑法这里得到最后的保护。正如卢梭所言：“刑法在根本上与其说是一种特别法，还不如说是其他一切法律的制裁力量。”② 显然，刑法与生俱来的“众法之保障法”的地位，也是其他部门法所无法相提并论的。基于刑事法所具有的特殊

① 张明楷：《刑法格言的展开》，102页，北京，法律出版社，1999。

② ［法］卢梭著，何兆武译：《社会契约论》，63页，北京，商务印书馆，1962。

地位和作用，人们对从事刑事法治工作者也提出了更高的要求："施行刑罚的人，必须本身已意识到一种更高的使命。'一种没有替天行道意念的人类力量，不足以挥起行刑的刀剑。'"①

显然，无论在过去、现在，还是在未来相当长的时间内，刑事法作为并且仍将作为仅次于宪法的重要的基本法律群矗立于法制之林，刑事法治的现代化对于当代中国社会主义法治现代化建设至关重要。相应地，为刑事法治发展起着建言献策作用的刑事法学事业的重要性也不言而喻。

中国有着悠久的刑事法制发展史，也形成了丰富的刑事法传统文化，其中不乏真知灼见。但是，建立在封建专制主义基础之上，浸染于重刑威慑氛围之中的传统刑事法文化能够为中国刑事法治现代化建设提供的营养十分有限。近代文人政客也曾探索过变法维新之路，并且从刑事法入手尝试过中国法制现代化，但风雨飘摇之中的没落帝国已经无法为这种尝试提供更多的机会，变法维新的努力也就未能给我们留下多少有价值的遗产。此后动荡不定的社会环境也使得刑事法治建设和刑事法学发展长期处于萧条停滞状态。真正具有现代化意义的刑事法治发展和刑事法学研究应当是始于新中国成立后20世纪70年代末期"文化大革命"结束之后。自1979年首部《刑法》和《刑事诉讼法》颁布后，新中国终于高扬起法治建设与发展的风帆，中国刑事法学也步入发展的春天。从那时到现在，中国刑事法学从复苏到全面繁荣，已经走过将近三十年的路程。刑事法学这一极具思辨色彩、蕴涵深刻哲理、富有实用价值的研究领域，以它无穷的魅力吸引了众多有志于促进中国法治现代化的学者关注的目光，并使其为之付出了宝贵的精力。在他们的努力下，刑事法学的发展由小到大，由弱到强，由局部到整体，由偏重注释到注释与思辨并重，迄今已经初步完成学科体系的构建和研究方法的转型。在此基础上，富有远见的刑事法学人提出了"刑事一体化"的刑事法学发展方向。刑事法实践本就是一项刑事实体法与刑事程序法并行，刑事立案、刑事侦查、刑事起诉、刑事审判与刑罚执行继起，犯罪预防、犯罪惩治与罪犯矫正并重的法律实践活动。在此过程中，刑法、刑事诉讼法、犯罪预防法、刑事执行法等刑事法律被同时或者先后运用，互相配合、互为补充，共同编织成一张严密的刑事法网，以实现一个共同的目标——预防和控制犯罪。"刑事一体化"的刑事法学发展思路和发展方向，可谓最符合刑事法实践需要，最有助于理论与实践的统一和结合，因而得到了刑事法学界的广泛认同。

"虽有佳肴，弗食不知其旨也；虽有至道，弗学不知其善也。"尽管刑事一体化的刑事法学发展方向得到了刑事法学人的广泛认同，然而，刑事一体化的精髓何在？如何整合刑事法学各分支学科的资源，以开展刑事一体化研究？如何在具体的刑事法研究中贯彻刑事一体化的精神，使刑事一体化的构想变为现实？如何在刑事一体化的进程中更充分地实现各刑事法分支学科的价值，而不是在此进程中迷失自我？这一系列问题目前都没有得到妥善解决。这在一定程度上阻碍了刑事一体化目标的实现，削弱了刑事一体化命题的价值。而实践的需要和为刑事法治服务的使命，又在催促我们更加努力推动刑事一体化的进程。

---

① ［德］拉德布鲁赫著，米健、朱林译：《法学导论》，87页，北京，中国大百科全书出版社，1997。

在我们看来，刑事一体化的实现建立在两个基础之上：一是刑事法分支学科的全面成熟；二是各刑事法分支学科相互协作，形成合力，共同应对和解决刑事法治发展中面临的问题。应当说，上述第一个基础在我国目前已经基本奠定，以刑法学、刑事诉讼法学为龙头，以犯罪及刑事政策学、刑事执行法学为两翼的刑事法学体系，目前已经基本成型，并且在每一个法学分支学科中，都已经有一批才思敏捷、学识渊博、治学严谨、成果丰硕的学术中坚力量支撑起整个学科，并不断推动本学科研究水平的提高。而受不同刑事法分支学科的具体内容之间存在巨大差异的制约，各分支学科在相互协作、形成合力、共同应对和解决刑事法治发展中面临的问题方面还做得很不够。因此，刑事一体化的上述第二个基础，目前还远未形成。当务之急，乃是建立起一种体制和机制，帮助不同刑事法分支学科之间的交流与合作，并产出一批这方面的高质量的学术成果，以促进刑事一体化第二个基础的形成。

北京师范大学刑事法律科学研究院（以下简称为刑科院）正是基于这一刑事法治发展的现实需要应运而生。刑科院作为北京师范大学重点建设的专门从事刑事法学研究的，中国刑事法学领域首家且目前唯一的具有独立性、实体性、综合性的新型学术研究机构与研究生培养单位，自 2005 年 8 月成立以来，主动把自身发展置于学校发展和国家刑事法治建设的大格局中，以北京师范大学深厚的学术积淀、悠久的历史传统和浓郁的文化氛围为依托，沿着刑事一体化的发展方向，积极探索，努力进取，逐步全面发展相关学术领域，稳步朝着建成全国领先、国际知名的刑事法学研究机构、高层次人才培养单位以及国家刑事立法和司法决策咨询服务基地的目标迈进。目前，刑科院已经设置了覆盖刑事法所有分支学科的七个研究所，并引进了一批刑事法学领域的优秀人才负责各研究所学术事业的发展，从机构设置到人才配备为践行刑事一体化奠定了基础。

教材编撰无疑是学科建设的重要环节。为了贯彻刑事一体化之思路，推动刑事一体化的进程，刑科院显然有必要编撰一套内容充实、新颖、学术性较强的，介于理论著作与传统教科书之间的教科书性著作。有鉴于此，刑科院在机构设置和人才引进工作初步完成后，便开始全面规划刑事法系列教材的建设。刑科院在刑事法教材编撰方面有其优势，突出表现在刑科院的主要成员均担任过刑事法教材的主编工作，对于教材的编写颇有经验和心得。特别是刑法学方面，刑科院的主要成员主持了晚近二十余年来几乎各种类型的全国刑法学统编教材中多数教材的编写工作。在刑科院下属的七个刑事法研究所成立并且引进了一批刑事法各个领域国内知名的专家学者后，编撰一套刑事法系列教材的组织机构条件和人员条件均已具备。

中国人民大学出版社是新中国最早成立的中央级大学出版社。该社立足于高等教育，以为教学和科研提供优质服务为己任，是我国人文社会科学，特别是文科教材出版中心。近年来，人大出版社出版了一大批具有文化积累、文化传播价值的优秀法律图书，其中，法学系列教材的出版成绩显著，有目共睹。在北师大刑科院成立后，人大出版社的领导和法学编辑聪敏睿智地看到了建设社会主义法治国家进程中刑事法系列教材的市场潜力，并基于对刑科院学术团队的充分信任，与刑科院积极协商，决定结合刑科院在刑事法领域的整体学术优势和人大出版社的法学出版力量，双方合作编著出版这套“现代刑事法学系列教材”。

之所以将这套系列教材冠名为“现代刑事法学系列教材”，是因为这套教材以现代刑事法治理念为指导，注重吸收当代刑事法学发展的最新研究成果，并且不再像以往的刑事法教材那样只关注刑法和刑事诉讼法两个方面，而是本着“刑事一体化”之精神，覆盖大部分刑事法学学科。具体而言，该系列教材拟包括：《刑法总论》《刑法各论》《国际刑法学》《外国刑法学（英美法系）》《外国刑法学（大陆法系·总论）》《外国刑法学（大陆法系·各论）》《犯罪学》《刑事政策学》《刑事执行法学》《刑事诉讼法学》《刑事证据法学》《刑法总则案例分析》《刑法分则案例分析》《中国区际刑法学》《被害人学》《国际刑事诉讼法学》《犯罪心理学》《中国刑法史学》《外国刑法思想史》《比较刑法学》《刑事立法学》《经济刑法学》《台港澳刑法学》等。同时，该系列教材还将根据学科发展的新情况，不断予以充实、完善。

为了保证教材的质量，并借此提升刑科院的整体实力，刑科院与中国刑法学研究会开展合作，以刑科院的学术骨干力量为基础，并邀请了部分在我国刑法学、刑事诉讼法学界有较大影响的学科带头人和学术骨干参与，共同组织编撰这套刑事法学系列教材。刑科院为此成立了专门的编审委员会，并聘请了老一辈著名刑事法学家担任学术顾问，由本人担任总主编，由全国刑事法学界知名专家学者组成学术委员会。学术委员会负责该系列教材的审稿、鉴定工作。为了保证教材内容的新颖性和学术性，我们在编撰这套系列教材时，在体系结构和内容上将全面、充分吸收、反映近年来我国刑事法学研究的新进展和新成果，准确地反映和论述立法、立法解释及司法解释的内容，运用案例和举例，适当反映司法实务的经验和情况。

本套教材是我国迄今为止最全面、最系统、最新颖的刑事法学系列教材。我们期待并相信，在刑科院及我国刑事法理论和实务界的有关专家学者们的共同努力下，在人大出版社的鼎力支持下，“现代刑事法学系列教材”将成为我国刑事法领域最权威的精品教材。

北京师范大学刑事法律科学研究院院长
中国刑法学研究会会长　　　　赵秉志教授
“现代刑事法学系列教材”总主编

谨识于2007年5月
2016年6月修订

第三版修订说明

刑法的体系由总则和分则两大部分组成。刑法总则对犯罪、刑事责任和刑罚作出一般性规定，刑法分则对各类、各种犯罪的刑事责任和刑罚作出具体规定。与刑法的体系相适应，刑法学体系由刑法总论与刑法各论两大部分组成。刑法各论与刑法总论之间是一种密切联系、相互作用的关系。当然，考虑到刑法总论与刑法各论各自具有不同的内容、特点和相对的独立性，同时也是基于法学专门人才培养的科学性与课程设置的合理性，各高等法律院校往往将本科阶段的刑法学分为刑法总论与刑法分论两门课程分别进行讲授。其中，刑法总论侧重介绍犯罪、刑事责任和刑罚一般原理、原则，刑法各论则重在介绍具体犯罪的概念、构成要件、相关界限及处罚。基于此，刑法各论被列为现代刑事法学系列教材之一。

众所周知，刑法学是刑事法学中的一门显学，由于它的重要性和实用性，人们对它给予了更多的关注和研究，随之也就取得了丰硕的成果。本教材作为一本主要供本科生使用，也可以供研究生参阅的刑法各论教科书，具有以下特点：一是对具体犯罪的论述有详有略，即对一些司法实践中比较常见的犯罪进行详细论述，而对其他的犯罪则给予了简略的介绍。二是充分吸收已有的相关研究成果，对一些理论上存在争议的重大问题进行介绍，发表评论，方便读者了解学术研究现状，开阔学术视野。三是力图全面反映迄今为止的我国刑法立法、立法解释和司法解释的内容，以有利于读者充分了解我国刑法立法与司法的现状。

本教材由我国部分高校的一些具有刑法学术造诣的中青年学者合作编著。由赵秉志教授、李希慧教授共同担任主编，副主编为阮齐林教授、刘志伟教授；其他作者为夏勇教授、卢勤忠教授、阴建峰教授、左坚卫教授、陈家林教授、刘科副教授。本教材先由主编、副主编拟定编写大纲和写作要求，再由各撰稿人分工撰写，继而由主编、副主编分工审稿，最后由主编定稿。教材的写作分工如下（以撰写章节先后为序）：李希慧撰写第一章和第四章的第一、二、三、四、八、九节，刘志伟撰写第二章和第六章，陈家林撰写第三章，卢勤忠撰写第四章的第五、六、七节，阴建峰撰写第五章，左坚卫撰写第七章的第一、二、三、六、九、十节，刘科撰写第七章的第四、五、七、八节，夏勇撰写第八章和第十一章，阮齐林撰写第九章和第十章。

本教材系中国刑法学研究会与北京师范大学刑事法律科学研究院共同组织编写的"现代刑事法学系列教材"之核心教材之一，曾于2008年6月与其他现代刑事法学系列教材一起荣获北京市教育教学成果奖（高等教育）二等奖。自2012年9月再版后，因本教材在编写过程中比较重视体系的完整性、内容的科学性以及知识学习的启发性与引导性，故而受到读者的好评和欢迎，产生了较大的学术影响。鉴于该书第二版问世以来，我国刑法立法又有了很大的发展，尤其是《刑法修正案（九）》的颁行，对刑法规范从总则到分则、从宏观到微观、从犯罪论到刑罚论，进行了较大幅度的修订，刑事司法实践也出现了新的变化，刑法理论研究不断向纵深推进，同时也考虑到本书原主编李希慧教授因患病无法再从事教学科研活动，受中国人民大学出版社的委托，本着对读者负责的精神，现代刑事法学系列教材总主编赵秉志教授遂亲自组织对该教材进行了再次修订，并对原书的作者及有关内容作了相应的调整。

本教材的修订注意吸收近年来我国刑法理论研究的新成果，并以《刑法修正案（九）》及新近出台的重要司法解释为基本依据，采纳刑法理论研究中较为通行的观点，努力全面、正确、充分地论述我国刑法学的基本原理和基本知识，力求提高本教材的学术水平和应用价值。

为了提高效率，此次修订由赵秉志教授、阴建峰教授全面负责，最后由正副主编统改定稿并交付出版。中国人民大学出版社有关领导和编辑对本书的修订和及时出版给予了有力的支持，在此一并表示衷心的感谢。

当然，本教材中的错漏肯定在所难免，尚祈读者诸君见谅，并请拨冗将欠当之处及时反馈给我们（电子邮箱：yinjianfeng@bnu. edu. cn），以便再版时修订完善。

赵秉志

谨识于2016年6月

目　录

第一章
刑法各论概述

内容导读

本章在全面介绍刑法各论的一般知识的基础上，对刑法各论与刑法总论的关系，罪状的概念与分类，罪名的概念、确定与分类，法定刑的概念与分类，法条竞合等重要内容进行了详细的论述。

第一节　刑法各论的研究对象及与刑法总论的关系

一、刑法各论的研究对象

刑法各论，又称罪刑各论、罪刑分论、刑法分论，其研究的对象，与《刑法》的构成以及刑法的其他渊源的内容密切相关。《刑法》由总则和分则两大部分组成。刑法总则对犯罪、刑事责任和刑罚作出一般规定，刑法分则对各类、各种犯罪作出具体规定。除了《刑法》的分则对各类、各种具体犯罪进行规定之外，在刑法单行法律（如《全国人民代表大会常务委员会关于惩治骗购外汇、逃汇和非法买卖外汇的决定》），非刑法法律如经济法律、行政法律中通常也规定有关具体犯罪行为的刑事责任，刑法各论就是对各种刑法渊源关于具体犯罪及其刑事责任的规定进行研究的学科。据此，刑法各论的研究对象就是各种具体犯罪及其刑事责任。

二、刑法各论与刑法总论的关系

刑法总论是研究犯罪、刑事责任和刑罚的一般规定、原理的学科，而刑法各论是研究具体犯罪的构成及刑事责任的学科，二者之间属于一般与具体的关系。这种一般与具体的关系决定了二者之间的相互作用。

（一）刑法各论对刑法总论的作用

刑法各论对刑法总论的作用表现在：

1. 贯彻与体现刑法总论的作用。刑法总论所阐述的是犯罪、刑事责任和刑罚的一般原理、原则，这些抽象的原理、原则，只有通过刑法各论对具体罪刑的论述，才能得到实际的贯彻和体现，从而便于人们理解和把握。例如，刑法总论所阐述的犯罪构成的一般要件，能够使人们从总体上了解犯罪的构成需要具备哪些要件，为司法实践认定犯罪提供一般的判断标准。但是，总论所讲的犯罪构成的一般理论如果不在各论所阐述的具体罪的犯罪构成中加以贯彻，其作用就得不到充分的发挥。刑法各论关于具体犯罪构成的论述，正是对刑法总论关于犯罪构成一般理论的体现，两者相结合，发挥着定罪作用。

2. 促进刑法总论实践效应的作用。刑法总论关于犯罪、刑事责任、刑罚的一般原理、原则，无疑对定罪量刑具有重要的意义。但是，如果仅有一般原理、原则显然是不够的。刑法各论将刑法总论的原理、原则结合各类、各种具体犯罪加以具体化，就使得刑法总论的原理、原则在司法实践中充分发挥作用。所以，刑法各论具有促进刑法总论实践效应的作用。

3. 丰富和发展刑法总论的作用。上面已述，刑法总论阐述的是抽象的原理、原则，由于其抽象性，往往给人以空泛和枯燥的感觉。刑法各论对具体犯罪方方面面问题的详尽论述，使得一般原理、原则变得生动、形象，有血有肉，丰富实在。同时，刑法各论对具体犯罪有关问题的探讨，也往往会发现刑法总论原理、原则之不足，从而有助于刑法总论的发展与完善。

（二）刑法总论对刑法各论的作用

刑法总论对刑法各论的作用具体表现在：

1. 概括刑法各论的作用。形形色色的具体犯罪，虽然各具特殊性，但特殊性中蕴涵着共性。刑法各论只研究具体犯罪的特殊性，而较少涉及其共性。如果仅就具体犯罪而论具体犯罪，就难以从宏观上把握具体犯罪的实质。刑法总论可以对刑法各论阐述的各种各样的具体犯罪问题进行科学的抽象和概括，提炼出有关的原理、原则和共性知识，从而使我们对具体问题获得更高层面的认识。

2. 指导刑法各论的作用。刑法总论关于犯罪、刑事责任、刑罚的一般原理、原则，抽象于刑法各论关于具体犯罪的理论，反过来，它又具有指导刑法各论的作用。例如，刑法总论关于故意犯罪过程中的犯罪形态的理论，对于刑法各论正确地确定各种具体故意犯罪的既遂、未遂、预备和中止，都具有重要的指导作用。认识到刑法总论对刑法各论的指导作用，对于正确地解决具体犯罪的有关问题具有重要的意义。

3. 制约刑法各论的作用。刑法总论论证的有关原理、原则，必须在刑法各论中得到切实的遵循，不得违反。例如，刑法总论关于犯罪构成的原理认为，任何犯罪的构成都是主观要件和客观要件的有机统一。刑法各论在研究任何具体犯罪的构成时，都必须恪守主、客观相统一的原理，不得阐述出主观要件与客观要件相抵触的犯罪构成。

三、研究刑法各论的意义和方法

在学习、掌握刑法总论知识的基础上，学习和研究各论具有重要的意义：首先，通过刑法各论的学习和研究，有助于丰富和加深对刑法总论的理解和把握；其次，通过学习和研究刑法各论，可以掌握各种具体犯罪的定罪量刑标准，有助于司法实践正确地适用刑法；最后，通过对刑法各论的学习和研究，可以发现刑事立法关于具体犯罪规定中的缺陷和不足，并提出修改和完善建议，从而有助于刑事立法的改革与健全。

懂得了研究刑法各论的意义，还必须掌握学习和研究刑法各论的方法。研究刑法各论除了必须注意以刑法总论的原理、原则为指导外，还应注意以下几点：其一，要注意及时了解刑事立法和司法实践的动态。刑法各论研究的是具体犯罪问题，具有很强的实践性和技术性，因此，在研究刑法各论时，必须密切关注立法和司法的动态，根据立法的发展和司法实践的新情况来探讨各种问题。其二，要注意抓住重点和难点。刑法各论的重点是各种具体犯罪，尤其是司法实践中的常见罪、多发罪的犯罪构成、罪与非罪的界限以及此罪与彼罪的界限。难点问题在各罪中可能不尽相同，有的罪的难点可能是主体特征，有的罪的难点也许是主观方面，有的罪的难点可能是该罪与其他相关罪的界限。这就要求在研究刑法各论时善于捕捉难点问题，进行认真的钻研和探讨。其三，要注意贯彻理论联系实际的学习和研究方法。理论联系实际，就是将具体罪刑理论运用于具体的案例分析之中，从而消化和掌握有关理论，并培养分析问题和解决问题的能力。

第二节　刑法分则的体系

刑法分则体系，是指刑法分则所规定的各类犯罪以及各类犯罪所包含的各种具体犯罪，按照一定次序排列而形成的有机体。把握刑法分则的体系，是研究各类犯罪和各种具体犯罪的基础。

一、犯罪的分类排列

对于刑法分则所规定的具体犯罪的分类，各国刑法的做法不尽相同。有的国家分类比较简单，如《俄罗斯联邦刑法》分则将犯罪分为12类。有的国家分类烦琐，如《德意志联邦共和国刑法》分则将犯罪分为29类；日本现行刑法将犯罪分为40类；《韩国刑法》分则将犯罪分为42类。

我国《刑法》分则对犯罪采用的是简明的分类方法，共分为10类，依次是：危害国家安全罪；危害公共安全罪；破坏社会主义市场经济秩序罪；侵犯公民人身权利、民主权利罪；侵犯财产罪；妨害社会管理秩序罪；危害国防利益罪；贪污贿赂罪；渎职罪；军人违反职责罪。

二、犯罪分类排列的依据

我国《刑法》分则对犯罪进行分类的标准是犯罪行为所侵犯的同类客体；对各类犯罪以及各种具体犯罪的排列是依据各类、各种犯罪的社会危害性程度。

（一）以同类客体为标准对犯罪进行分类

犯罪的同类客体，是指某一类犯罪所共同侵犯的我国某一方面的社会主义社会关系。我国《刑法》分则所规定的10类犯罪，正是根据同类客体划分的结果。背叛国家罪、分裂国家罪、煽动分裂国家罪等具体犯罪，共同侵犯的是国家安全方面的社会关系，因而将它们归为危害国家安全罪；放火罪、决水罪、爆炸罪、投放危险物质罪等具体犯罪，共同侵犯的是社会的公共安全，因而将它们归为危害公共安全罪；生产、销售伪劣产品罪，生产、销售假药罪，生产、销售劣药罪等具体犯罪，共同侵犯的是我国社会主义市场经济秩序方面的社会关系，因而将它们归为破坏社会主义市场经济秩序罪；故意杀人罪、过失致人死亡罪、故意伤害罪、过失致人重伤罪、强奸罪等具体犯罪，共同侵犯的是公民人身权利、民主权利这一方面的社会关系，因而将它们归为侵犯公民的人身权利、民主权利罪；抢劫罪、盗窃罪、诈骗罪、抢夺罪等具体犯罪，共同侵犯的是公私财产所有权方面的社会关系，因而将它们归为侵犯财产罪；妨害公务罪、煽动暴力抗拒法律实施罪、招摇撞骗罪等具体犯罪，共同侵犯的是社会管理秩序方面的社会关系，因而将它们归为妨害社会管理秩序罪；阻碍军人执行职务罪、阻碍军事行动罪等具体犯罪，共同侵犯的是我国国防利益方面的社会关系，因而将它们归为危害国防利益罪；贪污罪、挪用公款罪、受贿罪、行贿罪等具体犯罪，共同侵犯的是国家工作人员职务廉洁性方面的社会关系，因而将它们归为贪污贿赂罪；滥用职权罪、玩忽职守罪等具体犯罪，共同侵犯的是国家机关的正常管理活动方面的社会关系，因而将它们归为渎职罪；战时违抗命令罪，隐瞒、谎报军情罪等具体犯罪，共同侵犯的是军人职责方面的社会关系，因而将它们归为军人违反职责罪。

我国刑法分则根据同类客体对犯罪进行分类，是正确的犯罪分类法，为构建科学的刑法分则体系奠定了良好的基础。

（二）以犯罪的危害程度为标准对各类、各种犯罪进行排列

有了正确的犯罪分类法，并不意味着必然建立起科学的刑法分则体系。只有在对犯罪进行正确分类的基础上，恰当地排列各类以及各种犯罪的次序，才能建立起科学的刑法分则体系。我国刑法分则根据犯罪的危害程度对各类、各种犯罪进行排列，使之与正确的犯罪分类法相结合，从而真正地构筑起科学的分则体系。

首先，类罪的排列是以社会危害程度的大小进行排列的。刑法分则共包括10类犯罪，这10类犯罪就是根据各类犯罪的社会危害性的大小，由重到轻依次排列的。危害国家安全罪侵犯的是国家安全，而国家安全是我国的根本利益，是最重要的社会关系，因此，这类犯罪的社会危害性最为严重，将其排在各章之首。危害公共安全罪侵犯的是社会的公共安全，其社会危害程度仅次于危害国家安全罪，因此，这类犯罪紧随危害国家安全罪之后。刑法分则第三章至第十章的排列，其原理与上相同。当然，类罪

的先后排列顺序所表明的社会危害程度的大小，是从总体上而言的，并不意味着排在前面的类罪中的每一种具体犯罪的社会危害性都大于排在后面的类罪中的所有具体犯罪的社会危害性。如危害公共安全罪的过失犯罪的社会危害性，就显然轻于侵犯公民人身权利、民主权利罪中的故意杀人、强奸等犯罪。

其次，各类罪中的具体犯罪也大体上是根据社会危害程度的大小进行排列的。刑法分则中的每一类犯罪都包括数目不等的具体犯罪，各类犯罪中的具体犯罪的排列也不是随心所欲的，而是基本上按照其社会危害性的大小，由重到轻依次编排的。例如，在危害公共安全这一类犯罪中，放火罪、决水罪、爆炸罪、投放危险物质罪等犯罪，均属于故意以危险方法危害公共安全的犯罪，其社会危害性最为严重，因此，将它们排在该类犯罪的前面。而工程重大安全事故罪、教育设施重大安全事故罪、消防责任事故罪等犯罪，属于过失危害公共安全的犯罪，社会危害性相对较轻，因而将它们排在该类犯罪的后面。当然，刑法分则各类犯罪中每一种具体犯罪，并非绝对按照社会危害性的大小由重到轻进行排列的，有的犯罪的排列，还照顾到犯罪性质和相互间的逻辑联系。例如，故意杀人罪排在侵犯公民人身权利、民主权利罪之首，紧接其后的是过失致人死亡罪，而社会危害性显然大于过失致人死亡罪的强奸罪却排在后面，这种排列是因为故意杀人罪和过失致人死亡罪都是侵犯公民生命权利的犯罪，将它们排在一起，既能照顾到犯罪的性质，也与逻辑相符。

三、犯罪分类排列的意义

刑法分则按照一定的标准对犯罪进行分类、排列，无论是从刑法立法和司法实践上讲，还是从刑法理论研究上讲，都具有重要的意义。

首先，从刑法立法上讲，对犯罪进行合理的分类排列，既有助于建立科学的刑法分则体系，也表明了立法者对各方面社会关系和各种具体社会关系进行刑事保护的价值取向，体现了刑法打击犯罪的重点所在。

其次，从刑事司法上讲，对犯罪进行合理的分类排列，有利于司法审判人员较为准确地认识各类犯罪的一般特征和各种犯罪的具体构成，区分类罪之间及具体罪之间的界限，同时，能正确地把握各类及各种犯罪的危害程度，从而对犯罪适用正确的刑罚。

最后，从刑法理论研究上讲，对犯罪进行合理的分类，有利于从理论上阐释和探讨各类、各种犯罪的立法意图、构成特征和社会危害程度，从而正确地解决各类、各种犯罪的定罪量刑问题，同时也有利于对类罪和个罪的深入研究，为司法实践正确地定罪量刑提供理论指导。

第三节　具体犯罪条文的构成

刑法分则条文的基本表现形式是规定具体犯罪的条文，而具体犯罪条文一般由罪状和法定刑两部分组成，罪状又与罪名密切相关。对罪状、罪名以及法定刑的研究，是刑法各论的重要内容。

一、罪状

罪状，是指刑法分则罪刑式条文所描述的具体犯罪的基本构成要件。刑法理论上通常将罪状分为简单罪状、叙明罪状、引证罪状和空白罪状四种，当然也有其他的分类法。我们认为，对罪状可以根据两个不同的标准进行分类：根据罪刑式条文对罪状描述方式的不同，可以将罪状分为叙明罪状、简单罪状、引证罪状和空白罪状；根据罪刑式条文对罪状描述方式的多寡，可以将罪状分为单一罪状和混合罪状。

（一）叙明罪状、简单罪状、引证罪状和空白罪状

1. 叙明罪状，即罪刑式条文对具体犯罪的基本构成要件作了详细的描述。例如，《刑法》第 305 条规定："在刑事诉讼中，证人、鉴定人、记录人、翻译人对与案件有重要关系的情节，故意作虚假证明、鉴定、记录、翻译，意图陷害他人或者隐藏罪证的，处……"本条对伪证罪的主体、主观方面和客观方面的构成要件作了详细的描述，其罪状为叙明罪状。

2. 简单罪状，即罪刑式条文只简单地描述具体犯罪的基本构成要件。有的只简单地描述具体犯罪的主观方面和客观方面的要件，如《刑法》第 233 条规定："过失致人死亡的，处……"这里就只描述了过失致人死亡罪的主观方面和客观方面要件，因而该罪状是简单罪状。有的只简单地描述具体犯罪的客观方面要件，如《刑法》第 103 条第 2 款规定："煽动分裂国家、破坏国家统一的，处……"这里就只简单地描述了煽动分裂国家罪的客观方面要件，因而也是简单罪状。使用简单罪状，一般是因为立法者认为这些犯罪的要件易于被人理解和把握，无须在法律上作具体的描述。简单罪状在刑法分则罪刑式条文中所占不多。

3. 引证罪状，即引用同一法律中的其他条款来说明和确定某一犯罪构成的要件。例如，《刑法》第 119 条第 1 款规定了破坏交通工具罪、破坏交通设施罪、破坏电力设备罪、破坏易燃易爆设备罪的罪状和法定刑，其第 2 款规定："过失犯前款罪的，处……"该款就是引用第 1 款规定的罪状，来说明和确定过失损坏交通工具罪、过失损坏交通设施罪、过失损坏电力设备罪、过失损坏易燃易爆设备罪的罪状。采用引证罪状的方式，是为了避免条款间文字上的重复。但过失犯罪引证故意犯罪的条款，则不够科学。

4. 空白罪状，即罪刑式条文没有直接地具体说明某一犯罪构成的要件，而是仅仅指明确定该罪构成需要参照的法律、法规的规定。例如，《刑法》第 228 条规定："以牟利为目的，违反土地管理法规，非法转让、倒卖土地使用权，情节严重的，处……"这里仅指明在确定非法转让、倒卖土地使用权罪的构成要件时必须参照土地管理法规的规定，没有直接地具体描述该罪的要件，因而是空白罪状。采用空白罪状的方式，是因为有关法律、法规的规定往往内容较多，一一写在条文中会使条文烦琐冗长。另外，参照的法律会修改、补充，采用模糊的违反有关法律的规定，使刑法关于具体犯罪的规定不至于因参照的法律规定的变化而变化，使刑法保持应有的稳定性。

(二) 单一罪状和混合罪状

1. 单一罪状，即某一罪刑式条文仅采用一种方式对某一犯罪的基本构成要件进行描述。如仅采用简单、叙明、引证、空白四种方式中的一种。分则条文中的绝大多数罪状，属于单一罪状。

2. 复合罪状，即某一罪刑式条文同时采用两种方式对某一犯罪的基本构成要件进行描述。例如，《刑法》第338条规定："违反国家规定，排放、倾倒或者处置有放射性的废物、含传染病病原体的废物、有毒物质或者其他有害物质，严重污染环境的，处……"本条前一分句指出了确定污染环境罪的构成需要参照国家规定，属于空白性的描述方式；后一分句详细地描述了该罪的行为方式、行为对象、行为后果等方面的特征，属于叙明性的描述方式。本条由于使用了两种方式来描述污染环境罪的罪状，因而是复合罪状。采用复合罪状方式，是由某些犯罪的特殊性决定的。刑法分则条文中的复合罪状为数不多。

二、罪名

罪名，有广义和狭义之分。广义的罪名包括类罪名、类罪中的节罪名和具体罪名。狭义的罪名仅指具体罪名。由于本节论述的是具体犯罪条文的构成，因而这里所讲的是狭义上的罪名。

(一) 罪名的概念和功能

罪名，是指高度概括具体犯罪本质特征，对具体犯罪的称谓。罪名虽是具体犯罪的称谓，但其功能是多方面的。从理论上阐明罪名的功能，能使我们认识到罪名的重要性，从而重视罪名的确定和使用。

1. 概括功能

犯罪现象纷繁复杂，千姿百态。罪名将形形色色的犯罪现象进行概括，使人们能够明确刑法上规定了哪些种类犯罪，从而通过罪名把握各类犯罪、各节罪名和各种具体犯罪。这里所说的概括，有两层含义：一是将现实生活中的不同形式的同一性质的犯罪行为概括为刑法上的一个罪名。例如，入室盗窃、扒窃、顺手牵羊窃取等，属于不同形式的相同性质的犯罪，刑法上用"盗窃罪"这个罪名来概括这些行为，使这些行为成为一种具体犯罪。二是在罪状的基础上概括成一个罪名。例如，《刑法》第116条规定："破坏火车、汽车、电车、船只、航空器，足以使火车、汽车、电车、船只、航空器发生倾覆、毁坏危险，尚未造成严重后果的，处三年以上十年以下有期徒刑。"该罪状所描述的都是对交通工具进行破坏的行为，故将其概括为破坏交通工具罪。

2. 区分功能

具体罪名，是对具体犯罪本质特征的概括。不同的罪名所反映的性质和特征不同，这就使得罪名具有了区分功能。也就是说，通过罪名所传递的信息，人们可以区分罪与非罪、此罪与彼罪的界限。罪名区分功能的意义主要表现在以下几个方面：(1) 在社会生活中，它有助于广大公民刑法意识的建立。公民可以通过罪名知道有哪些犯罪，各种具体犯罪的性质和基本特征是什么，从而不去实施犯罪行为，并积极地同犯罪行为作斗争。(2) 在司法活动中，罪名是区分罪与非罪的标志，不触犯某一罪名的行为，绝不是犯罪行为；同时，罪名是决定罪质、罪数的标志，因而罪名无论是对于区分罪与非罪、此罪与彼罪，还是对于区分一罪与数罪的界限都有重要意义。

3. 评价功能

罪名不仅揭示犯罪的内容，同时还代表了一种评价，即国家对于危害社会的行为所给予的政治上和法律上的强烈的否定评价，以及对于触犯某种罪名的主体的最严厉的谴责。例如，非法拘禁罪，就是国家对于非法拘禁他人或者以其他方法非法剥夺他人人身自由的行为的强烈的否定评价，同时也表明国家对于实施该犯罪行为的主体的严厉谴责。罪名对行为的否定评价和对行为主体谴责的实现有两种具体表现形式：一是司法机关认定某种行为触犯了某种罪名而对行为人判处刑罚，从而使该种行为受到否定评价、实施该行为的人受到谴责。二是司法机关仅确定某种行为触犯某种罪名，而不给予行为人刑罚处罚（免予刑罚处罚），这同样表明国家对该行为的否定评价和对该行为人的谴责。

4. 威慑功能

罪名的评价功能，引申出罪名的威慑功能。因为罪名体现了国家对犯罪的否定评价和对行为人的谴责，它就告诉人们，任何触犯罪名的行为都要受到否定的评价，任何触犯罪名的人都要受到谴责。这种否定评价和谴责就是悬在人们头上的达摩克利斯剑，使其不敢贸然以身试法、触犯罪名，因此，罪名具有威慑和预防犯罪的作用。

（二）罪名的分类

根据不同的标准，可以将罪名划分为以下种类：

1. 立法罪名、司法罪名和学理罪名

这是以罪名的效力为依据划分出的罪名种类。立法罪名，是指立法机关在刑法分则条文中明确规定的罪名。如贪污罪、受贿罪、挪用公款罪、行贿罪等都是由刑法分则有关条文明确规定的罪名。立法罪名具有普遍的法律效力，司法实践不能对有关犯罪适用与立法罪名不同的罪名。司法罪名，是指最高司法机关通过司法解释所确定的罪名。如最高人民法院于1997年12月9日通过的《关于执行〈中华人民共和国刑法〉确定罪名的规定》，将《刑法》最初规定的犯罪确定为413个罪名，这413个罪名就是司法罪名。随后，最高人民法院、最高人民检察院通过关于确定罪名的多个司法解释对既有司法罪名体系进行增设、合并、取消等。及至最高人民法院、最高人民检察院《关于执行〈中华人民共和国刑法〉确定罪名的补充规定（六）》颁行之后，现有司法罪名已过468个。司法罪名对于司法机关办理刑事案件具有法律约束力。学理罪名，是指理论上根据刑法分则的有关规定对具体犯罪所概括出的罪名。学理罪名没有法律效力，但对于司法实践确定罪名具有指导和参考作用。

2. 单一罪名和选择性罪名

这是以罪名所包含的犯罪构成内容的单复为依据划分出的罪名种类。单一罪名，是指所包含的犯罪构成的具体内容单一的罪名。如故意杀人罪、故意伤害罪等。选择性罪名，是指所包含的犯罪构成的具体内容复杂，可以概括适用，也可以分解适用的罪名。如出售、购买、运输假币罪，伪造、变造金融票证罪等。

（三）罪名的确定

除了立法罪名外，其他罪名都有一个如何确定的问题。正确确定罪名，必须遵循以下原则：

1. 合法性原则

合法性原则，是指确定罪名必须以《刑法》分则条文或者其他刑法法律条文所描述的罪状为根据，既不能超越罪状的范围，将条文没有规定为犯罪的行为纳入罪名之中；也不能缩小罪状的范围，将条文规定为犯罪的行为排除在罪名的涵盖之外。确定罪名遵循合法性原则是罪刑法定原则的必然要求。但确定罪名的实践中不乏背离这一原则的情况。例如，《刑法》第 294 条第 2 款描述的罪状是："境外的黑社会组织的人员到中华人民共和国境内发展组织成员"。最高人民法院、最高人民检察院将这一罪状的罪名概括为入境发展黑社会组织罪。这一罪名就超越了罪状的范围。罪名中的"发展组织"与罪状中的"发展组织成员"是大概念与小概念的关系。"发展组织"既可以是在境内设置分支机构，也可以是在境内筹措资金、物资，还可以是发展组织成员。发展组织成员只是发展组织的表现形式之一，将发展组织成员概括为发展组织，就从罪名上将在境内设置分支机构、筹措资金或物资的行为包括在犯罪之中。这显然是将法律没有规定为犯罪的行为纳入了罪名之中，我们认为，这是不妥的。又如，《刑法》第 320 条的罪状是："为他人提供伪造、变造的护照、签证等出入境证件，或者出售护照、签证等出入境证件"。有学者认为这一罪状所确定的罪名是"提供伪造、变造的出入境证件罪"[①]，这显然缩小了罪状的范围，因为这一罪名将法律规定的"出售护照、签证等出入境证件"的行为排除在其涵盖的范围之外。最高人民法院、最高人民检察院将上述罪状描述的犯罪确定为两个罪名，即"提供伪造、变造的出入境证件罪"和"出售出入境证件罪"，是正确的。

2. 概括性原则

所谓概括性，是指罪名必须是对具体犯罪罪状的高度概括。罪名的表述应力求简明，避免冗长烦琐。例如，《刑法》第 341 条描述的罪状是："非法猎捕、杀害国家重点保护的珍贵、濒危野生动物的，或者非法收购、运输、出售国家重点保护的珍贵、濒危野生动物及其制品"。最高人民法院、最高人民检察院将前半段的规定概括为"非法猎捕、杀害珍贵、濒危野生动物罪"，虽然不能说是特别简练，但还说得过去。如果精益求精的话，应该叫"非法捕杀珍贵、濒危野生动物罪"。而其将后半段规定的犯罪称为"非法收购、运输、出售珍贵、濒危野生动物、珍贵、濒危野生动物制品罪"，这一罪名不但没有对罪状进行概括，反而将其字数增加了，罪状的字数是 30 个（包括标点符号），罪名的字数是 32 个（包括标点符号）。我们认为，正确的罪名应该是"非法收购、运输、出售珍贵、濒危野生动物及其制品罪"。

需要指出的是，罪名的概括性既反对罪名冗长烦琐，也反对求简害义。例如，《刑法》第 114 条规定："放火、决水、爆炸以及投放毒害性、放射性、传染病病原体等物质或者以其他危险方法危害公共安全……"最高人民法院、最高人民检察院将条文中所规定的"以其他危险方法危害公共安全"的犯罪，称为"以危险方法危害公共安全罪"，这一罪名删除了罪状中的"其他"二字，似乎符合概括性原则，但实际上是简而不当。因为条文中加上"其他"二字，就是为了使之与放火、决水、爆炸、投放危险物质这些危险方法成为一种并列关系，而最高人民法院、最高人民检察院的罪名中所

---

① 陈兴良：《刑法疏议》，357 页，北京，中国人民公安大学出版社，1997。

使用的“危险方法”，与放火、决水、爆炸、投放危险物质等并不是并列关系，而是属种关系，危险方法是属概念，放火、决水、爆炸、投放危险物质则是种概念。减掉二字的结果是使罪名丧失了科学性，丧失了区分功能，实属因简害义。

3. 科学性原则

所谓科学性，是指罪名必须反映具体犯罪的性质与本质特征，反映出此罪与彼罪的区别。例如，《刑法》第279条描述的罪状是：“冒充国家机关工作人员招摇撞骗”。《刑法》第372条描述的罪状是：“冒充军人招摇撞骗”。前者的本质特征是“冒充国家机关工作人员招摇撞骗”，后者的本质特征则是“冒充军人招摇撞骗”，要从罪名上区分这两条所规定的犯罪，正确的做法是将前者的罪名确定为“冒充国家机关工作人员招摇撞骗罪”，将后者的罪名确定为“冒充军人招摇撞骗罪”。然而，最高人民法院、最高人民检察院却将《刑法》第279条的罪名确定为“招摇撞骗罪”，将《刑法》第372条的罪名确定为“冒充军人招摇撞骗罪”。这两个罪名似乎将《刑法》第279条和第372条规定的两种不同的犯罪区别开来了，实则不然。因为“招摇撞骗”是两种犯罪的共同特征，二者的本质区别在于招摇撞骗时所冒充的身份不同：前者是冒充国家机关工作人员，后者则是冒充军人。所以，“招摇撞骗罪”这一罪名并没有反映《刑法》第279条所规定的犯罪的本质特征。此外，“招摇撞骗”与“冒充军人招摇撞骗”这两个概念不是并列关系，而是属种关系，“招摇撞骗”是属概念，“冒充军人招摇撞骗”是种概念，两罪之间的包容关系决定了它们之间不具有区分功能。所以，最高人民法院、最高人民检察院将《刑法》第279条规定的犯罪称为“招摇撞骗罪”是不科学的。

三、法定刑

法定刑，是指刑法分则罪刑式条文所确定的适用于具体犯罪的刑罚种类和幅度。法定刑表明罪与罚的质的因果性联系和量的相适应关系，是审判机关对犯罪人适用刑罚的依据。对犯罪人判处刑罚时，除其具备法定的减轻情节外，必须在法定刑的范围内进行。因此，研究法定刑问题，对于正确、适当地量刑具有重要的意义。

法定刑是相对于具体犯罪而言的，一种具体犯罪只有一个法定刑。一个法定刑通常有几个量刑幅度，但也有的只有一个量刑幅度。例如，《刑法》第240条规定：“拐卖妇女、儿童的，处五年以上十年以下有期徒刑，并处罚金；有下列情形之一的，处十年以上有期徒刑或者无期徒刑，并处罚金或者没收财产；情节特别严重的，处死刑，并处没收财产……”这表明拐卖妇女、儿童罪的法定刑有三个量刑幅度。又如，《刑法》第230条规定：“违反进出口商品检验法的规定，逃避商品检验，将必须经商检机构检验的进口商品未报经检验而擅自销售、使用，或者将必须经商检机构检验的出口商品未报经检验合格而擅自出口，情节严重的，处三年以下有期徒刑或者拘役，并处或者单处罚金。”这里就只对逃避商检罪规定了一个量刑幅度。

法定刑不同于宣告刑。法定刑是国家立法机关针对某种犯罪的性质和危害程度所确定的量刑标准，是立法活动的结果。它着眼于该罪的共性。宣告刑是法定刑的实际运用，是国家审判机关对具体犯罪案件中的犯罪人依法判处并宣告的应当实际执行的刑罚，是司法审判活动的结果。它着眼于具体犯罪案件及犯罪人的特殊性。

法定刑通常可分为绝对确定的法定刑、绝对不确定的法定刑和相对确定的法定刑。绝对确定的法定刑，是指在条文中对某种犯罪或某种犯罪的某种情形只规定单一的刑种和刑度。绝对不确定的法定刑，是指在条文中对某种犯罪不规定具体的刑种和刑度，只规定对该种犯罪处以刑罚，具体如何处罚完全由法官掌握。相对确定的法定刑，是指在条文中对某种犯罪规定一定的刑种和刑度。

绝对确定的法定刑，使法官不能根据具体情况对犯罪人判处轻重适当的刑罚，不利于收到良好的刑罚效果。绝对不确定的法定刑，由于没有统一的量刑标准，容易导致法官裁量刑罚的不平衡。相对确定的法定刑，既有刑罚的限度，也有一定的自由裁量余地，便于法官在保证司法统一的基础上，根据具体案情和犯罪人的具体情况，在法定刑的幅度内选择适当的刑种和刑期，有利于刑罚目的的实现。因而这种法定刑被世界各国刑法所广泛采用。

我国现行刑法分则中没有绝对不确定的法定刑，但存在着少量绝对确定的法定刑。当然，我国刑法中的绝对确定的法定刑均是相对于特定犯罪的具体情形而言的，而不是对某种犯罪的所有情况都适用的。例如，《刑法》第121条规定，劫持航空器，致人重伤、死亡或者使航空器遭受严重破坏的，处死刑。又如，《刑法》第240条规定，拐卖妇女、儿童，情节特别严重的，处死刑。前者是对于致人重伤、死亡或者使航空器遭受严重破坏的劫持航空器罪的绝对确定的法定刑，后者则是对于情节特别严重的拐卖妇女、儿童罪的绝对确定的法定刑。我国刑法分则条文中法定刑绝大多数为相对确定的法定刑。其具体做法有以下几种：

1. 分则条文仅规定法定刑的最高限度，其最低限度决定于刑法总则对某刑种下限的规定。例如，《刑法》第315条规定的破坏监管秩序罪的法定刑是3年以下有期徒刑。结合《刑法》总则第45条关于有期徒刑的最低期限为6个月的规定，该罪的法定刑实为6个月以上3年以下有期徒刑。

2. 分则条文仅规定法定刑的最低限度，其最高限度则取决于刑法总则的规定。例如，《刑法》第286条第1款规定：违反国家规定，对计算机信息系统功能进行删除、修改、增加、干扰，造成计算机信息系统不能正常运行，后果严重的，处5年以下有期徒刑或者拘役；后果特别严重的，处5年以上有期徒刑。后段法定刑没有最高限度，但结合总则第45条关于有期徒刑的最高期限为15年的规定，该法定刑就是5年以上15年以下有期徒刑。

3. 分则条文同时规定法定刑的最高限度与最低限度。例如，根据《刑法》第276条的规定，情节严重的破坏生产经营罪的法定刑是3年以上7年以下有期徒刑。

4. 分则条文规定两种以上的主刑或者规定两种以上主刑并规定附加刑。例如，《刑法》第274条规定："敲诈勒索公私财物，数额较大或者多次敲诈勒索的，处三年以下有期徒刑、拘役或者管制……"这里规定了三种主刑，对其中的有期徒刑又规定了上限。法院可以根据案件的具体情况，在三种主刑中选择一种，然后再按照有关规定确定具体刑期。又如，《刑法》第280条第2款规定的伪造公司、企业、事业单位、人民团体印章罪的法定刑为"三年以下有期徒刑、拘役、管制或者剥夺政治权利"。该条规定了三种主刑和一种附加刑，法院可以根据情况选择其中的一种主刑或者附加刑。

5. 分则条文规定援引性的法定刑。例如，《刑法》第 386 条规定：“对犯受贿罪的，根据受贿所得数额及情节，依照本法第三百八十三条的规定处罚。索贿的从重处罚。”

第四节　法条竞合

一、法条竞合的概念

法条竞合，是指规定具体犯罪的不同的刑法条文所确定的犯罪构成，具有包容与被包容或者相互交叉关系的情况。这一定义表明，法条竞合包括两种情况：一是不同的条文所确定的犯罪构成之间具有包容与被包容的关系；二是不同条文所确定的犯罪构成之间具有交叉关系。刑法理论上也有人认为，上述第二种情况不属于法条竞合，这个问题可以进一步研究。

包容与被包容法条竞合的形成，是立法者在对某种犯罪的一般情形作出规定的同时，认为有必要将本来包括在其中的某种或者某几种情况独立出来，规定为另一种犯罪。由于独立出来的某种具体情况不同，这种法条竞合的具体情形有以下几种：

（一）犯罪主体包容与被包容的法条竞合

例如，《刑法》第 378 条规定的战时造谣扰乱军心罪与第 433 条规定的战时造谣惑众罪，二者的客观方面的行为都是战时造谣惑众，扰乱军心，主观方面都是故意，但前者的主体是一般主体，后者的主体则是现役军人，主体之间存在包容与被包容的关系。

（二）犯罪方式包容与被包容的法条竞合

例如，《刑法》第 266 条规定的诈骗罪与第 193 条规定的贷款诈骗罪，二者的主体均是一般主体，主观方面都是故意，并且都以非法占有为目的，但前者的犯罪方式包括各种形式的诈骗，后者则仅限于贷款形式的诈骗，所以，二者的犯罪方式之间具有包容与被包容的关系。

（三）犯罪对象包容与被包容的法条竞合

例如，《刑法》第 140 条规定的生产、销售伪劣产品罪的对象与第 143 条规定的生产、销售不符合安全标准的食品罪的对象，就是一种包容与被包容的关系，前者可以是任何伪劣产品，后者则仅限于不符合卫生标准的食品。

（四）犯罪目的包容与被包容的法条竞合

例如，《刑法》第 364 条第 1 款规定的传播淫秽物品罪与《刑法》第 363 条第 1 款规定的制作、复制、出版、贩卖、传播淫秽物品牟利罪，其他构成要件完全相同，但前者的目的可以是任何目的，而后者的目的则只能是牟利，因此，二者的犯罪目的是包容与被包容的关系。

（五）数个要件包容与被包容的法条竞合

例如，《刑法》第 264 条规定的盗窃罪与第 438 条规定的盗窃武器装备、军用物资罪，首先是犯罪主体之间存在着包容与被包容的关系，前者是一般主体，后者是现役军人；其次是对象之间存在着包容与被包容的关系，前者的对象可以是任何财物，后者的对象则是武器装备和军用物资。因此，二者属于数个构成要件包容与被包容的法条竞合。

交叉关系法条竞合的形成，是因为立法者认为在两种不同的犯罪中有必要同时规定某种内容。例如，《刑法》第266条规定的诈骗罪包括冒充国家工作人员骗取财物的内容，但不限于此，还可以是采取其他捏造事实、隐瞒事实真相的方法骗取财物。而《刑法》第279条规定的招摇撞骗罪中也包括冒充国家工作人员骗取财物的内容，但也不限于此，还可以是冒充国家工作人员骗取其他非法利益。因此，二者在冒充国家工作人员骗取财物这一点上形成了重合，从而形成了交叉关系的法条竞合。在我国刑法中，交叉关系的法条竞合少于包容关系的法条竞合。

二、法条竞合适用法律的原则

规定犯罪的刑法条文之间竞合现象的客观存在，决定了一个行为同时触犯两个法条的情况不可避免地出现。在这种情况下，总的来讲，只能适用其中一个法条来处理。这就存在着法条选择的问题，这种选择应该本着以下原则：

（一）特殊法优于一般法的原则

这一原则适用于以下几种情况：

1. 一行为同时符合不同法律的条文，而其中一部法律是普通法，另一部法律是特别法。假如，某一行为既符合现行的《刑法》的某一条文，也符合《刑法》施行以后立法机关颁布的决定的某一条文，那么，就应适用决定的条文处理。

2. 一行为同时符合同一法律中的不同条文，而该法律中的相关条文明确指出适用特殊规定处理。例如，《刑法》第233、235条在分别规定了过失致人死亡罪、过失致人重伤罪的刑事责任以后，又明确规定："本法另有规定的，依照规定。"这里所说的"本法另有规定"就是特别法，"依照规定"就是适用特别法。

3. 一行为同时符合同一法律中的不同条文，相关条文虽没有明确规定适用特殊规定处理，通常也应适用特别法，即在适用特殊规定处理是立法原意所在或者适用特殊规定并不明显违背罪责刑相适应原则的情况下，应适用特别法。例如，现役军人的某一行为既符合《刑法》分则第十章"军人违反职责罪"的某一条文，也符合《刑法》分则其他的条文，那么，就应适用军人违反职责罪的条文处理。因为军人违反职责罪的设立，旨在表明立法者对这类犯罪的特别关注，因此，对于军人违反职责的犯罪行为，即使符合其他普通条文的规定，也不能适用普通条文处理。

（二）重法优于轻法的原则

这一原则适用于以下几种情况：

1. 一行为同时符合同一法律中的不同条文，相关条文明确规定按处罚较重的条文处理。例如，《刑法》第149条第2款规定："生产、销售本节第一百四十一条至第一百四十八条所列产品，构成各该条规定的犯罪，同时又构成本节第一百四十条规定之罪的，依照处罚较重的规定定罪处罚。"由于《刑法》第140条是关于生产、销售一般伪劣产品犯罪的规定，第 141 条至第 148 条是关于生产、销售特定伪劣产品犯罪的规定，因而上述规定打破了特殊法优于普通法的原则，体现的是重法优于轻法的原则。

2. 一行为同时符合同一法律中的不同条文，相关条文虽然没有明确规定按处罚较重的条文处理，但适用处罚较轻的条文明显背离了罪责刑相适应原则，此种情况下，适用重法优于轻法的原则处理。例如，冒充国家机关工作人员骗取他人财物，数额特别巨大，如果按《刑法》第 279 条规定的招摇撞骗罪处理，最高只能处 10 年有期徒刑，而按《刑法》第 266 条规定的诈骗罪处理，最高则可处无期徒刑。应该说，冒充国家机关工作人员诈骗他人财物通常比采用其他方法诈骗他人财物的社会危害性大，如果对前者按照《刑法》第 279 条处理，很显然，不符合罪责刑相适应原则，因此，应适用《刑法》第 266 条处理。

【问题与思考】

1. 刑法各论与刑法总论是什么关系？
2. 什么是罪状？罪状可以分为哪些种类？
3. 什么是罪名？罪名有哪些种类？如何确定具体犯罪的罪名？
4. 什么是法定刑？法定刑有哪些种类？法定刑与宣告刑有什么区别？
5. 法条竞合的概念和适用原则是什么？

【推荐阅读论著】

1. 赵秉志. 刑法各论研究述评. 北京：北京师范大学出版社，2009
2. 陈兴良. 罪刑各论的一般理论. 2 版. 北京：中国人民大学出版社，2007
3. 刘树德. 罪状建构论. 北京：中国方正出版社，2002
4. 周光权. 法定刑研究. 北京：中国方正出版社，2000
5. 刘艳红. 罪名研究. 北京：中国方正出版社，2000

第二章
危害国家安全罪

内容导读

刑法分则第一章规定了12种具体的危害国家安全罪。本章在论述危害国家安全罪的概念和一般构成要件的基础上，重点对分裂国家罪，武装叛乱、暴乱罪，叛逃罪，间谍罪，为境外窃取、刺探、收买、非法提供国家秘密、情报罪等5种犯罪的概念、构成、认定等问题进行了比较详细的论述，对其他危害国家安全的具体犯罪则简单地介绍了其概念、构成与处罚。

第一节　危害国家安全罪概述

一、危害国家安全罪的概念和构成

危害国家安全罪，是指故意危害中华人民共和国的独立、领土完整和安全、国家的团结统一、国家的政治制度和社会制度以及国家的其他根本利益的行为。本类犯罪具有如下共同构成要件：

1. 本类犯罪侵犯的客体是国家安全。所谓国家安全，是指国家的独立、领土完整和安全、国家的团结统一、国家的政治制度和社会制度以及国家的其他根本利益的安全，其核心内容是人民民主专政的政权和社会主义制度。国家安全是全国各族人民的根本利益所在，因而我国刑法把同危害国家安全犯罪作斗争放在首要地位，并对危害国家安全的犯罪予以严厉的制裁。

2. 本类犯罪在客观方面表现为行为人实施了危害中华人民共和国安全的行为。具体是指《刑法》第102条至第105条、第107条至第112条规定的背叛国家，分裂国家，煽动分裂国家，武装叛乱、武装暴乱，颠覆国家政权，煽动颠覆国家政权，资助危害国家安全犯罪活动，投敌叛变，叛逃，间谍，为境外的机构、组织、人员窃取、刺探、收买、非法提供国家秘密、情报，资敌等行为。

理解危害国家安全罪的客观方面应当注意以下两点：（1）并非任何危害国家安全的犯罪都是结果犯即只有行为造成了危害国家安全的实际结果才能构成犯罪，实际上刑法并未作这种规定，只要行为足以危害国家安全，或者说具有危害国家安全的严重危险，就可以依危害国家安全罪追究行为人的刑事责任。（2）对于仅具有危害国家安全的思想，当然不能以犯罪论处。至于危害国家安全的思想的语言表露能否认定为危害国家安全罪，要进行具体分析。要查明行为人是在什么场合，发表了什么言论，要达到什么目的。例如，有人在自己的日记中暴露出意图煽动分裂国家的思想，但没有向社会扩散，就只能以思想问题对待，不能视为犯罪行为。但是如果行为人打着言论自由的旗号，在大庭广众之下公开发表推翻人民民主专政的政权和社会主义制度的言论，就是危害国家安全的煽动行为，应以煽动颠覆国家政权罪追究行为人的刑事责任。

3. 本类犯罪的主体多数为一般主体，少数是特殊主体。如背叛国家罪的主体就只能是中国公民，叛逃罪的主体就只能是具有国家机关工作人员身份的人员。

4. 本类犯罪在主观方面只能是出于故意。如果行为人因为过失行为造成了危害国家安全的结果，不能以危害国家安全罪定罪。

二、危害国家安全罪的种类

《刑法》分则对危害国家安全罪规定了 12 种具体的犯罪，根据各种犯罪侵犯国家安全的具体情况及行为特点，通常将其分为以下三类：一是危害国家、颠覆国家政权的犯罪，具体包括背叛国家罪，分裂国家罪，煽动分裂国家罪，武装叛乱、暴乱罪，颠覆国家政权罪，煽动颠覆国家政权罪，资助危害国家安全犯罪活动罪；二是叛变、叛逃的犯罪，具体包括投敌叛变罪、叛逃罪；三是间谍、资敌罪，具体包括间谍罪，为境外窃取、刺探、收买、非法提供国家秘密、情报罪，资敌罪。

第二节　危害国家、颠覆国家政权的犯罪

一、背叛国家罪

背叛国家罪，是指勾结外国，危害中华人民共和国的主权、领土完整和安全的行为。本罪的构成要件是：

1. 本罪侵犯的客体是中华人民共和国的主权、领土完整和安全。

2. 本罪在客观方面表现为勾结外国，危害中华人民共和国主权、领土完整和安全的行为。所谓勾结，是指在暗中接触、联系，进行出卖国家、民族利益的通谋、商议和策划等活动。所谓外国，主要是指外国政府、外国政党以及敌视、破坏我国社会主义制度的外国敌对势力和他们的代表人物。依照《刑法》第 102 条第 2 款的规定，与

任何境外机构、组织、个人相勾结，危害中华人民共和国主权、领土完整和安全的，均应认定为本罪。

3. 本罪的主体只能是中国公民。

4. 本罪的主观方面只能是故意。

根据《刑法》第102条的规定，犯本罪的，处无期徒刑或者10年以上有期徒刑。根据《刑法》第113条的规定，犯本罪，对国家和人民危害特别严重、情节特别恶劣的，可以判处死刑；犯本罪的，可以并处没收财产。根据《刑法》第56条的规定，犯本罪的，应当附加剥夺政治权利。

二、分裂国家罪

（一）分裂国家罪的概念和构成

分裂国家罪，是指组织、策划、实施分裂国家、破坏国家统一的行为。本罪的构成要件是：

1. 本罪侵犯的客体是国家的统一。

2. 本罪的客观方面表现为组织、策划、实施分裂国家、破坏国家统一的行为。所谓组织，是指勾结、纠集多人，共同实施分裂国家、破坏国家统一的活动。所谓策划，是指为分裂国家而密谋、筹划，如密谋制定分裂国家的具体行动方案以及活动纲领等。所谓实施，是指将分裂国家、破坏国家统一的具体行动方案或者行动纲领付诸实行。所谓分裂国家，是指推翻地方政府，拒绝中央领导，割据一方，分裂我们统一的、多民族的国家的行为。所谓破坏国家统一，是指将统一的国家予以瓦解、分裂，或者阻碍国家统一进程。其中阻碍国家统一进程的行为，是分裂国家的一种特殊形式。组织、策划、实施分裂国家、破坏国家统一的行为主要表现为两种情况：一是行为人利用自己窃取的重要权力或者利用自己的社会地位或影响，公然组织力量，策动政变，对抗中央，进行地方割据，或是组织民族反叛力量，策动民族分裂，企图建立"独立王国"，破坏国家统一；二是行为人虽然本身没有力量进行分裂国家的活动，但是明知他人进行分裂国家、破坏国家统一的活动，而予以参加。应当注意的是，本罪是行为犯，只要行为人具有组织、策划、实施分裂国家、破坏国家统一的行为，就可以构成本罪的既遂，而不要求发生实际的危害结果。

3. 本罪的主体为一般主体。不论是中国公民，还是外国公民或者无国籍人，都可以成为本罪的主体。从实践中看，通常主要是一些身居要职的野心家、阴谋家以及具有一定社会影响力的地方分裂主义分子和民族分裂分子。根据《刑法》第103条第1款的规定，本罪的主体可以分为三类：一是首要分子或者罪行重大者。所谓首要分子，是指在分裂国家犯罪集团中或者聚众犯罪中起组织、策划、指挥作用的犯罪分子。所谓罪行重大者，是指除首要分子以外的在犯罪活动中起主要作用的犯罪分子，也即首要分子以外的主犯。二是积极参加者，即指首要分子、罪行重大者之外的那些参加分裂国家犯罪活动比较主动、积极的犯罪分子。三是其他参加者，即指首要分子、罪行重大者、积极参加者之外的参加分裂国家犯罪活动的犯罪分子。

4. 本罪的主观方面只能是直接故意，即行为人明知是分裂国家、破坏国家统一的危害国家安全的行为，仍然组织、策划、实施。至于行为人的动机如何，不影响犯罪的成立。

（二）分裂国家罪的认定

认定本罪时，应注意如下问题：

1. 本罪与非罪行为的界限

区分本罪与非罪行为的界限，关键应从以下两个方面分析：（1）行为是否具备分裂国家罪的全部构成要件。对于只具有分裂国家、破坏国家统一的意图，但客观上没有实行分裂国家、破坏国家统一的行为，或者客观上实施了具有分裂国家、破坏国家统一性质的行为，但主观上不具有分裂国家、破坏国家统一的意图的，不能认为构成本罪。如行为人仅仅因狭隘的民族主义、地方主义情绪倾向，对国家有关民族政策、地方政策误解或不理解、不满意，而说了一些过激的话或者有一些错误的行为，就不构成分裂国家罪。（2）行为是否属于“情节显著轻微、危害不大”的情形。虽然总体上看本罪属于非常严重的犯罪，但并非任何故意实施的分裂国家行为都应该作为犯罪处理，在司法实践中仍然应该考虑一些分裂国家的行为是否属于“情节显著轻微、危害不大”的情形而不作为犯罪处理。如一些被威胁参加分裂国家活动的人，在整个犯罪活动中所起的作用很小，其行为就不应该作为犯罪处理。

2. 本罪与背叛国家罪的界限

本罪与背叛国家罪虽然都是危害国家安全的犯罪，均涉及国家的领土完整遭到侵害而危害国家安全的问题，但两者间具有严格的区别：（1）犯罪客体不同。前者侵犯的客体是国家的统一；后者侵犯的客体是国家的主权、领土完整和安全。（2）客观方面不同。后者将“勾结外国”作为构成该罪的必备要素；前者的构成并不要求具有“勾结外国”的情形。（3）犯罪主体不同。前者是一般主体；后者为特殊主体即只能是中国公民。（4）主观方面不同。前者行为人具有分裂国家、破坏国家统一的故意；后者行为人则具有勾结外国，危害国家的主权、领土完整和安全的故意。

3. 本罪与颠覆国家政权罪的界限

本罪与颠覆国家政权罪虽然在客观上都具有组织、策划、实施的行为方式，都是行为犯，主体和主观方面都有相同或者相似之处，但两者之间具有严格的区别：（1）犯罪客体不同。前者侵犯的客体是国家的统一；后者侵犯的客体是我国国家政权和社会主义制度。（2）客观方面不同。前者是在中央政权之外另立中央，割据一方，对抗中央政府的领导，自立为国，独自为政；而后者则表现为要以新的政权取代现政权。（3）主观方面不同。前者行为人具有分裂国家、破坏国家统一的故意；后者行为人具有颠覆国家政权的故意。

（三）分裂国家罪的处罚

根据《刑法》第103条第1款的规定，犯本罪，对首要分子或者罪行重大的，处无期徒刑或者10年以上有期徒刑；对积极参加的，处3年以上10年以下有期徒刑；对其他参加的，处3年以下有期徒刑、拘役、管制或者剥夺政治权利。根据《刑法》第113条的规定，犯本罪，对国家和人民危害特别严重、情节特别恶劣的，可以判处死刑。犯本罪的，可以并处没收财产。根据《刑法》第56条的规定，犯本罪的，应当附加剥夺政治权利。根据《刑法》第106条的规定，与境外机构、组织、个人相勾结，实施本罪的，从重处罚。

三、煽动分裂国家罪

煽动分裂国家罪，是指煽动分裂国家、破坏国家统一的行为。本罪的构成要件是：

1. 本罪侵害的客体是国家的统一。

2. 本罪在客观方面表现为煽动国家分裂、破坏国家统一的行为。所谓煽动，就是以劝诱、造谣、诽谤、迷惑等方法，怂恿、鼓动他人实施分裂国家的犯罪行为。煽动的方式既可以是口头的，也可以是书面（包括利用网络）的。本罪是行为犯，只要以分裂国家、破坏国家统一为目的实施了煽动行为，即可构成本罪既遂。

3. 本罪的主体是一般主体。

4. 本罪在主观上表现为故意。

根据《刑法》第103条第2款的规定，犯本罪的，处5年以下有期徒刑、拘役、管制或者剥夺政治权利；首要分子或者罪行重大的，处5年以上有期徒刑。根据《刑法》第113条的规定，犯本罪的，可以并处没收财产。根据《刑法》第56条的规定，犯本罪的，应当附加剥夺政治权利。《刑法》第106条还规定，与境外机构、组织、个人相勾结实施本罪的，从重处罚。

四、武装叛乱、暴乱罪

(一) 武装叛乱、暴乱罪的概念和构成

武装叛乱、暴乱罪，是指组织、策划、实施武装叛乱或者武装暴乱的行为。本罪的构成要件是：

1. 本罪侵犯的客体是人民民主专政的政权和社会主义制度。

2. 本罪在客观方面表现为组织、策划、实施武装叛乱或者武装暴乱的行为。“组织”、“策划”、“实施”，其含义基本与前述分裂国家罪中所释相同。对于武装的含义，刑法中没有规定。有学者认为，武装是指行为人装备有大规模杀伤性、破坏性的器械。但是这种理解值得推敲。因为这里有一个问题，就是手拿大刀、长矛、斧头、棍棒等武器的人实施叛乱或暴乱的，能不能构成武装叛乱、暴乱罪？如果对叛乱、暴乱行为进行划分的话，可以将其分为使用武器的叛乱、暴乱和不使用武器的叛乱、暴乱。显然，前者的危害性要远远大于后者。那么，在刑法没有对武装的含义作出规定的情况下，将武装的含义理解为行为人装备有大规模杀伤性、破坏性的器械，难免使得无法对手拿大刀、长矛这类武器的人员实施的叛乱、暴乱行为认定为犯罪进行处罚，但是，这种行为的危害性很难说就比前者的危害性小。如果不对后者进行处罚，就很难说是合理的。因此，有必要将武装叛乱、暴乱理解为备有武器的人员实施的叛乱、暴乱。所谓叛乱，是指行为人以投靠或者意图投靠境外组织或者境内外敌对势力为背景而反叛国家和政府的行为。这种行为一般表现为使用武器装备公开袭击党政机关，杀害、绑架国家机关工作人员、武装部队人员、人民群众，抢夺、抢劫武器弹药，焚烧、毁坏档案和其他公共财物等活动。所谓暴乱，是指行为人没有上述意图或目的，而直接以武力与国家

或政府相对抗的暴力骚乱。本罪是行为犯，只要行为人具有组织、策划、实施武装叛乱或者武装暴乱的行为之一，即可构成本罪，并不要求行为造成具体的危害后果。

3. 本罪的主体为一般主体，中国公民、外国公民、无国籍人都可以成为本罪的主体。

4. 本罪的主观方面只能是故意，即行为人明知是武装叛乱、暴乱行为而仍然组织、策划、实施。至于行为人的动机如何，不影响本罪的成立。

（二）武装叛乱、暴乱罪的认定

认定本罪，应当注意如下问题：

1. 本罪与非罪行为的界限

区分本罪与非罪行为的界限，关键应从如下两个方面分析：（1）行为是否具备武装叛乱、暴乱罪的全部构成要件。对于只具有武装叛乱、暴乱的意图但客观上没有实行武装叛乱、暴乱的行为，或者客观上实施了引起骚乱的行为但主观上不具有武装叛乱、暴乱的意图的，不能认为构成本罪。比较典型的就是群众闹事问题。这主要是因为一些群众的要求得不到满足或者一些部门处理问题失当引起群众实行了一些过激的行为。这种行为根本不是反对或对抗国家政权和制度，因此，不应作为本罪处理。（2）行为是否属于"情节显著轻微、危害不大"的情形。虽然总体上看本罪属于非常严重的犯罪，但并非任何故意实施的武装叛乱、暴乱行为都应该作为犯罪处理。在司法实践中仍然应该考虑一些武装叛乱、暴乱的行为是否属于"情节显著轻微、危害不大"的情形而不作为犯罪处理。如一些被威胁参加武装叛乱、暴乱活动的人，在整个犯罪活动中所起的作用很小，其行为就不应该作为犯罪处理。

2. 本罪与背叛国家罪的界限

本罪中的武装叛乱行为是以投靠或者意图投靠境外组织或者境内外敌对势力为背景而反叛国家和政府的行为，与背叛国家罪具有相似之处，但两者之间有明显的区别：（1）犯罪客体不同。前者侵犯的客体是人民民主专政的政权和社会主义制度；后者侵犯的客体是中华人民共和国的主权、领土完整和安全。（2）客观方面的表现不尽相同。前者表现为行为人以武力公开对抗人民民主专政的政权，实施烧、杀、抢等暴力破坏活动，其中，武装叛乱行为以投靠境内外敌对势力为目的或者背景，而且这种行为是多人共同实施；而后者多表现为秘密勾结外国，谋划签订卖国条约、挑起对我国的侵略战争、组织傀儡政权等危害国家主权、领土完整与安全的行为，这种行为既可以多人共同实施，也可以一人单独实施。（3）犯罪主体不同。前者的主体为一般主体；后者的主体为特殊主体即只能是中国公民。（4）主观方面不尽相同。前者主观上表现为故意以武力对抗人民民主专政的政权和社会主义制度；后者主观上表现为故意出卖国家利益，危害国家主权的独立、领土的完整与安全。

3. 本罪与分裂国家罪的界限

本罪与分裂国家罪都是危害国家安全的犯罪，在主、客观方面都有一定的相似或相同之处，但有明显的区别：（1）侵犯的客体不同。前者侵犯的客体是人民民主专政的政权和社会主义制度；后者侵犯的客体是国家的统一。（2）客观方面不尽相同。前者客观上表现为以暴力的方式实施；后者既可以暴力的方式实施，也可以非暴力的方式实施。（3）主观方面不同。前者主观上表现为故意以武力对抗人民民主专政的政权和社会主义制度；后者主观上表现为分裂国家、破坏国家统一的故意。如果行为人以分裂国家的故意，发动武装叛乱或者暴乱的，应按照想象竞合犯处理。

4. 本罪中的罪数问题

在武装叛乱、暴乱的犯罪过程中，往往表现为行为人实施杀人、伤害、放火、爆炸、抢劫等各种破坏活动，侵犯公共安全、公民人身权利、财产权利等多种社会关系。存在这种情况是武装叛乱、暴乱的行为性质本身所决定的，因此，对行为人只应以武装叛乱、暴乱罪处理，而不应按照故意杀人等罪处理或者实行数罪并罚。

（三）武装叛乱、暴乱罪的处罚

根据《刑法》第 104 条第 1 款的规定，犯本罪，对首要分子或者罪行重大的，处无期徒刑或者 10 年以上有期徒刑；对积极参加的，处 3 年以上 10 年以下有期徒刑；对其他参加的，处 3 年以下有期徒刑、拘役、管制或者剥夺政治权利。策动、胁迫、勾引、收买国家机关工作人员、武装部队人员、人民警察、民兵进行武装叛乱或者武装暴乱的，依照上述法定刑从重处罚。根据《刑法》第 113 条的规定，犯本罪，对国家和人民危害特别严重、情节特别恶劣的，可以判处死刑。犯本罪的，可以并处没收财产。根据《刑法》第 56 条的规定，犯本罪，应当附加剥夺政治权利。根据《刑法》第 106 条的规定，与境外机构、组织、个人相勾结，实施本罪的，从重处罚。

五、颠覆国家政权罪

颠覆国家政权罪，是指组织、策划、实施颠覆国家政权、推翻社会主义制度的行为。本罪的构成要件是：

1. 本罪侵犯的客体是我国的国家政权和社会主义制度。

2. 本罪在客观方面表现为组织、策划、实施颠覆国家政权、推翻社会主义制度的行为。具体包括两方面内容：一是要有组织、策划、实施三种行为方式之一；二是要有颠覆国家政权、推翻社会主义制度的内容。本罪属行为犯，构成本罪既遂不要求行为人已经造成了颠覆国家政权、推翻社会主义制度的实际结果，只要查明行为人具有为颠覆国家政权、推翻社会主义制度而进行组织、策划、实施的具体事实，就构成本罪既遂。

3. 本罪的主体为一般主体，但主要是一些窃据国家重要职位，具有较大政治和社会影响力的人。

4. 本罪在主观上出于故意，并且具有颠覆国家政权、推翻社会主义制度的目的。

根据《刑法》第 105 条第 1 款的规定，犯本罪的，对首要分子或者罪行重大的，处无期徒刑或者 10 年以上有期徒刑；对积极参加的，处 3 年以上 10 年以下有期徒刑；对其他参加的，处 3 年以下有期徒刑、拘役、管制或者剥夺政治权利。根据《刑法》第 113 条的规定，犯本罪的，可以并处没收财产。根据《刑法》第 56 条的规定，犯本罪的，应当附加剥夺政治权利。《刑法》第 106 条还规定，与境外机构、组织、个人相勾结实施本罪的，从重处罚。

六、煽动颠覆国家政权罪

煽动颠覆国家政权罪，是指以造谣、诽谤或者其他方式煽动颠覆国家政权、推翻社会主义制度的行为。本罪的构成要件是：

1. 本罪侵害的客体是我国的国家政权和社会主义制度。

2. 本罪在客观方面表现为以造谣、诽谤或者其他方式煽动颠覆国家政权、推翻社会主义制度的行为。煽动的形式具有多样性，如当众演讲、呼喊口号；投寄匿名信；散发、张贴传单等。行为人以这些形式制造并散布谣言，混淆公众视听，或者捏造事实、无中生有，诋毁国家政权和社会主义制度等。

3. 本罪的主体为一般主体，无论中国公民、外国公民或者无国籍人，都可成为本罪主体。

4. 本罪在主观上只能是出于故意，并具有颠覆国家政权、推翻社会主义制度的目的。

根据《刑法》第105条第2款的规定，犯本罪的，处5年以下有期徒刑、拘役、管制或者剥夺政治权利；首要分子或者罪行重大的，处5年以上有期徒刑。根据《刑法》第113条的规定，犯本罪的，可以并处没收财产。根据《刑法》第56条的规定，犯本罪的，应当附加剥夺政治权利。根据《刑法》第106条的规定，与境外机构、组织、个人相勾结实施本罪的，从重处罚。

七、资助危害国家安全犯罪活动罪

资助危害国家安全犯罪活动罪，是指境内外机构、组织或者个人资助他人实施背叛国家罪，分裂国家罪，煽动分裂国家罪，武装叛乱、暴乱罪，颠覆国家政权罪，煽动颠覆国家政权罪的行为。本罪的构成要件是：

1. 本罪侵犯的客体是中华人民共和国的国家安全。

2. 本罪在客观方面表现为资助他人实施背叛国家罪，分裂国家罪，煽动分裂国家罪，武装叛乱、暴乱罪，颠覆国家政权罪，煽动颠覆国家政权罪的行为。所谓“资助”，是指提供金钱、财物、设备等物质条件。

3. 本罪主体为一般主体，即境内外机构、组织或者个人。

4. 本罪在主观上只能是故意，并具有危害中华人民共和国国家安全的目的。

根据《刑法》第107条的规定，犯本罪的，对直接责任人员处5年以下有期徒刑、拘役、管制或者剥夺政治权利；情节严重的，处5年以上有期徒刑。根据《刑法》第113条的规定，犯本罪的，可以并处没收财产。根据《刑法》第56条的规定，犯本罪的，应当附加剥夺政治权利。

第三节　叛变、叛逃的犯罪

一、投敌叛变罪

投敌叛变罪，是指投奔敌方营垒，或者在被俘、被捕以后投降敌人的行为。本罪的构成要件是：

1. 本罪侵犯的客体是国家的安全。

2. 本罪在客观方面表现为投敌叛变的行为。叛变并非一种不同于投敌的独立行为，投敌即意味着叛变。行为人在投敌叛变后不需要进行危害国家安全的活动就可以构成本罪。投敌叛变行为的本质是加入敌人营垒，与社会主义中国为敌。虽然其形式多种多样，但无论采取何种具体行为方式，只要实质上加入敌人营垒，与我国为敌，就是投敌叛变的行为。

3. 本罪的主体只能是中国公民，包括国家机关工作人员、武装部队人员、人民警察、民兵及其他公民。

4. 本罪在主观上只能表现为故意。

根据《刑法》第108条的规定，犯本罪的，处3年以上10年以下有期徒刑；情节严重或者带领武装部队人员、人民警察、民兵投敌叛变的，处10年以上有期徒刑或者无期徒刑。根据《刑法》第113条的规定，犯本罪，对国家和人民危害特别严重、情节特别恶劣的，可以判处死刑；犯本罪的，可以并处没收财产。根据《刑法》第56条的规定，犯本罪的，应当附加剥夺政治权利。

二、叛逃罪

（一）叛逃罪的概念和构成

叛逃罪，是指国家机关工作人员在履行公务期间，擅离岗位，叛逃境外或者在境外叛逃，或者掌握国家秘密的国家工作人员叛逃境外或者在境外叛逃的行为。本罪的构成要件是：

1. 本罪侵害的客体是中华人民共和国国家安全。

2. 本罪在客观方面表现为国家机关工作人员在履行公务期间，擅离岗位，叛逃境外或者在境外叛逃，或者掌握国家秘密的国家工作人员叛逃境外或者在境外叛逃。所谓履行公务期间，是指行为人被任命担任某一公职时起至被解除公职时止的期间，但像因离职学习、因病离职休养等情况的人员，在离职期间，不应属于履行公务期间。所谓擅离岗位，是指未经其主管部门或领导批准，离开自己的工作岗位。行为人只要是在履行公务期间叛逃，当然就是擅离岗位，因此，在认定本罪时，不需要对擅离岗位问题进行专门考察。所谓叛逃，是指背叛国家并逃离。单纯地背叛国家而不实施逃离行为，不能构成本罪，而可能构成其他犯罪，如行为人背叛国家而未逃离，接受国外间谍组织的任务，充当间谍的，应以间谍罪论处。至于行为人是否逃往境外的有关机构或者组织，刑法并未作特别规定，但这方面的情况如何，应在判断行为危害程度时予以考虑。行为人既可以在境内向境外叛逃，也可以在境外实施叛逃，虽然表现形式不同，但行为性质并无不同。本罪属于行为犯，只要行为人实施了叛逃行为，就构成本罪。

3. 本罪的主体是特殊主体，即国家机关工作人员和掌握国家秘密的国家工作人员。

4. 本罪在主观上只能是出于直接故意。至于行为人的动机如何，不影响本罪的成立。

（二）叛逃罪的认定

认定本罪，主要应注意区分本罪与投敌叛变罪的界限。本罪与投敌叛变罪都具有背叛国家的性质，主、客观方面都有一定的相似或相同之处，但两者之间有明显的区别：（1）客观方面不同。前者必须是在履行公务期间发生，而后者可在任何时间实施；前者表现为叛逃境外或者在境外叛逃；后者表现为投奔敌人营垒或者在被敌人抓捕、俘虏后投靠敌人，既可以发生在境外，也可以发生在境内。（2）犯罪主体不同。前者的主体只能是国家机关工作人员和掌握国家秘密的国家工作人员；后者的主体是中国公民，既包括国家机关工作人员和掌握国家秘密的国家工作人员，也包括其他中国公民。

（三）叛逃罪的处罚

根据《刑法》第109条的规定，犯本罪的，处5年以下有期徒刑、拘役、管制或者剥夺政治权利；情节严重的，处5年以上10年以下有期徒刑。掌握国家秘密的国家工作人员犯本罪的，从重处罚。根据《刑法》第113条的规定，犯本罪的，可以并处没收财产。根据《刑法》第56条的规定，犯本罪的，应当附加剥夺政治权利。

第四节 间谍、资敌罪

一、间谍罪

（一）间谍罪的概念和特征

间谍罪，是指参加间谍组织或者接受间谍组织及其代理人的任务，或者为敌人指示轰击目标的行为。本罪的构成要件是：

1. 本罪侵犯的客体是中华人民共和国的国家安全。

2. 本罪在客观方面表现为行为人实施了危害国家安全的间谍行为。危害国家安全的间谍行为，可以包括以下三种情况：（1）参加间谍组织，充当间谍。间谍组织，主要是指外国政府或者境外的敌对势力建立的、旨在收集我国情报、进行颠覆破坏活动等危害我国国家安全和利益的组织，当然，也包括国内敌对势力为了进行上述活动而成立的组织。参加间谍组织，是指行为人通过某种程序或渠道加入敌视我国的间谍组织而成为其成员。（2）接受间谍组织及其代理人的任务。即接受间谍组织的命令、派遣、指使、委托，为间谍组织服务，从事危害中华人民共和国国家安全的活动。间谍组织的“代理人”，是指在间谍组织委托、指派或者授意下，接受间谍组织的任务或为其服务等从事危害中华人民共和国国家安全的组织和个人。如外国在华的某公司，虽然在组织上不隶属于该国的间谍组织，但其接受了为间谍组织收集情报的任务，这时该公司可被视为间谍组织的代理人。（3）为敌人指示轰击目标。是指为军事侵略我国的敌对势力提供有关我国国家安全的重大军事设施、建设工程、城市等目标的行为。

此种行为的实施，不以参加间谍组织或者接受间谍组织及其代理人的任务为限。行为人只要实施上述三种行为之一的，就可构成间谍罪。

3. 本罪的主体为一般主体，既可以是中国公民，也可以是外国人或无国籍人；既可以是中国境内的人，也可以是中国境外的人。

4. 本罪在主观方面只能是故意。其内容表现为，明知是间谍组织而予以参加，或者明知是间谍组织及其代理人而接受其给予的任务，或者明知是敌人而为其指示轰击目标。至于行为的动机，可以多种多样，如有的行为人是为了接受贿赂，有的是为了发泄对政府的不满。不管行为人具有何种动机，只要实施了危害中华人民共和国国家安全的间谍行为，均构成间谍罪。

（二）间谍罪的认定

认定本罪，应当注意如下问题：

1. 本罪与非罪行为的界限

区分本罪与非罪行为的界限，关键要看行为人主观上是否具有危害国家安全的故意，客观上是否实施了间谍行为。如果行为人仅主观上具有参加间谍组织或者从事间谍活动的意图而客观上并未实施间谍行为，或者客观上实施了间谍行为而主观上不具有危害国家安全的故意，如有的人员虽在间谍组织工作，但只是从事勤杂、医务等单纯服务性活动的，就不能作为犯罪处理。此外，还应当判断行为是否属于“情节显著轻微、危害不大”的情形。对于受胁迫而从事间谍活动，在其中所起作用不大的人员，就不宜认定其行为构成间谍罪。

2. 本罪中的罪数问题

认定本罪中的一罪与数罪问题，主要是解决行为人在参加间谍组织或者接受间谍组织及其代理人的任务后，根据间谍组织或其代理人的授意又实施了窃取、刺探、收买、非法提供国家秘密或者情报的行为是否要实行数罪并罚的问题。由于间谍罪属于行为犯，只要行为人实施了参加间谍组织或者接受间谍组织及其代理人的任务的行为，就构成间谍罪，其后又根据间谍组织或其代理人的授意实施了另外的犯罪活动，应单独构成犯罪。只是行为人实施后一行为，是前一行为实施的当然结果，符合牵连犯的构成特征，因此，应当将其看作牵连犯，从一重罪处断。

（三）间谍罪的处罚

根据《刑法》第 110 条的规定，犯本罪的，处 10 年以上有期徒刑或者无期徒刑；情节较轻的，处 3 年以上 10 年以下有期徒刑。根据《刑法》第 113 条的规定，犯本罪，对国家和人民危害特别严重、情节特别恶劣的，可以判处死刑；犯本罪的，可以并处没收财产。根据《刑法》第 56 条的规定，犯本罪的，应当附加剥夺政治权利。

二、为境外窃取、刺探、收买、非法提供国家秘密、情报罪

（一）为境外窃取、刺探、收买、非法提供国家秘密、情报罪的概念和构成

为境外窃取、刺探、收买、非法提供国家秘密、情报罪，是指为境外的机构、组织、人员窃取、刺探、收买、非法提供国家秘密或者情报的行为。本罪的构成要件是：

1. 本罪侵犯的客体是国家的安全和利益。

2. 本罪在客观上表现为行为人实施了为境外机构、组织或者人员窃取、刺探、收买、非法提供国家秘密或情报的行为。所谓境外机构，是指中华人民共和国边境以外的国家和地区的官方机构，如政府、军队以及其他国家机关设置的机构，也包括这些机构在中华人民共和国境内的分支或代表机构；境外组织，主要是指中华人民共和国边境以外的国家和地区的政党、社会团体以及其他企业、事业单位，还包括这些单位、组织在中华人民共和国境内的分支或代表组织；境外人员，是指外国人、无国籍人以及外籍华人等，也包括居住在我国港、澳、台地区的人。本罪中所说的境外机构、组织、人员，并不限于与我国为敌的机构、组织或人员，即使为不与我国为敌的机构、组织或人员窃取、刺探、收买、非法提供国家秘密或者情报，也可以构成本罪。所谓窃取，是指行为人采用非法手段秘密取得国家秘密或情报的行为。如文件窃密、计算机窃密、电磁波窃密、照相窃密等。刺探，是指行为人通过各种途径和手段非法探知国家秘密或情报的行为。如通过探听或使用侦察技术等。收买，是指行为人以给予财物或者其他物质利益的方法非法得到国家秘密或情报的行为。非法提供，是指国家秘密或情报的持有人，将自己知悉、管理、持有的国家秘密或情报非法出售、交付、告知其他不应知悉该项秘密或情报的人的行为。

本罪的对象是国家秘密或情报。国家秘密是指关系国家的安全和利益，依照法定程序确定在一定时间只限一定范围的人知悉的事项。根据《保守秘密法》的规定，包括：（1）国家事务的重大决策中的秘密事项；（2）国防建设和武器力量活动中的秘密事项；（3）外交和外事活动中的秘密事项以及对外承担保密义务的事项；（4）国民经济和社会发展中的秘密事项；（5）科学技术中的秘密事项；（6）维护国家安全和追查刑事犯罪中的秘密事项；（7）其他经国家保密工作部门确定应当保守的国家秘密事项，以及政党秘密事项中符合《保守国家秘密法》第 2 条规定的事项。国家秘密分为三级：绝密、机密、秘密。无论哪个密级的国家秘密，都可以成为本罪的对象。所谓国家情报，包括国家政治、经济、军事、外交、法律、科技等方面的情报。

3. 本罪的主体为一般主体，既可以是中国公民，也可以是外国人或无国籍人；既可以是境内的人员，也可以是境外的人员。

4. 本罪的主观方面只能是故意。行为人明知对方是境外的机构、组织、人员，明知是国家秘密或者情报，而仍有意予以窃取、刺探、收买、非法提供。至于行为人的动机如何，并不影响本罪的成立。

（二）为境外窃取、刺探、收买、非法提供国家秘密、情报罪的认定

认定本罪，应当注意如下问题：

1. 本罪与非罪行为的界限

区分本罪与非罪行为的界限，首先，要判断行为是否具备本罪的全部构成要件，尤其要判断行为对象是否是国家秘密、情报，行为人是否明知是国家秘密、情报。如果行为的对象不属于国家秘密、情报，或者行为对象虽然属于国家秘密、情报，而行为人并不知道的，不应以本罪处理。其次，要判断行为的危害程度。刑法虽然在本罪的构成上未规定任何情节上的要求或者限制，但不能一概忽略情节在本罪定罪中的意义。如果综合全案情况，认定行为属于“情节显著轻微、危害不大”的情形，应当根

据《刑法》第 13 条"但书"的规定，不认为是犯罪。

2. 本罪与间谍罪的界限

本罪与间谍罪的行为对象都包括国家秘密、情报，在主体、主观方面和客观方面都具有相似或者相同之处，但两者之间有明显的区别：（1）客观方面有所不同。前者在客观上表现为行为人只是单纯地为境外的机构、组织、人员窃取、刺探、收买、非法提供国家秘密或者情报。如果行为人是为了参加间谍组织，或者基于接受间谍组织及其代理人的任务，或者是为了为敌人指示轰击目标，而窃取、刺探、收买、非法提供国家秘密或者情报，则只能构成间谍罪；后者在客观上表现为行为人参加间谍组织或者接受间谍组织及其代理人的任务，或者为敌人指示轰击目标，并不要求行为人实施窃取、刺探、收买、非法提供国家秘密或者情报为构成犯罪的要素。（2）主观方面有所不同。前者只是明知对方是境外的机构、组织、人员，而不知道对方是否为间谍组织或者人员。如果行为人明知对方是间谍组织或间谍组织的人员而为其窃取、刺探、收买、非法提供国家秘密或情报的，则应以间谍罪处理；后者行为人主观上明知对方是间谍组织或者间谍组织的代理人，或者明知窃取、刺探、收买、非法提供国家秘密或情报是为了为敌人指示轰击目标。

（三）为境外窃取、刺探、收买、非法提供国家秘密、情报罪的处罚

根据《刑法》第 111 条的规定，犯本罪的，处 5 年以上 10 年以下有期徒刑；情节特别严重的，处 10 年以上有期徒刑或者无期徒刑；情节较轻的，处 5 年以下有期徒刑、拘役、管制或者剥夺政治权利。根据《刑法》第 113 条的规定，犯本罪的，对国家和人民危害特别严重、情节特别恶劣的，可以判处死刑；犯本罪的，可以并处没收财产。根据《刑法》第 56 条的规定，犯本罪的，应当附加剥夺政治权利。

三、资敌罪

资敌罪，是指战时供给敌人武器装备、军用物资的行为。本罪的构成要件是：

1. 本罪侵害的客体是中华人民共和国的国家安全。

2. 本罪在客观方面表现为向敌人提供武器装备、军用物资的行为。构成本罪必须符合时间条件，即必须在战时，如果在非战时资敌，不构成本罪。所谓"战时"，是指国家宣布进入战争状态、部队接受作战任务或者遭受敌人突然袭击时。这里的"供给"，则是指非法出售或无偿提供。所谓"武器装备"，主要是指各种武器弹药、坦克、飞机、舰艇、军用通讯设备等。所谓"军用物资"，主要是指武器装备以外的其他军用物品等，如军服、军被、医疗用品等。

3. 本罪的主体为一般主体。

4. 本罪在主观上是出于故意。

根据《刑法》第 112 条的规定，犯本罪的，处 10 年以上有期徒刑或无期徒刑；情节较轻的，处 3 年以上 10 年以下有期徒刑。根据《刑法》第 113 条的规定，犯本罪的，对国家和人民危害特别严重、情节特别恶劣的，可以判处死刑；犯本罪的，可以并处没收财产。根据《刑法》第 56 条的规定，犯本罪的，应当附加剥夺政治权利。

【问题与思考】

1. 如何理解分裂国家罪的构成要件及与背叛国家罪、颠覆国家政权罪的界限？

2. 如何理解武装叛乱、暴乱罪的构成要件及与背叛国家罪、分裂国家罪、颠覆国家政权罪的界限？

3. 如何理解叛逃罪的构成要件及与背叛国家罪、投敌叛变罪的界限？

4. 如何理解间谍罪的构成要件及与为境外窃取、刺探、收买、非法提供国家秘密、情报罪的界限？

【推荐阅读论著】

1. 于志刚. 危害国家安全罪. 北京：中国人民公安大学出版社，2003

2. 赵秉志. 中国刑法案例与学理研究. 第2卷. 北京：法律出版社，2004

第三章 危害公共安全罪

内容导读

刑法分则第二章规定了52种具体的危害公共安全犯罪。本章在论述危害公共安全罪的概念和一般构成要件的基础上，重点对放火罪，失火罪，投放危险物质罪，破坏交通工具罪，破坏电力设备罪，破坏广播电视设施、公用电信设施罪，组织、领导、参加恐怖组织罪，劫持航空器罪，非法制造、买卖、运输、邮寄、储存枪支、弹药、爆炸物罪，非法持有、私藏枪支、弹药罪，交通肇事罪，重大责任事故罪等12种犯罪的概念、构成、认定等问题进行了比较详细的论述，对于其他危害公共安全的具体犯罪，则简要地介绍了其概念、构成与处罚。

第一节　危害公共安全罪概述

一、危害公共安全罪的概念和构成

危害公共安全罪，是指故意或者过失地实施危及不特定或者多数人的生命、健康或者重大公私财产安全的行为。本类犯罪具有如下共同构成要件：

1. 本类犯罪侵犯的客体是公共安全。何谓公共安全，理论上有不同理解：第一种观点认为，公共安全是指不特定多数人的生命、健康、重大公私财产安全以及公共生产、生活的安全。[①] 这种观点曾长期处于我国通说的地位，但现在受到不少学者的质疑。第二种观点认为，公共安全是指多数人的生命、身体或财产安全，不问是特定还

① 参见高铭暄主编：《中国刑法学》，369页，北京，中国人民大学出版社，1989。

是不特定，只要是对多数人的生命、身体或者财产造成威胁，就是危害公共安全。[①] 第三种观点认为，公共安全是指不特定人的生命、健康、财产安全。[②] 第四种观点认为，公共安全是指不特定或者多数人的生命、身体或财产的安全。[③] 这种观点在日本等大陆法系国家处于通说地位，20 世纪 90 年代以来在我国也得到较多学者的支持，有成为新的通说之势。

我们认为，公共安全的概念实际上包含两方面的内容：其一是“公共”；其二是“安全”。所谓安全，指的是生命、身体或财产“没有危险，不受威胁”[④]，这一点为上述各种观点所公认。然而，刑法对于生命、身体、财产的保护不限于分则第二章“危害公共安全罪”，刑法还设有专章来惩治侵犯公民人身权利、民主权利以及侵犯财产的犯罪，这就意味着公共安全必须具有不同于单纯的人身安全或财产安全的性质。换言之，公共安全的本质特征在于“公共”，强调的是“社会性”与“公众性”。通常情况下，“社会性”与“公众性”是通过“多数”来体现的。而至于“不特定”，由于其蕴含着向“多数”发展的可能性，会导致社会成员产生不安全感，这种不安全感随时可能转化为多数人遭受侵害的现实。因此，“公共安全”应是指不特定或者多数人的生命、健康或重大公私财产的安全。

所谓“不特定”，是指行为人对其行为可能侵害的对象与可能造成的后果事先无法具体预料，也难以控制。实施危害公共安全犯罪的行为人，有的往往有特定的意图侵害的对象，行为人对损害的可能范围也有所估计和认识。但行为一旦实施，实际侵害的对象和造成或可能造成的后果却具有不确定性，经常超出行为人先前“意图”的范围，是行为人难以控制的。因此，不能将“不特定”理解为没有特定的侵犯对象或目标。“多数”，是相对于其他犯罪只能危害到单个或少数对象而言，难以用具体数字说明。“多数”既可以是“不特定的”，也可以是“特定的”。只要行为使较多的人感受到生命、健康和重大公私财产有危险时，就应认定为危害了公共安全。

2. 本类犯罪的客观方面表现为实施危及公共安全的行为。既包括对公共安全已经造成严重后果的行为，也包括具有足以造成严重后果的危险的行为。行为方式既可以是作为，也可以是不作为。具体表现为：以危险方法实施的危害公共安全的行为、危害交通运输安全的行为、破坏重要公共设施的行为、违反安全规则造成重大责任事故的行为、实施恐怖活动的行为，以及针对具有极大杀伤性的枪支、弹药、爆炸物及危险物质的行为等。本类犯罪的行为必须具有危害公共安全的性质，即必须具有使不特定或多数人的生命、健康或公私财产的安全遭受侵害的重大危险性。对于过失危害公共安全的行为，刑法明文规定必须以造成严重后果作为犯罪成立的必备条件。而故意实施危害公共安全行为的，即使尚未造成严重后果，只要造成足以危害公共安全的危

---

① 参见高格：《定罪与量刑》上卷，342 页，北京，中国方正出版社，1999。

② 参见郭立新、黄明儒主编：《刑法分则适用典型疑难问题新释新解》，3 页，北京，中国检察出版社，2010。

③ 参见［日］山中敬一：《刑法各论》，457 页，东京，成文堂，2009；张明楷：《刑法学》，514 页，北京，法律出版社，2007；马克昌主编：《刑法学》，321 页，北京，高等教育出版社，2010。

④ 《现代汉语词典》，7 页，北京，商务印书馆，2005。

险状态，就构成犯罪。

3. 本类犯罪的主体，既有一般主体，又有特殊主体。其中大多数犯罪的主体为一般主体。例如，放火罪、爆炸罪以及投放危险物质罪等。少数犯罪要求由从事特定业务或具有特定职务的人员构成。例如，非法出租、出借枪支罪，重大飞行事故罪等。有些犯罪既可由单位构成，也可由自然人构成。例如，资助恐怖活动罪，非法制造、买卖、运输、储存危险物质罪等。而有的犯罪却只能由单位构成，例如，违规制造、销售枪支罪等。根据《刑法》第17条的规定，已满14周岁不满16周岁的人，对放火、爆炸、投放危险物质罪，应当负刑事责任。

4. 本类犯罪的主观方面，既有故意，也有过失。其中有的犯罪只能由故意构成，有的犯罪则只能由过失构成。过失犯罪的数量居刑法分则规定的各类犯罪之首，是本类犯罪的一大特点。

二、危害公共安全罪的种类

根据《刑法》分则第二章的规定，危害公共安全罪共有52个罪名。这类犯罪具体可以分为：

1. 以危险方法危害公共安全的犯罪。包括放火罪、决水罪、爆炸罪、投放危险物质罪、以危险方法危害公共安全罪、失火罪、过失决水罪、过失爆炸罪、过失投放危险物质罪、过失以危险方法危害公共安全罪。

2. 破坏公用工具、设施危害公共安全的犯罪。包括破坏交通工具罪，破坏交通设施罪，破坏电力设备罪，破坏易燃易爆设备罪，过失损坏交通工具罪，过失损坏交通设施罪，过失损坏电力设备罪，过失损坏易燃易爆设备罪，破坏广播电视设施、公用电信设施罪和过失损坏广播电视设施、公用电信设施罪。

3. 实施恐怖、危险活动危害公共安全的犯罪。包括组织、领导、参加恐怖组织罪，帮助恐怖活动罪，准备实施恐怖活动罪，宣扬恐怖主义、极端主义、煽动实施恐怖活动罪，利用极端主义破坏法律实施罪，强制穿戴宣扬恐怖主义、极端主义服饰、标志罪，非法持有宣扬恐怖主义、极端主义物品罪，劫持航空器罪，劫持船只、汽车罪和暴力危及飞行安全罪。

4. 违反枪支、弹药、爆炸物及危险物质管理规定危害公共安全的犯罪。包括非法制造、买卖、运输、邮寄、储存枪支、弹药、爆炸物罪，非法制造、买卖、运输、储存危险物质罪，违规制造、销售枪支罪，盗窃、抢夺枪支、弹药、爆炸物、危险物质罪，抢劫枪支、弹药、爆炸物、危险物质罪，非法持有、私藏枪支、弹药罪，非法出租、出借枪支罪，丢失枪支不报罪和非法携带枪支、弹药、管制刀具、危险物品危及公共安全罪。

5. 造成重大事故危害公共安全的犯罪。包括重大飞行事故罪，铁路运营安全事故罪，交通肇事罪，危险驾驶罪，重大责任事故罪，强令违章冒险作业罪，重大劳动安全事故罪，大型群众性活动重大安全事故罪，危险物品肇事罪，工程重大安全事故罪，教育设施重大安全事故罪，消防责任事故罪和不报、谎报安全事故罪。

第二节　以危险方法危害公共安全的犯罪

一、放火罪

（一）放火罪的概念和构成

放火罪，是指故意放火焚烧公私财物，危害公共安全的行为。本罪的构成要件是：

1. 本罪侵犯的客体是公共安全。即指不特定或多数人的生命、健康或者重大公私财产的安全。通常情况下，放火罪不仅危及不特定或多数人的生命、健康安全，同时它还会危及重大公私财产的安全。关于放火罪的对象，《刑法》第114条曾规定为工厂、矿场、油田、港口、河流、水源、仓库、住宅、森林、农场、谷场、牧场、重要管道、公共建筑物或其他公私财产，但《刑法修正案（三）》删除了对具体对象的规定。通说将放火罪的对象概括为公私财物，也有学者认为，还可能是财物以外的对象。自焚行为足以危害公共安全的，也成立放火罪。①

燃烧自己或他人的财物，如果足以危及公共安全，就构成放火罪。燃烧自己的财物不足以危及公共安全的，不构成犯罪；燃烧他人财物不足以危及公共安全的，则可能构成故意毁坏财物罪。

2. 本罪的客观方面表现为实施了放火焚烧，危及公共安全的行为。放火，是指使用各种引火材料，点燃目的物，或者利用既存的火种（引起火灾的危险因素），引起公私财物燃烧，制造火灾的行为。放火的方法没有限制，既可以是作为，如直接将对象物点燃，使其燃烧，制造火灾的行为；也可以是不作为，如负有防止火灾发生特定义务的人，发现面临火灾的危险，能够采取防止措施避免火灾发生而不采取，以致发生火灾。因放火行为社会危害性极大，所以，只要放火行为存在足以使人身、财产遭受重大损失的危险，即使尚未发生实际的危害结果，也构成放火罪。如果放火行为"致人重伤、死亡或者使公私财产遭受重大损失的"，通说认为属于放火罪的结果加重犯。②如果放火行为对公共安全没有形成上述危险的，则不构成放火罪，但有可能构成其他犯罪。

3. 本罪的主体为一般主体。任何已满14周岁、具有刑事责任能力的人，都能够成为本罪的主体。

4. 本罪的主观方面是故意，既可以是直接故意，也可以是间接故意。只要明知自己的行为会引起公私财物的燃烧，造成火灾，危及公共安全，并且希望或者放任这种结果发生，即为放火的故意。至于动机如何，不影响犯罪的成立。

（二）放火罪的认定

认定本罪，应注意如下问题：

---

① 参见张明楷：《刑法学》，517页，北京，法律出版社，2007。

② 参见马克昌主编：《刑法学》，322页，北京，高等教育出版社，2010。

1. 本罪与以放火方法实施其他犯罪的界限

在司法实践中，行为人通常采用放火的方法达到其他犯罪目的，例如，为杀人而对他人住宅放火；为破坏交通工具、交通设施、电力设备以及易燃易爆设备而放火等。对此，通说以放火行为是否具有公共危险性质决定犯罪的性质。如为其他目的的实现而实施的放火行为危及公共安全，行为人对此也明知，应认定为放火罪；反之，如果放火行为不可能危及公共安全，则应按相应的犯罪处理。至于是否具有公共危险性质，则应综合考察对象物的性质、特点等客观情况以及作案的时间、地点等具体情况。

2. 本罪的既遂与未遂形态

一般认为，放火行为导致目的物烧毁时就是放火罪的既遂。但是国内外刑法理论对“烧毁”一词有不同的理解，形成了四种学说，即独立燃烧说、丧失效用说、重要部分燃烧说（燃起说）以及毁弃说。独立燃烧说认为，当放火行为导致对象物在离开媒介物的情况下能够独立燃烧时，就是烧毁。该说重视放火罪的危害公共安全的性质，是德国与法国的通说，也是日本判例的通说。但也有学者批评该说忽视了放火罪的财产犯罪性质，并且使得对难燃性建筑物的放火行为几乎只能成为未遂。丧失效用说认为，目的物的重要部分由于被燃烧而失去效用时，就是烧毁。该说强调放火罪的财产犯罪的性质，被认为忽视了放火罪的公共危险罪的性质。重要部分燃烧说认为，对象物的重要部分起火开始燃烧时，就是烧毁。毁弃说认为，由于火力而使目的物达到了毁弃罪（故意毁坏财物罪）中的损坏程度时，就是烧毁。重要部分燃烧说与毁弃说同时考虑了放火罪危害公共安全的性质和财产犯罪的性质，但如何判断重要部分燃烧起来的时间，如何判断单纯由火力所造成的损坏，都是一个难题。[①]

究竟采用何种学说来认定放火罪的既遂取决于多种因素，其中最重要的是各国的具体国情，即各国建筑物的结构。欧洲国家的建筑物多为砖石结构，放火行为要使目的物独立燃烧需要相当长的时间，要使之丧失效用则更不容易，因而这些国家多采取独立燃烧说。而日本以往的建筑物多为木质结构，极易燃烧，如果采用独立燃烧说将使放火罪难以成立未遂和中止，因而日本学者多不赞成独立燃烧说。但随着第二次世界大战后日本建筑物结构的变化，赞成独立燃烧说的学者也在增多。

值得研究的是，随着各国不燃性、难燃性建筑物的增加，对这些建筑物的放火行为是否仍应采用独立燃烧说？例如，火力虽然无法使建筑物独立燃烧，但导致煤气泄漏，此时应认定为放火罪的既遂还是未遂？对此，国外有的学者提出新丧失效用说，主张如果媒介物的火力导致建筑物丧失效用，就是既遂；有的学者则立足于毁弃说，认为只要火力造成不燃性建筑的一部分损坏，有释放有毒瓦斯的公共危险时，就是既遂。还有的学者主张继续坚持独立燃烧说。[②]

我国的通说为“独立燃烧说”。根据通说的观点，犯罪既遂的标准是行为人所实施的行为具备了刑法分则所规定的某一犯罪的全部构成要件，而非行为人犯罪目的的实现。我国刑法将放火罪规定在危害公共安全的犯罪中，可见对其公共危险性质的强调。根据《刑法》分则的具体规定，只要行为人实施了放火行为，并足以危及公共安全就

① 参见张明楷：《未遂犯论》，164页以下，北京，法律出版社，1997。

② 参见［日］山中敬一：《刑法各论》，478页，东京，成文堂，2009。

构成既遂。具体而言，只要放火的行为将对象物点燃后，已经达到在离开媒介物的情况下也能够独立燃烧的程度，即使没有造成实际的危害结果，也应视为放火罪的既遂。如果行为人的放火行为尚未实施完毕，例如，正要点火时被抓获；或者虽然当时已经点燃对象物，但过后因为客观方面的原因即熄灭，例如，下雨或他人的行为使对象物未形成独立燃烧的状态，则应视为放火罪未遂。通说的这种观点能否适用于不燃性、难燃性建筑物还需要进一步研究。

3. 本罪中的罪数问题

在司法实践中，一个放火行为所造成的结果往往不止一个。但是，只要这一个放火行为是在一个放火故意支配下实施的，即使造成了多个结果，也只能认定成立一个放火罪。而如果行为人在实施了其他犯罪行为以后，为毁灭罪证进而实施放火行为，例如，行为人在实施了杀人、抢劫、盗窃、强奸等犯罪后，为毁灭罪证而放火，应以故意杀人罪、抢劫罪、盗窃罪、强奸罪等与放火罪实行数罪并罚。此外，为了骗取保险金而放火并实施了骗取保险金的行为，对此也应实行数罪并罚。当然，上述结论的得出，是以放火行为足以危害公共安全为前提的。

（三）放火罪的处罚

根据《刑法》第114、115条的规定，犯本罪，尚未造成严重后果的，处3年以上10年以下有期徒刑。致人重伤、死亡或者使公私财产遭受重大损失的，处10年以上有期徒刑、无期徒刑或者死刑。

二、失火罪

（一）失火罪的概念和构成

失火罪，是指因过失引起火灾，致人重伤、死亡或者使公私财产遭受重大损失，危害公共安全的行为。本罪的构成要件是：

1. 本罪侵犯的客体是公共安全。即不特定或多数人的生命、健康或者重大公私财产的安全。

2. 本罪的客观方面。表现为行为引起火灾发生，并且造成致人重伤、死亡或者公私财产重大损失的严重后果，危害了公共安全。具体包括以下内容：(1) 引起火灾发生的行为。失火行为既可以是作为，也可以是不作为。通常情况下，是由于行为人缺乏安全用火意识，在日常生活中或者在特定的领域内违反与从事的特定领域的职务、业务活动应当遵守的特定注意义务无关的注意义务，引起火灾发生。(2) 行为引发的火灾，必须造成了人员的伤亡或者公私财产重大损失的严重后果，且危害了公共安全。如果只是引起火灾发生，却并未造成人员的伤亡或者公私财产重大损失的严重后果，则不构成失火罪。(3) 引起火灾发生的行为与造成严重后果之间必须具有刑法意义上的因果关系。

3. 本罪的主体是一般主体。即已满16周岁、具有刑事责任能力的自然人。

4. 本罪主观方面是过失，可以是疏忽大意的过失或者是过于自信的过失。即行为人应当预见自己的行为可能引起火灾，可能造成人员的伤亡或者公私财产重大损失的严重后果，危及公共安全，因为疏忽大意没有预见或者已经预见而轻信能够避免。这里的过失，是针对造成致人重伤、死亡或者公私财产重大损失的严重后果而言，而并非是针对引起火灾行为本身的有意无意而言。例如，有着几十年工作经验的老电工，平时经常违规作业，均未发生意外，但某次违规作业引发了重大火灾，其行为本身就是违反注意义务的“明知故犯”，但罪过形式则是过失。

（二）失火罪的认定

认定本罪，应注意如下问题：

1. 本罪与非罪行为的界限

区分失火罪与非罪行为的界限，应考察以下情况：（1）客观上是否造成了“致人重伤、死亡或者使公私财产遭受重大损失”。（2）行为人主观上有无过失。（3）失火行为与火灾的发生是否具有刑法意义上的因果关系。如果火灾是由于不能预见或不能抗拒的原因导致的，即使行为人有一定的过失行为，也不能认定成立失火罪。例如，地震、雷电引发的火灾，等等。

2. 本罪与放火罪的界限

失火罪与放火罪的客体均为公共安全，两罪的主体也均为一般主体，客观方面都是造成火灾，危及公共安全。但是两罪却有着较大区别，具体表现在以下三个方面：（1）客观方面的要求不同。由于放火罪是危险犯，所以放火罪只要求放火行为足以危害公共安全即可，而无须造成严重后果。但是，失火罪属实害犯，因此，客观方面要求必须造成严重后果。（2）主体的具体要求不同。根据《刑法》第 17 条第 2 款的规定，放火罪的主体是已满 14 周岁、具有刑事责任能力的人。而失火罪的主体是已满 16 周岁、具有刑事责任能力的人。（3）犯罪的主观方面不同。放火罪只能由故意构成，而失火罪却只能是过失。但是，在司法实践中，对于过于自信过失的失火罪与间接故意的放火罪的认定，常常出现分歧。我们认为应重点考察行为人主观上对可能发生火灾后果的心理态度。如果行为人明知自己的行为会引起火灾，而放任其发生，就应定放火罪。反之，已经预见到可能发生而轻信能够避免以致引起火灾，就应当定失火罪。此外，还可借助行为人在引起财物起火后的态度进行综合判断，通常情况下，失火罪的行为人会实施积极扑救、呼救或报警等行为，而放火罪的行为人则会采取听之任之的态度，或者逃离火灾现场。

（三）失火罪的处罚

根据《刑法》第 115 条第 2 款的规定，犯本罪的，处 3 年以上 7 年以下有期徒刑；情节较轻的，处 3 年以下有期徒刑或者拘役。

三、决水罪

决水罪，是指故意破坏水利设施，造成水患，危害公共安全的行为。本罪的构成要件是：

1. 本罪侵犯的客体是公共安全，即不特定或多数人的生命、健康或者重大公私财产的安全。本罪的对象为正在使用中的水利设施。它包括直接涉及人民群众生活与生产活动的水利设施，以及直接关系到人民群众生命、财产安全的水利设施。

2. 本罪在客观上表现为实施了危害公共安全的决水行为。所谓“决水”，是指破坏水利设施，造成水灾的行为。破坏水利设施，是指故意使水利设施的供给和预防水灾的功能丧失。决水行为既可以是作为，也可以是不作为。决水的手段可以多种多样，无论行为人采取何种手段均不影响本罪的成立。但决水行为必须危害到公共安全，否则不构成本罪。

3. 本罪的主体是一般主体，已满 16 周岁、具有刑事责任能力的自然人，均能成为本罪的主体。

4. 本罪在主观上必须出于故意。即行为人明知自己的行为会造成水灾，危害公共安全，并且希望或者放任水灾的发生。但是，行为人决水的动机，不影响本罪的认定。

根据《刑法》第 114、115 条的规定，犯本罪，尚未造成严重后果的，处 3 年以上 10 年以下有期徒刑。致人重伤、死亡或者使公私财产遭受重大损失的，处 10 年以上有期徒刑、无期徒刑或者死刑。

四、过失决水罪

过失决水罪，是指过失损坏水利设施，造成水灾，致人重伤、死亡或者使公私财产遭受重大损失，危害公共安全的行为。本罪的构成要件是：

1. 本罪侵犯的客体是公共安全。即不特定或多数人的生命、健康或者重大公私财产的安全。

2. 本罪在客观上表现为过失引起决水，造成水灾，致人重伤、死亡或者使公私财产遭受重大损失，危害公共安全的行为。

3. 本罪的主体为一般主体，即年满 16 周岁、具有刑事责任能力的自然人。

4. 本罪在主观上表现为过失。既可以是疏忽大意的过失，也可以是过于自信的过失。这里的过失，是对致人重伤、死亡或者公私财产重大损失的严重后果的心理态度，而非行为本身的“有意无意”。

根据《刑法》第 115 条第 2 款的规定，犯本罪的，处 3 年以上 7 年以下有期徒刑；情节较轻的，处 3 年以下有期徒刑或者拘役。

五、爆炸罪

爆炸罪，是指故意引起爆炸，危害公共安全的行为。本罪的构成要件是：

1. 本罪侵犯的客体是公共安全，即不特定或多数人的生命、健康或者重大公私财产的安全。本罪的对象主要是人身或者财产，或同时包含两者。

2. 本罪在客观上表现为引起爆炸，危害公共安全的行为。所谓引起爆炸，是指用各种方法引起爆炸物或其他装置、设备爆炸。所谓爆炸物，是指能通过化学反应引起爆炸现象的物品，例如炸药、炸弹、手榴弹、雷管等。所谓其他装置、设备，是指通过物理引起爆炸的装置、设备，例如，锅炉、高压设备等。无论行为人以何种手段取得爆炸物，均不影响本罪的成立。这里仍须强调的是，爆炸行为必须足以危害公共安全，即不特定或多数人的生命、健康或者重大公私财产的安全，否则不成立本罪。但成立本罪不要求发生具体的危害结果。如果行为人采用爆炸的方法引发火灾，因火灾危害了公共安全的，应成立放火罪。如果行为人采用爆炸的方法造成水灾，因水灾危害了公共安全的，应认定为决水罪。但是，上述情况下，爆炸行为本身也足以危害公共安全时，应认定为想象竞合犯，从一重处罚。

3. 本罪的主体为一般主体。已满 14 周岁、具有刑事责任能力的自然人，均可成为本罪主体。

4. 本罪在主观上是故意。既可以是直接故意，也可以是间接故意。即行为人明知自己的爆炸行为会发生危害公共安全的后果，并且希望或者放任这种结果的发生。至于行为人的动机如何，不影响本罪的成立。

根据《刑法》第 114、115 条的规定，犯本罪，尚未造成严重后果的，处 3 年以上 10 年以下有期徒刑。致人重伤、死亡或者使公私财产遭受重大损失的，处 10 年以上有期徒刑、无期徒刑或者死刑。

六、过失爆炸罪

过失爆炸罪，是指过失引发爆炸，致人重伤、死亡或者使公私财产遭受重大损失，危害公共安全的行为。本罪的构成要件是：

1. 本罪侵犯的客体是公共安全，即不特定或多数人的生命、健康或者重大公私财产的安全。

2. 本罪在客观上表现为过失引发爆炸，致人重伤、死亡或者使公私财产遭受重大损失，危害公共安全的行为。虽引发爆炸，但未造成严重危害后果的，不构成犯罪。

3. 本罪的主体为一般主体，即年满 16 周岁、具有刑事责任能力的自然人。

4. 本罪在主观上为过失。可以是疏忽大意的过失或者是过于自信的过失。过失是行为人对造成致人重伤、死亡或者公私财产重大损失的严重后果所持的心理态度，并非指行为本身的有意还是无意。

根据《刑法》第 115 条第 2 款的规定，犯本罪的，处 3 年以上 7 年以下有期徒刑；情节较轻的，处 3 年以下有期徒刑或者拘役。

七、投放危险物质罪

（一）投放危险物质罪的概念和构成

投放危险物质罪，是指故意投放毒害性、放射性、传染病病原体等物质，危害公共安全的行为。本罪的构成要件是：

1. 本罪侵犯的客体是公共安全，即不特定或多数人的生命、健康或者重大公私财产的安全。

2. 本罪在客观上表现为投放毒害性、放射性、传染病病原体等物质，危害公共安全的行为。本罪的客观要件具体包括以下三个要素：（1）行为人投放的必须是危险物质。所谓危险物质，是指能够致人死亡、严重危害人体健康，或者对重大公私财产造成重大损失的毒害性、放射性、传染病病原体等物质。毒害性物质是指基于化学作用，含有毒质，能够致有机体死亡或者伤害的有机物或无机物的总称，如砒霜、氰化钾、各种剧毒农药等有毒的物质；放射性物质，是指能发出放射线辐射的物质，人如果受大剂量照射会引起肌体损伤甚至死亡。传染病病原体，亦称为“病原物”、“病原生物”，是指能够引起疾病的菌种、毒种的统称，包括致病微生物和寄生虫。由于能够引起疾病的微生物、寄生虫的范围非常广泛，因此，作为本罪的“传染病病原体”，我们认为，应当以《传染病防治法》规定的甲、乙、丙类传染病病原体为限。[①] 如果投放的传染病病原体不在《传染病防治法》规定的范围内，则不能以犯罪论处。除上述毒害性、放射性、传染病病原体物质外，本罪的危险物质还应包括足以对公共安全造成危害的其他物质。(2) 必须有投放行为。投放行为既可以是作为，也可以是不作为。从司法实践看，行为人既可能将危险物质投放到供人、畜等使用的水井、池塘、河流等能够危害到公共安全的场所，也可能将危险物质投入供不特定或多数人饮食的食品或饮料中。(3) 投放危险物质行为必须危害公共安全。本罪属于危险犯。因此，成立本罪不需要发生不特定或多数人的中毒或公私财产的重大损失的危害结果，只要行为人投放危险物质的行为足以危害公共安全即可。而对行为是否具有危害公共安全性质的判断，必须结合具体的客观情况进行考察。例如，对行为实施的地点、时间、所投放的危险物质的性质以及破坏能力等进行考察。

3. 本罪的主体是一般主体，即已满14周岁、具有刑事责任能力的自然人。

4. 本罪在主观上只能是故意。可以是直接故意，也可以是间接故意。即行为人明知自己投放危险物质的行为会发生危害不特定或者多数人的生命、健康或重大公私财产的结果，并且希望或放任这种结果的发生。至于动机如何，不影响本罪的成立。

（二）投放危险物质罪的认定

认定本罪，应当注意如下问题：

1. 本罪与非罪行为的界限

考察投放危险物质罪与非罪行为的界限，主要包括以下两方面内容：(1) 对是否为危险物质的认定。即考察所投放的物质是否属于毒害性、放射性、传染病病原体以及其他足以危害公共安全的危险物质。(2) 考察投放行为是否具有危害公共安全的性质。如投放的不属于毒害性、放射性、传染病病原体等危险物质，或者投放行为不具有危害公共安全性质的，不能以本罪论处。

2. 本罪的既遂与中止问题

本罪属于危险犯，而对危险犯的既遂与中止问题，理论上一直存在很大的争议。关于危险犯的既遂标准存在犯罪目的实现说、危险状态发生说、犯罪结果说以及脱离自力控制说等多种学说。我们认为应采用危险状态发生说，即以造成某种危害结果的危险状态是否发生作为判断标准。因此，只要行为人着手实施了投放危险物质的行为，即使尚未造成实际的人员伤亡和财产损失，但只要危害到公共安全，就成立本罪既遂。

---

① 《传染病防治法》规定，甲类传染病是指：鼠疫、霍乱。乙类传染病是指：传染性非典型肺炎、病毒性肝炎、细菌性和阿米巴性痢疾、伤寒和副伤寒、艾滋病、淋病、梅毒、脊髓灰质炎、麻疹、百日咳、白喉、流行性脑脊髓膜炎、猩红热、流行性出血热、狂犬病、钩端螺旋体病、布鲁氏菌病、肺结核、炭疽、流行性乙型脑炎、血吸虫病、疟疾、登革热、新生儿破伤风。丙类传染病是指：黑热病、丝虫病、流行性和地方性斑疹伤寒、包虫病、麻风病、流行性感冒、流行性腮腺炎、风疹、急性出血性结膜炎，除霍乱、细菌性和阿米巴性痢疾、伤寒和副伤寒以外的感染性腹泻病。

即以投放行为具备了危害公共安全性质为既遂标准。另外，我们认为，在发生法定危险状态后，行为人自动采取有效措施消除了危险状态的，可以成立中止，即成立实害犯的犯罪中止。

3. 本罪中的罪数问题

关于一罪与数罪的区分标准，我国的通说是犯罪构成标准说。即行为符合一个犯罪构成的为一罪，符合两个以上犯罪构成的为数罪。据此，如果行为人主观上基于杀害或伤害特定的个人或少数人的目的，实施了一个投放危险物质的行为，危及公共安全的，则投放危险物质的行为构成故意杀人罪或故意伤害罪与投放危险物质罪的想象竞合。类似这种情况的还有，如行为人以投放危险物质的方法毁坏公私财物，危及公共安全的；行为人基于报复泄愤或其他个人目的，以投放危险物质的方法破坏生产经营（残害耕牛），危及公共安全的。上述情况分别成立故意毁坏财物罪与投放危险物质罪的想象竞合，以及破坏生产经营罪与投放危险物质罪的想象竞合，而对于想象竞合犯应适用“从一重处断”的原则处理。

对于行为人基于牟利的目的，以投放危险物质的方法将畜禽毒死，然后收购出卖的情况，首先应考察投放危险物质的行为是否危及公共安全，如果不危害公共安全，上述情况属于故意毁坏财物罪或者破坏生产经营罪与销售有毒食品罪的牵连犯，按牵连犯的处断原则处理。如果危及公共安全，则应先处理投放危险物质罪与故意毁坏财物罪或者破坏生产经营罪的想象竞合犯问题，再处理与销售有毒食品罪的牵连犯问题。

（三）投放危险物质罪的处罚

根据《刑法》第114、115条的规定，犯本罪，尚未造成严重后果的，处3年以上10年以下有期徒刑；致人重伤、死亡或者使公私财产遭受重大损失的，处10年以上有期徒刑、无期徒刑或者死刑。

八、过失投放危险物质罪

过失投放危险物质罪，是指过失投放毒害性、放射性、传染病病原体等危险物质，致人重伤、死亡或者使公私财产遭受重大损失的行为。本罪的构成要件是：

1. 本罪侵犯的客体是公共安全，即不特定或多数人的生命、健康或者重大公私财产的安全。

2. 本罪在客观上表现为过失投放毒害性、放射性、传染病病原体等危险物质，致人重伤、死亡，或者使公私财产遭受重大损失，危害公共安全的行为。由于本罪是过失犯，因此，只有发生了法定的严重后果才能构成。而且，投放行为与造成严重后果之间必须具有刑法上的因果关系。

3. 本罪的主体为一般主体。必须是年满16周岁、具有刑事责任能力的自然人。

4. 本罪在主观上表现为过失。可以是疏忽大意的过失，也可以是过于自信的过失。这里的过失，是行为人对造成重大损失的严重后果所持的主观心理态度。

根据《刑法》第115条第2款的规定，犯本罪的，处3年以上7年以下有期徒刑；情节较轻的，处3年以下有期徒刑或者拘役。

九、以危险方法危害公共安全罪

以危险方法危害公共安全罪，是指使用与放火、决水、爆炸、投放危险物质等危险性相当的其他方法，危害公共安全的行为。本罪的构成要件是：

1. 本罪侵犯的客体是公共安全，即不特定或多数人的生命、健康或者重大公私财产的安全。

2. 本罪在客观上表现为以其他危险方法危害公共安全的行为。所谓“其他危险方法”是指使用与放火、决水、爆炸、投放危险物质的危险性相当，足以危害公共安全的危险方法。即一经实施，就可能造成不特定或者多数人的伤亡或者致使公私财产遭受重大损失的方法。以其他危险方法危害公共安全的行为，可以是作为，也可以是不作为。但是如果危险性不相当，就不能认定为本罪的行为。因此，对本罪其他危险方法的理解应把握以下几点：（1）必须是除放火、决水、爆炸、投放危险物质以外的危险方法；（2）必须具有与放火、决水、爆炸、投放危险物质相同或者相当的危险性；（3）必须危害公共安全。

3. 本罪的主体为一般主体，即年满16周岁、具有刑事责任能力的自然人。

4. 本罪在主观上为故意。既可以是直接故意，也可以是间接故意。即行为人明知自己的行为会发生危害不特定或者多数人的生命、健康或重大公私财产的结果，并且希望或放任这种结果的发生。至于动机如何，不影响本罪的成立。

根据《刑法》第114、115条的规定，犯本罪，尚未造成严重后果的，处3年以上10年以下有期徒刑。致人重伤、死亡或者使公私财产遭受重大损失的，处10年以上有期徒刑、无期徒刑或者死刑。

十、过失以危险方法危害公共安全罪

过失以危险方法危害公共安全罪，是指行为人过失使用与放火、决水、爆炸、投放危险物质等危险性相当的其他危险方法，致人重伤、死亡或使公私财产遭受重大损失，危害公共安全的行为。本罪的构成要件是：

1. 本罪侵犯的客体是公共安全，即不特定或多数人的生命、健康或者重大公私财产的安全。

2. 本罪在客观上表现为过失使用与放火、决水、爆炸、投放危险物质等危险性相当的其他危险方法，致人重伤、死亡，或者使公私财产遭受重大损失，危害公共安全的行为。行为必须造成不特定或多数人的生命、健康或者重大公私财产的损失的后果，否则，不成立本罪。

3. 本罪的主体为一般主体，即年满16周岁、具有刑事责任能力的自然人。

4. 本罪在主观上为过失。可以是疏忽大意的过失或者是过于自信的过失。过失是行为人对造成重大损失的严重后果所持的主观心理态度，并非指行为本身的有意无意。

根据《刑法》第115条第2款的规定，犯本罪的，处3年以上7年以下有期徒刑；情节较轻的，处3年以下有期徒刑或者拘役。

第三节　破坏公用工具、设施危害公共安全的犯罪

一、破坏交通工具罪

(一) 破坏交通工具罪的概念和构成

破坏交通工具罪，是指破坏火车、汽车、电车、船只、航空器，足以使火车、汽车、电车、船只、航空器发生倾覆、毁坏危险，尚未造成严重后果或者已经造成严重后果的行为。本罪的构成要件是：

1. 本罪侵犯的客体是交通运输安全。交通运输工具是实现客货空间转移的重要载体。本罪的交通工具以刑法的规定为限。具体包括：火车、汽车、电车、船只、航空器。我国很多地区往往使用大型拖拉机从事客货运输业务，对之进行破坏能否构成本罪，理论上有肯定说[①]与否定说[②]两种不同的观点。我们持肯定说，认为将从事客货运输业务的大型拖拉机解释为汽车，仍是在“汽车”这一法律用语可能的词义范围之内，没有超出一般国民的预测可能性，是一种扩大解释，而不是法律所禁止的类推。本罪危害公共安全的性质决定了并非所有状态下的火车、汽车、电车、船只、航空器都能成为本罪的对象，只有当火车、汽车等交通工具关涉公共安全时，即处于正在使用的状态时，才可以成为本罪的对象。“正在使用的状态”是指火车、汽车、电车、船只、航空器处于正在行驶（飞行）或检验、检修出厂交付随时使用的状态。对于破坏正在制造中的，或虽已制造完毕但尚未检验出厂，或未交付使用，或正在工厂修理的交通工具，不应认定为本罪，可以相应的犯罪论处。自行车、小型拖拉机、人力三轮车以及马车等非机动交通工具不属于本罪的对象，行为人破坏上述对象的行为，一般不足以危及公共安全，因而不构成本罪。

2. 本罪在客观上表现为破坏交通工具，足以使其发生倾覆或毁坏危险或造成严重后果的行为。具体包括以下三个内容：（1）行为人实施了破坏行为。所谓“破坏”，是指对于上述交通工具的整体或者重要部件的损坏。破坏行为的具体方式没有限制，既可以表现为作为，也可以是不作为。例如，汽车检修人员知道汽车的刹车系统出了问题，却不进行检修，而仅对其他部件进行了检修，然后即交付使用。（2）破坏行为的对象是关涉公共安全的、正在使用的火车、汽车、电车、船只、航空器。不应将“正在使用”狭义地理解为“正在行驶”。至于交通工具是否承载着人或货物，不影响本罪的认定。（3）足以使火车、汽车、电车、船只、航空器发生倾覆、毁坏危险。所谓“倾覆”，是指火车出轨、车辆翻车、船只翻沉、航空器坠毁等；所谓“毁坏”，是指使火车、汽车、电车、船只、航空器的功能丧失，不能行驶或者不能安全正常行驶。

---

① 参见高铭暄、马克昌主编：《刑法学》，360页，北京，北京大学出版社、高等教育出版社，2000。

② 参见高铭暄主编：《新编中国刑法学》上册，522页，北京，中国人民大学出版社，1998。

如何判断破坏行为是否具有“足以发生倾覆、毁坏危险”性。一是看交通工具是否处于正在使用的状态。二是看破坏的方法和部位。只有破坏交通工具的重要部位，如针对车辆的传动、自动及刹车系统等的破坏行为，足以使其发生倾覆、毁坏危险的，才能构成本罪。

3. 本罪的主体是一般主体，即年满16周岁、具有刑事责任能力的自然人。

4. 本罪在主观上表现为故意。行为人可以是直接故意或是间接故意。即行为人明知破坏火车、汽车、电车、船只、航空器的行为会发生使其倾覆、毁坏的危害结果，并且希望或放任这种结果发生。至于动机如何，不影响本罪的成立。

（二）破坏交通工具罪的认定

认定本罪，应当注意的问题：

1. 本罪与非罪行为的界限

区分本罪与非罪行为的界限主要应把握以下两点：（1）破坏行为在客观上是否具有危害公共安全的性质。破坏行为只要足以使交通工具发生倾覆、毁坏危险，即使尚未造成严重后果的，也可以成立本罪。（2）主观上必须具有破坏交通工具的故意。以上两点同时具备的，构成破坏交通工具罪。反之，如果行为人破坏交通工具的行为不会使交通工具发生倾覆或毁坏的危险，或者主观上是出于过失，则不构成本罪。

2. 本罪与放火罪、爆炸罪的界限

在实践中，有些破坏交通工具的行为是通过放火、爆炸等具体手段实施的。因此，在行为的定性上易于混淆。它们的区别主要表现为：刑法对破坏交通工具罪的对象作了限制性规定，即正在使用中的火车、汽车、电车、船只、航空器。至于放火罪、爆炸罪的对象，刑法则没有作特别的规定，即不特定或者多数人的生命、健康和重大公私财物。可见，破坏交通工具罪的对象为放火罪、爆炸罪的对象所包容，反映了我国刑法对交通运输安全这种公共安全的特殊保护。我们认为，无论行为人采用何种具体手段破坏交通工具，足以使火车、汽车、电车、船只、航空器发生倾覆、毁坏危险的，均可认定构成破坏交通工具罪。如果行为人对并非处于正在使用状态的交通工具实施放火、爆炸等行为，而危及公共安全的，应当以放火罪、爆炸罪论处。

3. 本罪与盗窃罪的界限

如果行为人以非法占有为目的，盗窃正在使用中的交通工具的重要部件，并且明知自己的盗窃行为所导致交通工具的破坏，足以使火车、汽车、电车、船只、航空器发生倾覆、毁坏危险，却仍然实施的，应以破坏交通工具罪论处。如果行为人以非法占有为目的，尽管盗窃的是正在使用中的交通工具，但却是交通工具上的一般部件，且数额较大或多次盗窃的，构成盗窃罪，因为其行为不足以使火车、汽车、电车、船只、航空器发生倾覆、毁坏危险。如果行为人以非法占有为目的，盗窃并非处于正在使用状态的交通工具的重要部件，因其行为并不关涉公共安全，应以盗窃罪论处。

4. 本罪的既遂与未遂

由于我们在危险犯的既遂标准的问题上采取的是危险状态发生说，因此，对于本罪而言，根据《刑法》第116条的规定，破坏交通工具的行为，足以使火车、汽车、电车、船只、航空器发生倾覆、毁坏的危险时即构成犯罪既遂，这就意味着破坏行为即使“尚未造成严重后果的”，也已经构成犯罪既遂。而对于行为人已经着手实施足以使交通工具发生倾覆或毁坏危险的破坏行为，因为其意志以外的原因而被迫停止的，则为未遂。另外，如果行为人以破坏交通工具危害公共安全为目的，对正在使用中的交通工具实施了破坏行为，但事实上其行为并不足以使交通工具发生倾覆、毁坏的危险，该情况也应认定为未遂。

(三) 破坏交通工具罪的处罚

根据《刑法》第116、119条的规定，犯本罪，尚未造成严重后果的，处3年以上10年以下有期徒刑；造成严重后果的，处10年以上有期徒刑、无期徒刑或者死刑。

二、过失损坏交通工具罪

过失损坏交通工具罪，是指过失损坏火车、汽车、电车、船只、航空器，造成了严重后果，危害公共安全的行为。本罪的构成要件是：

1. 本罪侵犯的客体是交通运输安全。

2. 本罪在客观上表现为，损坏交通工具，造成了严重后果，危害公共安全的行为。“造成了严重后果”，是指损坏交通工具的行为已实际造成交通工具的倾覆、毁坏，或者由此而造成不特定或多数人伤亡的后果。未造成严重后果的损坏交通工具的行为，不构成犯罪。

3. 本罪的主体为一般主体，即已满16周岁、具有刑事责任能力的自然人。

4. 本罪在主观上表现为过失。既可以是疏忽大意的过失，也可以是过于自信的过失。

根据《刑法》第119条第2款的规定，犯本罪的，处3年以上7年以下有期徒刑；情节较轻的，处3年以下有期徒刑或者拘役。

三、破坏交通设施罪

破坏交通设施罪，是指故意破坏轨道、桥梁、隧道、公路、机场、航道、灯塔、标志或者进行其他破坏活动，足以使火车、汽车、电车、船只、航空器发生倾覆、毁坏危险或造成严重后果的行为。本罪的构成要件是：

1. 本罪侵犯的客体是交通运输安全。

2. 本罪在客观上表现为破坏轨道、桥梁、隧道、公路、机场、航道、灯塔、标志或者进行其他破坏活动，足以使火车、汽车、电车、船只、航空器发生倾覆、毁坏危险或造成严重后果的行为。具体理解时应注意以下三个方面：(1) 破坏的对象是关涉公共安全的交通设施。本罪的交通设施包括正在使用中的轨道、桥梁、隧道、公路、机场、航道、灯塔、标志，以及与保障交通运输安全有关的其他交通设施。对于如何确定公路的范围，理论上存在不同的见解。有学者认为，这里的公路，是指可供汽车、电车通行的道路。[①] 我们同意该观点。(2) 必须实施了破坏交通设施的行为。破坏行为既可以表现为对交通设施本身的直接破坏，如拆卸铁轨、砸坏灯塔等行为，也可以表

---

① 参见张明楷：《刑法学》，523页，北京，法律出版社，2007。

现为使交通设施丧失其应有的功能。（3）必须足以使火车、汽车、电车、船只、航空器发生倾覆或毁坏危险。

3. 本罪的主体为一般主体，即已满16周岁、具有刑事责任能力的自然人。

4. 本罪在主观上是故意。可以是直接故意或是间接故意。

根据《刑法》第117、119条的规定，犯本罪，尚未造成严重后果的，处3年以上10年以下有期徒刑。造成严重后果的，处10年以上有期徒刑、无期徒刑或者死刑。

四、过失损坏交通设施罪

过失损坏交通设施罪，是指过失损坏轨道、桥梁、隧道、公路、机场、航道、灯塔、标志等交通设施，造成严重后果，危害公共安全的行为。本罪的构成要件是：

1. 本罪侵犯的客体是交通运输安全。

2. 本罪在客观上表现为损坏上述交通设施，造成了严重后果，危害公共安全的行为。“造成了严重后果”，是指已实际造成交通工具倾覆、毁坏的重大公私财产的损失或者人员伤亡的后果。虽有损坏交通设施的行为，但未造成严重后果的，不构成本罪。

3. 本罪的主体为一般主体，即已满16周岁、具有刑事责任能力的自然人。

4. 本罪在主观上是过失。既可以是疏忽大意的过失，也可以是过于自信的过失。

根据《刑法》第119条第2款的规定，犯本罪的，处3年以上7年以下有期徒刑；情节较轻的，处3年以下有期徒刑或者拘役。

五、破坏电力设备罪

（一）破坏电力设备罪的概念和构成

破坏电力设备罪，是指故意破坏正在使用中的电力设备，危害公共供电安全的行为。本罪的构成要件是：

1. 本罪侵犯的客体是公共供电中的公共安全。

2. 本罪在客观上表现为破坏正在使用中的电力设备，危害公共供电安全的行为。本罪对象为正在使用中的电力设备。这里的电力设备包括各种发电设备、供电设备以及输变电设备等。破坏并未处于使用中的电力设备的行为，因其不可能危及公共安全，不构成本罪。已经投入使用，因某种原因暂停使用，但处于随时可能恢复使用状态的电力设备，由于其仍属于正在使用中的电力设备，因此，对其的破坏行为应以本罪论处。至于破坏行为的方式则没有限制，既可以是作为，也可以是不作为。但是破坏电力设备的行为必须危害公共供电安全。

3. 本罪的主体为一般主体，即已满16周岁、具有刑事责任能力的自然人。

4. 本罪在主观上表现为故意。即行为人明知自己破坏电力设备的行为会发生危害公共供电安全的后果，并且希望或者放任这种结果的发生。行为人可以基于多种动机实施破坏电力设备的行为，但不管动机如何，均不影响本罪的成立。

（二）破坏电力设备罪的认定

认定本罪，应当注意以下问题：

1. 本罪与非罪行为的界限

根据《刑法》第118、119条的规定，破坏电力设备的行为必须具有危害公共安全的危险性质，才能构成本罪。对于不构成破坏电力设备罪的破坏电力设备的行为，可根据相关的行政法规或部门规章等，给予行政处罚。

2. 本罪与故意毁坏财物罪的界限

破坏电力设备罪与故意毁坏财物罪的区别如下：（1）侵犯的客体不同。破坏电力设备罪的客体是公共供电中的公共安全；而故意毁坏财物罪的客体是公私财产的所有权。（2）犯罪对象不同。破坏电力设备罪的对象是关涉公共安全的电力设备，即正在使用中的电力设备；而故意毁坏财物罪的对象是一般的公私财物。（3）在客观上的表现不同。破坏电力设备罪在客观上表现为破坏正在使用中的电力设备，危害公共供电安全的行为。破坏行为的具体方式没有限制，自然就可以包括毁坏电力设备的行为；而故意毁坏财物罪在客观行为方式上只能表现为毁坏。（4）犯罪形态不同。破坏电力设备罪是危险犯，因此，只要行为足以危害公共安全，即可构成本罪；而故意毁坏财物罪的成立则要求数额较大或者有其他严重情节。

3. 本罪与破坏生产经营罪的界限

破坏电力设备罪与破坏生产经营罪的区别如下：（1）侵犯的客体不同。破坏电力设备罪的客体是公共供电中的公共安全；而破坏生产经营罪的客体是正常的生产经营活动与公私财产的所有权。（2）犯罪对象不同。破坏电力设备罪的对象是关涉公共安全的电力设备，即正在使用中的电力设备；而破坏生产经营罪的对象是正常的生产经营活动。（3）客观上的表现不同。破坏电力设备罪在客观上表现为破坏正在使用中的电力设备，危害公共供电安全的行为；而破坏生产经营罪在客观上表现为毁坏机器设备、残害耕畜或者以其他方法破坏生产经营的行为。（4）主观上的表现不同。破坏电力设备罪在主观上不要求有特定的犯罪目的；而破坏生产经营罪则要求行为人具有泄愤报复或其他个人目的。（5）犯罪形态不同。破坏电力设备罪是危险犯，因此，只要行为足以危害公共安全，即可构成本罪；而破坏生产经营罪为行为犯。

4. 本罪与盗窃罪的界限

破坏电力设备罪与盗窃罪的区别如下：（1）侵犯的客体不同。破坏电力设备罪的客体是公共供电中的公共安全；而盗窃罪的客体是公私财产的所有权。（2）犯罪对象不同。破坏电力设备罪的对象是关涉公共安全的电力设备，即正在使用中的电力设备；而盗窃罪的对象是一般的公私财物。（3）客观上的表现不同。破坏电力设备罪在客观上表现为破坏正在使用中的电力设备，危害公共供电安全的行为。破坏行为的具体方式没有限制，自然就可以包括盗窃电力设备的行为；而盗窃罪在客观行为方式上只能表现为窃取。（4）犯罪形态不同。破坏电力设备罪是危险犯，因此，只要行为足以危害公共安全，即可构成本罪；而盗窃罪的成立则要求数额较大或者多次盗窃。在两罪的界限问题上，应注意以下几点：第一，尚未守装完毕的农用低压照明电线路，不属于正在使用中的电力设备。即使行为人盗走其中架设好的部分电线，也不对公共安全造成危害，其行为应以盗窃定性。第二，已经通电使用，只是由于枯水季节或电力不足等原因，而暂停供电的线路，仍应认为是正在使用的线路。行为人偷割这类线路中的电线，如果构成犯罪，应按破坏电力设备罪论处。第三，对于偷割已经安装完毕，但还未供电的电力线路的行为，应区别不同情况处理。如果偷割的是未正式交付电力部门使用的线路，应按盗窃罪处理。如果行为人明知线路已经交付电力部门使用而偷割电线的，应认定为破坏电力设备罪。第四，拆盗某些排灌站、加工厂等生产单位正在使用中的电机设备等，没有危及社会公共安全，但应当追究刑事责任的，可以根据案件的不同情况，按盗窃罪、破坏生产经营罪或者故意毁坏财物罪处理。

（三）破坏电力设备罪的处罚

根据《刑法》第118、119条的规定，犯本罪，尚未造成严重后果的，处3年以上10年以下有期徒刑；造成严重后果的，处10年以上有期徒刑、无期徒刑或者死刑。

六、过失损坏电力设备罪

过失损坏电力设备罪，是指过失损坏电力设备，造成严重后果，危害公共供电安全的行为。本罪的构成要件是：

1. 本罪侵犯的客体是公共供电中的公共安全。

2. 本罪在客观上表现为损坏正在使用中的电力设备，造成严重后果，危害公共供电安全的行为。

3. 本罪的主体为一般主体，即已满16周岁、具有刑事责任能力的自然人。

4. 本罪在主观上是过失。既可以是出于疏忽大意的过失，也可以是过于自信的过失。

根据《刑法》第119条第2款的规定，犯本罪的，处3年以上7年以下有期徒刑；情节较轻的，处3年以下有期徒刑或者拘役。

七、破坏易燃易爆设备罪

破坏易燃易爆设备罪，是指故意破坏燃气或者其他易燃易爆设备，危害公共安全的行为。本罪的构成要件是：

1. 本罪侵犯的客体是易燃易爆设备安全。

2. 本罪在客观上表现为破坏燃气设备或其他易燃易爆设备，危害公共安全的行为。本罪的对象是正在使用中且关涉公共安全的燃气设备或其他易燃易爆设备。破坏行为必须具有危害公共安全的性质。破坏行为可以是作为，也可以是不作为。在实施盗窃油、气等行为过程中，采用切割、打孔、撬砸、拆卸、开关等手段破坏正在使用的油、气设备的，属于破坏燃气或者其他易燃易爆设备的行为。[①]

3. 本罪的主体为一般主体，即已满16周岁、具有刑事责任能力的自然人。

4. 本罪在主观上是故意。可以是直接故意，也可以是间接故意。即行为人明知自己破坏燃气或者其他易燃易爆设备的行为会发生危害公共安全的后果，希望或者放任

---

① 参见2007年1月19日施行的《最高人民法院、最高人民检察院关于办理盗窃油气、破坏油气设备等刑事案件具体应用法律若干问题的解释》。

这种结果的发生。动机如何并不影响本罪的成立。

根据《刑法》第118、119条的规定，犯本罪，尚未造成严重后果的，处3年以上10年以下有期徒刑。已经造成严重后果的，处10年以上有期徒刑、无期徒刑或者死刑。

八、过失损坏易燃易爆设备罪

过失损坏易燃易爆设备罪，是指过失损坏燃气或者其他易燃易爆设备，造成严重后果，危害公共安全的行为。本罪的构成要件是：

1. 本罪侵犯的客体是易燃易爆设备安全。

2. 本罪在客观上表现为损坏燃气设备或其他易燃易爆设备，危害公共安全的行为。同时，损坏行为必须造成了危害公共安全的严重结果，否则不构成犯罪。

3. 本罪的主体为一般主体，即已满16周岁、具有刑事责任能力的自然人。

4. 本罪在主观上是过失。可以是出于疏忽大意或过于自信。过失是针对造成的严重后果而言。

根据《刑法》第119条第2款的规定，犯本罪的，处3年以上7年以下有期徒刑；情节较轻的，处3年以下有期徒刑或者拘役。

九、破坏广播电视设施、公用电信设施罪

(一) 破坏广播电视设施、公用电信设施罪的概念和构成

破坏广播电视设施、公用电信设施罪，是指故意破坏正在使用中的广播电视设施、公用电信设施，危害公共安全的行为。本罪的构成要件是：

1. 本罪侵犯的客体是公共通讯、信息传播的安全。

2. 本罪在客观上表现为破坏正在使用中的广播电视设施、公用电信设施，危害公共安全的行为。破坏行为可以是作为，也可以是不作为。刑法对破坏行为的具体方式没有作特别的限制规定，只要破坏行为危害公共安全，就成立犯罪。具体理解时应注意把握以下三个方面的内容：（1）必须是正在使用中的广播电视设施和公用电信设施。广播电视设施和公用电信设施，是指以电信号传输、传递信息，以实现信息交换的设备和设施。具体说，主要是指发射无线电广播信号的发射台站，传播新闻信息的电视发射台、转播台，无线电发报设施、设备、电话交换局、台、站及无线电通讯网络，用于航海、航空的公用无线电通讯、信息传输设备、设施等。（2）实施了破坏行为。"破坏"具体可包括：一是对设施、设备整体或者部件的物理性损坏，使之丧失信息、信号传输、传递等基本功能。二是对设施、设备施加物理性的影响，使之丧失应有的功能，如不能保障正常、安全地实现信息、信号的传输、接收。（3）破坏行为必须危害公共通讯、信息传播的安全。

3. 本罪的主体为一般主体，即已满16周岁、具有刑事责任能力的自然人。

4. 本罪在主观上是故意。可以是直接故意或者是间接故意。即行为人明知自己破坏正在使用中的广播电视设施、公用电信设施的行为会发生危及公共通讯、信息传播的安全的危害结果，并且希望或者放任这种结果的发生。至于行为人的动机如何，不

影响本罪的成立。

（二）破坏广播电视设施、公用电信设施罪的认定

认定本罪，应当注意如下问题：

1. 本罪与故意毁坏财物罪的界限

破坏广播电视设施、公用电信设施罪与故意毁坏财物罪的对象均可是财物，并且两罪行为人主观上也都可以是出于泄愤。两罪的主要区别在于客观上的破坏行为是否发生一定的严重后果，且是否具有危害公共安全的性质。如果发生的后果不具有危害公共安全的性质，不能以破坏广播电视设施、公用电信设施罪论处。但是，如果行为人主观上表现为直接故意，即使客观上没有发生严重后果，也应当成立本罪。反之，应当构成故意毁坏财物罪。如果行为人破坏的是单位的广播电视设施、电信设施，由个人申请安装有偿使用的“公用”电话、“公用”传真机等通讯设备，以及由电信部门或者当地政府出资安装的无人管理的“投币电话”、“IC 电话”、“IP 电话”，我们认为由于上述设施、设备不具有公用性，因而对其的破坏行为如果达到数额较大或者有其他严重情节的，应以故意毁坏财物罪论处。

2. 本罪与盗窃罪的界限

破坏广播电视设施、公用电信设施罪与盗窃罪的主要区别如下：（1）侵犯的客体不同。破坏广播电视设施、公用电信设施罪的客体是公共通讯、信息传播的安全；而盗窃罪的客体是公私财产的所有权。（2）犯罪对象不同。破坏广播电视设施、公用电信设施罪的对象是关涉公共安全的广播电视设施、公用电信设施；而盗窃罪的对象是一般的公私财物。(3) 客观上的表现不同。破坏广播电视设施、公用电信设施罪在客观上表现为破坏正在使用中的广播电视设施、公用电信设施，危害公共通讯、信息传播的行为。由于破坏行为的具体方式没有限制，自然就可以包括盗窃广播电视设施、公用电信设施的行为；而盗窃罪在客观行为方式上只能表现为窃取。（4）犯罪形态不同。破坏广播电视设施、公用电信设施罪是危险犯，因此，只要行为足以危害公共安全，即可构成本罪；而盗窃罪的成立则要求数额较大或者多次盗窃。行为人明知对象为正在使用中的广播电视设施、公用电信设施，仍对之实施盗窃，并对严重后果的发生持放任态度，应如何处理？1998 年 3 月 17 日起施行的最高人民法院《关于审理盗窃案件具体应用法律若干问题的解释》第 12 条规定：盗窃广播电视设施、公用电信设施价值数额不大，但是构成危害公共安全犯罪的，依照《刑法》第 124 条的规定定罪处罚；盗窃广播电视设施、公用电信设施同时构成盗窃罪和破坏广播电视设施、公用电信设施罪的，择一重罪处罚。

（三）破坏广播电视设施、公用电信设施罪的处罚

根据《刑法》第 124 条第 1 款的规定，犯本罪的，处 3 年以上 7 年以下有期徒刑；造成严重后果的，处 7 年以上有期徒刑。

十、过失损坏广播电视设施、公用电信设施罪

过失损坏广播电视设施、公用电信设施罪，是指过失毁坏广播电视设施、公用电信设施，造成严重后果，危害公共安全的行为。本罪的构成要件是：

1. 本罪侵犯的客体是公共通讯、信息传播的安全。

2. 本罪在客观上表现为损坏广播电视设施、公用电信设施，造成严重后果，危害公共安全的行为。要求损坏行为必须已经造成危害公共安全的严重结果。如果损坏的行为造成的后果尚未达到严重的程度，则不构成犯罪。

3. 本罪的主体为一般主体，即年满16周岁、具有刑事责任能力的自然人。

4. 本罪在主观上是过失。既可以是疏忽大意的过失，也可以是过于自信的过失。过失是针对造成的严重后果而言。

根据《刑法》第124条第2款的规定，犯本罪的，处3年以上7年以下有期徒刑；情节较轻的，处3年以下有期徒刑或者拘役。

第四节　实施恐怖、危险活动危害公共安全的犯罪

一、组织、领导、参加恐怖组织罪

（一）组织、领导、参加恐怖组织罪的概念和构成

组织、领导、参加恐怖组织罪，是指组织、领导、参加恐怖活动组织的行为。本罪的构成要件是：

1. 本罪侵犯的客体为社会的公共安全，即不特定或多数人的生命、健康或者重大公私财产的安全。恐怖主义犯罪是20世纪以来社会危害性极为严重的国际性犯罪，国际社会一直普遍关注打击恐怖主义活动，从而相继制定了一系列的反恐国际公约，如1997年12月15日联合国《制止恐怖主义爆炸的国际公约》，1999年12月9日联合国《制止向恐怖主义提供资助的国际公约》，2001年由中、俄、哈、吉、塔、乌六国发起制定的《打击恐怖主义、分裂主义和极端主义上海公约》，2001年9月29日联合国安理会通过的《关于防止和制止资助恐怖主义行为的1373号决议》等。根据我国2015年12月27日通过的《反恐怖主义法》，所谓恐怖主义是指通过暴力、破坏、恐吓等手段，制造社会恐慌、危害公共安全、侵犯人身财产，或者胁迫国家机关、国际组织，以实现其政治、意识形态等目的的主张和行为。

2. 本罪在客观上表现为组织、领导、参加恐怖活动组织的行为。具体包括以下内容：

其一，组织、领导、参加的必须是“恐怖活动组织”。目前，国际社会对恐怖活动组织缺乏统一的认识，没有一个统一的标准。有的国家在其刑法中对恐怖活动组织进行了法律上的定义。如1999年1月1日起施行的《德国刑法》第129条a规定，恐怖团体是指其目的或者活动旨在实施谋杀、故意杀人或者谋害民众、绑架勒索、扣押人质，以及刑法中规定的其他一些严重危害公共安全的犯罪的团体。我国刑法尽管没有就恐怖活动组织予以明确地规定，但《反恐怖主义法》对何谓恐怖活动组织作了明确界定。所谓恐怖活动组织，是指三人以上为实施恐怖活动而组成的犯罪组织。结合实践来看，对于恐怖活动组织要从三个方面来认定：一是成立的目的。一般来说，恐怖

活动组织都具有特定的政治或社会目的，如夺取政权、扰乱社会公共秩序、对政府行为施加压力等目的。二是组织严密程度。恐怖活动组织是有严密组织性的团体，从而与一般的共同犯罪团伙相区分。三是社会危害性程度。组织、领导、参加恐怖活动组织行为严重危害社会公共安全，通常采取杀人、放火、绑架、爆炸等严重危害社会公共安全的恐怖活动。所谓恐怖活动，是指恐怖主义性质的下列行为：（1）组织、策划、准备实施、实施造成或者意图造成人员伤亡、重大财产损失、公共设施损坏、社会秩序混乱等严重社会危害的活动的；（2）宣扬恐怖主义，煽动实施恐怖活动，或者非法持有宣扬恐怖主义的物品，强制他人在公共场所穿戴宣扬恐怖主义的服饰、标志的；（3）组织、领导、参加恐怖活动组织的；（4）为恐怖活动组织、恐怖活动人员、实施恐怖活动或者恐怖活动培训提供信息、资金、物资、劳务、技术、场所等支持、协助、便利的；（5）其他恐怖活动。恐怖活动组织并不仅仅指国内的恐怖活动组织，还包括国际恐怖活动组织。恐怖组织在性质上属于我国刑法上规定的犯罪集团。如果组织、领导、参加的是恐怖活动组织以外的其他犯罪组织，则不构成本罪，除刑法另有规定的以外，应以组织、领导、参加的具体犯罪定罪处罚。

其二，必须实施组织、领导、参加的行为。所谓“组织”，是指组建恐怖活动组织，具体指实施招募、雇佣、拉拢、鼓动多人成立恐怖活动组织的行为。所谓“领导”，是指对恐怖活动组织成立后的恐怖活动，实施策划、指挥、布置和协调等行为。所谓“参加”，是指加入恐怖活动组织，成为恐怖活动组织的一员。参加有积极参加和其他参加之分，所谓“积极参加”，是指明知恐怖活动组织的性质，仍积极加入的行为。所谓“其他参加”，是指明知恐怖活动组织的性质，仍然加入的行为。

3. 本罪的主体是一般主体，即年满16周岁、具有刑事责任能力的自然人。

4. 本罪在主观上是故意，即为了实施恐怖活动而组织、领导恐怖活动组织，或者明知是恐怖活动组织而参加。至于动机如何，不影响本罪的成立。

（二）组织、领导、参加恐怖组织罪的认定

认定本罪，应当注意如下问题：

1. 组织、领导、参加恐怖组织与组织、领导、参加一般犯罪组织（集团）的界限

两者在客观上都可以表现为组织、领导和参加的行为；主观的罪过形式都是故意。区别主要表现在：（1）故意内容不同，即有无恐怖活动的目的。恐怖活动组织是以进行恐怖活动为目的的犯罪组织；一般的犯罪集团则是出于其他犯罪目的的组织，不以实施恐怖活动为目的。（2）客观上构成犯罪的条件不同。前者只要实施组织、领导、参加行为，就构成本罪，并以既遂论处；而后者，组织、领导、参加一般的犯罪集团（不包括组织、领导、参加黑社会性质组织）不构成独立的犯罪，且只能根据犯罪集团具体实施的行为确定罪名。

2. 本罪既遂形态的认定

行为人只要实施了组织、领导、参加恐怖活动组织的行为，即充足了本罪的既遂条件。本罪的既遂不需要行为人实施具体的恐怖活动行为。换言之，实施恐怖活动行为是本罪构成要件以外的行为。行为人即使未实施恐怖活动行为，但只要实施了组织、领导、参加恐怖活动组织的行为，即成立本罪的既遂。

3. 本罪中的罪数问题

本罪属于典型的选择罪名，只要行为人实施上述行为之一，即可构成本罪。先后或者同时实施两种或两种以上行为的，仍只构成一罪。但是，根据《刑法》第 120 条第 2 款的规定，在组织、领导、参加恐怖活动组织后，又具体实施杀人、爆炸、绑架等犯罪的，构成数罪，应当实行数罪并罚。需要注意的是，参加恐怖活动组织的犯罪分子只对其实施或参与实施的犯罪承担刑事责任，组织、领导恐怖活动组织的犯罪分子除对其亲自参加的犯罪活动承担刑事责任外，还要对恐怖活动组织所犯的所有罪行承担刑事责任。

(三) 组织、领导、参加恐怖组织罪的处罚

根据《刑法》第 120 条的规定，犯本罪，组织、领导恐怖活动组织的，处 10 年以上有期徒刑或者无期徒刑，并处没收财产；积极参加的，处 3 年以上 10 年以下有期徒刑，并处罚金；其他参加的，处 3 年以下有期徒刑、拘役、管制或者剥夺政治权利，可以并处罚金。

二、帮助恐怖活动罪

帮助恐怖活动罪，是指个人或者单位故意资助恐怖活动组织、实施恐怖活动的个人，或者资助恐怖活动培训，或者为恐怖活动组织、实施恐怖活动或者恐怖活动培训招募、运送人员的行为。本罪的构成要件是：

1. 本罪侵犯的客体是公共安全，即不特定或多数人的生命、健康或重大公私财产的安全。

2. 本罪在客观上表现为资助恐怖活动组织、实施恐怖活动的个人，或者资助恐怖活动培训，或者为恐怖活动组织、实施恐怖活动或者恐怖活动培训招募、运送人员的行为。首先，资助的对象是恐怖活动组织或者实施恐怖活动的个人。所谓实施恐怖活动的个人，就是实施恐怖活动的人和恐怖活动组织的成员。其次，必须实施了资助或者招募、运送人员的行为。所谓资助，是指为恐怖活动组织或者实施恐怖活动的个人筹集、提供经费、物资或者提供场所以及其他物质便利的行为。资助，应当限于物质资助，而不能包括在精神上予以鼓励。对于资助的具体方式与时间没有限制。所谓"实施恐怖活动的个人"，包括预谋实施、准备实施和实际实施恐怖活动的个人。所谓招募，是指为了吸引具备相应能力和态度，从而有助于实现恐怖主义目标的人员而开展的一系列征召募集活动。所谓运送，是指使用交通工具输送恐怖活动人员的行为。

3. 本罪的主体，可以是自然人，也可以是单位。

4. 本罪在主观上必须是故意的。即明知自己资助、招募或者运送的对象是实施恐怖活动的个人或组织，明知自己的资助、招募或者运送行为会发生危害公共安全的严重后果，并且希望或者放任这种结果的发生。

根据《刑法》第 120 条之一的规定，犯本罪的，处 5 年以下有期徒刑、拘役、管制或者剥夺政治权利，并处罚金；情节严重的，处 5 年以上有期徒刑，并处罚金或者没收财产。单位犯本罪的，对单位判处罚金，并对其直接负责的主管人员和其他直接责任人员，依照规定处罚。

三、准备实施恐怖活动罪

根据刑法典第 120 条之二的规定，准备实施恐怖活动罪是指行为人为实施恐怖活动而准备凶器、危险物品或者其他工具，组织恐怖活动培训或者积极参加恐怖活动培训，为实施恐怖活动与境外恐怖活动组织或者人员联系，为实施恐怖活动进行策划或者其他准备的行为。此乃《刑法修正案（九）》第 7 条第 2 款新增罪名，体现了对恐怖主义犯罪的“打小打早”的政策考量。本罪的构成要件是：

1. 本罪的客体为单一客体，即社会的公共安全。不同于其他罪，刑法对本罪侵害法益的保护是前置的、预先性的。

2. 本罪的客观方面主要表现为四种行为方式：(1) 为实施恐怖活动准备凶器、危险物品或者其他工具的。所谓“凶器”，是指枪支、爆炸物、管制刀具等国家禁止个人携带的器械，以及其他为实施犯罪而足以危害他人人身安全的器械。所谓危险物品，是指可以造成一人或多人死亡的物品，如炸药、毒药、毒气、放射性物质等。至于其他物品，则是危险性与上述凶器及危险物品相当的其他物品。(2) 组织恐怖活动培训或者积极参加恐怖活动培训的。(3) 为实施恐怖活动与境外恐怖活动组织或者人员联络的。所谓“境外恐怖活动组织”，是指中华人民共和国国境边境以外的国家或者地区的恐怖活动组织及其在中国境内的分支。(4) 为实施恐怖活动进行策划或者其他准备的。所谓“为实施恐怖活动进行策划”，是指为了日后的恐怖活动能够顺利实施而进行商量、安排、计划等或活动。“其他准备”是指为实施恐怖活动而进行的其他事先安排，如踩点，在道路上、建筑内设置或排除障碍，事先的演练等。

3. 本罪的犯罪主体为一般主体，即年满 16 周岁的自然人。单位不可构成本罪。

4. 本罪的犯罪主观方面表现为故意，并且只能为直接故意。过失或者间接故意皆不能构成本罪。

根据《刑法》第 120 条之二的规定，犯本罪的，处 5 年以下有期徒刑、拘役、管制或者剥夺政治权利，并处罚金；情节严重的，处 5 年以上有期徒刑，并处罚金或者没收财产。

四、宣扬恐怖主义、极端主义、煽动实施恐怖活动罪

根据刑法典第 120 条之三的规定，宣扬恐怖主义、极端主义、煽动实施恐怖活动罪，是指行为人以制作、散发宣扬恐怖主义、极端主义的图书、音频视频资料或者其他物品，或者通过讲授、发布信息等方式宣扬恐怖主义、极端主义，或者煽动实施恐怖活动的行为。这是《刑法修正案（九）》第 7 条第 3 款新增的罪名。本罪的构成要件是：

1. 本罪侵害的客体为公共安全，即不特定或多数人的生命、健康、重大公私财产安全以及和谐的公共生活秩序。

2. 本罪的客观方面，表现为以制作、散发宣扬恐怖主义、极端主义的图书、音频视频资料或者其他物品，或者通过讲授、发布信息等方式宣扬恐怖主义、极端主义，或者煽动实施恐怖活动的行为。所谓“制作”，是指编写、出版、印刷、复制载有恐怖

主义、极端主义思想内容的图书、音频视频资料或者其他物品的行为。“散发”，是指通过发行，散发，或者以邮寄、网络发帖、短信、微信、电子邮件等方式发送、转载，以使他人接触到恐怖主义、极端主义信息的行为。散发的目标既可以是明确、具体的，也可以是针对不特定的多数人的。这里的“宣扬”，是指广泛宣布、传扬，通过媒体等媒介公布恐怖主义、极端主义的理念、行径的行为。“图书、音频视频资料或者其他物品”，包括图书、报纸、期刊、音像制品、电子出版物，载有恐怖主义、极端主义思想内容的传单、图片、标语等，在手机、移动存储介质、电子阅读器、网络上展示的图片、文稿、音频、视频、音像制品，以及带有恐怖主义、极端主义标记、符号、文字、图像的服饰、纪念品、生活用品等。“讲授”，是指为宣扬对象讲解、传授恐怖主义、极端主义思想、观念、主张的。讲授既可以是当面的，也可以是通过电话，网络音频、视频进行的。讲授的对象既可以是特定的，也可以是不特定的。“发布信息”，则是面向特定个人或者不特定个人，通过手机短信、电子邮件等方式宣扬恐怖主义、极端主义，也可以是在网络平台上发布相关信息，使特定人或者不特定人看到这些信息的行为。需要注意的是，实施宣传制作、散发恐怖主义、极端主义的图书、音频视频资料或者其他物品的行为，是宣扬恐怖主义、极端主义活动的重要环节，因此，即使只实施了制作、寄递、出售等行为，也应当依照本条规定定罪处罚。例如企业明知所制作、印刷的是宣扬恐怖主义、极端主义图书、音频视频资料而仍然制作的；快递公司明知所投递的是宣扬恐怖主义、极端主义图书、音频视频资料而仍然寄递的；书店明知是宣扬恐怖主义、极端主义图书、音频视频资料而仍然出售的；网络平台明知道是恐怖活动的内容，仍然登于网页的，也同样可以构成本罪。所谓“煽动”是指以口头、书面、视频音频等方式对他人进行鼓动、宣传，意图使他人产生犯意，去实施所煽动的行为。煽动的具体内容，既包括参加恐怖活动组织、实施具体暴力恐怖活动，如杀人、爆炸、放火、投放危险物质等；也包括资助或者以其他方式帮助暴力恐怖活动。

3. 本罪的主体为一般主体，即自然人。既可以是中国人，也可以是外国人或无国籍人士。但单位不能构成本罪。

4. 本罪的主观方面表现为故意，且只能为直接故意。即行为人明知宣扬恐怖主义、极端主义或者煽动实施恐怖活动的行为会造成危害社会安全的后果，而希望并追求这种结果发生的心态。

根据《刑法》第 120 条之三的规定，犯本罪的，处 5 年以下有期徒刑、拘役、管制或者剥夺政治权利，并处罚金；情节严重的，处 5 年以上有期徒刑，并处罚金或者没收财产。

五、利用极端主义破坏法律实施罪

根据刑法典第 120 条之四的规定，利用极端主义破坏法律实施罪是指利用极端主义煽动、胁迫群众破坏国家法律确立的婚姻、司法、教育、社会管理等制度实施的行为。这是《刑法修正案（九）》第 7 条第 4 款增设的罪名。本罪的构成要件是：

1. 本罪侵害的客体为公共安全，即国家法律确立的婚姻、司法、教育、社会管理等各制度下公众生活的和谐与有序。

2. 本罪的客观方面表现为利用极端主义煽动、胁迫群众破坏国家法律确立的婚姻、司法、教育、社会管理等制度实施的行为。此处所谓“煽动”，是指行为人以语言、文字、图像或者其他方式对他人进行鼓动、怂恿，意图使他人实施破坏国家法律确立的婚姻、司法、教育、社会管理等制度的行为。煽动可以通过无中生有、编造事实的方式，也可以通过造谣、诽谤对事实进行严重歪曲，还可以挑拨对被煽动对象的情绪，使被煽动者丧失对事实的正常感受和判断能力，一时失去理性，进而从事违法犯罪行为。所谓“胁迫”，是指通过暴力、威胁或者以给被胁迫人或其亲属等造成人身、心理、经济等方面的损害为要挟，对被胁迫者形成心理强制，迫使其从事胁迫者希望其实施的破坏国家法律确定的各种制度的行为。胁迫的方法既可以是暴力，也可以是以暴力相威胁或者对被胁迫者的利益进行限制、剥夺等方式。实践中，还出现以关爱朋友、亲情等为借口，或者以孤立、排斥等方法施加压力的情况。虽然被胁迫者仍然具有一定的意志自由，能够理解自己的行为是违法行为，主观上也不愿意实施这些行为，但由于受到精神的强制而处于恐惧状态之下，因而不得已按照胁迫者的要求行事。[①] 此处所谓“极端主义”是指歪曲宗教教义和宣扬宗教极端，以及其他崇尚暴力、仇视社会、反对人类等极端的思想、言论和行为。“破坏”法律的实施，既包括积极的暴力抗拒行为，也包括消极的不遵守、不履行法定义务的行为。需要注意的是，本罪在罪状描述中特别列举了“婚姻、司法、教育、社会管理”这四类国家法律确立的制度，但这并不意味着行为人只有利用极端主义煽动他人实施破坏这四类制度的实施才构成犯罪。实际上，行为人利用极端主义煽动他人实施破坏任何国家法律确立的制度的实施，都可构成本罪。本罪中，之所以列举这四类法律制度，是因为这些法律制度一方面和人民群众的生活联系最为密切，另一方面这些法律制度在实践中，也最容易成为极端主义者煽动破坏的对象。本罪中的“情节严重”，是指多次煽动、胁迫群众破坏国家法律确立的各项制度的实施的；造成公私财产重大损失的；造成社会公众的生命安全受到严重威胁，或者人员重伤的；国家法律确立的各项制度无法顺利实施，社会秩序严重混乱的；造成一定国际恶劣影响的。造成其他严重后果的。本罪的“情节特别严重”，是指多次煽动、胁迫大量群众通过暴力手段破坏、阻止国家法律确立的各项制度的实施的；造成公私财产损失特别巨大；造成大量社会公众受伤甚至死亡的；造成国家法律确立的各项制度受到严重破坏，长时间无法恢复，严重丧失调节社会的功能，社会秩序严重混乱，甚至出现暴乱情况的；造成特别重大的国际恶劣影响的；造成其他特别严重后果的。

3. 本罪的主体是一般主体，既包括中国公民，也可以是外国公民或无国籍人士。多数情况下是宗教极端主义分子，但行为人的身份不影响本罪的成立。单位不可以构成本罪。

4. 本罪的主观方面表现为故意，且只能为直接故意，行为人具有破坏国家法律确立的婚姻、司法、教育、社会管理等制度实施的目的。

根据《刑法》第120条之四的规定，犯本罪的，处3年以下有期徒刑，并处罚金；情节严重的，处3年以上7年以下有期徒刑，并处罚金；情节特别严重的，处7年以上

---

① 参见雷建斌主编：《〈中华人民共和国刑法修正案（九）〉释解与适用》，86页，北京，人民法院出版社，2015。

有期徒刑、拘役或者管制，并处罚金或者没收财产。

六、强制穿戴宣扬恐怖主义、极端主义服饰、标志罪

根据刑法典第 120 条之五的规定，强制穿戴宣扬恐怖主义、极端主义服饰、标志罪，是指行为人以暴力、胁迫等方式强制他人在公共场所穿着、佩戴宣扬恐怖主义、极端主义服饰、标志的行为。这是《刑法修正案（九）》第 7 条第 5 款增设的罪名。本罪的构成要件是：

1. 本罪侵犯的主要客体是公共安全，即不特定或多数人的生命、健康、重大公私财产安全以及和谐的公共生活秩序；同时本罪还侵害了他人的宗教信仰自由以及生活自由。

2. 本罪的客观方面表现为以暴力、胁迫等方式强制他人在公共场所穿着、佩戴宣扬恐怖主义、极端主义服饰、标志的行为。这里的“暴力”是指对被强制者的身体实施强烈的打击或强制，包括殴打、捆绑、伤害等，使被强制者的处于不能反抗或不敢反抗的状态。“胁迫”，是指对被强制者施以威胁、恐吓，进行精神上的强制，迫使被强制者就范，不敢抗拒，如以杀害被强制者、加害被强制者的亲属相威胁，威胁要对被强制者、被强制者的亲属施以暴力，以揭发被强制者的隐私相威胁等。除了暴力、胁迫手段以外，行为人还可能会采用其他手段对被强制者产生肉体强制或者精神强制，如限制被强制者的人身自由，强迫被强制者长时间暴晒或挨冻或长期接受强光照射，不能睡觉等。所谓“宣扬恐怖主义、极端主义服饰、标志”，指的是穿戴的服饰上或标志中包含了恐怖主义、极端主义的一些元素，如符号、旗帜、徽记、文字、口号、标语、图形。这种符号或标志既可以是明示的，如直接在服饰上印有东突组织、ISIS，基地组织等恐怖组织或极端主义组织的标识或直接穿着恐怖组织的战斗服；也可以是暗示的，比如通过一些特殊符号、建筑、日期、文字等容易使人联想到恐怖主义、极端主义的标志、服饰。这些宣扬恐怖主义、极端主义的服饰、标志获得的途径多种多样，既可以是向特定恐怖组织获取的，也可以是行为人自己模仿制作的，其获得途径如何都不影响本罪的成立。这里的“公共场所”，是指可以进行公开活动的场所，如商店、影剧院、体育场、街道等；也包括各类单位，如机关、团体、事业单位的办公场所，企业生产经营场所，医院、学校、幼儿园等；还包括公共交通工具，如火车、轮船、长途客运汽车、公共电车、汽车、民用航空器等。

3. 本罪的主体为一般主体，既可以是中国人，也可以是外国人或无国籍人士。多数情况下，行为人都是恐怖分子或宗教极端主义者，但其身份如何并不影响本罪的成立。单位不能构成本罪。

4. 本罪的主观方面为故意，且只能为直接故意，具体而言，行为人明知自己以暴力、胁迫等方式强制他人在公共场所穿着、佩戴宣扬恐怖主义、极端主义服饰、标志的行为会危害社会的公共安全，仍然持希望这种危害结果发生的主观心态。

根据《刑法》第 120 条之五的规定，犯本罪的，处三年以下有期徒刑、拘役或者管制。

七、非法持有宣扬恐怖主义、极端主义物品罪

根据刑法典第120条之六的规定，所谓非法持有宣扬恐怖主义、极端主义物品罪，是指行为人明知是宣扬恐怖主义、极端主义的图书、音频视频资料或者其他物品而非法持有的，情节严重的行为。这是《刑法修正案（九）》第7条第6款增设的罪名。本罪的构成要件是：

1. 本罪侵犯的客体是公共安全，即不特定或多数人的生命、健康、重大公私财产安全以及和谐的公共生活秩序。

2. 本罪的客观方面表现为非法持有宣扬恐怖主义、极端主义的图书、音频视频资料或者其他物品的行为。这里的“非法持有”，是指没有法律规定的权利，而占有、支配、控制宣扬恐怖主义、极端主义的图书、音频视频资料或者其他物品的一种持续性的状态。持有型犯罪以行为人持有特定物品或者财产的不法状态为基本的构成要素。需要注意的是，持有不仅限于随身携带，在其住所、驾驶的运输工具上发现的恐怖主义、极端主义宣传品也可以认定为持有。我国刑法中的持有型犯罪主要有：巨额财产来源不明罪，非法持有毒品罪，非法持有、私藏枪支、弹药罪，非法持有假币罪，非法持有国家绝密、机密文件、资料、物品罪，非法持有毒品原植物种子、幼苗罪等罪名。就持有物而言，一般可分为两类：其一，持有物本身不属于违禁品的情况，如巨额财产，绝密、机密文件等；其二，持有物本身就属于违禁品的情况，如毒品、枪支、弹药、毒品原植物种子、幼苗等。本罪中的宣扬恐怖主义、极端主义的图书、音频视频资料或者其他物品应属于违禁品。“图书、音频视频资料或者其他物品”的界定可以参照宣扬恐怖主义、极端主义罪的规定，主要包括图书、报纸、期刊、音像制品、电子出版物，载有恐怖主义、极端主义思想内容的传单等，在手机、移动存储介质、电子阅读器、网络上展示的图片、文稿、音频、视频、音像制品等。本罪中的“情节严重”，是指行为人持有的宣扬恐怖主义、极端主义的图书、音频视频资料或者其他物品数量众多或内容严重等情形。

3. 本罪的主体为一般主体，既可以是中国人，也可以是外国人或无国籍人士。多数情况下，行为人都是恐怖分子或宗教极端主义者，但其身份并不影响本罪的成立。单位不能构成本罪。

4. 本罪的主观方面为故意，且只能为直接故意，即行为人明知自己非法持有宣扬恐怖主义、极端主义的图书、音频视频资料或者其他物品会给社会的公共安全带来危害，仍然希望这种危害结果发生的主观心态。这里的“明知”，即为知道或应当知道的主观状态。实践中，判断行为人是否明知其非法持有的物品内容，应坚持主客观相统一的原则，结合行为人的证词、一贯表现、认罪态度、年龄、受教育程度、认知水平、职业等因素综合判断。

根据《刑法》第120条之六的规定，犯本罪的，处三年以下有期徒刑、拘役或者管制，并处罚金或者单处罚金。

八、劫持航空器罪

(一) 劫持航空器罪的概念和构成

劫持航空器罪，是指以暴力、胁迫或者其他方法劫持航空器，危害航空运输安全的行为。本罪的构成要件是：

1. 本罪侵犯的客体为航空运输的公共安全，即乘客、机组人员的人身、财产及航空器的安全。《刑法》虽然没有规定劫持航空器罪的行为对象是正在使用中的航空器，但从本罪的行为的含义及犯罪客体来看，应该内含了该项要求。劫持航空器罪的对象为正在“使用中”的航空器。申言之，如果是劫持非使用中的航空器，因不可能危及航空运输安全，所以不能构成本罪。所谓“使用中”的航空器，根据《蒙特利尔公约》第2条第2款规定，是指“航空器从地面人员或机组人员为某一次飞行而进行航空器飞行前准备时起，到任何降落后24小时止”，而且“使用期在任何情况下都应延长到本条（甲）款所指定义的航空器在飞行中的整个期间”。“本条（甲）款”规定：“航空器从装载完毕，机舱外部各门均已关闭时起，到打开任何一扇机舱门以卸载时止，均应被认为在飞行中。航空器被迫降落时，在主管当局接管该航空器及机上人员与财产责任以前，均应被视为仍在飞行中。”有关航空器的范围，理论上存在不同观点：一种观点认为航空器仅限于民用航空器。[①] 另一种观点认为国家航空器，如军事、海关或者警察部门的国家航空器与民用航空器一样，同属刑法的航空器范围内。[②] 持第一种观点的学者认为将航空器限定为民用航空器，有利于与国际刑法接轨，符合现代刑法潮流，如国际上制定的关于航空器方面犯罪的三个国际公约——《东京公约》《海牙公约》《蒙特利尔公约》，均规定公约不适用于军事、海关或警用航空器。而我国已经加入了这三个公约，我国刑法的规定应该与国际公约相一致。我们认为，解释国内刑法不能完全以国际刑法为准，而且第二种观点更有利于保护航空飞行安全，因为军事、海关或者警察部门的国家航空器同样有被劫持的可能，将此种情况排除出本罪的范围，将人为地造成刑法适用上的漏洞，导致刑法的不正义。

2. 本罪在客观上表现为以暴力、胁迫或者其他方法劫持航空器，危害航空运输安全的行为。所谓“劫持”，是指以暴力、胁迫或者其他方法，强迫航空器驾驶、操作人员服从劫机者的意志，改变航空器原定航向，飞往劫持者指定的地方。劫持航空器的行为方法，包括暴力、胁迫或者其他方法。所谓“暴力”，是指对航空器驾驶、操作人员或机上其他人员实施不法有形力，具体说是对驾驶、操作人员或机上其他人员实施如杀害、杀伤、殴打、捆绑、禁闭等使其无法反抗的行为。劫持航空器的暴力属于最狭义的暴力，排除对物行使的不法有形力。所谓“胁迫”，是指对驾驶、操作人员或机上其他人员实施的精神强制，即以毁坏飞机、杀害人质等暴力相威胁，使驾驶、操作人员或机上其他人员不敢反抗控制航空器的行为。行为人对物行使不法有形力，从而对机组人员产生精神压制的行为也属于胁迫行为。所谓“其他方法”，是指使用暴力、威胁方法以外的，但与

---

① 参见何秉松主编：《刑法教科书》下卷，693页，北京，中国法制出版社，2000。

② 参见张明楷：《刑法学》，528页，北京，法律出版社，2007。

暴力、胁迫危害程度相当的手段使驾驶、操作人员不能反抗、不知反抗、不敢反抗的行为，如使用麻醉药物麻醉、致昏的方法使机组人员不能抗拒或不知抗拒，从而控制航空器的方法属于“其他方法”。但采用诈骗方法使机组人员自愿改变航向或贿赂收买机组人员从而改变飞行方向等方法，则不包括在“其他方法”之内。

3. 本罪的主体为一般主体，即已满16周岁、具有刑事责任能力的自然人。

4. 本罪在主观上必须是故意，即明知劫持航空器的行为会发生危害航空飞行安全的后果，并且希望或放任这种结果的发生。从实践来看，劫持者通常具有一定的犯罪目的与动机，但由于刑法未对本罪的犯罪目的与动机作特别规定，所以持有何种犯罪目的与动机不影响本罪的成立。

（二）劫持航空器罪的认定

认定本罪，应当注意如下问题：

1. 本罪与破坏交通工具罪的界限

劫持航空器罪与破坏交通工具罪在行为对象上存在交叉关系，破坏交通工具罪的行为对象也可能是民用航空器，都可能造成航空器的破坏，而且两罪都是故意犯罪。当行为对象是航空器时，两罪主要从以下两方面区分：（1）犯罪目的不同。前者的犯罪目的是劫持航空器而不是破坏航空器；而后者的犯罪目的是要将航空器本身加以毁坏。（2）客观行为的表现不同。本罪是使用暴力、胁迫或其他方法劫持航空器；而后者则是用一定的方法将航空器毁坏。因此，在劫持航空器过程中使航空器遭到破坏，即使具有使航空器倾覆、毁坏危险的，也只能以本罪论处，不能实行数罪并罚。

2. 本罪与暴力危及飞行安全罪的界限

两罪都对航空器上的人员实施了暴力，都威胁到了航空飞行安全。两罪的主要区别在于：（1）犯罪目的不同。劫持航空器罪要求有特定的犯罪目的，即有劫持航空器的目的，而暴力危及飞行安全罪则没有该种目的。（2）客观行为不同。劫持航空器罪的客观行为不仅仅有暴力行为，还包括胁迫以及其他行为，而暴力危及飞行安全罪的行为手段则只有暴力手段。（3）行为对象不同。劫持航空器罪中的暴力可以针对人身，也可以针对航空器实施，而暴力危及飞行安全罪的暴力则只能对航空器上的人实施。

3. 本罪的既遂与未遂

关于本罪的既遂与未遂的区分标准，理论上存在着不同观点：第一种是着手说。该说认为劫持航空器罪属于行为犯，只要行为人已开始着手实施劫机行为，即构成劫持航空器罪的犯罪既遂。第二种是离境说。该说认为行为人劫持的航空器飞离国境就成立劫持航空器罪的犯罪既遂。第三种是目的说。该说认为劫持航空器的目的得以实现时，才成立劫持航空器罪的犯罪既遂。第四种是控制说。该说认为，行为人实际控制航空器即构成劫持航空器罪的犯罪既遂。[①] 着手说有提前认定犯罪既遂之嫌，容易将预备行为作为犯罪未遂处理；目的说、离境说则将既遂的认定过于推迟，不利于对法益的保护。我们同意第四种观点，即控制说。劫持航空器罪的本质是侵害了航空飞行

---

① 参见李恩慈主编：《特别刑法论》，56页，北京，中国人民公安大学出版社，1993。

安全，而只要实际控制航空器，就会对航空飞行安全造成威胁，过于提前或者推后认定既遂都有悖本罪的法益保护目的，所以该说是妥当的。

（三）劫持航空器罪的处罚

根据《刑法》第121条的规定，犯本罪的，处10年以上有期徒刑或者无期徒刑；致人重伤、死亡或者使航空器遭受严重破坏的，处死刑。

九、劫持船只、汽车罪

劫持船只、汽车罪，是指以暴力、胁迫或者其他方法劫持船只、汽车，危害公共安全的行为。本罪的构成要件是：

1. 本罪侵犯的客体是公共安全，具体是指不特定或多数乘客与驾驶员的生命、财产及船只和汽车的安全。本罪的对象只限于正在使用中的船只和汽车，劫持其他交通工具，不能构成本罪。

2. 本罪在客观上表现为以暴力、胁迫或其他方法劫持船只、汽车的行为。如果行为人以杀人的暴力手段劫持船只、汽车的，属于牵连犯，由于本罪的法定最高刑为无期徒刑，因此，应以故意杀人罪论处。

3. 本罪的主体为一般主体，即年满16周岁、具有刑事责任能力的自然人。

4. 本罪在主观上只能是故意。

根据《刑法》第122条的规定，犯本罪的，处5年以上10年以下有期徒刑；造成严重后果的，处10年以上有期徒刑或者无期徒刑。

十、暴力危及飞行安全罪

暴力危及飞行安全罪，是指对飞行中的航空器上的人员使用暴力，危及飞行安全的行为。本罪的构成要件是：

1. 本罪侵犯的客体是航空器的飞行安全与乘客、机组人员的人身、财产安全。

2. 本罪在客观上表现为行为人对飞行中的航空器上的人员使用暴力，危及飞行安全的行为。首先，必须是对飞行中的航空器上的人员使用暴力。可见本罪的对象，并不是指航空器本身，而是飞行中的航空器上的人员。“航空器上的人员”，包括航空器上的机组人员、乘客以及其他人员。所谓暴力，是指非法对人身行使有形的物理力，表现为直接对人身实施打击或强制，且不包括致人重伤和死亡，只能是轻伤。单纯的威胁行为，不能构成本罪。其次，必须危及飞行安全，不危及飞行安全的暴力行为不构成本罪。行为人以暴力手段劫持航空器的行为，构成劫持航空器罪与本罪的想象竞合犯，应以劫持航空器罪论处。

3. 本罪的主体为一般主体，即年满16周岁、具有刑事责任能力的自然人。

4. 本罪在主观上表现为故意。

根据《刑法》第123条的规定，犯本罪，尚未造成严重后果的，处5年以下有期徒刑或者拘役；造成严重后果的，处5年以上有期徒刑。

第五节　违反枪支、弹药、爆炸物管理规定危害公共安全的犯罪

一、非法制造、买卖、运输、邮寄、储存枪支、弹药、爆炸物罪

（一）非法制造、买卖、运输、邮寄、储存枪支、弹药、爆炸物罪的概念和构成

非法制造、买卖、运输、邮寄、储存枪支、弹药、爆炸物罪，是指违反国家有关枪支、弹药、爆炸物管理法规，擅自制造、买卖、运输、邮寄、储存枪支、弹药、爆炸物，危害公共安全的行为。本罪的构成要件是：

1. 本罪侵犯的客体是社会的公共安全与国家对枪支、弹药、爆炸物的管理秩序。刑法之所以将有关枪支、弹药、爆炸物的犯罪规定在危害公共安全的犯罪中，是因为枪支、弹药、爆炸物具有极大的杀伤性与破坏性，极易形成对公共安全的威胁。

2. 本罪在客观上表现为违反国家有关枪支、弹药、爆炸物管理法规，擅自制造、买卖、运输、邮寄、储存枪支、弹药、爆炸物，危害公共安全的行为。具体应把握以下三个方面：（1）行为人制造、买卖、运输、邮寄、储存的必须是枪支、弹药、爆炸物。根据1996年《枪支管理法》的规定，“枪支”是指以火药或者压缩气体等为动力，利用管状器具发射金属弹丸或者其他物质，足以致人伤亡或丧失知觉的各种枪支。弹药，是指上述枪支所用的弹药。根据2006年9月1日起施行的《民用爆炸物品安全管理条例》的规定，“爆炸物”是指用于非军事目的，列入民用爆炸物品品名表的各类火药、炸药及其制品和雷管、导火索等点火、起爆器材。民用爆炸物品品名表，由国务院国防科技工业主管部门会同国务院公安部门制订、公布。关于本罪的对象是否应该包括民用气枪、麻醉动物用的注射枪以及烟花、爆竹，还存在较大争议。我们认为，虽然从表面上看应将民用气枪、麻醉动物用的注射枪以及烟花、爆竹归入枪支与爆炸物，但是其本身的性质决定了对这些物品进行制造、买卖、运输、邮寄、储存的行为不足以对公共安全构成较大威胁。另外，本罪为抽象危险犯，成立本罪不要求发生具体的危险。而刑法往往是将重大犯罪规定为抽象危险犯，这就要求行为本身具有极大的危险性。而制造、买卖、运输、邮寄、储存民用气枪、麻醉动物用的注射枪以及烟花、爆竹的行为，尽管具有一定的社会危害性，但是并未达到非常严重的程度，不符合本罪对抽象危险犯的要求。因而，我们认为本罪的对象不宜包括民用气枪、麻醉动物用的注射枪以及烟花、爆竹。（2）行为人必须实施了非法制造、买卖、运输、邮寄、储存枪支、弹药、爆炸物的行为。“非法制造”，是指未经国家批准，擅自制造枪支、弹药、爆炸物的行为。“制造”通常是指制作、组装、修理、改装和配装枪支、弹药、爆炸物的行为。既可以是大规模地成批生产，也可以是小规模的手工制作。“非法买卖”，是指违反国家有关规定，以金钱或实物为对价，私自购买或者销售枪支、弹药、爆炸物的行为。对于行为人介绍买卖枪支、弹药、爆炸物的，应以买卖枪支、弹药、爆炸物罪的共犯论处。“非法运输”，是指违反国家有关规定，转移枪支、弹药、爆炸

物存放地的行为。其形式可以是陆运、水运、空运，也可随身携带。但在空间范围上，只限于我国境内，因而不包括运输上述物品出入国（边）境的行为。“非法邮寄”，是指违反国家相关规定，通过邮政部门以邮件形式寄递枪支、弹药、爆炸物的行为。“非法储存”，是指明知是他人非法制造、买卖、运输、邮寄的枪支、弹药而为其存放的行为，或者非法存放爆炸物的行为。由于本罪为选择性罪名，因而行为人只要实施了上述行为之一，即可构成本罪；如果行为人同时实施了其中两种以上的行为，也只构成一罪，而非数罪。（3）本罪为抽象危险犯。即只要行为人实施了非法制造、买卖、运输、邮寄、储存枪支、弹药、爆炸物的行为，法律就认定存在公共危险，而无须要求发生具体的危险状态。

3. 本罪的主体，为一般主体，即年满 16 周岁、具有刑事责任能力的自然人；同时，单位也可以成为本罪的主体。

4. 本罪在主观上是故意，即明知是枪支、弹药、爆炸物而非法制造、买卖、运输、邮寄或储存。如果行为人不知是枪支、弹药、爆炸物而实施了上述行为，不能构成本罪。

（二）非法制造、买卖、运输、邮寄、储存枪支、弹药、爆炸物罪的认定

认定本罪，主要应注意对于区分本罪与非罪行为的标准的把握。根据 2009 年 11 月 16 日修正后的最高人民法院《关于审理非法制造、买卖、运输枪支、弹药、爆炸物等刑事案件具体应用法律若干问题的解释》第 1 条的规定，有下列情形之一的，以本罪论处：（1）非法制造、买卖、运输、邮寄、储存军用枪支 1 支以上的；（2）非法制造、买卖、运输、邮寄、储存以火药为动力发射枪弹的非军用枪支 1 支以上，或者以压缩气体等为动力的其他非军用枪支 2 支以上的；（3）非法制造、买卖、运输、邮寄、储存军用子弹 10 发以上、气枪铅弹 500 发以上或者其他非军用子弹 100 发以上的；（4）非法制造、买卖、运输、邮寄、储存手榴弹 1 枚以上的；（5）非法制造、买卖、运输、邮寄、储存爆炸装置的；（6）非法制造、买卖、运输、邮寄、储存炸药、发射药、黑火药 1 000 克以上或者烟火药 3 000 克以上、雷管 30 枚以上或者导火索、导爆索 30 米以上的；（7）具有生产爆炸物品资格的单位超过限额买卖炸药、发射药、黑火药 10 千克以上或者烟火药 30 千克以上、雷管 300 枚以上或者导火索、导爆索 300 米以上的；（8）多次非法制造、买卖、运输、邮寄、储存弹药、爆炸物的；（9）虽未达到上述最低数额标准，但具有造成严重后果等其他恶劣情节的。

（三）非法制造、买卖、运输、邮寄、储存枪支、弹药、爆炸物罪的处罚

根据《刑法》第 125 条第 1 款与第 3 款的规定，犯本罪的，处 3 年以上 10 年以下有期徒刑；情节严重的，处 10 年以上有期徒刑、无期徒刑或者死刑。单位犯本罪的，对单位判处罚金，并对其直接负责的主管人员和其他直接责任人员，依照上述规定处罚。根据上述最高人民法院的司法解释，具有下列情节之一的，属于“情节严重”：非法制造、买卖、运输、邮寄、储存枪支、弹药、爆炸物的数量达到上述司法解释第 1 条第 1、2、3、6、7 项规定的最低数量标准 5 倍以上的；非法制造、买卖、运输、邮寄、储存手榴弹 3 枚以上的；非法制造、买卖、运输、邮寄、储存爆炸装置，危害严重的；达到上述司法解释第 1 条规定的最低数量标准，并具有造成严重后果等其他恶劣情节的。该解释第 9 条还规定，“因筑路、建房、打井、整修宅基地和土地等正常生产、生活需要，以及因从事合法的生产经营活动而非法制造、买卖、运输、邮寄、储存爆炸物，数量达到本解释第一条规定标准，没有造成严重社会危害，并确有悔改表现的，可依法从轻处罚；情节轻微的，可以免除处罚。具有前款情形，数量虽达到本解释第二条规定标准的，也可以不认定为刑法第一百二十五条第一款规定的'情节严重'。在公共场所、居民区等人员集中区域非法制造、买卖、运输、邮寄、储存爆炸物，或者因非法制造、买卖、运输、邮寄、储存爆炸物三年内受到两次以上行政处罚又实施上述行为，数量达到本解释规定标准的，不适用前两款量刑的规定。"

二、非法制造、买卖、运输、储存危险物质罪

非法制造、买卖、运输、储存危险物质罪，是指非法制造、买卖、运输、储存毒害性、放射性、传染病病原体等物质，危害公共安全的行为。本罪的构成要件是：

1. 本罪侵犯的客体是公共安全，即不特定或多数人的生命、健康或者重大公私财产的安全。

2. 本罪在客观上表现为违反有关危险物质管理规定，非法制造、买卖、运输、储存危险物质，危害公共安全的行为。本罪的对象，是毒害性、放射性、传染病病原体等危险物质。本罪为选择性罪名，只要行为人实施了制造、买卖、运输、储存四种行为之一，对象属于毒害性、放射性、传染病病原体等危险物质之一，均成立本罪。即使行为人针对上述几种或全部对象实施了全部四种行为，也只成立一罪。

3. 本罪的主体，既可以是自然人，即年满16周岁、具有刑事责任能力的自然人，也可以是单位。

4. 本罪在主观上表现为故意，即明知是毒害性、放射性、传染病病原体等危险物质而制造、买卖、运输、储存。这里所谓的"明知"，并不要求必须是"确知"，只要求具有认识到的可能性即可。如果行为人确实不知是上述危险物质而实施上述行为的，不构成本罪。

根据《刑法》第125条第2、3款的规定，犯本罪的，处3年以上10年以下有期徒刑；情节严重的，处10年以上有期徒刑、无期徒刑或者死刑。单位犯本罪的，对单位判处罚金，并对其直接负责的主管人员和其他直接责任人员，依照上述规定处罚。

三、违规制造、销售枪支罪

违规制造、销售枪支罪，是指依法被指定、确定的枪支制造企业、销售企业，违反枪支管理规定，以非法销售为目的，超过限额或者不按照规定的品种制造、配售枪支，或者制造无号、重号、假号的枪支，或者非法销售枪支，或者在境内销售为出口制造的枪支的行为。本罪的构成要件是：

1. 本罪侵犯的客体是公共安全以及国家对枪支制造、销售的管理秩序。

2. 本罪在客观上表现为违反枪支管理规定，制造、销售枪支的行为。具体表现如下：（1）超过限额或者不按照规定的品种制造、配售枪支；（2）制造无号、重号、假号的枪支；（3）非法销售枪支或者在境内销售为出口制造的枪支。具有上述行为之一，

即构成本罪；实施上述三种行为的，也只构成一罪，不实行数罪并罚。

3. 本罪的主体只能是单位，即依法被指定、确定的枪支制造、销售企业。

4. 本罪在主观上为故意，即依法被指定、确定的枪支制造企业、销售企业明知自己违反枪支管理规定，私自制造、销售枪支的行为会发生危害公共安全的结果，并且希望或者放任这种结果的发生。其中，非法制造、配售枪支的行为必须以非法销售为目的，而非法销售的行为则没有特别目的的要求。

根据《刑法》第126条的规定，犯本罪的，对单位判处罚金，并对其直接负责的主管人员和其他直接责任人员，处5年以下有期徒刑；情节严重的，处5年以上10年以下有期徒刑；情节特别严重的，处10年以上有期徒刑或者无期徒刑。

四、盗窃、抢夺枪支、弹药、爆炸物、危险物质罪

盗窃、抢夺枪支、弹药、爆炸物、危险物质罪，是指以非法占有为目的，窃取或者抢夺枪支、弹药、爆炸物或毒害性、放射性、传染病病原体等危险物质的行为。本罪的构成要件是：

1. 本罪侵犯的客体是公共安全，即不特定或多数人的生命、健康或者重大公私财产的安全。

2. 本罪在客观上表现为盗窃或抢夺枪支、弹药、爆炸物或毒害性、放射性、传染病病原体等危险物质的行为。"盗窃"是指采用自认为是不被所有人、占有人、使用人发觉的方法，窃取枪支、弹药、爆炸物或毒害性、放射性、传染病病原体等危险物质的行为。"抢夺"是指公然夺取他人所有、占有、管理的枪支、弹药、爆炸物或毒害性、放射性、传染病病原体等危险物质的行为。至于他人的所有、占有是否合法，不影响本罪的成立。

3. 本罪的主体是已年满16周岁、具有刑事责任能力的自然人。

4. 本罪在主观上为故意，即行为人明知盗窃、抢夺枪支、弹药、爆炸物或毒害性、放射性、传染病病原体等危险物质的行为会危害公共安全，并且希望这种结果的发生。这里还要求行为人以非法占有为目的。对于"明知"则并不要求行为人对于盗窃、抢夺的对象必须是非常清楚地知道，只要具备认识的可能性即可。对于行为人有盗窃、抢夺一般财物的故意，而实际盗窃、抢夺的却是枪支、弹药的情况，我们认为不能构成本罪。

根据《刑法》第127条的规定，犯本罪的，处3年以上10年以下有期徒刑；情节严重的，处10年以上有期徒刑、无期徒刑或者死刑。盗窃、抢夺国家机关、军警人员、民兵的枪支、弹药、爆炸物的，处10年以上有期徒刑、无期徒刑或者死刑。

五、抢劫枪支、弹药、爆炸物、危险物质罪

抢劫枪支、弹药、爆炸物、危险物质罪，是指以非法占有为目的，以暴力、胁迫或者其他方法，强行劫夺枪支、弹药、爆炸物或毒害性、放射性、传染病病原体等危险物质，危害公共安全的行为。本罪的构成要件是：

1. 本罪侵犯的客体是公共安全以及枪支、弹药、爆炸物或毒害性、放射性、传染

病病原体等危险物质所有人、占有人、使用人的人身权利。

2. 本罪在客观上表现为以暴力、胁迫或者其他方法，强行劫夺枪支、弹药、爆炸物或毒害性、放射性、传染病病原体等危险物质，危害公共安全的行为。这里的其他方法，是指使人不能反抗、不敢反抗、不知反抗的强制方法。如用酒灌醉、麻药麻醉等方法。

3. 本罪的主体为一般主体，即已年满16周岁、具有刑事责任能力的自然人。

4. 本罪在主观上只能出于故意，即行为人主观上明知是枪支、弹药、爆炸物、危险物质而故意以暴力、胁迫或者其他方法实施抢劫。

根据《刑法》第127条第2款的规定，犯本罪的，处10年以上有期徒刑、无期徒刑或者死刑。

六、非法持有、私藏枪支、弹药罪

（一）非法持有、私藏枪支、弹药罪的概念和构成

非法持有、私藏枪支、弹药罪，是指违反枪支、弹药管理的规定，非法持有、私藏枪支、弹药的行为。本罪的构成要件是：

1. 本罪侵犯的客体是公共安全和国家对枪支、弹药的管理秩序。

2. 本罪在客观上表现为违反枪支、弹药管理的规定，非法持有、私藏枪支、弹药的行为。根据最高人民法院2001年5月10日发布的《关于审理非法制造、买卖、运输枪支、弹药、爆炸物等刑事案件具体应用法律若干问题的解释》（2009年11月16日修改发布，2010年1月1日起施行）的规定，“非法持有”，是指不符合配备、配置枪支、弹药条件的人员，违反枪支管理法律、法规的规定，擅自持有枪支、弹药的行为。行为人接受枪支质押，继而对其实际占有与控制的行为，构成非法持有枪支罪。“私藏”，是指依法配备、配置枪支、弹药条件的人员，在配备、配置枪支、弹药的条件消除后，违反枪支管理法律、法规的规定，私自藏匿所配备、配置枪支、弹药且拒不交出的行为。枪支、弹药如何获得不影响本罪的成立。如果行为人先通过实施盗窃、抢劫、抢夺枪支、弹药等犯罪而持有、私藏的，不构成本罪，也不实行并罚，而应以相应犯罪论处。

3. 本罪的主体是一般主体，即年满16周岁、具有刑事责任能力的自然人。

4. 本罪在主观上表现为故意，即明知是枪支、弹药而违反枪支、弹药管理的规定，非法持有、私藏。

（二）非法持有、私藏枪支、弹药罪的认定

认定本罪，应当注意如下问题：

1. 本罪与盗窃、抢夺枪支、弹药罪的界限

尽管两罪的对象均为枪支、弹药，但仍存在一定的差别：非法持有、私藏枪支、弹药罪中的枪支、弹药，不能来源于非法持有、私藏的行为人非法制造、买卖、运输、盗窃、抢夺、抢劫等犯罪活动。如果是因非法制造、买卖、运输等犯罪活动而持有、私藏枪支、弹药的，则应以相应犯罪论处，而不构成非法持有、私藏枪支、弹药罪。

2. 本罪与非法储存枪支、弹药罪的界限

根据前述司法解释的规定，非法储存，是指明知是他人非法制造、买卖、运输、邮寄的枪支、弹药而为其存放的行为。而除此之外的私自存放、持有、藏匿的行为，

应以非法持有、私藏枪支、弹药罪论处。这主要缘于刑法对两罪配置的法定刑差别较大。

(三) 非法持有、私藏枪支、弹药罪的处罚

根据《刑法》第128条第1款的规定，犯本罪的，处3年以下有期徒刑、拘役或者管制；情节严重的，处3年以上7年以下有期徒刑。根据最高人民法院《关于审理非法制造、买卖、运输枪支、弹药、爆炸物等刑事案件具体应用法律若干问题的解释》的规定，具有下列情形之一的，属于“情节严重”：(1) 非法持有、私藏军用枪支2支以上的；(2) 非法持有、私藏以火药为动力发射枪弹的非军用枪支2支以上或者以压缩气体等为动力的其他非军用枪支5支以上的；(3) 非法持有、私藏军用子弹100发以上、气枪铅弹5 000发以上或者其他非军用子弹1 000发以上的；(4) 非法持有、私藏手榴弹3枚以上的；(5) 达到本解释第5条第1款规定的最低数量标准，并具有造成严重后果等其他恶劣情节的。

七、非法出租、出借枪支罪

非法出租、出借枪支罪，是指依法配备公务用枪的人员或者单位，非法出租、出借枪支，或者依法配置枪支的人员或者单位，非法出租、出借枪支，造成严重后果的行为。本罪的构成要件是：

1. 本罪侵犯的客体是公共安全和国家对枪支的管理秩序。

2. 本罪在客观上表现为依法配备公务用枪的人员或单位，非法出租、出借枪支的行为；依法配置枪支的人员或单位，非法出租、出借枪支，造成严重后果的行为。“非法出租”，是指违反枪支管理规定，擅自将配备的公务用枪在一段时间内有偿租给其他个人或者单位使用的行为。“非法出借”，是指违反枪支管理规定，擅自将配置的枪支在一段时间内无偿地借给其他个人或者单位使用的行为。对于依法配备公务用枪的人员或者单位，只要具有违反枪支管理规定，非法出租、出借枪支的行为即构成犯罪。而对于依法配置枪支的人员或者单位，非法出租、出借配置枪支的行为，只有造成严重后果的才能成立本罪。另外，根据1998年11月3日最高人民检察院《关于将公务用枪用作借债质押的行为如何适用法律问题的批复》，依法配备公务用枪的人员，违反法律规定，将公务用枪作借债质押物，使枪支处于非依法持枪人的控制、使用之下，严重危害公共安全，是《刑法》第128条第2款所规定的非法出借枪支行为的一种形式，应以非法出借枪支罪追究刑事责任。

3. 本罪的主体是特殊主体，即依法配备公务用枪的人员或单位与依法配置枪支的人员或单位。

4. 本罪在主观上表现为故意，即行为人明知是依法配备的公务用枪、依法配置的枪支，却故意非法出租、出借。

根据《刑法》第128条的规定，犯本罪的，处3年以下有期徒刑、拘役或者管制；情节严重的，处3年以上7年以下有期徒刑。单位犯本罪的，对单位判处罚金，并对其直接负责的主管人员和其他直接责任人员，依照上述规定处罚。

八、丢失枪支不报罪

丢失枪支不报罪，是指依法配备公务用枪的人员，违反枪支管理规定，丢失枪支不及时报告，造成严重后果的行为。本罪的构成要件是：

1. 本罪侵犯的客体是公共安全和国家对枪支的管理秩序。

2. 本罪在客观上表现为依法配备公务用枪的人员，丢失枪支不及时报告，造成严重后果的行为。具体包括以下两个方面：一是必须有丢失枪支的行为。丢失枪支的行为既可以是作为，也可以是不作为。这里的“丢失枪支”，即遗失枪支，应包括被盗、被抢等情况。二是不及时报告。是指行为人发现丢失枪支后，在有义务与有条件报告的情况下，没有履行及时报告的义务。不及时报告包括三种情况：一是行为人在丢失枪支后根本不报告；二是丢失枪支后报告了，但却拖延了报告的时间。三是必须造成严重后果。所谓“造成严重后果”，主要是指丢失的枪支为他人所用进行犯罪活动，造成人员伤亡或财产损失等严重后果。

3. 本罪的主体是特殊主体，即依法配备公务用枪的人员。依法配备公务用枪的单位与依法配置枪支的人员不是本罪的主体。

4. 本罪在主观上较为复杂，理论上存在着故意说、过失说以及过失与间接故意说等不同观点。我们认为，刑法明确规定以发生严重后果作为本罪的成立条件，本罪的主观方面应当考察的是行为人对丢失枪支不及时报告造成的严重后果所持的心理态度，而行为人对于严重后果的发生，主观上只能是过失。具体而言，即行为人因疏忽大意而没有预见丢失枪支不及时报告会造成严重后果，或虽然有所预见，但轻信可以避免的心态。

根据《刑法》第 129 条的规定，犯本罪的，处 3 年以下有期徒刑或者拘役。

九、非法携带枪支、弹药、管制刀具、危险物品危及公共安全罪

非法携带枪支、弹药、管制刀具、危险物品危及公共安全罪，是指违反有关规定，非法携带枪支、弹药、管制刀具或者爆炸性、易燃性、放射性、毒害性、腐蚀性物品，进入公共场所或者公共交通工具，危及公共安全，情节严重的行为。本罪的构成要件是：

1. 本罪侵犯的客体是公共安全，即不特定或多数人的生命、健康和重大公私财产的安全。本罪的对象为枪支、弹药、管制刀具或爆炸性、易燃性、放射性、毒害性、腐蚀性物品。

2. 本罪在客观上表现为非法携带枪支、弹药、管制刀具或者爆炸性、易燃性、放射性、毒害性、腐蚀性物品，进入公共场所或者公共交通工具，危及公共安全，情节严重的行为。具体包括以下内容：（1）必须有非法携带行为。“携带”，是持有的一种具体表现形式，是指随身带有。（2）必须进入公共场所或者公共交通工具。（3）必须危及公共安全，并且情节严重。所谓“危及公共安全”，是指行为具有严重危及不特定或多数人的生命、健康安全或者重大公私财产的安全的现实危险性。

3. 本罪的主体为一般主体，即年满 16 周岁、具有刑事责任能力的自然人。

4. 本罪在主观上为故意。

根据《刑法》第130条的规定，犯本罪的，处3年以下有期徒刑、拘役或者管制。

第六节 造成重大事故危害公共安全的犯罪

一、重大飞行事故罪

重大飞行事故罪，是指航空人员违反规章制度，致使发生重大飞行事故，造成严重后果的行为。本罪的构成要件是：

1. 本罪侵犯的客体是航空器的飞行安全，以及不特定或多数人的生命、健康或者重大公私财产的安全。

2. 本罪在客观上表现为行为人实施了违反规章制度的行为，致使发生重大飞行事故，造成严重后果。首先，行为人必须实施了违反规章制度的行为。所谓“违反规章制度”，是指违反国家有关部门制定的对航空器飞行安全进行管理的各种规章制度。如《飞行基本规则》《民用航空法》《中国民用航空空中交通管理规则》等。具体而言，是上述这些规章制度中有关保障航空器飞行安全应当履行的注意义务的规定。违反规章制度的行为既可以是作为，也可以是不作为。其次，必须发生重大飞行事故，造成严重后果。所谓“重大飞行事故”，应当是指航空器在飞行中因航空人员违反规章制度的行为而发生的事故。所谓“严重后果”，是指使航空器或航空设施受到严重损坏，使航空器上的人员受重伤或死亡以及公私财产遭到重大损失等。最后，航空人员违反规章制度的行为与发生严重的后果之间，具有刑法上的因果关系。

3. 本罪的主体为特殊主体，即航空人员。根据《民用航空法》第39条的规定，航空人员包括空勤人员和地面人员。空勤人员包括驾驶员、领航员、飞行机械人员、飞行通信员与乘务员；地面人员包括航空器维修人员、空中交通管制员、飞行签派员与航空电台通信员。非航空人员即使违反有关保障航空器飞行安全的规定，造成重大损失，也不能构成本罪，但可构成其他犯罪。

4. 本罪在主观上只能为过失，包括疏忽大意的过失与过于自信的过失。

根据《刑法》第131条的规定，犯本罪的，处3年以下有期徒刑或者拘役；造成飞机坠毁或者人员死亡的，处3年以上7年以下有期徒刑。

二、铁路运营安全事故罪

铁路运营安全事故罪，是指铁路职工违反规章制度，致使发生铁路运营安全事故，造成严重后果的行为。本罪的构成要件是：

1. 本罪侵犯的客体是铁路运营安全，即列车、铁路设施的安全以及乘客的人身安全与重大公私财产的安全。

2. 本罪在客观上表现为违反规章制度，致使发生重大铁路运营安全事故，造成严重后果的行为。这里的“违反规章制度”，是指违反国家有关部门制定的对铁路运营安全进行管理的各种规章制度。如国务院颁布的自 2005 年 4 月 1 日起施行的《铁路运输安全保护条例》，对铁路运营安全作出了具体的规定，违反该条例有关规定，即为“违反规章制度”。这里的“铁路运营安全事故”，是指在铁路运输过程中因铁路职工严重违章的行为所导致的严重事故。如果事故发生虽然属于“运营安全事故”，但并非因违反规章制度的行为所致，不能构成本罪。而且，“造成严重后果”与“运营安全事故”之间必须具有刑法上的因果关系。

3. 本罪的主体是特殊主体，即只能是铁路职工。“铁路职工”即直接从事铁路运营业务或者关涉铁路运营安全的其他直接责任人员。根据《铁路法》第 2 条的规定，包括国家铁路、地方铁路、专用铁路以及铁路专用线的职工。如驾驶员、指挥人员、调度人员、信号员、巡道工、扳道工等。

4. 本罪在主观上表现为过失，包括疏忽大意的过失与过于自信的过失。

根据《刑法》第 132 条的规定，犯本罪的，处 3 年以下有期徒刑或者拘役；造成特别严重后果的，处 3 年以上 7 年以下有期徒刑。

三、交通肇事罪

（一）交通肇事罪的概念和构成

交通肇事罪，是指违反交通运输管理法规，因而发生重大事故，致人重伤、死亡或者使公私财产遭受重大损失的行为。本罪的构成要件是：

1. 本罪侵犯的客体是交通运输安全，主要为公路、水上交通运输安全。

2. 本罪在客观上表现为违反交通运输管理法规，因而发生重大事故，致人重伤、死亡或者使公私财产遭受重大损失的行为。应注意把握以下三个方面：

（1）必须实施了违反交通运输管理法规的行为。行为违反交通运输管理法规是成立本罪的前提。如果行为人并未违反交通运输管理法规，即使因其他因素发生了重大事故，也不构成本罪。本罪所违反的交通运输管理法规，主要指公路、水上交通运输中的各种交通规则、操作规程、劳动纪律等，但不绝对排除铁路、航空交通运输中的各种法规。如《公路法》《公路管理条例》《道路交通管理法》《机动车管理办法》《海上交通安全法》《内河避碰规则》《内河交通安全管理条例》《民用航空法》《铁路法》等等。我们认为，尽管《刑法》第 131 条和第 132 条分别规定了重大飞行事故罪和铁路运营安全事故罪，交通肇事罪不再包括航空和铁路交通肇事行为，但非航空人员违反航空运输管理法规或非铁路职工违反铁路运输管理法规，因而发生重大飞行事故或重大铁路运营安全事故，致人重伤、死亡或使公私财产遭受重大损失，又不构成其他罪的，则仍应按本罪论处。本罪中行为人违反交通运输管理法规的行为，可以表现为作为，也可以表现为不作为。

（2）必须发生重大交通事故，致人重伤、死亡或者使公私财产遭受重大损失。根据 2000 年 11 月最高人民法院《关于审理交通肇事刑事案件具体应用法律若干问题的解释》（以下简称《交通肇事刑事案件解释》）第 2 条的规定，“重大交通事故”是指下列情形之一：1）死亡 1 人或者重伤 3 人以上，负事故全部或主要责任的；2）死亡 3 人以上，负事故同等责任的；3）造成公共财产或他人财产直接损失，负事故全部或主要责任，无能力赔偿数额在30万元以上的。交通肇事致1人以上重伤，负事故全部或主要责任，并具有下列情形之一的：1）酒后、吸食毒品后驾驶机动车辆的；2）无驾驶资格驾驶机动车辆的；3）明知是安全装置不全或安全机件失灵的机动车辆而驾驶的；4）明知是无牌证或已报废的机动车辆而驾驶的；5）严重超载的；6）为逃避法律追究逃离事故现场的。行为虽然违反了交通运输管理法规，但没有发生重大交通事故的，不成立本罪。

（3）违反交通运输管理法规的行为与发生重大事故之间必须存在刑法上的因果关系。《刑法》第133条在“违反交通运输管理法规”与“发生重大事故”之间用了“因而”一词，表明重大交通事故是违反交通运输管理法规的行为所直接导致的。如果行为人实施了违章行为，也发生了重大交通事故，但违章行为与重大交通事故之间不存在刑法上的因果关系，行为人对此重大交通事故不负刑事责任。

（4）重大交通事故必须发生在实行公共交通管理的范围内。对此，有学者认为，交通事故必须由交通运输人员在交通运输过程中，违反交通运输法规而导致发生法定的危害后果；也有学者认为交通肇事罪不以肇事行为发生在交通运输过程中为要件；还有学者提出发生在街道公路以外的场所的交通事故应具体情况具体分析，不能一概定为交通肇事罪。[①] 我们认为，交通肇事罪的时空范围应受到限制，既然是交通肇事，就应该是发生在交通运输中，至少也应该是与交通运输有关的活动中。在交通管理的范围外，驾驶机动车辆或使用其他交通工具致人死亡或致使公私财产遭受重大损失，行为构成犯罪的，应分别以重大责任事故罪、过失致人死亡罪等定罪处罚。

3. 本罪的主体是一般主体，即年满16周岁、具备刑事责任能力的自然人，包括从事交通运输的人员和非交通运输人员，通常情况下为交通运输人员。所谓“交通运输人员”，是指一切从事交通运输业务，同保障交通运输安全有直接关系的人员，并不是泛指与交通运输有关的人员。具体包括：（1）直接操纵各种交通工具的驾驶人员；（2）直接操纵各种交通设施的业务人员；（3）直接领导、指挥交通运输活动的领导、指挥人员；（4）交通运输安全的管理人员。所谓“非交通运输人员”，是指没有合法手续却从事正常交通运输的人员，主要包括：（1）无合法手续，但被借调或受委托从事交通运输的人员；（2）暂时没有合法手续，但为了从事交通运输工作，正准备取得合法手续的人员；（3）为了公共利益的需要，临时被指派或主动承担交通运输工作的人员；（4）为了保证主要职业的进行或维持个人及家庭成员的正常生活而驾驶交通运输工具的人员，等等。

根据《交通肇事刑事案件解释》第7条的规定，单位主管人员、机动车辆所有人或机动车辆承包人指使、强令他人违章驾驶造成重大交通事故，构成犯罪的，以交通肇事罪定罪处罚。

4. 本罪在主观上表现为过失，即行为人应当预见自己违反交通运输管理法规的行为可能发生重大交通事故，因为疏忽大意而没有预见或已经预见但轻信能够避免，以致发生严重后果。过失是就行为人对所发生的后果而言的，行为人可能是故意违反交

---

① 参见王作富主编：《刑法分则实务研究》上，197页，北京，中国方正出版社，2006。

通运输管理法规，但这仅为日常生活中所说的故意，即针对行为的故意，而非刑法上的犯罪故意。

（二）交通肇事罪的认定

认定本罪，应当注意如下问题：

1. 本罪与非罪行为的界限

区分本罪与非罪行为的界限，应注意从以下两个方面把握：

（1）本罪与一般交通事故的界限。两者都是违反交通运输管理法规，造成交通事故的行为。其区别主要在于两者造成的危害后果的严重程度不同。构成交通肇事罪必须发生重大交通事故，致人重伤、死亡或者使公私财产遭受重大损失，而一般交通事故虽然也是违章行为，但没有发生重大交通事故，危害后果没有达到刑法规定的标准。

（2）本罪同交通事故意外事件的界限。区别两者的关键在于查明行为人对所造成的重大事故在主观上是否有过失，本罪在主观方面表现为过失，如果不是由于行为人的过失，而是由于不能预见的原因造成重大事故的，则是意外事件。

2. 驾驶非机动车辆肇事的认定

驾驶非机动车辆肇事，发生严重交通事故，是否以交通肇事罪论处？理论上存在肯定与否定两种态度。肯定意见认为可以构成交通肇事罪。① 而否定意见认为驾驶非机动车辆发生交通事故致人重伤、死亡的，应按照过失致人死亡罪或过失伤害罪处罚，不能以交通肇事罪处罚。② 我们认为，如果这种行为发生在交通运输或与交通运输有关的活动中，且具有危及公共安全的性质，就应以交通肇事罪处理，否则只能认定为其他犯罪。

3. 本罪与过失损坏交通工具罪、过失损坏交通设施罪的界限

两者的区别主要表现在两个方面：（1）客观上的表现不同：前者是违反交通运输管理法规而造成重大交通事故的行为，后者是过失破坏交通工具或交通设施的行为，与交通运输管理法规没有任何关系；（2）行为发生时空范围不同：前者发生在交通运输活动以及与交通运输有直接关系的活动中，后者没有这方面的限制。

4. 本罪与过失致人重伤罪、过失致人死亡罪的界限

两罪的不同表现在：（1）发生的时空范围不同。前者发生在交通运输活动以及与交通运输有直接关系的活动中，而后者通常发生在日常生活中。（2）侵犯的客体不同。前者是危害公共安全的犯罪，客体是交通安全，后者属于侵犯公民人身权利的犯罪，客体是他人的生命、健康权。交通肇事罪和与车辆有关的致人重伤、死亡罪的关键区别在于：行为是否违反交通运输管理法规以及是否危及交通运输安全。

5. 本罪与重大飞行事故罪、铁路运营安全事故罪的界限

本罪与重大飞行事故罪、铁路运营安全事故罪同属重大交通肇事的犯罪，客体均为交通运输安全，主观上也都出于过失，客观上也都以违反保障交通运输安全管理的规章制度并造成严重后果为要件。其区别主要如下：（1）客体的具体内容不尽相同。前者主要是公路、水上交通运输安全，后者分别是航空交通运输安全和铁路交通运输安全。（2）犯罪主体不同。前者为一般主体，包括从事交通运输的人员和非交通运输人员。但

---

① 参见王作富：《中国刑法研究》，435页，北京，中国人民公安大学出版社，1988。

② 参见赵秉志：《刑法各论问题研究》，713～714页，北京，中国法制出版社，1996。

在实践中，主要为交通运输人员。而后者只能是特殊主体，分别是航空人员和铁路职工。

6. 本罪向故意杀人罪或故意伤害罪的转化问题

根据前述《交通肇事刑事案件解释》第 6 条的规定，行为人在交通肇事后为逃避法律追究，将被害人带离事故现场后隐藏或遗弃，致使被害人无法得到救助而死亡或严重残疾的，应当分别按照《刑法》第 232 条、第 234 条第 2 款的规定，以故意杀人罪或故意伤害罪定罪处罚。

7. 本罪的共犯问题

交通肇事罪是过失犯罪。按照我国刑法理论中过失犯罪与共同犯罪的相关理论，以及《刑法》第 25 条对共同犯罪概念的具体规定，过失犯罪是不可能存在共犯的。因此，本罪应当不存在共犯问题。但前述《交通肇事刑事案件解释》第 5 条第 2 款却规定："交通肇事后，单位主管人员、机动车辆所有人、承包人或者乘车人指使肇事人逃逸，致使被害人因得不到救助而死亡的，以交通肇事罪的共犯论处。"因此，这一解释是否妥当，还值得进一步研究。

8. 本罪中的罪数问题

认定是构成交通肇事罪一罪还是数罪，应考察交通肇事行为与其他犯罪行为是否可以按照刑法总则理论中的实质的一罪、法定的一罪、处断上的一罪来处理，否则，交通肇事行为应成立交通肇事罪，与其他犯罪实行数罪并罚。如行为人在盗窃他人的机动车辆后被发现，在逃逸的过程中，违反交通运输管理法规，造成重大交通事故的，应以交通肇事罪和盗窃罪实行并罚。

（三）交通肇事罪的处罚

根据《刑法》第 133 条的规定，犯本罪的，处 3 年以下有期徒刑或者拘役；交通肇事后逃逸或者有其他特别恶劣情节的，处 3 年以上 7 年以下有期徒刑；因逃逸致人死亡的，处 7 年以上有期徒刑。

根据前述《交通肇事刑事案件解释》第 3 条的规定，"交通肇事后逃逸"是指行为人在发生了构成交通肇事罪的交通事故后，为逃避法律追究而逃跑的行为。

根据《交通肇事刑事案件解释》第 4 条的规定，交通肇事有下列情况之一的，属于"有其他特别恶劣情节"：（1）死亡 2 人以上或者重伤 5 人以上，负事故全部或者主要责任的；（2）死亡 6 人以上，负事故同等责任的；（3）造成公共财产或者他人财产直接损失，负事故全部或者主要责任，无力赔偿数额在 60 万元以上的。

根据《交通肇事刑事案件解释》第 5 条的规定，"因逃逸致人死亡"是指行为人在交通肇事后为逃避法律追究而逃跑，致使被害人因得不到救助而死亡的情形。目前，理论上对于"因逃逸致人死亡"的规定，还存在不同认识。通说认为"因逃逸致人死亡"，是指在出现交通事故后，肇事者逃离事故现场，置受伤人于不顾，致使受伤人得不到及时的救助而死亡。[①] 除通说外，还有一种有一定影响力的观点认为"因逃逸致人死亡"，应仅限于过失致人死亡，即还应包括连续造成两次交通事故的情形：已经发生交通事故后，行为人在逃逸过程中又因为过失发生交通事故，导致他人死亡。[②]

① 参见王作富主编：《刑法分则实务研究》上，198 页，北京，中国方正出版社，2006。

② 参见张明楷：《刑法学》，569 页，北京，法律出版社，2003。

上述通说的观点得到了《交通肇事刑事案件解释》第 5 条的肯定，后一观点也并未完全否定通说的观点。只不过是在通说观点或《交通肇事刑事案件解释》规定情形的基础上增加了“已经发生交通事故后，行为人在逃逸的过程中又因为过失发生交通事故，导致他人死亡”的情形。我们认为，后一观点所增加的情形完全符合刑法规定的“因逃逸致人死亡”的成立条件。另外，从刑法对“因逃逸致人死亡”情形配置的法定刑看，将所增加的情形按“因逃逸致人死亡”处理，比以其他方式处理更具合理性，更能体现罪责刑相适应原则的要求。因此，无论从刑法对“因逃逸致人死亡”情形的法定刑的配置，还是从对“因逃逸致人死亡”成立条件的解释来看，后一观点所增加的情形是符合立法原意的。但是，鉴于前述《交通肇事刑事案件解释》的有效性，既然不能将第二次交通肇事致人死亡的情形包括在“因逃逸致人死亡”的情形中，为了体现罪责刑相适应原则的要求，对上述情形只能是成立同种数罪并实行并罚。

四、危险驾驶罪

危险驾驶罪，是指在道路上驾驶机动车追逐竞驶，情节恶劣的，或者在道路上醉酒驾驶机动车，或者从事校车业务或旅客运输，严重超过额定乘员载客，或严重超过规定时速行驶，或者违反危险化学品安全管理规定运输危险化学品，危及公共安全的行为。

本罪的构成要件是：

1. 本罪侵犯的客体是道路的交通运输安全。从法条规定来看，本罪的客体不包括水上以及空中交通运输安全。

2. 本罪在客观上表现为在道路上驾驶机动车追逐竞驶，情节恶劣的，或者在道路上醉酒驾驶机动车，或者从事校车业务或旅客运输，严重超过额定乘员载客，或严重超过规定时速行驶，或者违反危险化学品安全管理规定运输危险化学品，危及公共安全的行为。具体而言，首先，行为人的行为必须发生在道路上。根据《道路交通安全法》第 119 条的规定，所谓“道路”，是指公路、城市道路和虽在单位管辖范围但允许社会机动车通行的地方，包括广场、公共停车场等用于公众通行的场所。其次，行为人所驾驶的必须是机动车。所谓“机动车”，是指以动力装置驱动或者牵引，上道路行驶的供人员乘用或者用于运送物品以及进行工程专项作业的轮式车辆。那些以人力或者畜力驱动，上道路行驶的交通工具，以及虽有动力装置驱动但设计最高时速、空车质量、外形尺寸符合有关国家标准的残疾人机动轮椅车、电动自行车等交通工具属于非机动车。驾驶非机动车的行为不构成本罪。再次，本罪有四种行为类型，即追逐竞驶、醉酒驾驶、客运车超载超速行驶与违规运输危险化学品。其中，后两种行为类型为《刑法修正案（九）》第 8 条新增。

就追逐竞驶型危险驾驶罪而言，追逐竞驶，是指行为人在道路上高速、超速行驶，随意追逐、超越其他车辆等危险驾驶行为。追逐竞驶的行为成立本罪必须符合情节恶劣的条件。是否情节恶劣，应结合追逐竞驶的时间、地点、车速、道路上车辆与行人的多少等因素综合判断。

就醉酒驾驶型危险驾驶罪而言，行为人必须实施了在醉酒状态下在道路上驾驶机动车的行为。行为人是否醉酒，应根据国家质量监督检验检疫总局正式发布的《车辆驾驶人员血液、呼气酒精含量阈值与检验》的规定加以确定。根据该规定，车辆驾驶人员血液中的酒精含量大于或者等于80mg/100ml的属于醉酒驾驶。醉酒驾驶型危险驾驶罪是抽象的危险犯，只要行为人血液中的酒精含量达到上述标准，即构成本罪，不需要司法人员具体判断醉酒行为是否具有公共危险。

就客运车超载超速行驶型危险驾驶罪而言，其成立需同时具备两个条件：一是必须“从事校车业务或者旅客运输”。其中，校车主要是指中小学的校车，也包括高等院校的校车。而“旅客运输”主要针对的长途汽车的旅客运输和旅行社从事的旅客运输等。二是必须严重超载或者严重超速。所谓超载，是指超过汽车核定的载客人数。超速，是指超过汽车驾驶的时速要求。根据我国《道路交通安全法》第92条、第99条的规定，严重超速应该是至少超速50%以上，而严重超载应该是至少超载20%以上。

就违规运输化学品型危险驾驶罪而言，其成立则需要具备三个基本条件：一是违反危险化学品安全管理规定，主要是指违反国务院颁发的《危险化学品安全管理条例》。二是运输危险化学品。三是危及公共安全。这是对违反危险化学品管理规定运输危险化学品行为的性质要求。对于不危及公共安全的危险化学品运输行为，即便违反了危险化学品的管理规定，也不构成危险驾驶罪。

3. 本罪的主体为一般主体，即已满16周岁，具有刑事责任能力的自然人。行为人是否具有合法的驾驶资格，不影响本罪的成立。值得一提的是，《刑法修正案（九）》第8条第2款的规定：“机动车所有人、管理人对前款第三项、第四项行为负有直接责任的，依照前款的规定处罚。”据此，危险驾驶罪的行为主体不仅包括机动车的驾驶人，还可在一定条件下包括机动车的所有人和管理人。

4. 本罪在主观上是故意。

根据《刑法》第133条之一的规定，犯本罪的，处拘役，并处罚金。行为人的行为构成本罪，同时构成其他犯罪的，依照处罚较重的规定定罪处罚。

五、重大责任事故罪

（一）重大责任事故罪的概念和构成

重大责任事故罪，是指在生产、作业中违反有关安全管理的规章制度，因而发生重大伤亡事故或者造成其他严重后果的行为。本罪的构成要件是：

1. 本罪侵犯的客体是生产、作业的安全。这里所谓的“生产、作业安全”，同样包含着从事生产、作业的不特定或多数人的生命、健康的安全，或者重大公私财产的安全。

2. 本罪在客观上表现为在生产、作业中违反有关安全管理的规章制度，因而发生重大伤亡事故或者造成其他严重后果的行为。“违反安全管理的规章制度”，是指违反与生产、作业有关的法律、法规以及内部与生产、作业安全管理有关的规章制度。本罪的行为既可以是作为，也可以是不作为。但是，本罪的行为必须发生在生产、作业过程中或与生产、作业有直接关系的活动中。如果行为不是发生在生产、作业过程中或与生产、作业有直接关系的活动中，即使造成了严重后果，也不能成立本罪。这一点也是本罪与危害公共安全罪中的其他过失犯罪的重要区别之所在。根据 2015 年 12 月 16 日起施行的最高人民法院、最高人民检察院《关于办理危害生产安全刑事案件适用法律若干问题的解释》的规定，具有下列情形之一的，应当认定为本罪规定的“重大伤亡事故或者其他严重后果”：（1）造成死亡 1 人以上，或者重伤 3 人以上的；（2）造成直接经济损失 100 万元以上的；（3）造成其他严重后果或者重大安全事故的情形。我们认为，这里的“直接经济损失”是指由于事故而造成的建筑、设备、产品等的毁坏损失（部分或全部丧失价值或使用价值），以及因人员伤亡而支付的医药费、丧葬费、死亡补偿费、抚恤费、误工费、住院伙食补助费、护理费、残疾者生活补助费、残疾用具费、被抚养人生活费、交通费、住宿费等。如果行为人在生产、作业过程中虽有违反规章制度的行为，但并未发生重大伤亡事故或造成其他严重后果的，则不构成重大责任事故罪。

3. 本罪的主体是一般主体，即已满 16 周岁、具有刑事责任能力的自然人。任何人只要在生产、作业的过程中违反安全管理规定，因而发生重大伤亡事故或者造成其他严重后果的，均可以成为本罪主体。

4. 本罪在主观上只能是过失，包括疏忽大意的过失与过于自信的过失。即行为人应当预见自己在生产、作业中违反有关安全管理的规章制度的行为可能发生重大伤亡事故或者造成其他严重后果，因为疏忽大意而没有预见或者已经预见而轻信能够避免，以致发生这种结果。过失是指对所造成重大伤亡事故或者造成其他严重后果的心理态度。

（二）重大责任事故罪的认定

认定本罪，应当注意如下问题：

1. 本罪与非罪行为的界限

区分本罪与非罪行为的界限，应注意从如下两个方面进行把握：

（1）本罪与自然事故、技术事故及技术革新和科学试验失败的界限。所谓自然事故，是指由于不能预见和不能抗拒的自然条件所引起的事故。所谓技术事故，是指由于技术条件或设备条件的限制而发生的无法避免的事故。而技术革新和科学试验本身就包含着失败的可能。我们认为，区分本罪与这两种情况的关键是看重大伤亡事故或者造成其他严重后果的发生，对于行为人而言是否属于“不能预见”或“不能抗拒”。如果对行为人而言是属于“不能预见”或“不能抗拒”的，应认定为自然事故、技术事故或革新、科研工作的失败，不构成犯罪。如果不是“不能预见”或“不能抗拒”的原因造成的，而是由于行为人违反有关安全管理的规章制度的过失行为造成的，则应认定为重大责任事故罪。

（2）本罪与一般责任事故的界限。两者的区别在于造成后果的程度。如果发生重大伤亡事故或者造成其他严重后果，属于重大责任事故，可能构成重大责任事故罪。如果尽管造成了一定的后果，但是并不严重的，就属于一般责任事故。行为人在生产、作业中违反有关安全管理的规章制度，并因此造成一般事故的，不构成犯罪。

2. 本罪与失火罪、过失爆炸罪、过失投放危险物质罪的界限

本罪与失火罪、过失爆炸罪、过失投放危险物质罪在主观上均表现为过失，两者

的主要区别在于行为发生的场合不同。前者的行为是在生产、作业活动中，违反安全管理规章制度而发生重大伤亡事故或其他严重后果；而后者的行为，通常表现为在日常生活中，行为人由于违反相应的注意义务，忽视他人生命、健康、财产安全，缺乏必要的谨慎态度而导致火灾、爆炸、中毒事故的发生。如果严重后果是因为行为人在生产、作业中违反有关安全管理的规章制度，导致引起火灾、爆炸、中毒事故的，应以重大责任事故罪论处。

3. 本罪与危险物品肇事罪的界限

两者的主要区别是：（1）犯罪主体不同。重大责任事故罪的犯罪主体是一般主体；危险物品肇事罪的犯罪主体是从事生产、储存、运输、使用危险物品的工作人员。（2）违反的规章制度不同。重大责任事故罪行为人违反的主要是有关安全管理的规章制度，具体是指与生产、作业有关的法律、法规以及内部与生产、作业安全管理有关的规章制度；危险物品肇事罪所违反的规章制度仅限于有关爆炸性、易燃性、放射性、毒害性、腐蚀性物品的管理规定。（3）犯罪行为发生的场合不同。重大责任事故罪的行为发生在生产、作业活动中；危险物品肇事罪的行为发生在生产、储存、运输、使用的过程中。

（三）重大责任事故罪的处罚

根据《刑法》第 134 条第 1 款的规定，犯本罪的，处 3 年以下有期徒刑或者拘役；情节特别恶劣的，处 3 年以上 7 年以下有期徒刑。

六、强令违章冒险作业罪

强令违章冒险作业罪，是指强令他人违章冒险作业，因而发生重大伤亡事故或其他严重后果的行为。本罪的构成要件是：

1. 本罪侵犯的客体是生产、作业的安全。

2. 本罪在客观上表现为强令他人违章冒险作业，因而发生重大伤亡事故或其他严重后果的行为。本罪的客观行为必须发生在生产、作业过程中或与生产、作业有直接关系的场合。“强令”即强行命令。它通常发生在具有雇佣关系或上下级关系的场合。“违章”，是指违反与生产、作业有关的法律、法规以及内部与生产、作业安全管理有关的规章制度。“冒险”，是指承受没有安全保障的危险。“作业”，是对具体操作行为的概括。强令他人违章冒险作业的行为必须导致重大伤亡事故或其他严重后果的发生，且两者之间具有刑法上的因果关系，否则不能成立本罪。

3. 本罪的主体是一般主体，即已满 16 周岁、具有刑事责任能力的自然人。

4. 本罪在主观上表现为过失，包括疏忽大意的过失与过于自信的过失。

根据《刑法》第 134 条第 2 款的规定，犯本罪的，处 5 年以下有期徒刑或者拘役；情节特别恶劣的，处 5 年以上有期徒刑。

七、重大劳动安全事故罪

重大劳动安全事故罪，是指安全生产设施或安全生产条件不符合国家规定，因而发生重大伤亡事故或者造成其他严重后果的行为。本罪的构成要件是：

1. 本罪侵犯的客体是生产、作业的安全，具体是指劳动者的生命、健康的安全和重大公私财产的安全。

2. 本罪在客观上表现为安全生产设施或安全生产条件不符合国家规定，因而发生重大伤亡事故或者造成其他严重后果的行为。具体包括：(1) 本单位的安全生产设施或安全生产条件不符合国家规定。“安全生产设施”，是指确保生产安全，保障劳动者人身与健康安全的各种设施、设备等。“安全生产条件”，是指关涉安全生产的各种设施、设备、场所与环境。“不符合国家规定”，是指安全生产设施或安全生产条件不符合国家制定的，确保生产安全、保障劳动者人身与健康安全的法律、法规所规定的标准。(2) 发生重大伤亡事故或者造成其他严重后果。

3. 本罪的主体为特殊主体，即主管和直接管理安全生产设施或安全生产条件的人员，如安全员、安全监察员等。

4. 本罪在主观上是过失，即行为人应当预见安全生产设施或安全生产条件不符合国家规定，可能发生重大伤亡事故或者造成其他严重后果，因为疏忽大意而没有预见或者已经预见而轻信能够避免，以致发生这种结果。

根据《刑法》第 135 条的规定，犯本罪的，对直接责任人员，处 3 年以下有期徒刑或者拘役；情节特别恶劣的，处 3 年以上 7 年以下有期徒刑。

八、大型群众性活动重大安全事故罪

大型群众性活动重大安全事故罪，是指举办大型群众性活动违反安全管理规定，因而发生重大伤亡事故或者造成其他严重后果的行为。本罪的构成要件是：

1. 本罪侵犯的客体是公共安全以及国家有关大型群众性活动安全的管理制度。

2. 本罪在客观上表现为举办大型群众性活动违反安全管理规定，因而发生重大伤亡事故或者造成其他严重后果的行为。“大型群众性活动”，是指以不特定或多数的社会成员为参加对象，具有较大的活动空间、具有一定规模的社会活动。“违反安全管理规定”，是指在举办大型群众性活动的过程中，没有按照国家有关安全管理法律法规之规定做好安全防护或施救处理工作的行为。另外，必须发生“重大伤亡事故或者造成其他严重后果”，否则不成立本罪。

3. 本罪的主体为特殊主体，即举办大型群众性活动的直接负责主管人员和其他直接责任人员。

4. 本罪在主观上为过失。

根据《刑法》第 135 条之一的规定，犯本罪的，对直接负责的主管人员和其他直接责任人员，处 3 年以下有期徒刑或者拘役；情节特别恶劣的，处 3 年以上 7 年以下有期徒刑。

九、危险物品肇事罪

危险物品肇事罪，是指违反爆炸性、易燃性、放射性、毒害性、腐蚀性物品的管理规定，在生产、储存、运输、使用中发生重大事故，造成严重后果的行为。本罪的构成要件是：

1. 本罪侵犯的客体是公共安全和国家对危险物品的管理制度。

2. 本罪在客观方面表现为违反爆炸性、易燃性、放射性、毒害性、腐蚀性物品的管理规定，在生产、储存、运输、使用中发生重大事故，造成严重后果的行为。理解时应把握：(1) 必须具有违反爆炸性、易燃性、放射性、毒害性、腐蚀性物品管理规定的行为。违反危险物品管理规定，是指违反国家颁布的，也包括企业、事业单位，或者有关上级管理机关制定的有关保障危险物品的生产、运输、储存、使用安全的各种规章制度规定。(2) 必须发生在危险物品的生产、运输、储存、使用过程中或者与危险物品的生产、运输、储存、使用有直接的联系。(3) 必须发生重大事故，造成严重后果。

3. 本罪的主体为一般主体，主要是从事生产、储存、运输和使用危险物品的人。

4. 本罪在主观上表现为过失。既可以是疏忽大意的过失，也可以是过于自信的过失。

根据《刑法》第 136 条的规定，犯本罪的，处 3 年以下有期徒刑或者拘役；后果特别严重的，处 3 年以上 7 年以下有期徒刑。

十、工程重大安全事故罪

工程重大安全事故罪，是指建设单位、设计单位、施工单位、工程监理单位违反国家规定，降低工程质量标准，造成重大安全事故的行为。本罪的构成要件是：

1. 本罪侵犯的客体是公共安全和国家对建筑工程的管理制度。

2. 本罪在客观上表现为违反国家规定，降低工程质量标准，造成重大安全事故的行为。理解时应注意把握以下几个方面：(1) 必须实施了违反国家关于建筑工程质量管理制度的行为。“违反国家规定”，是指违反国家关于建筑工程质量监督管理的法律、法规的规定。(2) 必须降低工程质量标准。所谓“降低工程质量标准”，是指建设单位、勘察设计单位、施工单位、工程监理单位，没有按照工程质量的要求建设、设计、施工或者予以监理，使工程质量没有达到国家所要求的标准。(3) 必须造成重大安全事故。根据 1989 年 9 月 30 日建设部《工程建设重大事故报告和调查程序规定》第 2 条的规定，所称的重大事故，“系指在工程建设过程中由于责任过失造成工程倒塌或报废、机械设备毁坏和安全设施不当造成人身伤亡或者重大经济损失的事故”。因此，这里的“重大安全事故”还应包括工程本身的安全事故。(4) 违反规定，降低工程质量标准的行为必须与严重后果之间具有刑法上的因果关系。

3. 本罪的主体是特殊主体，即建设单位、建筑设计单位、施工单位以及工程监理单位，但是刑法规定只处罚直接责任人员。

4. 本罪在主观上是过失。

根据《刑法》第 137 条的规定，犯本罪的，对直接责任人员，处 5 年以下有期徒刑或者拘役，并处罚金；后果特别严重的，处 5 年以上 10 年以下有期徒刑，并处罚金。

十一、教育设施重大安全事故罪

教育设施重大安全事故罪，是指明知校舍或者教育教学设施有危险，而不采取措施或不及时报告，致使发生重大伤亡事故的行为。本罪的构成要件是：

1. 本罪侵犯的客体是教育教学活动的安全。

2. 本罪在客观上表现为，在校舍或教育教学设施存在危险的情况下，不采取措施或者不及时报告，致使发生重大伤亡事故的行为。不采取措施或者不及时报告，表现为不作为。所谓“不采取措施”，是指行为人有条件、有能力却不采取有效措施防止事故的发生。不采取既可以是根本没有采取任何措施，也可以是采取了一定的措施，但所采取的措施不足以防止事故的发生。所谓“不及时报告”，是指行为人不及时向有关的主管部门报告校舍或教育教学设施有危险。这里的“有关部门”，既包括本教育机构的主管部门，也包括该教育机构的上级主管部门和其他相关机构，如公安消防部门等。“不采取措施”和“不及时报告”，是构成本罪的客观行为的两种表现，行为人只要实施了其中一种行为，并因此发生重大伤亡事故的，即可成立本罪。本罪成立还要求不采取措施或不及时报告的行为必须与重大伤亡事故之间具有刑法上的因果关系。

3. 本罪的主体为特殊主体，即对校舍、教育教学设施负有管理责任的人员，包括该教育机构中对校舍、教育教学设施的安全负有直接责任的人员，也包括该教育机构的上级主管部门中对校舍、教育教学设施的安全负有直接责任的人员。

4. 本罪在主观上表现为过失。

根据《刑法》第 138 条的规定，犯本罪的，对直接责任人员，处 3 年以下有期徒刑或者拘役；后果特别严重的，处 3 年以上 7 年以下有期徒刑。

十二、消防责任事故罪

消防责任事故罪，是指违反消防管理法规，经消防监督机构通知采取改正措施而拒绝执行，造成严重后果的行为。本罪的构成要件是：

1. 本罪侵犯的客体是社会的公共安全，即不特定或多数人的生命、健康或重大公私财产的安全。

2. 本罪在客观上表现为违反消防管理法规，经消防监督机构通知采取改正措施而拒绝执行，造成严重后果发生的行为。“消防管理法规”，是指国家有关消防安全管理的法律、法规以及有关主管部门保障消防安全的各种规定。如《消防法》《仓库安全防火管理规则》《高层建筑消防管理规则》等等。“拒绝执行”，即当公安消防机构发现火灾隐患，经消防监督机构通知有关单位或者个人采取措施，限期消除隐患时，行为人拒绝回应。“拒绝执行”是一种不作为。如果虽具有违规的行为，具有发生火灾的隐患，但是，并没有公安消防机构通知其采取措施，限期消除隐患的，即使发生重大火灾，也不能成立本罪，但是，并不影响行为人可能构成失火罪等其他犯罪。“严重后果”，是指发生火灾，造成人员伤亡或者使公私财产遭受严重损失。本罪还要求行为人的“拒绝执行”必须与严重后果之间具有刑法上的因果关系，否则，不能以本罪论处。

3. 本罪的主体为一般主体，主要是负有防火安全职责的直接责任人员。

4. 本罪在主观上是过失。

根据《刑法》第139条的规定，犯本罪的，对直接责任人员，处3年以下有期徒刑或者拘役；后果特别严重的，处3年以上7年以下有期徒刑。

十三、不报、谎报安全事故罪

不报、谎报安全事故罪，是指在安全事故发生后，负有报告职责的人员不报或者谎报事故情况，贻误事故抢救，情节严重的行为。本罪的构成要件是：

1. 本罪侵犯的客体是社会的公共安全以及安全事故报告处理制度。

2. 本罪在客观上表现为在安全事故发生后，负有报告职责的人员不报或者谎报事故情况，贻误事故抢救，情节严重的行为。理解时应把握以下几个方面：（1）必须是安全事故发生后。这是本罪成立的前提条件。“安全事故”，是指关涉安全管理的重大人员伤亡或重大公私财产的灭失。刑法对这里的安全事故的类型没有作限制性规定，因此，只要是安全事故均符合本罪的前提条件。（2）必须是负有报告职责的人员不报或者谎报事故。“不报事故”是指安全事故发生后，不向有关地方政府或者政府具体职能部门汇报事故情况的行为。“谎报事故”是指安全事故发生后，向有关地方政府或者政府具体职能部门报告非真实的事故情况的行为。（3）必须贻误了抢救时机。行为人报告失职的行为贻误了事故抢救的最佳时机时，才能成立本罪。如果行为人不报或者谎报安全事故的行为没有贻误抢救的时机，则不构成本罪。安全事故的发生往往具有突发性与损失扩大的不确定性，若不及时准确地报告，会贻误甚至失去抢救时机，造成更为严重的损害。（4）情节必须达到严重的程度。

3. 本罪主体为特殊主体，即对安全事故负有报告职责的人。

4. 本罪在主观上为过失，即负有报告职责的人员应当预见在安全事故发生后，不报或者谎报事故，贻误事故抢救的行为，可能造成严重后果，因为疏忽大意而没有预见或者已经预见而轻信能够避免，以致发生这种结果。

根据《刑法》第139条之一的规定，犯本罪的，处3年以下有期徒刑或者拘役；情节特别严重的，处3年以上7年以下有期徒刑。

【问题与思考】

1. 如何理解危害公共安全犯罪的本质特征？

2. 如何理解放火罪的构成要件？认定放火罪应注意哪些问题？

3. 如何理解投放危险物质罪的构成要件？认定投放危险物质罪应注意哪些问题？

4. 如何理解破坏交通工具罪的构成要件？认定破坏交通工具罪应注意哪些问题？

5. 如何理解组织、领导、参加恐怖组织罪的构成要件？认定组织、领导、参加恐怖组织罪应注意哪些问题？

6. 如何理解劫持航空器罪的构成要件？认定劫持航空器罪应注意哪些问题？

7. 如何理解非法制造、买卖、运输、邮寄、储存枪支、弹药、爆炸物罪的构成要件？认定非法制造、买卖、运输、邮寄、储存枪支、弹药、爆炸物罪应注意哪些问题？

8. 如何理解交通肇事罪的构成要件？认定交通肇事罪应当注意哪些问题？

9. 如何理解重大责任事故罪的构成要件？认定重大责任事故罪应注意哪些问题？

【推荐阅读论著】

1. 赵秉志. 刑法分则问题专论. 北京：法律出版社，2004
2. 王作富. 刑法分则实务研究（上）. 北京：中国方正出版社，2006
3. 郭立新，黄明儒. 刑法分则适用典型疑难问题新释新解. 北京：中国检察出版社，2010
4. 鲍遂献，雷东生. 危害公共安全罪. 北京：中国人民公安大学出版社，2003
5. 刘志伟. 危害公共安全犯罪疑难问题司法对策. 长春：吉林人民出版社，2001
6. 林亚刚. 危害公共安全罪新论. 武汉：武汉大学出版社，2001
7. 杜邈. 反恐刑法立法研究. 北京：法律出版社，2009
8. 赵秉志. 中华人民共和国刑法修正案（九）理解与适用. 北京：中国法制出版社，2015

第四章
破坏社会主义市场经济秩序罪

内容导读

《刑法》分则第三章规定了108种破坏市场经济秩序的具体犯罪。本章在论述破坏市场经济秩序犯罪的概念和一般构成要件的基础上，对生产、销售伪劣产品罪，生产、销售有毒、有害食品罪，走私假币罪，走私普通货物、物品罪，虚报注册资本罪，伪造货币罪，持有、使用假币罪，高利转贷罪，非法吸收公众存款罪，洗钱罪，集资诈骗罪，信用卡诈骗罪，保险诈骗罪，逃税罪，假冒注册商标罪，侵犯著作权罪，侵犯商业秘密罪，损害商业信誉、商品声誉罪，虚假广告罪，合同诈骗罪，非法经营罪等具体犯罪的概念、构成及认定进行了较为详细的论述。

第一节　破坏社会主义市场经济秩序罪概述

一、破坏社会主义市场经济秩序罪的概念和构成

破坏社会主义市场经济秩序罪，是指违反国家经济管理法规，破坏国家经济管理活动，严重扰乱社会主义市场经济秩序的行为。本类犯罪具有如下共同的构成要件：

1. 本类犯罪侵犯的客体是社会主义市场经济秩序。党的十一届三中全会的决议明确指出我国实行社会主义市场经济。要发展社会主义市场经济，必须维护良好的市场经济秩序，而市场经济秩序是由一系列的具体经济秩序所组成的，具体来讲，就是由商品生产、销售秩序，商品进出口秩序，公司、企业管理秩序，金融管理秩序，金融财产秩序，税收管理秩序，知识产权管理秩序，市场管理秩序等组成。破坏社会主义市场经济秩序罪这类犯罪中的八节犯罪，分别侵犯了上述作为我国市场经济秩序构成要素的八个方面的秩序。对上述八个方面的犯罪依法予以定罪处罚，对于保证我国市

场经济秩序的正常运行有着重要的作用，同时也是发展我国市场经济必不可少的。

2. 本类犯罪的客观方面表现为违反国家经济管理法规，破坏国家经济管理活动，严重扰乱社会主义市场经济秩序的行为。本类犯罪的客观方面首先是行为违反了国家经济管理法规。如生产、销售伪劣商品的犯罪，违反了商品生产、销售的管理法规；走私犯罪违反了海关管理法规；妨害对公司、企业管理秩序的犯罪，违反了公司、企业的管理法规；破坏金融管理秩序的犯罪，违反了金融管理法规；税收犯罪违反了税收管理法规，等等。其次，本类犯罪的客观方面表现为严重扰乱了社会主义市场经济秩序的行为。本类犯罪包括八小类犯罪、108个具体犯罪，各种具体犯罪的客观行为均不相同，但归根结底都是破坏社会主义市场经济秩序的行为。本类犯罪的构成，通常有数额、情节、重大损失等要求，因此，对市场经济秩序具有严重的危害性。

3. 本类犯罪中有的犯罪的主体既可以是自然人，也可以是单位；有的只能是自然人。就自然人犯罪主体而言，大多数是一般主体，但也有少数是特殊主体，例如，逃税罪的主体只能是具有纳税义务的人；签订、履行合同失职被骗罪的主体，只能是国有公司、企业、事业单位直接负责的主管人员，等等。

4. 本类犯罪的主观方面，其中绝大多数犯罪是故意，少数犯罪是过失，如签订、履行合同失职被骗罪即由过失构成。在罪过形式是故意的犯罪中，有的以特定的犯罪目的为要件，例如，走私淫秽物品罪，必须以牟利或者传播为目的，等等。

二、破坏社会主义市场经济秩序罪的种类

破坏社会主义市场经济秩序罪共有108种具体犯罪，刑法分则第三章将其分为以下八类：

1. 生产、销售伪劣商品罪。具体包括生产、销售伪劣产品罪，生产、销售假药罪，生产、销售劣药罪，生产、销售不符合安全标准的食品罪，生产、销售有毒、有害食品罪，生产、销售不符合标准的医用器材罪，生产、销售不符合安全标准的产品罪，生产、销售伪劣农药、兽药、化肥、种子罪，生产、销售不符合卫生标准的化妆品罪。

2. 走私罪。具体包括走私武器、弹药罪，走私核材料罪，走私假币罪，走私文物罪，走私贵重金属罪，走私珍贵动物、珍贵动物制品罪，走私国家禁止进出口的货物、物品罪，走私淫秽物品罪，走私废物罪，走私普通货物、物品罪。

3. 妨害对公司、企业的管理秩序罪。具体包括虚报注册资本罪，虚假出资、抽逃出资罪，欺诈发行股票、债券罪，违规披露、不披露重要信息罪，妨害清算罪，隐匿、故意销毁会计凭证、会计账簿、财务会计报告罪，虚假破产罪，非国家工作人员受贿罪，对非国家工作人员行贿罪，对外国公职人员、国际公共组织官员行贿罪，非法经营同类营业罪，为亲友非法牟利罪，签订、履行合同失职被骗罪，国有公司、企业、事业单位人员失职罪，国有公司、企业、事业单位人员滥用职权罪，徇私舞弊低价折股、出售国有资产罪，背信损害上市公司利益罪。

4. 破坏金融管理秩序罪。具体包括伪造货币罪，出售、购买、运输假币罪，金融工作人员购买假币、以假币换取货币罪，持有、使用假币罪，变造货币罪，擅自设立

金融机构罪，伪造、变造、转让金融机构经营许可证、批准文件罪，高利转贷罪，骗取贷款、票据承兑、金融票证罪，非法吸收公众存款罪，伪造、变造金融票证罪，妨害信用卡管理罪，窃取、收买、非法提供信用卡信息罪，伪造、变造国家有价证券罪，伪造、变造股票、公司、企业债券罪，擅自发行股票、公司、企业债券罪，内幕交易、泄露内幕信息罪，利用未公开信息交易罪，编造并传播证券、期货交易虚假信息罪，诱骗投资者买卖证券、期货合约罪，操纵证券、期货市场罪，背信运用受托财产罪，违法运用资金罪，违法发放贷款罪，吸收客户资金不入账罪，违规出具金融票证罪，对违法票据承兑、付款、保证罪，逃汇罪，骗购外汇罪，洗钱罪。

5. 金融诈骗罪。具体包括集资诈骗罪，贷款诈骗罪，票据诈骗罪，金融凭证诈骗罪，信用证诈骗罪，信用卡诈骗罪，有价证券诈骗罪，保险诈骗罪。

6. 危害税收征管罪。具体包括逃税罪，抗税罪，逃避追缴欠税罪，骗取出口退税罪，虚开增值税专用发票、用于骗取出口退税、抵扣税款发票罪，虚开发票罪，伪造、出售伪造的增值税专用发票罪，非法出售增值税专用发票罪，非法购买增值税专用发票、购买伪造的增值税专用发票罪，非法制造、出售非法制造的用于骗取出口退税、抵扣税款发票罪，非法制造、出售非法制造的发票罪，非法出售用于骗取出口退税、抵扣税款发票罪，非法出售发票罪，持有伪造的发票罪。

7. 侵犯知识产权罪。具体包括假冒注册商标罪，销售假冒注册商标的商品罪，非法制造、销售非法制造的注册商标标识罪，假冒专利罪，侵犯著作权罪，销售侵权复制品罪，侵犯商业秘密罪。

8. 扰乱市场秩序罪。具体包括损害商业信誉、商品声誉罪，虚假广告罪，串通投标罪，合同诈骗罪，组织、领导传销活动罪，非法经营罪，强迫交易罪，伪造、倒卖伪造的有价票证罪，倒卖车票、船票罪，非法转让、倒卖土地使用权罪，提供虚假证明文件罪，出具证明文件重大失实罪，逃避商检罪。

第二节　生产、销售伪劣商品罪

一、生产、销售伪劣产品罪

(一) 生产、销售伪劣产品罪的概念和构成

生产、销售伪劣产品罪，是指生产者、销售者在产品中掺杂、掺假，以假充真，以次充好或者以不合格产品冒充合格产品，销售金额达5万元以上的行为。本罪的构成要件是：

1. 本罪的客体是复杂客体，即本罪既侵犯国家对产品质量的管理制度，也侵犯消费者的合法权益，还侵犯产品市场管理秩序。因为任何生产、销售伪劣产品的行为，都是违反产品质量法的，从而也就侵犯了根据产品质量法所确立的产品质量管理制度。又由于任何产品都是用于消费的，所以，生产、销售伪劣产品的行为必然侵害或者威

胁消费者的正当权益。再者，伪劣产品流入市场，必然对产品的市场管理秩序造成破坏，因而，产品的市场管理秩序也是本罪的客体之一。

2. 本罪的客观方面表现为在产品中掺杂、掺假，以假充真，以次充好或者以不合格产品冒充合格产品，销售金额在5万元以上的行为。具体包括以下两个方面的内容：

（1）有掺杂、掺假，以假充真，以次充好或者以不合格产品冒充合格产品的行为。具体包括四种情况：一是掺杂、掺假。根据最高人民法院、最高人民检察院2001年4月10日发布的《关于办理生产、销售伪劣商品刑事案件具体应用法律若干问题的解释》（以下简称《伪劣商品刑事案件解释》）第1条第1款的规定，所谓掺杂、掺假，是指在产品中掺入杂质或者异物，致使产品质量不符合国家法律、法规或者产品明示质量标准规定的质量要求，降低、失去应有使用性能的行为。这表明，“掺杂”就是指掺入杂质，即在某种产品中掺入部分同种但品质或者级别不同的产品，如在一级大米中掺入二级大米。“掺假”，就是指掺入异物，即在某种产品中掺入部分其他种类产品或者非产品的物质，如在椰子汁中掺入米汤，在大米中掺入白色的小沙子。二是以假充真。所谓“以假充真”，根据《伪劣商品刑事案件解释》第1条第2款的规定，是指以不具有某种使用性能的产品冒充具有该种使用性能的产品的行为。例如，以不具有治疗功能的电子器具冒充具有治疗功能的电子器具。三是以次充好。根据《伪劣商品刑事案件解释》第1条第3款的规定，以次充好，是指以低等级、低档次产品冒充高等级、高档次产品，或者以残次、废旧零配件组合、拼装后冒充正品或者新产品的行为。四是以不合格产品冒充合格的产品。所谓“以不合格产品冒充合格产品”，根据《伪劣商品刑事案件解释》第1条第4款的规定，是指以不符合《产品质量法》第26条第2款规定的质量要求的产品冒充符合上述规定的质量要求的产品。根据《产品质量法》第26条第2款的规定：下列产品属于不合格产品：1）存在危及人身、财产安全的不合理危险的产品；2）有保障人体健康，人身、财产安全的国家标准、行业标准，而不符合国家标准、行业标准的产品；3）不具备产品的使用性能，又不对产品所存在的使用性能的瑕疵作出说明的产品；4）不符合在产品或者包装上注明采用的产品标准的产品；5）不符合以产品说明、实物样品等方式表明的质量状况的产品。

（2）销售金额达到5万元。所谓“销售金额”，《伪劣商品刑事案件解释》第2条第1款指出：“是指生产者、销售者出售伪劣产品后所得和应得全部违法收入。”“所得”，是指已经得到的违法收入；“应得”，是指尚未得到但应该获得的违法收入。只要销售金额达到5万元以上的，就构成本罪的既遂。关于本罪是否存在着未遂犯，理论上存在着争议：一种观点认为，生产或者销售伪劣产品，销售金额可能达到5万元以上（即经营数额在5万元以上），但实际销售金额不足5万元即被查处的，应以本罪的未遂犯论处。① 另一种观点认为，只有销售金额达到5万元，才可能构成犯罪；否则，不可能构成犯罪。即不承认生产、销售伪劣产品罪的未遂犯。②《伪劣商品刑事案件解释》基本上采纳了上述第一种观点，指出：伪劣产品尚未销售，货值金额达到5万元3倍以上的，以本罪（未遂）定罪处罚。关于生产后尚未销售的伪劣产品的货值金额的

---

① 参见何秉松主编：《刑法教科书》下卷，742页，北京，中国法制出版社，2000。

② 参见张明楷：《刑法学》，2版，580页，北京，法律出版社，2003。

认定问题，《伪劣商品刑事案件解释》第 2 条第 3 款指出：以违法生产、销售的伪劣产品的标价计算；没有标价的，按照同类合格产品的市场中间价格计算。货值难以确定的，按照国家计划委员会、最高人民法院、最高人民检察院、公安部于 1997 年 4 月 22 日联合发布的《扣押、追缴、没收物品估价管理办法》的规定，委托指定的估价机构确定。我们也赞同上述第一种观点，认为生产、销售伪劣产品罪存在未遂犯，且不以货值金额达到 5 万元的 3 倍以上为构成未遂犯的条件。

3. 本罪的主体是一般主体，既可以是已满 16 周岁、具有刑事责任能力的自然人，也可以是任何单位。我们不赞同本罪主体是特殊主体即生产者、销售者的见解①，因为生产者、销售者的身份与生产、销售行为共生共灭，任何人都可以因实施生产、销售伪劣产品的行为而获得这种身份，而身份犯的身份必须是于行为之前先定的。

4. 本罪主观方面的罪过形式是故意，且只能是直接故意，其故意的具体内容是，行为人明知自己生产、销售伪劣产品的行为会发生危害国家产品质量管理制度、消费者的正当消费权益以及产品市场管理秩序的结果，并且希望这种结果的发生。本罪不是目的犯，以牟取非法利益为目的不是本罪主观方面的必备要件。

（二）生产、销售伪劣产品罪的认定

认定本罪，应当注意如下问题：

1. 本罪与非罪行为的界限

区分本罪与非罪行为的界限，应从以下几个方面着手：一是看行为人主观上是否有生产、销售伪劣产品的故意。明知自己是在生产、销售伪劣产品而为之，可构成犯罪；如果不知自己生产、销售的是伪劣产品而客观上生产、销售的是伪劣产品的，则不能构成犯罪。二是看行为人是否实施了掺杂、掺假，以假充真，以次充好或者以不合格产品冒充合格产品的行为。实施了上述行为，则可构成犯罪；没有实施上述行为，只是伪造产地，伪造或者冒用其他企业的厂名、厂址，伪造或者冒用认证标志、名优标志等，则属于违反产品质量法的一般违法行为，应根据产品质量法的有关规定予以行政处罚，而不能按犯罪处理。三是看销售的金额是否达到了法定的标准即 5 万元以上。达到 5 万元以上的，构成犯罪；没有达到 5 万元以上的，则不能构成犯罪，而属于一般违法行为，对该行为应给予行政处罚。

2. 本罪与销售假冒注册商标的商品罪的界限

本罪与销售假冒注册商标的商品罪在一般情况下并不难区分，涉及是定本罪还是定销售假冒注册商标的商品罪的主要是下面一类案件：行为人销售的是伪劣产品，同时该伪劣产品还假冒了他人注册的商标，且行为人知道该伪劣产品假冒了他人注册的商标。这种情况属于想象竞合犯，应按从一重处的原则处理。

3. 本罪与生产、销售其他伪劣商品的犯罪的界限

《刑法》分则第三章第一节除了规定生产、销售伪劣产品罪之外，还规定了以特定的伪劣产品为对象的其他犯罪。具体有：生产、销售假药罪；生产、销售劣药罪；生产、销售不符合安全标准的食品罪；生产、销售有毒、有害食品罪；生产、销售不符合标准的医用器材罪；生产、销售不符合安全标准的产品罪；生产、销售伪劣农药、

① 参见黄京平主编：《破坏市场经济秩序罪研究》，111～112 页，北京，中国人民大学出版社，1999。

兽药、化肥、种子罪；生产、销售不符合卫生标准的化妆品罪。生产、销售上述伪劣商品的案件分三种情况：一是生产、销售伪劣产品的行为犯，只要实施了生产、销售伪劣产品的行为就构成犯罪，如生产、销售假药罪；二是生产、销售上述伪劣产品，对人体健康造成严重危害；三是生产、销售上述伪劣产品，没有具备上述犯罪的特征，但销售金额达到了5万元以上。上述第一种情况，只符合生产、销售特定伪劣产品犯罪的构成，只能按生产、销售特定伪劣产品的犯罪定罪处罚。上述第二种情况，既符合生产、销售特定伪劣产品犯罪的构成，也符合生产、销售伪劣产品罪的构成，属于法规竞合犯。根据《刑法》第149条第2款的规定，对此按重法优于轻法的原则处理。上述第三种情况，只符合生产、销售伪劣产品罪的构成，而不符合生产、销售特定伪劣产品犯罪的构成，因此，只能按本罪定罪处罚。

4. 本罪与诈骗罪的界限

本罪与诈骗罪在主、客观方面都有相同之处：二者的主观罪过都是故意；二者的客观行为都具有欺诈的性质。二者的区别表现在：（1）客观行为的性质和发生的领域不同。本罪的客观行为从性质上讲，是经济行为，发生在商品生产、销售活动之中，而诈骗罪的客观行为则不是经济行为，它不是发生在商品生产、销售的活动之中，而是发生在日常生活之中。这是二者区别的关键所在。（2）主体不完全相同。本罪的主体既可以是自然人，也可以是单位，而诈骗罪的主体只能是自然人。（3）主观目的不同。本罪不以非法占有为目的，而诈骗罪则以非法占有为目的。

5. 本罪中共同犯罪的认定

根据《伪劣商品刑事案件解释》第9条的规定，知道或者应当知道他人实施生产、销售伪劣产品犯罪，而为其提供贷款、资金、账号、发票、证明、许可证件，或者提供生产、经营场所或者运输、仓储、保管、邮寄等便利条件，或者提供制假生产技术的，以本罪的共同犯罪处理。

（三）生产、销售伪劣产品罪的处罚

根据《刑法》第140、150条的规定，犯本罪，销售金额5万元以上不满20万元的，处2年以下有期徒刑或者拘役，并处或者单处销售金额50%以上2倍以下罚金；销售金额为20万元以上不满50万元的，处2年以上7年以下有期徒刑，并处销售金额50%以上2倍以下罚金；销售金额为50万元以上不满200万元的，处7年以上有期徒刑，并处销售金额50%以上2倍以下罚金；销售金额为200万元以上的，处15年有期徒刑或者无期徒刑，并处销售金额50%以上2倍以下罚金或者没收财产。单位犯本罪的，对单位判处罚金，并对其直接负责的主管人员和其他直接责任人员依照上述规定处罚。

二、生产、销售假药罪

（一）生产、销售假药罪的概念和构成

生产、销售假药罪，是指生产、销售假药的行为。本罪的构成要件是：

1. 本罪的客体是复杂客体，即本罪既侵犯国家药品质量管理制度，也侵犯不特定多数人的生命、健康安全，即公共安全。

2. 本罪的客观方面表现为生产、销售假药的行为。本罪所称假药，是指依照《药品管理法》的规定属于假药和按假药处理的药品、非药品。根据《刑法》第141条第2款和《药品管理法》第48条的规定，假药是指下列药品：（1）药品所含的成分与国家药品标准规定的成分不符的；（2）以非药品冒充药品，或者以他种药品冒充此种药品的。此外，具备下列四种情况之一的药品按假药论处：（1）国务院药品监督管理部门规定禁止使用的药品；（2）依法必须批准而未经批准生产、进口，或者依法必须检验而未经检验即销售的药品；（3）变质的药品；（4）被污染的药品；（5）使用依法必须取得批准文号而未取得批准文号的原料药生产的；（6）所标明的适应症或者功能主治超出规定范围的。所谓生产，是指制造、加工、采集、收集假药的行为。例如，用原材料制造不合格的药品，采集非药品充当药品，收集禁止使用的、变质的、被污染的药品等，都属于生产假药的行为。销售，是指将假药卖给他人的行为。可以是现货交易，也可以是用假药换取他人的其他物品。销售的假药可以是自己制造的，也可以是从他人那里购买来的，还可以是通过诈骗、盗窃等方法获得的。假药的来源如何，不影响本罪的构成。

3. 本罪的主体是一般主体，既可以是自然人，也可以是单位。

4. 本罪的主观方面是故意，即行为人明知自己生产、销售的是假药而仍然生产、销售。生产、销售假药的行为人通常具有谋取非法利益的目的，但该目的不是本罪主观方面的必备要件。

（二）生产、销售假药罪的认定

认定本罪，应当注意以下问题：

1. 本罪与非罪行为的界限

本罪虽然是行为犯，但并不意味着只要行为人实施了生产、销售假药的行为就构成犯罪，如果行为人生产、销售的假药数量很小，造成的后果轻微，则不宜以犯罪论处，应按照一般的违法行为处理。

2. 本罪与生产、销售伪劣产品罪的界限

药品是产品的一种，因此，生产、销售假药是生产、销售伪劣产品的一种具体表现形式，但因为《刑法》将生产、销售假药的行为规定为一种独立的犯罪，因此，通常情况下，对于生产、销售假药的行为要定生产、销售假药罪。但是如果行为人生产、销售的假药并不足以严重危害人体健康，那就不能定生产、销售假药罪。但当销售的金额达到5万元以上时，则要按生产、销售伪劣产品罪定罪处罚。

3. 本罪与生产、销售劣药罪的界限

本罪与生产、销售劣药罪的客体都是药品管理制度和不特定多数人的身体健康权利；主观方面的罪过都是故意。二者的区别在于：（1）对象不尽相同。本罪的对象是假药，而生产、销售劣药罪的对象则是劣药。（2）对危害后果的要求不同。本罪以行为足以严重危害人体健康为已足，而生产、销售劣药罪的构成则要求对人体健康造成了严重危害。前者为危险犯，后者则是实害犯。

4. 本罪中共同犯罪的认定

根据“两高”《关于办理危害药品安全刑事案件适用法律若干问题的解释》（2014年11月3日发布）第8条的规定，明知他人生产、销售假药，而有下列情形之一的，以共同犯罪论处：（1）提供资金、贷款、账号、发票、证明、许可证件的；（2）提供生产、经营场所、设备或者运输、储存、保管、邮寄、网络销售渠道等便利条件的；（3）提供生产技术或者原料、辅料、包装材料、标签、说明书的；（4）提供广告宣传等帮助行为的。

（三）生产、销售假药罪的处罚

根据《刑法》第141条和第150条的规定，犯本罪的，处3年以下有期徒刑或者拘役，并处罚金；对人体健康造成严重危害或者有其他严重情节的，处3年以上10年以下有期徒刑，并处罚金；致人死亡或者有其他特别严重情节的，处10年以上有期徒刑、无期徒刑或者死刑，并处罚金或者没收财产。根据“两高”上述司法解释，此处所谓“对人体健康造成严重危害”包括如下情形：（1）造成轻伤或者重伤的；（2）造成轻度残疾或者中度残疾的；（3）造成器官组织损伤导致一般功能障碍或者严重功能障碍的；（4）其他对人体健康造成严重危害的情形。所谓“其他严重情节”，包括如下情形：（1）造成较大突发公共卫生事件的；（2）生产、销售金额20万元以上不满50万元的；（3）生产、销售金额10万元以上不满20万元，并具有前述对人体健康造成严重危害的情形的；（4）根据生产、销售的时间、数量、假药种类等，应当认定为情节严重的。所谓“其他特别严重情节”，包括以下情形：（1）致人重度残疾的；（2）造成3人以上重伤、中度残疾或者器官组织损伤导致严重功能障碍的；（3）造成5人以上轻度残疾或者器官组织损伤导致一般功能障碍的；（4）造成10人以上轻伤的；（5）造成重大、特别重大突发公共卫生事件的；（6）生产、销售金额50万元以上的；（7）生产、销售金额20万元以上不满50万元，并具有本解释第1条规定情形之一的；（8）根据生产、销售的时间、数量、假药种类等，应当认定为情节特别严重的。单位犯本罪的，对单位判处罚金，并对其直接负责的主管人员和其他直接责任人员，依照上述规定处罚。

三、生产、销售劣药罪

生产、销售劣药罪，是指生产、销售劣药，对人体健康造成严重危害的行为。本罪的构成要件是：

1. 犯罪的客体是国家对药品的管理制度和不特定多数人的身体健康权利。

2. 犯罪的客观方面表现为违反国家药品管理法规，生产、销售劣药，对人体健康造成严重危害的行为。本罪所称劣药，是指依照《药品管理法》规定的属于劣药的药品。具体包括：（1）药品成分的含量与国家药品标准或者省、自治区、直辖市药品标准规定不符合的；（2）超过有效期的；（3）其他不符合药品标准规定的。所谓对人体健康造成严重危害，是指已经造成他人身体的轻伤、重伤或者其他严重后果。行为人实施生产或者销售劣药的行为，造成上述后果的，即可构成本罪。

3. 犯罪的主体是一般主体，已满16周岁、具有刑事责任能力的自然人和任何单位都可以成为本罪的主体。

4. 犯罪的主观方面是故意，即明知生产、销售劣药的行为会造成对人体健康的严重危害，并且希望或者放任这种后果的发生。

根据《刑法》第142、150条的规定，犯本罪的，处3年以上10年以下有期徒刑，并处销售金额50%以上2倍以下罚金；后果特别严重的，处10年以上有期徒刑或者无期徒刑，并处销售金额50%以上2倍以下罚金或者没收财产。单位犯本罪的，对单位判处罚金，并对其直接负责的主管人员和其他责任人员，依照上述规定处罚。

四、生产、销售不符合安全标准的食品罪

生产、销售不符合安全标准的食品罪，是指违反国家食品安全管理法规，生产、销售不符合安全标准的食品，足以造成严重食物中毒事故或者其他严重食源性疾病的行为。本罪的构成要件是：

1. 本罪的客体是复杂客体，即侵犯了国家对食品安全的监督管理制度和不特定多数人的身体健康权利。

2. 本罪的客观方面表现为生产、销售不符合安全标准的食品，足以造成严重食物中毒事故或者其他严重食源性疾病的行为。根据“两高”2013年《关于办理危害食品安全刑事案件适用法律若干问题的解释》，所谓“足以造成严重食物中毒事故或者其他严重食源性疾病”是指具有下列情形之一：(1) 含有严重超出标准限量的致病性微生物、农药残留、兽药残留、重金属、污染物质以及其他危害人体健康的物质的；(2) 属于病死、死因不明或者检验检疫不合格的畜、禽、兽、水产动物及其肉类、肉类制品的；(3) 属于国家为防控疾病等特殊需要明令禁止生产、销售的；(4) 婴幼儿食品中生长发育所需营养成分严重不符合食品安全标准的；(5) 其他足以造成严重食物中毒事故或者严重食源性疾病的情形。

3. 本罪的主体是一般主体，已满16周岁、具有刑事责任能力的自然人和单位均可以成为本罪的主体。

4. 本罪的主观方面为故意。

根据《刑法》第143、150条的规定，犯本罪的，处3年以下有期徒刑或者拘役，并处罚金；对人体健康造成严重危害或者有其他严重情节的，处3年以上7年以下有期徒刑，并处罚金；后果特别严重的，处7年以上有期徒刑或者无期徒刑，并处罚金或者没收财产。单位犯本罪的，对单位判处罚金，并对其直接负责的主管人员和其他直接责任人员，依照上述规定处罚。

五、生产、销售有毒、有害食品罪

(一) 生产、销售有毒、有害食品罪的概念和构成

生产、销售有毒、有害食品罪，是指在生产、销售的食品中掺入有毒、有害的非食品原料，或者销售明知掺有有毒、有害的非食品原料的食品的行为。本罪的构成要件是：

1. 本罪的客体是国家对食品安全的监督管理制度和不特定多数人的生命、健康权利。食品是人们摄生养体的源泉，有毒、有害的食品，不能给人们提供身体维持和成长的养分，反而会对人体健康造成危害，甚至会危及生命。因此，对食品安全进行监

督管理是直接关系到人们生命、健康的大事，我国通过《食品安全法》《盐业管理条例》《食盐专营办法》等法律、法规建立了食品安全监督管理制度。生产、销售有毒有害食品的行为违反了上述法律、法规，因而首先侵犯的是食品安全的监督管理制度。又由于食品一旦进入市场，其消费者不是特定的个人或多人，而是不特定的多数人，因而生产、销售有毒、有害食品的行为同时侵犯了不特定多数人的生命、健康权利。

2. 本罪的客观方面表现为在生产、销售的食品中掺入有毒、有害的非食品原料，或者销售掺有有毒、有害的非食品原料的食品的行为。具体包括三种情形：一是在生产的食品中掺入有毒、有害的非食品原料。二是在销售的食品中掺入有毒、有害的非食品原料。三是销售掺有有毒、有害的非食品原料的食品。有毒、有害的非食品原料，是指能够引起人体不良反应、损害人体健康乃至威胁人的生命的不能够食用的原料。常见的有毒、有害的非食品原料有工业酒精、工业染料、化学合成剂、毒品等。如果食品中掺入的不是非食品原料而是有害的食品原料，或者虽然是非食品原料但无毒、无害，都不能构成本罪。上述三种行为，只要行为人实施其中一种就可构成犯罪。本罪是行为犯，只要实施了上述行为就可构成犯罪，行为是否足以严重危害人体健康或者造成了中毒事故等严重后果，不影响犯罪的构成。

3. 本罪的主体是一般主体，已满16周岁、具有刑事责任能力的自然人和任何单位都能成为本罪的主体。

4. 本罪的主观方面的罪过形式是故意，即故意在食品中掺入有毒、有害的非食品原料，或者故意在销售的食品中掺入有毒、有害的非食品原料，或者明知是掺有有毒、有害的非食品原料的食品而予以销售。如果行为人不知自己在食品中掺入的是有毒、有害的非食品原料，或者不知自己销售的食品是掺有有毒、有害的非食品原料的食品，那就因缺乏主观上的故意而不构成犯罪。实施本罪的行为人一般具有谋取非法利润的目的，但谋取非法利润的目的不是本罪构成的必备要件。

(二) 生产、销售有毒、有害食品罪的认定

认定本罪，应当注意如下问题：

1. 本罪与非罪行为的界限

区分本罪与非罪行为的界限关键在于行为人主观上有无生产、销售有毒、有害食品的犯罪故意，有犯罪故意者，构成犯罪；无犯罪故意者，则不构成犯罪。

2. 本罪与生产、销售不符合安全标准的食品罪的界限

本罪与生产、销售不符合安全标准的食品罪，客体都是国家的食品卫生管理制度和不特定多数人的生命、健康权利；主体都是一般主体，既可以是自然人，也可以是单位；主观罪过形式都是故意；行为都发生在生产、销售食品的过程中。二者的区别表现在：(1) 二者的对象不同。本罪的对象是掺有有毒、有害的非食品原料的食品，而生产、销售不符合安全标准的食品罪的对象则是上述有毒、有害食品以外的不符合安全标准的食品。(2) 客观方面构成犯罪的标准不同。本罪是行为犯，只要实施了法定行为就可构成犯罪；生产、销售不符合安全标准的食品罪则是危险犯，即行为必须足以造成严重食物中毒事故或者其他严重食源性疾患才可构成犯罪。

3. 本罪与投放危险物质罪的界限

本罪与表现为投毒型的投放危险物质罪在主、客观方面都有相似之处：主观方面

的罪过形式都是故意；客观方面销售有毒食品的行为也近似于投毒行为；客体都包含不特定多数人的生命、健康权利。二者的区别在于：(1) 客体不完全相同。本罪的客体是复杂客体，包括国家对食品的卫生管理制度和不特定多数人的生命、健康权利；投毒型的投放危险物质罪的客体则是简单客体，只侵犯不特定多数人的生命、健康权利。(2) 行为发生的领域不同。本罪的行为发生在生产、销售食品的过程中；投毒型的投放危险物质罪的行为则发生在日常生活中。也就是说凡是在生产、销售食品的过程中投放有毒物质的，按本罪定罪处罚。对于在非生产、销售食品过程中即使通过在食品中投毒的方式毒害他人，也只能按投放危险物质罪定罪处罚，而不能按本罪处理。(3) 主体有所不同。本罪的主体既可以是自然人，也可以是单位；投毒型的投放危险物质罪的主体则只能是自然人。

4. 本罪中共同犯罪的认定

根据《伪劣商品刑事案件解释》第9条的规定，知道或者应当知道他人实施生产、销售有毒、有害食品，而为其提供贷款、资金、账号、发票、证明、许可证件，或者提供生产、经营场所或者运输、仓储、保管、邮寄等便利条件，或者提供制假生产技术的，以本罪的共同犯罪处理。

(三) 生产、销售有毒、有害食品罪的处罚

根据《刑法》第144条和第150条的规定，犯本罪的，处5年以下有期徒刑，并处罚金；对人体健康造成严重危害或者有其他严重情节的，处5年以上10年以下有期徒刑，并处罚金；致人死亡或者有其他特别严重情节的，依照本法第141条的规定处罚，即处10年以上有期徒刑、无期徒刑或者死刑，并处罚金或者没收财产。单位犯本罪的，对单位判处罚金，并对其负责的主管人员和其他直接责任人员，依照上述规定处罚。根据相关司法解释，此处所谓“对人体健康造成严重危害”是指下列情形之一：(1) 造成轻伤以上伤害的；(2) 造成轻度残疾或者中度残疾的；(3) 造成器官组织损伤导致一般功能障碍或者严重功能障碍的；(4) 造成10人以上严重食物中毒或者其他严重食源性疾病的；(5) 其他对人体健康造成严重危害的情形。所谓“其他严重情节”，是指下列情形之一：(1) 生产、销售金额20万元以上不满50万元的；(2) 生产、销售金额10万元以上不满20万元，有毒、有害食品的数量较大或者生产、销售持续时间较长的；(3) 生产、销售金额10万元以上不满20万元，属于婴幼儿食品的；(4) 生产、销售金额10万元以上不满20万元，1年内曾因危害食品安全违法犯罪活动受过行政处罚或者刑事处罚的；(5) 有毒、有害的非食品原料毒害性强或者含量高的；(6) 其他情节严重的情形。所谓“致人死亡或者有其他特别严重情节”是指具有下列情形之一：(1) 致人死亡或者重度残疾的；(2) 造成3人以上重伤、中度残疾或者器官组织损伤导致严重功能障碍的；(3) 造成10人以上轻伤、5人以上轻度残疾或者器官组织损伤导致一般功能障碍的；(4) 造成30人以上严重食物中毒或者其他严重食源性疾病的；(5) 生产、销售金额50万元以上；(6) 其他特别严重的后果。

六、生产、销售不符合标准的医用器材罪

生产、销售不符合标准的医用器材罪，是指生产不符合保障人体健康的国家标准、

行业标准的医疗器械、医用卫生材料，或者销售明知是不符合保障人体健康的国家标准、行业标准的医疗器械、医用卫生材料，足以严重危害人体健康的行为。本罪的构成要件是：

1. 本罪的客体是国家对生产、销售医用器材的产品质量的监督管理制度和不特定多数人的健康权利。

2. 本罪的客观方面表现为生产、销售不符合保障人体健康的国家标准、行业标准的医疗器械、医用卫生材料，或者销售明知是不符合保障人体健康的国家标准、行业标准的医疗器械、医用卫生材料，足以严重危害人体健康的行为。医疗器械，是指诊断、治疗、预防疾病，调节人体生理机能所用的器具设备。医用卫生材料，指用于诊断、治疗、预防疾病，调节人体生理机能所用的辅助材料。“国家标准”指国务院标准化行政主管部门制定的，在全国范围内的统一技术要求。“行业标准”指对于没有国家标准的医用器材，由国务院卫生行政主管部门制定的，在全国医疗卫生行业范围内的统一技术要求。足以严重危害人体健康，是指足以造成他人轻伤以上后果。

3. 本罪的主体为一般主体，即已满 16 周岁、具有刑事责任能力的自然人和单位均可以成为本罪的主体。

4. 本罪的主观方面表现为故意，即明知生产、销售不符合保障人体健康的国家标准、行业标准的医用器材、医用卫生材料，会对人体造成严重的危害，并且希望或者放任这种结果的发生。根据《伪劣商品刑事案件解释》第 6 条第 4 款的规定，医疗机构或者个人，知道或者应当知道是不符合保障人体健康的国家标准、行业标准的医疗器材、医用卫生材料而购买、使用，对人体健康造成严重危害的，以销售不符合标准的医用器材罪定罪处罚。

根据《刑法》第 145、150 条的规定，犯本罪的，处 3 年以下有期徒刑或者拘役，并处销售金额 50%以上 2 倍以下罚金；对人体造成严重危害的，处 3 年以上 10 年以下有期徒刑，并处销售金额 50%以上 2 倍以下罚金，后果特别严重的，处 10 年以上有期徒刑或者无期徒刑，并处销售金额 50%以上 2 倍以下罚金。单位犯本罪的，对单位判处罚金，并对其直接负责的主管人员和其他直接责任人员，依照上述规定处罚。

七、生产、销售不符合安全标准的产品罪

生产、销售不符合安全标准的产品罪，是指生产不符合保障人身、财产安全的国家标准、行业标准的电器、压力容器、易燃易爆产品，或者其他不符合保障人身、财产安全的国家标准、行业标准的产品，或者销售明知是以上不符合保障人身、财产安全的国家标准、行业标准的产品，造成严重后果的行为。本罪的构成要件是：

1. 本罪客体是国家对涉及人身、财产安全的产品的质量管理监督制度和消费者的人身、财产安全。

2. 本罪的客观方面表现为违反国家产品质量法律、法规，生产、销售不符合保障人身、财产安全的国家标准、行业标准的产品，造成严重后果的行为。根据《产品质量法》第 13 条的规定，可能危及人身、财产安全的工业品，必须符合保障人身安全、财产

安全的国家标准、行业标准。电器、压力容器、易燃易爆产品及其他有关产品属危及人身、财产安全的产品，生产、销售上述产品必须以国家标准、行业标准衡量其安全性能。凡生产、销售上述产品不符合国家标准、行业标准，造成严重后果的，构成本罪。

3. 本罪的主体是一般主体，任何已满16周岁、具有刑事责任能力的自然人和单位均可成为本罪的主体。

4. 本罪的主观方面为故意。

根据《刑法》第146、150条的规定，犯本罪的，处5年以下有期徒刑，并处销售金额50%以上2倍以下罚金；后果特别严重的，处5年以上有期徒刑，并处销售金额50%以上2倍以下罚金。单位犯本罪的，对单位判处罚金，并对其直接负责的主管人员和其他直接责任人员，依照上述规定处罚。

八、生产、销售伪劣农药、兽药、化肥、种子罪

生产、销售伪劣农药、兽药、化肥、种子罪，是指生产假农药、假兽药、假化肥，销售明知是假的或者失去使用效能的农药、兽药、化肥、种子，或者生产者、销售者以不合格的农药、兽药、化肥、种子冒充合格的农药、兽药、化肥、种子，使生产遭受较大损失的行为。本罪的构成要件是：

1. 本罪的客体是国家对农牧用生产资料的质量管理监督制度。

2. 本罪的客观方面表现为生产假农药、假兽药、假化肥，或者销售明知是假的或者失去使用效能的农药、兽药、化肥、种子，或者生产者、销售者以不合格的农药、兽药、化肥、种子冒充合格的农药、兽药、化肥、种子，使生产遭受较大损失的行为。假农药、假兽药、假化肥、假种子，指所含成分不符合国家有关部门规定的标准，或用非农药、非兽药、非化肥、非种子冒充真农药、真兽药、真化肥、真种子。失去使用效能的农药、兽药、化肥、种子，是指丧失了应有功效和作用的农药、兽药、化肥、种子。如农药失去了防治农植物病虫害的功能，兽药失去了治疗动物疾病的功能，化肥失去了应有的肥效，等等。以不合格的农药、兽药、化肥、种子冒充合格的农药、兽药、化肥、种子，是指以没有达到国家或者行业标准的农药、兽药、化肥、种子，充当达到国家或者行业标准的农药、兽药、化肥、种子。

3. 本罪的主体是一般主体，已满16周岁且具有刑事责任能力的自然人和单位均可以成为本罪的主体。

4. 本罪的主观方面表现为故意，即行为人明知生产、销售伪劣农药、兽药、化肥、种子的行为会使他人的生产遭受较大的损失，并且希望或者放任这种结果的发生。

根据《刑法》第147、150条的规定，犯本罪的，处3年以下有期徒刑或者拘役，并处或者单处销售金额50%以上2倍以下罚金；使生产遭受重大损失的，处3年以上7年以下有期徒刑，并处销售金额50%以上2倍以下罚金；使生产遭受特别重大损失的，处7年以上有期徒刑或者无期徒刑，并处销售金额50%以上2倍以下罚金或者没收财产。单位犯本罪的，对单位判处罚金，并对其直接负责的主管人员和其他直接责任人员，依照上述规定处罚。

九、生产、销售不符合卫生标准的化妆品罪

生产、销售不符合卫生标准的化妆品罪，是指生产不符合卫生标准的化妆品，或者销售明知是不符合卫生标准的化妆品，造成严重后果的行为。本罪的构成要件是：

1. 本罪的客体是国家对化妆品的质量监督管理制度和不特定多数人的健康权利。

2. 本罪的客观方面表现为生产不符合卫生标准的化妆品或者销售明知是不符合卫生标准的化妆品，造成严重后果的行为。化妆品，是指以涂擦、喷洒或者其他类似方法，散布于人体皮肤、毛发、指甲、口唇等表面任何部位，以达到清洗、清除不良气味、护肤、美容的修饰目的的日用化学工业品。由于化妆品的特殊用途，它与消费者的人身健康密切相关，国家就化妆品规定了严格的卫生标准。生产、销售劣质化妆品，造成严重后果，一般是指导致他人容貌被毁、离婚、自杀等情形。

3. 本罪的主体为一般主体，已满 16 周岁、具有刑事责任能力的自然人和单位均可以成为本罪的主体。

4. 本罪的主观方面为故意，即明知自己生产、销售不符合卫生标准的化妆品的行为会造成严重后果，并且希望或者放任这种结果的发生。

根据《刑法》第 148、150 条的规定，犯本罪的，处 3 年以下有期徒刑或者拘役，并处或者单处销售金额 50%以上 2 倍以下罚金。单位犯本罪的，对单位判处罚金，并对其直接负责的主管人员和其他直接责任人员，依照上述规定处罚。

第三节　走私罪

一、走私武器、弹药罪

走私武器、弹药罪，是指违反海关法规，逃避海关监管，运输、携带、邮寄武器、弹药进出国（边）境的行为。本罪的构成要件是：

1. 本罪的客体是国家禁止武器、弹药进出口的对外贸易管理制度。

2. 本罪在客观方面表现为行为人违反海关法规的规定，逃避海关监管，走私武器、弹药的行为。违反海关法规，逃避海关监管，是本罪成立的前提。违反海关法规，是指违反《海关法》及其他关于海关监管的法规。逃避海关监管，是指采取藏匿、伪装、假报等手段，逃避海关监督、查验的行为。行为的对象是武器、弹药。武器，指各种常规军用武器和其他军用武器。弹药，指与军用武器紧密联系的具有杀伤力的枪弹、炸弹、手榴弹、地雷等爆炸物品的总称。武器、弹药的具体种类参照《中华人民共和国海关进口税则》及《中华人民共和国禁止进出境物品表》的有关规定确定。本罪的行为方式有运输、携带、邮寄三种。运输，是指使用交通运输工具将武器、弹药运出或者运进国（边）境。携带，是指随身携带武器、弹药进出国（边）境。邮寄，是指通过邮递途径将武器、弹药寄往境外或者寄入境内。除上述以外，根据《刑法》第 155 条的规定，直接向

走私人非法收购国家禁止进口的武器、弹药的，在内海、领海、界河、界湖运输、收购、贩卖国家禁止进出口的武器、弹药的，按走私武器、弹药罪论处。

3. 本罪的主体为一般主体，已满 16 周岁、具有刑事责任能力的自然人和单位均能成为本罪的主体。

4. 本罪的主观方面表现为故意，即明知是国家禁止进出口的武器、弹药，仍然将其运输、携带、邮寄进出境。

根据《刑法》第 151 条第 1、4、5 款及第 157 条的规定，犯本罪的，处 7 年以上有期徒刑，并处罚金或者没收财产；情节特别严重的，处无期徒刑，并处没收财产；情节较轻的，处 3 年以上 7 年以下有期徒刑，并处罚金。单位犯本罪的，对单位判处罚金，并对其直接负责的主管人员和其他直接责任人员，依照上述规定处罚。武装掩护走私武器、弹药的，从重处罚。以暴力、威胁方法抗拒缉查走私武器、弹药的，以本罪与妨害公务罪实行数罪并罚。

二、走私核材料罪

走私核材料罪，是指违反海关法规，逃避海关监管，运输、携带、邮寄核材料进出国（边）境的行为。本罪的构成要件是：

1. 本罪的客体是国家禁止核材料进出口的对外贸易管理制度。“核材料”指核燃料、核燃料产物、核聚变材料之统称。

2. 本罪的客观方面表现为行为人违反海关法规，逃避海关监管，走私核材料的行为。本罪的行为方式有运输、携带、邮寄三种。运输，是指使用交通运输工具将核材料运出或者运进国（边）境。携带，是指将核材料随身携带进出国（边）境。邮寄，是指将核材料寄往境外或者寄入境内。除上述以外，根据《刑法》第 155 条的规定，直接向走私人非法收购核材料的，在内海、领海、界河、界湖运输、收购、贩卖核材料的，按走私核材料罪论处。

3. 本罪的主体为一般主体，已满 16 周岁、具有刑事责任能力的自然人和任何单位都可以成为本罪的主体。

4. 本罪的主观方面表现为故意，即明知是核材料而予以运输、携带、邮寄进出国（边）境。如果误认为核材料是普通货物、物品而走私进出国（边）境的，则不能构成本罪，但符合走私普通货物、物品罪成立条件的，应按该罪定罪处罚。

根据《刑法》第 151 条第 1、4、5 款及第 157 条的规定，犯本罪的，处 7 年以上有期徒刑，并处罚金或者没收财产；情节特别严重的，处无期徒刑，并处没收财产；情节较轻的，处 3 年以上 7 年以下有期徒刑，并处罚金。武装掩护走私核材料的，从重处罚。以暴力、威胁方法抗拒缉查走私核材料的，以本罪与妨害公务罪实行数罪并罚。

三、走私假币罪

（一）走私假币罪的概念和构成

走私假币罪，是指违反海关法规，逃避海关监管，运输、携带、邮寄伪造的货币进出国（边）境的行为。本罪的构成要件是：

1. 本罪的客体是国家禁止伪造的货币进出境的管理制度。本罪的行为对象，是伪造的货币。所谓伪造的货币，是指按照货币的纸质、形状、图案、色彩制造的假币。这里所讲的“货币”，是指可以在我国国内市场流通或者兑换的人民币、境外货币。在国内可以兑换的境外货币如美元、欧元、日元、港元、澳门元等。

2. 本罪在客观方面表现为行为人违反海关法规，逃避海关监管，运输、携带、邮寄伪造的货币进出国（边）境的行为。本罪的行为方式有运输、携带、邮寄三种。运输，是指使用交通运输工具将假币运出或者运进国（边）境。携带，是指将假币随身携带进出国（边）境。邮寄，是指将假币寄往境外或者寄入境内。除上述以外，根据《刑法》第155条的规定，直接向走私人非法收购假币的，在内海、领海、界河、界湖运输、收购、贩卖假币的，按走私假币罪论处。根据最高人民检察院、公安部《关于公安机关管辖的刑事案件立案追诉标准的规定（二）》（以下简称《追诉标准（二）》）的规定，走私假币构成犯罪，以走私假币的总面额2 000元或者币量200张（枚）为起点。

3. 本罪的主体为一般主体，已满16周岁、具有刑事责任能力的自然人和任何单位均能成为本罪的主体。

4. 本罪在主观方面表现为故意，即明知是伪造的货币而将其运输、携带、邮寄进出国（边）境。

（二）走私假币罪的认定

认定本罪，应当注意如下问题：

1. 本罪与非罪行为的界限

区分本罪与非罪行为的界限，一是要看行为人走私假币的数量是否达到了上述构罪的标准。假币的总面额或者币量达到上述要求的，构成本罪；否则，属于一般违法行为。二是看行为人主观上是否明知是假币。明知是假币而非法运输、携带、邮寄进出境的，可构成本罪；反之，如果行为人为他人运输、携带、邮寄物品，不知是假币的，则不能构成本罪。

2. 本罪与运输假币罪的界限

走私假币通常以运输假币为前提，因此，本罪有时容易与运输假币罪相混淆。区分二者界限的关键看行为人的目的。如果行为人运输假币是为了走私进出境，在实行走私行为之前就被抓获，则构成本罪的预备犯与运输假币罪的既遂犯的想象竞合，以其中的一个重罪定罪处罚。如果行为人既运输了假币，也实行了走私行为，那就构成本罪与运输假币罪的牵连犯，以其中的一个重罪从重处罚。

3. 本罪与诈骗罪的界限

由于本罪的对象限于我国国内的货币和可以在我国国内市场流通或者兑换的境外货币，因此，伪造在我国国内不能流通或者兑换的境外货币，骗取他人财物，数额较大的，应按诈骗罪处理，而不能以本罪定罪处罚。

4. 本罪共犯与非共犯的界限

与走私假币的罪犯通谋，为其提供贷款、资金、账号、发票、证明，或者为其提供运输、保管、邮寄或者其他方便的，以走私假币罪的共犯论处；事先无通谋，事后为走私假币的罪犯提供帮助的，不能构成本罪的共犯，按照行为触犯的相应罪名定罪处罚。

(三) 走私假币罪的处罚

根据《刑法》第151条第1、4、5款及第157条的规定，犯本罪的，处7年以上有期徒刑，并处罚金或者没收财产；情节特别严重的，处无期徒刑，并处没收财产；情节较轻的，处3年以上7年以下有期徒刑，并处罚金。根据“两高”《关于办理走私刑事案件具体适用法律若干问题的解释》(以下简称《走私刑事案件解释》)第6条第2款的规定，个人走私伪造的货币，具有下列情节之一的，适用上述第一个量刑幅度：(1) 走私数额在2万元以上不足20万元，或者数量在2 000张(枚)以上不足2万张(枚)的；(2) 走私数额或者数量达到该条第1款规定的标准且具有走私的货币流入市场情节的。该条第1款规定：情节较轻，是指走私伪造的货币，数额在2 000元以上不足2万元，或者数量在200张(枚)以上不足2 000张(枚)的。根据上述《走私刑事案件解释》第6条第3款的规定，具有下列情节之一的，属于“情节特别严重”：(1) 走私数额在20万元以上，或者数量在2万张(枚)以上的；(2) 走私数额或者数量达到第二款第一项规定的标准，且属于犯罪集团的首要分子，使用特种车辆从事走私活动，或者走私的伪造货币流入市场等情形的。

四、走私文物罪

走私文物罪，是指违反海关法规，逃避海关监管，运输、携带、邮寄国家禁止出口的文物出境的行为。本罪的构成要件是：

1. 本罪的客体是国家关于禁止文物出口的对外贸易管理制度。其对象是国家禁止出口的文物。根据《文物保护法》的规定，国家禁止出口的文物，是指具有重要历史、艺术、科学价值且不是经国务院批准运往国外展览的文物。

2. 本罪在客观方面表现为行为人违反海关法规，逃避海关监管，走私国家禁止出口的文物的行为。行为的方式是运输、携带、邮寄进出境。此外，在内海、领海、界河、界湖运输、收购、贩卖国家禁止出口的文物的，按走私文物罪论处。

3. 本罪的主体为一般主体，凡已满16周岁、具有刑事责任能力的自然人和单位均能成为本罪的主体。

4. 本罪的主观方面表现为故意，即明知是国家禁止出口的文物，而运输、携带、邮寄出口。

根据《刑法》第151条第2、4、5款、第157条的规定，犯本罪的，处5年以上10年以下有期徒刑，并处罚金；情节较轻的，处5年以下有期徒刑，并处罚金；情节特别严重的，处10年以上或者无期徒刑，并处没收财产。单位犯本罪的，对单位判处罚金，并对其直接负责的主管人员和其他直接责任人员，依照上述规定处罚。武装掩护走私文物的，从重处罚。以暴力、威胁方法抗拒缉查走私文物的，以本罪与妨害公务罪实行数罪并罚。

五、走私贵重金属罪

走私贵重金属罪，是指违反海关法规，逃避海关监管，运输、携带、邮寄国家禁止出口的黄金、白银和其他贵重金属出境的行为。本罪的构成要件是：

1. 本罪的客体是国家关于禁止贵重金属出口的对外贸易管理制度。

2. 本罪在客观方面表现为行为人违反海关法规，逃避海关监管，运输、携带、邮寄国家禁止出口的黄金、白银和其他贵重金属出国（边）境的行为。“其他贵重金属”指与金、银同等重要的铱、锇、钌、铑、铂等国家禁止出口的贵重金属。在内海、领海、界河、界湖运输、收购、贩卖国家禁止出口的贵重金属的，以本罪论处。

3. 本罪的主体为一般主体，凡已满 16 周岁、具有刑事责任能力的自然人和单位均能成为本罪的主体。

4. 本罪的主观方面表现为故意，即明知是贵重金属而予以非法运输、携带、邮寄出境。

根据《刑法》第 151 条第 2、4、5 款和第 157 条的规定，犯本罪的，处 5 年以上 10 年以下有期徒刑；情节较轻的，处 5 年以下有期徒刑，并处罚金；情节特别严重的，处 10 年以上或者无期徒刑，并处没收财产。武装掩护走私贵重金属的，从重处罚。以暴力、威胁方法抗拒缉查走私贵重金属的，以本罪和妨害公务罪实行数罪并罚。

六、走私珍贵动物、珍贵动物制品罪

走私珍贵动物、珍贵动物制品罪，是指违反海关法规，逃避海关监管，运输、携带、邮寄国家禁止进出口的珍贵动物、珍贵动物制品进出国（边）境的行为。本罪的构成要件是：

1. 本罪的客体是国家禁止珍贵动物、珍贵动物制品进出口的对外贸易管理制度。

2. 本罪在客观方面表现为行为人违反海关法规、逃避海关监管，运输、携带、邮寄珍贵动物、珍贵动物制品进出国（边）境的行为。所谓珍贵动物，是指国务院于 1988 年 12 月 10 日批准公布施行的《国家重点保护野生动物名录》中的国家一、二级保护野生动物，以及列入《濒危野生动植物种国际贸易公约》附录一、附录二中的野生动物以及驯养繁殖的上述物种。所谓珍贵动物制品，是指上述珍贵动物的皮、毛、骨骼等制品。直接向走私人非法收购进口的珍贵动物、珍贵动物制品的，在内海、领海、界河、界湖运输、收购、贩卖珍贵动物、珍贵动物制品的，以本罪论处。

3. 本罪的主体是一般主体，即已满 16 周岁、具有刑事责任能力的自然人和单位均可以成为本罪的主体。

4. 本罪的主观方面表现为故意，即明知是珍贵动物及其制品而非法运输、携带、邮寄进出国（边）境。

根据《刑法》第 151 条第 2、4、5 款和第 157 条的规定，犯本罪的，处 5 年以上 10 年以下有期徒刑，并处罚金；情节较轻的，处 5 年以下有期徒刑，并处罚金；情节特别严重的，处 10 年以上或者无期徒刑，并处没收财产。单位犯本罪的，对单位判处罚金，并对其直接负责的主管人员和其他直接责任人员，依照上述规定处罚。武装掩护走私珍贵动物、珍贵动物制品的，从重处罚。以暴力或者威胁方法抗拒缉查走私珍贵动物、珍贵动物制品的，按本罪和妨害公务罪实行数罪并罚。

七、走私国家禁止进出口的货物、物品罪

走私国家禁止进出口的货物、物品罪，是指违反海关法规及相关法律、法规，逃避海关监管，非法运输、携带、邮寄珍稀植物及其制品等国家禁止进出口的其他货物、物品进出国（边）境的行为。本罪的构成要件是：

1. 本罪的客体是国家对禁止进出口的货物、物品的管理制度。

2. 本罪在客观方面表现为行为人违反海关法规及相关法律、法规，逃避海关监管，非法运输、携带、邮寄珍稀植物及其制品等国家禁止进出口的其他货物、物品进出国（边）境的行为。“珍稀植物”，指国家重点保护的原生的天然生长的珍贵植物和原生的天然生长的并具有重要经济、科学研究、文化价值的濒危、稀有植物。1984 年国务院环境保护委员会公布的《中国稀有濒危保护植物名录》规定：国家一级保护植物 8 种，如金红茶、水杉等；二级保护植物 143 种，如云南梧桐、野茶树等；三级保护植物 203 种，如水曲柳、油杉等。“珍稀植物制品”，指利用珍稀植物加工制作的标本、药材及其他制成品。“其他禁止进出口的货物、物品”，是指除《刑法》第 151 第 1 款和第 2 款、第 152、347 条所规定的货物、物品以及珍稀植物及其制品以外的国家禁止进出口的货物、物品。

3. 本罪的主体是一般主体，已满 16 周岁、具有刑事责任能力的自然人和单位均能成为本罪的主体。

4. 本罪的主观方面表现为故意。

根据《刑法》第 151 条第 3、4 款的规定，犯本罪的，处 5 年以上 10 年以下有期徒刑，并处罚金；情节较轻的，处 5 年以下有期徒刑或者拘役，并处或者单处罚金；情节严重的，处 5 年以上有期徒刑，并处罚金。单位犯本罪的，对单位判处罚金，并对其直接负责的主管人员和其他直接责任人员，依照上述规定处罚。按照《刑法》第 157 条的规定，武装掩护走私珍稀植物、珍稀植物制品的，按照《刑法》第 151 条第 1 款的规定从重处罚。以暴力、威胁方法抗拒缉私的，以本罪和妨害公务罪实行数罪并罚。

八、走私淫秽物品罪

走私淫秽物品罪，是指违反海关法规，逃避海关监管，以牟利或者传播为目的，非法运输、携带、邮寄淫秽的影片、录像带、录音带、图片、书刊或者其他淫秽物品进出国（边）境的行为。本罪的构成要件是：

1. 本罪的客体是国家关于禁止淫秽物品进出口的对外贸易管理制度。本罪的对象是淫秽物品。所谓淫秽物品，是指具体描绘性行为或者露骨宣扬色情的淫秽性的物品。

2. 本罪的客观方面表现为行为人违反海关法规的规定，逃避海关监管，运输、携带、邮寄淫秽物品进出国（边）境的行为。淫秽物品具体指淫秽的影片、录像带、录音带、图片、书刊或者其他淫秽物品。此处所谓其他淫秽物品，是指除淫秽影片、录像带、录音带、图片、书刊以外的，通过文字、声音、形象等形式表现淫秽内容的影碟、音碟、电子出版物等物品。根据《刑法》第 155 条的规定，直接向走私分子非法

收购淫秽物品的，在内海、领海、界河、界湖运输、收购、贩卖淫秽物品的，以本罪论处。

3. 本罪的主体为一般主体，凡已满 16 周岁、具有刑事责任能力的自然人和任何单位均能成为本罪的主体。

4. 本罪的主观方面表现为直接故意，并且以牟利或者传播为目的。“以牟利为目的”，是指行为人走私淫秽物品是为了出卖、出租或者通过其他方式利用淫秽物品牟取非法利润。“以传播为目的”，是指行为人走私淫秽物品是为了在社会上进行扩散。不具备牟利目的或传播目的，携带、邮寄淫秽物品进（出）境供个人使用的，不构成本罪。

根据《刑法》第 152、157 条的规定，犯本罪的，处 3 年以上 10 年以下有期徒刑，并处罚金；情节较轻的，处 3 年以下有期徒刑、拘役或者管制，并处罚金；情节严重的，处 10 年以上有期徒刑或者无期徒刑，并处罚金或者没收财产。单位犯本罪的，对单位判处罚金，并对其直接负责的主管人员和其他直接责任人员，依照个人犯本罪的规定处罚。武装掩护走私淫秽物品的，按照《刑法》第 151 条第 1 款的规定从重处罚。以暴力、威胁方法抗拒缉查走私淫秽物品的，以本罪和妨害公务罪实行数罪并罚。

九、走私废物罪

走私废物罪，是指违反海关法规，逃避海关监管，将境外的固体废物、液态废物、气态废物运输进境，情节严重的行为。本罪的构成要件是：

1. 本罪的客体是国家关于固体废物、液态废物、气态废物进境的管理制度。

2. 本罪的客观方面表现为违反海关法规，逃避海关监管，将境外的固体废物、液态废物、气态废物运输进境，情节严重的行为。具体包括三个方面的内容：(1) 行为违反海关法规，逃避海关监管。(2) 将境外的固体废物、液态废物、气态废物运输进境。首先，行为的对象是境外的固体废物、液态废物、气态废物。其次，行为的方式是运输、携带、邮寄不能成为本罪的行为方式，这是由本罪的行为对象的特点所决定的。最后，固体废物、液态废物、气态废物的到达地是我国大陆境内（不包括我国香港、澳门、台湾地区境内）。(3) 情节严重。所谓情节严重，一般是指：运输进境的固体废物、液态废物、气态废物数量巨大；造成境内环境重大污染的；多次运输固体废物、液态废物、气态废物进境的，等等。

3. 本罪的主体是一般主体，凡已满 16 周岁、具有刑事责任能力的自然人和任何单位均可以成为本罪的主体。

4. 本罪的主观方面是故意，即明知是固体废物、液态废物、气态废物而运输进境。

根据《刑法》第 152 条第 2、3 款的规定，犯本罪的，处 5 年以下有期徒刑，并处或者单处罚金；情节特别严重的，处 5 年以上有期徒刑，并处罚金。单位犯本罪的，对单位判处罚金，并对其直接负责的主管人员和其他直接责任人员，依照上述规定处罚。

十、走私普通货物、物品罪

(一) 走私普通货物、物品罪的概念和构成

走私普通货物、物品罪，是指违反海关法规，逃避海关监管，运输、携带、邮寄除武器、弹药、核材料、假币、贵重金属、珍贵动物及其制品、珍稀植物及其制品、淫秽物品以外的货物、物品进出境，偷逃应缴税额较大或者 1 年内曾因走私被给予 2 次行政处罚后又走私的行为。本罪的构成要件如下：

1. 本罪的客体是国家对普通货物、物品进出口监管、征税的制度。

2. 本罪的客观方面表现为违反海关法规，逃避海关监管，运输、携带、邮寄除武器、弹药、核材料、假币、贵重金属、珍贵动物及其制品、珍稀植物及其制品、淫秽物品以外的货物、物品进出国（边）境，偷逃应缴税额较大或者 1 年内曾因走私被给予 2 次行政处罚又走私的行为。所谓违反海关法规，是指违反《海关法》《进出口关税条例》等法律、法规。所谓逃避海关监管，是指采用隐瞒、隐藏、伪报、蒙混、绕关等方式，躲避海关的监督、管理和检查。所谓运输，是指通过汽车、船只、飞机等运输工具将普通货物、物品运入境内或运往境外。可以是通过专门的交通工具运输，也可以是通过托运的方式运输。所谓携带，是指随身携带普通货物、物品进出境。邮寄，是指通过邮政部门将货物、物品寄入境内或者寄往境外。所谓应缴税额，是指进出口货物、物品应当缴纳的进出口关税和进口环节海关代征税的数额。偷逃应缴税额较大，是指应缴纳而未缴纳的税款数额较大。

以上是走私普通货物、物品罪客观方面的典型表现。根据《刑法》第 154 条的规定，下列行为也属于走私普通货物、物品行为，是其特殊表现形式，构成犯罪的，按本罪处理：(1) 未经海关许可并且未补缴应缴税额，擅自将批准的来料加工、来件装配、补偿贸易的原材料、零件、制成品、设备等保税货物，在境内销售牟利的。(2) 未经海关许可并且未补缴应缴税额，擅自将特定减税、免税进口的货物、物品在境内销售牟利的。以上两种走私行为以“在境内销售牟利”为构成犯罪的必要条件。如果行为人在境内销售上述两类物品，但没有牟利的，则不能构成犯罪。根据《刑法》第 155 条的规定，直接向走私人非法收购走私进口的普通货物、物品数额较大的，以本罪论处。

3. 本罪的主体是一般主体，凡已满 16 周岁、具有刑事责任能力的自然人和所有的单位都可成为本罪的主体。

4. 本罪的主观方面表现为故意，即明知自己的行为会发生违反海关监管法规、偷逃应缴税额的结果而希望这种结果的发生。

(二) 走私普通货物、物品罪的认定

认定本罪，应当注意如下问题：

1. 本罪与非罪行为的界限

区分本罪与非罪行为的界限，应从以下几个方面着手：一是看偷逃的应缴税额。偷逃应缴税额达到较大的，构成犯罪；尚未达到数额较大的，则属于一般的违法行为。二是看行为人主观上有没有走私的故意。有走私故意者，可构成犯罪；否则，则不能

构成犯罪。尤其需要注意的是，对于直接向走私人收购走私进口的普通货物、物品的行为是否定走私普通货物、物品罪，必须查明行为人是否明知对方是走私人以及自己收购的是走私进口的物品。行为人主观上对上述内容明知的，构成犯罪；不明知的，则不能构成犯罪。三是看行为人有无牟利，这主要是针对《刑法》第154条规定的行为而言的。根据《刑法》第154条的规定，未经海关许可并且未补缴应缴税额，擅自将批准进口的来料加工、来件装配、补偿贸易的原材料、零件、制成品、设备等保税货物，在境内销售牟利的；未经海关许可并且未补缴应缴税额，擅自将特定减税、免税进口的货物、物品，在境内销售牟利的，才能构成犯罪。在上述两种情况下，“牟利”是构成犯罪的必备条件，因此，如果行为人实施了销售有关货物、物品的行为，但并未牟利的，则不能构成犯罪。

2. 本罪与走私特殊物品犯罪的界限

《刑法》除规定了走私普通货物、物品罪外，还规定了走私武器、弹药罪，走私核材料罪，走私假币罪，走私文物罪，走私贵重金属罪，走私珍贵动物、珍贵动物制品罪，走私国家禁止进出口的货物、物品罪，走私淫秽物品罪，走私废物罪等走私特殊物品的犯罪，本罪与这些犯罪的区别关键在于行为的对象不同。凡是走私《刑法》有关条文所规定的特殊物品，符合有关犯罪构成要件的，按有关的走私特定物品的犯罪定罪处罚。

3. 本罪与骗取出口退税罪的界限

根据《刑法》第204条的规定，骗取出口退税罪，是指以假报出口或者其他欺骗手段，骗取国家出口退税，数额较大的行为。本罪与该罪都是故意犯罪；犯罪主体都是一般主体，包括自然人和单位；都涉及出口和国家税收。二者的区别表现在：(1) 客体不同。本罪的客体是国家对普通货物、物品进出口监管、征收关税的制度；后罪的客体则是国家的出口退税制度。(2) 客观方面不同。本罪的客观方面表现为违反海关法规，逃避海关监管，走私货物、物品进出境，偷逃应缴税额较大的行为；而后罪的客观方面则表现为采取假报出口或者其他欺骗手段，骗取国家出口退税款数额较大的行为。

4. 本罪共犯与非共犯的界限

《刑法》第156条规定：“与走私罪犯通谋，为其提供贷款、资金、账号、发票、证明，或者为其提供运输、保管、邮寄或者其他方便的，以走私罪的共犯论处。”这是关于帮助型共犯的规定。根据这一规定，构成本罪的帮助型共犯，既要求行为人实施了为本罪的罪犯提供贷款、资金、账号、发票、证明，或者为其提供运输、保管、邮寄或者其他方便的行为，也要求行为人与罪犯有通谋，只有上述帮助行为而没有与罪犯通谋的，不能构成本罪的帮助型共犯。通谋，是指相互沟通、谋划，是一种积极的行为，既可以是在走私犯罪分子实施走私行为之前与其通谋，也可以是在走私犯罪分子实施走私行为之中与其通谋。

5. 本罪中的罪数问题

对于一人既走私普通货物、物品，又走私其他特定物品的案件，应根据不同情况分别按照一罪与数罪处理：行为人一次性地既走私了普通货物、物品，又走私了其他特定物品的，则属于一行为触犯数个罪名，成立想象数罪，应按其中的一个重罪定罪处罚；行为人分次走私普通货物、物品和其他特定物品，均达到构成犯罪标准的，则应按本罪和有关的走私特定物品的犯罪实行数罪并罚。对于以暴力、威胁方法抗拒缉私的，按照《刑法》第157条第2款的规定，应按本罪与妨害公务罪实行数罪并罚。

（三）走私普通货物、物品罪的处罚

根据《刑法》第153条的规定，走私本法第151条、第152条、第347条规定以外的货物、物品，根据情节轻重，分别依照下列规定处罚：

（1）走私普通货物、物品偷逃应缴税额较大或者1年内曾因走私被给予2次行政处罚后又走私的，处3年以下有期徒刑或者拘役，并处应缴税额1倍以上5倍以下罚金。

（2）走私货物、物品偷逃应缴税额巨大或者有其他严重情节的，处3年以上10年以下有期徒刑，并处偷逃应缴税额1倍以上5倍以下罚金。

（3）走私货物、物品偷逃应缴税额特别巨大或者有其他特别严重情节的，处10年以上有期徒刑或者无期徒刑，并处偷逃应缴税额1倍以上5倍以下罚金或者没收财产。

单位犯前款罪的，对单位判处罚金，并对其直接负责的主管人员和其他直接责任人员，处3年以下有期徒刑或者拘役；情节严重的，处3年以上10年以下有期徒刑；情节特别严重的，处10年以上有期徒刑。

对多次走私未经处理的，按照累计走私货物、物品的偷逃税额处罚。

第四节　妨害对公司、企业的管理秩序罪

一、虚报注册资本罪

（一）虚报注册资本罪的概念和构成

虚报注册资本罪，是指在申请注册资本实缴制的公司登记时使用虚假证明文件或者采取其他欺诈手段虚报注册资本，欺骗公司登记主管部门，取得公司登记，虚报注册资本数额巨大、后果严重或者有其他严重情节的行为。本罪的构成要件是：

1. 本罪的客体是公司登记管理制度。

2. 本罪的客观方面表现为在申请公司登记时使用虚假证明文件或者采取其他欺诈手段虚报注册资本，欺骗公司登记主管部门，取得公司登记，虚报注册资本数额巨大、后果严重或者有其他严重情节的行为。具体包括以下几个方面的内容：（1）行为人虚报了注册资本。注册资本是指有限责任公司和股份有限公司的股东在公司登记机关登记的股东实际缴纳的出资总额或实收股本总额。虚报注册资本，是指行为人在不具有法定注册资本最低限额的情况下作出具有法定注册资本最低限额的申报，或者虽达到法定注册资本最低限额，却作出高于实缴资本的申报。（2）行为人必须实施了使用虚假证明文件或者其他欺诈手段的行为。所谓使用虚假证明文件，是指使用不真实的验资、验证、评估报告书等证明文件。所谓其他欺诈手段，是指使用虚假证明文件以外

的欺骗手段，如隐瞒事实真相，使用无权支配的他人所有的资金或者产权证明进行申报。(3) 行为人欺骗的对象是公司登记主管部门，即工商行政管理机关，并取得了公司登记。取得公司登记，是指经工商行政管理部门核准并发给《企业法人营业执照》。(4) 行为人虚报的注册资本数额巨大、后果严重或者具有其他严重情节。根据《追诉标准（二）》第3条的规定，虚报注册资本数额巨大是指下列情况：实缴注册资本不足法定最低限额，有限责任公司虚报数额在30万元以上并占其应缴出资数额60%以上的，股份有限公司虚报数额在300万元以上并占其应缴出资数额30%以上的；注册资本达到法定最低限额，但仍虚报注册资本，有限责任公司虚报数额在100万元以上并占其应缴出资数额60%以上的，股份有限公司虚报数额在1 000万元以上并占其应缴出资数额30%以上的。后果严重，是指虚报注册资本给投资者或者其他债权人造成的直接经济损失累计数额在10万元以上。所谓其他严重情节，根据上述规定，是指虽未达到上述数额标准，但具有下列情形之一者：两年内因虚报注册资本受过行政处罚两次以上，又虚报注册资本的；向公司登记主管人员行贿；为进行违法活动而注册的。上述数额巨大、后果严重、其他严重情节，只要具备其中之一就可构成犯罪。

3. 本罪的主体为一般主体，凡已满16周岁、具有刑事责任能力的自然人和任何单位都可构成本罪的主体。

4. 本罪的主观方面是故意，即故意虚报注册资本，其目的是骗取公司登记和营业执照。

（二）虚报注册资本罪的认定

认定本罪，应当注意如下问题：

1. 本罪与非罪行为的界限

区分二者界限的关键一是看虚报的数额，虚报数额巨大的，有可能构成犯罪；虚报数额没有达到巨大的，则不能构成犯罪。二是看是否后果严重或者具有其他严重情节。虚报资本数额巨大，既没有造成严重后果，也没有其他严重情节，则不能构成犯罪。上述行为都属于一般违法行为，对责任人可按有关行政管理法规处罚。

2. 本罪与虚假出资罪的界限

虚假出资罪，是指公司发起人、股东违反公司法的规定未交付货币、实物或者未转移财产权，虚假出资，数额巨大、后果严重或者有其他严重情节的行为。本罪与虚假出资罪在主、客观上都有相同之处：二者的主观方面的罪过都是故意；主体都是一般主体，已满16周岁、具有刑事责任能力的自然人和任何单位都可构成犯罪的主体；客观方面的行为都包含虚假的内容，并且都要求“数额巨大、后果严重或者有其他严重情节”。二者的区别表现在：(1) 客观方面虚假的内容不同。本罪客观方面的虚假是虚报注册资本，这种欺诈是针对公司登记机关实施的；而后者中的虚假是虚假出资，其欺诈是针对申请成立的公司实施的，与公司登记机关没有关系。(2) 主观故意的内容和目的不同。本罪是故意虚报注册资本，其目的是骗取公司登记；虚假出资罪则是故意假出资，其目的则是逃避出资义务。司法实践中，有的行为人往往先虚假出资后虚报注册资本，并且二者都具备了构成犯罪的要件，这种情况属于牵连犯，应按其中的重罪从重处罚。

3. 本罪与妨碍公文、证件、印章犯罪的界限在虚报注册资本过程中，行为人往往采用虚假的证明文件欺骗公司登记机关，对于这类案件应该区别不同情况予以不同处理：（1）如果行为人使用的虚假证明文件是自己伪造的，虚报注册资本的行为又符合本罪的构成要件，那么，其行为就既触犯了本罪，又触犯了伪造国家机关公文、证件、印章罪或者伪造公司、企业、事业单位、人民团体印章罪。对此，可按牵连犯以其中的一个重罪从重处罚。（2）如果行为人虚报注册资本的行为符合本罪的构成要件，但使用的虚假证明文件不是自己伪造的，而是由他人提供的，这种情况下，由于行为人只实施了一种行为，因此，只构成本罪一罪。（3）行为人使用了虚假的证明文件，且该虚假证明文件是自己伪造的，但其虚报注册资本的行为不具备本罪的构成要件。对这种情况只能按伪造国家机关公文、证件、印章罪或者伪造公司、企业、事业单位、人民团体印章罪一罪定罪处罚。

4. 本罪中的共同犯罪

明知他人虚报注册资本，骗取公司登记而故意为其提供虚假的验资报告等证明文件，构成犯罪的，按本罪的共同犯罪处理。

（三）虚报注册资本罪的处罚

根据《刑法》第158条的规定，犯本罪的，处3年以下有期徒刑或者拘役，并处或者单处虚报注册资本金额1%以上5%以下罚金。单位犯本罪的，对单位判处罚金，并对其直接负责的主管人员和其他直接责任人员，处3年以下有期徒刑或者拘役。

二、虚假出资、抽逃出资罪

虚假出资、抽逃出资罪，是指依法实行注册资本实缴登记制的公司发起人、股东违反公司法的规定未交付货币、实物或者未转移财产权，虚假出资，或者在公司成立后又抽逃其出资，数额巨大、后果严重或者有其他严重情节的行为。本罪的构成要件是：

1. 本罪的客体是国家有关设立公司的出资管理制度。

2. 本罪在客观方面表现为公司发起人、股东违反公司法的规定，虚假出资、抽逃出资，数额巨大、后果严重或者有其他严重情节的行为。具体包含两种行为：其一，虚假出资行为。这是指公司发起人、股东违反公司法的规定，未交付应当认缴的出资额（含货币、实物），或者未办理出资额中的财产权转移手续（财产权转移指以实物、工业产权、非专利技术、土地使用权作价出资的权利转移）的行为。其二，抽逃出资行为。这是指公司发起人、股东在公司成立时缴纳了所应认缴的出资，但在公司成立后又撤出其出资，使公司成立时的原有注册资本减少的行为。具备上述两种行为之一的，就具备了本罪的行为要件。此外，本罪的构成还必须具备数额巨大、后果严重、有其他严重情节三者之一。

3. 本罪的主体为特殊主体，即公司发起人、股东，含个人和单位。“公司发起人”是指依法创立公司的个人或者单位。“股东”是指公司的出资人（含个人和单位）。

4. 本罪的主观方面是故意，即行为人明知虚假出资、抽逃出资的行为会发生危害设立公司出资管理制度的结果，并且希望这种结果的发生。

根据《刑法》第159条的规定，犯本罪的，处5年以下有期徒刑或者拘役，并处或者单处虚假出资金额或者抽逃出资金额2%以上10%以下罚金。单位犯本罪的，对单位判处罚金，并对其直接负责的主管人员和其他直接责任人员，处5年以下有期徒刑或者拘役。

三、欺诈发行股票、债券罪

欺诈发行股票、债券罪，是指违反《公司法》或企业法的规定，在招股说明书、认股书或公司、企业债券募集办法中隐瞒重要事实或者编造重大虚假内容，发行股票或者公司、企业债券，数额巨大、后果严重或者有其他严重情节的行为。本罪的构成要件是：

1. 本罪的客体是国家有关公司、企业发行股票、债券的管理制度。

2. 本罪的客观方面表现为在招股说明书、认股书或公司、企业债券募集办法等重要文件中，虚构内容或故意遗漏有关事项或故意隐瞒有关事项或对有关事项作虚假的陈述、记载，欺骗、误导投资者、社会公众、国家有关主管部门的行为。此外，本罪的构成还必须具备数额巨大、后果严重、有其他严重情节三者之一。

3. 本罪的主体为一般主体，自然人或单位均可以实施本罪。

4. 本罪的主观方面是故意。因过失造成招股说明书、认股书或公司、企业债券募集办法中有疏漏的，不构成本罪。

根据《刑法》第160条的规定，犯本罪的，处5年以下有期徒刑或者拘役，并处或者单处非法募集资金金额1%以上5%以下罚金。单位犯本罪的，对单位判处罚金，并对其直接负责的主管人员和其他直接责任人员，处5年以下有期徒刑或者拘役。

四、违规披露、不披露重要信息罪

违规披露、不披露重要信息罪，是指依法负有披露义务的公司、企业向社会公众提供虚假的或者隐瞒重要事实的财务会计报告，或者对依法应当披露的其他重要信息不按照规定披露，严重损害股东或者其他人的利益，或者有其他严重情节的行为。本罪的构成要件是：

1. 本罪的客体是国家关于公司、企业的财会报告及其他重要信息的管理制度。

2. 本罪在客观方面表现为向社会公众提供虚假的或隐瞒重要事实的财务会计报告，或者对依法应当披露的其他重要信息不按照规定披露，严重损害股东或者其他人的利益，或者有其他严重情节的行为。本罪客观方面的行为有两种具体情形：一是向社会公众提供虚假的或隐瞒重要事实的财务会计报告。根据我国有关法律的规定，公司、企业有责任在每一个会计年度终了时向社会公众提供财务会计报告。“财务会计报告”是由资产负债表、损益表、财务状况变动表、财务情况说明书、利润分配表等内容组成的书面报告文件。虚假的财务会计报告，是指虚假记载公司资产总额、资产投入，夸大盈利等的财务会计报告；隐瞒重要事实的财务会计报告，是指隐瞒公司负债或经营亏损等情况的财务会计报告。二是对依法应当披露的其他重要信息不按照规定披露。这是指对依照有关法律的规定应当披露的除财务会计报告以外的与公司、企业生产、经营有着重要关系的信息，不依照规定予以披露的行为。本罪是结果犯和情节犯的选择犯，即或者行为人的行为已经严重损害了股东或者其他人的利益，或者有其他严重情节，就可构成本罪。

3. 本罪的主体是特殊主体，即依法负有披露义务的公司、企业。从形式上看，本罪是单位犯罪，但实际上承担刑事责任的是公司、企业的主管人员和其他直接责任人员。

4. 本罪的主观方面表现为故意，即行为人明知自己向股东和社会公众提供虚假的或者隐瞒重要事实的财务会计报告，或者对依法应当披露的其他重要信息不按照规定披露的行为，会严重损害股东或者其他人的利益或者造成其他危害后果，并且希望或者放任上述结果的发生。

根据《刑法》第161条的规定，犯本罪的，对公司、企业直接负责的主管人员和其他直接责任人员，处3年以下有期徒刑或者拘役，并处或者单处2万元以上20万元以下罚金。

五、妨害清算罪

妨害清算罪，是指违反关于公司、企业法律的规定，公司、企业进行清算时，隐匿财产，对资产负债表或者财产清单作虚伪记载，或者在未清偿债务前分配公司、企业的财产，严重损害债权人或者其他人的利益的行为。本罪的构成要件是：

1. 本罪的客体是国家对公司破产清算的管理制度。

2. 本罪在客观方面表现为违反公司、企业法律中关于清算的规定，在清算时隐匿财产，对资产负债表或财产清单作虚伪记载，或者于清偿债务前分配财产，严重损害债权人或者其他人的利益的行为。根据《公司法》的规定，公司因不能清偿到期债务，被依法宣告破产的，由人民法院依照法律的有关规定，组成清算组，对公司进行清算。清理公司财产、编制资产负债表、编制财产清单、制定清算方案等是清算组的重要职权。妨害清算的行为包括：其一，公司为逃避履行公司法规定的清算义务，对向清算组提交的资产负债表或财产清单作虚伪记载，以隐匿财产，逃避清算，使债务不能偿还；其二，公司为逃避履行公司法规定的清算义务，未进入清算程序前，先行非法分配公司的财产，使清算不真实，债务不能偿还。本罪是结果犯，即妨害清算的行为导致债权人或者其他人的利益严重受损害，具体表现为债权人巨额债权得不到清偿，公司、企业长期拖欠的职工工资和劳动保险费用得不到清偿，国家巨额税款得不到清偿等。

3. 本罪的主体是公司、企业，从形式上看本罪是单位犯罪，但实际上负刑事责任的是公司、企业直接负责的主管人员或者其他直接责任人员。

4. 本罪的主观方面为直接故意，即行为人明知其行为会严重损害债权人或者其他人的利益，并且希望这种结果的发生。

根据《刑法》第162条的规定，犯本罪的，对公司、企业直接负责的主管人员和其他直接责任人员，处5年以下有期徒刑或者拘役，单处或者并处2万元以上20万元以下罚金。

六、隐匿、故意销毁会计凭证、会计账簿、财务会计报告罪

隐匿、故意销毁会计凭证、会计账簿、财务会计报告罪，是指隐匿或者故意销毁依法应当保存的会计凭证、会计账簿、财务会计报告，情节严重的行为。本罪的构成要件是：

1. 本罪的客体是国家的会计管理制度。

2. 本罪的客观方面表现为隐匿或者销毁依法应当保存的会计凭证、会计账簿、财务会计报告，情节严重的行为。所谓隐匿，是指将会计凭证、会计账簿、财务会计报告予以隐瞒、藏匿的行为。销毁，是指将会计凭证、会计账簿、财务会计报告予以损坏、毁灭的行为。会计凭证，是指证明经济业务发生和完成情况，明确经济责任，作为记账依据的书面证明。会计账簿，是指由一定格式、相互联系的账页组成，以会计凭证为依据，用以序时地、分类地、系统地记录、反映和监督一个单位经济活动情况的会计账册。财务会计报告，是指根据会计账簿记录和有关会计核算资料编制的反映单位财务状况与经营成果的报告文书。隐匿、销毁行为只要实施其中一种，情节严重的，就可构成犯罪。

3. 本罪的主体是一般主体，即已满 16 周岁、具有刑事责任能力的自然人和单位。

4. 本罪的主观方面表现为直接故意，即明知隐匿或者销毁应当保存的会计凭证、会计账簿、财务会计报告的行为会发生破坏会计管理制度的结果，而希望该结果发生。犯罪的动机通常是为了阻挠有关机关的检查，掩盖违法犯罪事实，隐匿、毁灭证据等。

根据《刑法》第 162 条之一的规定，犯本罪的，处 5 年以下有期徒刑或者拘役，并处或单处 2 万元以上 20 万元以下罚金；单位犯本罪的，对单位判处罚金，并对其直接负责的主管人员和其他直接责任人员依照上述规定处罚。

七、虚假破产罪

虚假破产罪，是指公司、企业通过隐匿财产、承担虚构的债务或者以其他方法转移、处分财产，实施虚假破产，严重损害债权人或者其他人的利益的行为。本罪的构成要件是：

1. 本罪的客体是公司、企业的正常管理秩序。

2. 本罪的客观方面表现为通过隐匿财产、承担虚构的债务或者其他方法转移、处分财产，实施虚假破产，严重损害债权人或者其他人的利益的行为。隐匿财产，是指将合法所有的财产隐瞒、藏匿；承担虚构的债务，是指本没有债务而虚设债务以减少财产的数量。实施虚假破产，是指本不具备破产的条件而提出破产申请，进行破产清算。严重损害债权人或者其他人的利益，是指导致债权人和债权人之外的与行为人有利害关系的单位和自然人的利益受到重大损失。

3. 本罪是单位犯罪，其主体是公司、企业，但只处罚公司、企业直接负责的主管人员和其他直接责任人员。

4. 本罪的主观方面是直接故意，即明知实施虚假破产的行为会发生损害债权人或

者其他人的利益的结果，并希望这种结果发生。

根据《刑法》第162条之二的规定，犯本罪的，对直接负责的主管人员和其他直接责任人员，处5年以下有期徒刑或者拘役，并处或者单处2万元以上20万元以下罚金。

八、非国家工作人员受贿罪

非国家工作人员受贿罪，是指公司、企业或者其他单位的工作人员利用职务上的便利，索取他人财物或者非法收受他人财物，为他人谋取利益，数额较大的行为。本罪的构成要件是：

1. 本罪的客体是公司、企业、其他单位的正常管理制度和非国家工作人员职务的廉洁性。

2. 本罪的客观方面表现为非国家工作人员利用职务上的便利，索取他人财物或者非法收受他人财物，为他人谋取利益，数额较大的行为。具体包括以下内容：（1）行为人利用了职务上的便利。利用职务上的便利，是指利用职务范围内主管、经手、承办某项单位事务的权力和便利条件。（2）行为人索取或者非法收受他人财物。所谓索取，既包括强索硬取，也包括明示或暗示地索要。所谓非法收受，是指对于他人主动送给的财物按规定不该收受的却予以收纳。应该注意的是，不管索取还是收受，其对象都是财物，非财物不能成为本罪的行为对象。严格地讲，财物应仅指现金以及其他具有经济价值的实物，但可以将其扩张解释为包括财产性利益，如设定债权、设定劳务、提供旅游等。（3）为他人谋取利益。为他人谋取利益是非国家工作人员受贿罪客观方面的一个普遍的必备要件，也就是说，不管是非国家工作人员的索要型受贿，还是非国家工作人员收受型受贿，都要求行为人为他人谋取利益。如果行为人并未为他人谋取利益，则不能构成本罪。这里讲的为他人谋取利益，其表现形式是多种多样的：许诺为他人谋取利益而尚未实际进行；正在为他人谋取利益，但尚未获得成功；已为他人谋取了部分利益，还未完全实现；为他人谋取利益，全部满足了他人的要求等。具备其中任何一种情形，就意味着具备了为他人谋取利益这一要件。（4）数额较大。根据《追诉标准（二）》第10条的规定，数额较大的起点标准是5 000元人民币。此外，《刑法》第163条第2款还规定：非国家工作人员在经济往来中，违反国家规定，收受各种名义的回扣、手续费，归个人所有的，也构成本罪。

3. 本罪的主体为特殊主体，即非国家工作人员。这里所讲的非国家工作人员，应是指公司、企业或者其他单位从事管理工作且不具有国家工作人员身份的人员，公司、企业或者其他单位从事劳务的人员不能成为本罪的主体。国有公司、企业或者其他单位中从事公务的人员，以及国有公司、企业或者其他国有单位委派到非国有公司、企业或者其他单位从事公务的人员实施受贿犯罪行为的，按照受贿罪定罪处罚。

4. 本罪的主观方面表现为直接故意，即行为人明知非法收受他人财物会破坏公司、企业或者其他单位的管理秩序，并且希望这种结果发生。

根据《刑法》第163条的规定，犯本罪的，处5年以下有期徒刑或者拘役；数额巨大的，处5年以上有期徒刑，可以并处没收财产。

九、对非国家工作人员行贿罪

对非国家工作人员行贿罪，是指为谋取不正当利益，给予公司、企业或者其他单位的工作人员以财物，数额较大的行为。本罪的构成要件是：

1. 本罪的客体是公司、企业、其他单位的正常管理制度和公司、企业、其他单位工作人员职务的廉洁性。本罪的行为对象是公司、企业或者其他单位的工作人员，即非国家工作人员受贿罪的主体。

2. 本罪在客观方面表现为给予公司、企业或者其他单位的工作人员数额较大的财物的行为。“给予”通常是主动给予，但也包括受到公司、企业或者其他单位的工作人员的明示或暗示后送与财物的。给予的财物数额较大是本罪客观方面的必备内容。根据《追诉标准（二）》第11条的规定，数额较大以个人行贿数额1万元、单位行贿数额20万元为起点。

3. 本罪的主体是一般主体，任何已满16周岁、具有刑事责任能力的自然人和单位都能成为本罪的主体。

4. 本罪的主观方面表现为故意，并具有谋取不正当利益之目的。谋取不正当利益，是指谋取违法的或其他经正当途径不能获得的利益。只要行为人具有谋取不正当利益的目的就可以构成本罪，至于实际上是否谋取到了不正当利益，不影响本罪的成立。

根据《刑法》第164条第1、3、4款的规定，犯本罪的，处3年以下有期徒刑或者拘役，并处罚金；数额巨大的，处3年以上10年以下有期徒刑，并处罚金。单位犯本罪的，对单位判处罚金，并对其直接负责的主管人员和其他直接责任人员，依照上述规定处罚。行贿人在被追诉前主动交代行贿行为的，可以减轻或者免除处罚。

十、对外国公职人员、国际公共组织官员行贿罪

对外国公职人员、国际公共组织官员行贿罪，是指为谋取不正当商业利益，给予外国公职人员或者国际公共组织官员以财物的行为。本罪的构成要件是：

1. 本罪的客体是外国公职人员或者国际公共组织官员的廉洁性。

2. 本罪的客观方面表现为给予外国公职人员或者国际公共组织官员以财物的行为。

3. 本罪的主体是一般主体，凡是已满16周岁、具有刑事责任能力的人均能成为本罪的主体。

4. 本罪的主观方面是故意，并且是直接故意。

根据《刑法》第164条第2、3、4款的规定，犯本罪的，处3年以下有期徒刑或者拘役，并处罚金；数额巨大的，处3年以上10年以下有期徒刑，并处罚金。单位犯本罪的，对单位判处罚金，并对其直接负责的主管人员和其他直接责任人员，依照上述规定处罚。

行贿人在被追诉前主动交代行贿行为的，可以减轻或者免除处罚。

十一、非法经营同类营业罪

非法经营同类营业罪，是指国有公司、企业的董事、经理利用职务便利，自己经营或者为他人经营与其任职公司、企业同类的营业，获取非法利益，数额巨大的行为。本罪的构成要件是：

1. 本罪的客体是国家对国有公司、企业的管理制度和国有公司、企业董事、经理的职务廉洁性。

2. 本罪在客观方面表现为行为人利用职务便利，自己经营或者为他人经营与其所任职公司、企业同类的营业，获取非法利益，数额巨大的行为。"利用职务便利"，是指行为人利用其主管、经管、经营的权力或由此产生的方便条件（如对进货、营销渠道的直接掌握或影响）。"自己经营"，是指自己独资经营公司、企业。"为他人经营"，是指在他人出资经营的公司、企业中任职，从而获取经营报酬。"同类的营业"，是指生产、销售同一商品或者具有其他同一性质的营业。"获取非法利益"，是指因同类竞业损害国有公司、企业的利益而自己获得利益。获取非法利益数额巨大是本罪客观方面的必备要素，没有达到数额巨大的不构成犯罪。

3. 本罪的主体是特殊主体，只能是国有公司、企业的董事、经理。

4. 本罪的主观方面是故意，并具有获取非法利益的目的。

根据《刑法》第 165 条的规定，犯本罪的，处 3 年以下有期徒刑或者拘役，并处或者单处罚金；数额特别巨大的，处 3 年以上 7 年以下有期徒刑，并处罚金。

十二、为亲友非法牟利罪

为亲友非法牟利罪，是指国有公司、企业、事业单位的工作人员，利用职务便利，将本单位的盈利业务交由自己的亲友进行经营，或者与亲友经营管理的单位发生明显有利于对方的购销活动，使国家利益遭受重大损失的行为。本罪的构成要件是：

1. 本罪的客体是国有公司、企业、事业单位的正常管理活动、合法利益，以及国有公司、企业、事业单位工作人员职务的廉洁性。

2. 本罪的客观方面表现为行为人利用职务便利，为亲友牟利，使国家利益遭受重大损失的行为。所谓利用职务便利，是指行为人利用其对公司、企业、事业单位的经营、管理的地位和职权形成的便利条件。为亲友牟利包括以下几种情形：（1）将本单位的盈利业务交由自己的亲友经营。所谓盈利业务，是指肯定能够获得利润的业务，一般是垄断性的业务。如果某种业务盈利与否取决于经营的好坏，则不能认为是盈利业务。所谓交由自己的亲友经营，是指将本属于本单位经营的业务通过委托、承包或者其他形式交给自己的亲友经营。（2）以明显高于市场的价格向自己的亲友经营、管理的单位采购商品，或者以明显低于市场的价格向自己亲友经营、管理的单位销售商品。市场价格，如果是向亲友经营、管理的单位采购商品，应是指行为当时同类商品的市场最高销售价；如果是向亲友经营、管理的单位销售商品，则应是行为当时同类商品的市场最低销售价。"明显高于"和"明显低于"，意味着不是略高一点或者略低一点，而是高出或者低于较多。（3）向自己的亲友经营、管理的单位采购不合格的商品。商品是否合格，应根据国家和行业的相关的标准判断。本罪是结果犯，即要求行为人的行为使国家利益遭受了重大损失。

3. 本罪的主体是特殊主体，即只能是国有公司、企业、事业单位的工作人员，其他所有制的公司、企业、事业单位的工作人员不能成为本罪的主体。作为本罪主体的国有公司、企业、事业单位的工作人员，应是指国有公司、企业、事业单位中从事公务的人员，国有公司、企业、事业单位中从事劳务的人员不能成为本罪的主体。

4. 本罪的主观方面是故意，即行为人明知自己为亲友非法牟利的行为会使国家利益遭受重大损失，并且希望这种结果发生。行为人的目的是为亲友牟取非法利益。至于行为人是否具有为自己牟取非法利益的目的，不影响本罪的构成。

根据《刑法》第 166 条的规定，犯本罪的，处 3 年以下有期徒刑或者拘役，并处或者单处罚金；致使国家利益遭受特别重大损失的，处 3 年以上 7 年以下有期徒刑，并处罚金。

十三、签订、履行合同失职被骗罪

签订、履行合同失职被骗罪，是指国有公司、企业、事业单位直接负责的主管人员，在签订、履行合同过程中，因严重不负责任被诈骗，致使国家利益遭受重大损失的行为。本罪的构成要件是：

1. 本罪的客体是国家对国有公司、企业、事业单位的经济贸易活动的管理制度。

2. 本罪的客观方面表现为行为人在签订、履行合同过程中，因严重不负责任被诈骗，从而使国家利益遭受重大损失的行为。具体包括以下几个方面的内容：其一，行为发生在签订、履行合同的过程中。其二，行为人对合同的签订、履行严重不负责任。所谓严重不负责任，是指对对方的身份、履行合同的诚意、履行合同的能力等情况不加任何考察，就与对方签订、履行合同。如果行为人在签订、履行合同的过程中履行了部分注意义务，但没有完全履行注意义务，因而受骗，则不能认为构成本罪。其三，致使国家利益遭受重大损失。

3. 本罪的主体是特殊主体，即只能是国有公司、企业、事业单位的直接负责的主管人员，其他的直接责任人员不能成为本罪的主体。

4. 本罪的主观方面表现为过失，即行为人应当预见自己在签订、履行合同的过程中严重不负责任的行为会发生被诈骗，从而使国家利益遭受重大损失的结果，因为疏忽大意而没有预见或者虽然已经预见但轻信能够避免。

根据《刑法》第 167 条的规定，犯本罪的，处 3 年以下有期徒刑或者拘役；致使国家利益遭受特别重大损失的，处 3 年以上 7 年以下有期徒刑。

十四、国有公司、企业、事业单位人员失职罪

国有公司、企业、事业单位人员失职罪，是指国有公司、企业、事业单位的工作人员，由于严重不负责任，造成国有公司、企业破产或者严重损失，或者国有事业单

位严重损失，致使国家利益遭受重大损失的行为。本罪的构成要件是：

1. 本罪的客体是国家对国有公司、企业、事业单位的管理制度。

2. 本罪的客观方面表现为行为人严重不负责任，造成国有公司、企业破产或者严重损失，或者国有事业单位严重损失，从而使国家利益遭受重大损失的行为。严重不负责任，是指行为人不履行或者不认真履行自己的职务。行为人严重不负责任的行为必须造成了本单位的破产或者严重损失，从而使国家利益遭受了重大损失。

3. 本罪的主体是特殊主体，即国有公司、企业、事业单位的工作人员。

4. 本罪的主观方面表现为过失，即行为人应当预见自己对工作严重不负责任可能造成国家利益遭受重大损失，由于疏忽大意而没有预见或者虽然已经预见但轻信能够避免。

根据《刑法》第168条的规定，犯本罪的，处3年以下有期徒刑或者拘役；致使国家利益遭受特别重大损失的，处3年以上7年以下有期徒刑。国有公司、企业、事业单位工作人员，徇私舞弊，犯本罪的，从重处罚。

十五、国有公司、企业、事业单位人员滥用职权罪

国有公司、企业、事业单位人员滥用职权罪，是指国有公司、企业、事业单位的工作人员，由于滥用职权，造成国有公司、企业破产或者严重损失，或者国有事业单位严重损失，致使国家利益遭受重大损失的行为。本罪的构成要件是：

1. 本罪的客体是国家对国有公司、企业、事业单位的管理制度。

2. 本罪的客观方面表现为行为人滥用职权，造成国有公司、企业破产或者严重损失，或者国有事业单位严重损失，致使国家利益遭受重大损失的行为。所谓滥用职权，是指行为人超越自己的职权或者不正确行使自己的职权。行为人滥用职权的行为必须造成了本单位的破产或者严重损失，并使国家利益遭受了重大损失，才能构成犯罪。

3. 本罪的主体是特殊主体，即国有公司、企业、事业单位的工作人员。

4. 本罪的主观方面表现为故意，即行为人明知自己滥用职权的行为会造成国家利益的重大损失，并且希望或者放任这种结果的发生。本罪主观方面的罪过特征是其与国有公司、企业、事业单位人员失职罪相区别的关键所在。

根据《刑法》第168条的规定，犯本罪的，处3年以下有期徒刑或者拘役；致使国家利益遭受特别重大损失的，处3年以上7年以下有期徒刑。国有公司、企业、事业单位工作人员，徇私舞弊，犯本罪的，从重处罚。

十六、徇私舞弊低价折股、出售国有资产罪

徇私舞弊低价折股、出售国有资产罪，是指国有公司、企业或者其上级主管部门直接负责的主管人员，徇私舞弊，将国有资产低价折股或者低价出售，致使国家利益遭受重大损失的行为。本罪的构成要件是：

1. 本罪的客体是国家对国有公司、企业的管理制度和国家对国有资产的所有权。

2. 本罪的客观方面表现为行为人徇私舞弊，将国有资产低价折股或者低价出售，

致使国家利益遭受重大损失的行为。“徇私舞弊”是指为私利、私情而违反国家关于公司、国有资产保护法规的规定，而在折股国有资产或出售国有资产时弄虚作假。“国有资产”是本罪的对象。国有资产，是指国家以各种形式对公司、企业投资和投资收益形成的财产，以及依法认定的公司、企业的国有财产或其他国有财产。“低价折股”是指在推行股份制中，将国有公司、企业的实物、工业产权、非专利技术、土地使用权压价折合为出资股份。“低价出售”是指以低于国有资产的实际价值而将其出卖。本罪为结果犯，即以行为人的行为使国家利益遭受重大损失为必需。

3. 本罪的主体为国有公司、企业的直接负责的主管人员或者其上级主管部门的直接负责的主管人员。这里强调的是国有公司、企业或者其上级主管部门的直接负责的主管人员，因此，国有公司、企业或者其上级主管部门的其他直接责任人员不能成为本罪的主体。

4. 本罪在主观方面表现为故意，且只能是直接故意，即行为人明知自己徇私舞弊，将国有资产低价折股或者低价出售，会使国家利益遭受重大损失，并且希望这种结果发生。

根据《刑法》第 169 条的规定，犯本罪的，处 3 年以下有期徒刑或者拘役；使国家利益遭受特别重大损失的，处 3 年以上 7 年以下有期徒刑。

十七、背信损害上市公司利益罪

背信损害上市公司利益罪，是指上市公司的董事、监事、高级管理人员违背对公司的忠实义务，利用职务便利，操纵上市公司从事一定的行为，致使上市公司遭受重大损失的行为。本罪的构成要件是：

1. 本罪的客体是上市公司的管理制度和经济利益。

2. 本罪的客观方面表现为行为人违背对公司的忠实义务，利用职务便利，操纵上市公司从事一定的活动，致使上市公司遭受重大损失的行为。具体包括以下内容：(1) 行为人违背了对公司的忠实义务。根据《公司法》第 148 条的规定，上市公司的董事、监事、高级管理人员对公司负有忠实和勤勉义务。这意味着具有上述身份的公司人员必须心系公司，兢兢业业地为公司的利益工作。违背对公司的忠实义务，就意味着对公司利益的出卖。(2) 利用职务便利，操纵公司从事一定的活动。具体表现为：其一，无偿向其他单位或者个人提供资金、商品、服务或者其他资产；其二，以明显不公平的条件，提供或者接受资金、商品、服务或者其他资产；其三，向明显不具有清偿能力的单位或者个人提供资金、商品、服务或者其他资产；其四，为明显不具有清偿能力的单位或者个人提供担保，或者无正当理由为其他单位或者个人提供担保；其五，无正当理由放弃债权、承担债务；其六，采用其他方式损害上市公司的利益。行为人实施上述行为之一或者同时实施几种或者全部行为的，都可构成本罪。(3) 致使公司利益遭受重大损失。

3. 本罪的主体是特殊主体，即只能由公司的董事、监事、高级管理人员构成。上市公司的控股股东或者实际控制人，指使上市公司董事、监事、高级管理人员实施上述损害公司行为的，亦构成本罪，即与被指使的上市公司董事、监事、高级管理人员构成共同犯罪。当上市公司的控股股东或者实际控制人是单位时，单位也可成为本罪的主体。

4. 本罪的主观方面表现为故意，即行为人明知自己违背对公司的忠实义务、利用职务便利操纵公司所从事的行为会发生损害公司利益的后果，并且希望或者放任这种后果的发生。

根据《刑法》第169条之一的规定，犯本罪的，处3年以下有期徒刑或者拘役，并处或者单处罚金；致使上市公司利益遭受特别重大损失的，处3年以上7年以下有期徒刑，并处罚金。单位犯本罪的，对单位判处罚金，并对其直接负责的主管人员和其他直接责任人员依照上述法定刑处罚。

第五节 破坏金融管理秩序罪

一、伪造货币罪

（一）伪造货币罪的概念和构成

伪造货币罪，是指行为人仿照我国货币或者外国货币的图案、形状、色彩、文字、面额，非法制造假货币，并意图进入流通的行为。本罪的构成要件是：

1. 本罪侵犯的客体是国家的货币管理秩序。货币管理秩序是金融管理秩序的重要组成部分，任何国家只有对货币的发行和流通实行严格的控制和管理，才能维护正常的金融秩序，保证经济贸易的顺利进行。“货币”是指流通的人民币（含普通纪念币、贵金属纪念币）、港元、澳门元、新台币和流通的其他国家及地区的法定货币。

2. 本罪在客观方面表现为仿照我国货币或者外国货币的图案、形状、色彩、文字、面额，非法制造假货币的行为。伪造货币的方法很多，通常有复印、影印、拓印、制版、描绘等，但无论采用何种方法非法制造货币，均不影响本罪的成立。一般说来，伪造货币应当在外观或形式上能够达到与真货币基本相似的程度，足以以假乱真，使普通人误认为是真货币。如果行为人制造出来的货币完全不可能使一般人误认为是真货币，是不可能成立伪造货币罪的。但是，伪造的货币不要求与真货币达到完全相同的程度，也无须达到足以欺骗专业人士的程度，只要伪造的货币所反映的外部特征足以使一般人误认为是真货币即成立伪造货币行为。同时采用伪造和变造手段，制造真伪拼凑货币的行为，以伪造货币罪论处。

伪造货币是一种破坏货币管理秩序的犯罪行为，只有仿照真货币而进行伪造才可能对货币管理秩序造成破坏。如果行为人自行设计出一种并不存在的货币如200元人民币，并不会侵犯到正在流通的人民币的管理秩序。如果行为人伪造出并不实际存在的货币而骗取他人财物，属于虚构事实、隐瞒真相的诈骗行为，符合诈骗罪条件的，可以诈骗罪论处。同样，以使用为目的，伪造停止流通的货币，或者使用伪造的停止流通的货币的，也以诈骗罪论处。

3. 本罪的主体是年满16周岁、具有刑事责任能力的自然人，包括中国人和外国人。单位不能成为本罪的主体。

4. 本罪在主观上是故意，不论是直接故意还是间接故意均可构成本罪。一般应有意图进入流通的目的。

（二）伪造货币罪的认定

在认定伪造货币罪时，应当注意以下问题：

1. 本罪与非罪行为的界限

《刑法》第170条对伪造货币罪未作数额上的限制，能否因此认为只要行为人实施了伪造货币的行为，无论数量多少、情节如何都应该以伪造货币罪论处。根据《追诉标准（二）》的规定，伪造货币，总面额在2 000元以上或者币量在200张（枚）以上的，应予追诉。因此，伪造货币尚未达到司法解释规定的犯罪数额或数量的，一般不作为犯罪。货币面额应当以人民币计算。根据2010年11月3日最高人民法院施行的《关于审理伪造货币等案件具体应用法律若干问题的解释（二）》的规定，假境外货币犯罪的数额，按照案发当日中国外汇交易中心或者中国人民银行授权机构公布的人民币对该货币的中间价折合成人民币计算。中国外汇交易中心或者中国人民银行授权机构未公布汇率中间价的境外货币，按照案发当日境内银行人民币对该货币的中间价折算成人民币，或者该货币在境内银行、国际外汇市场对美元汇率，与人民币对美元汇率中间价进行套算。假普通纪念币犯罪的数额，也以面额计算；假贵金属纪念币犯罪的数额，以贵金属纪念币的初始发售价格计算。而对于币量多少的规定，外币与人民币是同等适用的。行为人伪造货币的数额或者数量达到上述标准的，构成犯罪，否则，属于一般违法行为。

2. 本罪的既遂与未遂

由于本罪属行为犯，理论上一般认为行为犯的既遂应以行为的完成为标志。就伪造货币罪而言，只要实施假币制造行为达到一定程度，就齐备了本罪的构成要件，达到既遂。如果行为人已经着手实施伪造货币的行为，由于意志以外的原因而未能达到行为完成的，就属于犯罪的未遂。2001年1月21日发布的《全国法院审理金融犯罪案件工作座谈会纪要》认为，只要行为人实施了伪造行为，不论是否完成全部印制程序，即构成伪造货币罪；对于尚未制造出来成品，无法计算伪造、销售假币面额的，不认定犯罪数额，依照犯罪情节决定刑罚。而对于制造货币版样或者为他人伪造货币提供版样的，也可定罪处罚。

3. 本罪中的罪数问题

行为人伪造货币的目的通常是在社会上出售或使用，因此伪造货币又持有、使用、运输、出售自己伪造的货币，属于吸收犯，只以伪造货币罪一罪从重处罚，不能实行数罪并罚。如果行为人既伪造了货币，又持有、使用、运输、出售他人伪造的货币，应按伪造货币罪和有关犯罪实行数罪并罚。

（三）伪造货币罪的处罚

根据《刑法》第170条的规定，犯本罪的，处3年以上10年以下有期徒刑，并处罚金；有下列情形之一的，处10年以上有期徒刑或者无期徒刑，并处罚金或者没收财产：（1）伪造货币集团的首要分子；（2）伪造货币数额特别巨大的；（3）有其他特别严重情节的。所谓“伪造货币数额特别巨大”，是指伪造货币的总面额在3万元以上的情形。

二、出售、购买、运输假币罪

出售、购买、运输假币罪，是指出售、购买伪造的货币，或者明知是伪造的货币而予以运输，数额较大的行为。本罪的构成要件是：

1. 本罪侵犯的客体是国家的货币管理秩序。犯罪对象仅指伪造的货币，不包括变造的货币。

2. 本罪在客观上表现为出售、购买、运输伪造的货币，数额较大。出售，是指将本人持有的伪造的货币有偿地转让给他人。购买，是指将他人持有的伪造的货币予以收购。运输，是指将伪造的货币从一地运送至另外一地的行为，其运输的方式，法律未作具体规定，因而无论是使用特殊的运输工具，还是在其他物品中夹带，抑或是由人直接携带、通过邮寄等，均可成为运输的具体方式。运输的空间范围以不超过国（边）境线为限，跨境运输的，构成走私假币行为。本罪法定的行为方式有三种：即出售、购买、运输。其三种行为方式属并列择一式，只要实施了其中的一种行为，就构成本罪。数额较大是本罪的构成要件，也是区分罪与非罪界限的重要标准。根据《追诉标准（二）》的规定，出售、购买伪造的货币或者明知是伪造的货币而运输，总面额在4 000元以上或者币量在400张（枚）以上的，应予立案追诉。在出售假币时被抓获的，除现场查获的假币应认定为出售假币的数额外，现场之外在行为人住所或者其他藏匿地查获的假币，也应认定为出售假币的数额。如果出售、购买、运输伪造的货币，尚未达到数额较大，则不构成犯罪，只能按一般违法行为处理。

3. 本罪的主体是一般主体，即年满16周岁、具有刑事责任能力的自然人，但金融工作人员购买假币不构成本罪。

4. 本罪在主观上是故意，即明知是假币而出售、购买或者运输。《刑法》第171条对罪状的表述为“出售、购买伪造的货币或者明知是伪造的货币而运输”。这从表面上看出售、购买与运输在主观要求上有所区别，但其实根据刑法总则关于故意犯罪的规定，无论是运输还是出售、购买行为要构成犯罪，都须以明知是假币为前提。因为出售、购买假币要构成犯罪，在主观上须出于故意是不言而喻的，而运输假币的情况较为复杂。运输的法律关系一般包括三方主体：托运人、承运人和接收人。承运人的主要义务是按期将货物运送到指定的地点。在一般情况下，如果托运人没有如实向承运人告知所运货物的情况下，承运人也就无法得知货物的真实情况。这种因受蒙骗而不知运输的货物是伪造的货币情形也较为常见。刑法为了防止客观归罪，便对运输行为作出“明知”的注意规定，这种注意规定并不意味着出售、购买行为构成犯罪可不以明知为要件。

根据《刑法》第171条第1款的规定，犯本罪的，处3年以下有期徒刑或者拘役，并处2万元以上20万元以下罚金；数额巨大的，处3年以上10年以下有期徒刑，并处5万元以上50万元以下罚金；数额特别巨大的，处10年以上有期徒刑或者无期徒刑，并处5万元以上50万元以下罚金或者没收财产。其中，总面额5万元以上不满20万元的，属于“数额巨大”，总面额在20万元以上的，属于“数额特别巨大”。

三、金融工作人员购买假币、以假币换取货币罪

金融工作人员购买假币、以假币换取货币罪，是指金融机构的工作人员购买假币或者利用职务上的便利，以伪造的货币换取真币的行为。本罪的构成要件是：

1. 本罪侵犯的客体是国家的货币管理秩序。

2. 本罪在客观上表现为金融机构的工作人员购买假币或者利用职务上的便利，以伪造的货币换取真币的行为。本罪的客观行为有两种表现：一是购买伪造的货币；二是利用职务上的便利，以伪造的货币换取真币。所谓利用职务上的便利，是指利用本人因职务而经手、管理货币的便利的条件。如果行为人本人并不管理、经手货币业务，而是利用了其他从事管理、经手货币的工作人员不注意，趁机以伪造的货币换取真币，这种情况不能认定为本罪，而应以盗窃罪论处。这里的“以伪造的货币换取货币”，既可以是为自己换取，也可以是为他人换取。上述两种行为，只要行为人实施了其中一种行为即构成本罪。《刑法》第171条第2款并没有规定本罪的起刑数额，但并不意味着只要金融机构工作人员实施了购买伪造的货币或者以假币换取货币的行为，而无论数额多少，都一律构成犯罪。根据《追诉标准（二）》的规定，银行或者其他金融机构的工作人员购买伪造的货币或者利用职务上的便利，以伪造的货币换取货币，总面额在2 000元以上或者币量在200张（枚）以上的，应予立案追诉。

3. 本罪的主体是特殊主体，仅限于银行和其他金融机构工作人员。

4. 本罪在主观上表现为故意，即行为人是明知而故犯。如果金融工作人员在进行业务往来中，由于过失而发生上述行为，则不能构成犯罪。

根据《刑法》第171条第2款的规定，犯金融工作人员购买假币、以假币换取货币罪的，处3年以上10年以下有期徒刑，并处2万元以上20万元以下罚金；数额巨大或者有其他严重情节的，处10年以上有期徒刑或者无期徒刑，并处2万元以上20万元以下罚金或者没收财产；情节较轻的，处3年以下有期徒刑或者拘役，并处或者单处1万元以上10万元以下罚金。其中，总面额在5万元以上或者币量在5 000张（枚）以上的，属于“数额巨大”，总面额不满人民币4 000元或者币量不足400张（枚）的，属于“情节较轻”。

四、持有、使用假币罪

（一）持有、使用假币罪的概念和构成

持有、使用假币罪，是指持有、使用假币，数额较大的行为。本罪的构成要件是：

1. 本罪侵犯的客体是国家的货币管理秩序。

2. 本罪在客观上表现为持有、使用假币，数额较大的行为。本罪中的“持有”概念是广义的，是指行为人将伪造的货币实际置于自己的支配和控制之下的一种持续性状态的行为，一般表现为携带于身边或藏放于某处或委托他人保管。持有假币罪，只有在无法证明伪造的货币的真实来源和去向时才予以论处。若有证据证明伪造的货币

之真实来源和性质时，就不能以本罪论处。如系伪造货币后持有，则构成伪造货币罪；如为出售假币而持有，则以出售假币罪论处。最高人民法院印发的《全国法院审理金融犯罪案件工作座谈会纪要》指出，明知是伪造的货币而持有，数额较大，根据现有证据不能认定行为人是为了进行其他假币犯罪的，以持有假币罪定罪处罚。如果有证据证明其持有的假币已构成其他假币犯罪的，应当以其他假币犯罪定罪处罚。所谓“使用”，是指将伪造的货币投入流通领域，作为一种支付手段而购买商品或者接受服务等。持有、使用伪造的货币只有数额较大的才构成本罪。根据《追诉标准（二）》的规定，持有、使用假币总面额 4 000 元以上或者币量在 400 张（枚）以上的，应予立案追诉。

3. 本罪的主体是一般主体，即年满 16 周岁、具有刑事责任能力的自然人。

4. 本罪在主观上表现为故意，即行为人明知是假币仍持有、使用。如果行为人不知是假币误收后持有，或受骗为他人携带、保管假币，或不知是假币误收后又使用，均不能构成本罪。

（二）持有、使用假币罪的认定

认定本罪，应当注意以下问题：

1. 使用假币罪与出售假币罪的界限

通常情况下，使用假币与出售假币都有交易的性质，所以这两种行为有时难以区分。使用假币具有欺诈性，它是在对方不知是假币的情形下，以伪造的货币冒充真货币来骗取财物或其他利益。而出售假币，则是在对方知道是假币的前提下，通常以低于假币票面额的价格进行交易，不存在欺诈性。对于行为人用伪造的货币（如假美元）与他人进行黑市交易来换成另一种货币（如人民币），由于对方通常是明知的，应以出售假币罪处理。如果对方不知是假币，则可以使用假币罪处理。

2. 使用假币罪与诈骗罪的界限

使用假币罪与诈骗罪有相似之处，两者在客观要件上都具有欺骗的性质。使用假币罪是将假币冒充真正的货币，欺骗对方而向他人行使；而诈骗罪在客观要件上也表现为隐瞒真相、虚构事实，骗取他人财物。两罪的不同之处是：(1) 侵犯的客体不同。前者的犯罪客体是货币的流通管理秩序，后者的犯罪客体是他人的财产所有权。(2) 使用假币行为不一定使相对人受到财产损害，如行为人出于进入流通意图而无偿赠与他人，受赠人并未受到任何财产损失，而诈骗罪既遂后，必然使他人的财产受到损失。

在司法实践中，明知假币而使用，应该认为诈骗行为是吸收在使用假币罪之中的。因为行为人在将假币交付他人时，其使用假币的同时必然伴随着欺骗行为。对此，应当按照特殊法条优于普通法条的法条竞合原则，直接以本罪论处。

3. 本罪中的罪数问题

行为人购买假币后使用，系吸收犯，依照《刑法》第 171 条的规定以购买假币罪定罪，从重处罚。行为人出售、运输假币构成犯罪，同时有使用假币行为的，并无吸收关系，依照《刑法》第 171、172 条的规定，实行数罪并罚。

（三）持有、使用假币罪的处罚

根据《刑法》第 172 条的规定，犯本罪的，处 3 年以下有期徒刑或者拘役，并处或者单处 1 万元以上 10 万元以下罚金；数额巨大的，处 3 年以上 10 年以下有期徒刑，并处2万元以上20万元以下罚金；数额特别巨大的，处10年以上有期徒刑，并处5万元以上50万元以下罚金或者没收财产。其中，总面额5万元以上不满20万元的，属于“数额巨大”，总面额在20万元以上的，属于“数额特别巨大”。

五、变造货币罪

变造货币罪，是指行为人对真实的货币，通过剪贴、挖补、揭层、涂改、移位、重印等方法加工处理，改变真币形态、价值，数额较大的行为。本罪的构成要件是：

1. 本罪侵犯的客体是国家的货币管理秩序。犯罪对象是真的货币，包括人民币和可在我国国内市场流通或者兑换的境外货币。

2. 本罪在客观上表现为行为人对真实的货币，通过剪贴、挖补、揭层、涂改、移位、重印等方法加工处理，改变真币形态、价值，数额较大的行为。变造一般表现为将货币面额增加，如将50元的真货币变造为100元的货币。在许多国家，伪造与变造货币属于同一犯罪，法定刑相同，故刑法理论并不严格区分伪造与变造。但我国刑法将伪造与变造货币的行为规定为不同的犯罪，不仅构成要件不同，法定刑相差较大，而且在有的货币犯罪中，法律明确规定对象只限于伪造的货币，不包括变造。因此，伪造与变造需要严格区分。变造货币的对象本身是真实的，是一种“从少到多”的行为，是在有票面价值的基础上通过非法手段扩大、增加其票面的价值；而伪造货币的对象本身就是虚假的，是一种“从无到有”的行为，通过非法的行为凭空制造“新货币”。变造货币数额较大的才构成犯罪。根据《追诉标准（二）》的规定，变造货币总面额在2 000元以上或者币量在200张（枚）以上的，应予立案追诉。

3. 本罪的主体是一般主体，即年满16周岁、具有刑事责任能力的自然人。

4. 本罪在主观上表现为故意，并且具有使变造的货币进入流通的意图。如果行为人变造货币不是为了流通，而是为了显示自己的本事或好玩，就不能按犯罪处理。

根据《刑法》第173条的规定，犯本罪的，处3年以下有期徒刑或者拘役，并处或者单处1万元以上10万元以下罚金；数额巨大的，处3年以上10年以下有期徒刑，并处2万元以上20万元以下罚金。其中，总面额3万元以上的，属于“数额巨大”。

六、擅自设立金融机构罪

擅自设立金融机构罪，是指未经国家有关主管部门批准，擅自设立商业银行、证券交易所、期货交易所、证券公司、期货经纪公司、保险公司或者其他金融机构的行为。本罪的构成要件是：

1. 本罪侵犯的客体是国家关于金融机构设立的管理秩序。

2. 本罪在客观上表现为未经国家有关主管部门批准，擅自设立商业银行、证券交易所、期货交易所、证券公司、期货经纪公司、保险公司或者其他金融机构的行为。本罪的擅自设立行为有两种表现形式：一是未向国家有关主管部门提出申请而设立金融机构；二是虽然向国家有关主管部门提出过申请，但在经审查未获批准的情况下而成立金融机构。擅自设立的金融机构包括金融机构的分支机构与筹备组织。

3. 本罪的主体是一般主体，既包括自然人，也包括单位。

4. 本罪在主观上表现为故意且为直接故意。

根据《刑法》第174条的规定，犯本罪的，处3年以下有期徒刑或者拘役，并处或者单处2万元以上20万元以下罚金；情节严重的，处3年以上10年以下有期徒刑，并处5万元以上50万元以下罚金。单位犯本罪的，对单位判处罚金，并对其直接负责的主管人员和其他直接责任人员，依照上述规定处罚。

七、伪造、变造、转让金融机构经营许可证、批准文件罪

伪造、变造、转让金融机构经营许可证、批准文件罪，是指伪造、变造、转让商业银行、证券交易所、期货交易所、证券公司、期货经纪公司、保险公司或者其他金融机构的经营许可证或者批准文件的行为。本罪的构成要件是：

1. 本罪侵犯的客体是国家对金融机构经营许可证、批准文件的管理秩序。

2. 本罪在客观上表现为伪造、变造、转让商业银行、证券交易所、期货交易所、证券公司、期货经纪公司、保险公司或者其他金融机构的经营许可证或者批准文件的行为。金融机构经营许可证，包括金融机构法人许可证、金融机构营业许可证等。伪造，是指没有制作、发放权的人，仿照真实的金融机构经营许可证或者批准文件的特征，擅自制造金融机构经营许可证或者批准文件。所谓变造，是指采用各种手段对真实的金融机构经营许可证或者批准文件进行加工改制的行为，例如变更经营范围、变更有效期限等。所谓转让，是指行为人将真实有效的金融机构经营许可证或者批准文件有偿或者无偿地让与他人，包括出租、出借、出卖等行为。

3. 本罪的主体是一般主体，包括自然人和单位。

4. 本罪在主观上表现为故意。

根据《刑法》第174条的规定，犯本罪的，处3年以下有期徒刑或者拘役，并处或者单处2万元以上20万元以下罚金；情节严重的，处3年以上10年以下有期徒刑，并处5万元以上50万元以下罚金。单位犯本罪的，对单位判处罚金，并对其直接负责的主管人员和其他直接责任人员，依照上述规定处罚。

八、高利转贷罪

（一）高利转贷罪的概念和构成

高利转贷罪，是指以转贷牟利为目的，套取金融机构信贷资金高利转贷他人，违法所得数额较大的行为。本罪的构成要件是：

1. 本罪侵犯的客体是国家的信贷资金管理秩序。根据中国人民银行发布的《贷款通则》规定，不得套取贷款用于借贷牟取非法收入。高利转贷信贷资金的行为，直接破坏了金融机构依法开展贷款业务的正常活动。

2. 本罪在客观上表现为套取金融机构信贷资金高利转贷他人，违法所得数额较大的行为。所谓“信贷资金”，是指金融机构能够依法运用来自社会公众的储蓄和企业存款等资金，经严格审批后，用于公司、企业、事业单位和个人的政策性贷款和商业贷

款。所谓“套取”，是指行为人在不符合贷款条件的前提下，以虚假的贷款理由或者贷款条件，向金融机构申请贷款，并且获取由正常程序无法取得的贷款。所谓“高利转贷他人”，是指行为人在取得信贷资金后，又以高于银行或金融机构根据中国人民银行的利率规定而确定的同期贷款利率，再将取得的信贷资金转贷给他人，从中牟取非法利益。本罪在客观上要求以“数额较大”作为构成要件。根据《追诉标准（二）》的规定，高利转贷，涉嫌下列情形之一的，应予立案追诉：（1）高利转贷，违法所得数额在10万元以上的；（2）虽未达到上述数额标准，但两年内因高利转贷受过行政处罚2次以上，又高利转贷的。

3. 本罪的主体是一般主体，包括自然人和单位。

4. 本罪在主观上表现为故意，并且具有转贷牟利的目的。

（二）高利转贷罪的认定

认定本罪时，应注意两个问题：

1. 本罪与非罪行为的界限

可从以下三方面把握：（1）是否有转贷牟利的目的。如果行为人只是受人委托，以自己的名义向金融机构贷款，再借给他人使用，没有从中获利，就不能构成本罪。（2）转贷他人的资金是否为从金融机构套取的信贷资金。如果行为人只是把自己剩余的资金借给他人，或者虽收取了高利，但所转贷的并非金融机构信贷资金，不能构成本罪。行为人套取金融机构信贷资金后，表面上将该部分资金用于生产经营，但将自有资金高利借贷给他人，违法所得数额较大的，应认定为本罪；行为人套取金融机构的信贷资金，高利借贷给名义上有合资、合作关系但实际上并不参与经营的企业，违法所得数额较大的，也应认定为本罪。（3）违法所得数额是否较大。如果违法所得数额不大，不作为犯罪处理，可以给予行政处罚。

2. 本罪的既遂与未遂

司法实践中，一些个人或单位从金融机构套取了大量的信贷资金，并且将信贷资金以高于原利率的利率转贷给他人，按照其转贷的利率，行为人必将获得数额较大的违法收入，但在他人还未偿还本息时就被有关部门发现，致使其未能获得违法收入的。对于这种情况，应按本罪的未遂处理。对于已经获得了数额较大的违法收入的，则按本罪的既遂处理。

（三）高利转贷罪的处罚

根据《刑法》第175条的规定，犯本罪的，处3年以下有期徒刑或者拘役，并处违法所得1倍以上5倍以下罚金；数额巨大的，处3年以上7年以下有期徒刑，并处违法所得1倍以上5倍以下罚金。单位犯本罪的，对单位判处罚金，并对其直接负责的主管人员和其他直接责任人员，处3年以下有期徒刑或者拘役。

九、骗取贷款、票据承兑、金融票证罪

骗取贷款、票据承兑、金融票证罪，是指行为人以欺骗手段取得银行或者其他金融机构贷款、票据承兑、信用证、保函等，给银行或者其他金融机构造成重大损失或者有其他严重情节的行为。本罪的构成要件是：

1. 本罪侵犯的客体是国家对贷款、票据承兑、金融票证的管理秩序。

2. 本罪在客观上表现为行为人以欺骗手段取得银行或者其他金融机构贷款、票据承兑、信用证、保函等，给银行或者其他金融机构造成重大损失或者有其他严重情节。这里的“欺骗手段”，主要是指在申请贷款、票据承兑、信用证、保函的过程中，存在着虚构事实、隐瞒真实情况的情形，如将还贷能力夸大、不具备申请信用证的条件而申请，等等。“贷款”，是银行或者其他金融机构通过一定的程序将资金附条件地借给单位和个人使用的一种金融活动。贷款主要有信用贷款、保证贷款、抵押贷款、质押贷款、住房公积金贷款等。“票据承兑”，是指本行作为付款人，根据承兑申请人（出票人）的申请，承诺对有效商业汇票按约定的日期向收款人或者被背书人无条件地支付汇票款的行为。信用证属于银行信用，现已成为国际贸易中的一种主要付款方式。根据这种结算方式的一般规定，买方先将货款交存银行，由银行开立信用证，通知异地卖方开户银行转告卖方，卖方按合同和信用证规定的条款发货，银行代为付款。保函包括投标保函、承包保函、还款担保、借款保函等，是银行或者其他金融机构为客户提供担保的最重要表现形式。本罪的成立在客观上还要求必须给银行或者其他金融机构造成重大损失或者有其他严重情节。根据《追诉标准（二）》的规定，骗取贷款、票据承兑、金融票证，涉嫌下列情形之一的，应予立案追诉：（1）以欺骗手段取得贷款、票据承兑、信用证、保函等，数额在100万元以上的；（2）以欺骗手段取得贷款、票据承兑、信用证、保函等，给银行或者其他金融机构造成直接经济损失数额在20万元以上的；（3）虽未达到上述数额标准，但多次以欺骗手段取得贷款、票据承兑、信用证、保函等的；（4）其他给银行或者其他金融机构造成重大损失或者有其他严重情节的情形。

3. 本罪的主体是一般主体，包括自然人和单位。

4. 本罪在主观上表现为故意，即存在骗用贷款、票据承兑、信用证、保函的故意。但不能出于非法占有贷款的目的，否则，构成贷款诈骗罪等其他犯罪。

根据《刑法》第175条之一的规定，犯本罪的，处3年以下有期徒刑或者拘役，并处或者单处罚金；给银行或者其他金融机构造成特别重大损失或者有其他特别严重情节的，处3年以上7年以下有期徒刑，并处罚金。单位犯本罪的，对单位判处罚金，并对其直接负责的主管人员和其他直接责任人员，依照上述规定处罚。

十、非法吸收公众存款罪

（一）非法吸收公众存款罪的概念和构成

非法吸收公众存款罪，是指违反国家金融管理法律、法规的规定，非法吸收公众存款或者变相吸收公众存款，扰乱金融秩序的行为。本罪的构成要件是：

1. 本罪侵犯的客体是国家对吸收公众存款的管理秩序。存款是银行的生命所在，银行只有吸收大量的社会闲散资金，才可以开展其他业务。根据金融法规的规定，只有银行或者经批准的其他金融机构才可以吸收社会资金作为存款。而非法吸收或者变相吸收公众存款，就是通过不正当手段，与银行等金融机构争夺社会闲散资金，扰乱金融秩序。

2. 本罪在客观上表现为违反国家金融管理法律规定，未经有关部门依法批准或者借用合法经营的形式吸收资金，通过媒体、推介会、传单、手机短信等途径向社会公开宣传，承诺在一定期限内以货币、实物、股权等方式还本付息或者给付回报，向社会公众（包括单位和个人）即社会不特定对象吸收资金，扰乱金融秩序的行为。具体表现为两种类型：非法吸收公众存款和变相吸收公众存款。根据2011年1月4日最高人民法院施行的《关于审理非法集资刑事案件具体应用法律若干问题的解释》（以下简称《非法集资解释》），目前司法实践中非法吸收公众存款罪的主要表现形式有：（1）不具有房产销售的真实内容或者不以房产销售为主要目的，以返本销售、售后包租、约定回购、销售房产份额等方式非法吸收资金的；（2）以转让林权并代为管护等方式非法吸收资金的；（3）以代种植（养殖）、租种植（养殖）、联合种植（养殖）等方式非法吸收资金的；（4）不具有销售商品、提供服务的真实内容或者不以销售商品、提供服务为主要目的，以商品回购、寄存代售等方式非法吸收资金的；（5）不具有发行股票、债券的真实内容，以虚假转让股权、发售虚构债券等方式非法吸收资金的；（6）不具有募集基金的真实内容，以假借境外基金、发售虚构基金等方式非法吸收资金的；（7）不具有销售保险的真实内容，以假冒保险公司、伪造保险单据等方式非法吸收资金的；（8）以投资入股的方式非法吸收资金的；（9）以委托理财的方式非法吸收资金的；（10）利用民间“会”、“社”等组织非法吸收资金的；（11）其他非法吸收资金的行为。所谓“变相吸收公众存款”，是指行为人不是以存款的名义而是以其他形式吸收公众资金，从而达到吸收公众存款的目的。所谓“公众存款”，是指社会上不特定的人群的储蓄。如果存款人是特定的少数人，如仅限于亲友或本单位人员，不构成本罪。

3. 本罪的主体是一般主体，包括自然人和单位。

4. 本罪在主观上表现为故意，且不要求将吸收的存款用于信贷的目的，但必须没有非法占有的目的，否则，不成立本罪。

（二）非法吸收公众存款罪的认定

认定本罪，应当注意如下问题：

1. 本罪与非罪行为的界限

多数学者认为本罪是行为犯，不是结果犯。非法吸收或者变相吸收公众存款的，要从非法吸收公众存款的数额、范围以及给存款人造成的损失等方面来判定扰乱金融秩序造成危害的程度。根据《非法集资解释》的规定，非法吸收或者变相吸收公众存款，具有下列情形之一的，应当依法追究刑事责任：（1）个人非法吸收或者变相吸收公众存款，数额在20万元以上的，单位非法吸收或者变相吸收公众存款，数额在100万元以上的；（2）个人非法吸收或者变相吸收公众存款对象30人以上的，单位非法吸收或者变相吸收公众存款对象150人以上的；（3）个人非法吸收或者变相吸收公众存款，给存款人造成直接经济损失数额在10万元以上的，单位非法吸收或者变相吸收公众存款，给存款人造成直接经济损失数额在50万元以上的；（4）造成恶劣社会影响或者其他严重后果的。非法吸收或者变相吸收公众存款的数额，以行为人所吸收的资金全额计算。案发前后已归还的数额，可以作为量刑情节酌情考虑。非法吸收或者变相吸收公众存款，主要用于正常的生产经营活动，能够及时清退所吸收资金，可以免予刑事处罚；情节显著轻微的，不作为犯罪处理。

2. 本罪与集资诈骗罪的界限

从表面上看，非法吸收公众存款罪与集资诈骗罪都有吸收公众存款的行为，主观方面的罪过形式都是故意，主体都是一般主体。但两者的区别关键在于：（1）主观目的不同。本罪的行为人并没有非法占有他人财物的目的，而是企图通过非法吸收公众存款来营利；而集资诈骗罪的行为人主观上具有非法占有他人财物的目的，目的是直接占有所募集的资金。（2）行为方式不同。本罪的行为方式是到期还本付息，具有存款或变相存款的形式；而集资诈骗罪则不会到期还本付息。因此，从犯罪人是否具有非法占有他人财物的目的可以比较容易地区分非法吸收公众存款罪与集资诈骗罪。特别要注意，在确定行为人的目的时不能“唯结果”定罪，不能认为发生了严重的结果，就认为是集资诈骗罪，未发生严重结果的，是非法吸收公众存款罪。

（三）非法吸收公众存款罪的处罚

根据《刑法》第 176 条的规定，犯本罪的，处 3 年以下有期徒刑或者拘役，并处或者单处 2 万元以上 20 万元以下罚金；数额巨大或者有其他严重情节的，处 3 年以上 10 年以下有期徒刑，并处 5 万元以上 50 万元以下罚金。其中，个人非法吸收或者变相吸收公众存款 100 万元以上，单位非法吸收或者变相吸收公众存款 500 万元以上的，属于“数额巨大”。

单位犯本罪的，对单位判处罚金，并对其直接负责的主管人员和其他直接责任人员，依照上述规定处罚。

十一、伪造、变造金融票证罪

伪造、变造金融票证罪，是指行为人违反金融票据管理法律、法规，仿照金融票据的式样、形状、色彩、文字等要素进行制作假的金融票据或者对真实的金融票据进行改制的行为。本罪的构成要件是：

1. 本罪侵犯的客体是国家的金融票证管理秩序。

2. 本罪在客观上表现为行为人违反金融票据管理法规，仿照金融票据的式样、形状、色彩、文字等要素进行制作假的金融票据或者对真实的金融票据进行改制的行为。本罪的犯罪对象范围有汇票、本票、支票，委托收款凭证、汇款凭证、银行存单等其他银行结算凭证，信用证或者附随的单据、文件，信用卡。汇票，是指由出票人签发的、委托付款人按约定的付款期限无条件地支付一定数额的钱款给予收款人或者持票人的票据凭证；本票，是指出票人签发的、约定自己在见票时无条件地支付已确定的钱款给予收款人或者持票人的票据凭证；支票，是指由出票人签发的、委托办理支票存款业务的银行或者其他金融机构在见票时无条件地支付已确定的钱款给予收款人或者持票人的票据凭证；委托收款凭证，是指收款人在委托银行或者其他金融机构向付款人收取钱款时所填写的票据凭证；汇款凭证，是指汇款人委托银行或者其他金融机构将款项汇往外地时所填写的票据凭证；银行存单，是指由储户向银行或者其他金融机构提交存款办理开户时，银行或者其他金融机构所签发的载有户名、账号、存款数额、存入日期、到期日期以及利率等内容，持票人凭存单到期领取钱款、银行或者其他金融机构见票时无条件地予以支付钱款的票据凭证；信用证，是指开证银行根据申请人的请求，签发给受益人的一种在其具备约定条件后，即可得到开证银行或者支付银行支付约定钱款的保证付款凭证；信用证附随的单据、文件，主要是指使用信用证时所要求必须同时附随的单据和其他证明文件；信用卡，是指银行或者信用卡发卡机构签发给客户用于购买商品、接受服务或者提取现金的凭证。根据刑法理论，伪造与变造属于本罪的选择性行为，只要具备行为之一的，即可构成本罪。同时具有两种行为，仍以一罪论处。根据《追诉标准（二）》的规定，伪造、变造金融票证，涉嫌下列情形之一的，应予立案追诉：（1）伪造、变造汇票、本票、支票，或者伪造、变造委托收款凭证、汇款凭证、银行存单等其他银行结算凭证，或者伪造、变造信用证或者附随的单据、文件，总面额在 1 万元以上或者数量在 10 张以上的；（2）伪造信用卡 1 张以上，或者伪造空白信用卡 10 张以上的。

3. 本罪的主体是一般主体，包括自然人和单位。

4. 本罪在主观上表现为故意，即行为人明知自己的行为是伪造、变造金融票证而予以实施。

根据《刑法》第 177 条的规定，犯本罪的，处 5 年以下有期徒刑或者拘役，并处或者单处 2 万元以上 20 万元以下罚金；情节严重的，处 5 年以上 10 年以下有期徒刑，并处 5 万元以上 50 万元以下罚金；情节特别严重的，处 10 年以上有期徒刑或者无期徒刑，并处 5 万元以上 50 万元以下罚金或者没收财产。

单位犯本罪的，对单位判处罚金，并对其直接负责的主管人员和其他直接责任人员，依照上述规定处罚。

十二、妨害信用卡管理罪

妨害信用卡管理罪，是指明知是伪造的信用卡而持有、运输，或者明知是伪造的空白信用卡而持有、运输，数量较大，以及非法持有他人信用卡，数量较大，或者使用虚假的身份证明骗领信用卡，或者出售、购买、为他人提供伪造的信用卡或者以虚假的身份证明骗领的信用卡的行为。本罪的构成要件是：

1. 本罪侵犯的客体是国家的信用卡管理秩序。

2. 本罪在客观上表现为将伪造的信用卡持有、运输，或者将伪造的空白信用卡持有、运输，数量较大，以及非法持有他人信用卡，数量较大，或者使用虚假的身份证明骗领信用卡，或者出售、购买、为他人提供伪造的信用卡或者以虚假的身份证明骗领的信用卡的行为。行为人持有、运输的对象有两种：一种是完成伪造的信用卡，指假冒某家商业银行或者其他金融机构的名义非法制作已经写入个人信用卡磁条信息的具有支付功能的信用卡。另一种是伪造的空白信用卡，指假冒某家商业银行或者其他金融机构的名义非法制作尚未写入个人信用卡磁条信息的还不具有支付功能的信用卡。后者是前者的必经阶段，前者是后者的最终目的，行为人只要持有、运输其中任何一种便可成立犯罪。由于伪造的空白信用卡毕竟处于半成品状态，尚不具有支付功能，其社会危害程度显然轻于伪造完毕的信用卡，故法律对持有、运输伪造的空白信用卡要求必须达到“数量较大”，才能成立犯罪。此外，法律对本罪没有规定“变造”行为，因为“变造”信用卡通常是指在过期卡、作废卡、盗窃卡和丢失卡等真实卡上修改关键信息，如重新压印卡号、有效期和姓名，甚至重写信用卡磁条信息；或者对非法获取的发卡行的空白信用卡进行凸印、写磁，使其成为完整的信用卡等。这种“变造”卡只是保留了原卡的表面形式，而其内容则与发卡行发行的真实信用卡大相径庭，实质上就是一张伪造的信用卡，所以应当按伪造信用卡定性。

“非法持有他人信用卡”是指非法持有经发卡行批准的只限持卡人本人使用的信用卡。因为按照国际信用卡组织和中国人民银行的规定，信用卡及其账户只限经发卡行批准的持卡人本人使用，不得提供、出租或者转借他人使用。持有他人信用卡的行为是非法的；构成犯罪，必须达到“数量较大”的要求。

“使用虚假的身份证明骗领信用卡”，是指行为人在办理信用卡申领手续时，使用虚假的身份证明骗取银行信任，获取信用卡的行为。如果申领人提供的身份证明文件是真实的，只是在自己的财产状况、工资收入等方面进行了夸大，以获取较高的信用卡授信额度，不属于“使用虚假的身份证明骗领信用卡”。但违背他人意愿，使用其居民身份证、军官证、士兵证、港澳居民往来内地通行证、台湾居民来往大陆通行证、护照等身份证明申领信用卡的，或者使用伪造、变造的身份证明申领信用卡的，应当认定为“使用虚假的身份证明骗领信用卡”。要注意，这种行为方式与“使用以虚假的身份证明骗领的信用卡”的区别。虽然两种行为方式只有两字之差，但却分别构成两个罪名。前者构成妨害信用卡管理罪，后者属于信用卡诈骗罪的客观构成要件之一，均由《刑法修正案（五）》所增列。

出售、购买、为他人提供伪造的信用卡或者以虚假的身份证明骗领的信用卡，是指行为人将伪造的信用卡或者以虚假的身份证明骗领的信用卡有偿地转让他人、予以购买或者提供给他人的行为。

以上四种妨害信用卡管理秩序的行为方式，可以单独实施，也可以结合进行，但是，只要实施其中的一种方式，即可构成本罪；如果同时实施了两种以上的行为，应当从重处罚，不可实行数罪并罚。对于持有型犯罪在认定时要注意，应当尽量查明信用卡的来源。如果能够证明行为人参与了伪造信用卡活动又实施上述行为的，应按照吸收原则，以伪造、变造金融票证罪（伪造信用卡行为）追究刑事责任；只有在确实无法查明其参与伪造的情况下，才能以本罪追究刑事责任。根据《追诉标准（二）》的规定，明知是伪造的空白信用卡而持有、运输，数量累计在10张以上的，非法持有他人信用卡，数量累计在5张以上，应予立案追诉。

3. 本罪的主体是一般主体，即年满16周岁以上、具有刑事责任能力的自然人。

4. 本罪在主观上表现为故意，并且必须是明知的。

根据《刑法》第177条之一第1款的规定，犯本罪的，处3年以下有期徒刑或者拘役，并处或者单处1万元以上10万元以下罚金；数量巨大或者有其他严重情节的，处3年以上10年以下有期徒刑，并处2万元以上20万元以下罚金。根据2009年12月16日最高人民法院、最高人民检察院施行的《关于办理妨害信用卡管理刑事案件具体应用法律若干问题的解释》（以下简称《妨害信用卡管理解释》）的规定，有下列情形之一的，应当认定为《刑法》第171条之一第1款规定的“数量巨大”：（1）明知是伪造的信用卡而持有、运输10张以上的；（2）明知是伪造的空白信用卡而持有、运输100张以上的；（3）非法持有他人信用卡50张以上的；（4）使用虚假的身份证明骗领信用卡10张以上的；（5）出售、购买、为他人提供伪造的信用卡或者以虚假的身份证明骗领的信用卡10张以上的。

十三、窃取、收买、非法提供信用卡信息罪

窃取、收买、非法提供信用卡信息罪，是指行为人采用秘密窃取、有偿收买或者非法提供他人信用卡信息资料的行为。本罪的构成要件是：

1. 本罪侵犯的客体是国家对信用卡信息资料的管理秩序。

2. 本罪在客观上表现为窃取、收买、非法提供他人信用卡信息资料的行为。在信用卡磁条上写入非法获取的他人信用卡磁条信息，是伪造信用卡最关键也是最后的环节。所谓信用卡磁条信息，是指一组关于发卡行代码、持卡人账户、账号、密码等内容的加密电子数据。通常由发卡行在发卡时使用专用设备写入信用卡的磁条中，作为POS机、ATM机等终端机识别用户是否合法的依据。没有这些信息，信用卡无法使用。因此，持卡人信用卡磁条信息便成为犯罪分子千方百计获取的目标。犯罪分子非法获取他人信用卡信息资料的方法主要有两种：一种是自行窃取，主要包括：（1）使用望远镜偷窥或在自动柜员机上安装摄像头偷录；（2）在自动柜员机上安装吞卡装置并张贴假的客户服务电话，在客户求助时骗取持卡人信息；（3）在银行的自助门禁系统安装假门禁系统，窃取信用卡磁条信息及密码；（4）电脑维护人员利用对银行系统电脑维护、测试之机，私自将信用卡交易数据复制截留，进行解密，破译客户信用卡磁条信息和取款密码等等。上述手段，主要是用来获取自设密码保护的借记卡的磁条或者芯片信息。另一种是收买他人。如收买特约商户收银员、金融机构工作人员，由这些人员暗中将盗码仪器与POS机连接，在他们受理信用卡业务之际，盗录他人信用卡磁条信息。在司法实践中，有的特约商户收银员见利忘义，向他人非法提供持卡人信用卡信息资料。这些都成为伪造信用卡犯罪分子获取信用卡磁条或者芯片信息的主要来源。根据《追诉标准（二）》的规定，窃取、收买或者非法提供他人信用卡信息资料，足以伪造可进行交易的信用卡，或者足以使他人以信用卡持卡人名义进行交易，涉及信用卡1张以上的，应予立案追诉。

3. 本罪的主体是一般主体，即年满16周岁以上、具有刑事责任能力的自然人。

4. 本罪在主观上表现为故意，即行为人明知是他人的信用卡信息资料而窃取、收买、非法提供。

根据《刑法》第177条之一第2款和第3款的规定，犯本罪的，处3年以下有期徒刑或者拘役，并处或者单处1万元以上10万元以下罚金；数量巨大或者有其他严重情节的，处3年以上10年以下有期徒刑，并处2万元以上20万元以下罚金。银行或者其他金融机构的工作人员利用职务上的便利，犯本罪的，从重处罚。其中，涉及信用卡5张以上的，属于“数量巨大”。

十四、伪造、变造国家有价证券罪

伪造、变造国家有价证券罪，是指伪造、变造国库券或者国家发行的其他有价证券，数额较大的行为。本罪的构成要件是：

1. 本罪侵犯的客体是国家的有价证券管理秩序。

2. 本罪在客观上表现为伪造、变造国库券或者国家发行的其他有价证券，数额较大的行为。本罪的犯罪对象包括国家发行的国库券或者其他有价证券。“国库券”，是指国家为了解决财政资金、建设资金不足而向社会发行的政府债券。国库券作为国家发行的一种有价证券，可以依法转让，可以作为财产进行抵押，可以上市交易。国库券的持券人在国库券设定的期限届满时，可以取得包括利息在内的相应货币。“其他有价证券”，是指国家面向全社会发行的、以人民币计算面值的、持券人凭券到期取得相应货币收入的凭证。其他有价证券的种类除国库券以外，包括国家重点建设债券、特种国家债券、保值公债券、财政债券、金融债券等等。根据有关规定，这些债券虽不能作为货币直接进入流通领域进行消费，但同样具有财产价值，可以依法转让，可以作为财产抵押，可以上市交易。国家发行的有价证券，都是以国家的信誉进行担保，其安全性、可靠性极高，且利率收入较高，免征个人调节税，深受社会公众的欢迎。为了加强国家有价证券的管理，国家专门制定了有关法规，严禁任何伪造、变造国家有价证券的行为。“伪造国家有价证券”的行为，是指仿照国家有价证券格式样式、图案、色彩、面额等形式，非法制作假的国家有价证券的行为。“变造国家有价证券”的行为，是指对真实的国家有价证券，通过挖剪、拼接、揭层、涂改等方式进行非法改造加工，使之增值的行为。伪造和变造是本罪两种选择性的行为，只要具有其中之一的行为，且达到数额较大的程度，即可构成犯罪。但同时具备两者行为的，仍只构成一罪。根据《追诉标准（二）》的规定，伪造、变造国家有价证券总面额 2 000 元以上的，应予立案追诉。

3. 本罪的主体是一般主体，包括自然人和单位。

4. 本罪在主观上表现为故意。

根据《刑法》第 178 条第 1 款和第 3 款的规定，犯本罪的，处 3 年以下有期徒刑或者拘役，并处或者单处 2 万元以上 20 万元以下罚金；数额巨大的，处 3 年以上 10 年以下有期徒刑，并处 5 万元以上 50 万元以下罚金；数额特别巨大的，处 10 年以上有期徒刑或者无期徒刑，并处 5 万元以上 50 万元以下罚金或者没收财产。单位犯本罪的，对单位判处罚金，并对其直接负责的主管人员和其他直接责任人员，依照上述规定处罚。

十五、伪造、变造股票、公司、企业债券罪

伪造、变造股票、公司、企业债券罪，是指伪造、变造股票或者公司、企业债券，数额较大的行为。本罪的构成要件是：

1. 本罪侵犯的客体是国家对股票、公司、企业债券的管理秩序。

2. 本罪在客观上表现为伪造、变造股票或者公司、企业债券，数额较大的行为。“股票”是指股份有限公司发给股东表明其入股股份，据以行使权利的凭证，是具有财产价值的有价证券。“公司、企业债券”是指公司、企业为了筹集发展资金而依法发行并承诺在规定的日期、按约定的利息还本付息、持券人凭券能够取得相应货币收入的凭证。股票和公司、企业债券也是一种有价证券，它们和国家有价证券的区别，主要

在于发行主体的不同。由于刑法已将股票和公司、企业债券与有价证券作为不同的犯罪对象分别规定，所以伪造、变造这一类有价证券已独立成为一罪。根据《追诉标准（二）》的规定，伪造、变造股票或者公司、企业债券总面额5 000元以上的，应予立案追诉。

3. 本罪的主体是一般主体，包括自然人和单位。

4. 本罪在主观上表现为故意。

根据《刑法》第178条第2款和第3款的规定，犯本罪的，处3年以下有期徒刑或者拘役，并处或者单处1万元以上10万元以下罚金；数额巨大的，处3年以上10年以下有期徒刑，并处2万元以上20万元以下罚金。单位犯本罪的，对单位判处罚金，并对其直接负责的主管人员和其他直接责任人员，依照上述规定处罚。

十六、擅自发行股票、公司、企业债券罪

擅自发行股票、公司、企业债券罪，是指未经国家有关主管部门批准，擅自发行股票或者公司、企业债券，数额巨大、后果严重或者有其他严重情节的行为。本罪的构成要件是：

1. 本罪侵犯的客体是国家对发行股票、公司、企业债券的管理秩序。

2. 本罪在客观上表现为未经国家有关主管部门批准，擅自发行股票或者公司、企业债券，数额巨大、后果严重或者有其他严重情节。擅自发行股票或者公司、企业债券行为，包括未经批准，不具有发行资格而擅自发行股票或者公司、企业债券和具有合法发行资格但违反《证券法》等法律法规规定发行股票或者公司、企业债券。主要表现为如下情形：（1）未经法定的机关核准或者审批，发行股票或者公司、企业债券的；（2）制作虚假的发行文件发行股票或者公司、企业债券的。根据《非法集资解释》的规定，未经国家有关主管部门批准，向社会不特定对象发行、以转让股权等方式变相发行股票或者公司、企业债券，或者向特定对象发行、变相发行股票或者公司、企业债券累计超过200人的，应当认定为“擅自发行股票、公司、企业债券”。构成本罪还必须具备数额巨大、后果严重或者具有其他严重情节的要求。根据《追诉标准（二）》的规定，未经国家有关主管部门批准，擅自发行股票或者公司、企业债券，涉嫌下列情形之一的，应予立案追诉：（1）发行数额在50万元以上的；（2）虽未达到上述数额标准，但擅自发行致使30人以上的投资者购买了股票或者公司、企业债券的；（3）不能及时清偿或者清退的；（4）其他后果严重或者有其他严重情节的情形。

3. 本罪的主体是一般主体，包括自然人和单位。但通常表现为单位，这是由股票，公司、企业债券发行人的资格决定的，但也不排除自然人未经批准和不具有发行资格而擅自发行的情况。

4. 本罪在主观上表现为故意。

根据《刑法》第179条的规定，犯本罪的，处5年以下有期徒刑或者拘役，并处或者单处非法募集资金金额1%以上5%以下罚金。单位犯本罪的，对单位判处罚金，并对其直接负责的主管人员和其他直接责任人员，处5年以下有期徒刑或者拘役。

十七、内幕交易、泄露内幕信息罪

内幕交易、泄露内幕信息罪，是指证券、期货交易内幕信息的知情人员或者非法获取证券、期货交易内幕信息的人员，在涉及证券的发行，证券、期货交易或者其他对证券、期货交易价格有重大影响的信息尚未公开前，买入或者卖出该证券，或者从事与该内幕信息有关的期货交易，或者泄露该信息，或者明示、暗示他人从事上述交易活动，情节严重的行为。本罪的构成要件是：

1. 本罪侵犯的客体是复杂客体，即国家对证券、期货市场的管理秩序和广大投资者的合法权益。

2. 本罪在客观上表现为在涉及证券的发行，证券、期货交易或者其他对证券、期货交易价格有重大影响的信息尚未公开前，买入或者卖出该证券，或者从事与该内幕信息有关的期货交易，或者泄露该信息，或者明示、暗示他人从事上述交易活动，情节严重的行为。本罪的行为方式包括：（1）在内幕信息尚未公开前，买入或卖出该种证券、期货合约，以获取非法利益或减少利益损失；（2）在内幕信息尚未公开前，泄露该信息使他人利用该信息买入或者卖出该种证券、期货合约；（3）在内幕信息尚未公开前，明示、暗示他人从事买入或卖出该种证券、期货合约。所谓“内幕信息”，是指为证券、期货交易内幕人员知悉的，尚未公开的而对证券、期货交易价格有重大影响的信息。内幕信息不包括运用公开的信息资料、对证券市场作出的预测和分析。2014 年修订的《证券法》第 75 条规定：“证券交易活动中，涉及公司的经营、财务或者对该公司证券的市场价格有重大影响的尚未公开的信息，为内幕信息。下列信息皆属内幕信息：（一）本法第六十七条第二款所列重大事件；（二）公司分配股利或者增资的计划；（三）公司股权结构的重大变化；（四）公司债务担保的重大变化；（五）公司营业用主要资产的抵押、出售或者报废一次超过该资产的百分之三十；（六）公司的董事、监事、高级管理人员的行为可能依法承担重大损害赔偿责任；（七）上市公司收购的有关方案；（八）国务院证券监督管理机构认定的对证券交易价格有显著影响的其他重要信息。”成立本罪，还必须具备“情节严重”的条件。根据 2012 年 3 月《关于办理内幕交易、泄露内幕信息刑事案件具体应用法律若干问题的解释》第 6 条的规定，从事内幕交易、泄露内幕信息活动，具有下列情形之一的，应当认定为“情节严重”：（1）证券交易成交额累计在 50 万元以上的；（2）期货交易占用保证金数额累计在 30 万元以上的；（3）获利或者避免损失数额累计在 15 万元以上的；（4）3 次以上进行内幕交易、泄露内幕信息的；（5）具有其他严重情节的。

3. 本罪的主体是特殊主体，即证券、期货交易内幕信息的知情人员或单位，以及非法获取证券、期货交易内幕信息的其他人员或单位。知悉证券、期货交易内幕信息的知情人员，简称内幕人员。我国《刑法》第 180 条第 3 款规定，证券、期货交易内幕信息的知情人员的范围，依照法律、行政法规的规定确定。根据《证券法》第 74 条规定，证券交易内幕信息的知情人包括：（1）发行人的董事、监事、高级管理人员；（2）持有公司 5%以上股份的股东及其董事、监事、高级管理人员，公司的实际控制人及其董事、监事、高级管理人员；（3）发行人控股的公司及其董事、监事、高级管理人员；(4) 由于所任公司职务可以获取公司有关内幕信息的人员；(5) 证券监督管理机构工作人员以及由于法定职责对证券的发行、交易进行管理的其他人员；(6) 保荐人、承销的证券公司、证券交易所、证券登记结算机构、证券服务机构的有关人员；(7) 国务院证券监督管理机构规定的其他人。非法获取证券、期货交易内幕信息的人员，是指内幕人员以外的以窃取、骗取、刺探或者收买等方法获取证券、期货交易内幕信息的人员。因为任何人都可能通过非法手段来获取内幕信息，故有观点认为，这类犯罪主体可谓一般主体。[①] 我们认为，本罪的主体仍是特殊主体。因为评定某一个罪的主体是否为特殊主体只能以实施该种犯罪时是否需要特殊身份为标准，而不能以取得特定身份前的一般主体状态作为标准。固然，任何人都可能非法获取内幕信息，但就实施内幕交易和泄露内幕信息行为时而言，行为人已具有了知悉内幕信息的身份，不再属于一般主体了，所以，本罪的主体属于特殊主体。此外，单位也可以成为本罪主体。

4. 本罪在主观上表现为故意。

根据《刑法》第180条第1、2款的规定，犯本罪的，处5年以下有期徒刑或者拘役，并处或者单处违法所得1倍以上5倍以下罚金；情节特别严重的，处5年以上10年以下有期徒刑，并处违法所得1倍以上5倍以下罚金。单位犯本罪的，对单位判处罚金，并对其直接负责的主管人员和其他直接责任人员，处5年以下有期徒刑或者拘役。

十八、利用未公开信息交易罪

利用未公开信息交易罪，是指证券交易所、期货交易所、证券公司、期货经纪公司、基金管理公司、商业银行、保险公司等金融机构的从业人员以及有关监管部门或者行业协会的工作人员，利用因职务便利获取的内幕信息以外的其他未公开的信息，违反规定，从事与该信息相关的证券、期货交易活动，或者明示、暗示他人从事相关交易活动，情节严重的行为。本罪的构成要件是：

1. 本罪侵犯的客体是复杂客体，即国家对证券、期货及证券投资基金市场的管理秩序和广大投资者的合法权益。

2. 本罪在客观上表现为行为人利用因职务便利获取的内幕信息以外的其他未公开的信息，违反规定，从事与该信息相关的证券、期货交易活动，或者明示、暗示他人从事相关交易活动，情节严重的行为。本罪的行为方式包括：(1) 利用内幕信息以外的其他未公开的信息，违反规定，从事与该信息相关的证券、期货交易活动；(2) 利用内幕信息以外的其他未公开的信息，违反规定，明示、暗示他人从事相关交易活动。本罪与内幕交易、泄露内幕信息罪的主要区别在于利用的信息内容有所不同。本罪所利用的信息是《证券法》所规定的内幕信息以外的其他未公开的信息，如证券投资基金从业人员利用管理基金过程掌握的基金资金、基金份额的信息，因此，本罪比较典型的犯罪是基金“老鼠仓”行为。而内幕交易、泄露内幕信息罪所利用的信息必须是

---

① 参见张明楷：《刑法学》，2版，619页，北京，法律出版社，2003。

《证券法》明确规定的内幕信息，否则，即使行为人利用的信息未曾公开，也不属于《证券法》意义上的内幕信息。构成本罪，还必须具备“情节严重”的条件。根据《追诉标准（二）》的规定，利用未公开交易信息，涉嫌下列情形之一的，应予立案追诉：（1）证券交易成交额累计在50万元以上的；（2）期货交易占用保证金数额累计在30万元以上的；（3）获利或者避免损失数额累计在15万元以上的；（4）多次利用内幕信息以外的其他未公开信息进行交易活动的；（5）其他情节严重的情形。

3. 本罪的主体是特殊主体。即证券交易所、期货交易所、证券公司、期货经纪公司、基金管理公司、商业银行、保险公司等金融机构的从业人员以及有关监管部门或者行业协会的工作人员。本罪只能由自然人构成，单位不能成为本罪主体，这也是本罪与内幕交易、泄露内幕信息罪的又一区别。

4. 本罪在主观上表现为故意。

根据《刑法》第180条第4款的规定，犯本罪的，处5年以下有期徒刑或者拘役，并处或者单处违法所得1倍以上5倍以下罚金；情节特别严重的，处5年以上10年以下有期徒刑，并处违法所得1倍以上5倍以下罚金。

十九、编造并传播证券、期货交易虚假信息罪

编造并传播证券、期货交易虚假信息罪，是指编造并且传播影响证券、期货交易的虚假信息，扰乱证券、期货交易市场，造成严重后果的行为。本罪的构成要件是：

1. 本罪侵犯的客体是复杂客体，即国家对证券、期货交易市场的管理秩序和投资者的合法权益。

2. 本罪在客观上表现为编造并且传播影响证券、期货交易的虚假信息，扰乱证券、期货交易市场，造成严重后果的行为。“编造”，是指捏造虚假信息，既包括虚构不存在的信息，也包括篡改、加工、隐瞒真实的信息。“传播”，是指使用各种方法使虚假信息处于不特定人数或者多数人知悉或可能知悉的状态。本罪是结果犯，编造并且传播影响证券、期货交易的虚假信息，扰乱证券、期货交易市场，只有造成严重后果的，才能以犯罪论处。根据《追诉标准（二）》的规定，编造并且传播影响证券、期货交易的虚假信息，扰乱证券、期货交易市场，涉嫌下列情形之一的，应予立案追诉：（1）获利或者避免损失数额累计在5万元以上的；（2）造成投资者直接经济损失数额在5万元以上的；（3）致使交易价格和交易量异常波动的；（4）虽未达到上述数额标准，但多次编造并且传播影响证券、期货交易的虚假信息的；（5）其他造成严重后果的情形。

3. 本罪的主体是一般主体，包括自然人和单位。

4. 本罪在主观上表现为故意。行为人的故意内容既可以表现为为了自己购进或者抛售某种证券、期货合约，从中获取暴利或者避免损失；也可以表现为出于其他动机或目的，诱骗他人购进或者抛售某种证券、期货合约，造成证券、期货交易市场的混乱。

根据《刑法》第181条的规定，犯本罪的，处5年以下有期徒刑或者拘役，并处或者单处1万元以上10万元以下罚金。单位犯本罪的，对单位判处罚金，并对其直接

负责的主管人员和其他直接责任人员，处5年以下有期徒刑或者拘役。

二十、诱骗投资者买卖证券、期货合约罪

诱骗投资者买卖证券、期货合约罪，是指证券交易所、期货交易所、证券公司、期货经纪公司及其从业人员，证券业协会、期货业协会或者证券期货监督管理部门及其工作人员，故意提供虚假信息或者伪造、变造、销毁交易记录，诱骗投资者买卖证券、期货合约，造成严重后果的行为。本罪的构成要件是：

1. 本罪侵犯的客体是复杂客体，即国家对证券、期货交易市场的管理秩序和投资者的合法权益。

2. 本罪在客观上表现为证券交易所、期货交易所、证券公司、期货经纪公司及其从业人员，证券业协会、期货业协会或者证券期货监督管理部门及其工作人员，故意提供虚假信息或者伪造、变造、销毁交易记录，诱骗投资者买卖证券、期货合约，造成严重后果的行为。本罪中的所谓“虚假信息”，是指可能影响证券、期货交易市场价格的、不真实的证券、期货交易信息，其结果在于误导和诱骗投资者买进或卖出证券、期货合约。所谓“提供虚假信息”，是指行为人向投资者提供可能影响证券、期货交易市场价格的、不真实的证券、期货交易信息。所谓“伪造、变造或者销毁交易记录”，是指行为人为了某种目的，使用伪造、变造或者销毁交易记录的方式，掩盖真实信息，诱骗投资者。所谓“诱骗投资者买卖证券、期货合约”，是指行为人以各种各样欺骗方法，诱骗投资者并致使投资者在不了解事实真相的情况下，作出证券、期货投资错误选择或证券、期货买卖的错误决定。提供虚假信息的行为和伪造、变造、销毁交易记录的诸行为，只要具备其中一项并造成严重后果，均可构成本罪。根据《追诉标准（二）》的规定，诱骗投资者买卖证券、期货合约，涉嫌下列情形之一的，应予立案追诉：（1）获利或者避免损失数额累计在5万元以上的；（2）造成投资者直接经济损失数额在5万元以上的；（3）致使交易价格和交易量异常波动的；（4）其他造成严重后果的情形。

3. 本罪的主体是特殊主体，即只能是证券、期货交易所或者证券、期货公司及其从业人员，证券、期货业协会或者证券、期货管理部门及其工作人员。非上述法律明文规定的机构及其从业人员、工作人员不能成为本罪的主体。

4. 本罪在主观上表现为故意。

根据《刑法》第181条的规定，犯本罪的，处5年以下有期徒刑或者拘役，并处或者单处1万元以上10万元以下罚金；情节特别恶劣的，处5年以上10年以下有期徒刑，并处2万元以上20万元以下罚金。单位犯本罪的，对单位判处罚金，并对其直接负责的主管人员和其他直接责任人员，处5年以下有期徒刑或者拘役。

二十一、操纵证券、期货市场罪

操纵证券、期货市场罪，是指行为人违法操纵证券、期货市场，情节严重的行为。本罪的构成要件是：

1. 本罪侵犯的客体是复杂客体，即国家对证券、期货交易市场的管理秩序和投资者的合法权益。

2. 本罪在客观上表现为违法操纵证券、期货市场，情节严重的行为。违法操纵证券、期货市场的行为方式具体表现为下列情形：（1）单独或者合谋，集中资金优势、持股或者持仓优势或者利用信息优势联合或者连续买卖，操纵证券、期货交易价格或者证券、期货交易量的。所谓"单独或者合谋"，是指操纵证券、期货交易价格或者交易量的行为人既可以是买方，也可以是卖方，甚至既是买方又是卖方，可以是一个人所为，也可以是多人联合所为。所谓"集中资金优势、持股或者持仓优势或者利用信息优势"，是指证券、期货投资大户、会员单位等利用手中持有的大量资金、股票、期货合约或者利用了解某些内幕信息等优势，进行证券、期货交易。所谓"联合买卖"，是指两个以上的行为人集中各自的优势，共同买卖某种证券、期货合约；所谓"连续买卖"，是指同一行为人连续多次买卖某种证券、期货合约。联合买卖和连续买卖都会造成某种证券、期货合约价格暴涨、暴跌或数量剧烈变化的假象，从而达到操纵证券、期货市场的效果。（2）与他人串通，以事先约定的时间、价格和方式相互进行证券、期货交易，影响证券、期货交易价格或者证券、期货交易量的。这种通谋买卖行为的实施，必然抬高和压低某种证券、期货合约的价格，改变交易数量，从而造成虚假声势，误导其他投资者跟进跟出。行为人则伺机将该种证券、期货合约抛出或买入，从中牟取暴利，使其他投资者遭受损失。（3）在自己实际控制的账户之间进行证券交易，或者以自己为交易对象，自买自卖期货合约，影响证券、期货交易价格或者证券、期货交易量的。所谓"在自己实际控制的账户之间进行证券交易"，是指行为人开立多个证券交易户头，自己卖出证券，自己又买入证券，证券所有权并不发生转移，给其他投资者造成一种该种股票交易活跃的假象，从而影响投资者对股市行情的判断。所谓"以自己为交易对象，自买自卖期货合约"，是指行为人以不转移期货合约的形式，自己既作为卖方，又作为买方，进行虚假买卖。（4）以其他方法操纵证券、期货市场的。即除上述三种情形以外的其他操纵证券、期货市场的方法。操纵者会采用许多新的手法，法律难以一一列全，作出这一概括性的规定，可以适应复杂多变的实际情况，有利于严厉打击操纵证券、期货市场的行为。以上操纵证券、期货市场的行为，只有情节严重的才构成犯罪。根据《追诉标准（二）》的规定，操纵证券、期货市场，涉嫌下列情形之一的，应予立案追诉：（1）单独或者合谋，持有或者实际控制证券的流通股份数达到该证券的实际流通股份总量30%以上，且在该证券连续20个交易日内联合或者连续买卖股份数累计达到该证券同期总成交量30%以上的；（2）单独或者合谋，持有或者实际控制期货合约的数量超过期货交易所业务规则限定的持仓量50%以上，且在该期货合约连续20个交易日内联合或者连续买卖期货合约数累计达到该期货合约同期总成交量30%以上的；（3）与他人串通，以事先约定的时间、价格和方式相互进行证券或者期货合约交易，且在该证券或者期货合约连续20个交易日内成交量累计达到该证券或者期货合约同期总成交量20%以上的；（4）在自己实际控制的账户之间进行证券交易，或者以自己为交易对象，自买自卖期货合约，且在该证券或者期货合约连续20个交易日内成交量累计达到该证券或者期货合约同期总成交量20%以上的；（5）单独或者合谋，当日连续申报买入或者卖出同一证券、期货合约并在成交前撤回申报，撤回申报量占当日该种证券总申报量或者该种期货合约总申报量50%以上的；（6）上市公司及其董事、监事、高级管理人员、实际控制人、控股股东或者其他关联人单独或者合谋，利用信息优势，操纵该公司证券交易价格或者证券交易量的；（7）证券公司、证券投资咨询机构、专业中介机构或者从业人员，违背有关从业禁止的规定，买卖或者持有相关证券，通过对证券或者其发行人、上市公司公开作出评价、预测或者投资建议，在该证券的交易中谋取利益，情节严重的；（8）其他情节严重的情形。

3. 本罪的主体是一般主体，包括自然人和单位。

4. 本罪在主观上表现为故意。通常以获取不正当利益或者转嫁风险为目的，但是否具有这种目的，并不影响本罪的成立。

根据《刑法》第182条的规定，犯本罪的，处5年以下有期徒刑或者拘役，并处或者单处罚金；情节特别严重的，处5年以上10年以下有期徒刑，并处罚金。单位犯本罪的，对单位判处罚金，并对其直接负责的主管人员和其他直接责任人员，依照上述规定处罚。

二十二、背信运用受托资产罪

背信运用受托资产罪，是指商业银行、证券交易所、期货交易所、证券公司、期货经纪公司、保险公司或者其他金融机构，违背受托义务，擅自运用客户资金或者其他委托、信托的财产，情节严重的行为。本罪的构成要件是：

1. 本罪侵犯的客体是复杂客体，即国家对客户资金及其他信托资产的管理秩序及广大投资者的财产利益。

2. 本罪在客观上表现为商业银行、证券交易所、期货交易所、证券公司、期货经纪公司、保险公司或者其他金融机构，违背受托义务，擅自运用客户资金或者其他委托、信托的财产，情节严重的行为。所谓“违背受托义务”，是指金融机构违背了其应当遵守的法律、行政法规、部门规章规定的受托人应尽的法定义务和受托与委托人之间具体约定的义务。因此，违背受托义务，不能简单地认为仅限于受托人与委托人在委托合同中具体约定的义务，还应该包括法律、行政法规、部门规章规定的法定义务。所谓“擅自运用”，是指金融机构未经客户等委托人的同意，私自将信托资金运用于指定用途以外的其他用途。所谓“信托”，是指委托人基于对受托人的信任，将其财产权委托给受托人，由受托人按委托人的意愿以自己的名义，为受益人的利益或者特定目的，进行管理或者处分的行为。“信托的财产”，是指受托人因承诺信托而取得的财产。受托人因信托财产的管理运用、处分或者其他情形而取得的财产，也归入信托财产。所谓委托人“委托、信托的财产”，主要是指在当前的委托理财业务中，存放在各类金融机构中的以下几类客户资金和资产：（1）证券投资业务中的客户交易资金。在我国的证券交易制度中，客户交易结算资金，是指客户在证券公司存放的用于买卖证券的资金。（2）委托理财业务中的客户资产。委托理财业务，是指金融机构接受客户的委托，对客户存放在金融机构的资产进行管理的客户资产管理业务。这些资产包括资金、证券等。（3）信托业务中的信托财产，分为资金信托和一般财产信托。（4）证券投资基金。是指通过公开发售基金份额募集的客户资金。从法律性质上看，基金的本质是标准份额的集合资金信托，客户购买的基金的性质是客户委托基金公司管理的财产。本罪的成立还必须具备情节严重的条件，所谓“情节严重”，是指擅自运用客户资金或者其他委托、信托的财产数额较大，造成客户资金或者其他委托、信托的重大损失等情形。根据《追诉标准（二）》的规定，背信运用受托财产，涉嫌下列情形之一的，应予立案追诉：(1) 擅自运用客户资金或者其他委托、信托的财产数额在30万元以上的；(2) 虽未达到上述数额标准，但多次擅自运用客户资金或者其他委托、信托的财产，或者擅自运用多个客户资金或者其他委托、信托的财产的；(3) 其他情节严重的情形。

3. 本罪的主体是特殊主体，即只能是商业银行、证券交易所、期货交易所、证券公司、期货经纪公司、保险公司或者其他金融机构，自然人不能成为本罪的主体。这是由我国目前有资格开展委托理财业务的机构只有经国家有关主管部门批准的金融机构，个人不准进行此项业务的现状所决定的。所谓“其他金融机构”，主要包括信托投资公司、投资咨询公司、投资管理公司等金融机构。

4. 本罪在主观上表现为故意。是否出于营利目的不影响本罪的成立。

根据《刑法》第185条之一第1款的规定，犯本罪的，对单位判处罚金，并对其直接负责的主管人员和其他直接责任人员，处3年以下有期徒刑或者拘役，并处3万元以上30万元以下罚金；情节特别严重的，处3年以上10年以下有期徒刑，并处5万元以上50万元以下罚金。

二十三、违法运用资金罪

违法运用资金罪，是指社会保障基金管理机构、住房公积金管理机构等公众资金管理机构，以及保险公司、保险资产管理公司、证券投资基金管理公司，违反国家规定运用资金的行为。本罪的构成要件是：

1. 本罪侵犯的客体是复杂客体，即国家对公众资金的管理秩序和社会公众合法的财产利益。

2. 本罪在客观上表现为社会保障基金管理机构、住房公积金管理机构等公众资金管理机构，以及保险公司、保险资产管理公司、证券投资基金管理公司，违反国家规定运用资金的行为。这里的“国家规定”，是指法律、行政法规及国务院颁布的规范性文件。“违反国家规定运用资金”，即违反法律、行政法规及相关规范性文件的规定，超出规定的经营范围或者投资比例而运用资金。根据《追诉标准（二）》的规定，违法运用资金，涉嫌下列情形之一的，应予立案追诉：(1) 违反国家规定运用资金数额在30万元以上的；(2) 虽未达到上述数额标准，但多次违反国家规定运用资金的；(3) 其他情节严重的情形。

3. 本罪的主体是特殊主体，即社会保障基金管理机构、住房公积金管理机构等公众资金管理机构，以及保险公司、保险资产管理公司、证券投资基金管理公司等金融机构。其他单位和个人不能构成本罪。

4. 本罪在主观上表现为故意。

根据《刑法》第185条之一第2款的规定，犯本罪的，对其直接负责的主管人员和其他直接责任人员，处3年以下有期徒刑或者拘役，并处3万元以上30万元以下罚金；情节特别严重的，处3年以上10年以下有期徒刑，并处5万元以上50万元以下罚金。

二十四、违法发放贷款罪

违法发放贷款罪，是指银行或者其他金融机构及其工作人员违反国家规定发放贷款，数额巨大或者造成重大损失的行为。本罪的构成要件是：

1. 本罪侵犯的客体是国家对金融机构贷款的管理秩序。

2. 本罪在客观上表现为银行或者其他金融机构的工作人员违反国家规定发放贷款，数额巨大或者造成重大损失的行为。“违反国家规定”，主要是指违反国家有关贷款的法律、行政法规，如《商业银行法》、《银行管理暂行条例》、《借款合同条例》以及其他有关信贷管理的法律、行政法规。构成本罪必须具备“数额巨大或者造成重大损失”的条件。根据《追诉标准（二）》的规定，银行或者其他金融机构及其工作人员违反国家规定发放贷款，涉嫌下列情形之一的，应予立案追诉：（1）违法发放贷款，数额在100万元以上的；（2）违法发放贷款，造成直接经济损失数额在20万元以上的。

3. 本罪的主体是特殊主体，即银行或者其他金融机构及其工作人员。

4. 本罪在主观上表现为故意。

根据《刑法》第186条的规定，犯本罪的，处5年以下有期徒刑或者拘役，并处1万元以上10万元以下罚金；数额特别巨大或者造成特别重大损失的，处5年以上有期徒刑，并处2万元以上20万元以下罚金。银行或者其他金融机构的工作人员违反国家规定，向关系人发放贷款的，依照上述规定从重处罚。单位犯本罪的，对单位判处罚金，并对其直接负责的主管人员和其他直接责任人员，依照上述规定处罚。

二十五、吸收客户资金不入账罪

吸收账外客户资金不入账罪，是指银行或者其他金融机构的工作人员吸收客户资金不入账，数额巨大或者造成重大损失的行为。本罪的构成要件是：

1. 本罪侵犯的客体是复杂客体，即国家对信贷资金的管理秩序和客户资金的安全。

2. 本罪在客观上表现为银行或者其他金融机构的工作人员吸收客户资金不入账，数额巨大或者造成重大损失的行为。所谓“吸收客户资金不入账”，是指不记入金融机构的法定存款账目，以逃避国家金融监管，至于是否记入法定账目以外的设立的账目，不影响该罪的成立。所谓“客户资金”，既包括个人储蓄，也包括单位存款；既包括以合法方式吸收的公众存款，也包括以违反规定提高利率或其他不正当方式吸收的存款。吸收客户资金的来源并不影响本罪的构成。根据《追诉标准（二）》的规定，银行或者其他金融机构及其工作人员吸收客户资金不入账，涉嫌下列情形之一的，应予立案追诉：（1）吸收客户资金不入账，数额在100万元以上的；（2）吸收客户资金不入账，造成直接经济损失数额在20万元以上的。

3. 本罪的主体属于特殊主体，只能是银行或者其他金融机构及其工作人员。

4. 本罪在主观上表现为故意，但是否具有牟利目的不影响本罪成立。

根据《刑法》第187条的规定，犯本罪的，处5年以下有期徒刑或者拘役，并处2万元以上20万元以下罚金；数额特别巨大或者造成特别重大损失的，处5年以上有期徒刑，并处5万元以上50万元以下罚金。单位犯本罪的，对单位判处罚金，并对其直接负责的主管人员和其他直接责任人员，依照上述规定处罚。

二十六、违规出具金融票证罪

违规出具金融票证罪，是指银行或者其他金融机构的工作人员违反规定，为他人出具信用证或者其他保函、票据、存单、资信证明，情节严重的行为。本罪的构成要件是：

1. 本罪侵犯的客体是复杂客体，即国家对金融票证的管理秩序和金融机构的信誉及资金安全。

2. 本罪在客观上表现为银行或者其他金融机构的工作人员违反规定，为他人出具信用证或者其他保函、票据、存单、资信证明，情节严重的行为。其中的“违反规定”，是指违反有关金融法律、行政法规、规章及银行金融机构内部制定的规章制度与业务规则。“为他人”，不仅包括为自然人，也包括为单位。“保函”，是指银行办理代客担保业务时，应申请人的要求，向受益人开出的保证函件。“票据”，指金融票据。“存单”，即银行存单。“资信证明”，是指提供客户的财产状况、偿还能力、信用程度等情况的证明文件。所谓“情节严重”，是指给金融机构造成较大损失，非法出具的金融票证涉及金额巨大，或者多次非法出具金融票证等情形。根据《追诉标准（二）》的规定，违规出具金融票证案，涉嫌下列情形之一的，应予立案追诉：（1）违反规定为他人出具信用证或者其他保函、票据、存单、资信证明，数额在100万元以上的；（2）违反规定为他人出具信用证或者其他保函、票据、存单、资信证明，造成直接经济损失数额在20万元以上的；（3）多次违规出具信用证或者其他保函、票据、存单、资信证明的；（4）接受贿赂违规出具信用证或者其他保函、票据、存单、资信证明的；（5）其他情节严重的情形。

3. 本罪的主体是特殊主体，即银行或者其他金融机构及其工作人员。

4. 本罪在主观上表现为故意。即银行或者其他金融机构的工作人员明知自己的行为违反规定，仍故意为他人非法出具信用证或者其他保函、票据、存单、资信证明。

根据《刑法》第188条的规定，犯本罪的，处5年以下有期徒刑或者拘役；情节特别严重的，处5年以上有期徒刑。单位犯本罪的，对单位判处罚金，并对其直接负责的主管人员和其他直接责任人员，依照上述规定处罚。

二十七、对违法票据承兑、付款、保证罪

对违法票据承兑、付款、保证罪，是指银行或者其他金融机构及其工作人员，在

票据业务中，对违反票据法规定的票据予以承兑、付款或者保证，造成重大损失的行为。本罪的构成要件是：

1. 本罪侵犯的客体是复杂客体，即国家对票据承兑、付款、保证的管理秩序和金融机构的信誉及资金安全。

2. 本罪在客观上表现为银行或者其他金融机构的工作人员，在票据业务中，对违反票据法规定的票据予以承兑、付款或者保证，造成重大损失的行为。这里的所说的“票据业务”，是指根据《票据法》的规定所从事的汇票、本票和支票的流转活动。“违反票据法规定的票据”是指不符合票据法的规定，不能予以承兑、付款或者保证的票据。“承兑”，是指汇票付款人承诺在汇票到期日支付汇票金额的票据行为。“付款”，是指票据债务人向票据债权人支付票据金额的行为。“保证”，是指对已经存在的票据上的债务进行担保的票据行为。本罪的构成必须具备“造成重大损失”的结果。根据《追诉标准（二）》的规定，对违法票据承兑、付款、保证造成直接经济损失数额在20万元以上的，应予立案追诉。

3. 本罪的主体是特殊主体，即银行或者其他金融机构及其工作人员。

4. 本罪在主观上表现为对违反《票据法》规定的票据而予以承兑、付款或者保证往往是故意的，但对造成重大损失的结果完全可能出于过失。

根据《刑法》第189条的规定，犯本罪的，处5年以下有期徒刑或者拘役；造成特别重大损失的，处5年以上有期徒刑。单位犯本罪的，对单位判处罚金，并对其直接负责的主管人员和其他直接责任人员，依照上述规定处罚。

二十八、逃汇罪

逃汇罪，是指违反国家规定，擅自将外汇存放境外，或者将境内的外汇非法转移到境外，数额较大的行为。本罪的构成要件是：

1. 本罪侵犯的客体是国家外汇管理秩序。

2. 本罪在客观上表现为违反国家规定，擅自将外汇存放境外，或者将境内的外汇非法转移到境外，数额较大的行为。“违反国家规定”，根据《刑法》第96条的规定，是指违反全国人民代表大会及其常委会制定的法律和决定，国务院制定的行政法规、规定的行政措施、发布的决定和命令。因此，本罪中的“违反国家规定”应该是指违反法律、行政法规等规定中的有关外汇存放境外的规定。所谓“擅自”，即未经外汇管理机关批准，自行将外汇存放境外；所谓“存放”，并非指一般日常意义上的储存、寄存，而是指外汇不调回国内的一种事实状态。只要将应该调回的外汇未调回国内，无论该外汇是储存、寄存，还是投资、挪作他用，都应认为是“存放境外”。所谓“非法”，即指违反国家的外汇转移境外的法律、法规和其他有关规定。所谓“转移到境外”，是指将境内的外汇携带、托带或者邮寄到境外的行为。构成本罪还必须具备数额较大的要件。根据《追诉标准（二）》的规定，公司、企业或者其他单位逃汇单笔在200万美元以上或者累计数额在500万美元以上的，应予立案追诉。

3. 本罪的主体只能是公司、企业或者其他单位，自然人不能成为本罪的主体。

4. 本罪在主观上表现为故意，即公司、企业或者其他单位的直接负责的主管人员和其他责任人员明知国家对外汇有专门管理的规定，仍故意实施逃汇行为。

根据《刑法》第190条和全国人大常委会《关于惩治骗购外汇、逃汇和非法买卖外汇犯罪的决定》第3条的规定，对犯本罪的单位，判处逃汇数额5%以上30%以下罚金，并对其直接负责的主管人员和其他直接责任人员处5年以下有期徒刑或者拘役；数额巨大或者有其他严重情节的，对单位判处逃汇数额5%以上30%以下罚金，并对其直接负责的主管人员和其他责任人员处5年以上有期徒刑。

二十九、骗购外汇罪

骗购外汇罪，是指使用伪造、变造的海关签发的报关单、进口证明、外汇管理部门核准件等凭证和单据，重复使用海关签发的报关单、进口证明、外汇管理部门核准件等凭证和单据或者以其他方式骗购外汇，数额较大的行为。本罪的构成要件是：

1. 本罪侵犯的客体是国家外汇管理秩序。

2. 本罪在客观上表现为使用伪造、变造的海关签发的报关单、进口证明、外汇管理部门核准件等凭证和单据，重复使用海关签发的报关单、进口证明、外汇管理部门核准件等凭证和单据或者以其他方式骗购外汇，数额较大的行为。因此，本罪的骗购外汇的方式主要有三种：（1）使用伪造、变造的海关签发的报关单、进口证明、外汇管理部门核准件和单据等凭证和单据。“报关单”，是指进出口商向海关申报进出口的主要单证，它必须经过海关签发，才能认定进出口行为为合法；“进口证明”，是指报关单位在申请进口付汇时向海关提交的除报关单以外的各种证明进口事项的单据和凭证，包括进口许可证，进口合同、进口登记证明等；“外汇管理部门核准件”，是指在进口付汇过程中，由进口单位及受委托单位填写的、外汇管理部门（包括外汇管理局及其分局）审核批准的外汇指定银行据以付汇的文件、凭证。如出口收汇核销单证等。其他单据或凭证，包括商业发票、运输单据、收费单据等。（2）重复使用海关签发的报关单、进口证明、外汇管理部门核准件和单据等凭证和单据。所谓“重复使用”，即将已办理过购买外汇手续的有关单据、凭证再次予以使用。重复使用既包括重复使用一次，也包括重复使用多次，次数的多少不受限制。重复使用的凭证、单据虽然是无效的，但必须未经伪造、变造，如果重复使用伪造、变造的凭证、单据，就属于第一种骗购外汇的方法。（3）以其他欺骗方法骗购外汇。包括使用他人的海关签发的报送单、进口证明、外汇管理部门核准件，与海关、外汇管理部门等单位的工作人员串通，由后者提供有关凭证、单据，骗购外汇等。构成本罪还必须具备“数额较大”的要件。根据《追诉标准（二）》的规定，骗购外汇，数额在50万美元以上的，应予立案追诉。

3. 本罪的主体是一般主体，包括自然人和单位。明知用于骗购外汇而提供人民币资金的，以共犯论处。海关、外汇管理部门以及金融机构、从事对外贸易经营活动的公司、企业或者其他单位的工作人员与骗购外汇或者逃汇的行为人通谋，为其提供购买外汇的有关凭证或者其他便利的，或者明知是伪造、变造的凭证和单据而售汇、付汇的，以共犯论，从重处罚。

4. 本罪在主观上表现为故意。

根据全国人大常委会《关于惩治骗购外汇、逃汇和非法买卖外汇犯罪的决定》第1

条的规定，犯本罪的，处5年以下有期徒刑或者拘役，并处骗购外汇数额5%以上30%以下罚金；数额巨大或者有其他严重情节的，处5年以上10年以下有期徒刑，并处骗购外汇数额5%以上30%以下罚金；数额特别巨大或者有其他特别严重情节的，处10年以上有期徒刑或者无期徒刑，并处骗购外汇数额5%以上30%以下罚金或者没收财产。单位犯本罪的，对单位依照上述规定判处罚金，并对其直接负责的主管人员和其他直接责任人员，处5年以下有期徒刑或者拘役；数额巨大或者有其他严重情节的，处5年以上10年以下有期徒刑；数额特别巨大或者有其他特别严重情节的，处10年以上有期徒刑或者无期徒刑。伪造、变造海关签发的报关单、进口证明、外汇管理部门核准件等凭证和单据，并用于骗购外汇的，依照前款的规定从重处罚。

三十、洗钱罪

（一）洗钱罪的概念和构成

洗钱罪，是指明知是毒品犯罪、黑社会性质的组织犯罪、恐怖活动犯罪、走私犯罪、贪污贿赂犯罪、破坏金融管理秩序犯罪、金融诈骗犯罪的所得及其产生的收益，而掩饰、隐瞒其来源和性质的行为。本罪的构成要件是：

1. 本罪侵犯的客体是复杂客体，即国家正常的金融管理秩序和司法机关的正常活动。但主要客体是国家正常的金融管理秩序。

2. 本罪在客观上表现为行为人实施了掩饰、隐瞒毒品犯罪、黑社会性质的组织犯罪、恐怖活动犯罪、走私犯罪、贪污贿赂犯罪、破坏金融管理秩序犯罪、金融诈骗犯罪的所得及其产生的收益的来源和性质的行为。具体表现为五种洗钱方式：（1）提供资金账户的。即行为人将自己拥有的合法账户提供给前七类犯罪分子，或者为其在金融机构开立账户，让其将赃款存入金融机构。（2）协助将财产转换为现金、金融票据、有价证券。主要是指行为人采取各种方式，协助前七类犯罪分子将所获得的财产，通过交易转换为现金或者本票、汇票、支票等金融票据，或者国库券、财政债券、国家建设债券等有价证券，以掩饰犯罪所得财产的来源和性质。（3）通过转账或者其他结算方式协助资金转移的。即以将前七类犯罪所得及其收益混入合法收入，通过银行等金融机构的转账或者其他结算方式，掩饰、隐瞒其来源和性质，将资金转换为合法收入。（4）协助将资金汇往境外的。主要是指享有资金调往境外权利的个人或者企业，通过自己在银行或者其他金融机构所开设的账号，将前七类犯罪分子违法所得的资金汇往境外。一般是转移到境外金融保密制度比较严格的国家或者地区。（5）以其他方式掩饰、隐瞒犯罪的所得及其收益的性质和来源的。根据2009年11月11日最高人民法院施行的《关于审理洗钱等刑事案件具体应用法律若干问题的解释》（以下简称《洗钱解释》）的规定，其他方式主要包括：1）通过典当、租赁、买卖、投资等方式，协助转移、转换犯罪所得及其收益的；2）通过与商场、饭店、娱乐场所等现金密集型场所的经营收入相混合的方式，协助转移、转换犯罪所得及其收益的；3）通过虚构交易、虚设债权债务、虚假担保、虚报收入等方式，协助将犯罪所得及其收益转换为“合法”财物的；4）通过买卖彩票、奖券等方式，协助转换犯罪所得及其收益的；5）通过赌博方式，协助将犯罪所得及其收益转换为赌博收益的；6）协助将犯罪所得及其收益携带、运输或者邮寄出入境的；7）通过前述规定以外的方式协助转移、转换犯罪所得及其收益的。洗钱的行为方式多种多样，无论采用何种方式，只要掩饰、隐瞒犯罪的所得及其收益的性质和来源就属于洗钱。《刑法》对此作了一个堵漏性规定，以免遗漏其他洗钱方式行为。

“毒品犯罪”是指《刑法》分则第六章第七节规定的各种有关毒品的犯罪。“黑社会性质的组织犯罪”，是指以黑社会性质的组织为主体所实施的各种犯罪。“恐怖活动犯罪”，是指恐怖组织实施的各种犯罪。“走私犯罪”，是指《刑法》分则第三章第二节规定的各种走私犯罪。“贪污贿赂犯罪”是指《刑法》分则第八章规定的各种贪污贿赂犯罪。“破坏金融管理秩序犯罪”，是指《刑法》分则第三章第四节规定的各种破坏金融管理秩序犯罪。“金融诈骗犯罪”，是指《刑法》分则第三章第五节规定的各种金融诈骗犯罪。

“犯罪的所得及其产生的收益”，是指犯罪分子犯罪所获取的非法利益以及利用犯罪所得的非法利益所产生的孳息或者经营活动所产生的经济利益。

3. 本罪的主体是一般主体，包括自然人和单位。

4. 本罪在主观上表现为直接故意，而且具有掩饰、隐瞒毒品犯罪、黑社会性质的组织犯罪、恐怖活动犯罪、走私犯罪、贪污贿赂犯罪、破坏金融管理秩序犯罪、金融诈骗犯罪的所得及其产生的收益的来源和性质并使之合法化的目的。

(二) 洗钱罪的认定

认定本罪时，应当注意下列问题：

1. 本罪与掩饰、隐瞒犯罪所得、犯罪所得收益罪的界限

两罪都有掩饰、隐瞒犯罪所得及其产生的收益行为，有相似之处。但也存在一定的区别：(1) 犯罪客体不尽相同。本罪侵犯的主要客体是国家正常的金融管理秩序，而后罪侵犯的主要客体是司法机关的正常活动。(2) 犯罪对象不同。本罪仅限于法律规定的七类上游犯罪的所得及其产生的收益；而后罪的对象除了上述七类上游犯罪的所得及其产生的收益外，包括所有犯罪的违法所得及其产生的收益。(3) 客观方面不同。本罪在客观上表现为掩饰、隐瞒毒品犯罪、黑社会性质的组织犯罪、恐怖活动犯罪、走私犯罪、贪污贿赂犯罪、破坏金融管理秩序犯罪、金融诈骗犯罪所得及其产生的收益的来源和性质行为；而后罪在客观上主要表现为通过窝藏、转移、收购、代为销售赃物或者其他方式来实施。(4) 犯罪主体不尽相同。本罪的主体包括自然人和单位，而后罪的主体只能是自然人，不包括单位。

根据《洗钱解释》的规定，行为人明知是犯罪所得及其产生的收益而予以掩饰、隐瞒，既构成掩饰、隐瞒犯罪所得、犯罪所得收益罪，同时又构成洗钱罪的，依照处罚较重的规定定罪处罚。

2. 本罪的毒品洗钱行为与包庇毒品犯罪分子罪和窝藏、转移、隐瞒毒品、毒赃罪的界限

两罪的相似之处在于都有对有关毒品犯罪的掩饰、隐瞒行为，但也有较大区别：(1) 犯罪客体不尽相同。本罪除了妨害司法机关的正常活动外，还破坏了国家正常的金融管理秩序；而后罪侵犯的只是司法机关的正常活动。(2) 犯罪对象不同。本罪的行为对象只能是法律规定的七类犯罪所得及其产生的收益，而后罪的行为对象则是毒

品犯罪分子或者毒品、毒赃。(3) 客观方面不同。本罪在客观上表现为法律规定的五种洗钱行为，而后罪则表现为包庇毒品犯罪分子和窝藏、转移、隐瞒毒品、毒赃的行为。(4) 犯罪主体不尽相同。本罪的主体包括自然人和单位，而后罪的主体只能是自然人，不包括单位。

同样，根据《洗钱解释》的规定，明知是犯罪所得及其产生的收益而予以掩饰、隐瞒，既构成包庇毒品犯罪分子罪或窝藏、转移、隐瞒毒品、毒赃罪，同时又构成洗钱罪的，依照处罚较重的规定定罪处罚。

3. 本罪与上游犯罪的关系

根据《洗钱解释》的规定，所谓"上游犯罪"，是指产生洗钱罪的犯罪所得及其收益的各种犯罪行为，即前述七类犯罪。洗钱罪的构成应当以上游犯罪事实成立为前提。但上游犯罪尚未依法裁判，只要查证属实的，不影响洗钱罪的审判。上游犯罪事实可以确认，因行为人死亡等原因依法不予追究刑事责任的，或者依法以其他罪名定罪处罚的，并不影响洗钱罪的认定。

（三）洗钱罪的处罚

根据《刑法》第191条的规定，犯洗钱罪的，除没收实施毒品犯罪、黑社会性质的组织犯罪、恐怖活动犯罪、走私犯罪、贪污贿赂犯罪、破坏金融管理秩序犯罪、金融诈骗犯罪的违法所得及其产生的收益外，处5年以下有期徒刑或者拘役，并处或者单处洗钱数额5%以上20%以下罚金；情节严重的，处5年以上10年以下有期徒刑，并处洗钱数额5%以上20%以下罚金。单位犯本罪的，对单位判处罚金，并对其直接负责的主管人员和其他直接责任人员，处5年以下有期徒刑或者拘役。情节严重的，处5年以上10年以下有期徒刑。

第六节　金融诈骗罪

一、集资诈骗罪

（一）集资诈骗罪的概念和构成

集资诈骗罪，是指以非法占有为目的，使用诈骗方法非法集资，数额较大的行为。本罪的构成要件是：

1. 本罪侵犯的客体是复杂客体，即国家正常的金融管理秩序和公私财产的所有权。

2. 本罪在客观上表现为使用诈骗方法非法集资，并且数额较大。首先，行为人使用虚构事实、隐瞒真相的诈骗方法，如采取虚构集资用途、集资单位，以虚假的证明文件、良好的经济效益和高回报率为诱饵，或者其他欺诈手段骗取他人集资款。其次，行为人实施了非法集资的行为。所谓非法集资，是指个人或者单位未经有权机关批准，向社会公众募集资金的行为。再次，构成本罪，必须集资诈骗"数额较大"。根据《非法集资解释》的规定，所谓“数额较大”，是指个人集资诈骗数额10万元以上，单位集资诈骗数额50万元以上。集资诈骗的数额以行为人实际骗取的数额计算，案发前已归还的数额应予扣除。行为人为实施集资诈骗活动而支付的广告费、中介费、手续费、回扣，或者用于行贿、赠与等费用，不予扣除。行为人为实施集资诈骗活动而支付的利息，除本金未归还可予折抵本金以外，应当计入诈骗数额。

3. 本罪的主体是一般主体，既可以是已满16周岁、具有刑事责任能力的自然人，也可以是单位。

4. 本罪在主观上表现为故意，即行为人明知自己的行为会发生破坏金融管理秩序、侵犯公私财产的危害结果，并且希望或者放任这种结果的发生。此外，行为人主观上必须具有非法占有集资款的目的。

（二）集资诈骗罪的认定

认定本罪，应当注意以下问题：

1. 本罪与非罪行为的界限

构成本罪的，必须是以非法占有为目的，使用诈骗方法非法集资，数额较大的行为。如果诈骗数额不大，情节较轻，则不构成犯罪，但对于情节严重的行为，即使没有实际控制集资款，也应认定为集资诈骗未遂。

2. 本罪与相关犯罪的界限

集资诈骗罪与非法吸收公众存款罪，欺诈发行股票、债券罪，擅自发行股票、公司、企业债券罪都是在非法募集资金的活动中实施的犯罪行为，因而存在不同程度的相似之处，但也有显著区别：（1）侵犯的客体不完全相同。本罪侵犯的客体是金融管理秩序和公私财产所有权，而上述其他几种犯罪侵犯的则是单一客体，即非法吸收公众存款罪扰乱金融秩序，欺诈发行股票、债券罪，擅自发行股票、公司、企业债券罪妨害国家对股票、债券的管理秩序。（2）犯罪目的不同。集资诈骗罪必须以非法占有集资款为目的，而上述其他几种犯罪则没有将所募集的资金非法占有的目的，并且不但没有非法占有的目的，还具有返还资金的意思。因而，是否具有非法占有的目的，成为区分本罪与相关犯罪的关键。根据《非法集资解释》的规定，使用诈骗方法非法集资，具有下列情形之一的，可以认定为“以非法占有为目的”：1）集资后不用于生产经营活动或者用于生产经营活动与筹集资金规模明显不成比例，致使集资款不能返还的；2）肆意挥霍集资款，致使集资款不能返还的；3）携带集资款逃匿的；4）将集资款用于违法犯罪活动的；5）抽逃、转移资金、隐匿财产，逃避返还资金的；6）隐匿、销毁账目，或者搞假破产、假倒闭，逃避返还资金的；7）拒不交代资金去向，逃避返还资金的；8）其他可以认定非法占有目的的情形。集资诈骗罪中的非法占有目的，应当区分情形进行具体认定。行为人部分非法集资行为具有非法占有目的的，对该部分非法集资行为所涉集资款以集资诈骗罪定罪处罚；非法集资共同犯罪中部分行为人具有非法占有目的，其他行为人没有非法占有集资款的共同故意和行为的，对具有非法占有目的的行为人以集资诈骗罪定罪处罚。

（三）集资诈骗罪的处罚

根据《刑法》第192条的规定，犯本罪的，处5年以下有期徒刑或者拘役，并处2万元以上20万元以下罚金；数额巨大或者有其他严重情节的，处5年以上10年以下有期徒刑，并处5万元以上50万元以下罚金；数额特别巨大或者有其他特别严重情节的，处10年以上有期徒刑或者无期徒刑，并处5万元以上50万元以下罚金或者没收财产。

根据《刑法》第200条的规定，单位犯本罪的，对单位判处罚金，并对其直接负责的主管人员和其他直接责任人员，处5年以下有期徒刑或者拘役，可以并处罚金；数额巨大或者有其他严重情节的，处5年以上10年以下有期徒刑，并处罚金；数额特别巨大或者有其他特别严重情节的，处10年以上有期徒刑或者无期徒刑，并处罚金。其中，个人集资诈骗数额30万元以上，单位集资诈骗数额150万元以上的，属于“数额巨大”；个人集资诈骗数额100万元以上，单位集资诈骗数额500万元以上的，属于“数额特别巨大”。

二、贷款诈骗罪

（一）贷款诈骗罪的概念和构成

贷款诈骗罪，是指以非法占有为目的，诈骗银行或者其他金融机构的贷款，数额较大的行为。本罪的构成要件是：

1. 本罪侵犯的客体是复杂客体，即国家正常的贷款管理秩序和金融机构对所借出资金的所有权。

2. 本罪在客观上表现为使用虚构事实、隐瞒真相的诈骗方法骗取银行或者其他金融机构的贷款，并且数额较大。具体表现为下列情形：（1）编造引进资金、项目等虚假理由的；（2）使用虚假的经济合同的；（3）使用虚假的证明文件的；（4）使用虚假的产权证明作担保或者超出抵押物价值重复担保的；（5）以其他方法诈骗贷款的。诈骗贷款数额较大的，才构成本罪。根据《追诉标准（二）》的规定，贷款诈骗数额2万元以上的，应予追诉。

3. 本罪的主体只能是已满16周岁、具有刑事责任能力的自然人。由于《刑法》没有明文规定贷款诈骗罪为单位犯罪，故单位不能成为本罪主体。根据最高人民法院印发的《全国法院审理金融犯罪案件工作座谈会纪要》，对于单位实施的贷款诈骗行为，不能以贷款诈骗罪定罪处罚，也不能以贷款诈骗罪追究直接负责的主管人员和其他直接责任人员的刑事责任。但是，在司法实践中，对于单位十分明显地以非法占有为目的，利用签订、履行借款合同诈骗银行或其他金融机构贷款，符合《刑法》第224条规定的合同诈骗罪构成要件的，应当以合同诈骗罪定罪处罚。人民法院审判案件应当照此办理，但是也有学者持不同意见，认为对于所谓的单位贷款诈骗案件，虽然不能直接追究单位本身的刑事责任，但对其直接负责的主管人员和其他直接责任人员应以贷款诈骗罪追究刑事责任。其理由主要有：（1）单位贷款诈骗时，其中的自然人的行为必然符合贷款诈骗罪的构成要件，因为不法所有目的，不限于本人不法所有，还包括使第三者（包括单位）非法占有。（2）单位贷款诈骗对金融秩序的破坏、金融机构财产的侵害与自然人的贷款诈骗行为，没有任何实质区别。（3）如果对单位贷款诈骗的案件不处罚其中负有责任的自然人，就必然在类似案件（例如单位为了骗取保险金而放火）中导致不良后果。（4）刑法当然预见到了单位可能贷款诈骗，之所以不处罚单位有其合理根据，如果将这种行为以合同诈骗罪论处，对单位判处罚金，则有违反立法精神之嫌。[①]

4．本罪在主观上表现为故意，即行为人明知自己的行为会发生破坏金融管理秩序、侵犯金融机构财产的危害结果，并且希望或者放任这种结果的发生。此外，行为人主观上必须具有非法占有贷款的目的。

（二）贷款诈骗罪的认定

认定本罪，应当注意以下问题：

1．本罪与贷款纠纷的界限

行为人从银行或者其他金融机构获得贷款，但到期不还的，不能简单地认定为贷款诈骗罪，应把握以下几点：（1）在发生到期不还的结果时，要看行为人在申请贷款时，履约能力不足的事实是否已经存在，行为人对此是否有认识。如果无法履约的原因形成于获得贷款之后，或者行为人对自己无法履约缺乏认识，即使到期不还，也不应认定为是贷款诈骗，而应以借贷纠纷处理。（2）要看行为人在取得贷款后是否积极地将贷款用于借贷合同所规定的事项。如果用途如约，尽管行为人在到期后无法偿还，也不能认定为贷款诈骗行为。（3）要看行为人在贷款到期后是否积极偿还。如果行为人仅仅口头上承认欠款而实际上没有尽其所能积极筹备还款的行为，很难证明行为人没有非法占有贷款的目的。对于合法取得贷款后，没有按规定的用途使用贷款，到期没有归还贷款的，不能以贷款诈骗罪定罪处罚；对于确有证据证明行为人不具有非法占有的目的，因不具备贷款的条件而采取了欺骗手段获取贷款，案发时有能力履行还贷义务，或者案发时不能归还贷款是由于意志以外的原因，如因经营不善、被骗、市场风险等，不应以贷款诈骗罪定罪处罚。

2．本罪与高利转贷罪的界限

贷款诈骗罪与高利转贷罪有相似之处，前者可能骗取银行或者其他金融机构的贷款后再贷给他人以牟利，而后者也可能出现套取金融机构信贷资金高利转贷他人后由于某种原因不能偿还贷款的情况。两罪的区别在于：（1）主观目的不同，前者是非法占有，后者则是转贷牟利；（2）行为方式不同，前者是虚构事实，隐瞒真相，骗取贷款，后者是套取贷款，高利转贷，非法牟利。区分贷款诈骗罪与高利转贷罪要从以下几个方面判断：申请贷款时是否使用了《刑法》规定的诈骗手段；取得贷款后是否按贷款用途使用；是否使用贷款进行违法犯罪活动：是否携款潜逃；到期后是否积极准备偿还贷款等等。

3．本罪与骗取贷款罪的界限

本罪与骗取贷款罪在客观方面的表现是极为相似的，均使用了虚构事实、隐瞒真相的方法，区分两罪的关键，是看行为人主观上是否有非法占有的目的。有此目的，则可能构成贷款诈骗罪；无此目的，则可能构成骗取贷款罪。对于具有下列情形之一的，应认定为具有非法占有目的：（1）贷款后携款潜逃的；（2）未将贷款按贷款用途使用，而是用于挥霍致使贷款无法偿还的；（3）使用贷款进行违法犯罪活动的；（4）隐匿贷款去向，贷款到期后拒不偿还的；等等。

---

①　参见张明楷：《刑法学》，2版，630页，北京，法律出版社，2003。

（三）贷款诈骗罪的处罚

根据《刑法》第193条的规定，犯本罪的，处5年以下有期徒刑或者拘役，并处2万元以上20万元以下罚金；数额巨大或者有其他严重情节的，处5年以上10年以下有期徒刑，并处5万元以上50万元以下罚金；数额特别巨大或者有其他特别严重情节的，处10年以上有期徒刑或者无期徒刑，并处5万元以上50万元以下罚金或者没收财产。

三、票据诈骗罪

票据诈骗罪，是指以非法占有为目的，利用金融票据进行诈骗活动，数额较大的行为。本罪的构成要件是：

1. 本罪侵犯的客体是复杂客体，即国家正常的金融票据管理秩序和公私财产的所有权。

2. 本罪在客观上表现为利用金融票据进行诈骗活动，并且数额较大。具体表现为下列情形：（1）明知是伪造、变造的汇票、本票、支票而使用的；（2）明知是作废的汇票、本票、支票而使用的；（3）冒用他人的汇票、本票、支票的；（4）签发空头支票或者与其预留印鉴不符的支票，骗取财物的；（5）汇票、本票的出票人签发无资金保证的汇票、本票或者在出票时作虚假记载，骗取财物的。根据《追诉标准（二）》的规定，个人进行金融票据诈骗数额1万元以上的，单位进行金融票据诈骗数额10万元以上的，应予立案追诉。

3. 本罪的主体是一般主体，包括自然人和单位。

4. 本罪在主观上表现为故意，并且具有非法占有的目的。应当明确的是，本节犯罪，《刑法》仅在第192、193条明文规定了“以非法占有为目的”，第194条至第198条没有明文规定“以非法占有为目的”，但各该条规定的金融诈骗罪同样是将非法占有目的作为主观要件要素的，即非法占有目的是所有金融诈骗罪的共同构成要件[①]，票据诈骗罪也不例外。这主要是因为，金融诈骗罪与诈骗罪之间是特殊犯与普通犯的法条竞合关系，普通法条所规定的犯罪构成在整体上包容了特殊法条所规定的犯罪构成，所以金融诈骗罪的主观构成要件应当与诈骗罪的主观构成要件具有一致性，而我国的刑法理论和司法实践均公认，尽管没有刑法的明文规定，但诈骗罪必须以非法占有为目的，否则就难以将诈骗罪与一般的欺诈行为相区别。

根据《刑法》第194条第1款的规定，犯本罪的，处5年以下有期徒刑或者拘役，并处2万元以上20万元以下罚金；数额巨大或者有其他严重情节的，处5年以上10年以下有期徒刑，并处5万元以上50万元以下罚金；数额特别巨大或者有其他特别严重情节的，处10年以上有期徒刑或者无期徒刑，并处5万元以上50万元以下罚金或者没收财产。根据《刑法》第200条的规定，单位犯本罪的，对单位判处罚金，并对其直接负责的主管人员和其他直接责任人员，处5年以下有期徒刑或者拘役，可以并处罚金；数额巨大或者有其他严重情节的，处5年以上10年以下有期徒刑，并处罚金；数

① 参见刘宪权主编：《中国刑法理论前沿问题研究》，401页以下，北京，人民出版社，2005。

额特别巨大或者有其他特别严重情节的，处 10 年以上有期徒刑或者无期徒刑，并处罚金。

四、金融凭证诈骗罪

金融凭证诈骗罪，是指以非法占有为目的，使用伪造、变造的委托收款凭证、汇款凭证、银行存单等其他银行结算凭证，骗取财物，数额较大的行为。本罪的构成要件是：

1. 本罪侵犯的客体是复杂客体，即国家正常的金融凭证管理秩序和公私财产的所有权。

2. 本罪在客观上表现为使用伪造、变造的委托收款凭证、汇款凭证、银行存单等其他银行结算凭证进行诈骗活动，并且数额较大。根据有关司法解释，个人进行金融凭证诈骗，数额在 1 万元以上的，单位进行金融凭证诈骗，数额在 10 万元以上的，应予立案追诉。

3. 本罪的主体是一般主体，包括自然人和单位。

4. 本罪在主观上表现为故意，并具有非法占有的目的。

根据《刑法》第 194 条的规定，犯本罪的，处 5 年以下有期徒刑或者拘役，并处 2 万元以上 20 万元以下罚金；数额巨大或者有其他严重情节的，处 5 年以上 10 年以下有期徒刑，并处 5 万元以上 50 万元以下罚金；数额特别巨大或者有其他特别严重情节的，处 10 年以上有期徒刑或者无期徒刑，并处 5 万元以上 50 万元以下罚金或者没收财产。

根据《刑法》第 200 条的规定，单位犯本罪的，对单位判处罚金，并对其直接负责的主管人员和其他直接责任人员，处 5 年以下有期徒刑或者拘役，可以并处罚金；数额巨大或者有其他严重情节的，处 5 年以上 10 年以下有期徒刑，并处罚金；数额特别巨大或者有其他特别严重情节的，处 10 年以上有期徒刑或者无期徒刑，并处罚金。

五、信用证诈骗罪

信用证诈骗罪，是指以非法占有为目的，进行信用证诈骗活动的行为。本罪的构成要件是：

1. 本罪侵犯的客体是复杂客体，即国家正常的信用证管理秩序和公私财产的所有权。

2. 本罪在客观上表现为利用信用证进行诈骗活动。具体表现为下列情形：（1）使用伪造、变造的信用证或者附随的单据、文件的；（2）使用作废的信用证的；（3）骗取信用证的；（4）以其他方法进行信用证诈骗活动的。

3. 本罪的主体是一般主体，包括自然人和单位。

4. 本罪在主观上表现为故意，并且具有非法占有的目的。

根据《刑法》第 195 条的规定，犯本罪的，处 5 年以下有期徒刑或者拘役，并处 2 万元以上 20 万元以下罚金；数额巨大或者有其他严重情节的，处 5 年以上 10 年以下有期徒刑，并处5万元以上50万元以下罚金；数额特别巨大或者有其他特别严重情节的，处10年以上有期徒刑或者无期徒刑，并处5万元以上50万元以下罚金或者没收财产。

根据《刑法》第200条的规定，单位犯本罪的，对单位判处罚金，并对其直接负责的主管人员和其他直接责任人员，处5年以下有期徒刑或者拘役，可以并处罚金；数额巨大或者有其他严重情节的，处5年以上10年以下有期徒刑，并处罚金；数额特别巨大或者有其他特别严重情节的，处10年以上有期徒刑或者无期徒刑，并处罚金。

六、信用卡诈骗罪

（一）信用卡诈骗罪的概念和构成

信用卡诈骗罪，是指以非法占有为目的，利用信用卡进行诈骗活动，数额较大的行为。本罪的构成要件是：

1. 本罪侵犯的客体是复杂客体，即国家正常的信用卡管理秩序和公私财产的所有权。

2. 本罪在客观上表现为利用信用卡进行诈骗活动，并且骗取财物的数额较大。具体表现为下列情形：

（1）使用伪造的信用卡，或者使用以虚假的身份证明骗领的信用卡的。根据2004年12月29日全国人大常委会《关于〈中华人民共和国刑法〉有关信用卡规定的解释》，《刑法》规定的“信用卡”，是指由商业银行或其他金融机构发行的具有消费支付、信用贷款、转账结算、存取现金等全部功能或者部分功能的电子支付卡。目前，我国金融机构发行的是记账信用卡，即持卡人在发卡行开立账户，存入一定数额的信用卡起用金，并可随时续存资金，结算收、付款项，兼具货币支付和银行信贷的双重功能以及银行吸收存款和存款付息的储蓄性质。使用信用卡，是指按照信用卡的通常使用方法，利用信用卡购买商品、接受服务或者支取现金。使用伪造的信用卡，既包括行为人自己伪造信用卡然后使用的，也包括明知是他人伪造的信用卡而使用的。使用以虚假的身份证明骗领的信用卡，是指行为人使用以虚假的本人居民身份证、军官证或者境外居民护照等证件，或者违背他人意愿使用他人上述证件，以欺骗手段而领取的信用卡。

（2）使用作废的信用卡的。作废的信用卡，主要有以下三种情形：一是信用卡因超过有效使用期限而自动作废；二是持卡人在信用卡有效期间内因停止使用，已办理退卡手续并将该信用卡退回发卡机构而使信用卡作废；三是信用卡因挂失而作废。

（3）冒用他人信用卡的。冒用信用卡，是指行为人擅自以持卡人的名义，使用自己无权使用的他人的信用卡。根据最高人民法院、最高人民检察院《关于办理妨害信用卡管理刑事件具体应用法律若干问题的解释》（以下简称《妨害信用卡管理解释》）的规定，冒用信用卡主要包括：拾得他人信用卡并使用的；骗取他人信用卡并使用的；窃取、收买、骗取或者以其他非法方式获取他人信用卡信息资料，并通过互联网、通讯终端等使用的；其他冒用他人信用卡的情形。如果是亲友之间经持卡人同意借用信用卡的行为，虽然违反了信用卡管理的有关规定，但不构成犯罪。

（4）恶意透支的。持卡人在信用卡账户上资金不足的情况下，可以根据信用卡章程及协议约定，在一定额度内使用信用卡先行消费，随后由发卡银行以贷款形式加以解决，即持卡人须在约定期间补充资金并支付利息，是信用卡的善意透支。而所谓恶意透支，是指持卡人以非法占有为目的，超过规定限额或者规定期限透支，并且经发卡银行两次催收后超过3个月仍不归还的行为。区分善意透支与恶意透支，关键看行为人是否具有非法占有的目的，行为人有无归还资金的意图。根据《妨害信用卡管理解释》的规定，有以下情形之一的，应当认定为具有以非法占有为目的的恶意透支：1）明知没有还款能力而大量透支，无法归还的；2）肆意挥霍透支的资金，无法归还的；3）透支后逃匿、改变联系方式，逃避银行催收的；4）抽逃、转移资金，隐匿财产，逃避还款的；5）使用透支的资金进行违法犯罪活动的；6）其他非法占有资金，拒不归还的行为。恶意透支的数额，是指在第一款规定的条件下持卡人拒不归还的数额或者尚未归还的数额，不包括复利、滞纳金、手续费等发卡银行收取的费用。恶意透支数额较大，在公安机关立案前已偿还全部透支款息，情节显著轻微的，可以依法不追究刑事责任。

根据《妨害信用卡管理解释》的规定，使用伪造的信用卡、以虚假的身份证明骗领的信用卡、作废的信用卡或者冒用他人信用卡，进行信用卡诈骗活动，数额在5 000元以上不满5万元的，属于信用卡诈骗罪中“数额较大”，可以追究刑事责任；而对于恶意透支型信用卡诈骗罪，其数额必须达到1万元方可追究刑事责任。

3. 本罪的主体只能是已满16周岁、具有刑事责任能力的自然人。

4. 本罪在主观上表现为故意，即行为人明知自己的行为会发生破坏金融管理秩序、侵犯公私财产所有权的危害结果，并且希望或者放任这种结果的发生。此外，行为人主观上必须具有非法占有他人财物的目的。

（二）信用卡诈骗罪的认定

认定本罪，应当注意以下问题：

1. 本罪与伪造金融票证罪的界限

伪造信用卡后自己使用的行为，可能同时构成本罪和伪造金融票证罪。两罪之间的区别在于：（1）本罪的基本罪是结果犯，实施信用卡诈骗行为必须骗取数额较大，才构成犯罪；伪造金融票证罪的基本罪是行为犯，只要实施了伪造信用卡的行为（一般信用卡1张，空白信用卡10张），无论是否发生危害结果都可以构成犯罪。（2）本罪的主体仅限于自然人，单位不能构成；伪造金融票证罪的主体包括自然人和单位。行为人伪造信用卡后自己使用的，如果骗取财物的数额未达到较大，应当认定为伪造金融票证罪；如果骗取财物的数额较大，应当按照牵连犯的理论，从一重罪处断。

2. “恶意透支”行为的认定

由于《刑法》第196条明文规定“恶意透支”型的信用卡诈骗罪要有“经发卡银行催收后仍不归还”的构成要件要素，那么，持卡人以非法占有为目的，超过规定限额或者规定期限透支，但是发卡银行没有向持卡人催收（如因持卡人恶意逃避等原因）的案件就不能成立信用卡诈骗罪。如果行为符合盗窃罪或者诈骗罪的构成要件，应以盗窃罪或者诈骗罪论处。

3. 盗窃信用卡犯罪行为的定性

根据《刑法》第 196 条第 3 款的规定，盗窃信用卡并使用的，依照《刑法》第 264 条关于盗窃罪的规定定罪处罚。根据 1998 年 3 月 10 日最高人民法院《关于审理盗窃案件具体应用法律若干问题的解释》第 10 条的规定，盗窃信用卡并使用的，其盗窃数额应当根据行为人盗窃信用卡后使用的数额认定。这里的信用卡是指他人的真实有效的信用卡，如果盗窃伪造的或者作废的信用卡并使用的，则属于信用卡诈骗行为。盗窃他人真实有效的信用卡但并没有使用的行为，由于尚未达到盗窃数额较大，因此难以成立盗窃罪，同时由于信用卡诈骗罪要求使用作废的信用卡或者冒用他人信用卡，因此也不能构成信用卡诈骗罪。

盗窃信用卡并使用后又“恶意透支”的，应认定为盗窃罪，此种行为之所以由于不构成信用卡诈骗罪，是因为根据《刑法》的规定，信用卡“恶意透支”的行为主体应当是持卡人本人。

至于现实中发生的抢劫信用卡并使用的案件，由于《刑法》对此未作专门规定，因而在理论和实践中存在一定的争议。我们认为，以现行《刑法》有关“盗窃信用卡并使用的依照盗窃罪定罪处罚”的规定精神为依据，对于抢劫、抢夺信用卡并使用的行为，应以抢劫罪定罪处罚。

(三) 信用卡诈骗罪的处罚

根据《刑法》第 196 条的规定，犯本罪的，处 5 年以下有期徒刑或者拘役，并处 2 万元以上 20 万元以下罚金；数额巨大或者有其他严重情节的，处 5 年以上 10 年以下有期徒刑，并处 5 万元以上 50 万元以下罚金；数额特别巨大或者有其他特别严重情节的，处 10 年以上有期徒刑或者无期徒刑，并处 5 万元以上 50 万元以下罚金或者没收财产。

根据《妨害信用卡管理解释》的规定，一般的信用卡诈骗罪，数额 5 万元以上不满 50 万元的为“数额巨大”，数额在 50 万元以上的为“数额特别巨大”。而恶意透支型的信用卡诈骗罪，数额 10 万元以上不满 100 万元的为“数额巨大”，数额在 100 万元以上的为“数额特别巨大”。另外，对于恶意透支应当追究刑事责任的，在公安机关立案后人民法院判决宣告前已偿还全部透支款息的，可以从轻处罚，情节轻微的，可以免除处罚。

七、有价证券诈骗罪

有价证券诈骗罪，是指以非法占有为目的，使用伪造、变造的国库券或者国家发行的其他有价证券，进行诈骗活动，数额较大的行为。本罪的构成要件是：

1. 本罪侵犯的客体是复杂客体，即国家正常的有价证券管理秩序和公私财产的所有权。

2. 本罪在客观上表现为使用伪造、变造的国库券或者国家发行的其他有价证券，进行诈骗活动，并且数额较大（1 万元以上）。

3. 本罪的主体只能是已满 16 周岁、具有刑事责任能力的自然人。

4. 本罪在主观上只能是故意，并具有非法占有的目的。

根据《刑法》第 197 条的规定，犯本罪的，处 5 年以下有期徒刑或者拘役，并处 2 万元以上 20 万元以下罚金；数额巨大或者有其他严重情节的，处 5 年以上 10 年以下有期徒刑，并处 5 万元以上 50 万元以下罚金；数额特别巨大或者有其他特别严重情节的，处 10 年以上有期徒刑或者无期徒刑，并处 5 万元以上 50 万元以下罚金或者没收财产。

八、保险诈骗罪

(一) 保险诈骗罪的概念和构成

保险诈骗罪，是指投保人、被保险人或者受益人以非法占有为目的，采用虚构事实、隐瞒真相的方法骗取保险金，数额较大的行为。本罪的构成要件是：

1. 本罪侵犯的客体是复杂客体，即国家正常的保险管理秩序和保险人的财产所有权。保险是指投保人根据合同约定，向保险人支付保险费，保险人对于合同约定的可能发生的事故，因其发生而造成的财产损失，承担赔偿保险金责任，或者当被保险人死亡、伤残、疾病或者达到合同约定的年龄期限时，承担给付保险金责任的商业保险行为。

2. 本罪在客观上表现为采取虚构保险标的、保险事故或者制造保险事故等手段，进行保险诈骗活动，并且骗取保险金的数额较大。具体表现为下列情形：(1) 投保人故意虚构保险标的，骗取保险金的；(2) 投保人、被保险人或者受益人对保险事故编造虚假的原因或者夸大损失的程度，骗取保险金的；(3) 投保人、被保险人或者受益人编造未曾发生的保险事故，骗取保险金的；(4) 投保人、被保险人故意造成财产损失的保险事故，骗取保险金的；(5) 投保人、受益人故意造成被保险人死亡、伤残或者疾病，骗取保险金的。行为人骗取保险金必须数额较大，方可构成本罪。根据《追诉标准（二）》的规定，进行保险诈骗活动，涉嫌下列情形之一的，应予立案追诉：(1) 个人进行保险诈骗数额 1 万元以上的；(2) 单位进行保险诈骗数额 5 万元以上的。

3. 本罪的主体是特殊主体，限于投保人、被保险人和受益人。投保人是指对保险标的具有保险利益，与保险人签订保险合同并向保险人交付保险费的人。被保险人是指其财产或者人身受保险合同保障，在保险事故发生或者约定的保险期间届满时，根据保险合同享有保险金请求权的人，投保人可以为被保险人；受益人是指在人身保险合同中由被保险人或者投保人明确指定的或者依照法律规定享有保险金请求权的人，投保人、被保险人可以为受益人。保险诈骗罪的犯罪主体必须是与保险人订立保险合同的当事人和人身保险合同中享有保险金请求权的受益人，这在刑法理论上称为身份犯。需要注意的是，《刑法》根据本罪的行为方式对主体范围作出了明确具体的限定，以不同方式实施本罪的主体是不完全相同的。如虚构保险标的的主体仅限于投保人；对保险事故编造虚假原因或者夸大损失程度的和虚构保险事故的主体，均包括投保人、被保险人与受益人；故意造成财产损失的保险事故的主体是投保人、被保险人，因为财产保险的受益人就是被保险人；故意造成被保险人死亡、伤残或者疾病的主体限于投保人、受益人。

根据《刑法》第 198 条第 3、4 款的规定，单位可以成为本罪的主体；保险事故的鉴定人、证明人、财产评估人故意提供虚假的证明文件，为他人诈骗提供条件的，以保险诈骗的共犯论处。

根据《刑法》第183条的规定，保险公司的工作人员利用职务上的便利，故意编造未曾发生的保险事故进行虚假理赔，骗取保险金归自己所有的，依照《刑法》第271条关于职务侵占罪的规定定罪处罚。国有保险公司工作人员和国有保险公司委派到非国有保险公司从事公务的人员有前款行为的，依照《刑法》第382、383条关于贪污罪的规定定罪处罚。

保险诈骗的行为人与保险公司工作人员相互勾结，共同骗取保险金的，构成共同犯罪，其共同犯罪的罪名应当根据正犯行为的犯罪性质确定。

4. 本罪在主观上表现为故意，即行为人明知自己的行为会发生破坏金融管理秩序、侵犯保险人财产的危害结果，并且希望这种结果的发生。此外，行为人主观上必须具有非法占有保险金的目的。

（二）保险诈骗罪的认定

认定本罪，应当注意以下问题：

1. 本罪的着手与未遂

在保险诈骗罪的客观方面，虚构保险标的、保险事故或者制造保险事故等行为，只是为了骗取保险金准备前提条件；如果行为人实施了上述行为而未到保险公司索赔，则保险活动秩序与保险人的财产受侵害的危险性就比较小；只有当行为人向保险公司索赔时，才能认为保险活动秩序与保险人的财产受侵害的危险性达到了紧迫程度。因此，就保险诈骗罪而言，向保险人提出支付保险金的请求的行为，才是具有侵害法益的紧迫危险性的实行行为。申言之，本罪的着手不是开始实施虚构保险标的、保险事故或者制造保险事故等行为，而是开始实施向保险人提出支付保险金的请求的行为。例如，行为人甲为了骗取保险金，而故意造成被保险人死亡，进而骗取保险金的，开始杀害被保险人时，还不是保险诈骗罪的着手（那是故意杀人罪的着手），以被保险人死亡为根据向保险人提出给付保险金的请求时，才是保险诈骗罪的着手。

我国刑法规定的保险诈骗罪是结果犯（数额犯），根据1998年11月27日最高人民检察院研究室《关于保险诈骗未遂能否按犯罪处理问题的答复》，“行为人已经着手实施保险诈骗行为，但由于其意志以外的原因未能获得保险赔偿的，是诈骗未遂，情节严重的，应依法追究刑事责任”。按照我国的刑法理论与司法实践，对于保险诈骗未遂的，可以未遂犯论处。但是，如果上述案例中的行为人甲在故意杀害被保险人后败露，未及向保险人提出给付保险金的请求即被抓获归案。甲的行为构成故意杀人罪无疑，但并不同时构成保险诈骗罪（未遂），因为甲仅仅实施了故意杀人的行为，虽然该行为为骗取保险金准备了条件，但他还没有开始实施向保险人骗取保险金的行为，即尚未着手实行保险诈骗犯罪行为，当然就不存在保险诈骗罪的未遂问题，故不能认为其行为符合《刑法》第198条第1款第5项的规定。

2. 本罪中的罪数问题

根据《刑法》第198条第2款的规定，投保人、被保险人故意造成财产损失的保险事故，骗取保险金的或者投保人、受益人故意造成被保险人死亡、伤残或者疾病，骗取保险金的行为，同时构成其他犯罪的，如放火罪、爆炸罪、故意毁坏财物罪、故意杀人罪、故意伤害罪等，依照数罪并罚的规定处罚。例如，投保人、被保险人放火烧毁已经投保的房屋，危害公共安全，并以此为根据骗取保险金的，应当以放火罪和保险诈骗罪实行并罚。再如，投保人、受益人故意造成被保险人死亡，然后骗取保险金的，应以故意杀人罪和保险诈骗罪实行并罚。这是因为故意制造保险事故的行为本身已经完全符合某些犯罪的构成要件，而利用故意制造的保险事故骗取保险金的行为则属于实施另一独立的犯罪。我国刑法理论中关于认定行为罪数的通说“犯罪构成标准说”认为，行为符合一个犯罪构成的，成立一罪；行为符合数个犯罪构成的，成立数罪；数次行为数次符合一个犯罪构成的，成立同种数罪。[①] 坚持“犯罪构成标准说”，对上述行为理应以数罪论处。如果行为人为了骗取保险金，伪造有关公文、证件、印章的，由于伪造公文、证件、印章的行为可以为保险诈骗罪中“虚构事实，隐瞒真相”的客观构成要件所包含，故仍按照牵连犯实行“从一重处断”。

（三）保险诈骗罪的处罚

根据《刑法》第 198 条第 1 款的规定，犯本罪的，处 5 年以下有期徒刑或者拘役，并处 1 万元以上 10 万元以下罚金；数额巨大或者有其他严重情节的，处 5 年以上 10 年以下有期徒刑，并处 2 万元以上 20 万元以下罚金；数额特别巨大或者有其他特别严重情节的，处 10 年以上有期徒刑，并处 2 万元以上 20 万元以下罚金或者没收财产。

根据《刑法》第 198 条第 3 款的规定，单位犯本罪的，对单位判处罚金，并对其直接负责的主管人员和其他直接责任人员，处 5 年以下有期徒刑或者拘役；数额巨大或者有其他严重情节的，处 5 年以上 10 年以下有期徒刑；数额特别巨大或者有其他特别严重情节的，处 10 年以上有期徒刑。

第七节 危害税收征管罪

一、逃税罪

（一）逃税罪的概念和构成

逃税罪，是指纳税人、扣缴义务人违反国家税收征管法律法规，采取欺骗、隐瞒手段进行虚假纳税申报或者不申报，逃避缴纳税款数额较大并且占应纳税额 10%以上的行为。本罪的构成要件是：

1. 本罪侵犯的客体是复杂客体，即国家正常的税收征管秩序和国家的税收财产权。本罪的犯罪对象是应征税款和代扣、代收税款。

2. 本罪在客观上表现为违反国家税收法律法规，偷逃税款。逃税的行为方式主要有两种：（1）虚假纳税申报。即行为人向税务机关报送虚假的纳税申报表、财务报表、代扣代缴、代收代缴税款报告表或者其他纳税申报资料，如提供虚假申报，编造减税、

---

① 参见苏惠渔主编：《刑法学》（修订版），256 页，北京，中国政法大学出版社，1997。

免税、抵税、先征收后退还税款等虚假资料等。（2）不申报纳税。即行为人应该向税务机关申报纳税而不申报。

成立逃税罪要求同时具备“逃避缴纳税款数额较大”和“占应纳税额百分之十以上”两个条件。根据《追诉标准（二）》的规定，逃避缴纳税款，涉嫌下列情形之一的，应予立案追诉：（1）纳税人采取欺骗、隐瞒手段进行虚假纳税申报或者不申报，逃避缴纳税款，数额在5万元以上并且占各税种应纳税总额10%以上，经税务机关依法下达追缴通知后，不补缴应纳税款、不缴纳滞纳金或者不接受行政处罚的；（2）纳税人5年内因逃避缴纳税款受过刑事处罚或者被税务机关给予2次以上行政处罚，又逃避缴纳税款，数额在5万元以上并且占各税种应纳税总额10%以上的；（3）扣缴义务人采取欺骗、隐瞒手段，不缴或者少缴已扣、已收税款，数额在5万元以上的。

对于纳税人的逃税行为，经税务机关依法下达追缴通知后，补缴应纳税款，缴纳滞纳金，已受行政处罚的，不予追究刑事责任；但是，5年内因逃避缴纳税款受过刑事处罚或者被税务机关给予2次以上行政处罚的除外。

3. 本罪的主体是纳税人与扣缴义务人。纳税人是指法律、行政法规规定的负有纳税义务的单位或者个人；扣缴义务人是指法律、行政法规规定的负有代扣代缴、代收代缴税款义务的单位或者个人。因此，逃税罪的主体既可以是自然人，也可以是单位。税务人员与纳税人相互勾结，共同实施逃税行为的，以逃税共犯论处。单位的会计或出纳等个人，擅自为单位逃税，不构成单位犯罪的，应认定为自然人逃税罪。

4. 本罪在主观上表现为故意，《刑法》虽然没有明确规定本罪的构成要求有特定目的，但从其对客观行为的表述以及逃税罪的性质来看，行为人主观上必须出于不缴或者少缴应纳税款或已扣、已收税款的目的。过失导致不缴或者少缴税款的，不成立本罪。

（二）逃税罪的认定

认定本罪，应当注意如下问题：

1. 逃税与漏税的界限

漏税，是指纳税单位或者个人属于无意识而发生的漏缴或少缴税款的行为，如由于不了解、不熟悉税法规定和财务制度或因工作粗心大意，错用税率、漏报应税项目，不计应税数量、销售金额和经营利润等。漏税行为不构成犯罪，它与逃税的区别主要表现在两个方面：（1）逃税行为只能是故意实施的，而且具有不缴或者少缴税款的目的；而漏税不是故意实施的，不具有不缴或者少缴税款的目的。（2）逃税行为表现为采取欺骗性、逃避性的非法手段不缴或者少缴税款；而漏税行为并没有采取这种非法手段。前者是区分逃税与漏税的关键，至于行为人主观上是否出于故意，则要根据案件的全部情节进行认定，特别要联系手段是否具有欺骗性、逃避性来认定。

2. 逃税与避税的界限

一般认为，避税是指利用税法的漏洞或模糊之处，通过对经营活动和财务活动的安排，以达到免税或者少缴税款目的的行为。避税行为通常表现为以下四种情况：一是利用选择性条文避税；二是利用不清晰的条文避税；三是利用伸缩性条文避税；四是利用矛盾性、冲突性条文避税。第一种行为并不违法，其他三种行为虽然违反税法精神，但由于这些行为不符合逃税罪的构成要件，故只能根据税法的有关规定作补税处理，不能认定为逃税罪。

3. 逃税与欠税的界限

所谓欠税，是指在法律规定的纳税期限内，纳税人因无力缴纳税款而拖欠税款的行为。两者区别的关键在于，逃税具有逃避应纳税款的故意，而欠税则无此故意，只是表现为没有按时缴纳税款。

(三) 逃税罪的处罚

根据《刑法》第201、211、212条的规定，犯本罪的，处3年以下有期徒刑或者拘役，并处罚金；数额巨大并且占应纳税额30%以上的，处3年以上7年以下有期徒刑，并处罚金。单位犯本罪的，对单位判处罚金，并对其直接负责的主管人员和其他直接责任人员，依照上述规定处罚。判处罚金、没收财产的，在执行前，应当先由税务机关追缴税款。

二、抗税罪

抗税罪，是指负有纳税义务的行为人，违反国家税收征管法律法规，以暴力、威胁方法拒不缴纳税款的行为。本罪的构成要件是：

1. 本罪侵犯的客体是复杂客体，即国家正常的税收征管秩序和税务机关的财产、税务工作人员的人身安全。

2. 本罪在客观上表现为使用暴力、威胁方法拒不缴纳税款的行为。所谓“暴力”，包括两种情况：一是指行为人冲击、打砸税务机关，使税务机关不能从事正常的税收活动；二是指行为人对依法履行职务的税务工作人员的人身实施袭击或者使用其他暴力手段，例如殴打、捆绑、禁闭等，使其不能正常履行职责。所谓“威胁”，是指行为人对依法履行职务的税务工作人员实施精神上的强制，例如以杀害、伤害或者毁坏名誉、毁坏财物等相要挟。根据《追诉标准（二）》的规定，以暴力、威胁方法拒不缴纳税款，涉嫌下列情形之一的，应予立案追诉：（1）造成税务工作人员轻微伤以上的；（2）以给税务工作人员及其亲友的生命、健康、财产等造成损害为威胁，抗拒缴纳税款的；（3）聚众抗拒缴纳税款的；（4）以其他暴力、威胁方法拒不缴纳税款的。

3. 本罪的主体只能是自然人。与纳税人或者扣缴义务人共同实施抗税行为的，以抗税罪的共犯依法处罚。

4. 本罪在主观上表现为故意。对暴力、威胁造成的结果，以及拒不缴纳税款的结果持希望或者放任态度，并且具有拒不缴纳税款的目的。

根据《刑法》第202、212条的规定，犯本罪的，处3年以下有期徒刑或者拘役，并处拒缴税款1倍以上5倍以下罚金；情节严重的，处3年以上7年以下有期徒刑，并处拒缴税款1倍以上5倍以下罚金。执行罚金、没收财产前，应当先由税务机关追缴税款。

三、逃避追缴欠税罪

逃避追缴欠税罪，是指纳税人违反国家税收征管法律法规，在欠缴应纳税款的情况下，故意采取转移或者隐匿财产的手段，致使税务机关无法追缴欠缴的税款，数额较大的行为。本罪的构成要件是：

1. 本罪侵犯的客体是国家正常的税收管理秩序。

2. 本罪在客观上表现为欠缴应缴税款，采取转移或者隐匿财产的手段，致使税务机关无法追缴欠缴的税款，数额较大的行为。其中，“转移财产”，主要是指行为人从开户银行或者有关金融机构将存款转入他人账号或者提走存款，或者将其商品、货物或者其他财产转移至通常存放地点以外的地点。“隐匿财产”，是指行为人将其财产予以隐藏，使税务机关难以或者不能发现。转移、隐匿财产的行为必须在欠缴应缴税款的情况下实施，否则不成立本罪。转移、隐匿财产的行为还必须使税务机关无法追缴欠缴的税款。“无法追缴”应理解为“足以使行为人逃税”，即存在使行为人逃税的可能性，从另一方面来说，就是具有使税务机关不能追缴欠税的可能性。根据《刑法》的规定，成立本罪要求数额较大（1万元以上）。

3. 本罪的主体是欠税人。欠税人首先必须是纳税人，纳税人欠缴应纳税款的，便是欠税人。本罪主体既可以是自然人，也可以是单位。

4. 本罪在主观上表现为故意。

根据《刑法》第203、211条以及第212条的规定，犯本罪，数额在1万元以上不满10万元的，处3年以下有期徒刑或者拘役，并处或者单处欠缴税款1倍以上5倍以下罚金；数额在10万元以上的，处3年以上7年以下有期徒刑，并处欠缴税款1倍以上5倍以下罚金。单位犯本罪的，对单位判处罚金，并对其直接负责的主管人员和其他直接责任人员，依照上述规定处罚。执行罚金、没收财产前，应当先由税务机关追缴税款。

四、骗取出口退税罪

骗取出口退税罪，是指违反国家税收征管法律法规，以假报出口或者其他欺骗手段，骗取国家出口退税款，数额较大的行为。本罪的构成要件是：

1. 本罪侵犯的客体是国家正常的出口退税管理秩序和国家的税收所有权。

2. 本罪在客观上表现为采取假报出口或者其他欺骗手段，骗取国家出口退税，数额较大的行为。假报出口是指以虚构已税货物出口事实为目的，具有下列情形之一的行为：（1）伪造或者签订虚假的买卖合同；（2）以伪造、变造或者其他非法手段取得出口货物报关单、出口收汇核销单、出口货物专用缴款书等有关出口退税单据、凭证；（3）虚开、伪造、非法购买增值税专用发票或者其他可以用于出口退税的发票；（4）其他虚构已税货物出口事实的行为。其他欺骗手段是指下列情形之一：（1）骗取出口货物退税资格的；（2）将未纳税或者免税货物作为已税货物出口的；（3）虽有货物出口，但虚构该出口货物的品名、数量、单价等要素，骗取未实际纳税部分出口退税款的；（4）以其他手段骗取出口退税款的。纳税人缴纳税款后，采取欺骗方法，骗取所缴纳的税款的，依照逃税罪定罪处罚；骗取税款超过所缴纳的税款部分，依照本罪定罪处罚。根据《追诉标准（二）》的规定，骗取出口退税数额5万元以上的，应予立案追诉。

3. 本罪的主体是一般主体，包括自然人和单位。

4. 本罪在主观上表现为故意，即行为人明知自己的行为会骗取国家出口退税款，而故意实施该行为，其目的在于非法获取国家出口退税款。

根据《刑法》第204、211条以及第212条的规定，犯本罪的，处5年以下有期徒刑或者拘役，并处骗取税款1倍以上5倍以下罚金；数额巨大或者有其他严重情节的，处5年以上10年以下有期徒刑，并处骗取税款1倍以上5倍以下罚金；数额特别巨大或者有其他特别严重情节的，处10年以上有期徒刑或者无期徒刑，并处骗取税款1倍以上5倍以下罚金或者没收财产。单位犯本罪的，对单位判处罚金，并对其直接负责的主管人员和其他直接责任人员，依照上述规定处罚。在执行罚金、没收财产前，应当由税务机关追缴骗取的出口退税款。

五、虚开增值税专用发票、用于骗取出口退税、抵扣税款发票罪

虚开增值税专用发票、用于骗取出口退税、抵扣税款发票罪，是指违反国家税收征管法律法规，故意虚开增值税专用发票或者虚开用于骗取出口退税、抵扣税款的其他发票的行为。本罪的构成要件是：

1. 本罪侵犯的客体是国家正常的增值税专用发票、出口退税、抵扣税款发票管理秩序。本罪的犯罪对象是增值税专用发票和其他可以用于骗取出口退税、抵扣税款的发票。“增值税专用发票”，是指以企业生产经营过程中新增的价额为征税依据作为征收税款的凭证，即应缴税款不包括在商品的价格之内的价外税收凭证。“出口退税、抵扣税款的其他发票”，是指除增值税专用发票以外的，具有出口退税、抵扣税款功能的收付款凭证或者完税凭证。

2. 本罪在客观上表现为行为人虚开增值税专用发票、虚开用于骗取出口退税、抵扣税款的其他发票。虚开专用发票，即开具与经营活动不符的专用发票，通常包括如下情形：（1）没有货物购销或者没有提供或接受应税劳务情况下开具专用发票；（2）有货物购销或者提供或接受了应税劳务但开具专用发票数量或者金额不实；“虚开”，包括为他人虚开、为自己虚开、让他人为自己虚开、介绍他人虚开专用发票4种情况。根据《追诉标准（二）》的规定，虚开增值税专用发票或者虚开用于骗取出口退税、抵扣税款的其他发票，虚开的税款数额1万元以上或者致使国家税款被骗数额在5 000元以上的，应予立案追诉。

3. 本罪的主体是一般主体，包括自然人和单位。虚开上述专用发票的犯罪人与骗取税款的犯罪人均应对虚开的税款数额和实际骗取的国家税款数额承担刑事责任。

4. 本罪在主观上表现为故意，行为人明知虚开增值税专用发票或者用于骗取国家出口退税、抵扣税款的其他发票会造成国家税款的流失，而故意实施该行为。

根据《刑法》第205条和第212条的规定，犯本罪的，处3年以下有期徒刑或者拘役，并处2万元以上20万元以下罚金；虚开的税款数额较大或者有其他严重情节的，处3年以上10年以下有期徒刑，并处5万元以上50万元以下罚金；虚开的税款数额巨大或者有其他特别严重情节的，处10年以上有期徒刑或者无期徒刑，并处5万元以上

50万元以下罚金或者没收财产。单位犯本罪的，对单位判处罚金，并对其直接负责的主管人员和其他直接责任人员，处3年以下有期徒刑或者拘役；虚开的税款数额较大或者有其他严重情节的，处3年以上10年以下有期徒刑；虚开的税款数额巨大或者有其他特别严重情节的，处10年以上有期徒刑或者无期徒刑。在执行罚金、没收财产前，应当先由税务机关追缴税款。

六、虚开发票罪

虚开发票罪是指虚开增值税专用发票、用于骗取出口退税、抵扣税款发票以外的其他发票，情节严重的行为。本罪的构成要件是：

1. 本罪侵犯的客体是国家正常的普通发票管理秩序。本罪的犯罪对象是增值税专用发票和出口退税、抵扣税款以外的其他普通发票。

2. 本罪在客观上表现为行为人虚开增值税专用发票、用于骗取出口退税、抵扣税款以外的其他普通发票。构成本罪必须达到“情节严重”的程度。

3. 本罪的主体是一般主体，包括自然人和单位。

4. 本罪在主观上表现为故意。

根据《刑法》第205条之一的规定，犯本罪的，处2年以下有期徒刑、拘役或者管制，并处罚金；情节特别严重的，处2年以上7年以下有期徒刑，并处罚金。单位犯本罪的，对单位判处罚金，并对其直接负责的主管人员和其他直接责任人员，依照上述规定处罚。

七、伪造、出售伪造的增值税专用发票罪

伪造、出售伪造的增值税专用发票罪，是指违反国家税收征管法律法规、国家发票管理法规，非法印制、复制或者使用其他方法伪造增值税专用发票或者出售伪造的增值税专用发票的行为。本罪的构成要件是：

1. 本罪侵犯的客体是国家正常的增值税专用发票管理秩序。

2. 本罪在客观上表现为伪造增值税专用发票或者出售伪造的增值税专用发票的行为。这里的“伪造”，不仅包括无制造权的人制造能使一般人误以为是真的假增值税专用发票，而且包括对真实增值税发票进行加工的变造行为。本罪只要具有两种行为之一的，即可构成。但如果同时具有两种行为的，也以一罪论处。根据《追诉标准（二）》的规定，伪造或者出售伪造的增值税专用发票25份以上或者票面额累计在10万元以上的，应予立案追诉。

3. 本罪的主体是一般主体，包括自然人和单位。

4. 本罪在主观上表现为故意，即明知是伪造、出售伪造的增值税专用发票而有意实施。

根据《刑法》第206条的规定，犯本罪的，处3年以下有期徒刑、拘役或者管制，并处2万元以上20万元以下罚金；数量较大或者有其他严重情节的，处3年以上10年以下有期徒刑，并处5万元以上50万元以下罚金；数量巨大或者有其他特别严重情节

的，处10年以上有期徒刑或者无期徒刑；并处5万元以上50万元以下罚金或者没收财产。单位犯本罪的，对单位判处罚金，并对其直接负责的主管人员和其他直接责任人员，处3年以下有期徒刑、拘役或者管制；数量较大或者有其他严重情节的，处3年以上10年以下有期徒刑；数量巨大或者有其他特别严重情节的，处10年以上有期徒刑或者无期徒刑。

八、非法出售增值税专用发票罪

非法出售增值税专用发票罪，是指违反国家发票管理法规，未经主管税务机关批准，非法出售增值税专用发票的行为。本罪的构成要件是：

1. 本罪侵犯的客体是国家正常的增值税专用发票管理秩序。

2. 本罪在客观上表现为违反国家发票管理法规，未经主管税务机关批准，非法出售增值税专用发票的行为。根据增值税专用发票的管理规定，增值税专用发票实行专门机关（即税务机关）专门发售，购买人实行谁购买谁专用的原则，禁止擅自买卖增值税专用发票的行为。根据《追诉标准（二）》的规定，非法出售增值税专用发票25份以上或者票面额累计在10万元以上的，应予立案追诉。

3. 本罪的主体是一般主体，包括自然人和单位。

4. 本罪在主观上表现为故意，并且具有谋取非法经济利益的目的。

根据《刑法》第207条和第211条的规定，犯本罪的，处3年以下有期徒刑、拘役或者管制，并处2万元以上20万元以下罚金；数量较大的，处3年以上10年以下有期徒刑，并处5万元以上50万元以下罚金；数量巨大的，处10年以上有期徒刑或者无期徒刑，并处5万元以上50万元以下罚金或者没收财产。单位犯本罪的，对单位判处罚金，并对其直接负责的主管人员和其他直接责任人员，依照上述规定处罚。

九、非法购买增值税专用发票、购买伪造的增值税专用发票罪

非法购买增值税专用发票、购买伪造的增值税专用发票罪，是指违反国家增值税专用发票管理法规，非法购买增值税专用发票，或者购买伪造的增值税专用发票的行为。本罪的构成要件是：

1. 本罪侵犯的客体是国家正常的增值税专用发票管理秩序。

2. 本罪在客观上表现为违反国家增值税专用发票管理法规，非法购买增值税专用发票，或者购买伪造的增值税专用发票的行为。根据增值税专用发票的管理规定，需要使用增值税专用发票的单位或个人，应当提出购买申请，提供必要的证明，经税务机关批准，领取发票领购簿，凭发票领购簿向主管税务机关领购增值税专用发票。非法购买增值税专用发票，就是违反了这一规定。而伪造的增值税专用发票，本身属于违禁品，更不允许违法买卖。根据《追诉标准（二）》的规定，非法购买增值税专用发票或者购买伪造的增值税专用发票25份以上或者票面额累计在10万元以上的，应予立案追诉。

3. 本罪的主体是一般主体，包括自然人和单位。

4. 本罪在主观上表现为故意，并且具有谋取非法经济利益的目的。

根据《刑法》第208条和第211条的规定，犯本罪的，处5年以下有期徒刑或者拘役，并处或者单处2万元以上20万元以下罚金。单位犯本罪的，对单位判处罚金，并对其直接负责的主管人员和其他直接责任人员，依照上述规定处罚。

十、非法制造、出售非法制造的用于骗取出口退税、抵扣税款发票罪

非法制造、出售非法制造的用于骗取出口退税、抵扣税款发票罪，是指违反国家发票管理法规，伪造、擅自制造或者出售伪造、擅自制造的增值税专用发票以外的可以用于骗取出口退税、抵扣税款的其他发票的行为。本罪的构成要件是：

1. 本罪侵犯的客体是国家正常的出口退税、抵扣税款发票管理秩序。

2. 本罪在客观上表现为违反国家发票管理法规，伪造、擅自制造或者出售伪造、擅自制造的增值税专用发票以外的可以用于骗取出口退税、抵扣税款的其他发票的行为。伪造，是指没有印制权的人，印制足以使一般人误认为是可以用于骗取出口退税、抵扣税款的发票；擅自制造，是指发票印制的指定企业，超出税务机关批准的范围，私自印制上述发票。根据《追诉标准（二）》的规定，伪造、擅自制造或者出售伪造、擅自制造的可以用于骗取出口退税、抵扣税款的非增值税专用发票50份以上或者票面额累计在20万元以上的，应予立案追诉。

3. 本罪的主体是一般主体，包括自然人和单位。

4. 本罪在主观上表现为故意，并且具有谋取非法经济利益的目的。

根据《刑法》第209条第1款和第211条的规定，犯本罪的，处3年以下有期徒刑、拘役或者管制，并处2万元以上20万元以下罚金；数量巨大的，处3年以上7年以下有期徒刑，并处5万元以上50万元以下罚金；数量特别巨大的，处7年以上有期徒刑，并处5万元以上50万元以下罚金或者没收财产。单位犯本罪的，对单位判处罚金，并对其直接负责的主管人员和其他直接责任人员，依照上述规定处罚。

十一、非法制造、出售非法制造的发票罪

非法制造、出售非法制造的发票罪，是指违反国家发票管理法规，伪造、擅自制造或者出售伪造、擅自制造的除增值税专用发票，可以用于骗取出口退税、抵扣税款以外的其他发票的行为。本罪的构成要件是：

1. 本罪侵犯的客体是国家正常的普通发票管理秩序。

2. 本罪在客观上表现为违反国家发票管理法规，伪造、擅自制造或者出售伪造、擅自制造的除增值税专用发票，可以用于骗取出口退税、抵扣税款以外的其他发票的行为。根据《追诉标准（二）》的规定，伪造、擅自制造或者出售伪造、擅自制造的不具有骗取出口退税、抵扣税款功能的普通发票100份以上或者票面额累计在40万元以上的，应予立案追诉。

3. 本罪的主体是一般主体，包括自然人和单位。

4. 本罪在主观上表现为故意，并且具有谋取非法经济利益的目的。

根据《刑法》第 209 条第 2 款和第 211 条的规定，犯本罪的，处 2 年以下有期徒刑、拘役或者管制，并处或者单处 1 万元以上 5 万元以下罚金；情节严重的，处 2 年以上 7 年以下有期徒刑，并处 5 万元以上 50 万元以下罚金。单位犯本罪的，对单位判处罚金，并对其直接负责的主管人员和其他直接责任人员，依照上述规定处罚。

十二、非法出售用于骗取出口退税、抵扣税款发票罪

非法出售用于骗取出口退税、抵扣税款发票罪，是指自然人或者单位，违反国家发票管理法规，故意非法出售除增值税专用发票以外的可以用于骗取出口退税、抵扣税款的其他发票的行为。本罪的构成要件是：

1. 本罪侵犯的客体是国家正常的出口退税、抵扣税款发票管理秩序。

2. 本罪在客观上表现为非法出售除增值税专用发票以外的可以用于骗取出口退税、抵扣税款的其他发票的行为。根据《追诉标准（二）》的规定，非法出售可以用于骗取出口退税、抵扣税款的非增值税专用发票 50 份以上或者票面额累计在 20 万元以上的，应予立案追诉。

3. 本罪的主体是一般主体，包括自然人和单位。

4. 本罪在主观上表现为故意，并且具有谋取非法经济利益的目的。

根据《刑法》第 209 条第 3 款和第 211 条的规定，犯本罪的，处 3 年以下有期徒刑、拘役或者管制，并处 2 万元以上 20 万元以下罚金；数量巨大的，处 3 年以上 7 年以下有期徒刑，并处 5 万元以上 50 万元以下罚金；数量特别巨大的，处 7 年以上有期徒刑，并处 5 万元以上 50 万元以下罚金或者没收财产。单位犯本罪的，对单位判处罚金，并对其直接负责的主管人员和其他直接责任人员，依照上述规定处罚。

十三、非法出售发票罪

非法出售发票罪，是指自然人或者单位，违反国家发票管理法规，故意非法出售除增值税专用发票，可以用于骗取出口退税、抵扣税款以外的其他发票的行为。本罪的构成要件是：

1. 本罪侵犯的客体是国家正常的普通发票管理秩序。

2. 本罪在客观上表现为违反国家税收管理法规，非法出售除增值税专用发票，可以用于骗取出口退税、抵扣税款以外的其他发票。根据《追诉标准（二）》的规定，非法出售普通发票 100 份以上或者票面额累计在 40 万元以上的，应予立案追诉。

3. 本罪的主体是一般主体，包括自然人和单位。

4. 本罪在主观上表现为故意，并且具有谋取非法经济利益的目的。

根据《刑法》第 209 条第 4 款和第 211 条的规定，犯本罪的，处 2 年以下有期徒刑、拘役或者管制，并处或者单处 1 万元以上 5 万元以下罚金；情节严重的，处 2 年以上 7 年以下有期徒刑，并处 5 万元以上 50 万元以下罚金。单位犯本罪的，对单位判处

罚金，并对其直接负责的主管人员和其他直接责任人员，依照上述规定处罚。

十四、持有伪造的发票罪

持有伪造的发票罪是指明知是伪造的发票而持有，数量较大的行为。本罪的构成要件是：

1. 本罪侵犯的客体是国家正常的发票管理秩序。本罪的犯罪对象是增值税专用发票和出口退税、抵扣税款发票和其他普通发票。

2. 本罪在客观上表现为持有增值税专用发票、用于骗取出口退税、抵扣税款发票和其他普通发票。构成本罪必须达到“数量较大”的标准。

3. 本罪的主体是一般主体，包括自然人和单位。

4. 本罪在主观上表现为故意。

根据《刑法》第 210 条之一的规定，犯本罪的，处 2 年以下有期徒刑、拘役或者管制，并处罚金；数量巨大的，处 2 年以上 7 年以下有期徒刑，并处罚金。单位犯本罪的，对单位判处罚金，并对其直接负责的主管人员和其他直接责任人员，依照上述规定处罚。

第八节　侵犯知识产权罪

一、假冒注册商标罪

（一）假冒注册商标罪的概念和构成

假冒注册商标罪，是指未经注册商标所有人的许可，在同一种商品上使用与其注册商标相同的商标，情节严重的行为。本罪的构成要件是：

1. 本罪的客体是国家对商标的管理制度和他人对注册商标的专用权。商标专用权，是指商标局核准注册的商标，商标注册人即商标所有者享有的排他的、独立的该项商标的权利。本罪的对象是他人已经注册的商标。根据《商标法》第 3 条的规定，注册商标包括商品商标、服务商标和集体商标、证明商标。作为本罪对象的注册商标，仅指商品商标。

2. 本罪的客观方面表现为未经注册商标所有人许可，在同一种商品上使用与其注册商标相同的商标，情节严重的行为。本罪的客观方面具体包括以下内容：（1）在商品上使用了他人的注册商标。使用他人未经注册的商标的，不能构成本罪。所谓使用，根据最高人民法院、最高人民检察院《关于办理侵犯知识产权刑事案件具体应用法律若干问题的解释》（以下简称《知识产权刑事案件解释》）第 8 条的规定，是指将注册商标或者假冒的注册商标用于商品、商品包装或者容器以及产品说明书、商品交易文书，或者将注册商标或者假冒的注册商标用于广告宣传、展览以及其他商业活动等行为。(2) 在同一种商品上使用与他人注册商标相同的商标。在不同种商品上使用他人注册商标的，不构成犯罪。根据《商标法》的规定，同一种商品，是指名称相同的商品，或名称虽不相同但所指的商品是相同的商品。与他人注册商标相同的商标，根据上述司法解释第8条的规定，是指与被假冒的注册商标完全相同，或者与被假冒的注册商标在视觉上基本无差别，足以对公众产生误导的商标。(3) 使用他人注册商标未经商标所有人许可。如果在同一种商品上使用他人的注册商标是经过他人同意的，不能构成犯罪。(4) 情节严重。根据《知识产权刑事案件解释》第1条第1款的规定，情节严重是指具有下列情形之一：其一，非法经营额在5万元或者违法所得数额在3万元以上。其二，假冒两种以上的注册商标，非法经营数额在3万元以上或者违法所得数额在2万元以上。非法经营数额，根据上述司法解释第12条的规定，是指行为人在实施侵犯知识产权行为过程中，制造、储存、运输、销售侵权产品的价值。已销售的侵权产品的价值，按照实际销售的价格计算。制造、储存、运输和未销售的侵权产品的价值，按照标价或者已经查清的侵权产品的实际销售平均价格计算。侵权产品没有标价或者无法查清其实际销售价格的，按照被侵权产品的市场中间价格计算。其三，其他情节严重的情形。单位假冒他人注册商标，按相应个人犯罪定罪标准的3倍执行。

3. 本罪的主体是一般主体，凡已满16周岁具有刑事责任能力的自然人和单位均可成为本罪的主体。

4. 本罪的主观方面表现为故意，即行为人明知是他人已经注册的商标而在同一种商品上使用。

(二) 假冒注册商标罪的认定

认定本罪，应当注意如下问题：

1. 本罪与非罪行为的界限

区分本罪与非罪行为的界限从以下三个方面着手：一是看行为人是否实施了本罪客观方面的行为。根据《商标法》第52条的规定，侵犯注册商标专用权的行为除了作为本罪客观方面行为的之外，还有三种：第一，在同一种商品上使用与他人注册商标近似的商标；第二，在类似的商品上使用与他人的注册商标相同的商标；第三，在类似的商品上使用与他人注册商标近似的商标。对实施上述三种假冒注册商标行为的，不能按犯罪处理，只能按民事侵权行为处理。二是看行为人是否有假冒他人注册商标的故意。对于不知道是他人已经注册的商标而在同一种商品上使用的行为，由于不具备本罪的故意，因而不能按犯罪处理。三是看情节是否严重。假冒他人注册商标，情节严重的，构成犯罪；情节没有达到严重程度的，则属于一般违法行为。

2. 本罪的帮助型共犯

对于明知他人实施假冒注册商标的犯罪，而为其提供贷款、资金、账号、发票、证明、许可证件，或者提供生产、经营场所或者运输、储存、代理进出口等便利条件、帮助的，以假冒注册商标罪的共同犯罪定罪处罚。

3. 本罪中的罪数问题

生产、销售伪劣商品的行为人，往往在自己生产、销售的伪劣商品上使用他人已经注册的商标，以次充好、以劣充优。此种情况属于牵连犯，对此应按假冒注册商标罪与生产、销售伪劣商品的有关犯罪择一重罪定罪并从重处罚。对于行为人既实施了假冒他人注册商标的行为，又销售了明知是他人假冒注册商标的商品的，按假冒注册商标罪与销售相关伪劣商品的犯罪实行数罪并罚。

（三）假冒注册商标罪的处罚

根据《刑法》第213、220条的规定，犯本罪的，处3年以下有期徒刑或者拘役，并处或者单处罚金；情节特别严重的，处3年以上7年以下有期徒刑，并处罚金。根据《知识产权刑事案件解释》第1条第2款的规定，情节特别严重，是指具备下列情形之一：（1）非法经营数额在25万元以上或者违法所得数额在15万元以上的；（2）假冒两种以上注册商标，非法经营数额在15万元以上或者违法所得数额在10万元以上的；（3）其他情节特别严重的情形。单位犯本罪的，对单位判处罚金，并对其直接负责的主管人员和其他直接责任人员，依照上述规定处罚。根据上述最高人民法院、最高人民检察院司法解释第12条的规定，多次实施侵犯知识产权行为，未经行政处理或者刑事处罚的，非法经营数额、违法所得数额或者销售金额累计计算。

二、销售假冒注册商标的商品罪

销售假冒注册商标的商品罪，是指违反国家商标管理法规，销售明知是假冒注册商标的商品，销售金额数额较大的行为。本罪的构成要件是：

1. 本罪的客体是注册商标所有人专用权和消费者的合法权益。

2. 本罪的客观方面表现为违反国家商标管理法规，销售假冒注册商标的商品，并且销售金额数额较大的行为。销售金额是指销售假冒注册商标的商品后所得和应得的全部违法收入。

3. 本罪的主体是一般主体，个人和单位均可以成为本罪的主体。

4. 本罪的主观方面是故意，即行为人明知是假冒注册商标的商品而予以销售。根据《知识产权刑事案件解释》第9条的规定，这里所讲的“明知”，是指具有下列情形之一：（1）知道自己销售的商品上的注册商标被涂改、调换或者覆盖的；（2）因销售假冒注册商标的商品受到过行政处罚或者承担过民事责任，又销售同一种假冒注册商标的商品的；（3）伪造、涂改商标注册人授权文件或者知道该文件被伪造、涂改的；（4）其他知道或者应当知道是假冒注册商标的商品的情形。

根据《刑法》第214、220条的规定，犯本罪的，销售金额数额较大的，处3年以下有期徒刑或者拘役，并处或者单处罚金；销售金额数额巨大的，处3年以上7年以下有期徒刑，并处罚金。单位犯本罪的，对单位判处罚金，对单位的直接负责的主管人员和其他直接责任人员，依照上述规定处罚。

三、非法制造、销售非法制造的注册商标标识罪

非法制造、销售非法制造的注册商标标识罪，是指违反国家商标管理法规，伪造、擅自制造他人注册商标标识或者销售伪造、擅自制造的注册商标标识，情节严重的行为。本罪的构成要件是：

1. 本罪的客体是国家对注册商标标识的管理制度。

2. 本罪的客观方面表现为违反国家商标管理法规，伪造、擅自制造注册商标标识或者销售伪造、擅自制造的注册商标标识，情节严重的行为。本罪的行为表现形式有两种：一是伪造、擅自制造注册商标标识。伪造，是指仿照注册商标标识，制造假商标标识；擅自制造，是指虽经商标标识权利人授权制作某种或者某几种商标标识，但在未经权利人的同意下超数量制作的情况。二是销售伪造、擅自制造的注册商标标识。这是指将伪造、擅自制造的注册商标标识卖给他人的行为。这里所讲的“销售”，既包括伪造、擅自制造注册商标标识后予以销售，也包括销售他人非法制造、擅自制造的商标标识。但对两者所确定的罪名应有所不同，对前者应定非法制造、销售非法制造的注册商标标识罪，对后者则定销售非法制造的商标标识罪。

3. 本罪的主体是一般主体，任何已满 16 周岁具有刑事责任能力的自然人和单位都可以成为本罪的主体。

4. 本罪的主观方面是故意，即明知伪造或者擅自制造或者销售伪造、擅自制造的他人注册商标标识的行为会发生危害注册商标权利人利益的结果，并且希望或者放任该种结果的发生。

根据《刑法》第 215、220 条的规定，犯本罪的，处 3 年以下有期徒刑、拘役或者管制，并处或者单处罚金；情节特别严重的，处 3 年以上 7 年以下有期徒刑，并处罚金。单位犯本罪的，对单位判处罚金，并对其直接负责的主管人员和其他直接责任人员，依照上述规定处罚。

四、假冒专利罪

假冒专利罪，是指违反国家专利管理法规，假冒他人专利，情节严重的行为。本罪的构成要件是：

1. 本罪的客体是国家的专利管理制度和他人的专利专用权。所谓专利，是指发明人或权利受让人依法对其发明成果在一定年限内享有的独占权和专用权。

2. 本罪的客观方面表现为违反国家专利法规，假冒他人专利，情节严重的行为。违反专利管理法规，是指违反《专利法》和《专利法实施细则》对专利权保护的规定。根据《知识产权刑事案件解释》第 10 条的规定，下列行为属于假冒他人专利的行为：(1) 未经许可，在其制造或者销售的产品、产品的包装上标注他人专利号的；(2) 未经许可，在广告或者其他宣传材料中使用他人的专利号、使人将所涉及的技术误认为是他人专利技术的；(3) 未经许可，在合同中使用他人的专利号，使人将合同涉及的技术误认为是他人专利技术的；(4) 伪造或者变造他人的专利证书、专利文件或者专利申请文件的。

3. 本罪的主体是一般主体，任何已满 16 周岁具有刑事责任能力的个人和单位均可成为本罪的主体。

4. 本罪的主观方面是故意，即明知自己的行为会发生危害他人专利专用权的结果，并且希望该种结果的发生。

根据《刑法》第 216、220 条的规定，犯本罪的，处 3 年以下有期徒刑或者拘役，并处或者单处罚金。单位犯本罪的，对单位判处罚金，并对其直接负责的主管人员和其他直接责任人员，依照上述规定处罚。

五、侵犯著作权罪

（一）侵犯著作权罪的概念和构成

侵犯著作权罪，是指以营利为目的，违反著作权管理法规，未经著作权人或与著作权有关的权益人许可，以复制、发行、出版、制作、出售等方式侵犯其著作权或邻接权，违法所得数额较大或者有其他严重情节的行为。本罪的构成要件是：

1. 本罪的客体是著作权人的著作权和邻接权人的邻接权。著作权，是指文学、艺术和科学作品的创作者根据法律规定所享有的以对其作品的支配权为客体的民事权利。著作权包括著作人身权和著作财产权。著作人身权是指作者对其作品依法享有的发表权、署名权、修改权和保护作品完整权；著作财产权主要指使用作品的权利和获得报酬的权利以及许可他人使用作品，并由此获得报酬的权利。邻接权，是指传播作品的人对其所赋予作品的传播形式所享有的权利，具体是指出版者、表演者、电台、电视台、录音者、录像者对其所传播作品的形式所享有的权利。本罪的对象是他人依法享有著作权的作品。

2. 本罪的客观方面表现为侵犯他人著作权，违法所得数额较大或者有其他严重情节的行为。侵犯著作权的具体表现形式有以下几种：（1）未经著作权人许可，复制发行其文字作品、音乐、电影、电视、录像作品、计算机软件及其他作品的。根据《知识产权刑事案件解释》第11条第2款的规定，未经许可，是指没有得到著作权人授权或者伪造、涂改著作权人授权许可文件或者超出授权许可范围的情形。复制，通常是指以印刷、复印、临摹、拓片、录音、录像、翻录、翻拍等方式将作品制作成一份或多份的行为。发行，通常是指为满足公众的合理要求，通过出售、出租等方式向公众提供一定数量的作品复制件。根据上述司法解释，通过信息网络向公众传播他人文字作品、音乐、电影、电视、录像作品、计算机软件及其他作品的行为，应当视为复制发行。文字作品，是指小说、诗词、散文、论文等以文字形式表现的作品。其他作品，是指文字作品以外的能够通过复制发行而获得利益的作品，如摄影作品、地图等。（2）出版他人享有专有出版权的图书的。出版，是指将作品编辑加工后，经过复制向公众发行。他人享有的图书专有出版权，是指出版社、杂志社等具有的传播著作权人作品的专有权利。（3）未经录音录像制作者许可，复制发行其制作的录音录像的。复制，是指以翻录的形式，将他人的录音、录像作品大量制作。发行，是指通过出售、出租等方式，向公众提供作品的复制件。根据《知识产权刑事案件解释》第11条的规定，通过信息网络向公众传播他人文字作品、音乐、电影、电视、录像作品、计算机软件及其他作品，以及未经录音、录像制作者的许可，通过信息网络传播其制作的录音、录像制品的行为，应当视为“复制发行”。（4）制作、出售假冒他人署名的美术作品。美术作品，既包括绘画、书法，也包括雕塑、建筑等以线条、色彩或者其他方式构成的有审美意义的平面或立体的造型艺术作品。具备上述行为之一，其违法所得数额较大或者有其他严重情节的，可构成本罪。根据上述司法解释第5条的规定，违法所得数额在3万元以上的，属于违法所得数额较大；具有下列情形之一的，属于有其他严重情节：（1）非法经营数额在5万元以上的；（2）未经著作权人许可，复制发行其文字作品、音乐、电影、电视、录像作品、计算机软件及其他作品，复制品数量合计在1 000张（份）以上的；（3）其他严重情节的情形。

3. 本罪的主体是一般主体，凡已满16周岁具有刑事责任能力的自然人和单位均可成为本罪的主体。

4. 本罪的主观方面是故意，即行为人明知自己的行为会发生侵犯他人著作权的结果，并且希望这种结果发生，其目的是营利。根据上述司法解释第11条第1款的规定，以刊登收费广告等方式直接或者间接收取费用的情形，属于“以营利为目的”。

（二）侵犯著作权罪的认定

认定本罪，应当注意以下问题：

1. 本罪与非罪行为的界限

区分本罪与非罪行为的界限，应从以下几个方面着手：一是看行为人实施的侵犯他人著作权的行为是否属于《刑法》第217条所规制的行为。《著作权法》规定的侵犯著作权的行为表现更为多样，而《刑法》只规定了上述四种行为形式，只有行为人实施《刑法》所列举的侵犯著作权的行为时，才有可能构成本罪；《著作权法》规定为侵犯著作权的行为但《刑法》未加规定的，即使行为人实施了，也不能构成犯罪，只能按民事侵权行为来处理。二是看行为人主观上是否具有营利的目的，有此目的的，可能构成犯罪，反之，则不能按犯罪处理。三是看违法所得是否较大或者具有其他严重情节。违法所得较大，或者虽然违法所得没有达到较大的标准，但具有其他严重情节的，构成犯罪，反之，则属于一般违法行为。

2. 本罪与制作、贩卖、传播淫秽物品罪的界限

本罪与制作、贩卖、传播淫秽物品罪的区别主要在于行为的对象不同。本罪的行为对象是受法律保护的他人依法享有著作权的作品，而后者的行为对象则是为法律所禁止的淫秽物品。对复制发行他人制作的淫秽书刊的行为不能按本罪处理，应按制作、贩卖、传播淫秽物品罪定罪处罚。

3. 本罪中的罪数问题

根据上述司法解释第14条的规定，实施侵犯著作权的犯罪行为后又销售该侵权复制品行为的，以本罪定罪处罚；既实施了侵犯著作权的犯罪行为，又实施了销售他人制作的侵权复制品犯罪行为的，应实行数罪并罚。

（三）侵犯著作权罪的处罚

根据《刑法》第217、220条的规定，犯本罪的，处3年以下有期徒刑或者拘役，并处或者单处罚金；违法所得数额巨大或者有其他特别严重情节的，处3年以上7年以下有期徒刑，并处罚金。根据《知识产权刑事案件解释》第5条第2款的规定，违法所得数额在15万元以上的，属于违法所得数额巨大；具有下列情形之一，属于“有其他特别严重情节”：（1）非法经营额在25万元以上的；（2）未经著作权人许可，复制发行其文字作品、音乐、电影、电视、录像作品、计算机软件及其他作品，复制品数量合计在5 000张（份）以上的；（3）其他特别严重情节的情形。单位犯本罪的，对单位判处罚金，并对其直接负责的主管人员和其他直接责任人员，依照上述规定处罚。

六、销售侵权复制品罪

销售侵权复制品罪，是指以营利为目的，销售明知是侵犯他人著作权的复制品，违法所得数额巨大的行为。本罪的构成要件是：

1. 本罪的客体是他人的著作权和与著作权相关的权益。

2. 本罪的客观方面表现为销售侵犯他人著作权的复制品，违法所得数额巨大的行为。销售，既包括以侵权复制品换取现金，也包括以侵权复制品换取其他财物。

3. 本罪的主体是一般主体，已满 16 周岁具有刑事责任能力的个人和单位均可成为本罪的主体。

4. 本罪的主观方面是故意，即行为人明知是侵犯他人著作权的复制品而予以销售，其目的是营利。

根据《刑法》第 218、220 条的规定，犯本罪的，处 3 年以下有期徒刑或者拘役，并处或者单处罚金。单位犯本罪的，对单位判处罚金，并对其直接负责的主管人员和其他直接责任人员，依照上述规定处罚。

七、侵犯商业秘密罪

（一）侵犯商业秘密罪的概念和构成

侵犯商业秘密罪，是指侵犯商业秘密权利人的商业秘密，对其造成重大损失的行为。本罪的构成要件是：

1. 本罪的客体是商业秘密所有权人对商业秘密的专用权。

2. 本罪的客观方面表现为侵犯商业秘密权利人的商业秘密，对其造成重大损失的行为。具体包括两方面的内容：（1）行为人有侵犯商业秘密权利人商业秘密的行为。商业秘密，是指不为公众所知悉，能为权利人带来经济利益，具有实用性并经权利人采取保密措施的技术信息和经营信息。据此，商业秘密具有以下特征：其一，信息性，即商业秘密表现为信息形态，具体包括技术信息和经营信息。其二，实用性，即与生产、经营直接相关，能够在生产、经营中予以有效的运用。其三，经济性，即能为权利人带来经济利益。不能为权利人带来经济利益的信息不能成为商业秘密。其四，秘密性，即经过权利人采取保密措施，不为公众所知悉。商业秘密权利人，是指商业秘密的所有人和经商业秘密所有人许可的商业秘密使用人。侵犯商业秘密的行为方式是：其一，以盗窃、利诱、胁迫或者其他不正当手段获取权利人商业秘密。盗窃，是指采取秘密手段窃取；利诱，是指以给商业秘密知悉者金钱、物质或者其他好处为诱饵，使其提供商业秘密；胁迫，是指以使用暴力或者揭露隐私等相威胁，迫使商业秘密知悉者提供商业秘密；其他不正当手段，是指上述手段以外的使商业秘密知悉者提供商业秘密的手段，如使用暴力抢劫他人的商业秘密。其二，披露、使用或者允许他人使用以前项手段获取的权利人的商业秘密。这是指行为人采用盗窃、利诱、胁迫或者其他不正当手段获取商业秘密后，将商业秘密向他人披露、自己使用或者允许他人使用。其三，违反约定或者违反权利人有关保守商业秘密的要求，披露、使用或者允许他人使用其所掌握的商业秘密。其四，明知或者应知他人实施了前述三种行为的第三人，而获取、使用或者披露他人商业秘密。(2) 对商业秘密权利人造成重大损失。根据《知识产权刑事案件解释》第7条第1款的规定，造成重大损失是指给商业秘密权利人造成直接经济损失数额在50万元以上。

3. 本罪的主体是一般主体，凡是已满16周岁具有刑事责任能力的自然人和单位均可成为本罪的主体。

4. 本罪的主观方面表现为故意，即明知自己的行为会造成商业秘密权利人的重大损失，并且希望或者放任该种结果的发生。

(二) 侵犯商业秘密罪的认定

认定本罪，应当注意区分以下界限：

1. 本罪与非罪行为的界限

区分本罪与非罪行为的界限，应从以下两个方面把握：一是要看行为人是否具有侵犯他人商业秘密的故意，有此故意的，可构成本罪，反之，不构成本罪。二是要看侵犯他人商业秘密的行为是否造成了权利人的重大损失，造成重大损失者，构成犯罪；否则，不构成犯罪。

2. 本罪与故意泄露国家秘密罪的界限

二者的相同之处表现在：本罪中“披露”的行为方式与故意泄露国家秘密罪的“泄露”具有同样的含义，行为的对象都是秘密，而且商业秘密与国家秘密具有重合性，即有的商业秘密同时也是国家秘密，行为人主观罪过形式都是故意。在司法实践中，如果行为人泄露的是单纯的商业秘密，应认定为侵犯商业秘密罪；如果泄露的商业秘密同时也是国家秘密，就应认定为故意泄露国家秘密罪。

(三) 侵犯商业秘密罪的处罚

根据《刑法》第219、220条的规定，犯本罪的，处3年以下有期徒刑或者拘役，并处或者单处罚金；造成特别严重后果的，处3年以上7年以下有期徒刑，并处罚金。根据《知识产权刑事案件解释》第7条第2款的规定，所谓造成特别严重后果，是指给商业秘密的权利人造成损失数额在250万元以上的情形。单位犯本罪的，对单位判处罚金，并对其直接负责的主管人员和其他直接责任人员，依照上述规定处罚。单位构罪的标准为个人构罪标准的3倍。

第九节 扰乱市场秩序罪

一、损害商业信誉、商品声誉罪

(一) 损害商业信誉、商品声誉罪的概念和构成

损害商业信誉、商品声誉罪，是指捏造并散布虚伪事实，损害他人的商业信誉、商品声誉，给他人造成重大损失或者有其他严重情节的行为。本罪的构成要件是：

1. 本罪的客体是国家对市场秩序的管理制度、商业信誉和商品声誉。商业信誉，是指经营者因生产、经营及效益在社会上获取的好评。商品声誉，是指商品因其质优价廉在消费者中和社会上获取的赞誉。

2. 本罪的客观方面表现为捏造并散布虚伪事实，损害他人的商业信誉、商品声誉，给他人造成重大损失或者有其他严重情节的行为。具体包括两个方面的内容：一是行为人必须有捏造并散布虚伪事实的行为。捏造，是指虚构、无中生有；散布，是指向他人宣扬；虚伪事实，是指贬低、毁坏他人商业信誉、商品声誉的虚假情况。捏造并散布虚伪事实，是指虚构并且宣扬贬低他人商业信誉、商品声誉的虚假情况。虚构事实可以是全部虚构，也可以是部分虚构。二是给他人造成了重大损失或者有其他严重情节。根据《追诉标准（二）》的规定，造成他人重大损失，是指给他人造成直接经济损失数额在50万元以上。其他严重情节，是指虽然造成的损失未达到上述数额，但具有下列情形之一：（1）利用互联网或者其他媒体公开损害他人商业信誉、商品声誉的；（2）造成公司、企业等单位停业、停产6个月以上，或者破产的。

3. 本罪的主体是一般主体，个人和单位均可成为本罪的主体。

4. 本罪的主观方面表现为故意，即行为人明知捏造事实并散布虚伪事实会损害他人的商业信誉、商品声誉，并且希望这种结果的发生。

（二）损害商业信誉、商品声誉罪的认定

认定本罪，应当注意区分以下界限：

1. 本罪与非罪行为的界限

区分本罪与非罪行为的界限，首先要区分合法与违法的界限。新闻工作人员对一些违反商业道德的行为，予以披露、曝光、批评，一些消费者通过正当途径反映生产、经营者的商品质量或服务问题，都属于合法行为，不能将这些做法与损害商业信誉、商品声誉的行为混为一谈。其次要区分一般违法与犯罪的界限。这要看行为人损害他人商业信誉、商品声誉的行为是否造成他人的重大损失或者具有其他严重情节。造成他人的重大损失或者具有其他严重情节的，构成犯罪，反之，则属于一般违法行为。

2. 本罪与假冒注册商标罪的界限

实践中有的行为人为了损害他人商品的声誉，故意在自己生产的劣质产品上贴上他人同种产品的注册商标，并且加以广泛宣传，致使他人的商品声誉受到损害，对此，应按本罪与假冒注册商标罪中的一个重罪定罪处罚。如果行为人在生产的伪劣产品上贴上他人同种产品的注册商标，但并没有散布损害他人商品声誉的信息，则只能按假冒注册商标罪处理。

3. 本罪与诽谤罪的界限

本罪与诽谤罪在客观上都捏造并散布了虚假事实，主观上都是故意，主体都是一般主体，并且都要求情节严重。二者的区别表现在：（1）客体不同。本罪的客体是国家对市场秩序的管理制度和他人的商业信誉、商品声誉，而诽谤罪的客体则是他人的人格权、名誉权。（2）对象不完全相同。本罪的对象包括个人和单位，而诽谤罪的对象仅限于个人。（3）主体不尽相同。本罪的主体既可以是自然人，也可以是单位，而诽谤罪的主体则只能是自然人。（4）故意的内容不同。本罪故意的内容是损害他人的商业信誉、商品声誉，而诽谤罪的故意内容则是损害他人的人格和名誉。

（三）损害商业信誉、商品声誉罪的处罚

根据《刑法》第221、231条的规定，犯本罪的，处2年以下有期徒刑或者拘役，并处或者单处罚金。单位犯本罪的，对单位判处罚金，并对其直接负责的主管人员和其他直接责任人员，依照上述规定处罚。

二、虚假广告罪

（一）虚假广告罪的概念和构成

虚假广告罪，是指广告主、广告经营者、广告发布者违反国家规定，利用广告对商品或者服务作虚假宣传，情节严重的行为。本罪的构成要件是：

1. 本罪的客体是国家对广告的管理制度、市场竞争秩序以及消费者的合法权益。在市场经济社会，广告是宣传、推销产品或者服务的重要途径，对引导消费者的消费具有不可忽视的作用。但是要发挥广告的正面作用，必须通过法律确立相应的广告管理制度，禁止虚假广告是广告管理制度的内容之一，因此，虚假广告罪首先侵犯了国家对广告的管理制度。利用广告宣传产品、服务，是市场竞争的一种重要手段，而进行虚假广告宣传则是对正常的市场竞争秩序的一种破坏。此外，虚假广告往往会误导消费者，从而侵犯消费者的合法权益。本罪的行为对象是虚假广告。这里所讲的虚假广告是指虚假的商业广告，而不包括虚假的公益性广告。

2. 本罪的客观方面表现为违反国家规定，利用广告对商业或服务作虚假宣传，情节严重的行为。所谓违反国家规定，主要是指违反《广告法》的规定。根据《广告法》第28条的规定，广告有下列情形之一的，为虚假广告：（1）商品或者服务不存在的；（2）商品的性能、功能、产地、用途、质量、规格、成分、价格、生产者、有效期限、销售状况、曾获荣誉等信息，或者服务的内容、提供者、形式、质量、价格、销售状况、曾获荣誉等信息，以及与商品或者服务有关的允诺等信息与实际情况不符，对购买行为有实质性影响的；（3）使用虚构、伪造或者无法验证的科研成果、统计资料、调查结果、文摘、引用语等信息作证明材料的；（4）虚构使用商品或者接受服务的效果的；（5）以虚假或者引人误解的内容欺骗、误导消费者的其他情形。根据《追诉标准（二）》的规定，具有下列情形之一：（1）违法所得数额在10万元以上的；（2）给单个消费者造成的直接损失数额在5万元以上的，或者给多个消费者造成直接经济损失数额累计在20万元以上的；（3）假借预防、控制突发事件的名义，利用广告作虚假宣传，致使多人上当受骗，违法所得数额在3万元以上的；（4）虽未达到上述数额标准，但两年内因利用广告作虚假宣传，受过行政处罚两次以上，又利用广告作虚假宣传的；（5）造成人身伤残的；（6）其他情节严重的情形。

3. 本罪的主体是广告主、广告经营者和广告发布者。广告主，是指为推销商品或服务，自行或者委托他人设计、制作、发布广告的自然人、法人或者其他组织；广告经营者，是指受委托提供广告设计、制作、代理服务的自然人、法人或者其他组织；广告发布者，是指为广告主或者广告主委托的广告经营者发布广告的自然人、法人或者其他组织。

4. 本罪的主观方面是故意，但不同主体的故意形式不完全相同。广告主为本罪的

主体时，其犯罪故意只能是直接故意，其目的是牟取非法利益；而广告经营者、广告发布者为本罪的主体时，其犯罪故意既可以是直接故意，也可以是间接故意。

（二）虚假广告罪的认定

认定本罪，应当注意区分以下界限：

1. 本罪与非罪行为的界限

区分本罪与虚假广告一般违法行为的界限在于情节是否严重。情节严重的，构成犯罪，情节尚未达到严重程度的，属于虚假广告一般违法行为。对于虚假广告一般违法行为，由工商管理部门给予行政处罚。

2. 本罪与损害商业信誉、商品声誉罪的界限

二者的客体都是市场秩序，主观罪过形式都是故意。二者的区别表现在：（1）主体不同。本罪的主体是特殊主体，后者的主体是一般主体。（2）犯罪故意的形式有所不同。本罪因主体不同而犯罪故意可以是直接故意，也可以是间接故意，还可以是直接故意和间接故意并存，而后者则只能是直接故意。对实践中以虚假广告方式损害他人商业信誉、商品声誉的应区别不同情况作不同的处理：如果虚假广告的内容主要是损害他人商业信誉、商品声誉的，按损害商业信誉、商品声誉罪处理；如果广告的内容主要是弄虚作假、欺骗用户或消费者的，按虚假广告罪论处；如果广告中虚假宣传自己的商业信誉、商品声誉的内容与损害他人商业信誉、商品声誉的内容相当，均达到构成犯罪的标准，则按从一重处的原则处理。

3. 本罪与诈骗罪的界限

本罪与诈骗罪都有欺骗行为，都有获取非法所得的目的。二者的区别表现在：（1）犯罪客体不同。本罪的客体是广告管理制度和消费者的合法权益，而诈骗罪的客体则是公私财产所有权。（2）犯罪对象不同。本罪欺骗的对象是不特定的个人和单位，而诈骗罪欺骗的对象是特定的个人或单位。（3）行为方式不完全相同。本罪的行为方式是虚假广告，而诈骗罪的行为方式则多种多样。（4）虚假的程度不同。本罪中的“虚假”以存在相关的产品或者服务为基础，只是夸大了产品或者服务的质量和内容，而采用虚假广告方式的诈骗罪则没有相应的产品或者服务。对于司法实践中以虚构的产品或者服务进行广告宣传，从而骗取他人财物的，应以诈骗罪论处。（5）本罪的目的是牟取非法利益，而诈骗罪的目的则是非法占有他人财物。

（三）虚假广告罪的处罚

根据《刑法》第222、231条的规定，犯本罪的，处2年以下有期徒刑或者拘役，并处或者单处罚金。单位犯本罪的，对单位判处罚金，并对其直接负责的主管人员和其他直接责任人员依照上述规定处罚。

三、串通投标罪

串通投标罪，是指投标人相互串通投标报价，损害招标人或者其他投标人的利益，情节严重的行为，或者投标人与招标人串通投标，损害国家、集体、公民合法利益的行为。本罪的构成要件是：

1. 本罪的客体是公平竞争的市场交易秩序。

2．本罪的客观方面表现为投标人相互串通投标报价，损害招标人或者其他投标人的利益，情节严重的行为，或者投标人与招标人串通投标，损害国家、集体、公民合法利益的行为。具体可分为两种选择性的行为：（1）投标人相互串通投标报价，损害招标人或者其他投标人的利益，情节严重。所谓串通投标报价，是指两个以上的投标人在投标过程中，相互串通，暗中商定抬高或者压低投标报价的行为。情节严重，根据《追诉标准（二）》的规定，是指具有下列情形之一：其一，损害招标人、投标人或者国家、集体、公民的合法利益，造成直接经济损失数额在50万元以上的；其二，违法所得数额在10万元以上的；其三，中标项目金额在200万元以上的；其四，采取威胁、欺骗或者贿赂等非法手段的；其五，虽未达到上述数额标准，但两年内因串通投标，受过行政处罚两次以上，又串通投标的。（2）投标人与招标人串通投标，损害国家、集体、公民合法利益。这里的串通投标，不仅指对投标报价的串通，还包括就报价以外的其他事项进行串通。关于这种行为构成犯罪是否要求像第一种行为一样，必须达到"情节严重"的程度，存在两种不同的意见：一种意见认为，由于这种行为危害性重于前一种行为，故其成立犯罪不以"情节严重"为要件。[①] 另一种意见认为，这种情形构成犯罪仍以"情节严重"为必需。[②] 我们赞同上述第一种观点，因为《刑法》第223条第2款并没有"情节严重"的内容，该规定所强调的是对国家、集体、公民的合法权益的损害。当然，任何犯罪的构成都要受《刑法》第13条的约束，实施上述行为，情节显著轻微危害不大的，不能认为是犯罪。

3．本罪的主体是特殊主体，只能由投标人、招标人构成。根据《招标投标法》第8条的规定，招标人是指提出项目、进行招标的法人或者其他组织；根据该法第25条的规定，投标人是响应招标、参加投标竞争的法人或者组织，科研项目的投标人可以是个人。因此，本罪的主体主要是单位。由于相互串通必须是在投标人之间或者投标人与招标人之间进行，因此，本罪是必要共犯。

4．本罪的主观方面表现为故意，通常以牟取不当利益为目的。

根据《刑法》第223、231条的规定，犯本罪的，处3年以下有期徒刑或者拘役，并处或者单处罚金。单位犯本罪的，对单位判处罚金，并对其直接负责的主管人员和其他直接责任人员，依照上述规定处罚。

四、合同诈骗罪

（一）合同诈骗罪的概念和构成

合同诈骗罪，是指以非法占有为目的，在签订、履行合同过程中，以虚构事实或隐瞒事实真相的方法，骗取对方当事人的财物，数额较大的行为。本罪的构成要件是：

1．本罪的客体是复杂客体，即国家对合同的管理秩序和公私财物所有权。本罪的对象是公私财物。

2．本罪的客观方面表现为在签订、履行合同中，骗取对方当事人财物，数额较大

① 参见张明楷：《刑法学》，2版，663页，北京，法律出版社，2003。

② 参见王作富主编：《刑法分则实务研究》上，790页以下，北京，中国方正出版社，2001。

的行为。行为的具体表现形式有以下几种：（1）以虚构的单位或者冒用他人名义签订合同，骗取对方的财物。以虚构的单位签订合同，是指行为人杜撰客观上根本不存在的单位，然后以该杜撰的单位的名义与他人签订合同。冒用他人名义签订合同，是指打着客观存在的其他单位或者个人的旗号，与对方签订合同。（2）以伪造、变造、作废的票据或者其他虚假的产权证明作担保，与对方签订合同，骗取对方财物。担保，是指用以督促债务人履行债务，保障债权实现的各种方法的总称。票据，是指《票据法》所规定的汇票、本票和支票。所谓其他虚假的产权证明，是指《票据法》所规定的汇票、本票和支票之外的不真实地证明行为人对某项动产或不动产具有所有权的证明文件。（3）没有实际履行能力，以先履行小额合同或者部分合同的方法，诈骗对方当事人继续签订合同和履行合同，骗取对方财物。这里所说的没有实际履行能力，是指没有履行大额合同或者全部合同的能力。在没有履行大额合同或者全部合同能力的情况下，先跟对方签订一个小额合同，并且予以履行，或者先履行某一合同的部分义务，以此骗取对方的信任，使得对方与其签订大额合同，或者继续履行全部合同，当对方与行为人签订、履行了大额合同，或者履行了全部合同后，行为人将对方财物非法占有。（4）收受对方当事人给付的货物、货款、预付款或者担保财产后逃匿的。这里所说的逃匿，是指逃跑和藏匿。收受当事人给付的货物、货款、预付款或者担保财产后，无论是逃往他处还是原地藏匿，都可构成本罪。（5）以其他方法骗取对方当事人财物的。其他方法，是指上述四种方法以外的利用合同诈骗他人财物的行为。目前司法实践中，以其他方法进行的合同诈骗主要有以下两种形式：一是有意设置合同圈套、陷阱，利用对方的无知或疏忽大意，违背对方当事人的意愿签订显失公平的合同。二是有意签订对方不可能履行的合同，骗取对方财物。此外，其他方法还包括冒充高干子女、华侨富翁，港、澳、台阔商诱骗对方签订合同，获款后携款逃之夭夭。实施上述行为之一，骗取他人数额较大财物的，构成合同诈骗罪。根据《追诉标准（二）》的规定，具有下列情形的，应予追诉：以非法占有为目的，在签订、履行合同过程中，骗取对方当事人财物，数额在2万元以上的。

3. 本罪的主体是一般主体，凡已满16周岁具有刑事责任能力的人均能成为本罪的主体，单位也可成为本罪的主体。

4. 本罪主观方面表现为故意，且只能是直接故意。犯罪目的是非法占有他人财物。

（二）合同诈骗罪的认定

认定本罪，应当注意区分以下界限：

1. 本罪与非罪行为的界限

本罪与非罪行为的界限一般情况下并不难区分，难以区分的是合同诈骗罪与合同纠纷的界限。总的来讲，二者之间的根本区别在于行为人是否具有非法占有的目的，具有非法占有目的的，构成合同诈骗罪；否则，属于合同纠纷。判断行为人是否具有非法占有的目的，要在综合考察以下客观情况的基础上加以确定：第一，审查行为人主体资格，也就是审查主体的身份是否真实。对于虚构主体身份，冒充他人身份与对方当事人签订合同的，一般可认定具有非法占有的目的；而以真实的身份与他人签订合同的，通常情况下不具有非法占有的目的。第二，考察行为人在签订合同时履行合同的能力。签订合同时有履行合同的能力，一般来讲，是希望通过履行合同实现其经济利益的，而签订合同时没有履行合同能力的，往往在主观上没有履行合同的诚意。第三，行为人有无履行合同的积极行为。一般来讲，行为人在签订合同后，如果有履行合同的诚意，而不是想非法占有对方的财物，那么，就会有履行合同的积极行为，履行合同的积极行为通常表明行为人不具有非法占有的目的。反之，如果行为人主观上具有非法占有的目的，通常就不会有履行合同的行为，或者虽然履行了小部分合同，但却长时间的不履行大部分合同。第四，考察未履行合同的原因。如果行为人没有履行或者没有完全履行合同，是由于不可抗力的原因引起的，而非行为人主观上不愿履行，说明行为人主观上不具有非法占有对方财物的目的，应以合同纠纷处理。如果合同没有履行是由于行为人主观上不愿意履行所致，而不是客观原因所致，就可以认定行为人具有非法占有对方财物的目的，应以合同诈骗罪论处。第五，考察行为人在对方当事人履行或者部分履行合同后的表现。如果行为人在对方当事人履行部分或者全部合同后，不是积极地准备履行合同所确定的己方义务，而是携款或者变卖货物后逃跑，那就说明行为人具有非法占有的目的，应定合同诈骗罪；反之，在对方履行部分合同或者全部合同后，行为人不是携款或者变卖货物后逃跑，而是积极筹措资金或者组织货物，那就说明行为人不具有非法占有的目的，对此，应以合同纠纷处理。

2. 本罪中的罪数问题

在司法实践中，有的行为人为了骗得他人与自己签订合同，从而骗取财物，先行或者伪造、变造、盗窃国家机关公文、证件、印章；或者伪造公司、企业、事业单位、人民团体印章；或者伪造、变造金融票证；或者伪造、变造国家有价证券等，然后再实施合同诈骗行为，这类情况属于犯罪手段与犯罪目的牵连的牵连犯，应按照处理牵连犯的原则处理。

在司法实践中，也有的行为人所实施的合同诈骗行为与金融诈骗行为存在着部分竞合，如以伪造、变造的票据作担保，签订、履行合同，骗取他人财物与票据诈骗罪中的明知是伪造、变造的票据而使用的表现形式，具有重合之处；以签订、履行合同的方式进行集资诈骗、贷款诈骗的方式进行，就形成了集资诈骗与合同诈骗、贷款诈骗与合同诈骗的重合。这些情况成立法规竞合犯，应按特别法优于普通法的原则处理。应该说，规定合同诈骗罪的法条是一般法，规定集资诈骗罪、贷款诈骗罪、票据诈骗罪等的法条是特别法，因此，对上述情况应按相应的金融诈骗罪定罪处罚。

(三) 合同诈骗罪的处罚

根据《刑法》第 224、231 条的规定，犯本罪的，处 3 年以下有期徒刑或者拘役，并处或者单处罚金；数额巨大或者有其他严重情节的，处 3 年以上 10 年以下有期徒刑，并处罚金；数额特别巨大或者有其他特别严重情节的，处 10 年以上有期徒刑或者无期徒刑，并处罚金或者没收财产。单位犯本罪的，对单位判处罚金，并对其直接负责的主管人员和其他直接责任人员，依照上述规定处罚。

五、组织、领导传销活动罪

组织、领导传销活动罪，是指组织、领导以推销商品、提供服务等经营活动为名，要求参加者以缴纳费用或者购买商品、服务等方式获得加入资格，并按照一定顺序组织层级，直接或者间接以发展人员的数量作为计酬或者返利依据，引诱、胁迫参加者继续发展他人参加，骗取财物，扰乱经济社会秩序的传销活动的行为。本罪的构成要件如下：

1. 本罪的客体是我国的经济社会秩序。

2. 本罪的客观方面表现为组织、领导他人进行传销的活动，或者加入传销队伍的行为。组织，是指将零星、个别的社会成员集合起来进行传销；所谓领导，是指将集合起来的个体组织起来听从其指挥，形成一定的非法传销的规模。

3. 本罪的主体是一般主体，凡是已满16周岁、具有刑事责任能力的人，均能成为本罪的主体。

4. 本罪的主观方面的罪过形式是故意，即明知自己的传销活动是非法的而仍然实施。

根据《刑法》第224条之一的规定，犯组织、领导传销活动罪的，处5年以下有期徒刑或者拘役，并处罚金；情节严重的，处5年以上有期徒刑，并处罚金。

六、非法经营罪

（一）非法经营罪的概念和构成

非法经营罪，是指违反国家规定，经营实行许可制度的物品或业务，或者买卖许可证或批准文件，扰乱市场秩序，情节严重的行为。本罪的构成要件是：

1. 本罪的客体为国家许可经营物品或业务以及许可证或批准文件管理的市场秩序。

2. 本罪的客观方面表现为违反国家规定，从事经营活动，扰乱市场秩序，情节严重的行为。具体包括以下内容：(1) 违反国家规定。是指违反全国人民代表大会及其常委会制定的法律和决定，国务院制定的行政法规、规定的行政措施、发布的决定和命令等关于对部分物品实行专营、专卖、限制买卖，对部分经营活动实行许可证制度、审批制度的规定。(2) 行为的具体表现形式是：第一，未经许可经营法律、行政法规规定的专营、专卖物品或者其他限制买卖的物品。未经许可，是指未经国家有关主管部门的批准。专营、专卖物品，是指国家法律、行政法规明确规定必须由专门的机构经营、销售的物品，如食盐、烟草等。其他限制买卖的物品，是指国家根据经济发展和维护国家、社会和人民群众利益的需要，规定在一定时期实行限制性经营的物品，如化肥、农药等。这些物品的范围随着社会经济的发展而不断调整。第二，买卖进出口许可证、进出口原产地证明以及其他法律、行政法规规定的经营许可证或者批准文件。进出口许可证，是指国家外贸主管部门对企业颁布的可以从事进出口业务的证明文件。进出口原产地证明，是指在国际贸易活动中，进出口产品时必须附带的由原产地有关主管机关出具的确认文件。其他法律、行政法规规定的经营许可证或者批准文件，是指法律、行政法规规定从事某些生产经营活动者必须具备的经营许可证或者批准文件，如森林采伐、矿产开采、野生动物狩猎等许可证。第三，未经国家有关主管部门批准非法经营证券、期货、保险业务的，或者非法从事资金支付结算业务的。这是全国人大常委会颁布的《刑法修正案（七）》所增设。第四，其他严重扰乱市场秩序的非法经营行为。其他非法经营行为是指：根据全国人大常委会《关于惩治骗购外汇、逃汇和非法买卖外汇犯罪的决定》第 4 条的规定，在国家规定的交易场所以外非法买卖外汇；出版、印刷、复制、发行《刑法》第 103 条第 2 款、第 105 条第 2 款、第 117、118、246、250 条、第 363 条第 1、2 款规定之罪以外的“其他严重危害社会秩序和扰乱市场秩序的非法出版物”[①]；擅自经营国际电信业务或涉港、澳、台电信业务[②]；非法传销[③]；非法经营彩票；等等。(3) 情节严重。情节严重是指：非法买卖外汇 20 万美元；违法所得 5 万元以上。违反国家规定，出版、印刷、复制、发行非法出版物，具有下列情形之一：其一，经营数额在 5 万元以上 10 万元以下的；其二，违法所得数额在 2 万元至 3 万元以上的；其三，经营报纸 5 000 份或者期刊 5 000 本或者图书 2 000 册或者音像制品、电子出版物 500 张（盒）以上的。单位实施上述行为的情节严重，是指具有下列情形之一：其一，经营数额在 15 万元至 30 万元以上的；其二，违法所得数额在 5 万元至 10 万元以上的；其三，经营报纸 15 000 份或者期刊 15 000 本或者图书 5 000 册或者音像制品、电子出版物 1 500 张（盒）以上的。实施上述行为，经营数额、违法所得数额或者经营数额接近非法经营行为“情节严重”的数额、数量起点标准，并具有下列情形之一的，可以认定为“情节严重”：其一，2 年内因出版、印刷、复制、发行非法出版物受过行政处罚 2 次以上的；其二，因出版、印刷、复制、发行非法出版物造成恶劣社会影响或者其他严重后果的。非法经营电信业务的情节严重，是指具有下列情形之一：其一，经营去话业务数额在 100 万元以上的；其二，经营来话业务造成电信资费损失数额在 100 万元以上的。实施上述行为，经营数额或者造成电信资费损失数额接近上述“情节严重”的数额起点标准，并具有下列情形之一的，可以认定为“情节严重”：其一，2 年内因非法经营国际电信业务或者涉港澳台电信业务行为受过行政处罚 2 次以上的；其二，因非法经营国际电信业务或者涉港澳台电信业务行为造成其他严重后果的。“经营去话业务数额”，是指以行为人非法经营国际电信业务或者涉港澳台电信业务的总时长（分钟数）乘以行为人非法经营国际电信业务或者涉港澳台电信业务的总时长（分钟数）乘以在合法电信业务中我国应当得到的每分钟国际结算价格所得的数额。非法经营食盐，具有下列情形之一的，属于情节严重：其一，非法经营食盐数量在 20 吨以上的；其二，曾因非法经营食盐行为受过 2 次以上行政处罚又非法经营食盐，数量在 10 吨以上的。

3. 本罪的主体是一般主体，凡已满 16 周岁具有刑事责任能力的个人和任何单位都可以成为本罪的主体。

4. 本罪主观方面表现为故意，且只能是直接故意，即行为人明知自己的非法经营行为会发生危害国家经营管理制度的结果，并希望这种结果的发生。

(二) 非法经营罪的认定

认定本罪，应当注意如下问题：

1. 本罪与非罪行为的界限

① 最高人民法院《关于审理非法出版物刑事案件具体应用法律若干问题的解释》第 11 条的规定。

② 参见最高人民检察院《关于非法经营国际或港澳台地区电信业务行为法律适用问题的批复》。

③ 参见最高人民法院《关于情节严重的传销或者变相传销行为如何定性问题的批复》。

本罪的构成，要求非法经营的行为达到情节严重的程度，对于非法经营情节尚不严重的，以一般违法行为对行为人给予行政处分。

2. 本罪与相关犯罪的界限

有些本属于非法经营的行为，《刑法》将其规定为独立的犯罪，对这些已被规定为独立犯罪的非法经营行为，只能按《刑法》的相关规定定罪处罚，而不能按本罪处理。例如，销售伪劣产品，本来也属于一种非法经营行为，但《刑法》已对此作了特别规定，因此，对销售伪劣产品，销售金额5万元以上的，应按销售伪劣产品罪定罪处罚。

3. 本罪中的罪数问题

以非碘盐充当碘盐或者以工业用盐等非食盐充当食盐进行非法经营，既构成非法经营罪又构成生产、销售伪劣商品犯罪的，属于想象竞合犯，对此，应按照处理想象竞合犯原则，以其中的一个重罪定罪处罚。

（三）非法经营罪的处罚

根据《刑法》第225、231条的规定，犯本罪的，处5年以下有期徒刑或者拘役，并处或者单处违法所得1倍以上5倍以下罚金；情节特别严重的，处5年以上有期徒刑，并处违法所得1倍以上5倍以下罚金或者没收财产。单位犯本罪的，对单位判处罚金，并对其直接负责的主管人员和其他直接责任人员，依照上述规定处罚。

七、强迫交易罪

强迫交易罪，是指以暴力、威胁手段强买强卖商品、强迫他人提供或者接受服务等，情节严重的行为。本罪的构成要件是：

1. 本罪的客体是自愿、平等、公正的市场交易秩序。

2. 本罪的客观方面表现为以暴力、威胁手段强买强卖商品、强迫他人提供或者接受服务等，情节严重的行为。具体地讲，强迫交易客观方面的表现形式有以下几种：其一，强买、强卖商品；其二，强迫他人提供或者接受服务；其三，强迫他人参与或者退出投标、拍卖；其四，强迫他人转让或者收购公司、企业的股份、债券或者其他资产；其五，强迫他人参与或者退出特定的经营活动。本罪客观方面的“暴力”形式，是指对他人的身体进行殴打。由于本罪的法定最高刑为3年有期徒刑，因此，这里所讲的暴力所造成的人身损害只能是轻伤以下。暴力强迫交易造成他人重伤的，按故意伤害罪定罪处罚。暴力，可以是针对另一方当事人，也可以是针对在场的与另一方当事人有关系的人。威胁，是指以使用暴力或者揭发隐私逼迫他人与自己发生交易。强买强卖，是指强行让他人购买商品或出售商品；强迫他人提供服务，是指强行让他人提供一定的服务或者强行让他人接受服务。服务，是一方向另一方提供的任何一项活动或利益，例如，为他人洗车、理发、买菜、做饭、提供宾馆住宿等。强迫交易中的“强迫他人提供服务”，是指强迫他人提供有偿服务或者强迫他人接受服务。强迫他人提供无偿服务或者接受无偿服务的，不能构成本罪，构成其他犯罪的，按其他犯罪处理。所谓情节严重，主要是指多次强买强卖、强迫他人提供服务或者接受服务的；强买强卖的价格明显超出合理价格，给他人造成重大经济损失的；所提供的服务或出售的商品质量低劣的；由于强迫交易造成恶劣影响的，等等。没有交易作基础或者交易基础显然不合理而采用暴力、胁迫手段强制他人进行交易的，属于名为交易实为抢劫，应以抢劫罪定罪处罚。

3. 本罪的主体是一般主体，既可以是已满16周岁具有刑事责任能力的自然人，也可以是任何单位。

4. 本罪的主观方面表现为故意，并且是直接故意，间接故意不能构成本罪。

根据《刑法》第226、231条的规定，犯本罪的，处3年以下有期徒刑或者拘役，并处或者单处罚金。单位犯本罪的，对单位判处罚金，并对其直接负责的主管人员和其他直接责任人员，依照上述规定处罚。

八、伪造、倒卖伪造的有价票证罪

伪造、倒卖伪造的有价票证罪，是指以营利为目的，伪造或者倒卖伪造的车票、船票、邮票或者其他有价票证，数额较大的行为。本罪的构成要件是：

1. 本罪的客体是国家对有价票证的管理制度。

2. 本罪的客观方面表现为伪造或者倒卖伪造的车票、船票、邮票或者其他有价票证，数额较大的行为。伪造，是指按照真车票、船票、邮票或者其他有价证券的式样、图案等制造假车票、船票、邮票或者其他有价证券。倒卖，是指从他人手中购买伪造的车票、船票、邮票或者其他有价证券后转手卖给他人。根据最高人民法院《关于对变造、倒卖变造邮票行为如何适用法律问题的解释》的规定，对变造或者倒卖变造的邮票数额较大的，以本罪定罪处罚。根据最高人民检察院《关于非法制作、出售、使用IC电话卡行为如何适用法律问题的答复》的规定，非法制作或者出售非法制作的IC电话卡，数额较大的，以本罪定罪处罚。

3. 本罪的主体是一般主体，凡已满16周岁并具有刑事责任能力的自然人和所有的单位均可实施本罪。

4. 本罪的主观方面是故意，并且只能是直接故意，其目的一般是为了获取非法利润。

根据《刑法》第227条第1款、第231条的规定，犯本罪的，处2年以下有期徒刑、拘役或者管制，并处或者单处票证价额1倍以上5倍以下罚金；数额巨大的，处2年以上7年以下有期徒刑，并处票证价额1倍以上5倍以下罚金。单位犯本罪的，对单位判处罚金，并对其直接负责的主管人员和其他直接责任人员，依照上述规定处罚。

九、倒卖车票、船票罪

倒卖车票、船票罪，是指以牟取非法利益为目的，倒卖车票、船票，情节严重的行为。本罪的构成要件是：

1. 本罪的客体是国家对车票、船票的管理秩序。

2. 本罪的客观方面表现为倒卖车票、船票，情节严重的行为。车票，是指火车票，包括坐签、卧签号，公共汽车票等。船票，是指轮船票。

3. 本罪的主体是一般主体，自然人和单位均可构成。

4. 本罪的主观方面表现为故意，并且是以牟利为目的。

根据《刑法》第227条第2款、第231条的规定，犯本罪的，处3年以下有期徒刑、拘役或者管制，并处或者单处票证价额1倍以上5倍以下罚金。根据最高人民法院《关于审理倒卖车票刑事案件有关问题的解释》第2条的规定，对于铁路职工倒卖车票或者与其他人勾结倒卖车票；组织倒卖车票的首要分子；曾因倒卖车票受过治安处罚2次以上或者被劳动教养1次以上，2年内又倒卖车票，构成倒卖车票罪的，依法从重处罚。单位犯本罪的，对单位判处罚金，并对其直接负责的主管人员和其他直接责任人员，依照上述规定处罚。

十、非法转让、倒卖土地使用权罪

非法转让、倒卖土地使用权罪，是指以牟利为目的，违反土地管理法规，转让、倒卖土地使用权，情节严重的行为。本罪的构成要件是：

1. 本罪的客体是国家对土地使用权的管理秩序。

2. 本罪的客观方面表现为违反土地管理法规，转让、倒卖土地使用权，情节严重的行为。首先，行为人的行为违反土地管理法规，这是本罪客观方面的前提条件。根据全国人大常委会《关于〈中华人民共和国刑法〉第二百二十八条、第三百四十二条、第四百一十条的解释》，"违反土地管理法规"，是指违反《土地管理法》《森林法》《草原法》等法律以及行政法规中关于土地管理的规定。其次，行为人实施了转让、倒卖土地使用权的行为。土地使用权转让是指土地使用者将土地使用权再转移的行为，包括出售、交换和赠与。倒卖土地使用权，是指土地的受让者不进行任何开发建设，将土地转手卖给他人，从中牟取暴利的行为。最后，情节达到了严重的程度。

3. 本罪的主体是一般主体，既可以是已满16周岁具有刑事责任能力的自然人，也可以是单位。

4. 本罪的主观方面是故意，即明知倒卖土地使用权是违反国家土地管理法规的，而故意为之。目的是牟利。

根据《刑法》第228、231条的规定，犯本罪的，处3年以下有期徒刑或者拘役，并处或者单处非法转让、倒卖土地使用权价额5%以上20%以下罚金；情节特别严重的，处3年以上7年以下有期徒刑，并处非法转让、倒卖土地使用权价额5%以上20%以下罚金。单位犯本罪的，对单位判处罚金，并对其直接负责的主管人员和其他直接责任人员，依照上述规定处罚。

十一、提供虚假证明文件罪

提供虚假证明文件罪，是指承担资产评估、验资、验证、会计、审计、法律服务等职责的中介组织的人员故意提供虚假证明文件，情节严重的行为。本罪的构成要件是：

1. 本罪的客体是国家对中介服务市场的管理秩序。

2. 本罪的客观方面表现为提供虚假中介证明文件，情节严重的行为。虚假中介证明文件，是指虚假资产评估报告、验资证明、验证证明、财务会计报告、审计报告以及法律意见书。

3. 本罪的主体是特殊主体，即承担资产评估、验资、验证、会计、审计、法律服务等职责的人员或者单位。

4. 本罪的主观方面表现为故意，即明知是虚假的中介证明文件或者明知被服务对象要其出具的是虚假的中介证明文件而予以提供。

根据《刑法》第229条第1款和第231条的规定，犯本罪的，处5年以下有期徒刑或者拘役，并处罚金。根据该条第2款的规定，前款人员索取他人财物或者非法收受他人财物，犯前款罪的，处5年以上10年以下有期徒刑，并处罚金。单位犯本罪的，对单位判处罚金，并对其直接负责的主管人员和其他直接责任人员，依照上述规定处罚。

十二、出具证明文件重大失实罪

出具证明文件重大失实罪，是指承担资产评估、验资、会计、审计、法律服务等职责的中介组织的人员，严重不负责任，出具的证明文件有重大失实，造成严重后果的行为。本罪的构成要件是：

1. 本罪的客体是国家对中介服务市场的管理秩序。

2. 本罪的客观方面表现为行为人对工作严重不负责任，出具的证明文件有重大失实，造成严重后果的行为。严重不负责任，是指严重违反《公司法》、《会计法》、《审计法》、《律师法》等有关法律的规定，不履行应尽的职责，应当审查检验有关文件却不审查或者审查检验不认真的行为。重大失实的证明文件，是指中介证明文件所载的内容与事实有重大的出入。

3. 本罪的主观方面是过失。即行为人应当预见所出具的证明文件有重大失实，可能造成严重后果，但由于疏忽大意而没有预见或者虽然已经预见但轻信可以避免。

4. 本罪的主体是特殊主体，即承担资产评估、验资、会计、审计、法律服务等职责的中介人员。

根据《刑法》第229条第3款和第231条的规定，犯本罪的，处3年以下有期徒刑或者拘役，并处或者单处罚金。单位犯本罪的，对单位判处罚金，并对其直接负责的主管人员和其他直接责任人员，依照上述规定处罚。

十三、逃避商检罪

逃避商检罪，是指违反进出口商品检验法的规定，逃避商品检验，将必须经商检机构检验的进口商品未报经检验而擅自销售、使用，或者将必须经商检机构检验的出口商品未报经检验合格而擅自出口，情节严重的行为。本罪的构成要件是：

1. 本罪的客体是国家对进出口商品的管理秩序。

2. 本罪的客观方面表现为违反进出口商品检验法的规定，逃避国家对进出口商品的检验，情节严重的行为。首先，必须违反了进出口商品检验法的规定。其次，有逃避进出口商品检验的行为。包括两种具体的情形：一是将必须经商检机构检验的进口商品未报经检验而擅自销售、使用；二是将必须经商检机构检验的出口商品未报经检验合格而擅自出口。其次，必须达到情节严重的程度。

3. 本罪的主体是特殊主体，即从事商品进出口业务的单位和个人。

4. 本罪的主观方面是故意，即行为人明知其进出口的商品必须经过商检机构检验，而有意逃避检验。

根据《刑法》第230、231条的规定，犯本罪的，处3年以下有期徒刑或者拘役，并处或者单处罚金。单位犯本罪的，对单位判处罚金，并对其直接负责的主管人员和其他直接责任人员，依照上述规定处罚。

【问题与思考】

1. 如何理解生产、销售伪劣产品罪的构成要件？认定生产、销售伪劣产品罪应注意哪些问题？
2. 如何理解生产、销售假药罪的构成要件？
3. 如何理解生产、销售有毒、有害食品罪的构成要件？认定生产、销售有毒、有害食品罪应注意哪些问题？
4. 如何理解走私普通货物、物品罪的构成要件？认定走私普通货物、物品罪应注意哪些问题？
5. 如何理解伪造货币罪的构成要件？认定伪造货币罪应注意哪些问题？
6. 如何理解洗钱罪的构成要件？认定洗钱罪应注意哪些问题？
7. 如何理解集资诈骗罪的构成要件？认定集资诈骗罪应注意哪些问题？
8. 如何理解贷款诈骗罪的构成要件？认定贷款诈骗罪应注意哪些问题？
9. 如何理解信用卡诈骗罪的构成要件？认定信用卡诈骗罪应注意哪些问题？
10. 如何理解保险诈骗罪的构成要件？认定保险诈骗罪应注意哪些问题？
11. 如何理解逃税罪的构成要件？认定逃税罪应注意哪些问题？
12. 如何理解假冒注册商标罪的构成要件？认定假冒注册商标罪应注意哪些问题？
13. 如何理解侵犯著作权罪的构成要件？认定侵犯著作权罪应注意哪些问题？
14. 如何理解侵犯商业秘密罪的构成要件？认定侵犯商业秘密罪应注意哪些问题？
15. 如何理解损害商业信誉、商品声誉罪的构成要件？认定损害商业信誉、商品声誉罪应注意哪些问题？
16. 如何理解合同诈骗罪的构成要件？认定合同诈骗罪应注意哪些问题？
17. 如何理解非法经营罪的构成要件？认定非法经营罪应注意哪些问题？

【推荐阅读论著】

1. 高铭暄主编. 新型经济犯罪研究. 北京：中国方正出版社，2000
2. 黄京平主编. 破坏市场经济秩序罪研究. 北京：中国人民大学出版社，1999
3. 马克昌主编. 经济犯罪新论. 武汉：武汉大学出版社，1998
4. 刘宪权，卢勤忠. 金融犯罪理论专题研究. 上海：复旦大学出版社，2002
5. 张明楷. 诈骗罪与金融诈骗罪研究. 北京：清华大学出版社，2006
6. 李山河. 公司、企业领导人刑事责任原理，天津：南开大学出版社，2014.
7. 王昌学. 市场经济犯罪纵横论. 北京：法律出版社，2000.
8. 张军. 破坏金融管理秩序罪. 北京：中国人民公安大学出版社，2003

第五章
侵犯公民人身权利、民主权利罪

内容导读

《刑法》分则第四章共规定了42种侵犯公民人身权利、民主权利的具体犯罪。本章在论述侵犯公民人身权利、民主权利罪的概念和一般构成的基础上，重点对其中的故意杀人罪，故意伤害罪，强奸罪，强制猥亵、侮辱罪，非法拘禁罪，绑架罪，拐卖妇女、儿童罪，诬告陷害罪、刑讯逼供罪、侮辱罪、诽谤罪、报复陷害罪、暴力干涉婚姻自由罪、重婚罪、破坏军婚罪、遗弃罪16种具体犯罪的概念、构成、认定和处罚进行了较为详细的阐述。对其他侵犯公民人身权利、民主权利的具体犯罪则简单地介绍了其概念、构成与处罚。

第一节　侵犯公民人身权利、民主权利罪概述

一、侵犯公民人身权利、民主权利罪的概念和构成

侵犯公民人身权利、民主权利罪，是指故意或者过失地侵犯公民的人身权利、民主权利，以及与人身有关的其他权利的犯罪行为。本类犯罪具有如下特征：

1. 本类犯罪侵害的客体是公民的人身权利、民主权利，以及与人身有关的其他权利。所谓人身权利，是指法律赋予公民的人身不受非法侵犯的权利，主要包括生命权、健康权、性的自由权、人身自由权、人格权、名誉权、住宅不受侵犯权等。所谓民主权利，是指法律赋予公民的参与国家管理、社会活动的权利，以及其他民主权利，主要包括选举权与被选举权、批评权、控告权、申诉权、宗教信仰自由权、保持民族风俗习惯权等。所谓与人身有关的其他权利，是指婚姻家庭权，亦即公民在婚姻、家庭关系方面依法享有的与人身紧密相连、不具有经济内容的权利，此处主要包括婚姻自由权、受抚养权、一夫一妻制、儿童的受监护权等。严格说来，婚姻家庭权并不属于

人身权利的范畴，但是，婚姻家庭权亦具有专属一身的特性，因而也可以将其纳入广义上的人身权利的范围。正是因此，同时也是出于立法技术上的考虑（为了分则体系结构的协调），新《刑法》才将1979年《刑法》分则第七章“妨害婚姻、家庭罪”全部并入“侵犯公民人身权利、民主权利罪”一章，从而使本类犯罪的客体不再是单纯的人身权利、民主权利，还包括“与人身有关的其他权利”。本类犯罪中，有些犯罪侵犯的是双重客体，如聚众阻碍解救被收买的妇女、儿童罪既侵犯了妇女、儿童的人身权利，又侵犯了国家机关的正常活动；诬告陷害罪、刑讯逼供罪、暴力取证罪既侵犯了公民的人身权利，又侵犯了司法机关的正常活动，等等，但这些犯罪均以侵犯公民的人身权利为其主要内容，因此《刑法》将它们划入本类犯罪中。

本类犯罪的对象，一般可以是任何一个自然人，但对有的犯罪而言，其犯罪对象则是特定的，例如，强奸罪，拐卖妇女、儿童罪，收买被拐卖的妇女、儿童罪，聚众阻碍解救被收买的妇女、儿童罪的对象，只能是妇女、儿童；打击报复会计、统计人员罪的对象，只能是会计、统计人员；组织残疾人、儿童乞讨罪的对象，只能是残疾人和儿童，等等。

2. 本类犯罪在客观方面表现为非法侵犯他人人身权利、民主权利，以及与人身有关的其他权利的行为。就行为的表现形式而言，绝大多数犯罪，只能以作为的方式实施，例如，强奸罪、绑架罪等；有的犯罪，如遗弃罪，只能以不作为的方式实施；还有的犯罪既可以以作为的方式实施，也可以以不作为的方式实施，例如，故意杀人罪。本类罪中，有的犯罪是结果犯，特定危害结果的发生是犯罪既遂或者犯罪成立的必备要件，如故意杀人罪、故意伤害罪、过失致人死亡罪等；有的犯罪是行为犯，法定的危害行为是否实施终了是其犯罪既、未遂的区分标志，如强奸罪、诬告陷害罪等；有的犯罪是举动犯，特定的危害行为一经实施即构成犯罪既遂，如煽动民族仇恨、民族歧视罪。

3. 本类犯罪的主体，绝大多数是一般主体，任何具有刑事责任能力的自然人均可成为其犯罪主体，也有少数犯罪是特殊主体，比如，强奸罪的主体只能是男性，刑讯逼供罪、暴力取证罪的主体只能是司法工作人员，打击报复会计、统计人员罪的主体只能是公司、企业、事业单位、机关、团体的领导人，等等。从刑事责任年龄来看，本类犯罪主体的刑事责任年龄一般要求为已满16周岁，但是，故意杀人、故意伤害致人重伤或者死亡、强奸的，已满14周岁即可构成。本类犯罪的主体绝大多数是自然人，也有少数可由单位构成，如强迫劳动罪。本类犯罪中的极少数犯罪属于必要共同犯罪，如聚众阻碍解救被收买的妇女、儿童罪。

4. 本类犯罪的主观方面，除了过失致人死亡罪和过失致人重伤罪由过失构成外，其他罪均由故意构成，其中，大多数只能由直接故意构成，也有的犯罪既可由直接故意构成，又可由间接故意构成，如故意杀人罪、故意伤害罪。

二、侵犯公民人身权利、民主权利罪的种类

《刑法》分则侵犯公民人身权利、民主权利罪一章共规定了42种具体的侵犯公民人身权利、民主权利犯罪。根据各罪的直接客体的性质和其他特点，可以将它们归纳

为下列六类：

1. 侵犯生命、健康权利的犯罪，包括故意杀人罪，过失致人死亡罪，故意伤害罪，过失致人重伤罪，组织出卖人体器官罪。

2. 侵犯妇女、儿童或者他人身心健康的犯罪，包括强奸罪，强制猥亵、侮辱罪，猥亵儿童罪。

3. 侵犯人身自由的犯罪，包括非法拘禁罪，绑架罪，拐卖妇女、儿童罪，收买被拐卖的妇女、儿童罪，聚众阻碍解救被收买的妇女、儿童罪，诬告陷害罪，强迫劳动罪，雇用童工从事危重劳动罪，非法搜查罪，非法侵入住宅罪，刑讯逼供罪，暴力取证罪，虐待被监管人罪。

4. 侵犯名誉、人格权利的犯罪，包括侮辱罪，诽谤罪，煽动民族仇恨、民族歧视罪，出版歧视、侮辱少数民族作品罪。

5. 侵犯民主权利的犯罪，包括非法剥夺公民宗教信仰自由罪，侵犯少数民族风俗习惯罪，侵犯通信自由罪，私自开拆、隐匿、毁弃邮件、电报罪，侵犯公民个人信息罪，报复陷害罪，打击报复会计、统计人员罪和破坏选举罪。

6. 侵犯婚姻家庭权利的犯罪，包括暴力干涉婚姻自由罪，重婚罪，破坏军婚罪，虐待罪，遗弃罪，拐骗儿童罪，组织残疾人、儿童乞讨罪和组织未成年人进行违反治安管理活动罪。

第二节　侵犯生命、健康权利的犯罪

一、故意杀人罪

（一）故意杀人罪的概念和构成

故意杀人罪，是指故意非法剥夺他人生命的行为。本罪具有如下构成要件：

1. 本罪侵犯的客体是他人的生命权利。犯罪对象是有生命的自然人。人死亡后的尸体、尚未出生的胎儿以及动、植物均不是本罪的对象。若行为人因认识错误，将尸体或动、植物当做人加以“杀害”的，应以本罪未遂论处。人的生命始于出生，终于死亡。对于人的出生、死亡的标志，包括我国在内的世界各国的刑法一般未作明文规定。在刑法理论上，关于这两个问题则存在各种各样的学说。关于人的出生标志，有阵痛说、一部露出说、全部露出说、断带说、发声说、独立呼吸说。其中，独立呼吸说，亦即以胎儿脱离母体，并能独立呼吸作为人生命开始的标志，现为我国多数刑法学者所主张。但目前这一通说的合理性受到了一定的质疑。[①] 这的确是一个值得进一步思索的问题。关于人的死亡标志，大致有心死说和脑死说。传统的观点是心死说，即将心脏停止跳动，呼吸或脉搏停止作为认定人死亡的标志。随着医学科学技术的发展，

① 参见高铭暄主编：《新编中国刑法学》下册，682～683页，北京，中国人民大学出版社，1998。

主张以人的大脑功能完全地不可逆转地丧失作为认定人死亡标志的脑死说获得了越来越多的认同。目前已有十多个国家明确宣布采取脑死说。在我国，脑死说虽尚未上升为法律，但在个别判决已得到体现。①

2. 本罪在客观方面表现为非法剥夺他人生命的行为。首先，必须有剥夺他人生命的行为，即杀人行为。剥夺他人生命行为的方式，既可以表现为作为，也可以表现为不作为。剥夺他人生命的手段，多种多样，利用各种工具，利用自然力，利用本人的身体，均无不可；暴力或者非暴力也在所不问，但是，以放火、爆炸、投毒等危险方法杀人的，且行为人明知或应知其行为会造成危害公共安全的结果的，则构成本罪与相关的危害公共安全罪的想象竞合犯。其次，剥夺他人生命的行为必须是非法的。合法的剥夺生命的行为，如因实行正当防卫而致不法侵害人死亡、法警依法对罪犯执行死刑等，不构成犯罪。需要注意的是，剥夺他人生命行为的合法与非法，只能依有关法律的规定判断，而不能以行为人的主观认识或以“民意”为准。详言之，对一些所谓的“大义灭亲”、“为民除害”的行为，除其符合正当防卫等排除犯罪性行为的构成要件外，一律应以故意杀人罪论处。本罪是结果犯，死亡结果的发生是本罪既遂的必备要件。如果虽有杀人行为，但并未发生死亡的结果，或者虽有他人死亡的事实，但其与行为人的杀人行为之间并无刑法上的因果关系的，则只能以本罪未遂论处。此处值得一提的是，根据《刑法修正案（八）》第 37 条第 2 款的规定，未经本人同意摘取其器官，或者摘取不满 18 周岁的人的器官，或者强迫、欺骗他人捐献器官，符合故意杀人罪构成特征的，依照《刑法》第 232 条的规定定罪处罚。

3. 本罪的主体为一般主体，凡年满 14 周岁的具有刑事责任能力的自然人即可构成。

4. 本罪在主观方面出于故意，既可以是直接故意，也可以是间接故意。具体表现为行为人明知自己的行为会导致他人死亡的结果发生，并且希望或者放任这种结果发生。犯罪动机可能是多种多样，如图财、报复、义愤等均无不可，具体如何，对本罪构成没有影响，但应作为量刑情节考虑。

（二）故意杀人罪的认定

在认定本罪时应注意以下问题：

1. 关于转化型故意杀人罪的问题

根据《刑法》第 238、247、248、289、292 条的规定，对非法拘禁使用暴力致人死亡的，刑讯逼供或暴力取证致人死亡的，虐待被监管人致人死亡的，聚众“打砸抢”致人死亡的，聚众斗殴致人死亡的，应以故意杀人罪论处。这在理论上称为“转化犯”。但是，对于这些条文中的“致人死亡”是应当限制解释为故意致人死亡，还是既包括故意致死也包括过失致死，是一个亟待研究和解决的问题。我们认为，应作限制性解释。

2. 本罪与组织、利用会道门、邪教组织、利用迷信致人死亡罪，使用极端愚昧、根本不可能造成他人死亡的迷信方法“杀人”行为之间的界限

① 参见最高人民法院中国应用法学研究所编：《人民法院案例选（刑事卷）》（1992—1996 年合订本），314～318 页，北京，人民法院出版社，1997。

根据最高人民法院、最高人民检察院《关于办理组织和利用邪教组织犯罪案件具体应用法律若干问题的解释》第3、4条的有关规定，组织和利用会道门、邪教组织制造、散布迷信邪说，或者利用封建迷信，蒙骗其成员或其他人实施绝食、自残、自虐等行为，或者阻止病人进行正常治疗，致人死亡的，应以组织、利用会道门、邪教组织、利用迷信致人死亡罪论处。组织和利用会道门、邪教组织制造、散布迷信邪说，或者利用封建迷信，指使、胁迫其成员或者其他人实施自杀行为的，应以故意杀人罪论处。

使用极端愚昧的迷信方法，如画符念咒、针扎纸人等“杀人”的，在刑法理论上称为“迷信犯”。这种行为，由于其根本不存在造成任何危害结果的可能性，因而既不同于利用迷信致人死亡罪，也不同于故意杀人罪，对之不能定罪量刑，可给予批评教育。

3. 本罪与自杀行为之间的界限

自杀，是自行结束自己生命的行为。对于自杀者来说，这是一种非罪行为，我国《刑法》也未规定自杀罪。自杀行为有时是在他人的逼迫、诱骗、教唆、帮助下实施的，此时，要考虑该逼迫者、诱骗者、教唆者、帮助者的行为是否构成故意杀人罪的问题。

（1）逼迫他人自杀。逼迫他人自杀，是指出于致他人死亡的故意，故意以暴力、威胁等强制手段促使他人自杀。这实质是一种借刀杀人行为，行为人主观上有剥夺他人生命的故意，客观上有非法剥夺他人生命的行为，只不过这种行为是假借他人之手实施的，这就完全符合故意杀人罪的构成要件，应当以故意杀人罪论处。

（2）诱骗他人自杀。诱骗他人自杀，是指出于故意杀人的目的，采取虚构事实或隐瞒真相的欺骗手段，促使他人自杀。我们认为，同逼迫他人自杀一样，诱骗他人自杀也是一种借刀杀人行为，对诱骗者应以故意杀人罪论处。至于组织、利用会道门、邪教组织、利用封建迷信诱骗他人自杀的，也是一种诱人自杀行为，应当以故意杀人罪论处。需要注意的是，最高人民法院、最高人民检察院《关于办理组织和利用邪教组织犯罪案件具体应用法律若干问题的解释》并未对这种行为的定性作出明确的规定（该解释第3条只是规定了组织和利用邪教组织蒙骗他人实施绝食、自残、自虐等行为，或者阻止病人进行正常治疗，致人死亡的，以组织、利用邪教组织致人死亡罪论处，未规定蒙骗他人自杀的，应如何处理），因而上述观点并不违背现行司法解释的规定。[①]

（3）教唆自杀。教唆自杀，是指行为人用怂恿、请求、命令、挑拨、刺激、引诱、指使等方式，唆使他人产生自杀意图，实施自杀行为。我们认为，教唆自杀行为，根据其性质和处理结果的不同，可以作一定的分类：根据教唆的具体方式不同，可以分为含逼迫、诱骗因素的教唆自杀与不含逼迫、诱骗因素的教唆自杀。前一类教唆自杀，实质也是逼迫自杀或诱人自杀，应当以故意杀人罪论处；后一类教唆自杀，则可根据教唆对象的不同，再分为教唆无责任能力人自杀与教唆有责任能力人自杀。前者即教唆未满14周岁人自杀或教唆精神病人自杀，因被教唆者对自己的自杀行为的性质和后果尚欠缺辨识能力，故而对教唆者而言，其行为实质与诱骗他人自杀无异，应以故意

① 参见赵秉志主编：《刑法争议问题研究》下卷，229页，郑州，河南人民出版社，1996。

杀人罪论处；对于后者，因这里的教唆与共同犯罪中的教唆有本质差异，且被教唆者具有认识和控制自己自杀行为的能力，死亡结果的发生在更大程度上是由其自己造成的，故而一般情况下宜不作为犯罪处理。

（4）帮助自杀。帮助自杀，是指他人已有自杀意图，行为人对其在精神上加以鼓励，使其坚定自杀的意图，或者在物质上加以帮助，使他人得以实现其自杀意图。对于帮助自杀，如果是帮助者直接帮他人结束自己生命行为的，则完全符合故意杀人罪的构成要件，应以该罪论处；如果只是提供精神帮助，或者只是为自杀者提供自杀工具等便利条件的，则应区分被帮助者责任能力的有无，判定是否构成故意杀人罪。具体说来，被帮助者是未满 14 周岁的未成年人或者精神病人的，应以故意杀人罪论处；被帮助者是有责任能力人的，因帮助行为对自杀者死亡结果的原因力很小，危害也不大，不应以犯罪论处。

4. 安乐死的定性

所谓安乐死，一般是指对于身患绝症、处于极度痛苦中的病人，应其请求，实施促使其迅速无痛苦死亡的行为。安乐死是否应当以故意杀人罪论，存在着相当激烈的争论。西方一些国家有将安乐死合法化的立法倾向。在我国，从安乐死的合理性角度看，大多数学者持肯定意见，主张以专门立法的方式允许严格限制下的安乐死的存在。其主要理由是：安乐死体现了正确对待死亡的唯物主义态度，社会应当尊重患者选择无痛苦死亡的权利；安乐死既可使无生还希望的患者极早解除痛苦，又可减轻社会及其家属在物质上和精神上的沉重负担，减少人力物力的无谓浪费；对实施安乐死的医护人员处以刑罚，也不符合刑罚的根本目的。为保证安乐死不被滥用，他们还设计了安乐死的适用条件。也有的学者对安乐死提出了异议。其主要理由是：安乐死违反人道主义，在伦理上令人难以接受；所谓绝症的标准不好确定，对难以治愈的疾病就定为绝症而实施安乐死，也不利于医学的发展；安乐死的实施，可能给患者亲属及医护人员谋取私利造成方便条件，等等。就目前安乐死的合法性问题而言，因我国法律尚未明确排除安乐死行为的犯罪性，故而绝大多数学者认为，对其一般还应以故意杀人罪定性，但是在量刑时可根据具体情况免除或者减轻处罚。①

（三）故意杀人罪的处罚

根据《刑法》第 232 条的规定，犯本罪的，处死刑、无期徒刑或者 10 年以上有期徒刑；情节较轻的，处 3 年以上 10 年以下有期徒刑。其中，情节严重的故意杀人，主要包括动机卑鄙的故意杀人；手段残忍的故意杀人；后果严重的故意杀人；等等。情节较轻的故意杀人，主要包括当场基于义愤杀人；受被害人嘱托杀人；受被害人长期迫害或者虐待而激愤杀人；“大义灭亲”杀人；父母为掩饰羞耻或因家庭困难而溺婴的；等等。

二、过失致人死亡罪

过失致人死亡罪，是指由于自己的过失而致他人死亡的行为。本罪的构成要件是：

---

① 参见高铭暄主编：《新编中国刑法学》下册，687 页，北京，中国人民大学出版社，1998。

1. 本罪侵犯的客体为他人的生命权利。生命权利是公民人身权利中最基本的权利，是其他权利的基础。刑法不仅惩治故意杀人这种故意剥夺他人生命权利的行为，而且也惩处过失地导致他人死亡、侵犯他人生命权利的行为。

2. 本罪在客观方面表现为过失致人死亡的行为。受害人死亡发生是本罪的必备要件，过失致人死亡罪不存在未遂的问题。在实践中应当注意，行为人的行为一定要与被害人死亡的结果之间具有因果关系；没有因果关系的，绝不能让行为人负过失致人死亡罪的罪责。此处需要注意的是，实践中由于行为人的过失造成他人死亡结果的犯罪很多，但并不是一律定为过失致人死亡罪。《刑法》第233条对过失致人死亡行为的定性，在确立过失致人死亡罪的罪刑规范时，同时规定，"本法另有规定的，依照规定"。据此，《刑法》分则中对过失致人死亡的行为有特别规定的，应按其规定来定罪。例如，失火致人死亡的定失火罪，交通肇事致人死亡的应定交通肇事罪，抢劫中过失致被害人死亡的，定抢劫罪，被害人死亡的结果视为一个情节，等等。

3. 本罪的主体为一般主体，凡年满16周岁、具有刑事责任能力的自然人，均可成为本罪主体。

4. 本罪在主观方面表现为过失，包括疏忽大意的过失和过于自信的过失。前者表现为，行为人应当预见自己的行为可能导致他人死亡的结果，却因疏忽大意没有预见到以致发生了结果；后者表现为行为人已经预见到自己的行为可能导致他人死亡，但却轻信能够避免以致发生了结果。司法实践中应当注意，决定是否过失致人死亡，并不在于行为人是否有意识地实施了行为，关键在于行为人对他人死亡的结果抱的是什么态度、有没有过失。

根据《刑法》第233条的规定，犯本罪的，处3年以上7年以下有期徒刑；情节较轻的，处3年以下有期徒刑。

三、故意伤害罪

(一) 故意伤害罪的概念和构成

故意伤害罪，是指故意非法损害他人身体健康的行为。本罪具有如下构成要件：

1. 本罪侵害的客体是他人的身体健康权利。他人必须是有生命的自然人。伤害胎儿的，因其生命还未开始，显然不能构成对他的故意伤害罪；但是，如果是为了伤害胎儿而伤害了母体，结果造成流产或使胎儿出生后残疾的，可构成对母亲的故意伤害罪。伤害无生命的尸体的，不构成本罪；因认识错误将尸体当做人加以伤害的，成立本罪未遂。侵犯他人身体健康权利，包括两种情形：一是对人体组织完整性的破坏，如割掉耳鼻、砍去手足、打断骨骼等；二是对人体器官正常机能的损坏，如导致精神失常、打聋耳朵、打瞎眼睛等。损坏他人非身体的有机组成部分，如毁损假肢、打掉义齿等，不能构成本罪；强行剪去他人毛发、指甲，谈不上对人体组织完整性的破坏，也谈不上对人体器官正常机能的损坏，也不能成立本罪。①

2. 本罪在客观方面表现为非法损害他人身体健康的行为，亦即非法伤害行为。伤

① 参见肖中华：《侵犯公民人身权利罪》，107页，北京，中国人民公安大学出版社，2003。

害行为，就其行为方式来说，多表现为作为，但有时也表现为不作为；就其手段来说，多具有暴力性，但也不排除非暴力的伤害，如装神弄鬼，吓唬他人，致人精神失常。伤害行为必须是非法的，如因正当防卫、紧急避险、正当医疗行为、符合规则的竞技行为等正当行为而伤害他人的，不构成犯罪。故意伤害罪是结果犯，只有给他人身体造成伤害结果的，才构成本罪既遂。伤害结果，包括轻伤、重伤、伤害致死，但不含轻微伤。在此有必要指出的是，根据《刑法修正案（八）》第37条第2款的规定，未经本人同意摘取其器官，或者摘取不满18周岁的人的器官，或者强迫、欺骗他人捐献器官的，符合故意伤害罪构成特征的，依照《刑法》第234条的规定定罪处罚。

3. 本罪的主体是一般主体。其中，对于故意伤害致人重伤或者死亡者，要求是已满14周岁、具有刑事责任能力的自然人；对于故意伤害致人轻伤者，要求是已满16周岁、具有刑事责任能力的自然人。

4. 本罪在主观方面是出自故意，具体表现为，明知自己的行为会造成他人身体伤害的结果，并且希望或者放任伤害结果的发生。在故意伤害致死中，行为人对他人死亡的结果，必须是出自过失。在通常情况下，行为人对自己的行为会给被害人造成何种程度的伤害，往往没有明确的认识和追求，对此，一般应按实际伤害的轻重决定构成轻伤害还是重伤害。这样处理并不违反主客观相统一的原则，因为在这种情况下，无论造成轻伤还是重伤，都不违反行为人的放任故意。

（二）故意伤害罪的认定

在司法实践中认定本罪应注意以下问题：

1. 本罪与包含伤害内容的其他犯罪的界限

《刑法》第234条第2款规定，对故意伤害行为，“本法另有规定的，依照规定”。据此，凡在实施其他犯罪中伤害他人，刑法（上述“本法”应作扩大解释，即不仅是指《刑法》，还应包括特别刑法）另有规定的，应按有关条文定罪量刑。如犯绑架、抢劫、放火、爆炸等罪致人伤害的，应分别根据《刑法》第239、263、114、115条的规定定罪量刑。

2. 转化型故意伤害罪的问题

根据《刑法》有关条文的规定，有些犯罪，在一定条件下可以转化为故意伤害罪。如刑讯逼供、暴力取证以及虐待被监管人致人伤残，或者聚众斗殴致人重伤的，应以故意伤害罪定罪处罚；非法组织卖血、强迫卖血对他人造成伤害的，亦以故意伤害罪定罪处罚。

3. 本罪与轻微伤害行为的界限

正确区分故意伤害罪与轻微伤害行为，首先，要求科学地划定轻伤害与轻微伤害之间的界限。根据2014年1月1日起施行的《人体损伤程度鉴定标准》，轻伤是指使人肢体或者容貌损害，听觉、视觉或者其他器官功能部分障碍或者其他对于人身健康有中度伤害的损伤，包括轻伤一级和轻伤二级。轻微伤是指各种致伤因素所致的原发性损伤，造成组织器官结构轻微损害或者轻微功能障碍。其次，应当注意克服客观归罪的危险倾向和错误做法。申言之，不能仅根据伤害的后果确定行为的性质。故意伤害罪与轻微伤害行为的关键区别不只在于甚至主要不是在于伤害后果的轻重程度，而是行为人的心理态度：出于轻伤或重伤故意伤害他人的，即使只造成轻微伤害的结果，原则上也已构成故意伤害罪，只不过是成立犯罪未遂（当然对于轻伤未遂的，可以作“情节显著轻微，危害不大，不认为是犯罪”处理）；出于轻微伤害他人故意伤害他人的，即使意外造成他人轻伤甚至重伤的，也不构成故意伤害罪（如果行为人对他人的重伤结果有过失，则应当论以过失致人重伤罪）。

4. 轻伤与重伤的界限

正确地划清两者之间的界限，对本罪量刑有重要意义，有时甚至关系到罪与非罪的区分，必须深入研究。

何为轻伤，前文已作说明。何为重伤？《刑法》第 95 条作了原则性规定。所谓重伤，“是指有下列情形之一的伤害：（一）使人肢体残废或者毁人面貌的；（二）使人丧失听觉、视觉或者其他器官机能的；（三）其他对于人体健康有重大伤害的”。《人体损伤程度鉴定标准》则重申，重伤是指使人肢体残废、毁人容貌、丧失听觉、丧失视觉、丧失其他器官功能或者其他对于人身健康有重大伤害的损伤，包括重伤一级和重伤二级。该鉴定标准还针对不同的人体部位或者器官机能，就所谓重伤一级、重伤二级的具体认定标准作了详细规定。在确定伤害程度时，必须遵守这些法律的规定。

某些损伤，从受伤当时到治疗后，伤情往往有一个发展变化的过程。这便引起了应依何时的伤情确定伤害程度的问题。对此，《人体损伤程度鉴定标准》明确提出，人体损伤程度鉴定应当遵循实事求是的原则，坚持以致伤因素对人体直接造成的原发性损伤及由损伤引起的并发症或者后遗症为依据，全面分析，综合鉴定。具体而言，对于以原发性损伤及其并发症作为鉴定依据的，鉴定时应以损伤当时伤情为主，损伤的后果为辅，综合鉴定。对于以容貌损害或者组织器官功能障碍作为鉴定依据的，鉴定时应以损伤的后果为主，损伤当时伤情为辅，综合鉴定。进言之，以原发性损伤为主要鉴定依据的，伤后即可进行鉴定；以损伤所致的并发症为主要鉴定依据的，在伤情稳定后进行鉴定。以容貌损害或者组织器官功能障碍为主要鉴定依据的，在损伤 90 日后进行鉴定；在特殊情况下可以根据原发性损伤及其并发症出具鉴定意见，但须对有可能出现的后遗症加以说明，必要时应进行复检并予以补充鉴定。疑难、复杂的损伤，在临床治疗终结或者伤情稳定后进行鉴定。

此外还有一个问题是，对下述两类特殊的伤害案件的性质应当有正确的认识：一是出于明确的轻伤故意而过失致人重伤；二是出于明确的重伤故意但因意志以外的原因只致他人轻伤。对于前一类案件，应当作为重伤案件处理。理由在于，故意伤害致人轻伤或重伤，都属于故意伤害；《刑法》第 234 条第 2 款中的“重伤”并未明确限定必须是故意致人重伤。对于后一类案件的性质，理论上有不同认识。有些学者认为，应作轻伤案件处理；有的学者认为，应作重伤（未遂）处理。[①] 这实质关系到《刑法》第 234 条第 2 款规定的致人重伤的伤害犯罪有无未遂的问题。在此问题上，我们倾向于赞同后一种观点。理由在于，非此不足以体现罪责刑相适应的刑法基本原则的精神，易生轻纵犯罪的流弊。但是，毋庸讳言，这样处理，从犯罪构成的角度看，尚有难以完全说通之处：我国刑法并无故意重伤罪这一罪名，对上述案件，在判决书中，不可能出现“故意重伤罪（未遂）”的字样，而只能写上“故意伤害罪（未遂）”，这样就显

① 参见张明楷：《刑法学》下，700 页，北京，法律出版社，1997。

然不能清楚反映案件的性质，因为在这类案件中，虽无重伤结果，但仍然存在着轻伤的结果，而轻伤与重伤同是伤害，又何来未遂呢？我们认为，这一矛盾在很大程度上是由现行立法本身的缺陷造成的，若能分设故意轻伤罪与故意重伤罪两个罪名，不必要的理论争论和司法实践困惑，自可迎刃而解。

5. 故意伤害罪与故意杀人罪的界限

主要是要划清故意伤害致死与故意杀人、故意伤害与故意杀人未遂的界限。对此，关键是要准确地揭示、查证行为人的主观心理态度，即，凡只具有伤害故意的，无论是否造成死亡结果，都应认定为故意伤害罪；凡具有直接的杀人故意的，无论是否造成死亡结果，都应认定为故意杀人罪；凡具有间接的杀人故意的，造成什么结果，就定什么罪。在认定行为人主观心理态度时，应当按照主观见诸客观、客观反映主观的唯物论原理，通过缜密分析案件的起因、被告人与被害人平素关系、犯罪工具、打击部位与强度、侵害有无节制、犯罪后的表现等各种事实情节，作出判断。不能否认，由于人的认识能力有限、犯罪查证过于延迟等主客观原因，有些案件，往往还难以准确认定犯罪人的主观心理态度。对这类疑案，应当本着慎重精神，按较轻的犯罪处理。

不难看出，在故意伤害罪与故意杀人罪界限的划分上，我们采取的是故意说的立场。故意说也是刑法理论界的通说。在此问题上，还存在目的说（认为上述二罪的关键区别在于犯罪目的的不同）和客观事实说（主张以犯罪工具、打击部位等客观事实为标准区分上述二罪）两种不同观点。[①] 这两种观点都有其合理之处，但也都存在明显缺陷，表现在：用目的说区分直接故意杀人与故意伤害，无疑能得出正确的结论，但该观点不具有普遍适用性，易言之，用之无法区分间接故意杀人与故意伤害的界限，因为间接故意杀人是无所谓犯罪目的的；客观事实说蕴涵着主观见诸客观的唯物论原理，是其合理之处，但该观点未能认识到事物的复杂性，否认了并不存在绝对的致命的犯罪工具和打击部位这样一个事实，违背了犯罪构成原理，则是其不足所在。

6. 故意伤害致死与过失致人死亡罪的界限

二者的根本区别在于，前者具有伤害他人的故意，而后者完全是由于过失致人死亡，行为人没有任何犯罪的故意（行为人可能有一般殴打或轻微伤害他人的故意，但这并不是犯罪故意）。

（三）故意伤害罪的处罚

根据《刑法》第234条的规定，犯本罪的，处3年以下有期徒刑、拘役或者管制。故意伤害致人重伤的，处3年以上10年以下有期徒刑；致人死亡或者以特别残忍的手段致人重伤造成严重残疾的，处10年以上有期徒刑、无期徒刑或者死刑。

四、过失致人重伤罪

过失致人重伤罪，是指过失伤害他人身体，致人重伤的行为。本罪具有如下构成要件：

1. 本罪侵犯的客体是他人的身体健康权利。

---

① 转引自高铭暄主编：《新中国刑法学研究综述》，581～582页，郑州，河南人民出版社，1986。

2. 本罪在客观方面表现为，行为人的行为造成了他人重伤的结果，行为与重伤结果之间具有因果关系。如果过失行为只造成轻伤而非重伤，或者行为人的行为与其后发生的他人重伤的结果之间并不存在因果关系，行为人并不负刑事责任。至于行为的表现形式，本罪既可由作为构成也可由不作为构成。

3. 本罪的主体为一般主体。

4. 本罪在主观方面表现为过失，即过失致人重伤罪的行为人对他人重伤的结果，只能出于过失，包括疏忽大意的过失和过于自信的过失。如同过失致人死亡行为并非一律都应定过失致人死亡罪一样，过失致人重伤的行为，也并非都是过失致人重伤罪。只要《刑法》分则条文对过失致人重伤有特别规定的，依该特别规定定罪处罚。

根据《刑法》第 235 条的规定，犯本罪的，处 3 年以下有期徒刑或者拘役。

五、组织出卖人体器官罪

组织出卖人体器官罪，是指组织他人出卖肾、肝、胃等人体器官的行为。本罪具有如下构成要件：

1. 本罪的客体是他人的身体健康权利。本罪的犯罪对象是人体器官，不包括同属人体材料的人体组织和人体细胞。此处的人体器官是否完整，则非所问。

2. 本罪在客观方面表现为通过策划、指挥、领导、招募、雇佣、强迫、引诱等方式组织他人出卖人体器官的行为。需要指出的是，未经本人同意摘取其器官，或者摘取不满 18 周岁的人的器官，或者强迫、欺骗他人捐献器官的，不构成本罪，而应依照《刑法》第 234、232 条的规定定罪处罚。违背本人生前意愿摘取其尸体器官，或者本人生前未表示同意，违反国家规定，违背其近亲属意愿摘取其尸体器官的，亦不构成本罪，而应依照《刑法》第 302 条的规定定罪处罚。

3. 本罪的主体是一般主体。单位不能构成本罪。

4. 本罪的主观方面是出于故意。

根据《刑法》第 234 条之一的规定，犯本罪的，处 5 年以下有期徒刑，并处罚金；情节严重的，处 5 年以上有期徒刑，并处罚金或者没收财产。

第三节 侵犯妇女、儿童或者他人身心健康的犯罪

一、强奸罪

(一) 强奸罪的概念和构成

强奸罪，是指以暴力、胁迫或者其他方法，违背妇女意志，强行与妇女性交，或者与不满 14 周岁的幼女性交的行为。本罪具有如下构成要件：

1. 本罪侵害的客体是妇女的性的自由权利。具体说来，就是妇女按照自己的意志决定正当性行为的权利。本罪的犯罪对象是妇女，包括不满 14 周岁的幼女。至于被害妇女的社会地位、作风品行、婚姻状况等均不影响本罪的成立。

2. 本罪在客观方面表现为，以暴力、胁迫或者其他方法，违背妇女意志，与妇女性交，或者与不满14周岁的幼女性交的行为。强奸，首先是指男女之间的性交行为。性交以外的其他行为，如猥亵、侮辱行为，不构成强奸罪。强奸行为必须是以暴力、胁迫或者其他方法实施。这些方法的共同特征是使妇女处于不能反抗、不敢反抗、不知反抗的境地，或者是利用妇女处于不能反抗、不知反抗的状态。具体说来，所谓暴力，是指对妇女的身体实行有形的打击或强制，使妇女不能反抗或不敢反抗，如殴打、捆绑、强拉硬拽等。所谓胁迫，是指对妇女采取威胁、恫吓等精神上的强制，使妇女不敢反抗，如以杀害、伤害、散播隐私、毁坏名誉、加害亲属等相威胁；利用迷信进行恐吓、欺骗；利用与妇女之间的从属关系、教养关系以及妇女孤立无援的环境条件进行挟制和迫害，等等。其他方法，是指暴力、胁迫以外的其他致使或者利用妇女处于不能反抗、不知反抗的状态的方法，如用酒将妇女灌醉、用药物麻醉；利用妇女患重病、熟睡之机进行奸淫；利用或假冒治病进行奸淫；冒充妇女的丈夫、未婚夫、男友或情人进行奸淫，等等。强奸还必须是违背妇女意志的，亦即是在妇女不同意性交的情况下，强行与之性交。性交是否违背妇女意志，是强奸与通奸、婚前性行为等其他不正当性行为的原则界限。是否违背妇女意志，不能仅从表面上看行为人有无使用“暴力”、“胁迫”等方法，也不能仅从表面上看妇女有无反抗、拒绝等表示，关键要看妇女是否准备反抗以及是否能够反抗、是否敢于反抗、是否知道反抗等情况。强奸罪是行为犯，其犯罪既遂的成立标准有结合说（或曰插入说）、接触说、射精说几种不同的观点。目前，结合说，即主张以男女生殖器官的结合作为强奸罪既遂的认定标准，是我国刑法理论界通说，也为我国司法实践所接受。不过，虑及对幼女的特殊保护以及幼女的生理特点，对于奸淫不满14周岁的幼女构成强奸罪的，其既遂标准通常认为应采取“接触说”。

3. 本罪的主体是已满14周岁、具有刑事责任能力的男性。妇女不能单独构成本罪，但可成为本罪的教唆犯、帮助犯或间接正犯。

4. 本罪的主观方面，通说认为是出于直接故意，并且行为人具有强行奸淫目的。

（二）强奸罪的认定

1. 婚内强奸问题

丈夫教唆、帮助他人强奸自己的妻子，或者丈夫误将自己的妻子当做其他妇女予以强奸的，应当构成强奸罪。对此，理论界的认识比较一致。问题在于，丈夫明知是自己的妻子，而强行奸淫她的行为，即婚内强奸行为，是否构成强奸罪呢？这在理论界和实践中还都存在不同看法。在理论界，大多数学者对之持否定意见，他们认为，合法婚姻关系的成立意味着妻子已概括性的同意与丈夫性交，亦即一旦合法婚姻关系成立，在任何时候，都可以认为不存在丈夫违背妻子意志与其性交的问题；将婚内强奸当做强奸罪处理，查证困难，有违社会传统观念，不利于家庭和社会的稳定；如果丈夫为满足性要求，不顾妻子意愿，强行与之性交，构成其他犯罪的（如虐待、伤害、侮辱、暴力干涉婚姻自由等），则另当别论，构成什么罪，就以什么罪处理。[1] 也有学

---

① 参见高铭暄主编：《新编中国刑法学》下册，696页，北京，中国人民大学出版社，1998。

者认为，合法婚姻关系的成立是否就意味着妻子在任何情况下都必须同意与丈夫性交还是一个值得进一步探讨的问题[①]，这些学者认为，主张夫妻关系中包含着的性交权利和义务的观点是缺乏明确的法律依据的。还有一些学者认为，婚内强奸原则上不能构成强奸罪，但是在夫妻感情确已破裂，婚姻关系名存实亡的特殊情况下，应以强奸罪论处。[②] 从我国的刑事司法实践看，多倾向于否定婚内强奸应论以强奸罪[③]，但也曾有个别判决持相反立场。[④] 在此问题上，我们倾向于赞同通行的观点，即对婚内强奸应以强奸罪论持否定意见；同时认为，上述持肯定观、折中观的理由也值得重视，尤其应当看到，因为认识上的分歧，已经导致了执法不统一的异常局面，这就意味着我们必须寻求一定的立法对策，对婚内强奸的定性作出明确规定。

2. 强奸罪与非罪的界限

（1）强奸与通奸、自愿的婚前性行为的界限。通奸，是双方或一方有配偶的男女自愿发生的不正当性行为。自愿的婚前性行为，是指在合法婚姻缔结前，男女双方自愿发生的性行为。在我国，这两种行为，都是纯粹的道德问题，不构成犯罪。从理论上讲，强奸与通奸、婚前性行为并不难区分。但是，有的女性在与人通奸或自愿发生婚前性行为后，出于种种原因，会将通奸、自愿的婚前性行为说成“强奸”；还有的女性会错误地将求奸未成当做“强奸未遂”，甚至向有关机关“告发”。对此，必须深入挖掘案件事实，搞清真相，切不可武断地以强奸罪论处。

但是，在女方明确地表示要与男方断绝通奸关系或者不愿与之发生婚前性行为的情况下，男方继续纠缠不休，并以暴力、胁迫等强制方法强行与女方发生性交的，应以强奸罪论处。

（2）强奸性质的转化问题。在有的案件中，第一次性交是在男方违背女方意志的情况下，以强制方法实施的，但事后女方非但未告发，反而又多次自愿与该男发生性交，甚至建立恋爱、家庭关系。对这类案件，应当认为随着事物的发展变化，其原有的社会危害性已经消失，从稳定现实社会关系的角度出发，基于刑事政策的考虑，一般不宜以强奸罪论处（对此，有的学者有不同意见。他们认为，第一次强奸罪既已构成，就应当追究刑事责任，不能因为后来女方感情的变化而否定过去的强奸事实）[⑤]；对这类行为，可以免除或减轻处罚，但不能否认强奸的性质。[⑥] 从形式的犯罪构成要件理论上看，上述不同意见无疑有其根据；但从犯罪的本质特征——行为的社会危害性角度考察，其立论和理由则有明显的形而上学的机械性。但是，如果第一次强奸女方以后，又采取种种手段挟制女方，使其不敢抗拒，不得已继续忍辱从奸的，则应以强奸罪论处。

（3）和与自己有从属关系、教养关系的女性发生性行为的定性。对这类行为应分别情形，具体定性，不可一概而论。详言之，如果行为人利用职务、业务、家庭等方面的优势地位，以解除工作、断绝生活来源等相要挟，胁迫女方，使其不敢反抗，忍

① 参见赵秉志主编：《刑法争议问题研究》下卷，251页，郑州，河南人民出版社，1996。
② 参见陈兴良等：《刑法案例教程》下卷，212页，北京，中国政法大学出版社，1994。
③ 参见路安仁等主编：《强奸罪、奸淫幼女罪》，151～158页，北京，中国检察出版社，1991。
④ 参见肖中华：《侵犯公民人身权利罪》，151～152页，北京，中国人民公安大学出版社，1998。
⑤ 转引自高铭暄主编：《中国刑法学》，464页，北京，中国人民大学出版社，1989。
⑥ 参见徐杰等主编：《强奸罪研究》，167页，北京，中国人民公安大学出版社，1991。

辱从奸的，应以强奸罪论处。如果行为人虽在从属关系、教养关系中占优势地位，但并未利用这一条件胁迫女方，而是用入党、提干、分房等利益相诱惑，女方为利所趋，不惜以身相许的，则不能认定为强奸罪。

（4）与患精神病或严重痴呆的妇女发生性行为的定性。患精神病或严重痴呆的妇女，缺乏对性行为的认知（同意）能力或控制能力。从保护这些妇女的合法权益出发，如果行为人明知女方是正处于发病期的精神病患者或严重痴呆者而与其发生性交的，不论使用何种手段，也不论该妇女是否"同意"，均应以强奸罪论处。需要注意的是，间歇性精神病人在精神正常时期，具有完全的辨认和控制自己行为的能力，其自愿与他人性交的，对男方不能以强奸罪论处；行为人确实不知对方是正处于发病期精神病患者或严重痴呆者，也未采用暴力、胁迫等强制方法，甚至经女方"同意"，而与其发生性交的，也不能以强奸罪论处。

（三）强奸罪的处罚

根据《刑法》第236条的规定，犯本罪的，处3年以上10年以下有期徒刑。奸淫不满14周岁的幼女的，以强奸论，从重处罚。有下列情形之一的，处10年以上有期徒刑、无期徒刑或者死刑：（1）强奸妇女、奸淫幼女情节恶劣的；（2）强奸妇女、奸淫幼女多人的；（3）在公共场所当众强奸妇女的；（4）2人以上轮奸的；（5）致使被害人重伤、死亡或者造成其他严重后果的。

二、强制猥亵、侮辱罪

（一）强制猥亵、侮辱罪的概念和构成

强制猥亵、侮辱罪，是指违背他人意志，以暴力、胁迫或者其他方法强制猥亵他人或者侮辱妇女的行为。本罪具有如下构成要件：

1. 本罪侵犯的是他人的身心健康权利。强制猥亵、侮辱罪以暴力、胁迫等方法对他人进行猥亵或者对妇女进行侮辱，是对他人身心健康的严重侵犯。需要注意的是，猥亵行为所针对的是"他人"，既包括妇女，也包括男子。而"侮辱"行为仅针对"妇女"，并不包括男子。

2. 本罪在客观方面表现为行为人实施了违背他人意志，以暴力、胁迫或者其他方法强制猥亵他人、侮辱妇女的行为。

首先，行为人猥亵他人、侮辱妇女具有违背他人意志的本质特征。违背他人意志，即缺乏他人的真实同意。如果他人对于行为人的猥亵行为表示同意，不能成立本罪。妇女同意行为人所进行的各种淫秽下流的动作，如采用下流的语言调戏的，自然也谈不上侮辱妇女的行为。

其次，行为人采用暴力、胁迫或者其他方法实施了强制猥亵他人、侮辱妇女的行为。所谓"暴力"，是指犯罪分子直接对被害人施以伤害、殴打等危害他人人身安全和人身自由，使他人不能抗拒的方法。这里的"胁迫"，是指对被害人施以威胁、恫吓，进行精神上的强制，以迫使他人就范，使其不敢抗拒的方法。如以杀害被害人、加害被害人的亲属相威胁的，利用职权、教养关系、从属关系以及他人孤立无援的环境相威胁的，等等。"其他方法"，是指犯罪分子使用暴力、胁迫以外的，使被害人不知抗拒、无法抗拒的强

制方法。如将他人用酒灌醉，用药物麻醉后对其进行猥亵、侮辱，等等。

何为“猥亵”、“侮辱”？我们认为，猥亵他人，是针对他人实施的，能够刺激、满足行为人或第三人性欲，损害善良风俗，违反良好性道德观念，且不属于奸淫的行为。侮辱妇女，则是指以各种淫秽下流的语言或动作伤害妇女性羞耻心且不属于奸淫的行为。猥亵与侮辱一般都具有刺激或满足色欲需要的内容，二者并无本质的区别。有些行为既是猥亵行为又具有侮辱的性质，如向妇女显露生殖器，用生殖器顶擦妇女身体等。但是，许多侮辱妇女行为不具有猥亵性质，如以下流的语言辱骂、调戏妇女；向妇女泼洒腐蚀物、涂抹污物等。猥亵他人与侮辱妇女行为在客观表现上的区别在于：猥亵具有更为明显的性内容，是一种非自然的行为，只能通过身体动作实施，而侮辱一般不直接表现为性行为（猥亵行为兼具侮辱行为性质者除外），且既可以身体动作实施，也可以语言进行。

最后需要指出，强制猥亵罪的对象仅限于已满 14 周岁的人。强制猥亵不满 14 周岁的未成年人的，应认定为猥亵儿童罪。

3. 本罪的主体为一般主体，即凡年满 16 周岁、具备刑事责任能力的人，均可成为本罪的主体。从司法实践来看，本罪的行为人绝大多数情况下是男子。丈夫对妻子强制猥亵、侮辱，能否成立强制猥亵、侮辱罪的主体？我们认为，如同在强奸罪中合法婚姻关系中的丈夫不能成为强奸妻子的主体一样，合法婚姻关系中的丈夫原则上对其妻子亦不能成立强制猥亵、侮辱罪的主体。例如，行为人强迫其妻子与之口交，事实上是一种强制猥亵行为，但从有利于社会秩序和家庭稳定的角度出发，对这种下流低级的性行为，不以犯罪论为宜；造成严重后果，符合其他犯罪构成要件的，以其他罪论处。

4. 本罪在主观上出于故意，即具有猥亵、侮辱的直接故意。间接故意和过失不构成本罪。本罪的行为人在动机上通常表现出刺激或满足行为人的或者第三人的性欲的倾向。本罪行为人在主观上是否完全排除具有奸淫的目的呢？我们认为，实施强制猥亵、侮辱的行为人有时也具有奸淫的目的，但不具有强行奸淫的目的及强行奸淫的行为。对此，本章关于强奸罪（未遂）与强制猥亵、侮辱妇女罪的界限的论述中已作详述，兹不复赘。

（二）强制猥亵、侮辱罪的认定

1. 强制猥亵、侮辱罪与一般猥亵、侮辱行为的界限

首先，要将强制猥亵、侮辱行为与非强制性猥亵、侮辱行为区分开来。刑法只惩罚以强制方法猥亵他人、侮辱妇女的行为，对于非强制性的猥亵他人、侮辱妇女行为不能视作犯罪。其次，并非任何强制猥亵他人、侮辱妇女的行为都构成强制猥亵、侮辱罪。《刑法》第 237 条对强制猥亵、侮辱罪的构成虽然未规定“情节严重”之要件，但不能将情节显著轻微、危害不大的强制猥亵他人、侮辱妇女行为亦视作犯罪。

2. 利用他人无法抗拒的状态进行猥亵行为的定性

强制猥亵他人一般都是利用暴力手段使他人不能抗拒，或者对他人采取胁迫，即精神上的强制，使他人不敢抗拒的手段来实施的。那么，利用他人患重病、醉酒、熟睡、昏迷等状态而实施的猥亵行为，能否认定为强制猥亵罪呢？我们认为，这种猥亵他人行为在本质上是违背他人意志的，其猥亵手段可视为“暴力”、“胁迫”以外的“其他手段”，因此，应认定为强制猥亵罪。

3. 如何认定利用职权、教养关系、从属关系实施的强制猥亵罪

我们认为，正确认定利用职权、教养关系、从属关系实施的强制猥亵罪，关键是查

明行为人是否利用了特定的关系对他人进行胁迫。这一点，与在强奸罪认定中区分利用特定关系强奸与双方基于互相利用而通奸的界限是一样的。在强制猥亵罪的认定中，不能把有教养关系、从属关系和利用职权猥亵他人的行为都视为强制猥亵。行为人利用职权引诱他人，他人基于互相利用而容忍行为人对其猥亵的，不能认定为强制猥亵罪。

（三）强制猥亵、侮辱罪的处罚

根据《刑法》第237条第1、2款的规定，犯本罪的，处5年以下有期徒刑或者拘役；聚众或者在公共场所当众犯本罪的，处5年以上有期徒刑。

三、猥亵儿童罪

猥亵儿童罪，是指猥亵不满14周岁的儿童的行为。本罪具有如下构成要件：

1. 本罪侵犯的客体是儿童的身心健康权利。本罪的对象为不满14周岁的男、女儿童，猥亵14周岁以上的少女、成年妇女或14周岁以上的男子的，不构成本罪。行为人如果采用暴力、胁迫等强制方法猥亵14周岁以上未成年或者成年男女的，应以强制猥亵罪论处。

2. 本罪在客观上表现为以强制或非强制方法猥亵不满14周岁的儿童的行为。猥亵行为既可以是强制性的，也可以是非强制性的。这主要是考虑到，不满14周岁的儿童对事物的认识能力较差，尤其是对性的认识能力很欠缺，为了保护儿童的身心健康，不应要求以暴力、胁迫等强制方法进行猥亵的才能构成犯罪。“猥亵”的含义，与前述强制猥亵罪中的“猥亵”之含义基本相同。

3. 本罪的主体为一般主体，凡年满16周岁、具有刑事责任能力的自然人，不论男女，均可成为本罪的主体。

4. 本罪在主观方面表现为直接故意，行为人具有对儿童进行猥亵的目的，以刺激或满足性欲。当儿童为幼女时，行为人不具有奸淫幼女的目的和行为。但当儿童为男童、行为人为女性时，行为人可能存在与之性交的目的和行为。

根据《刑法》第237条的规定，犯本罪的，依照强制猥亵、侮辱罪的法定刑从重处罚，即在5年以下有期徒刑或者拘役的幅度内从重处罚；对聚众或在公共场所当众猥亵儿童的，在5年以上有期徒刑的幅度内从重处罚。

第四节　侵犯人身自由的犯罪

一、非法拘禁罪

（一）非法拘禁罪的概念和构成

非法拘禁罪，是指以非法扣押、关押、绑架或者其他方法剥夺他人人身自由的行为。本罪具有如下构成要件：

1. 本罪侵犯的客体是他人的人身自由。人身自由指的是人的行动自由。严格地讲，是意志自由与行动自由的统一，即他人依法享有的按照自己的意思决定自己的行动的自由。非法拘禁罪侵犯的是个人意志下的行动自由，而不是单纯的意志自由。人身自由既是公民人身权利的重要内容，也是公民行使其他权利的基本前提。没有人身自由，其他权利都将无从实现。因此，公民的人身自由能否得到充分保障，也就成为衡量一个国家、一个社会法治状况的重要标志。许多国家都明确将此以国家的根本大法——宪法予以规定。我国现行《宪法》第 37 条也明确规定："中华人民共和国公民的人身自由不受侵犯。任何公民，非经人民检察院批准或者决定或者人民法院决定，并由公安机关执行，不受逮捕。禁止非法拘禁和以其他方法非法剥夺或者限制公民的人身自由，禁止非法搜查公民的身体。"而我国《刑法》第 238 条关于非法拘禁罪的规定，无疑为贯彻上述宪法精神提供了最有力的法律武器。

2. 本罪在客观方面表现为以非法拘禁或者以其他方法非法剥夺他人人身自由的行为。不过，从国外立法来看，有许多国家都将逮捕明确规定为本罪的行为方式，从而将本罪的客观行为限定为"非法逮捕、拘禁"或者"其他方法"，比如日本《刑法》。当然，也有类似于我国的立法例，如德国《刑法》。在此种立法例中，尽管"逮捕"未被明确列举，但无疑应涵括在"其他方法"之中的。具体而言，所谓"拘禁"，原指把逮捕的人关押起来，其侧重于对被害人的关押、扣押。具体来讲，是指将被害人关押于一定的场所，从而剥夺其行动自由。此处一定的场所，通常是指如房屋般被区划、包围了的处所。此处的拘禁并不只限于有形的、物理的强制方法，采取无形的、心理的方法，诸如胁迫被害人、利用其恐怖心理或者利用被害人的羞耻心理，使其不敢逃亡的，同样亦属于拘禁行为。从行为样态来看，拘禁行为大多表现为积极作为的方式，如捆绑、扣押等，但也可以不作为的方式实施。所谓"其他方法"，是指非法拘禁之外的方法，诸如逮捕、绑架、办所谓封闭式的"学习班"以及所谓"隔离审查"、"监护审查"等。我们认为，从纯客观行为意义上来讲，绑架仍可作为非法拘禁罪的行为方式。例如，为索取债务而捆绑债务人的，也应构成非法拘禁罪。

3. 本罪的主体为一般主体，凡年满 16 周岁、具备刑事责任能力的人，均可构成本罪。已满 14 周岁不满 16 周岁的人对他人非法拘禁，情节一般的，不负刑事责任。但是，使用暴力致人伤残、死亡的，构成由非法拘禁罪转化而成的故意伤害（重伤）罪、故意杀人罪，根据《刑法》第 17 条第 2 款的规定，应负刑事责任。从司法实践来看，构成本罪的主体中有相当一部分是国家工作人员尤其是司法工作人员。由于他们利用职权所实施的非法拘禁行为既侵犯了公民的人身自由，也侵犯了国家机关的正常活动，应予更严厉的惩治，因此，我国《刑法》第 238 条第 4 款明确规定应"从重处罚"。

4. 本罪在主观方面表现为故意，即行为人明知自己的行为会使他人丧失人身自由而希望这种结果发生。动机的如何，不影响本罪的构成。此外，《刑法》第 238 条第 3 款明确规定，为索取债务非法扣押、拘禁他人的，应以本罪论处。

（二）非法拘禁罪的认定

1. 关于拘禁行为的前提条件

非法拘禁罪的客观行为必须以非法性为前提。如果行为人所实施的拘禁或者其他行为有合法依据的，则阻却其行为的违法性，从而不能构成本罪。至于行为的非法性，则属于法律评价的范畴。它涉及非法性的评价标准、阻却情形等诸多问题。通常认为，拘禁行为是否非法，应主要参照宪法、民法、刑事诉讼法等法律来判定。这些法律从不同方面为认定行为的非法性提供依据。根据司法实践经验，阻却行为人剥夺他人自由行为的违法性的事由主要包括：（1）实施正当行为而拘禁他人的行为；（2）合法扭送、拘留、逮捕行为；（3）基于被害人的承诺的行为。

2. 非法限制他人人身自由的行为能否构成本罪

我国1979年《刑法》在以第143条规定非法拘禁罪的情况下，还以第144条专门规定了非法管制罪。但我国1997年《刑法》则取消了此一罪名。那么，在1997年《刑法》施行后，对于非法管制他人的行为应如何处理呢？我们认为，在必要时完全可以非法拘禁罪定罪处罚。理由如下：首先，“限制”与“剥夺”并没有截然不同的界限，难以作出恰当的区分。“限制”实际上也是一种剥夺，至少是部分剥夺。其次，从目前理论中的通说来看，已不再将非法拘禁罪仅局限于使被害人“完全”失去自由行动的可能，而将限制他人自由的行为也纳入其中了。再次，通过刑法解释将“限制”纳入“剥夺”的范畴，并不违背罪刑法定原则。一则，这一解释符合立法原意与立法初衷。刑法中设立非法拘禁罪的目的，便在于保障公民的人身自由不受侵犯。而非法限制他人人身自由的行为也是对他人人身自由的侵犯，当其具有相当社会危害程度时，也有给予刑法规制的必要。二则，通过解释将“限制”纳入“剥夺”之范畴只是一种不违背罪刑法定原则的扩大解释，而并非类推解释。又次，对非法限制人身自由的行为论以非法拘禁罪是有立法与司法依据的。我国1997年《刑法》第241条第3款明确规定，收买被拐卖的妇女、儿童，非法限制其人身自由的，依照本法的有关规定定罪处罚。而最高人民法院《关于执行〈中华人民共和国刑法〉确定罪名的规定》则进一步将该行为解释为非法拘禁罪。最后，从外国刑法理论来看，通常也将非法限制他人人身自由的行为论以非法拘禁罪。

（三）非法拘禁罪的处罚

根据《刑法》第238条的规定，犯本罪的，处3年以下有期徒刑、拘役、管制或者剥夺政治权利；具有殴打、侮辱情节的，从重处罚。犯本罪致人重伤的，处3年以上10年以下有期徒刑；致人死亡的，处10年以上有期徒刑；使用暴力致人伤残、死亡的，依照本法第234条、第232条的规定定罪处罚。为索取债务非法扣押、拘禁他人的，依照前两款规定处罚。国家机关工作人员利用职权犯本罪的，应当从重处罚。

二、绑架罪

（一）绑架罪的概念和构成

绑架罪，是指以勒索财物为目的绑架他人或者绑架他人作人质的行为。本罪具有如下构成要件：

1. 本罪侵害的客体是复杂客体，即不仅侵犯他人的人身权利，同时还侵犯他人的财产权利或人身、财产以外的其他权益。

2. 本罪在客观方面表现为绑架他人的行为。所谓绑架，是指以暴力、胁迫、麻醉或者其他方法非法剥夺他人的人身自由，使他人处于自己的实力支配之下。绑架的方法多表现为暴力、胁迫、麻醉以及其他一切足以使被害人丧失行动自由的行为。偷盗婴幼儿亦是一种特殊的绑架行为。绑架多是将被害人劫往他人不易发觉、营救的异地，但不以此为必要，也存在一些就地绑架他人做人质的案件，因此，不能把将被害人掳离原地作为绑架的基本特征。

3. 本罪的主体是一般主体，即任何已满16周岁、具有刑事责任能力的自然人均可构成本罪。

4. 本罪在主观方面出自直接故意，并且行为人具有向被害人的亲友或其他人勒索财物或者其他不法利益的目的。行为人是否具有勒索财物之目的，是区别本罪与非法拘禁罪、抢劫罪的关键；至于这一目的是否实现，不影响本罪既遂的成立。

（二）绑架罪的认定

1. 已满14周岁不满16周岁的人绑架并杀害被绑架人的案件的处理问题

对此，刑法理论与实务界有不同的看法。根据2002年7月24日全国人大常委会法工委《关于已满十四周岁不满十六周岁的人承担刑事责任范围问题的答复意见》之规定，《刑法》第17条第2款规定的8种犯罪，是指具体犯罪行为而不是具体罪名。《刑法》第17条中规定的“犯故意杀人、故意伤害致人重伤或者死亡”，是指只要故意实施了杀人、伤害行为并且造成了致人重伤、死亡后果的，都应负刑事责任。而不是指只有犯故意杀人罪、故意伤害罪的才负刑事责任，绑架撕票的不负刑事责任。因此，对司法实践中出现的已满14周岁不满16周岁的人绑架人质后杀害被绑架人的行为，应依据《刑法》追究刑事责任。至于以什么罪名追究刑事责任，该意见则未能涉及。我们认为，这一问题的存在完全是由于现行《刑法》自身的不合理规定所造成的。对于已满14周岁不满16周岁的人绑架并杀害被绑架人的行为，可以根据上述意见之规定以故意杀人罪论处。

2. 本罪与非法拘禁罪的界限

绑架罪与非法拘禁罪之间存在着特殊与一般的关系。绑架罪区别于非法拘禁罪的特殊之处在于，其构成不仅要有非法剥夺他人人身自由的行为，而且要求行为人主观上必须有勒索财物或者获取其他不法利益的目的。

绑架罪与非法拘禁罪区分的主要问题是对于索取债务而绑架、扣押人质的行为如何处理？对此，《刑法》第238条明确规定，为索取债务非法扣押、拘禁他人的以非法拘禁罪论处。根据最高人民法院的有关司法解释，为索取高利贷、赌债等法律不予保护的债务而扣押、拘禁他人的，也应以非法拘禁罪定罪处罚。①

3. 绑架勒索犯罪与抢劫罪的界限

两者的关键区别在于：第一，前者勒索财物的指向是被绑架人以外的第三人，不能是被绑架人本人；后者行为人所要挟的人与劫财行为的指向通常具有同一性。第二，前者获取财物的时间一般不可能是绑架行为实施当时，地点一般不可能是在绑架行为实施地；后者则通常具有当时、当场非法占有公私财物的特点。

4. 绑架罪既遂的认定标准问题

这是绑架罪认定中最为复杂、争论最为激烈的问题。对此，理论界存在“目的达

---

① 2000年7月13日《关于对索取法律不予保护的债务非法拘禁他人行为如何定罪的解释》，载《中华人民共和国最高人民法院公报》，2000（4）。

到说”、“勒索或提出不法要求已足说”以及“绑架行为完成说”等3种不同主张。我们认为，《刑法》第239条只是将勒索财物或提出其他不法要求作为本罪的犯罪目的予以规定的，绑架罪的客观行为只有“绑架他人”和“偷盗婴幼儿”两种。以“目的达到说”和“勒索或提出不法要求已足说”来区分绑架罪的既遂与未遂，没有法律依据。当行为人以勒索财物或者其他不法要求为目的，将绑架他人或者偷盗婴幼儿的行为实施完毕，就构成绑架罪的既遂；如果在绑架过程中由于犯罪分子意志以外的原因没有将被害人的人身控制，或者说被害人还未丧失其人身自由，应认定为未遂。行为人在绑架他人或者偷盗婴幼儿后是否实施勒索财物或者提出其他不法要求的目的，或者是否勒索到财物或其他不法要求是否得到满足，均不影响绑架罪既遂的成立。

（三）绑架罪的处罚

根据《刑法》第239条的规定，犯本罪的，处10年以上有期徒刑或者无期徒刑，并处罚金或者没收财产；情节较轻的，处5年以上10年以下有期徒刑，并处罚金；杀害被绑架人的，或者故意伤害被绑架人，致人重伤、死亡的，处无期徒刑或者死刑，并处没收财产。

三、拐卖妇女、儿童罪

（一）拐卖妇女、儿童罪的概念和构成

拐卖妇女、儿童罪，是指以出卖为目的，拐骗、绑架、收买、贩卖、接送、中转妇女、儿童的行为。本罪具有如下构成要件：

1. 本罪侵害的客体是妇女、儿童的人身自由权利和人格尊严。犯罪对象是妇女、儿童。妇女，是已满14周岁的少女和成年妇女。儿童，显然应作广义理解，即既包括狭义的已满6周岁不满14周岁的儿童，也包括已满1周岁不满6周岁的幼儿和不满1周岁的婴儿。儿童的性别不限。妇女、儿童是本罪选择性的犯罪对象，在具体确定犯罪人的罪名时，应视其拐卖对象而定。拐卖妇女的，即定拐卖妇女罪；拐卖儿童的，即定拐卖儿童罪；既拐卖妇女又拐卖儿童的，定拐卖妇女、儿童罪。已满14周岁的男性，不能成为本罪的对象，拐卖这类人的，视案情可论以非法拘禁罪。

2. 本罪在客观方面表现为拐骗、绑架、收买、贩卖、接送、中转妇女、儿童或者偷盗婴幼儿的行为。拐骗，是指以欺骗、利诱等非暴力方法将妇女、儿童拐走并置于自己的控制之下。绑架，是指以暴力、胁迫或者麻醉方法劫持、控制妇女、儿童。收买，是指以金钱或其他财物作价购买妇女、儿童。贩卖，是指将妇女、儿童当做商品出售。接送，是指为拐卖妇女、儿童的罪犯接收、运送妇女、儿童。中转，是指为拐卖妇女、儿童的罪犯提供中转场所或者机会。偷盗婴幼儿，是指秘密窃取不满6周岁的儿童。行为人只要实施拐骗、绑架、收买、贩卖、接送、中转妇女、儿童或者偷盗婴幼儿行为之一的，即构成本罪，同时实施其中两种或两种以上行为的，仍应以一罪论。

3. 本罪的主体是一般主体，凡已满16周岁、具有刑事责任能力的自然人，均可成为本罪主体。与被拐卖妇女、儿童有血亲等密切关系的人，同样可以构成本罪。

4. 本罪在主观方面表现为直接故意，并且行为人有出卖妇女、儿童的目的。出卖目的是本罪区别于非法拘禁罪、绑架罪、拐骗儿童罪等其他犯罪的一个关键特点。但出卖目的是否实现，即是否已将被害人卖出，不影响本罪的构成。

（二）拐卖妇女、儿童罪的认定

在司法实践中应注意本罪既遂与未遂的认定问题。对此，在理论界存在较大争议。我们认为，《刑法》第240条第2款对拐卖一词作出解释，仅是为了帮助人们认识拐卖这一复杂行为的典型环节，并不意味着任何一个拐卖妇女、儿童的犯罪都必须具有这些环节；从拐卖一词本身来看，“拐”和“卖”二者应该是任何一个完整的拐卖行为所不可或缺的要素，因而也不能认为上述规定意味着实施这些行为中的任何一个都应成立犯罪既遂，而只能认为实施其中任何一种行为都可以构成拐卖妇女、儿童罪，但究竟是犯罪既遂还是未遂，应以是否将妇女、儿童卖出为区分标准，至于犯罪分子是否实际获取财物，则在所不问。

（三）拐卖妇女、儿童罪的处罚

依照《刑法》第240条的规定，犯本罪的，处5年以上10年以下有期徒刑，并处罚金；有下列情形之一的，处10年以上有期徒刑或者无期徒刑，并处罚金或者没收财产；情节特别严重的，处死刑，并处没收财产：（1）拐卖妇女、儿童集团的首要分子；（2）拐卖妇女、儿童3人以上的；（3）诱骗、强迫被拐卖的妇女卖淫或者将被拐卖的妇女卖给他人迫使其卖淫的；（4）奸淫被拐卖妇女的；（5）以出卖为目的，使用暴力、胁迫或者麻醉方法绑架妇女、儿童的；（6）以出卖为目的，偷盗婴幼儿的；（7）造成被拐卖的妇女、儿童或者其亲属重伤、死亡或者其他严重后果的；（8）将妇女、儿童卖往境外的。其中的（4），是指犯罪分子在拐卖过程中，与被害妇女发生性关系的行为。不论犯罪分子是否使用了暴力或者胁迫手段，也不论被害妇女是否有反抗行为，都包括在内，但是不违背已满14周岁的被拐卖妇女意志的奸淫行为，不宜包括在内。①其中的（7），是指由于拐卖妇女、儿童的行为，直接或间接造成被拐卖妇女、儿童或者其亲属重伤、死亡或者其他严重后果。如由于犯罪分子虐待，使被害人重伤或死亡；由于犯罪分子的拐卖行为或者侮辱、殴打等行为引起被害人或其亲属自杀、精神失常或者其他严重后果。但是不包括故意杀人或故意伤害，如对被害人进行故意杀害、重伤，应成立故意杀人罪、故意伤害罪与拐卖妇女、儿童罪二罪，实行并罚。②

四、收买被拐卖的妇女、儿童罪

收买被拐卖的妇女、儿童罪，是指不以出卖为目的，收买被拐卖的妇女、儿童的行为。本罪具有如下构成要件：

1. 本罪的客体是被收买的妇女、儿童的人身权利。本罪侵犯的对象具有特定性，只能是被拐卖的妇女和儿童以及被偷盗的婴幼儿，收买其他人口的不构成本罪，如果父母将自己的亲生婴幼儿卖给他人，对收买人也应以本罪论处。

---

① 参见肖中华：《侵犯公民人身权利罪》，253～254页，北京，中国人民公安大学出版社，1998。

② 参见最高人民法院、最高人民检察院《关于执行〈全国人民代表大会常务委员会关于严惩拐卖、绑架妇女、儿童的犯罪分子的决定〉的若干问题的解释》（1992年12月11日）。

2. 本罪的客观方面表现为收买被拐卖的妇女、儿童的行为。“收买”，是指行为人以金钱或其他财物作为交换代价，从拐卖者处将被拐卖的妇女、儿童占为己有的行为。收买行为的表现方式多种多样，这种非法交易在何种情况下发生、如何进行，被收买者是否同意收买者收买自己即是否违背被收买人的意志，不影响本罪的成立。

3. 本罪的主体为一般主体。

4. 本罪的主观方面是故意，即明知要收买的是被他人拐卖的妇女、儿童而仍决意予以收买。实践中只要行为人有充分的条件得知妇女、儿童是被拐卖的，或可能是被拐卖的而予以收买，则应认定为主观上明知，具有犯罪的故意。但是如果行为人收买妇女、儿童是受骗上当，不知被收买者的真实来源，应视为主观上不具有收买的故意，不构成本罪。本罪在主观上必须是行为人不具有出卖被收买的妇女、儿童的目的，否则就是拐卖妇女、儿童罪。至于行为人是为了使妇女做自己的妻子、儿媳，是为了让儿童传宗接代或提供奴役性劳动，等等，并不影响本罪的成立。

根据《刑法》第241条第1款的规定，犯本罪的，处3年以下有期徒刑、拘役或者管制。收买被拐卖的妇女、儿童，对被买儿童没有虐待行为，不阻碍对其进行解救的，可以从轻处罚；按照被拐卖妇女的意愿，不阻碍其返回原居住地的，可以从轻或者减轻处罚。

五、聚众阻碍解救被收买的妇女、儿童罪

聚众阻碍解救被收买的妇女、儿童罪，是指聚集多人阻碍国家机关工作人员解救被收买的妇女、儿童的行为。本罪具有如下构成要件：

1. 本罪的客体，是国家机关工作人员依法解救被收买的妇女、儿童的职务活动和妇女、儿童的人身自由权利。

2. 本罪的客观方面，表现为聚众阻碍国家机关工作人员执行解救被收买的妇女、儿童的行为。“聚众”，是指组织、纠合多人聚集在一起，至少是纠集3人以上，聚合一两个人不属于聚众。“阻碍”，是指阻止和妨碍，其表现方式多种多样，可以是对国家机关工作人员的身体实行打击或强制，如殴打、捆绑之类的暴力方法，或者采用以杀害、伤害、毁坏财产、破坏名誉等相要挟的威胁方法，也可以是设置障碍、无理纠缠、谩骂等非暴力方法。阻碍行为之聚众者可能亲自到现场指挥、煽动，也可以在幕后策划、操纵，但不论行为人采用何种方式，都属于聚众阻碍的行为。

3. 本罪的主体是一般主体，但根据《刑法》第242条的规定，本罪只处罚聚众阻碍解救被收买的妇女、儿童的首要分子。[①] “首要分子”是指在聚众阻碍解救活动中起组织、策划、指挥作用的犯罪分子。根据案件情况的不同，首要分子可以是一人，也可以是多人。

4. 本罪主观上只能出于故意。其具体内容表现为，明知阻碍对象是正在解救被收

① 有人认为只处罚“首要分子”的犯罪，其主体为特殊主体，即“首要分子”。这是在我国刑法理论中较为普遍地存在的一种对犯罪主体特殊身份的误解。实际上，犯罪主体的特殊身份，只能是指行为人在实施犯罪以前就具备的某种条件、资格或状态，因实行犯罪而形成的身份，如首要分子、累犯等，不是犯罪主体特殊身份。

买的妇女、儿童的国家机关工作人员，而故意聚众实施阻碍行为。

根据《刑法》第242条的规定，犯本罪的，处5年以下有期徒刑或者拘役。

六、诬告陷害罪

(一) 诬告陷害罪的概念和构成

诬告陷害罪，是指捏造事实诬告陷害他人，意图使他人受到刑事追究，情节严重的行为。本罪具有如下构成要件：

1. 本罪侵害的客体是复杂客体，既侵害了公民的人身权利、民主权利，也侵害了司法机关的正常活动。

2. 本罪在客观方面表现为捏造他人犯罪事实，向有关机关、单位告发的行为。首先，必须有捏造他人犯罪事实的行为。捏造即无中生有、凭空杜撰。没有捏造，而是据实报告、检举、控告的，不构成犯罪。其次，必须有将捏造的事实向司法机关或其他有关单位告发的行为。如果虽捏造了他人的犯罪事实，但未告发，即“只诬不告”的，不能构成本罪。至于告发的方式方法，则非所问，口头的、书面的；署名的、匿名的；直接的、间接的；本人亲自实施的、通过他人实施的，等等，一切足以引起司法机关注意的方式方法均无不可。最后，诬告的对象必须是特定的。如果没有特定的、具体的对象而只是告知有犯罪发生，尽管有可能妨害司法机关的正常活动，但不致引起司法机关对特定的人追究刑事责任，不会侵犯到公民的人身权利和民主权利，因而不能构成本罪。需要指出，诬告需要有特定的、具体的对象，并不要求指名道姓，而只要从诬告的内容中能推测出或明显地暗示了是谁即可。被诬告的对象的身份也没有限制，既可以是一般公民，也可以是犯有罪行的人。

3. 本罪的主体是一般主体，即已满16周岁、具有刑事责任能力的自然人。

4. 本罪在主观方面只能表现为直接故意，并且行为人具有使他人受到刑事追究的目的。所谓刑事追究，是指公安、检察、审判机关按照法律规定的程序，对某人的犯罪事实进行侦查、起诉、审理、判决等活动。行为人的目的是否实现，对本罪成立没有影响。

(二) 诬告陷害罪的认定

在司法实践中认定本罪应注意以下问题：

1. 本罪与错告、检举失实的界限

二者在客观表现形式上有相同之处，即都是向国家机关或有关单位进行告发，告发的事实都与客观实际情况不相符合。但二者亦有着质的区别。前者是应受国家法律制裁的犯罪行为；后者则是一般的错误行为，不应追究刑事责任。二者的具体界限主要体现在：第一，前者的犯罪事实完全是行为人故意捏造的，而后者告发的犯罪事实与实际情况不符，其原因可能是行为人对看到或听到的某些事实，认识不清，判断不准，误认为是犯罪的事实。第二，前者是出于意图使他人受刑事追究的目的，向国家机关作虚假的告发；而错告、检举失实是由于对情况不了解或思想方法上的片面性，主观上没有陷害他人的目的，而且往往是为了伸张正义，同犯罪分子作斗争，向有关方面进行检举、揭发。

2. 本罪与诽谤罪的界限

二者都有捏造事实的行为，而且诽谤罪也可能是捏造犯罪事实。因此，二者容易产生混淆。它们的主要区别是：第一，犯罪目的不同。前者的目的是使他人受刑事追究；后者的目的是破坏他人名誉。第二，犯罪的客观方面表现不同。前者表现为捏造他人的犯罪事实，并向司法机关告发；后者则是捏造有损他人名誉的事实，散布于第三者或更多的人，但不向司法机关告发。如果行为人虽然捏造他人犯罪的事实，但并不告发，而是私下散布，旨在损害他人名誉的，应以后者论。第三，犯罪客体不同。前者侵犯的是公民的人身权利和司法机关的正常活动；后者侵犯的是公民的名誉权。

（三）诬告陷害罪的处罚

根据《刑法》第243条的规定，犯本罪的，处3年以下有期徒刑、拘役或者管制；造成严重后果的，处3年以上10年以下有期徒刑。造成严重后果，主要指因为诬告陷害而使被害人被错误地定罪并被判处较重的刑罚；被害人因受到刺激而导致精神失常甚或自杀伤亡，等等。

七、强迫劳动罪

强迫劳动罪，是指以暴力、威胁或者限制人身自由的方法强迫他人劳动，或者明知他人实施该行为，为其招募、运送人员或者有其他协助强迫他人劳动的行为。

本罪具有如下构成要件：

1. 强迫劳动罪侵犯的是他人的人身自由权和劳动权。我国《劳动法》规定了劳动者应享有的平等就业和选择职业的权利、取得劳动报酬的权利、休息休假的权利和获得劳动安全卫生保护的权利等劳动权利。以暴力、威胁或者限制人身自由的方法强迫他人劳动，或者协助强迫他人劳动的行为，不仅侵犯了他人的劳动权利，而且同时侵犯了他人的人身自由。因此，以暴力、威胁或者限制人身自由方法强迫职工劳动，或者协助强迫他人劳动的，依法应予惩处；情节严重的，应当追究刑事责任。

2. 强迫劳动罪在客观方面表现为，行为人实施了以暴力、威胁或者限制人身自由的方法强迫他人劳动，或者明知他人实施该行为，为其招募、运送人员或者有其他协助强迫他人劳动的行为。所谓暴力，是指直接对被害人施以殴打、捆绑等物理强制方法。威胁，是指对被害人进行精神上的强制，以迫使其就范的方法。如以杀害被害人、加害被害人的亲属相威胁的，等等。以限制人身自由的方法强迫他人劳动，是指以将他人的人身自由控制在一定的范围、一定限度内的方法（如不准其外出等方法），违背其意志，迫使其进行劳动。至于劳动是否有偿，则非所问。实践中较为典型的强迫劳动，表现为强迫他人从事超体力负荷、超时间的劳动。

3. 强迫劳动罪的主体为一般主体。

4. 本罪的主观方面表现为故意。

根据《刑法》第244条的规定，犯本罪的，处3年以下有期徒刑或者拘役，并处罚金；情节严重的，处3年以上10年以下有期徒刑，并处罚金。单位犯本罪的，对单位判处罚金，并对其直接负责的主管人员和其他直接责任人员，依照上述规定处罚。

八、雇用童工从事危重劳动罪

雇用童工从事危重劳动罪，是指用人单位违反劳动管理法规，雇用未满16周岁的未成年人从事超强度体力劳动，或者从事高空、井下作业，或者在爆炸性、易燃性、放射性、毒害性等危险环境下从事劳动，情节严重的行为。本罪具有如下构成要件：

1. 本罪侵犯的客体是我国的劳动管理制度和童工的身心健康。本罪的对象仅限于童工，即未满16周岁的儿童。

2. 本罪在客观方面表现为违反劳动管理法规，雇用未满16周岁的未成年人从事超强度体力劳动，或者从事高空、井下作业，或者在爆炸性、易燃性、放射性、毒害性等危险环境下从事劳动，情节严重的行为。

3. 本罪的主体是特殊主体，即用人单位。所谓用人单位是具有劳动权利能力和劳动行为能力的劳动单位，即录用、招收工人、职员的企业、事业单位和机关、团体等基层单位的统称。

4. 本罪在主观方面要求用人单位必须是出于故意。

根据《刑法》第244条之一的规定，犯本罪的，对直接责任人员，处3年以下有期徒刑或者拘役，并处罚金；情节特别严重的，处3年以上7年以下有期徒刑，并处罚金；有该行为，造成事故，又构成其他犯罪的，依照数罪并罚的规定处罚。

九、非法搜查罪

非法搜查罪，是指无权搜查的人擅自非法对他人的身体或住宅进行搜查，妨害他人人身自由或住宅安全的行为。本罪具有如下构成要件：

1. 非法搜查罪侵犯的是公民人身自由权利和居住安全的权利。公民的人身自由权利，包括不受非法搜查的权利。包括不受非法搜查在内的人身自由权，是公民参加国家管理、社会活动及行使其他权利的重要前提。人身自由作为最基本的权利之一，公民一旦失去便谈不上其他权利的行使。因此我国《宪法》和《刑法》都作了保障公民这一基本权利的规定。非法搜查公民身体、住宅的行为，严重侵犯了公民的人身自由和居住安全，有必要予以刑罚处罚。

非法搜查罪的对象限于人的身体和住宅，非法搜查国家机关、企事业单位的办公场所，不构成本罪。构成其他罪，如妨害公务罪的，以其他罪定罪处罚。

2. 非法搜查罪在客观方面的表现是非法对他人的身体或住宅进行搜查的行为。非法搜查是合法搜查的对称。我国《刑事诉讼法》第134条至第138条对享有搜查权的人员，搜查的对象、地点以及程序作了明确的规定：（1）享有搜查权的人员是侦查人员，即经合法授权或批准依法对刑事案件执行侦查、预审等任务的侦查人员，包括公安机关和国家安全机关的侦查人员以及人民检察院自侦查案件的侦查人员；（2）搜查的对象为犯罪嫌疑人以及可能隐藏罪犯或者证据的人；（3）搜查的地点包括上述人的身体、物品、住处和其他有关的地点；（4）搜查的程序有四：一是出示搜查证，在一般情况下，进行搜查必须向被搜查人出示搜查证，除非在执行逮捕、拘留时遇紧急情况，才可以无证进行搜查；二是要求被搜查人或其家属、邻居或其他见证人在场；三是只能由女工作人员搜查妇女的身体；四是搜查的情况应当写成笔录，笔录应由侦查人员和被搜查人员或被搜查人员的家属、邻居或其他见证人共同签名或者盖章。如果拒绝签名盖章，应当在笔录上注明符合上述规定的搜查，即为合法搜查。

在司法实践中，非法搜查主要有三种情况：第一种是无搜查权的机关、团体、单位的工作人员或其他个人，为了寻找失物、有关人员或达到其他目的而对他人的身体或住宅进行搜查的；第二种是有搜查权的人员，未经合法批准或授权，滥用权力，非法进行搜查的；第三种是有搜查权的机关和人员不按照法定的程序、手续进行搜查的。具备上述之一的就属于非法搜查。至于非法搜查行为，对于身体的，主要有摸索、掏翻；对于住宅的，有搜索、检查、翻看、挖掘，等等。

3. 非法搜查罪的主体是一般主体，既可以是有搜查权的侦查人员，也可以是无搜查权的一般国家机关工作人员或公民。

4. 非法搜查罪在主观上表现为直接故意。非法搜查的动机多种多样，但动机如何，不影响本罪的成立，可作为量刑的情节参考。

根据《刑法》第245条的规定，犯本罪的，处3年以下有期徒刑或者拘役。司法工作人员滥用职权犯本罪的，从重处罚。这里的司法工作人员，不仅仅指有侦查权的侦查人员，也包括有检察、审判、监管职责的工作人员。

十、非法侵入住宅罪

非法侵入住宅罪，是指未经住宅主人同意，非法强行侵入他人住宅，或者经住宅主人要求退出而仍拒不退出，妨害他人正常生活和居住安全的行为。本罪具有如下构成要件：

1. 非法侵入住宅罪侵犯的是他人的居住安全权利。非法侵入住宅的行为虽然不直接对公民的人身自由权利造成侵害，但住宅居住安全权利，直接关系到公民的人身安全和生活安宁，因而保障公民住宅不受侵犯，是保护公民人身自由权利的一个重要方面。

2. 非法侵入住宅罪在客观方面表现为实施了非法侵入他人住宅的行为。所谓“非法”，是指不经住宅主人同意而又没有法律根据，或者不依法定程序的强行侵入。即侵入者无权又无正当理由。如果有正当理由进入他人住宅或滞留在他人住宅不退出，不得谓为非法。例如，司法工作人员依法进入他人住宅进行搜查、逮捕、拘留、查封或扣押财物等职务行为的，不能认为是非法侵入住宅。所谓“侵入”，包括两种情况：其一，未经住宅主人允许，不顾主人的反对、劝告或阻拦，强行进入他人住宅；其二，进入时住宅主人并不反对，但主人要求行为人退出时行为人不肯退出。就拒不退出的侵入而言，行为人虽是经住宅主人同意或默许进入的，但住宅主人既已要求退出，仍滞留在内不肯退出，实质上和未经许可强行侵入的行为没有区别。在许多国家的刑法中，规定有“不退去”罪，或在非法侵入住宅罪的罪状中明确规定了“经要求拒不退出住宅”的客观行为，我国《刑法》对此未作明文规定，但并不能将这种不作为排除在非法侵入住宅罪的范畴之外。

3. 非法侵入住宅罪的主体为一般主体。

4. 非法侵入住宅罪的主观方面表现为故意。

根据《刑法》第245条的规定，犯本罪的，处3年以下有期徒刑或者拘役。司法工作人员滥用职权犯本罪的，从重处罚。

十一、刑讯逼供罪

(一) 刑讯逼供罪的概念和构成

刑讯逼供罪，是指司法工作人员对犯罪嫌疑人、被告人使用肉刑或者变相肉刑逼取口供的行为。本罪具有如下构成要件：

1. 本罪侵害的客体是公民的人身权利和司法机关的正常活动。本罪的对象是犯罪嫌疑人和被告人。犯罪嫌疑人，是指在公诉案件中，在侦查起诉阶段，被追诉的、被怀疑犯有某种罪行的人。被告人，是指在自诉案件中被公民个人指控犯有某种罪行的人，以及在公诉案件中被检察机关起诉到法院的人。正在服刑的罪犯，因涉嫌其他犯罪又被立案侦查、起诉和审判的，是再次处于犯罪嫌疑人、被告人的地位，也可以成为本罪的对象。

2. 本罪在客观方面表现为对犯罪嫌疑人、被告人使用肉刑或者变相肉刑，逼取口供的行为。肉刑，主要是指对被害人身体实行暴力打击、残害，为其制造难以忍受的皮肉之苦。例如，殴打、吊打、夹手指等。变相肉刑，主要是指不直接对被害人的身体实施暴力打击、残害，但用其他方法给被害人造成难以忍受的肉体痛苦。例如，长时间不许睡觉（俗称“熬鹰”）、不准坐卧、日晒、冷冻等折磨身体的方法。只有用肉刑或者变相肉刑逼取口供，才能构成本罪。用其他违法方法，如欺骗、引诱等，获取口供的，不构成本罪。

3. 本罪的主体是特殊主体，即司法工作人员，也即有侦查、检察、审判、监管职责的工作人员。非司法工作人员，如其他国家机关工作人员、联防队员、企业事业单位的安全保卫人员、群众性自治组织的治保干部等，私设公堂，对他人施以肉刑或者变相肉刑的，可以构成非法拘禁罪或故意伤害罪等罪，但不构成本罪。

4. 本罪在主观方面出于直接故意，且行为人具有逼取口供的目的。如果行为人出于其他目的对犯罪嫌疑人、被告人使用肉刑或者变相肉刑的，不能以本罪论。行为人的目的是否实现，即有未逼到口供，以及犯罪嫌疑人、被告人的口供是真是假，均不影响本罪的构成。犯罪动机如何，非本罪构成所问，“为公”（如为迅速结案）、“为私”（如出于挟嫌报复），均可以本罪论。

(二) 刑讯逼供罪的认定

在司法实践中认定本罪应注意以下问题：

1. 本罪与一般刑讯逼供行为的界限

虽然《刑法》并未规定刑讯逼供情节严重的才构成犯罪，但是不可误认为，一切刑讯逼供行为，不论情节轻重，均应以刑讯逼供罪论处。在司法实践中，认定某一刑讯逼供行为是否构成犯罪，应当注意执行最高人民检察院《关于人民检察院直接受理立案侦查案件立案标准的规定（试行）》的相关规定。该解释规定，刑讯逼供涉嫌下列情形之一，应予立案：（1）手段残忍、影响恶劣的；（2）致人自杀或者精神失常的；

（3）造成冤、假、错案的；（4）3次以上或者对3人以上进行刑讯逼供的；（5）授意、指使、强迫他人刑讯逼供的。依此，如经查证，行为人虽有刑讯逼供行为，但没有上述任何一种情节的，宜作为一般违法、违纪行为处理。

2. 本罪与非法拘禁罪的界限

刑讯逼供罪与非法拘禁罪的区别主要表现在以下几个方面：（1）犯罪主体不同。刑讯逼供罪的主体是司法工作人员，为特殊主体；非法拘禁罪的主体为一般主体。（2）犯罪对象不同。刑讯逼供罪的对象是犯罪嫌疑人、被告人；非法拘禁罪的对象为任何依法享有人身自由的公民。（3）犯罪手段不同。刑讯逼供罪表现为使用肉刑或者变相肉刑逼取他人口供的行为，非法拘禁罪表现为非法剥夺他人自由的行为。（4）犯罪客体不完全相同。刑讯逼供罪侵犯的客体是公民的人身权利和司法机关的正常活动，为复杂客体；非法拘禁罪侵犯的客体为公民的人身自由权利。如果司法工作人员为刑讯逼供而非法剥夺犯罪嫌疑人、被告人的人身自由的，应以刑讯逼供罪一罪定罪处罚，而不实行数罪并罚。非司法工作人员剥夺他人人身自由并采取肉刑或者变相肉刑逼取“口供”的，根据不同情况可以认定为非法拘禁罪、故意伤害罪、故意杀人罪。

（三）刑讯逼供罪的处罚

根据《刑法》第247条的规定，犯本罪的，处3年以下有期徒刑或者拘役。

十二、暴力取证罪

暴力取证罪，是指司法工作人员使用暴力逼取证人证言的行为。

本罪具有如下构成要件：

1. 本罪侵犯的是证人的人身权利和司法机关的正常活动。

2. 本罪在客观方面表现为使用暴力逼取证言的行为。暴力，是指以捆绑、吊打、殴打等方法危害证人人身健康的行为，包括杀害行为。根据最高人民检察院1999年《关于人民检察院直接受理立案侦查案件立案标准的规定（试行）》的规定，暴力取证涉嫌下列情形之一的，应予立案：（1）手段残忍、影响恶劣的；（2）致人自杀或者精神失常的；（3）造成冤、假、错案的；（4）3次以上或者对3人以上进行暴力取证的；（5）授意、指使、强迫他人暴力取证的。

3. 本罪的主体仅限于司法工作人员。

4. 本罪主观方面只限于故意，以逼取证人证言为目的。

根据《刑法》第247条的规定，犯本罪的，处3年以下有期徒刑或者拘役。致人伤残、死亡的，以故意伤害罪、故意杀人罪定罪并从重处罚。

十三、虐待被监管人罪

虐待被监管人罪，是指监狱、拘留所、看守所等监管机构的监管人员对被监管人进行殴打或者体罚虐待，或者指使被监管人殴打或体罚虐待其他被监管人，情节严重的行为。本罪具有如下构成要件；

1. 本罪侵犯的是复杂客体，即既侵犯了被监管人的人身权利，也侵犯了国家监管机关的正常活动。本罪的对象为“被监管人”，包括被国家监管机关监管的已决犯、犯罪嫌疑人与被告人，被行政拘留、刑事拘留、司法拘留或者劳动教养的人。

2. 本罪在客观方面表现为，行为人实施了直接对被监管人进行殴打或体罚虐待，或者指使被监管人殴打或体罚虐待其他被监管人，情节严重的行为。殴打，是指造成被监管人肉体上的暂时痛苦的行为。体罚虐待，是指殴打以外的，能够对被监管人肉体或精神进行摧残或折磨的一切方法，如罚站、罚跪、罚晒、罚冻、罚饿、辱骂，强迫超体力劳动，不让睡觉，不给水喝等手段。需要指出的是，本罪中的殴打、体罚虐待，不要求具有一贯性，一次性殴打、体罚虐待情节严重的，就足以构成犯罪。至于行为人是直接实施殴打、体罚虐待行为，还是借被监管人之手实施殴打、体罚虐待其他被监管人的行为，只是方式上的差异，不影响本罪的成立。我们认为，行为人默许被监管人殴打、体罚虐待其他被监管人的，亦应视为“指使被监管人殴打或体罚虐待其他被监管人”的行为。殴打、体罚虐待被监管人的行为，只有达到“情节严重”的程度，才能以犯罪论处。根据最高人民检察院 1999 年 8 月《关于人民检察院直接受理立案侦查案件立案标准的规定（试行）》的规定，虐待被监管人涉嫌下列情形之一的，应予立案：（1）造成被监管人轻伤的；（2）致使被监管人自杀、精神失常或其他严重后果的；（3）对被监管人 3 人以上或 3 次以上实施殴打、体罚虐待的；（4）手段残忍、影响恶劣的；（5）指使被监管人殴打、体罚虐待其他被监管人，具有上述情形之一的。这一标准可以作为司法实践中衡量虐待被监管人行为是否构成犯罪的量化标准。

3. 本罪的主体为监狱、拘留所、看守所等监管机构的监管人员，包括劳教工作干警。最高人民法院在 2000 年 9 月 14 日给吉林省高级人民法院的《关于未被公安机关正式录用的人员狱医能否构成失职致使在押人员脱逃罪主体问题的批复》中指出：“对于未被公安机关正式录用，受委托履行监管职责的人员，由于严重不负责任，致使在押人员脱逃，造成严重后果的，应当依照刑法第四百条第二款的规定定罪处罚。不负监管职责的狱医，不构成失职致使在押人员脱逃罪的主体。但是受委派承担了监管职责的狱医，由于严重不负责任，致使在押人员脱逃，造成严重后果的，应当依照刑法第四百条第二款的规定定罪处罚。”据此，未被公安机关正式录用，受委托履行监管职责的人员，同样可以构成虐待被监管人罪。

4. 本罪的主观方面仅限于直接故意，间接故意和过失不构成本罪。

根据《刑法》第 248 条的规定，犯本罪的，处 3 年以下有期徒刑或者拘役；情节特别严重的，处 3 年以上 10 年以下有期徒刑。

第五节　侵犯名誉、人格的犯罪

一、侮辱罪

（一）侮辱罪的概念和构成

侮辱罪，是指以暴力或者其他方法，公然贬低他人人格，破坏他人名誉，情节严重的行为。本罪具有如下构成要件：

1. 本罪侵犯的是他人的人格、名誉。我国《宪法》第38条规定："中华人民共和国公民的人格尊严不受侵犯。禁止用任何方法对公民进行侮辱、诽谤和诬告陷害。"实施侮辱罪的行为人对被害人公然进行人格上的贬低和名誉上的破坏，应受刑罚处罚。侮辱罪侵犯的对象只能是特定的个人。特定的个人既可以是一人，也可以是数人，但是必须是具体的、明确的、有生命的人。任何机关、团体、法人组织，均不能成为本罪的侵犯对象。对它们进行诋毁、损害其名誉，构成犯罪的，以其他犯罪处理，但不能以侮辱罪论处。不以特定个人为目标的谩骂、攻击，也不能构成侮辱罪。尸体不能成为本罪的对象，但侮辱尸体可以构成侮辱尸体罪。不过，如果行为人表面上侮辱尸体，实际上是通过尸体的损害侮辱死者的亲属的，应以侮辱罪论处。因为此种情况下，行为人侵犯的对象实为死者的亲属。

2. 本罪在客观方面表现为以暴力或者其他方法，公然贬低他人人格，破坏他人名誉的行为。所谓"暴力"，是指为使他人人格尊严及名誉受到损害而采取的强制手段，而不是指对被害人人身进行的殴打、伤害。如强行扒光妇女衣裤、撩开衣裙当众羞辱，强行给被害人浇灌粪便，强迫被害人与尸体接吻，强迫被害人做难堪的动作（如学狗走路）等。如果行为人直接造成对被害人身体的伤害，则应以故意伤害罪论处。所谓"其他方法"，是以文字、图画或语言的方式损害他人人格、名誉。如采取张贴、传阅大字报、小字报、传单的形式损害他人名誉，以漫画的形式讽刺、挖苦别人，或者对他人进行口头上的戏弄、挖苦、辱骂、嘲笑等。同时，侮辱的行为，必须是行为人公然实施的。所谓公然，是指在第三者能看到或听到（如让第三人通过电话听）的场合，或者用能够使第三人看到或听到的方法进行侮辱（虽然当时可能无第三人看到或听到）。至于被害人是否在场，不影响本罪的成立。如果行为人是在第三者不知晓且不可能使第三人知晓的情况下对被害人进行侮辱，则不能认为是侮辱罪。例如，行为人在第三者不知晓的情况下向他人写信进行侮辱，并不能以侮辱罪定罪处罚。此外，侮辱行为必须是情节严重的才能构成犯罪。所谓情节严重，主要是指侮辱行为手段恶劣，动机卑鄙，后果严重，或影响很坏的情况。

3. 本罪的主体为一般主体。

4. 本罪在主观上只能出于直接故意，即行为人明知自己的侮辱行为会造成贬低他人人格，破坏他人名誉的危害结果，并且希望这种结果发生。行为人的目的也在于败坏他人名誉。如果是行为人出于开玩笑或恶作剧造成他人难堪，或者无意识地造成他人人格、名誉受损，不能以本罪论处。例如，同学好友之间出于开玩笑的目的往他人身上泼洒污物或戏弄的行为，不应论以本罪。

（二）侮辱罪的认定

认定侮辱罪，应注意区分它与如下犯罪的界限：

1. 侮辱罪与强制猥亵、侮辱罪的界限

强制猥亵、侮辱罪是修订后的《刑法》从1979年《刑法》规定的流氓罪中分离出来的一个罪。尽管《刑法修正案（九）》已将强制猥亵行为的侵害对象由"妇女"扩展为"他人"，但侮辱行为所侵害的对象仍限于"妇女"。当行为人采用公然强行扒妇女的衣服、对妇女身体进行某些动作性猥亵、侮辱时，对行为人是定侮辱罪还是强制猥亵、侮辱罪，容易发生混淆。我们认为，区别两者的关键，在于行为人的主观目的和动机。侮辱罪中的侮辱妇女，行为人目的在于败坏妇女的名誉，贬低其人格，动机多出于私愤报复、发泄不满，这一点与侮辱其他人（男性）、其他侮辱行为（如以大字报进行侮辱）没有什么区别；而强制猥亵、侮辱妇女行为，行为人目的在于寻求下流无耻的精神刺激，满足行为人的性欲。另外，强制猥亵、侮辱罪在有些场合，行为人侮辱的对象具有不特定性，而侮辱罪的对象只能是特定的。

2. 侮辱罪中一罪与数罪的界限

侮辱罪可以以暴力方法实施，但是应当注意，这里的暴力仅仅是指行为人为使他人人格尊严及名誉受到损害而采取的强制手段，不包括对被害人的故意杀伤行为。因此，有的学者径直将之解释为“强力”[①]，是有道理的。实践中应当注意，如果行为人在侮辱他人过程中故意伤害被害人甚至杀害被害人的，应以故意伤害罪或故意杀人罪对行为人定罪处罚，不应对行为人以侮辱罪和故意伤害罪、故意杀人罪实行数罪并罚。但如果是行为人在侮辱他人过程中，第三人予以阻止，行为人为排除阻碍而将第三人伤害或杀害的，则应对行为人实行数罪并罚。

（三）侮辱罪的处罚

根据《刑法》第246条的规定，犯本罪的，处3年以下有期徒刑、拘役、管制或者剥夺政治权利。该条同时规定，犯侮辱罪“告诉的才处理，但是严重危害社会秩序和国家利益的除外”。所谓“告诉的才处理”，根据《刑法》第98条的规定，是指被害人告诉才处理。如果被害人因受强制、威吓无法告诉的，人民检察院和被害人的近亲属也可以告诉。另外，根据《刑法》第246条第3款的规定，通过信息网络实施侮辱行为，被害人向人民法院告诉，但提供证据确有困难的，人民法院可以要求公安机关提供协助。

二、诽谤罪

（一）诽谤罪的概念和构成

诽谤罪，是指捏造并散布某种事实，足以败坏他人名誉，情节严重的行为。本罪具有如下构成要件：

1. 本罪侵犯的客体是公民的人格和名誉。

2. 本罪在客观方面表现为捏造事实诽谤他人，情节严重的行为。具体而言，包含以下几层含义：（1）诽谤是一种捏造事实的行为。捏造即无中生有，凭空杜撰，编造谎言。但是如果是单纯的捏造行为，还不能构成诽谤罪。虽然捏造了某种事实，但只是让其停留在自己所能感知的范围内，如在日记中、在想象中等，并不能使他人感知，则无论如何亦不能构成诽谤行为。至于捏造的事实在别人看来是否可信及可信的程度如何，并不影响诽谤的性质。（2）诽谤是一种散布虚假事实的行为。散布，就是向他人公布，使相当范围内的人了解和知道，并产生一定的社会影响。就捏造和散布的关系而言，散布行为起决定作用。有时，捏造和散布是两个阶段的行为，这主要表现在

① 张明楷：《刑法学》下，727页，北京，法律出版社，1997。

一些预谋犯罪和共同犯罪中，捏造成为诽谤的预备行为；而有时，捏造和诽谤完全重合为一种行为，这主要出现于一些无预谋的突发性诽谤，如临时的口头演讲、叫骂而诽谤他人的。这种情况下，行为的过程，既是捏造的过程，又是散布的过程。需要指出，一般的诽谤，都有捏造和散布的行为，但有时没有捏造行为时，也能构成诽谤，如道听别人谎言，明知其不实而又加以散布的，虽没有捏造，但因其散布行为同样给受害人造成名誉损失，且这种损害不一定小于有捏造行为的诽谤，故仍可构成诽谤罪。因此，对于捏造和散布，更应强调后者的作用。散布的行为，可以通过一切足以使别人感受了解那种虚假事实的方式方法，但不管是何种方式，都可以将其分为两种：以书面文字所作的诽谤；非文字的诽谤。书面文字的诽谤如利用报纸、信息网络、杂志、大小字报、广告、著作等；非文字形式如沿街叫骂，利用演讲、讲话、讲课，利用各种扩音、传音器材喊骂、讲述等。（3）诽谤必须是针对特定的人进行的。特定的人既可以是一人，也可以是数人。特定的人不要求指名道姓或真名真姓，只要根据行为人捏造、散布的事实、情节等具体情况，他人可以推知是某个人即可。例如，为泄私愤在小说中塑造主人公时，故意将主人公的诸多特征写得与被害人基本相同，同时虚构有损被害人人格、名誉的情节进行诽谤。但是，如果行为人毫无特定目标的捏造事实，如许多迷信愚昧人士、邪教教徒捏造一些似有败坏他人名誉的事实，但其中人物并无所指的，并不构成诽谤行为，而纯属造谣惑众、扰乱社会秩序的行为。（4）诽谤只要求足以败坏他人名誉，而不必有败坏他人名誉的实际结果。

3. 本罪的主体为一般主体。

4. 本罪在主观方面表现为直接故意。即行为人明知自己散布的是足以损害他人名誉的虚假事实，明知自己的行为会发生损害他人名誉的危害结果，并且希望这种结果发生。[①] 行为人目的在于败坏他人名誉。

（二）诽谤罪的认定

1. 诽谤罪与侮辱罪的界限

诽谤罪在客体、主体和犯罪主观方面与侮辱罪相同，两者的区别主要是：（1）诽谤罪是必须有捏造事实并加以散布的行为，而侮辱罪不一定用捏造事实的方法进行。侮辱罪的实施，可以不用事实去实施贬低他人人格、名誉的行为，如以撕破妇女裤裙的动作行为即可构成侮辱；也可用真实事实去实施贬低他人人格、名誉的行为，如将他人的婚外性行为公然宣扬、亵渎，以损害他人名誉，是为侮辱。而故意捏造他人有婚外性行为的虚假事实并加以散布的，则属诽谤。（2）侮辱罪除可由口头、文字方式构成外，亦可以由暴力方法构成，诽谤罪则不可能以暴力方法构成，诽谤行为在事实上只能是口头或文字的。

实践中，如果行为人同时对被害人进行侮辱和诽谤的，应视何种行为情节上更为严重，选择一种行为，或定侮辱罪，或定诽谤罪，而不应数罪并罚。例如行为人在公共场所以朝被害人头上泼洒大粪的方法侮辱被害人，同时又进行辱骂，当场散布自己捏造的破坏被害人名誉的虚假事实，而捏造的事实对被害人人格、名誉损害相对轻微

---

① 亦有学者认为本罪可由间接故意构成。参见赵秉志：《刑法各论问题研究》，85～88页，北京，中国法制出版社，1996。

的，对行为人宜以侮辱罪定罪处罚。但是，如果侮辱行为与诽谤行为情节相同，或某种严重后果（如被害人自杀身亡）是由侮辱、诽谤行为共同造成的，则对行为人宜定诽谤罪。因为仅从行为性质本身来说，毕竟诽谤是捏造败坏他人名誉的虚假事实的行为，比侮辱行为具有更大的危害性和危险性。

2. 网络诽谤行为的认定

根据“两高”于2013年通过的《关于办理利用信息网络实施诽谤等刑事案件适用法律若干问题的解释》第1条之规定，具有下列情形之一的，应当认定为刑法第246条第1款规定的“捏造事实诽谤他人”：（1）捏造损害他人名誉的事实，在信息网络上散布，或者组织、指使人员在信息网络上散布的；（2）将信息网络上涉及他人的原始信息内容篡改为损害他人名誉的事实，在信息网络上散布，或者组织、指使人员在信息网络上散布的。明知是捏造的损害他人名誉的事实，在信息网络上散布，情节恶劣的，以“捏造事实诽谤他人”论。根据其第2条的规定，利用信息网络诽谤他人，具有下列情形之一的，应当认定为刑法第246条第1款规定的“情节严重”：（1）同一诽谤信息实际被点击、浏览次数达到5 000次以上，或者被转发次数达到500次以上的；（2）造成被害人或者其近亲属精神失常、自残、自杀等严重后果的；（3）二年内曾因诽谤受过行政处罚，又诽谤他人的；（4）其他情节严重的情形。需要指出的是，根据上述司法解释第4条的规定，一年内多次实施利用信息网络诽谤他人行为未经处理，诽谤信息实际被点击、浏览、转发次数累计计算构成犯罪的，应当依法定罪处罚。

（三）诽谤罪的处罚

根据《刑法》第246条的规定，犯本罪的，处3年以下有期徒刑、拘役、管制或者剥夺政治权利。除严重危害社会秩序和国家利益的外，本罪告诉的才处理。此处所谓“严重危害社会秩序和国家利益”：（1）引发群体性事件的；（2）引发公共秩序混乱的；（3）引发民族、宗教冲突的；（4）诽谤多人，造成恶劣社会影响的；（5）损害国家形象，严重危害国家利益的；（6）造成恶劣国际影响的；（7）其他严重危害社会秩序和国家利益的情形。此外，通过信息网络实施诽谤行为，被害人向人民法院告诉，但提供证据确有困难的，人民法院可以要求公安机关提供协助。

三、煽动民族仇恨、民族歧视罪

煽动民族仇恨、民族歧视罪，是指故意用语言、文字或者其他方式煽动民族仇恨、民族歧视，情节严重的行为。本罪具有如下构成要件：

1. 本罪侵犯的客体是我国各民族平等、团结、互助的关系。

2. 本罪在客观方面表现为用文字、语言以及其他方式，煽动各民族之间的仇恨，宣传民族歧视，造成不良后果，情节严重的行为。这里所说的“煽动”，是指以激起民族之间的仇恨、歧视为目的，公然以语言、文字、图画或其他方式诱惑、鼓动群众的行为。所谓“民族仇恨”，是指基于民族的来源、历史、风俗习惯等的不同而产生的民族间的相互敌对、仇恨的状况。所谓“民族歧视”，是指按照民族成分划分人们的社会地位和法律地位，限制和侵犯民族的基本权利的现象。它具体表现为在政治、经济、文化及语言文字、风俗习惯、宗教信仰、生活方式等方面对其他民族的限制、约束和压制。所谓“情节严重”，具体是指煽动手段恶劣的，如使用侮辱、造谣手段等；多次煽动的；造成严重后果或者影响恶劣的等。“情节特别严重”，具体是指煽动手段特别恶劣；长期进行煽动的；引起民族纠纷、冲突或者民族地区骚乱后果特别严重的或者影响特别恶劣的等。

3. 本罪的主体为一般主体。

4. 本罪的主观方面是故意，即行为人明知自己的行为会在不同民族之间制造民族仇恨、民族歧视，破坏我国民族之间的平等、团结、互助的关系，而希望或者放任造成民族之间相互仇恨、歧视的结果的发生，从而实施其煽动行为。据此，本罪行为人的主观方面既可是直接故意也可为间接故意。

根据《刑法》第249条的规定，犯本罪的，处3年以下有期徒刑、拘役、管制或者剥夺政治权利；情节特别严重的，处3年以上10年以下有期徒刑。

四、出版歧视、侮辱少数民族作品罪

出版歧视、侮辱少数民族作品罪，是指在出版物中刊载歧视、侮辱少数民族的内容，情节恶劣，造成严重后果的行为。本罪具有如下构成要件：

1. 本罪侵犯的客体是我国少数民族的合法权利，主要是保持或者改革本民族风俗习惯的权利。

2. 本罪在客观方面表现为在出版物中刊载歧视、侮辱少数民族的内容，情节恶劣，造成严重后果的行为。这具体可以从如下几个方面来理解：（1）必须是在出版物中刊载歧视、侮辱少数民族的内容。此处所谓出版物，应作广义理解，它不仅包括报纸、期刊、图书等出版物，还应包括音像制品和电子出版物，既可以是合法出版物，也可以是非法出版物。（2）必须有刊载歧视、侮辱少数民族的内容的行为。所谓刊载，应作广义的理解，其含义应等同于出版，也即指出版物的出版、印刷或者复制、发行。至于刊载的表现形式，则既可以是文字、漫画，也可以是录像带、录音带、光盘中的言语等。（3）刊载的必须是歧视、侮辱少数民族的内容。所谓歧视，是指基于民族的来源、历史、风俗习惯等的不同，而在出版物中对其他民族予以贬低、蔑视。所谓侮辱，是指基于民族的来源、历史、风俗习惯等的不同，而对其他民族予以丑化、嘲讽、辱骂。歧视、侮辱少数民族的内容，不是指某一个人的习惯或嗜好，而主要是指少数民族的风俗习惯，具体而言即是指55个少数民族在生产、居住、饮食、服饰、婚姻、丧葬、节庆、礼仪等一切物质生活和精神生活里的喜好、崇尚和禁忌。如果行为人在出版物中刊载的内容只涉及某一个人，即使对其造成侮辱，也不能按本罪论处，必要时，可以按侮辱罪对行为人定罪量刑。（4）必须是情节恶劣的行为。所谓情节恶劣，法律没有明确规定，一般认为指行为人动机卑鄙，刊载的内容歪曲了历史或者纯粹是谣言，刊载的内容污秽恶毒，或者是多次刊载歧视、侮辱少数民族内容等情形。（5）必须造成了严重后果。这里所谓造成严重后果，主要是指造成恶劣的政治影响、在少数民族群众中引起强烈反响、引发骚乱、致使民族矛盾激化、引起民族冲突的，等等。

3. 本罪的主体既有特殊性，又有一般性，需要从两个方面加以把握：其一，当出版物是合法出版物时，本罪的主体是特殊主体，即经国家批准设立的出版单位，其直接责任人员主要是法人代表、责任编辑、作者、发行人以及其他直接责任人员。其二，当出版物为非法出版物时，其主体既可能是达到刑事责任年龄，具有刑事责任能力的自然人，也可能是其他从事非法出版活动的单位。

4. 本罪主观主面为故意，包括直接故意和间接故意。如仅出于过失，即便造成严重后果，也不宜以本罪论处。

根据《刑法》第 250 条的规定，犯本罪的，对直接责任人员，处 3 年以下有期徒刑、拘役或者管制。

第六节　侵犯民主权利的犯罪

一、非法剥夺公民宗教信仰自由罪

非法剥夺公民宗教信仰自由罪，是指国家机关工作人员非法剥夺公民的宗教信仰自由和侵犯少数民族风俗习惯，情节严重的行为。本罪具有如下构成要件：

1. 本罪侵犯的是公民的宗教信仰自由。

2. 本罪在客观方面表现为非法剥夺公民的宗教信仰自由，且情节严重的行为。所谓非法剥夺公民宗教信仰自由，是指违反法律规定，采用暴力、胁迫或其他强制方法，制止某人信仰宗教，加入宗教团体，或者强迫其放弃宗教，退出宗教团体；或者强制不信仰宗教的人信仰宗教；或者用上述方法破坏宗教活动等。

3. 本罪的主体是特殊主体，即必须是具有国家机关工作人员身份的才有可能构成本罪。

4. 本罪的主观方面只能是故意，即明知他人具有宗教信仰自由权，自己的剥夺行为是非法的，而故意实施非法剥夺他人宗教信仰自由的行为。

根据《刑法》第 251 条的规定，犯本罪的，处 2 年以下有期徒刑或者拘役。

二、侵犯少数民族风俗习惯罪

侵犯少数民族风俗习惯罪，是指国家机关工作人员以强制手段，非法干涉、破坏少数民族风俗习惯或者强迫少数民族改革本民族风俗习惯，情节严重的行为。本罪具有如下构成要件：

1. 本罪的客体是少数民族保持或者改革本民族风俗习惯的自由权利。本罪的犯罪对象，是少数民族的风俗习惯。民族风俗习惯指的是各民族人民群众在衣着、饮食、居住、生产、婚姻、丧葬、节庆、礼仪等物质生活和文化生活方面广泛流传的喜好、风气、习尚和禁忌等。

2. 本罪在客观方面表现为侵犯少数民族风俗习惯，情节严重的行为。具体而言主要表现为以下几种行为表现形式：（1）以强制手段迫使少数民族改变风俗习惯；（2）以强制手段非法干涉少数民族的风俗习惯；（3）对少数民族风俗习惯进行诋毁、攻击，禁止少数民族过某种节日等；（4）用欺骗方法或以暴力强行拆毁具有民族象征的建筑，或其他侵犯少数民族风俗习惯、破坏少数民族的节、假日和盛会活动、伤害少数民族感情的行为。这里的“情节严重”，一般包括下列几种情况：（1）引起民族冲突和民族纠纷的；（2）引起械斗造成伤亡事故的；（3）导致少数民族群众家庭破裂、离异的；（4）产生恶劣的政治影响的；（5）采用暴力手段侵犯少数民族风俗习惯的；（6）多人共谋多次侵犯少数民族风俗习惯的；（7）曾经侵犯少数民族风俗习惯，受过行政处分，又违犯的；等等。

3. 本罪的主体为特殊主体，即只有国家机关工作人员才能构成。

4. 本罪的主观要件为故意。

根据《刑法》第251条的规定，犯本罪的，处2年以下有期徒刑或拘役。

三、侵犯通信自由罪

侵犯通信自由罪，是指隐匿、毁弃或者非法开拆他人信件，侵犯公民通信自由权利，情节严重的行为。本罪具有如下构成要件：

1. 本罪侵害的客体是公民的通信自由。根据我国现行《宪法》第40条的规定，通信自由作为我国公民享有的民主权利之一，包括通信自由和通信秘密两个方面，前者通常是指公民有权按照邮政部门的规定把邮件交付邮政部门投递，任何人不得非法隐匿和毁弃；后者指公民按规定封缄的邮件，除投寄人、收件人以外，任何单位和个人不得非法开拆以知悉其内容。本罪的犯罪对象，是“他人信件”。这里的“他人”，泛指自然人、法人及非法人组织。所谓“信件”包括封缄的书信、明信片、贺年卡等。

2. 本罪的客观方面，表现为行为人实施隐匿、毁弃或者非法开拆他人信件的行为。所谓隐匿，是指把他人信件私自隐藏起来不交给收信人，或根本不让他人信件进入邮政部门的邮递程序。所谓毁弃，是指将他人的信件撕毁、烧毁或者丢弃，使他人无法获得该信件。所谓非法开拆，是指未经收信人许可而又无法律依据，擅自开拆他人的缄封的信件，侵犯他人通信秘密的行为。对于本罪来说，隐匿、毁弃或者非法开拆三种行为方式并不要求行为人都实施才能构成本罪，只要行为人实施了上述三种行为方式之一的即可。三种行为方式兼而有之或实施了其中两种的，仍以一罪论，只作量刑情节的考虑。

3. 本罪的主体为一般主体。

4. 本罪在主观方面只能由故意构成，包括直接故意和间接故意。

根据《刑法》第252条的规定，犯本罪的，处1年以下有期徒刑或者拘役。

四、私自开拆、隐匿、毁弃邮件、电报罪

私自开拆、隐匿、毁弃邮件、电报罪，是指邮政工作人员私自开拆或者隐匿、毁弃邮件、电报的行为。本罪具有如下构成要件：

1. 本罪侵犯的客体是复杂客体，即不仅侵害了公民的通信自由和通信秘密权，也侵害了国家邮电部门的正常活动及信誉。本罪的侵犯对象是他人投递的邮件、电报。这里的“他人”，包括按照邮政规定将邮件、电报交给邮政部门投寄的自然人、法人或其他民事主体。所谓邮件，根据《邮政法》的规定，是指邮电部门传递过程中的函件（包括信函、明信片、印刷品、盲人读物四种）和包件，传递中的报纸杂志和汇票也视为“邮件”。所谓电报，是指用电报装置传递的文字、图表等。邮件、电报必须是已经投寄，即已进入邮政网络运递。未交邮政寄递的邮件、电报不是本罪的侵犯对象，已经递交完毕，为收件人所接收，但收件人本人未及拆封的，虽为邮政工作人员侵犯，也不构成本罪。

2. 本罪的客观方面表现为邮政工作人员利用从事邮政工作的便利条件，非法地私自开拆或者隐匿、毁弃他人的邮件、电报的行为。所谓私自开拆，是指未经收受邮件、电报的人许可，并且也没有合法的批准，擅自开拆他人邮件、电报的行为。所谓隐匿，是指邮政工作人员擅自扣留或者隐藏他人投寄的邮件、电报而不送交收件人的行为。所谓毁弃，是指邮政工作人员擅自将他人投寄的邮件、电报予以撕毁、湮灭或者抛弃，致使他人无法收到的行为。隐匿和毁弃行为虽有不同，但两者造成的结果都是使收件人无法收到有关的邮件、电报，都导致邮件、电报在投递网络上无故丢失。在私自开拆、隐匿、毁弃这三种行为方式中，私自开拆属于积极的作为行为，而隐匿和毁弃既可以是积极实施的作为行为，也可以是消极的不作为行为。私自开拆、隐匿、毁弃邮件、电报，是《刑法》第 253 条规定私自开拆、隐匿、毁弃邮件、电报罪的三种行为方式。邮政工作人员只要实施了上述三种行为之一的，即可构成本罪，并不要求行为人同时实施了三种行为。如果行为人实施了上述两种或三种行为，仍以私自开拆、隐匿、毁弃邮件、电报罪一罪论处，不作数罪并罚。需要注意的是，邮政工作人员私自开拆、隐匿、毁弃邮件、电报，必须是利用了职务上的方便，才能构成本罪。所谓利用职务上的方便，是指邮政工作人员利用营业、分拣、押运、接发、投递等职务所赋予的权利、条件或影响等工作方便，接触邮件、电报从而实施上述行为。如果邮政工作人员没有利用职务上的方便，虽有私拆、隐匿、毁弃邮件、电报的行为，情节严重需作为犯罪来处罚的，也不应认定为本罪，而应以侵犯通信自由罪论处。

3. 本罪的犯罪主体只能是邮政工作人员。这里的“邮政工作人员”具体是指邮电部门中直接从事邮递业务的人员，包括营业员、分拣员、发行员、投递员、接发员、押运员、乡邮员以及有关的主管干部。

4. 本罪在主观方面表现为故意，既可以是直接故意，也可以是间接故意。

根据《刑法》第 253 条第 1 款的规定，犯本罪的，处 2 年以下有期徒刑或拘役。此外，根据该条第 2 款的规定，犯本罪而窃取财物的，依照《刑法》第 264 条的规定定罪并从重处罚。

五、侵犯公民个人信息罪

侵犯公民个人信息罪，是指违反国家有关规定，向他人出售或者提供公民个人信息，情节严重的；窃取或者以其他方法非法获取公民个人信息的行为。本罪具有如下构成要件：

1. 本罪的犯罪客体是公民个人的信息自由和安全。

2. 本罪在客观方面表现为违反国家有关规定，向他人出售或者提供公民个人信息，窃取或以其他方法非法获取公民个人信息的行为。其中，违反国家有关规定，向他人出售或者提供公民个人信息，必须是情节严重，才能构成本罪。不过，如果是将在履行职责或提供服务过程中获得的公民个人信息，出售或提供给他人，或者窃取或以其他方法非法获取公民个人信息的，则无此要求。

3. 本罪的犯罪主体是一般主体。

4. 本罪的主观方面是故意，包括直接故意和间接故意，行为人明知自己出售、提供、窃取或者非法获取公民个人信息的行为会对公民个人信息安全造成危害，而希望或者放任这种危害后果的发生。行为人的动机一般为获利。

根据《刑法》第 253 条之一的规定，犯本罪的，处 3 年以下有期徒刑或者拘役，并处或者单处罚金；情节特别严重的，处 3 年以上 7 年以下有期徒刑，并处罚金。单位犯该罪的，对单位判处罚金，并对其直接负责的主管人员和其他直接责任人员，依照上述规定处罚。

六、报复陷害罪

（一）报复陷害罪的概念和构成

报复陷害罪，是指国家机关工作人员滥用职权、假公济私，对控告人、申诉人、批评人、举报人实行报复陷害的行为。本罪的构成要件如下：

1. 犯罪主体是特殊主体，即国家机关工作人员。非国家机关工作人员虽然不能成为本罪主体，但可以与国家机关工作人员一起成为本罪的共犯。

2. 犯罪主观方面是直接故意，并且具有报复陷害被害人的目的。故意的内容具体表现为行为人明知自己的行为会发生陷害他人、侵犯公民民主权利以及妨害国家机关的正常管理活动的结果，并且希望这种结果发生。如果由于业务水平低下、工作方法简单等原因过失侵害控告人、申诉人、批评人、举报人合法权益的，不构成本罪。

3. 犯罪客观方面表现为行为人实施了滥用职权、假公济私，对控告人、申诉人、批评人、举报人实行报复陷害的行为。包括以下内容：（1）报复陷害是行为人采取滥用职权、假公济私的形式实施，即行为人必须利用其职权对被害人进行报复陷害，才能构成本罪。假公济私，虽然通常情况下是指行为人为自己谋一己之私利，但为小集体、本单位的利益报复陷害被害人的，同样也可以成立本罪。（2）报复陷害的行为方式可以有多种表现形式。如制造种种“理由”和“借口”，非法克扣、停发工资、奖金或其他福利；调动工作、降职降薪甚至免除职务、开除公职；压制提职晋级和学术、技术职称的评定；栽赃陷害、小题大做，歪曲实施、欺骗有关人员，使被害人受到行政或者刑事处罚；等等。

4. 犯罪客体是公民的民主权利，即公民的控告权、申诉权、批评权和举报权，以及国家机关的正常活动。我国《宪法》赋予了公民对国家机关及其工作人员的批评、申诉、控告或检举的权利，而国家机关工作人员违反法律规定，滥用职权、假公济私，对控告人、申诉人、批评人、举报人实行报复陷害的行为，不仅侵犯公民的民主权利，也同时妨碍了国家机关的正常活动。报复陷害罪的犯罪对象是特定的人，即控告人、申诉人、批评人、举报人。控告人，是指向司法机关或者其他有关部门告发国家工作人员违法失职的人，既可以是一般公民，也可以是国家工作人员。申诉人，是指对自己或者他人所受到的行政或者纪律处分不服，向原处理机关或者其上级机关或者其他有关机关提出自己的申诉意见，请求改变或者撤销处分的人。也包括司法机关已经发生法律效力的判决、裁定或者决定，向办理案件原司法机关或者上级司法机关提出申诉，请求再审或复核的人。批评人是指对国家机关及其工作人员工作上的缺点和不足提出批评建议的人。举报人，是指向司法机关或者其他有关部门检举、揭发违法犯罪行为的人。

（二）报复陷害罪的认定

1. 本罪与非罪的界限

首先，应注意区分报复陷害与国家机关工作人员正常履行职责的情况。国家机关工作人员依照法律和规章制度对控告人、申诉人、批评人、举报人的错误、缺点的批评教育，以及对其违法乱纪行为的制裁、处罚，属于其正常的工作职责，与滥用职权、假公济私的报复陷害存在本质的不同。在实践中应特别注意将国家机关工作人员在正常履行职务过程中，因工作方法简单粗暴、政策观念不强等错误，引起有关控告人、申诉人、批评人、举报人误解的情况与报复陷害区别开来。

其次，应注意区分报复陷害罪与一般报复行为。报复陷害罪虽然并没有要求情节严重作为其构成要件，但是，一般的报复行为由于其社会危害性不大，属于一般的违法、违纪问题，不宜作为犯罪处理。根据最高人民检察院的有关司法解释，国家工作人员滥用职权、假公济私，对控告人、申诉人、批评人、举报人实行报复陷害，具有下列情形之一的，应予立案：(1) 报复陷害，致使他人的人身权利、民主权利或者其他合法权利受到严重的损害的；(2) 报复陷害，致人精神失常或者自杀的；(3) 手段恶劣、后果严重的。[①]

2. 本罪与诬告陷害罪的界限

报复陷害罪与诬告陷害罪在主观上都具有陷害他人的目的，客观上都可以通过捏造事实的方式对他人进行陷害。两者的主要区别表现在：(1) 犯罪主体不同。报复陷害罪的主体是特殊主体，即国家机关工作人员；诬告陷害罪的主体则是一般主体。(2) 犯罪目的不同。报复陷害罪行为人是出于一般的报复陷害的目的；而诬告陷害罪行为人的目的在于使他人受到刑事追究。(3) 犯罪手段不同。报复陷害罪行为人采取利用自己职权，假公济私的手段，对被害人进行政治、经济、物质等方面的压制迫害；诬告陷害罪行为人则是采取捏造他人犯罪事实并向司法机关或者其他单位告发的手段，诬陷被害人。(4) 犯罪对象不同。报复陷害罪的对象限于控告人、申诉人、批评人、举报人；诬告陷害罪对象则没有任何限制，可以是任何人。

3. 控告、申诉、举报失实的人能否成为本罪对象

控告、申诉或者举报失实，原因复杂，国家机关工作人员利用职权对控告、申诉

① 参见 1999 年 9 月 16 日最高人民检察院《关于人民检察院直接受理立案侦查案件立案标准的规定（试行）》。

或者举报失实的人报复陷害的，能否构成报复陷害罪，应具体分析认定。如果控告人、申诉人或者举报人明知自己所控告、申诉或者举报的内容是不真实的，出于陷害国家工作人员的故意而进行虚假的控告、申诉或者举报，而国家机关工作人员利用职权对其进行报复陷害的，不能认定为报复陷害罪。因为在这种情况下，实施控告、申诉或者举报行为的有关人员，并不是依法行使自己的民主权利，而是在进行违法犯罪活动，国家机关工作人员对其实施的打击报复行为，也就不具有侵犯公民民主权利的报复陷害行为的性质。

当控告人、申诉人或者举报人不了解事实真相，误认为是真实情况而检举、申诉、举报，国家工作人员利用职权对其实施报复陷害的，应如何处理？我们认为，只要控告人、申诉人或者举报人不是故意利用虚假事实采取控告、申诉或者举报的形式诬陷国家工作人员的，此种情形仍应以报复陷害罪论。因为公民是根据自己所掌握的有关国家机关工作人员的错误或违法犯罪的情况行使民主监督权，如果要求其控告、申诉或者举报的内容必须与事实真相具有一致性，必然会对公民的这种民主权利造成极大的限制。故只要不是有意诬告，而是由于自己过失控告、申诉或者举报不实或者不完全属实，国家机关工作人员利用职权、假公济私，对有关公民实施报复陷害行为的，由于事实上也侵犯了公民的民主监督权，侵害了国家机关的正常活动，可以成立诬告陷害罪。

（三）报复陷害罪的处罚

根据《刑法》第 254 条的规定，犯本罪的，处 2 年以下有期徒刑或者拘役；情节严重的，处 2 年以上 7 年以下有期徒刑。

七、打击报复会计、统计人员罪

打击报复会计、统计人员罪，是指公司、企业、事业单位、机关、团体的领导人员，对依法履行职责，抵制违反会计法、统计法行为的会计、统计人员实行打击报复，情节恶劣的行为。本罪具有如下构成要件：

1. 本罪侵犯的是公民的人身权利和国家的会计、统计制度。

2. 本罪在客观方面表现为对依法履行职责，抵制违反会计法、统计法行为的会计、统计人员实行打击报复，情节恶劣的行为。违反会计法的行为，主要是指伪造、变造、故意毁灭会计凭证、会计账簿、会计报表和其他会计资料；利用虚假的会计凭证、会计账簿、会计报表和其他会计资料偷税或者损害国家利益、社会利益等。违反统计法的行为，主要是指虚报、瞒报统计资料；伪造、篡改统计资料等。对于违反会计法、统计法的行为，会计人员和统计人员有权利和义务依法进行抵制。有关单位的领导人员，对抵制违反会计法、统计法行为的会计人员和统计人员打击报复的手段多种多样，例如撤换职务、调离岗位、强行辞退、扣发工资、降职降级等。

3. 本罪的主体是特殊主体，即公司、企业、事业单位、机关、团体的领导人员。

4. 本罪在主观方面是出于故意，而且是直接故意。

根据《刑法》第 255 条的规定，犯本罪的，处 3 年以下有期徒刑或者拘役。

八、破坏选举罪

破坏选举罪，是指在选举各级人民代表大会代表或者国家机关领导人员时，以暴力、威胁、欺骗、贿赂、伪造选举文件、虚报选举票数等手段破坏选举或者妨害选民或代表自由行使选举权或被选举权，情节严重的行为。本罪具有如下构成要件：

1. 本罪侵害的客体是公民的选举权和被选举权以及国家的选举制度。

2. 本罪在客观方面表现为，在选举各级人民代表大会代表或者国家机关领导人员时，以暴力、威胁、欺骗、贿赂、伪造选举文件、虚报选举票数等手段破坏选举或者妨害选民或代表自由行使选举权或被选举权的行为。首先，破坏选举罪只能发生在特定时期，即选举时。根据有关选举的法律规定，选举活动包括选民登记、提出候选人、投票选举、补选、罢免等过程。其次，破坏的必须是各级人民代表大会代表或者国家机关领导人员的选举。破坏其他选举的，例如，破坏居委会、村委会、党团组织、企事业单位或者其他社会组织选举的，在一定程度上往往也会对公民的民主权利造成侵害，但并不构成本罪。最后，破坏选举的行为主要表现为两种：一是破坏选举工作正常进行，如伪造选举文件、虚报选举票数、扰乱选举会场、强行宣布选举结果无效等；二是妨害选民或代表自由行使选举权和被选举权，如诱使、迫使选民、代表违反自己的真实意志选举某人或不选某人等。破坏的方法，较典型的有暴力、威胁、欺骗、贿赂、伪造选举文件、虚报选举票数 6 种。暴力，是指对选民、代表、候选人、选举工作人员等进行殴打、捆绑等人身打击或强制；威胁，是指以杀害、伤害、破坏名誉等相要挟，对他人的精神实行强制；欺骗，是指捏造事实，颠倒是非，以虚假的事实扰乱选举的正常进行；贿赂，是指用金钱或者其他物质利益收买选民、代表、候选人、选举工作人员等，以实现操纵、破坏选举或者进行其他舞弊活动的目的；伪造选举文件，是指伪造选民证、选票、选民名单、候选人名单、代表资格报告等选举文件；虚报选举票数，是指对选票数、赞成、反对或弃权票数作虚假报告。除此之外，其他一切足以破坏选举民主性、真实性的方法，如以暴力破坏选举场所或者选举设备，使选举无法正常进行的；强行宣布合法选举无效、非法选举有效的；聚众冲击选举场所或者故意扰乱选举会场秩序，使选举工作无法正常进行的；等等，也可认定为破坏选举。

3. 本罪的主体是一般主体，即已满 16 周岁、具有刑事责任能力的自然人。既可以是有选举权的人，也可以是没有或被剥夺选举权的人；既可以是一般公民，也可以是选举工作人员。

4. 本罪在主观方面是出于故意，且只能表现为直接故意，具体表现为明知自己的行为会对选举工作造成破坏，仍有意为之。过失行为，如误计选票等，不能论以本罪。也不存在所谓的间接故意的破坏选举罪。有些学者认为，本罪可以出于间接故意，但从其所举的“间接故意的破坏选举罪”案例看，实质仍是直接故意犯罪。[①]

依照《刑法》第 256 条的规定，犯本罪的，处 3 年以下有期徒刑、拘役或者剥夺

① 参见苏长青、阴建峰主编：《侵犯公民民主权利罪和妨害婚姻家庭罪》，274 页，北京，中国人民公安大学出版社，2003。

政治权利。

第七节　妨害婚姻家庭权利罪

一、暴力干涉婚姻自由罪

（一）暴力干涉婚姻自由罪的概念和构成

根据1997年《刑法》第257条的规定，所谓暴力干涉婚姻自由罪，是指以暴力方法干涉他人婚姻自由的行为。本罪具有如下构成要件：

1. 本罪侵犯的客体是公民的婚姻自由权利。所谓婚姻自由，包括结婚自由和离婚自由。具体地讲，可以是用暴力干涉他人，不准其与某人恋爱、结婚或强迫其与某人（包括干涉者本人）结婚；也可以是用暴力手段，不准他人离婚或强迫他人离婚。保障结婚自由，是为了使未婚男女或丧偶、离婚的人能够根据自己的意愿，建立以爱情为基础的婚姻关系。保障离婚自由，是为了使那些感情确已破裂、无法和好的夫妻，能够通过法律规定的正当途径解除婚姻关系，并使他（她）们有可能重新建立幸福美满的家庭。结婚是一种极为普遍的行为，离婚则是在不得已的情况下发生的，它只是解决夫妻冲突的最后手段。对于全面实行婚姻自由来说，仅仅有结婚自由是不够的，还必须有离婚自由作为补充。实践中往往忽视对于离婚自由的保护。

2. 本罪在客观方面表现为使用暴力手段干涉他人婚姻自由的行为。行为人必须采用了暴力是构成本罪的重要前提。所谓暴力，是指捆绑、殴打、禁闭、强抢等对人身实行强制或打击的方法。构成本罪的暴力行为，具有与其他暴力犯罪不同的特点：其一是不仅给被害人的肉体造成一定的痛苦，而且对其精神亦造成一定的压力；其二是行为不具有特别的残酷性，对人身伤害后果一般并不严重；其三是有持续性，不达目的不肯罢休。虽有干涉他人婚姻自由的行为，但未使用暴力的，则不构成犯罪。

3. 本罪的主体为一般主体，即年满16周岁，有刑事责任能力的人。当然，从司法实践中看，主要是下列与被害人有利害关系的人：(1) 被害人的父母、祖父母、监护人；(2) 被害人的兄弟姐妹或者其他亲属；(3) 被害人所在单位的领导干部，等等。其中，又以父母干涉子女的婚姻自由更为突出。近年来，由于党的优良传统、作风遭到破坏，一些领导干部利用权势干涉下属婚姻自由的犯罪也时有发生。

4. 本罪的主观方面是出于故意，且为直接故意，其目的便是干涉他人的结婚自由或离婚自由，使被害人按照行为人的意志解决婚姻问题。至于犯罪的动机则是多种多样的。有的是父母、亲属、族人为贪图财礼、高攀权贵，或为“门当户对”，为维护封建礼教；有的是为了换亲；有的是通奸者为保持奸情关系；还有的甚至是行为人为霸占他人妻女；等等。犯罪动机不是暴力干涉婚姻自由罪的构成要件，但对案件的危害程度有一定的影响，应在量刑时予以考虑。

（二）暴力干涉婚姻自由罪的认定

1. 对“暴力”要有正确理解

暴力干涉婚姻自由罪在客观方面表现为采取暴力方法干涉他人婚姻自由的行为。因此，区分罪与非罪主要是看行为人是否使用了暴力，若未使用暴力则不构成犯罪。司法实践中往往存在仅因为出现死亡结果而追究未采取暴力手段的行为人刑事责任的情况，这实际上是一种客观归罪。当然，暴力也有程度差异，即使使用了暴力，但综合分析暴力行为性质、危害程度及事件起因等其他情况可知，暴力干涉程度属于比较轻微的，也不应认为构成犯罪。

至于“以暴力相威胁”干涉他人婚姻自由的行为，是否构成暴力干涉婚姻自由罪，在审判实践中也有争论。一般地说，干涉他人婚姻自由的行为有两种：一种是言词，一种是暴力。言词也有两种：一种是劝说阻止，另一种是具有威胁性的语言，即通常所说的以暴力相威胁。我们认为，这种以暴力威胁的方法干涉他人婚姻自由的行为，虽然也违背了《婚姻法》确立的婚姻自由原则，但只要不付诸行动，仅停留在口头上，即不构成暴力干涉婚姻自由罪。因为从我国《刑法》的规定看，暴力和以暴力相威胁，是两个不同的概念。《刑法》中所规定的强奸罪、妨害公务罪、抢劫罪等，都明确规定，暴力或以暴力相威胁的行为，都构成犯罪。然而《刑法》第 257 条只规定“暴力”干涉他人婚姻自由的行为是犯罪，并没有规定以暴力相威胁干涉婚姻自由的行为也是犯罪，所以，立法的原意显然并不认为以暴力相威胁干涉他人婚姻自由的行为也能构成暴力干涉婚姻自由罪。法律限以暴力方法干涉，才按犯罪处理，是为了控制打击面，把犯罪行为和一般违法行为加以区别。

2. 对“婚姻自由”也要正确理解

暴力干涉婚姻自由罪侵犯的客体是他人的婚姻自由，故正确理解“婚姻自由”，也是区分罪与非罪时应注意的问题。我们认为，我国《婚姻法》所规定的婚姻自由，是指婚姻当事人有权按照法律的规定，决定自己的婚姻问题，不受任何人的强制和干涉。也就是说，婚姻自由是婚姻当事人的一项权利，这种权利是受法律保护的。我国每个公民都有决定自己婚姻问题的权利，其他任何人，包括当事人的父母、亲友等，都无权决定和干涉，对方也无权加以强迫。婚姻自由包括结婚自由和离婚自由。结婚自由，是指婚姻当事人在结婚问题上有自主的权利，有权自己选择理想的配偶；结婚时必须男女双方完全自愿，不许任何一方对他方加以强迫或任何第三者加以干涉。离婚自由，是指在夫妻感情完全破裂、婚姻关系无法维持时，当事人有提出离婚请求的权利。由此可见，婚姻自由只能从决定是否结婚或是否离婚意义上来理解。如果行为人对于被害人的婚事并不是持反对态度，只是对其某些做法不满而以不恰当的方式加以管教，则不属于干涉婚姻自由的范畴，故不能构成暴力干涉婚姻自由罪。

3. 关于以故意重伤、杀人手段干涉他人婚姻自由行为的法律适用问题

暴力干涉婚姻自由罪，是以暴力干涉他人行使婚姻自由权利的行为，行为的暴力性是本罪客观方面的基本特征。行为人总是通过其暴力性行为达到妨害他人行使其婚姻自由权利之目的。关于暴力给被害人的身体造成何种程度的损害才能以本罪论处，理论上一般认为，暴力应当理解为达到一定严重程度，如果程度很轻微，不宜作犯罪处理，而所谓“一定严重程度”也可以包括致人轻伤害。但对于行为人以故意重伤、

杀人的手段干涉他人婚姻自由的行为如何适用法律的问题，刑法实务与理论界则存在争论。我们认为，干涉他人婚姻自由的故意伤害（重伤）或故意杀人行为构成了想象竞合犯，应根据“从一重处断”的原则，以其中的重罪即故意伤害（重伤）罪或故意杀人罪定罪量刑。

（三）暴力干涉婚姻自由罪的处罚

根据《刑法》第257条的规定，犯本罪的，处2年以下有期徒刑或者拘役，致使被害人死亡的，处2年以上7年以下有期徒刑。前一种情形，告诉的才处理。

二、重婚罪

（一）重婚罪的概念和构成

重婚罪，是指有配偶而又与他人结婚，或者明知他人有配偶而与之结婚的行为。本罪具有如下构成要件：

1. 本罪侵犯的客体是我国《婚姻法》所规定的一夫一妻制的婚姻关系。一夫一妻制是我国《婚姻法》的一项基本原则，它要求任何已成年的人在同一时间只能有一个配偶，不允许一夫多妻或一妻多夫的现象存在。重婚行为则破坏了一夫一妻的原则，势必会给合法婚姻关系的另一方带来不幸和痛苦，影响幸福美满的家庭关系，败坏社会主义道德风尚。

2. 本罪在客观方面表现为有配偶而重婚，或者明知他人有配偶而与之结婚的行为。前一种情况是名副其实的重婚；而后一种情况，本人无配偶而与他人结婚，对本人来说并不构成重婚，但因明知他人有配偶而与之结婚，就成为重婚罪之共犯。没有他（或她）与有配偶的人相婚，重婚行为就不能成立，因此相婚者也要以重婚罪论处。当然，相婚者也可能不知对方有配偶，而是在对方欺骗之下与之结婚，这种情况就不构成重婚罪。所以，重婚案件当事人可能是男、女中的一方，也可能是男女双方。这里所谓“有配偶”，是指已经建立婚姻关系的情况而言，简而言之即男人有妻，女人有夫。

3. 本罪的主体有两种人：一是已有配偶而又与他人缔结婚姻关系的人，我们称之为重婚人；二是本人无配偶，但明知对方已有配偶而与之结婚的人，我们称之为相婚人。

4. 本罪在主观上是直接故意，具体表现为行为人已有配偶又故意与他人结婚或者明知对方有配偶而与之结婚。如果无配偶的一方确实不知对方已有配偶而与之结婚，即没有法律所规定的“明知”，则无配偶一方不构成重婚罪，而只能由有配偶一方构成。

（二）重婚罪的认定

1. 重婚罪与一般重婚行为的界限

处理重婚案件，要结合我国的历史情况和案件的具体情节予以综合考虑，认真把握重婚罪与一般重婚行为的界限。根据司法实务，以下行为通常只认为是一般重婚行为，而不宜以重婚罪定罪处罚：（1）有配偶的妇女被拐卖后重婚的；（2）因自然灾害生活难以维持，被迫外流，为谋生而与他人重婚的；（3）因反抗包办买卖婚姻而外逃，在包办的婚姻关系解除前，又与他人重婚的；（4）因受到严重虐待被迫逃往外地而重婚的；（5）因配偶长期外出，生死下落不明，家庭生活发生严重困难而重婚。

2. 重婚与通奸的界限

通奸，是指男女双方或一方已有配偶，而自愿发生两性关系的行为。通奸行为与事实婚姻的重婚行为，往往容易混淆。其实两者的性质不同。通奸，仅是男女双方自愿为满足性生活而乱搞两性关系的违法行为，一般没有共同的经济生活，不以夫妻相称，且是秘密进行。通奸在我国古代的法律中又称“和奸”，被规定为犯罪。如唐律规定：“和奸者，男女各徒刑一年半”；明律规定：“凡和奸，杖八十，男女同罪”。外国刑法中，也有通奸罪的规定。但是，我国《刑法》则未将其规定为犯罪，它仍属道德调整范畴，因而要严格区分它与事实重婚行为之界限。其实如前所述，事实重婚是指有配偶的人又与他人以夫妻关系共同生活，或者明知他人有配偶而以夫妻关系共同生活的情形。男女双方不仅公开同居，而且还有共同的经济生活，是一种事实上的非法夫妻关系。

（三）重婚罪的处罚

根据《刑法》第258条的规定，犯本罪的，处2年以下有期徒刑或者拘役。

三、破坏军婚罪

（一）破坏军婚罪的概念和构成

破坏军婚罪，是指明知是现役军人的配偶而与之同居或者结婚的行为。本罪具有如下构成要件：

1. 本罪侵犯的客体，是我国一夫一妻制婚姻关系中现役军人的婚姻关系。现役军人的婚姻关系，是我国社会主义婚姻关系的组成部分。中国人民解放军是人民民主专政的坚强柱石。军人们为了国家和人民的利益，不惜牺牲个人利益远离自己的配偶和家庭，担负着保卫国家安全和社会主义建设事业的光荣职责。破坏现役军人婚姻的行为，不仅侵犯社会主义的婚姻家庭关系，而且影响军人的战斗意志。因此，为了给现役军人解除后顾之忧，使其安心在部队工作，更好地担负起神圣的职责，就必须对现役军人的婚姻关系予以特殊保护，对那些破坏军人婚姻的行为予以必要的刑罚制裁。

此处所谓“现役军人”，是指中国人民解放军的现役军官、文职干部、士兵及具有军籍的学员和中国人民武装警察部队的现役警官、文职干部、士兵及具有军籍的学员以及执行军事任务的预备役人员和其他人员。这里现役军人不包括转业军人、复员退伍军人、革命残废军人、人民警察以及在军事部门、人民武装警察部队中工作但没有军籍的工作人员。

2. 本罪在客观方面表现为与现役军人的配偶同居或者结婚的行为。要正确理解本罪的客观特征必须注意把握以下三个方面的内容：

（1）关于现役军人配偶的范围。目前我国刑法学界关于现役军人配偶的范围仍存在一些争论，主要集中在除与现役军人登记结婚已同居和尚未同居的人之外，是否包括与现役军人仅有“事实婚姻”关系的人。我们认为，首先应把与现役军人仅有婚约关系的人排除在现役军人配偶的范围之外。同时，现役军人的配偶，既可以指与现役军人进行登记结婚的人，又可以包括虽未与之登记结婚，但确有事实婚姻关系的人。

（2）如何理解“同居”的含义。关于同居的含义，刑法理论上较一致地将男女双方（一方或双方已有配偶）没有夫妻关系的单纯发生性关系的通奸行为排除在外，但其具体含义到底如何，则仍有较大分歧。我们认为，此处所谓“同居”既不是通奸，也不是形成事实上的婚姻关系，应当理解为一定时期内姘居且共同生活在一起的行为，它以两性关系为基础，同时还有经济上和其他生活方面的特殊关系。

（3）正确理解“与现役军人配偶结婚”的含义。所谓“与现役军人配偶结婚”，是指采用种种欺骗手段使婚姻登记机关相信双方均无配偶而准予登记结婚的，或者虽未履行结婚登记手续，但却以夫妻名义共同生活，形成了事实婚姻的情况。

3. 本罪的主体是一般主体，凡是达到刑事责任年龄，具备刑事责任能力的自然人都可构成。

4. 本罪在主观方面表现为故意，即明知对方是现役军人的配偶而与之结婚或同居。

（二）破坏军婚罪的认定

1. 本罪与非罪的界限

司法实践中，认定本罪与非罪的界限时，应该注意从以下两个方面加以考察：其一，看行为人主观内容。破坏军婚罪必须是故意才能构成，这就要求行为人对与其结婚、同居的对象是现役军人的配偶这一事实情况必须明知。如果行为人不知道对方已结婚（包括事实婚）而与之结婚或同居的，并不构成犯罪（当然如果行为人本人是有配偶的则可构成重婚罪），即使知道对方已有配偶，但并不知对方的配偶是现役军人的也不能以本罪论处。其二，看行为人的行为表现。破坏军婚罪在客观方面表现为与现役军人的配偶同居或结婚的行为。“结婚”包括登记婚和以夫妻关系共同生活形成的事实婚两种情况，自无疑义。关键要注意把握“同居”的含义，要注意把“同居”与“通奸”区别开来。如果仅是与现役军人配偶有通奸行为的，不能认为构成犯罪。此外，应当注意，如果与现役军人的配偶同居，情节比较轻微，而现役军人本人也不愿意张扬追究的，为避免产生不良影响和后果，对行为人也可以不追究，但应责令其立即停止同居行为，而且要注意保护现役军人的名誉。

2. 本罪与重婚罪之界限

两者行为方式上存在相同之处，容易引起混淆，如与现役军人的配偶结婚实际上也是一种重婚行为，但不能以重婚罪论处，这是为了强调对军人婚姻的特殊保护。两者的区别主要体现在以下方面：（1）犯罪的直接客体不同。破坏军婚罪侵犯的是现役军人的婚姻关系，而重婚罪侵犯的则是一般公民的婚姻关系。（2）行为表现有所不同。重婚罪的犯罪行为必须是有配偶的人与他人结婚的行为或者本人虽无配偶但明知对方已有配偶又与之结婚的行为，而不包括与他人同居的行为。但破坏军婚罪的客观方面，不仅指与现役军人配偶结婚的行为，也指虽未结婚但与之同居的行为。（3）行为对象不同，破坏军婚罪的行为对象只能是现役军人的配偶；而重婚罪的行为对象则是现役军人配偶外的其他人。（4）构成犯罪者的范围一般不同。通常认为，现役军人的配偶一般不构成破坏军婚罪，甚至不构成犯罪，而重婚行为人的对方只要符合构成要件的，就构成重婚罪。

（三）破坏军婚罪的处罚

根据《刑法》第 259 条第 1 款的规定，犯本罪的，处 3 年以下有期徒刑或者拘役。该条第 2 款规定，利用职权、从属关系，以胁迫的手段奸淫现役军人的妻子的，依照《刑法》第 236 条之强奸罪定罪处罚。

四、虐待罪

根据 1997 年《刑法》第 260 条的规定，所谓虐待罪，是指对共同生活的家庭成员，经常以打骂、冻饿、禁闭、有病不给治或强迫作过度体力劳动等方法，从肉体上和精神上进行摧残迫害，情节恶劣的行为。本罪具有如下构成要件：

1. 本罪侵犯的客体，是共同生活的家庭成员在家庭生活中的合法权益，如男女平等的权利、妇女、儿童和老人的合法利益等。此外，本罪还往往同时侵犯了共同生活的家庭成员的身心健康。

2. 本罪在客观方面表现为经常以打骂、冻饿、侮辱、谩骂、有饭不给吃、有病不给医、强迫作超体力劳动、随意禁闭等方法，对共同生活的家庭成员从肉体上、精神上进行折磨、摧残，情节恶劣的行为。这可以从以下几个方面加以把握：（1）行为的持续性、一贯性。无论是肉体虐待，还是精神虐待，这种虐待行为都是经常的，具有持续性、一贯性，这是其显著特征。如果不具有持续性、一贯性，而是偶尔发生的打骂等行为，就不是虐待行为。（2）手段的多样性。虐待行为的手段可能是多种多样的，但概括起来不外乎以下两类：其一，肉体上的折磨，如殴打、冻饿、强迫超负荷劳作、不给吃饱饭、不让穿暖、有病不给医治、随意禁闭等。其二，精神上的折磨，如侮辱、讽刺、谩骂、限制人身行动自由（限制上学或工作等）、不让参加社会活动，等等。（3）行为类型的复杂性。虐待行为，根据司法实践，常见的一般有以下五类：其一，丈夫虐待妻子。其二，公婆虐待儿媳，岳父母虐待女婿。这类行为在司法实践中多发生于农村，现已愈来愈少见。其三，父母虐待子女，尤其是继父母虐待继子女，养父母虐待养子女的，为司法实践中常见。其四，子女虐待父母，包括继子女虐待继父或继母，在司法实践中，这类虐待行为已日益突出。其五，儿媳虐待公婆，女婿虐待岳父母。（4）情节的恶劣性。根据《刑法》第 260 条的规定，虐待家庭成员，情节恶劣的才构成犯罪。所以，本罪属于情节犯。根据司法实践，诸如虐待手段残酷，持续时间长，犯罪动机和目的卑鄙，受害人系年幼、年老、体弱、残疾者，虐待孕妇致流产等，都属于情节恶劣。

3. 本罪的主体是特殊主体，必须是与被害人具有一定的血亲关系、婚姻关系或收养关系，并在一个家庭中共同生活的成员，包括祖父母、外祖父母、父母子女、兄弟姐妹等，也包括自愿承担扶养义务的与其共同生活的其他亲友等。犯罪分子通常是利用其在家庭中经济上或亲属关系上的特殊地位来实施虐待行为的。非家庭成员不能构成本罪的主体。

4. 本罪在主观方面是出于故意，且为直接故意，具体表现为行为人已经预见到其行为会造成共同生活的家庭成员肉体或精神上的痛苦，但仍希望其发生。

根据 1997 年《刑法》第 260 条的规定，犯本罪的，处 2 年以下有期徒刑、拘役或者管制；致使被害人重伤、死亡的，处 2 年以上 7 年以下有期徒刑。前一种情形告诉的才处理，但被害人没有能力告诉，或者因受到强制、威吓无法告诉的除外。

五、虐待被监护、看护人罪

根据《刑法》第 260 条之一的规定，所谓虐待被监护、看护人罪，是指对未成年人、老年人、患病的人、残疾人等负有监护、看护职责的人虐待被监护、看护的人，情节恶劣的行为。本罪是《刑法修正案（九）》第 19 条增设的新罪名。本罪具有如下构成要件：

1. 本罪侵害的客体是复杂客体，即被害人的人格尊严和生命健康权利。本罪侵害的对象为未成年人、老年人、患病的人、残疾人等。

2. 本罪的客观方面表现为经常对被害人进行肉体上与精神上的摧残、折磨、迫害，情节恶劣的行为。首先，虐待行为方式可以是作为，也可以表现为不作为，还可以同时包含作为与不作为。其次，虐待的手段可以是多种多样的，概括起来有以下两种：一是肉体上的折磨，如殴打、捆绑、扇耳光、脚踢、揪耳悬空、针扎、火烫、热水烫、冻饿、不给吃饭、弹击生殖器、让幼儿吃安眠药、罚站、逼迫做危险动作等；二是精神上的折磨，如侮辱人格、讽刺、挖苦、诽谤、谩骂、塞进垃圾桶、水桶或垃圾斗扣头、胶带封嘴、逼迫儿童亲吻、逼迫露阴、逼迫看恐怖片、关禁闭等行为；我们认为冷暴力也属于精神上的折磨。最后，这种虐待、摧残、迫害行为必须有经常性或者一贯性的特点，如果偶尔一次，我们认为一般不构成本罪。但是如果偶尔一次造成严重后果导致被害人伤残或者死亡，则依据本法相关条文定罪处罚。

3. 本罪的主体为特殊主体，即“对未成年人、老年人、患病的人、残疾人等负有监护、看护职责的人”，既可以是自然人也可以单位。这里的单位包括幼儿园、学校、医院、儿童福利院、敬老院和救助站等，既可以是公立的，也可以是私立的。

4. 本罪的主观方面表现为故意，即行为人已经预见到其行为会造成被监护、看护人肉体或者精神上的痛苦，仍故意为之。过失不构成本罪。

根据《刑法》第 260 条之一的规定，犯本罪的，处 3 年以下有期徒刑或者拘役；单位犯前款罪的，对单位判处罚金，并对其直接负责的主管人员和其他直接责任人员，依照前款的规定处罚；有第 1 款行为，同时构成其他犯罪的，依照处罚较重的规定定罪处。

六、遗弃罪

（一）遗弃罪的概念和构成

遗弃罪，是指对于年老、年幼、患病或者其他没有独立生活能力的人，负有扶养义务而拒绝扶养，情节恶劣的行为。本罪具有如下构成要件：

1. 本罪侵犯的客体是家庭成员之间互相扶养的权利义务关系。我国《婚姻法》已明确，禁止家庭成员间的遗弃；并逐条规定夫妻之间、父母子女之间、养父母养子女之间、继父母继子女之间、祖父母、外祖父母与孙子女、外孙子女之间、兄姐与弟妹之间具有扶养、抚养和赡养的义务。有能力而拒绝履行上述扶养义务的，便侵犯了我国法律确立的家庭成员之间互相扶养的权利义务关系，侵犯了年老、年幼、患病或者其他没有独立生活能力的家庭成员在家庭生活中的合法权益，这不但会直接给他们的生活造成困难，甚至往往会危及这些家庭成员的健康乃至生命。

2. 本罪在客观方面表现为对于年老、年幼、患病或者其他没有独立生活能力的人，负有扶养义务而拒绝扶养，情节恶劣的行为。要正确理解本罪的客观方面特征，须从以下几个方面加以把握：（1）遗弃行为针对的必须是年老、年幼、患病或者其他没有独立生活能力的人。（2）行为人必须负有扶养义务。这是构成本罪的前提条件。公民对哪些家庭成员负有扶养义务，是由我国法律明确规定了的。扶养义务是基于抚养与被抚养、扶养与被扶养以及赡养与被赡养这三种家庭成员之间不同的权利义务关系而产生的。（3）行为人能够负担却拒绝扶养。所谓能够负担，是指有独立的经济能力，并在能够满足本人及子女、老人的最低生活标准（当时当地的标准）外有多余的情况。行为人是否有能力负担，这就需要司法机关结合其收入、开支情况具体加以认定。这里所谓扶养，应从广义上理解，包括长辈对晚辈的抚养，晚辈对长辈的赡养，以及夫妻之间的扶养。（4）遗弃行为必须情节恶劣。本罪以情节恶劣为构成要件，因而属于情节犯。所谓情节恶劣，根据司法实践，通常是指遗弃动机卑劣、遗弃手段十分恶劣、遗弃造成严重后果的，如因遗弃致被害人生活无着流离失所的；在遗弃过程中又对被害人施以打骂、虐待的；遗弃者屡教不改的；由于遗弃而引起被害人重伤、死亡或者自杀的等。

3. 本罪的主体是特殊主体，只能由对被遗弃者负有扶养义务而且有履行能力的人构成。

4. 本罪在主观方面只能是出于故意，即明知自己对于年老、年幼、患病或其他丧失独立生活能力的人负有扶养义务，并且有能力扶养，而执意拒绝扶养。

（二）遗弃罪的认定

1. 本罪与非罪的界限

司法实践中认定本罪与非罪的界限时必须注意把一般遗弃行为与遗弃罪区别开来。这需要从以下几方面把握：（1）是否存在扶养关系。如果不存在扶养关系，当然便不能构成犯罪。例如，儿媳对公婆便不具有法定的扶养义务，她们之间不存在扶养关系。最高人民法院司法解释便曾明确说明，在丈夫死亡后，媳妇只是有抚养婆婆的习惯，不能认为是义务，因而实践中责令媳妇扶养婆婆的做法是不妥的，因为责令是带有强制性的行为，一般只能动员说服媳妇扶养婆婆为宜。所以，若媳妇在丈夫死亡后拒绝赡养公婆便不能认定为构成遗弃罪。（2）行为人是否有履行扶养义务的能力，没有履行义务的能力，则不能构成犯罪。（3）被害人是否确无独立生活能力。（4）遗弃行为情节是否恶劣，本罪属于情节犯，只有遗弃行为达到情节恶劣程度，方能构成犯罪，否则不能以犯罪论处。

2. 本罪与故意杀人罪的界限

近年来，由于受旧习俗的影响，遗弃、溺杀婴儿，特别是女婴的现象时有发生。遗弃婴儿造成死亡的，究竟应定为遗弃罪还是故意杀人罪，也就成为司法实践中常有争议的问题。这其实涉及不作为杀婴的问题。婴儿的生命力很脆弱，缺乏自理能力，完全依赖于其生育和养育者，而杀婴犯罪的行为人往往是有义务养育婴儿的人，因此，行为人比较容易利用婴儿的依赖性以不作为的方式达到杀婴的目的。如拒绝哺乳喂养，不予适当的照料等。对于以不作为方式杀婴的，应按故意杀人罪论处。但由于这种不作为杀婴的行为手段与遗弃而致婴儿死亡的情况十分相似，所以，故意杀人罪与遗弃罪很容易混淆。当然二者还是可以区分的：（1）从主观上讲，遗弃婴儿的犯罪表现为行为人不履行抚养婴儿的义务，企图通过遗弃达到向他人转嫁由自己承担的抚养义务之目的。而杀婴则是以不履行抚养婴儿义务的不作为方式达到杀婴的目的。因此，在遗弃婴儿造成死亡的场合，就不能一概认为是构成了遗弃罪，而必须判明行为人遗弃婴儿究竟是转嫁抚育义务的手段，还是杀婴的手段，也即是说，要判明行为人故意的内容是弃婴还是杀婴。（2）要判明行为人主观故意的内容，不能仅凭行为人的交代，主要应以客观行为依据。新生婴儿无自理能力，有义务抚育婴儿的人只要不履行义务并使婴儿不能获得其他人抚育的，就可以置婴儿于死地。因此，当婴儿被置于这种境地而死亡时，就可认定行为人具有杀婴的故意，即行为人希望或放任发生婴儿死亡的危害结果。例如，新生女婴的母亲几天故意不给女婴哺乳喂养，以致婴儿饿死。对此种情况，由于新生女婴的母亲，明知自己几天不给婴儿哺乳喂养的行为，会导致婴儿饿死，但却希望或放任这种结果发生，当然属于故意以不作为方式杀婴，应该认定为故意杀人罪。反之，若行为人将婴儿置放于能够获得援助的场所，如别人家门口、车站、码头、通衢大道等常有人来往的地点，一般则不能认定为故意杀人罪。因为此种情况下，行为人把婴儿置放于常有人来往的场合，便是预见到婴儿会由他人抚养，但却由于疏忽大意没有预见到会发生婴儿死亡的结果，或者虽已预见，但轻信能够避免，因此即使偶然地发生了婴儿死亡的结果，也不能认为行为人具有杀婴的故意，而只是出于弃婴的故意，行为人对婴儿死亡却是出于过失，故而只应按遗弃罪对行为人定罪处罚。

（三）遗弃罪的处罚

根据《刑法》第261条的规定，犯本罪的，处5年以下有期徒刑、拘役或管制。

七、拐骗儿童罪

拐骗儿童罪，是指采用蒙骗、利诱或其他方法，使不满14周岁的未成年人脱离其家庭或者监护人的行为。本罪具有如下构成要件：

1. 本罪侵犯的客体是复杂客体，即不仅侵害了他人的家庭关系，而且侵犯了儿童的合法权益。至于本罪侵犯的对象则是“不满十四周岁的未成年人”。

2. 本罪的客观方面表现为拐骗不满14周岁的未成年人脱离家庭或者监护人的行为。这里所谓“拐骗”，是指采用威胁、欺骗或利诱等不法手段弄走儿童，即犯罪人利用儿童天真、幼稚、好奇心强以及缺乏分辨是非能力的特点，以利诱或者诳骗手段，使儿童脱离家庭或监护人。可见，拐骗的手法是多种多样的，既可以用物质享受进行利诱，也可以用花言巧语虚构事实、制造假象，骗取信任后进行拐骗。所谓“家庭”，则是指由婚姻、血缘或收养关系而产生的亲属间的共同生活组织。所谓“监护人”，是指对没有行为能力或限制行为能力的人的人身、财产以及其他一切合法收益负责监督和保护的人。至于所谓“脱离”，则是指行为人之拐骗行为使不满 14 周岁的未成年人离开其家庭或监护人，与其家庭或者监护人断绝了联系。具体而言，所谓脱离家庭，是指使儿童脱离父母或其他亲属共同生活的场所。所谓脱离监护人，是指使儿童脱离依法对其人身、财产以及其他合法权益负责监督和保护的人。从这层意义上讲，我们认为，本罪属于结果犯，只有使不满 14 周岁的未成年人离开其家庭或监护人，使他们彼此失去了联系，才能构成本罪的既遂。

3. 本罪的主体是一般主体，即年满 16 周岁、具有刑事责任能力的自然人。

4. 本罪在主观上是故意，即行为人具有拐骗儿童使之脱离其家庭或者监护人之故意。

根据我国《刑法》第 262 条的规定，犯本罪的，处 5 年以下有期徒刑或拘役。

八、组织残疾人、儿童乞讨罪

组织残疾人、儿童乞讨罪，是指故意以暴力、胁迫手段组织残疾人或者不满 14 周岁的未成年人乞讨的行为。本罪具有如下构成要件：

1. 本罪侵犯的客体是残疾人或者儿童的人身权利。本罪的对象只能是残疾人和不满 14 周岁的儿童。

2. 本罪在客观方面表现为以暴力、胁迫手段组织残疾人或者不满 14 周岁的未成年人乞讨的行为。此处所谓暴力，通常表现为对残疾人或者不满 14 周岁的未成年人的身体予以直接打击或者强制。所谓胁迫，是指行为人对于残疾人或者不满 14 周岁的未成年人予以精神上的强制。所谓组织，是指行为人通过身体强制或者精神强制，控制、支配、指挥 3 名以上残疾人或者不满 14 周岁的未成年人进行乞讨。

3. 本罪的主体是一般主体。

4. 本罪在主观方面表现为故意。从司法实践来看，本罪通常表现为直接故意，且行为人往往具有牟利的目的。

根据《刑法》第 262 条之一的规定，犯本罪的，处 3 年以下有期徒刑或者拘役，并处罚金；情节严重的，处 3 年以上 7 年以下有期徒刑，并处罚金。

九、组织未成年人进行违反治安管理活动罪

组织未成年人进行违反治安管理活动罪是指组织未成年实施盗窃、诈骗、抢夺、敲诈勒索等违反治安管理活动的行为。本罪具有如下构成要件：

1. 本罪的客体是复杂客体，既侵害了未成年人的人身自由及身心健康权利，同时还侵害了社会治安管理秩序。本罪的犯罪对象是未成年人。根据《未成年人保护法》第 2 条的规定，此处未成年人是指未满 18 周岁的公民。

2. 本罪的客观方面表现为行为人实施了组织未成年人进行违反治安管理活动的行为。本罪的组织行为是单独构成犯罪的一种实行行为，在司法实践中，通常表现为行为人实施了组织、策划和指挥未成人进行违反治安管理活动的行为。所谓组织是指利用招募、雇佣、强迫、引诱等手段，将未成年人纠集成一个较为固定的团伙；所谓策

划，是指为未成年人进行违反治安管理活动的行为制订计划，筹谋布置的行为；所谓指挥，是指在实施组织未成年人进行违反治安管理活动的行为中起领导、核心作用，如分配任务、决定行动等。[①] 实践过程中，组织、领导、指挥、策划行为的表现形式确实多种多样。组织者可以通过暴力、胁迫的强迫手段，也可以通过招募、雇佣、引诱、容留等非强制手段，这都不影响组织行为的实行性。

3. 本罪的犯罪主体，为一般主体，单位不构成本罪。

4. 本罪的主观方面是故意，过失不构成本罪。

根据《刑法》第 262 条之二的规定，犯本罪的，处 3 年以下有期徒刑或者拘役，并处罚金；情节严重的，处 3 年以上 7 年以下有期徒刑，并处罚金。

【问题与思考】

1. 故意杀人罪的构成要件是什么？认定故意杀人罪应注意哪些问题？
2. 如何区分故意伤害罪与故意杀人罪？
3. 强奸罪与强制猥亵、侮辱罪的区别何在？
4. 非法拘禁罪与绑架罪的区别何在？
5. 报复陷害罪与打击报复会计、统计人员罪的区别何在？
6. 侵犯通信自由罪与私自开拆、隐匿、毁弃邮件、电报罪有什么区别？
7. 破坏选举罪的构成要件是什么？

【推荐阅读论著】

1. 熊选国. 刑法罪名适用指南——侵犯公民人身权利、民主权利罪. 北京：中国人民公安大学出版社，2007

2. 于国旦. 侵犯公民人身权利、民主权利罪重点疑点难点问题判解研究. 北京：人民法院出版社，2005

3. 肖中华. 侵犯公民人身权利罪. 北京：中国人民公安大学出版社，2003

4. 苏长青，阴建峰. 侵犯公民民主权利和妨害婚姻家庭罪. 北京：中国人民公安大学出版社，2003

5. 董邦俊. 侵犯公民人身权利、民主权利罪：立案追诉标准与司法认定实务. 北京：中国人民公安大学出版社，2010

① 参见王作富主编：《刑法分则实务研究》下，678 页，北京，中国方正出版社，2007。

第六章
侵犯财产罪

内容导读

《刑法》分则第五章规定了 13 种具体的侵犯财产的犯罪。本章在论述侵犯财产罪的概念和一般构成要件的基础上，重点对抢劫罪、敲诈勒索罪、盗窃罪、诈骗罪、侵占罪、职务侵占罪、挪用资金罪等 7 种犯罪的概念、构成、认定等问题进行了比较详细的论述，对其他侵犯财产的具体犯罪则简单地介绍了其概念、构成与处罚。

第一节　侵犯财产罪概述

一、侵犯财产罪的概念和构成

侵犯财产罪，是指故意非法占有、挪用、毁坏公私财物或者以毁坏公私财物等方法破坏生产经营的行为。本类犯罪具有如下构成要件：

1. 本类犯罪侵犯的客体是公私财产的所有权。财产所有权是指所有人依法对自己的财产享有占有、使用、收益和处分的权利。对财产的占有、使用、收益和处分是所有权的四项权能，构成了所有权的整体，其中，财产的处分权是所有权的核心内容。侵犯任何一种权能的行为，都是对财产所有权的不同程度的侵害。就侵犯财产罪而言，绝大多数犯罪表现为对公私财物的所有权能的侵害，即完全地、永久地剥夺所有人对自己的财产所享有的所有权，如抢劫罪、抢夺罪、盗窃罪等即是，但也有少数犯罪只是对公私财物所有权的部分权能的侵害，而不是从根本上剥夺所有人的所有权，如挪用资金罪和挪用特定款物罪即是。

本类犯罪的对象为财物，即指任何具有经济价值并能够为人类所控制的物。既包括动产，也包括不动产；既包括公共财物，也包括私有财物；既包括特定物，也包括不特定物或种类物；既包括有形物，也包括无形物；既包括他人合法占有的财物，也包括他人非法占有的财物；等等。当然，说上述财物可以成为侵犯财产罪的对象，是就该类犯罪的整体而言的，并非上述所有种类的财物都可以成为任何具体的侵犯财产罪的对象。事实上，由于为某种具体侵犯财产犯罪的特点或某种财物的特性所决定，或由于某项法律条文的规定，有些财物不能够成为某些侵犯财产犯罪的对象，如不动产不可能采用公然夺取的方式而取得从而成为抢夺罪的对象，属于无形物的技术秘密不能成为盗窃罪的对象①，枪支、弹药、爆炸物不能成为抢劫、抢夺、盗窃犯罪的对象，等等。至于已经被所有人抛弃之物，当然不属于侵犯财产罪的对象。

2. 本类犯罪在客观方面表现为行为人采用一定的方法实施非法占有、挪用、毁坏公私财物或者破坏生产经营的行为。从本类犯罪行为的特点来看，大体上有两种情况：一种是采用各种公开的或秘密的方法、暴力或非暴力的方法非法占有公私财物的行为，如抢劫罪、盗窃罪、诈骗罪等罪即是；另一种是出于各种动机实施的损毁公私财物的行为，如故意毁坏财物罪、破坏生产经营罪即是。由于财物具有可以具体测量其价值的特性，以及被犯罪行为侵犯的财物的价值数额大小是决定侵犯财产罪危害社会程度轻重大小的一个极为重要的因素，因此，刑法把犯罪分子非法占有、挪用或毁坏的公私财物的数额明确规定为决定除抢劫罪和破坏生产经营罪之外的其他侵犯财产罪与非罪行为界限的重要标准，即把数额规定为这些侵犯财产罪的一个重要构成要素。这就意味着，如果行为人侵犯的财物数额较小，情节显著轻微，危害不大的，就不认为是犯罪。

3. 本类犯罪的主体只限于自然人，单位不能成为本类犯罪的主体。即任何已满16周岁并具有刑事责任能力的人都可以成为本类犯罪的主体。但根据《刑法》第17条第2款的规定，已满14周岁不满16周岁的人也可以成为抢劫罪的主体。此外，本类犯罪中的少数犯罪，要求必须具有一定身份的人才能构成，如职务侵占罪的主体要求必须是公司、企业或其他单位中不具有国家工作人员身份的人员；挪用特定款物罪的主体要求必须是主管、管理、经手用于救灾、抢险、防汛、优抚、扶贫、移民、救济款物的人员。

4. 本类犯罪在主观方面只能是故意，过失不能构成本罪。而且，特定的犯罪目的是任何具体侵犯财产犯罪构成所必须具备的主观要素。当然不同犯罪的目的是不同的，具体可以分为三类：一是非法占有的目的，属于这些犯罪的有抢劫罪、盗窃罪、诈骗罪、抢夺罪、聚众哄抢罪、侵占罪、职务侵占罪和敲诈勒索罪；二是非法挪用的目的，属于这些犯罪的有挪用资金罪和挪用特定款物罪；三是毁坏财物的目的，属于这些犯罪的有故意毁坏财物罪和破坏生产经营罪。

二、侵犯财产罪的种类

对于本类犯罪，可以按照不同的标准进行分类，如按照犯罪目的的不同，可以分

① 最高人民法院1997年11月4日发布、1998年3月17日起实行的《关于审理盗窃案件具体适用法律问题的解释》第12条明确规定盗窃技术秘密或技术成果的，应以侵犯商业秘密罪定罪处罚。

为以非法占有为目的的犯罪、以非法挪用为目的的犯罪和以非法损坏为目的的犯罪；按照犯罪行为或者手段的不同，可以分为强取型财产犯罪，隐取型财产犯罪，背信型财产犯罪和破坏型财产犯罪。本书采用第二种分类标准：

1. 强取型财产犯罪，具体包括抢劫罪、抢夺罪、聚众哄抢罪和敲诈勒索罪。

2. 隐取型财产犯罪，具体包括盗窃罪和诈骗罪。

3. 背信型财产犯罪，具体包括侵占罪、职务侵占罪、拒不支付劳动报酬罪、挪用资金罪和挪用特定款物罪。

4. 破坏型财产犯罪，具体包括故意毁坏财物罪和破坏生产经营罪。

第二节　强取型财产犯罪

一、抢劫罪

（一）抢劫罪的概念和构成

抢劫罪，是指以非法占有为目的，当场对财物的所有人、占有人或其他有关人员采用暴力、胁迫或者其他方法，迫使其当场交出财物或当场夺走其财物的行为。本罪具有如下构成要件：

1. 本罪侵犯的客体是公私财物的所有权。犯罪的对象是不为行为人所有或占有的公私财物和暴力、胁迫或者其他方法所指向的人。所谓公私财物，是指具有一定的经济价值并能够为人类所控制的物。一般而言，只要具有该种性质的物，就可以成为抢劫罪的对象，但也有例外，如不动产即由于其不可移动的特性而不能成为以移动财物为必要的抢劫罪的对象（当然，不动产的某些组成部分如房屋上的门窗，也可以成为抢劫罪的对象）。所谓人，不仅包括财物的所有人、占有人，也包括与所有人、占有人有关的其他人员如亲属等。至于行为人抢劫的是他人合法占有的财物还是非法占有的财物，对于构成本罪没有影响。

2. 本罪在客观上表现为行为人实施了对财物的所有人或占有人当场采用暴力、胁迫或者其他方法，迫使其当场交出财物或者当场夺走其财物的行为。所谓暴力，是指为了排除被害人的反抗而对其身体实行打击或强制的行为。构成本罪，在暴力的程度上没有限制，无论是杀伤还是造成轻伤或轻微伤，对构成本罪没有影响。所谓胁迫，是指以将对被害人实施暴力打击相威胁，对其实行精神强制，使其因恐惧不敢反抗而交出财物或不敢阻止行为人夺走其财物的行为。所谓其他方法，是指对被害人采用暴力和胁迫之外的如用酒灌醉、用药物麻醉等方法，使被害人处于不知反抗或失去反抗能力的状态。暴力、胁迫或者其他方法，都必须是在行为人取得他人财物的当场实施，才能构成本罪。

3. 本罪的主体是一般主体，即任何已满 14 周岁并具有刑事责任能力的自然人，均可以成为本罪的主体。

4. 本罪在主观上只能是故意，并具有非法占有他人财物的目的。

（二）抢劫罪的认定

认定本罪，应注意如下问题：

1. 本罪与非罪行为的界限

由于抢劫罪是危害比较严重的一种犯罪，所以，《刑法》没有在抢劫罪的构成上作任何数额或情节方面的限制。这意味着，一般情况下，只要行为人采用暴力、胁迫或者其他方法强行取得了他人财物，就构成抢劫罪。但根据《刑法》第 13 条“情节显著轻微危害不大的，不认为是犯罪”的规定，对于抢劫行为的情节轻微，得财数额又非常小的情况，应当不认为是犯罪，可作为一般违法行为处理。此外，在区分抢劫罪与非罪行为的时候，还要正确对待在民事纠纷中出现的采用强制手段强行拿回借款、欠物等行为。这类情况中，由于行为人主观上不具有非法占有他人财物的目的，所以，一般不宜认定为犯罪。如果行为人的暴力等行为造成人员伤亡等后果的，可按故意杀人、故意伤害等犯罪处理。

2. 抢劫罪中的暴力行为是否包括故意杀人

该问题实际就是抢劫罪中的“致人死亡”是否包括故意杀人的问题。对此，刑法理论界有三种观点：第一种观点认为，抢劫罪中的“致人死亡”不包括故意杀人。如果故意致人死亡，应另定故意杀人罪。第二种观点认为，抢劫罪中的“致人死亡”包括过失或间接故意造成死亡，但不包括直接故意杀人。如果故意杀人，应另定故意杀人罪。第三种观点认为，抢劫罪中的“致人死亡”既包括过失或间接故意造成死亡，也包括直接故意造成死亡。我们认为，第三种观点是正确的。因为，第一，暴力等手段行为与取财行为的结合形成了抢劫罪完整的实行行为，假如说把因暴力的行使而故意造成被害人死亡行为另定一个故意杀人罪，那么剩下的取财行为就不能构成抢劫罪，因而在这种情况下对行为人以故意杀人罪和抢劫罪实行数罪并罚就与认定数罪的原理相悖。第二，由于《刑法》第 263 条并未规定抢劫罪中的“致人死亡”不包括故意杀人的情况，所以，将无论是出于间接还是直接故意杀人的情况包括于抢劫罪的加重结果，与《刑法》第 263 条的规定并不相违背。而且，由于《刑法》对抢劫罪规定的最高刑和故意杀人罪的一样都是死刑，因而即便将行为人出于故意而杀死被害人的情况视为抢劫罪中的“致人死亡”，也不会产生处罚过轻而放纵犯罪的弊端。

3. 正确理解和适用《刑法》第 269 条的规定

《刑法》第 269 条规定，犯盗窃、诈骗、抢夺罪，为窝藏赃物、抗拒抓捕或者毁灭罪证而当场使用暴力或者以暴力相威胁的，依照《刑法》第 263 条的规定定罪处罚。这是《刑法》对盗窃、诈骗、抢夺行为在特定情况下转化为抢劫罪的特殊规定。认定此种情况下构成的抢劫罪，必须同时具备如下几个条件：第一，行为人必须先实行了盗窃、诈骗、抢夺行为。对于《刑法》第 269 条所规定的“盗窃、诈骗、抢夺罪”的理解，尽管在理论上有不同认识，但有关司法解释规定，盗窃、诈骗、抢夺行为虽未构成犯罪，但为窝藏赃物、抗拒抓捕或者毁灭罪证而当场使用暴力或者以暴力相威胁，情节严重的，可以按照抢劫罪处罚；如果使用暴力或者以暴力相威胁情节不严重、危害不大的，不认为是犯罪。第二，行为人必须当场使用了暴力或者以暴力相威胁。所谓使用暴力或者以暴力相威胁，是指对阻止窝藏赃物、毁灭罪证或者抓捕犯罪嫌疑人的人员实行暴力打击、强制或者以将要立即实行暴力相威胁。一般来说，此处的暴力应当达到一定的强度。所谓当场，是指实施盗窃、诈骗、抢夺行为的现场。犯罪嫌疑人在离开现场时被追捕的，在追捕的过程中使用暴力或者以暴力相威胁的，也应视为当场使用暴力或者以暴力相威胁。第三，行为人使用暴力或者以暴力相威胁的目的，是窝藏赃物、抗拒抓捕或者毁灭罪证。所谓窝藏赃物，是指防护已到手的赃物不被追回。所谓抗拒抓捕，是指抗拒公安机关对犯罪嫌疑人实行的强制措施或者任何公民的扭送。所谓毁灭罪证，是指消灭自己作案时在现场留下的痕迹、物品等可以证明犯罪的材料。

4. 本罪与绑架罪的界限

抢劫罪与以勒索财物为目的的绑架罪具有较多的相似或相同之处，但有严格的区别：(1) 侵犯的主要客体不同。前者侵犯的主要客体是财产所有权；后者侵犯的主要客体是人身权利。(2) 犯罪对象不尽相同。前者的对象只限于动产；而后者的对象可以是动产或不动产，也可以是财产性利益。(3) 取财的方式不同。前者是使用暴力、威胁或其他方法，直接将被害人的财物抢走；而后者则是采用暴力等方法将被害人绑架，以杀害、伤害被害人为要挟，强迫被害人的家属或亲友交纳赎金。

5. 本罪与抢夺罪的界限

本罪与抢夺罪在犯罪主体、主观方面、犯罪对象及侵犯的客体上都具有相同或相似之处，但有严格的区别：(1) 侵犯的客体不同。前者侵犯的客体是他人财物的所有权和他人的人身权利；而后者侵犯的客体是他人财物的所有权。(2) 犯罪的客观表现不同。前者必须是行为人有意识地采用暴力、胁迫或其他方法，使被害人处于不能、不敢、不知或无法反抗的状态，从而取走其财物；而后者虽然也具有强行取走他人财物的特点，但其强力针对的是行为人要取走的财物本身，且行为人并未有意识地采用使被害人处于不能、不敢、不知或无法反抗的状态的方法，从而取走其财物。(3) 犯罪主体有所不同。前者的主体是已满 14 周岁并具有刑事责任能力的自然人；而后者的主体是已满 16 周岁并具有刑事责任能力的自然人。

此外，在区分本罪与抢夺罪的界限时，应注意对《刑法》第 267 条第 2 款规定的正确理解。根据最高人民法院发布并于 2000 年 11 月 28 日起施行的《关于审理抢劫案件具体应用法律若干问题的解释》的规定，该款规定的“携带凶器抢夺”，是指行为人随身携带枪支、爆炸物、管制刀具等国家禁止个人携带的器械进行抢夺，或者为了实施犯罪而携带其他器械进行抢夺的行为。

6. 本罪的既遂与未遂

我国刑法理论界对抢劫罪既遂与未遂的区分标准问题存在较大争议，目前主要有三种观点：第一种观点认为，应以行为人是否非法占有他人财物作为区分抢劫罪既遂与未遂的标准。第二种观点认为，应以行为人是否侵犯他人人身权利作为区分抢劫罪既遂与未遂的标准。第三种观点认为，抢劫罪前半段以是否取得财物为区分既遂与未遂的标准，后半段则由于属于结果加重犯或情节加重犯而不存在既遂与未遂的区分问题。

我们认为，对于区分抢劫罪既遂与未遂的标准，应以抢劫行为是否完全具备《刑法》第 263 条对抢劫罪规定的全部构成要件和要素为标准。《刑法》第 263 条对抢劫行为同时规定了暴力、胁迫或其他方法的手段行为和取财行为这样两个行为，这就意味着行为人只有将手段行为和取财行为都实施完毕，即通过手段行为的实施，使行为人取得了被害人的财物，才能认为其已将抢劫行为实施完毕而构成既遂。因此，行为人是否已取得了被害人的财物就成了区分抢劫罪既遂与未遂的标准。上述那些认为应以被害人的人身权利是否受到损害作为判断抢劫罪是否既遂的唯一标准或标准之一的观点，显然与通行的刑法理论相违背，而且还存在着忽视抢劫罪主要侵犯财产所有权的性质和过于扩大抢劫罪既遂成立范围的弊病，因而不可取。至于有学者认为抢劫罪的后半段属于结果加重犯或情节加重犯，只有构成与否的问题，而不存在既遂与未遂的区分的观点，我们认为，对于结果加重犯和情节加重犯而言，只要某种犯罪行为具备了《刑法》对其规定的加重处罚的结果或情节，结果加重犯或情节加重犯就已经成立，即使作为基本构成的犯罪行为未达既遂也对其不产生影响。而且，结果加重犯和情节加重犯是决定对抢劫罪是否适用加重量刑幅度的问题，而既遂与未遂的区分是影响对行为人在与其罪行相适应的量刑幅度内或罪刑单位内是否从轻或减轻处罚的问题，两者是两码事，不可混为一谈。因此，应当承认，在成立结果加重犯或情节加重犯时，抢劫罪也应有既遂与未遂的区分问题。将既遂与未遂的区分问题贯彻到《刑法》第 263 条前段和后段规定的抢劫罪中，既可以充分考虑在抢劫行为处于未遂时对行为人从宽处罚的问题，又不会影响在行为具有后段规定的 8 种情形之一时对行为人适用加重的量刑幅度追究刑事责任。如果否认在《刑法》第 263 条后段存在未遂的情况，既缺乏法律根据，又会出现对分别处于前段和后段规定的抢劫行为未遂，前者从宽处罚而后者不从宽处罚的不合理现象。

（三）抢劫罪的处罚

根据《刑法》第 263 条的规定，犯本罪的，处 3 年以上 10 年以下有期徒刑，并处罚金；有下列情形之一的，处 10 年以上有期徒刑、无期徒刑或者死刑，并处罚金或者没收财产：（1）入户抢劫的；（2）在公共交通工具上抢劫的；（3）抢劫银行或者其他金融机构的；（4）多次抢劫或者抢劫数额巨大的；（5）抢劫致人重伤、死亡的；（6）冒充军警人员抢劫的；（7）持枪抢劫的；（8）抢劫军用物资或者抢险、救灾救济物资的。

最高人民法院发布并于 2000 年 11 月施行的《关于审理抢劫案件具体应用法律若干问题的解释》以及 2005 年 6 月发布的《关于审理抢劫、抢夺刑事案件适用法律若干问题的意见》对上述一些量刑情节的含义作了明确的规定。

所谓“入户抢劫”，是指为实施抢劫行为而进入他人生活的、与外界相对隔离的住所，包括封闭的院落、牧民的帐篷、渔民作为家庭生活场所的渔船、为生活租用的房屋等进行抢劫的行为。认定“入户抢劫”时，应当注意以下三个问题：一是“户”的范围。“户”在这里是指住所，其特征表现为供他人家庭生活和与外界相对隔离两个方面，前者为功能特征，后者为场所特征。一般情况下，集体宿舍、旅店宾馆、临时搭建工棚等不应认定为“户”，但在特定情况下，如果确实具有上述两个特征的，也可以认定为“户”。二是“入户”目的的非法性。进入他人住所须以实施抢劫等犯罪为目的。抢劫行为虽然发生在户内，但行为人不以实施抢劫等犯罪为目的进入他人住所，而是在户内临时起意实施抢劫的，不属于“入户抢劫”。三是暴力或者暴力胁迫行为必须发生在户内。入户实施盗窃被发现，行为人为窝藏赃物、抗拒抓捕或者毁灭罪证而当场使用暴力或者以暴力相威胁的，如果暴力或者暴力胁迫行为发生在户内，可以认定为“入户抢劫”；如果发生在户外，不能认定为“入户抢劫”。

所谓“在公共交通工具上抢劫”，既包括在从事旅客运输的各种公共汽车，大、中型出租车，火车，船只，飞机等正在运营中的机动公共交通工具上对旅客、司售、乘务人员实施的抢劫，也包括对运行途中的机动公共交通工具加以拦截后，对公共交通工具上的人员实施的抢劫。进言之，此处应主要是指在从事旅客运输的各种公共汽车、大、中型出租车、火车、船只、飞机等正在运营中的机动公共交通工具上对旅客、司售、乘务人员实施的抢劫。在未运营中的大、中型公共交通工具上针对司售、乘务人员抢劫的，或者在小型出租车上抢劫的，不属于“在公共交通工具上抢劫”。

所谓“抢劫银行或者其他金融机构”，是指抢劫银行或者其他金融机构的经营资金、有价证券和客户的资金等。抢劫正在使用中的银行或者其他金融机构的运钞车的，视为“抢劫银行或者其他金融机构”。

所谓“抢劫数额巨大”的认定标准，参照各地确定的盗窃罪数额巨大的认定标准执行。

所谓“持枪抢劫”，是指行为人使用枪支或者向被害人显示持有、佩带的枪支进行抢劫的行为。

二、抢夺罪

抢夺罪，是指以非法占有为目的，公然夺取公私财物，数额较大的，或者多次夺取公私财物的行为。本罪具有如下构成要件：

1. 本罪侵犯的客体是他人财物的所有权。犯罪的对象只能是动产，而不能是不动产。但如果行为人从他人的不动产上面公然取走具有经济价值的部分，应作为抢夺动产对待。

2. 本罪在客观上表现为行为人实行了公然夺取公私财物，数额较大的，或者多次夺取公私财物的行为。首先，行为人必须实行了公然夺取公私财物的行为。所谓公然，是指在财物的所有人或者保管人在场的情况下，公开、强行将其财物取走。其次，行为人夺取的公私财物的数额必须达到较大的程度，或者虽未达到较大程度，但行为人多次实施夺取公私财物的行为。如果行为人夺取的他人财物数额较小，应根据《刑法》第 13 条“但书”的规定，不认为是犯罪。至于所谓多次抢夺，可以比照“多次盗窃”来理解，即二年以内抢夺三次以上。

3. 本罪的主体为一般主体，即任何已满 16 周岁具有刑事责任能力的自然人。

4. 本罪在主观上只能出自故意，并且具有非法占有他人财物的目的。

根据《刑法》第 267 条的规定，犯本罪的，处 3 年以下有期徒刑、拘役或者管制，并处或者单处罚金；数额巨大或者有其他严重情节的，处 3 年以上 10 年以下有期徒刑，并处罚金；数额特别巨大或者有其他特别严重情节的，处 10 年以上有期徒刑或者无期徒刑，并处罚金或者没收财产。

三、聚众哄抢罪

聚众哄抢罪，是指以非法占有为目的，聚集多人公然夺取公私财物，数额较大或者有其他严重情节的行为。本罪具有如下构成要件：

1. 本罪侵犯的客体是公私财产所有权，侵犯的对象是公私财物。

2. 本罪在客观方面表现为聚众哄抢，公然夺取公私财物，数额较大或者有其他严重情节的行为。所谓“聚众”，是指纠集多人，一般为3人以上。所谓“哄抢”，是指蜂拥而上，抢夺占有。所谓“情节严重”，一般是指参与哄抢的人数较多，哄抢较重要的物资，哄抢行为造成恶劣社会影响，多次进行哄抢等情形。

3. 本罪的主体为一般主体，具体是聚众哄抢活动中的首要分子和积极参加者。

4. 本罪在主观方面只能出自故意，并具有非法占有公私财物的目的。

根据《刑法》第268条的规定，犯本罪，对首要分子和积极参加的，处3年以下有期徒刑、拘役或者管制，并处罚金；数额巨大或者有其他特别严重情节的，处3年以上10年以下有期徒刑，并处罚金。

四、敲诈勒索罪

（一）敲诈勒索罪的概念和构成

敲诈勒索罪，是指以非法占有为目的，以对他人实施威胁或者要挟的方法，强行要求他人交付数额较大的财物或者多次实施敲诈勒索的行为。本罪具有如下构成要件：

1. 本罪侵犯的客体主要是他人财物的所有权，此外，还有他人的人身权利。犯罪对象是他人的财物。

2. 本罪在客观上表现为采用威胁或要挟的方法，强行要求他人交付数额较大的财物或者多次实施敲诈勒索的行为。首先，行为人以威胁或要挟的方法，强行要求他人交付财物。威胁或者要挟，是指以将要损害他人某种利益的方式，对他人实行精神强制。威胁或要挟的内容，既可以是危害生命、健康、自由，也可以是损害人格、名誉或毁坏财产；威胁或要挟的通知，既可以面对被害人发出，也可以通过第三者或用书信等形式发出；威胁或要挟指向的人既可以是财产的所有人、保管人本人，也可以是他的亲友，既可以是个人，也可以是单位；威胁或要挟内容的实现不具有当场性，而是扬言如不满足其要求，将于以后某个时间将威胁的内容付诸实施；威胁或要挟的内容只要在一般人看来，将会起到对被害人产生一定精神强制的效果即可，不要求被害人本人必须产生心理恐惧。行为人要求他人交付财物的时间既可以是当场，也可以是以后的某个时间。其次，行为人强行要求他人交付的财物数额必须达到较大的程度，或者多次实施敲诈勒索行为的。根据2013年4月23日起施行的最高人民法院、最高人民检察院《关于办理敲诈勒索刑事案件适用法律若干问题的解释》第1条规定，敲诈勒索公私财物“数额较大”，以2 000元至5 000元为起点。各省、自治区、直辖市高级人民法院可以根据本地区的实际情况，在上述的数额幅度内，确定本地区数额较大的具体数额标准。同时，其第2条规定，敲诈勒索公私财物，具有下列情形之一的，“数额较大”的标准可以按照上述标准的50%确定：(1) 曾因敲诈勒索受过刑事处罚的；(2) 一年内曾因敲诈勒索受过行政处罚的；(3) 对未成年人、残疾人、老年人或者丧失劳动能力人敲诈勒索的；(4) 以将要实施放火、爆炸等危害公共安全犯罪或者故意杀人、绑架等严重侵犯公民人身权利犯罪相威胁敲诈勒索的；(5) 以黑恶势力名义敲诈勒索的；(6) 利用或者冒充国家机关工作人员、军人、新闻工作者等特殊身份敲诈勒索的；(7) 造成其他严重后果的。根据该解释第3条的规定，所谓“多次敲诈勒索”是指二年内敲诈勒索三次以上的情形。

3. 本罪的主体为一般主体，即任何已满16周岁并具有刑事责任能力的自然人，都可以成为本罪的主体。

4. 本罪在主观上只能出于故意，并且具有非法占有的目的。

(二) 敲诈勒索罪的认定

认定本罪时，应注意如下问题：

1. 本罪与以索要财物为目的的绑架罪的界限

二者在犯罪的主体、主观方面、客观方面、对象及侵犯的客体上都具有一定的相同或相似之处，但具有严格的区别：(1) 前者没有控制被害人；而后者则已经对被害人实行了人身控制即绑架了人质。(2) 前者是将要采用杀害、伤害、剥夺自由、损害人格或名誉以及毁坏财产的手段，损害被害人的利益，并以此对被害人进行要挟；而后者则是以将要杀害、伤害被绑架人的手段，对被绑架人的亲友或所在单位进行要挟。(3) 前者是从被害人手中直接取得财物；后者则是从被绑架人的亲友或所在单位处取得财物。

2. 本罪与抢劫罪的界限

二者在犯罪的主体、主观方面、客观方面、对象及侵犯的客体上都具有一定的相同或相似之处，但具有明显的区别：(1) 犯罪的对象有所不同。前者的对象既可以是动产，也可以是不动产；而后者的对象则只能是动产。(2) 威胁的内容不同。前者威胁的内容既可以是以暴力手段杀害、伤害被害人或毁坏其财产，也可以是以非暴力手段损害被害人的人格、名誉等利益；而后者威胁的内容只能是采用暴力手段杀害、伤害等。(3) 威胁发出的方式不同。前者的威胁可以当着被害人的面发出，也可以通过第三者或者利用书信、电话等方式发出；而后者的威胁只能当着被害人的面发出。(4) 将威胁的内容付诸实施的时间不同。前者既可以将威胁的内容当场实施，也可以是在将来某个时间实施；而后者则是要将威胁的内容当场实施。(5) 犯罪的主体有所不同。前者的主体只能是已满16周岁的人；而后者的主体则可以是已满14周岁的人。

(三) 敲诈勒索罪的处罚

根据《刑法》第274条的规定，犯本罪的，处3年以下有期徒刑、拘役或者管制，并处或者单处罚金；数额巨大或者有其他严重情节的，处3年以上10年以下有期徒刑，并处罚金；数额特别巨大或者有其他特别严重情节的，处10年以上有期徒刑，并处罚金。

第三节 隐取型财产犯罪

一、盗窃罪

（一）盗窃罪的概念和构成

盗窃罪，是指以非法占有为目的，秘密窃取他人数额较大的财物或者多次盗窃、入户盗窃、携带凶器盗窃、扒窃的行为。本罪具有如下构成要件：

1. 本罪侵犯的客体是他人财物的所有权。犯罪的对象是不为行为人所有或占有的他人财物。一般而言，只要是具有一定的经济价值并能够为人类所控制的物都可以成为本罪的对象。但对于某些财物是否可以成为本罪的对象，应作具体分析。如不动产一般不能成为以移动为必要的盗窃罪的对象，但行为人采用秘密方法将能从不动产上分离出来的物品取走，可以构成本罪；电力、煤气、天然气等无形财产可以成为本罪的对象，但技术秘密或技术成果却不能成为本罪的对象。[①] 此外，根据《刑法》第 265 条的规定，以牟利为目的，盗接他人通信线路，复制他人电信码号或者明知是盗接、复制的电信设备、设施而使用的行为，按盗窃罪定罪处罚。根据《刑法》第 196 条第 3 款的规定，盗窃信用卡并使用的，依照盗窃罪定罪处罚。

2. 本罪在客观上表现为行为人实施了采用秘密方法窃取他人数额较大的财物或者多次盗窃、入户盗窃、携带凶器盗窃、扒窃他人财物的行为。首先，行为人实行的必须是秘密取得他人财物的行为。所谓秘密，是指行为人采用自认为不为财物的所有人或占有人知晓的方法窃取其财物，至于行为人窃取财物的行为是否为其他的第三人知晓，对构成本罪没有影响。其次，必须盗窃的他人财物数额较大或者虽未达到较大的要求，但多次盗窃、入户盗窃、携带凶器盗窃、扒窃。对于数额较大的标准，2013 年 4 月 4 日起施行的“两高”《关于办理盗窃刑事案件适用法律若干问题的解释》第 1 条规定，盗窃公私财物价值 1 000 元至 3 000 元以上的，应当认定为此处的“数额较大”。不过，根据该司法解释第 2 条的规定，具有下列情形之一的，“数额较大”的标准可以按照前条规定标准的 50%确定：（1）曾因盗窃受过刑事处罚的；（2）一年内曾因盗窃受过行政处罚的；（3）组织、控制未成年人盗窃的；（4）自然灾害、事故灾害、社会安全事件等突发事件期间，在事件发生地盗窃的；（5）盗窃残疾人、孤寡老人、丧失劳动能力人的财物的；（6）在医院盗窃病人或者其亲友财物的；（7）盗窃救灾、抢险、防汛、优抚、扶贫、移民、救济款物的；（8）因盗窃造成严重后果的。所谓多次盗窃，根据上述司法解释第 3 条的规定，是指行为

① 最高人民法院在 1997 年 11 月 4 日通过、1998 年 3 月 17 日起施行的《关于审理盗窃案件具体应用法律若干问题的解释》第 12 条第 6 项已经明确规定：“盗窃技术成果等商业秘密的，按照刑法第二百一十九条的规定定罪处罚。”

人在 2 年之内盗窃 3 次以上的情况。非法进入供他人家庭生活，与外界相对隔离的住所盗窃的，应当认定为“入户盗窃”。携带枪支、爆炸物、管制刀具等国家禁止个人携带的器械盗窃，或者为了实施违法犯罪携带其他足以危害他人人身安全的器械盗窃的，应当认定为“携带凶器盗窃”。在公共场所或者公共交通工具上盗窃他人随身携带的财物的，应当认定为“扒窃”。

3. 本罪的主体为一般主体，即任何已满 16 周岁并具有刑事责任能力的自然人均可以成为本罪的主体。对于实践中发生的单位盗窃他人财物的行为，不能认为《刑法》未规定单位可以成为盗窃罪的主体，而放弃对单位中参与盗窃的自然人以本罪追究刑事责任。对此，上述司法解释第 13 条明确规定，单位组织、指使盗窃，符合刑法第 264 条及本解释有关规定的，以盗窃罪追究组织者、指使者、直接实施者的刑事责任。

4. 本罪在主观上只能是故意，并具有非法占有他人财物的目的。

(二) 盗窃罪的认定

认定本罪时，应注意如下问题：

1. 本罪与非罪行为的界限

区分本罪与非罪行为的界限，关键是把握两个方面：(1) 准确认定行为人主观上是否具有非法占有的目的。如果没有该目的，即使取得他人所有或保管的财物时采用了秘密的方法，也不能构成本罪。(2) 窃取的财物数额是否达到较大或者是否属于多次盗窃、入户盗窃、携带凶器盗窃、扒窃。根据有关司法解释的规定，在不具备多次盗窃、入户盗窃、携带凶器盗窃、扒窃的情况下，数额较大作为成立犯罪的主要条件，还要结合其他情节来综合判断。根据前述司法解释第 7 条的规定，盗窃公私财物数额较大，行为人认罪、悔罪，退赃、退赔，且具有下列情形之一，情节轻微的，可以不起诉或者免予刑事处罚；必要时，由有关部门予以行政处罚：(1) 具有法定从宽处罚情节的；(2) 没有参与分赃或者获赃较少且不是主犯的；(3) 被害人谅解的；(4) 其他情节轻微、危害不大的。此外，根据司法解释第 8 条，偷拿家庭成员或者近亲属的财物，获得谅解的，一般可不认为是犯罪；追究刑事责任的，应当酌情从宽。

2. 偷开他人机动车行为的定性与处理

根据司法解释第 10 条的规定，偷开他人机动车的，按照下列规定处理：(1) 偷开机动车，导致车辆丢失的，以盗窃罪定罪处罚；(2) 为盗窃其他财物，偷开机动车作为犯罪工具使用后非法占有车辆，或者将车辆遗弃导致丢失的，被盗车辆的价值计入盗窃数额；(3) 为实施其他犯罪，偷开机动车作为犯罪工具使用后非法占有车辆，或者将车辆遗弃导致丢失的，以盗窃罪和其他犯罪数罪并罚；将车辆送回未造成丢失的，按照其所实施的其他犯罪从重处罚。

3. 盗窃公私财物并造成财物损毁行为的处理

根据司法解释第 11 条的规定，盗窃公私财物并造成财物损毁的，按照下列规定处理：(1) 采用破坏性手段盗窃公私财物，造成其他财物损毁的，以盗窃罪从重处罚；同时构成盗窃罪和其他犯罪的，择一重罪从重处罚；(2) 实施盗窃犯罪后，为掩盖罪行或者报复等，故意毁坏其他财物构成犯罪的，以盗窃罪和构成的其他犯罪数罪并罚；(3) 盗窃行为未构成犯罪，但损毁财物构成其他犯罪的，以其他犯罪定罪处罚。

4. 本罪既遂的认定标准

我国刑法理论界对盗窃罪既遂的认定标准问题存在着较大的争议，主要有四种观点：第一种观点为控制说，主张应以行为人是否已获得对被盗财物的实际控制为标准；第二种观点为失控说，认为应以财物的所有人或保管人是否丧失对财物的控制为标准；第三种观点为失控＋控制说，认为应以财物是否脱离所有人或保管人的控制并且实际置于行为人控制之下为标准；第四种观点为损失说，认为应以盗窃行为是否造成他人财物损失为标准。上述几种观点主张的认定盗窃罪既遂的标准虽然不同，但均是以盗窃行为是否完全具备我国《刑法》对盗窃罪规定的全部构成要件和要素为其最终理论根据的。我们认为，根据《刑法》第 264 条规定的精神及刑法理论界的一致见解，盗窃罪为结果犯，即只有产生法定的结果才能认为构成了盗窃罪的既遂。而构成盗窃罪既遂的法定的结果，既可以说是发生行为人非法占有了他人财物的结果，也可以说是财物所有人或保管人对其财物失去了控制或者财物所有人或保管人的财物遭受了损失。这两种情形下的结果并不是互相排斥，而是同一的结果。从这个意义上来看待认定盗窃罪既遂标志的结果，应当坚持失控＋控制说的标准。坚持这一标准应当注意两点：其一，行为人在财物所有人或保管人对财物的控制范围内对财物的“控制”，如在自选商场内将商品藏在身上，不是作为盗窃罪既遂认定标准中的控制。其二，在行为人将财物移出财物所有人或保管人对财物的控制范围即认为行为人已实际控制了他人财物，而不管行为人对他人财物控制的时间是多么的短暂，即使行为人一将他人财物移出他人的控制范围即失去控制，也应认为行为人已控制了财物并且非法占有他人财物的目的已经实现，即盗窃罪既遂。

根据司法解释第 12 条的规定，盗窃未遂，具有下列情形之一的，应当依法追究刑事责任：（1）以数额巨大的财物为盗窃目标的；（2）以珍贵文物为盗窃目标的；（3）其他情节严重的情形。盗窃既有既遂，又有未遂，分别达到不同量刑幅度的，依照处罚较重的规定处罚；达到同一量刑幅度的，以盗窃罪既遂处罚。

（三）盗窃罪的处罚

根据《刑法》第 264 条的规定，犯本罪的，处 3 年以下有期徒刑、拘役或者管制，并处或者单处罚金；数额巨大或者有其他严重情节的，处 3 年以上 10 年以下有期徒刑，并处罚金；数额特别巨大或者有其他特别严重情节的，处 10 年以上有期徒刑或者无期徒刑，并处罚金或者没收财产。

二、诈骗罪

（一）诈骗罪的概念和构成

诈骗罪，是指行为人以非法占有为目的，采用虚构事实或者隐瞒真相的欺骗方法，使财物的所有人或保管人陷于认识错误，从而骗取其数额较大的财物的行为。本罪具有如下构成要件：

1. 本罪侵害的客体是他人财物的所有权。至于犯罪的对象，由于是被害人受骗而向行为人交付的财物，所以，只要是被害人所有或占有的财物，不管是动产还是不动产，也不管是有形物还是无形物等，均可以成为本罪的对象。但是应注意，在法律有特别规定的情况下，有的财物就不能成为本罪的对象。如属于商业秘密的技术秘密或技术成果，由于《刑法》第 219 条第 1 款第 1 项规定“以盗窃、利诱、胁迫或者其他不正当手段获取权利人的商业秘密”中的“商业秘密”已将其包括，同时欺骗方法也为“其他不正当手段”所包容，所以，行为人以欺骗的方法骗取他人的技术秘密或技术成果的，应以侵犯商业秘密罪论处，而不能以诈骗罪定罪判刑。

2. 本罪在客观上表现为行为人采用欺骗方法取得了他人数额较大财物的行为。首先，行为人必须以欺骗方法取得了他人财物。欺骗，包括虚构事实和隐瞒真相两种情况。所谓虚构事实，是指无中生有，编造假情况，由此骗取被害人的信任，使其仿佛“自愿”地交出财物。所谓隐瞒真相，是指掩盖客观存在的事实，使被害人陷于错误而受骗上当。行为人采用的欺骗方法，必须使被害人陷于认识错误，从而将其财物交给行为人，是本罪的主要特点。其次，取得的财物的价值数额必须达到较大。

3. 本罪的主体为一般主体，即任何已满 16 周岁并具有刑事责任能力的自然人，都可以成为本罪的主体。

4. 本罪在主观上只能出于故意，并具有非法占有的目的。

（二）诈骗罪的认定

认定本罪时，应注意如下问题：

1. 本罪与非罪行为的界限

区分本罪与非罪行为的界限，关键应当把握两点：（1）诈骗的财物数额是否达到较大的程度。至于何谓“数额较大”，“两高”2011 年通过的《关于办理诈骗刑事案件具体应用法律若干问题的解释》第 1 条将之界定为诈骗公私财物价值 3 000 元至 10 000 元以上的情形。该解释第 3 条同时规定，诈骗公私财物虽已达到本解释第 1 条规定的“数额较大”的标准，但具有下列情形之一，且行为人认罪、悔罪的，可以根据《刑法》第 37 条、《刑事诉讼法》第 142 条的规定不起诉或者免予刑事处罚：1）具有法定从宽处罚情节的；2）一审宣判前全部退赃、退赔的；3）没有参与分赃或者获赃较少且不是主犯的；4）被害人谅解的；5）其他情节轻微、危害不大的。（2）行为人取得他人财物时是否具有非法占有的目的。如果不能认定行为人具有非法占有的目的，即便其采用了欺骗的方法取得他人财物，也不能构成本罪。在此，应当把正常的借贷行为、代人购物拖欠货款的行为同以借贷或代购物品为名行诈骗之实的犯罪区别开来。此外，也要正确认定骗取近亲属财物的行为。对此，解释第 4 条规定，诈骗近亲属的财物，近亲属谅解的，一般可不按犯罪处理。诈骗近亲属的财物，确有追究刑事责任必要的，具体处理也应酌情从宽。

2. 关于骗取社会保险金或者其他社会保障待遇行为的定性与处理

全国人大常委会 2014 年 4 月 24 日通过的《关于〈中华人民共和国刑法〉第二百六十六条的解释》专门针对司法实践中遇到的骗取养老、医疗、工伤、失业、生育等社会保险金或者其他社会保障待遇的行为如何适用刑法有关规定的问题作出如下解释：以欺诈、伪造证明材料或者其他手段骗取养老、医疗、工伤、失业、生育等社会保险金或者其他社会保障待遇的，属于《刑法》第 266 条规定的诈骗公私财物的行为. 易言之，对于此类行为应以诈骗罪定罪处罚。

3. 本罪与金融诈骗犯罪、合同诈骗罪的界限

除了刑法分则侵犯财产罪一章中规定的诈骗罪外，刑法分则破坏社会主义市场经济秩序罪一章中还规定了8种金融诈骗犯罪以及合同诈骗罪。诈骗罪与这些犯罪是一般与特殊的关系。如果某种诈骗行为既符合这些特殊诈骗罪的构成特征，又符合诈骗罪的构成特征的，应以特殊诈骗罪定罪处罚，而不应按诈骗罪处理。在实践中，区分诈骗罪与特殊诈骗罪的界限，关键要把握它们在客观方面表现的不同。前者可以表现为虚构任何事实或隐瞒真相，以骗取财物；而后者的欺骗只是发生在集资、贷款、保险等特定的活动范围，或者是信用卡、信用证、有价证券等特定物的使用活动中，或者是合同的签订、履行过程中，因而其诈骗手段都有其在特定范围内的特殊性。

4. 本罪与盗窃罪的界限

诈骗罪和盗窃罪虽然侵犯的客体、犯罪的主体、犯罪的主观方面相同，但犯罪的方法或手段有较大的差异，因此一般情况下不容易混淆。但是，当行为人以非法占有的目的，客观上采用的手段既有欺骗手段，又有盗窃手段的时候，在定性上容易出现困难。对此，关键是认定行为人非法占有财物的主要方式是骗取还是盗窃，或者被害人是否因受欺骗而“自愿”把财物交付给行为人。如盗窃空白发货票或没有盖章的空白支票，用自填金额和伪造公章的方法骗取财物的，或者盗窃公章、伪造证明，骗取财物的，非法取得财物的主要方式是蒙蔽他人，其盗窃行为并不直接获得所要非法占有的财物，而只是为实现诈骗创造条件，因此，对这些情形应认定为诈骗罪。如果行为人盗窃能立即兑现的有价证券或票证，如印鉴齐全的支票，不留储户印鉴的活期储蓄存折，然后冒名骗领、骗购财物的，则对行为人应以盗窃罪论处。因为行为人窃取了这些有价证券或有价票证，实际上就取得了支配财物的能力，欺骗在占有过程中不起主要作用。再如使用调虎离山计把被害人支开，乘机窃取其财物的，行为人虽然使用的是欺骗手段，但它只是为盗窃创造条件，因而应以盗窃罪论处。

5. 本罪的既遂与未遂形态问题

上述司法解释第5条规定，诈骗未遂，以数额巨大的财物为诈骗目标的，或者具有其他严重情节的，应当定罪处罚。利用发送短信、拨打电话、互联网等电信技术手段对不特定多数人实施诈骗，诈骗数额难以查证，但具有下列情形之一的，应当认定为刑法第266条规定的“其他严重情节”，以诈骗罪（未遂）定罪处罚：(1) 发送诈骗信息5 000条以上的；(2) 拨打诈骗电话500人次以上的；(3) 诈骗手段恶劣、危害严重的。实施前款规定行为，数量达到上述前两项规定标准10倍以上的，或者诈骗手段特别恶劣、危害特别严重的，应当认定为《刑法》第266条规定的“其他特别严重情节”，以诈骗罪（未遂）定罪处罚。同时，该解释第6条规定，诈骗既有既遂，又有未遂，分别达到不同量刑幅度的，依照处罚较重的规定处罚；达到同一量刑幅度的，以诈骗罪既遂处罚。

（三）诈骗罪的处罚

根据《刑法》第266条的规定，犯本罪的，处3年以下有期徒刑、拘役或者管制，并处或者单处罚金；数额巨大或者有其他严重情节的，处3年以上10年以下有期徒刑，并处罚金；数额特别巨大或者有其他特别严重情节的，处10年以上有期徒刑或者无期徒刑，并处罚金或者没收财产。

第四节 背信型财产犯罪

一、侵占罪

(一) 侵占罪的概念和构成

侵占罪，是指以非法占有为目的，将代为保管的他人财物或者他人的遗忘物、埋藏物非法占为己有，数额较大，拒不退还或交出的行为。本罪具有如下构成要件：

1. 本罪侵犯的客体是他人财物的所有权。犯罪对象包括三种：一是代为保管的他人财物。代为保管，既包括他人主动委托行为人保管的财物，也包括未经他人委托而行为人自行为他人保管的财物，如基于无因管理而对他人的财物的占有即是。二是他人的遗忘物。遗忘物是指所有人或占有人有意识地将所持财物放在某处，因疏忽而忘记拿走的财物。三是他人的埋藏物。埋藏物是指埋藏于地下、水中或其他物体之中，难以为人所发现的财物，包括为私人所有的财物和为国家、集体所有的财物。上述三种财物，既可以是动产，也可以是不动产；既可以是公共财物，也可以是私有财物；既可以是特定物，也可以是不特定物或种类物；既可以是有形物，也可以是无形物。

2. 本罪在客观上表现为行为人实施了将自己代为保管的他人财物或者遗忘物、埋藏物非法占为己有，数额较大，拒不退还或交出的行为。首先，行为人必须实行了将代为保管的他人财物或者遗忘物、埋藏物非法占为己有的行为。所谓非法占为己有，是指行为人将自己持有的他人财物非法转变为自己所有的主观意图在客观上的表现，也就是说，凡是行为人实施的在客观上足以表明其将自己持有的他人财物非法转变为自己所有的主观意图的行为，都属于非法占为己有的行为。其次，行为人非法占有的财物数额较大。最后，行为人拒不退还或交出为自己非法占有的他人财物。所谓拒不退还或交出，是指在财物的所有人、占有人或者他们委托的其他人员与机关向行为人索要财物时，行为人拒绝将财物退还或交出。以上三个条件只有同时具备，才可能构成本罪。

3. 本罪的主体为一般主体，即任何已满 16 周岁并具有刑事责任能力的自然人均可成为本罪的主体。

4. 本罪在主观上只能出自故意，而且必须具有非法占有他人财物的目的。

(二) 侵占罪的认定

认定本罪时，应注意如下问题：

1. 本罪与非罪行为的界限

区分本罪与非罪行为的界限，应注意从以下两个方面进行：(1) 区分侵占罪与一般侵占行为的界限。关键是要把握侵占财物的数额是否达到较大的程度、行为人是否拒不退还或交出自己已经非法占有的他人财物。（2）区分侵占罪与民事纠纷等非侵占行为的界限。关键是要把握行为人是否具有非法占有的目的、行为人在纠纷发生之前对纠纷涉及财物的占有是否是拥有所有权情况下的占有。前者如行为人借他人的汽车使用，后以归还汽车为条件向他人索要欠款的情况；后者如行为人借用他人的金钱使用，到期不归还的情况，这些都不宜作为犯罪处理。

2. 本罪与盗窃罪的界限

本罪与盗窃罪都以他人财物为对象，都侵犯了他人财物的所有权，主观上都出自故意，并以非法占有为目的，但二者有明显的区别：（1）犯罪对象不同。前者的对象只能是行为人在犯罪前已经持有的他人财物；而后者的对象则只能是行为人在犯罪前尚未持有的他人财物。（2）犯罪的客观方面不同。前者的手段既可以是秘密的，也可以是公开或半公开的，而且必须是拒不退还或交出他人财物的，才构成犯罪；而后者的手段只能是秘密的手段，而且即使窃取他人财物之后又主动退还的，也已构成犯罪。（3）犯罪故意的内容和产生时间不同。前者行为人认识到自己是以非暴力的手段非法占有自己业已持有的他人财物，且犯罪故意只能产生于持有他人财物之后；后者行为人认识到自己是以不为财物所有人或占有人知道的秘密方法非法获取他人财物，且犯罪故意只能产生于获取他人财物之前。

（三）侵占罪的处罚

根据《刑法》第270条的规定，犯本罪的，处2年以下有期徒刑、拘役或者罚金；数额巨大或者有其他严重情节的，处2年以上5年以下有期徒刑，并处罚金。同时该条第3款规定，本罪告诉的才处理。

二、职务侵占罪

（一）职务侵占罪的概念和构成

职务侵占罪，是指公司、企业或者其他单位的人员，以非法占有为目的，利用职务上的便利，将本单位数额较大的财物非法占为己有的行为。本罪具有如下构成要件：

1. 本罪侵犯的客体是公司、企业或者其他单位的财物所有权。犯罪对象既可以是动产，也可以是不动产；既可以是公共财物，也可以是私有财物；既可以是特定物，也可以是不特定物或种类物；既可以是有形物，也可以是无形物，但属于无形物的技术秘密不能成为本罪的对象。

2. 本罪在客观上表现为行为人实施了利用职务上的便利，将本单位数额较大的财物非法占为己有的行为。首先，行为人实行了将本单位财物非法占为己有的行为。非法占有的手段包括侵吞、窃取、骗取等其他多种手段。其次，行为人实行的非法占为己有行为必须是利用了自己职务上的便利。所谓利用职务上的便利，是指公司、企业或其他单位的人员利用工作上拥有的主管、管理、经手本单位财物的权利，不管是从事公务活动的便利还是从事劳务活动的便利均包括在内。最后，非法占有本单位财物的数额必须达到较大的程度。只有同时具备上述三个条件，才可能构成本罪。

3. 本罪的主体是特殊主体，即只能是公司、企业或者其他单位的人员。至于行为人是单位中从事管理活动的人员，还是从事劳务活动的人员，对构成本罪没有影响。根据《刑法》第271条第2款的规定，国有公司、企业或者其他国有单位中从事公务的人员和国有公司、企业或者其他国有单位委派到非国有公司、企业以及其他单位从事公务的人员，不能成为本罪的主体。如果这部分人员利用职务上的便利，非法占有本单位财物，数额较大的，应依照《刑法》第382、383条的规定，以贪污罪定罪处罚。

4. 本罪在主观上只能出于故意，并具有非法占有本单位财物的目的。

(二) 职务侵占罪的认定

认定本罪时，应注意如下问题：

1. 本罪与侵占罪的界限

本罪和侵占罪都是以财物为对象的犯罪，都侵犯了他人财物的所有权，主观上都具有非法占有的目的，客观上都具有非法占有自己原本已经持有的他人财物的特点。但二者有严格的区别：(1) 犯罪对象不同。前者的对象只能是行为人主管、管理、经手的本单位的财物；而后者的对象则是代为保管的他人财物或他人的遗忘物、埋藏物。(2) 犯罪的客观表现有所不同。前者是利用主管、管理、经手本单位财物的职务上的便利，将本单位数额较大的财物非法占为己有的行为，而且，只要行为人实施了非法占为己有的行为即可构成犯罪，不以拒不退还或交出为必要；而后者表现为将数额较大的他人财物非法占为己有且拒不退还或交出的行为，拒不退还或交出是犯罪成立的必要条件。(3) 犯罪主体不同。前者的主体只能是公司、企业或其他单位中主管、管理、经手本单位财物的人员；而后者的主体则是任何持有他人财物的人员。

2. 本罪中共同犯罪的认定

对于公司、企业或其他单位中国家工作人员与非国家工作人员共同侵占本单位财物的，如何定罪处罚，刑法理论界存在着相当大的争议。有的认为应根据主体的不同身份分别定罪；有的认为应以主犯的身份来确定共同犯罪的罪名；有的认为应根据实行犯的犯罪性质来确定共犯的犯罪性质；有的认为如果共同犯罪行为的实施是利用国家工作人员的职务之便的，应定贪污罪；如果共同犯罪行为仅仅是利用非国家工作人员的职务之便的，应定职务侵占罪，等等。最高人民法院发布并于2000年7月8日起施行的《关于审理贪污、职务侵占案件如何认定共同犯罪几个问题的解释》第3条规定，公司、企业或者其他单位中，不具有国家工作人员身份的人与国家工作人员勾结，分别利用各自的职务便利，共同将本单位财物非法占为己有的，按照主犯的犯罪性质定罪。我们认为，公司、企业或其他单位中国家工作人员和非国家工作人员共同侵占本单位财物，如果犯罪的实施是利用国家工作人员的职务上的便利，应认定为贪污罪，如果犯罪的实施是利用非国家工作人员的职务上的便利，则应认定为职务侵占罪。对于共同犯罪的实施既利用了国家工作人员的职务便利，也利用了非国家工作人员的职务便利的情况，应以贪污罪定罪处罚，同时对非国家工作人员在与国家工作人员同为主犯的情况下，处以较国家工作人员较轻的刑罚，在国家工作人员为主犯而非国家工作人员为从犯的情况下，处以更轻一些的刑罚。

因为，从整个共同犯罪的性质来看，其间既包含着贪污罪的性质，也包含着职务侵占罪的性质，将其认定为贪污罪，既不会违背了整个共同犯罪的性质，同时也起到了严惩国家工作人员渎职犯罪的立法意旨，否则，如果将这种共同犯罪以职务侵占罪追究国家工作人员的刑事责任，由于职务侵占罪的法定刑过轻，尚不足以根据罪责刑相适应的原则严惩那些罪行严重的国家工作人员。

（三）职务侵占罪的处罚

根据《刑法》第271条第1款的规定，犯本罪的，处5年以下有期徒刑或者拘役；数额较大的，处5年以上有期徒刑，可以并处没收财产。

三、挪用资金罪

（一）挪用资金罪的概念和构成

挪用资金罪，是指公司、企业或者其他单位的工作人员，利用职务上的便利，挪用本单位资金归个人使用或者借贷给他人，数额较大、超过3个月未还的，或者虽未超过3个月，但数额较大、进行营利活动的，或者进行非法活动的行为。本罪具有以下构成要件：

1. 本罪侵犯的客体是复杂客体，主要侵犯了公司、企业或者其他单位的财产所有权，另外还侵犯了公司、企业或者其他单位的财经管理制度。犯罪的对象只能是公司、企业或者其他单位的资金，而不能是资金之外的其他财物。

2. 本罪在客观上表现为利用职务上的便利，挪用本单位资金归个人使用或者借贷给他人，数额较大、超过3个月未还的，或者虽未超过3个月，但数额较大、进行营利活动的，或者进行非法活动的行为。首先，行为人必须实行了挪用本单位资金的行为。所谓挪用，是指行为人未经合法批准，擅自改变本单位资金的原来用途，作其他用途。理解本罪的挪用行为时，须注意以下几个方面：其一，本罪的行为方式有三种，且不同行为方式在构成本罪时具有不同的要求：一是挪用本单位资金归个人使用或者借贷给他人，用作营利或非法活动之外的其他用途，构成犯罪时，要求挪用资金的数额必须达到较大的程度，挪用的时间必须超过3个月且尚未归还；二是挪用本单位资金，用于进行营利活动，构成犯罪时，要求挪用资金的数额必须达到较大的程度，但在挪用的时间上不作任何限制；三是挪用本单位资金，用于进行非法活动，构成犯罪时，在挪用资金的数额、挪用的时间上不作任何限制。其二，“挪用本单位资金归个人使用或者借贷给他人使用”，是上述三种行为方式在构成本罪时都必须具备的条件。根据2000年6月30日最高人民法院《关于如何理解刑法第二百七十二条规定的“挪用本单位资金归个人使用或者借贷给他人”问题的批复》，挪用本单位资金归个人使用或者借贷给他人使用，是指公司、企业或者其他单位的非国家工作人员，利用职务上的便利，挪用本单位资金归本人或者其他自然人使用，或者挪用人以个人名义将挪用的资金借给其他自然人和单位的行为。根据《追诉标准（二）》第85条的规定，“归个人使用”，包括将本单位资金供本人、亲友或者其他自然人使用的，以个人名义将本单位资金供其他单位使用的，个人决定以单位名义将本单位资金供其他单位使用，谋取个人利益的。其次，行为人挪用本单位资金必须是利用职务上的便利。所谓职务上的便利，是指利用工作上拥有的主管、管理、经手本单位资金的权利。

3. 本罪的主体是特殊主体，即只能是公司、企业或者其他单位的工作人员，既包括从事管理活动的人员，也包括从事劳务活动的人员。根据《刑法》第272条第2款的规定，国有公司、企业或者其他单位中从事公务的人员和国有公司、企业或者其他国有单位委派到非国有公司、企业以及其他单位从事公务的人员，利用职务上的便利，挪用本单位资金，构成犯罪的，应以挪用公款罪定罪处罚。

4. 本罪在主观上只能出于故意，且犯罪目的只能是暂时挪用本单位资金。

（二）挪用资金罪的认定

认定本罪时，应注意如下问题：

1. 本罪与职务侵占罪的界限

二者都以本单位的财物为对象，都侵犯了本单位财物的所有权，客观上都利用了职务上的便利，主观上都出自故意，犯罪的主体都是公司、企业或其他单位的人员。二者的区别在于：（1）犯罪对象有所不同。前者的对象仅限于本单位的资金；而后者的对象既包括本单位的资金，也包括其他财物。（2）犯罪的客观表现有所不同。前者在客观上表现为利用职务上的便利，挪用本单位资金归个人使用或者借贷给他人使用，数额较大、超过3个月未还的，或虽未超过3个月，但数额较大、进行营利活动的，或者进行非法活动的行为；而后者在客观上表现为利用职务上的便利，采用侵吞、窃取、骗取等其他非法手段非法占有本单位数额较大的财物的行为。（3）犯罪目的不同。后者仅出于挪用的目的；后者则是出于非法占有本单位财物的目的。

2. 本罪与挪用特定款物罪的界限

二者在犯罪的主观方面、客观表现、犯罪对象及侵犯的客体诸方面具有一定的相同或相似之处，但有明显的区别：（1）侵犯的客体不同。前者侵犯的是公司、企业或者其他单位的财物所有权和财经管理制度；而后者侵犯的是特定款物的所有权和特定款物的专款专用制度。（2）犯罪的对象有所不同。前者的对象只能是本单位的资金；而后者的对象只能是经手用于救灾、抢险、防汛、优抚、扶贫、移民、救济款物，既包括资金，也包括其他财物。（3）挪用的用途不同。前者是归个人使用或借贷给他人使用；而后者则只能是归单位使用，不能是归个人使用或借贷给他人使用。（4）挪用行为构成犯罪在客观上的要求不同。前者区分挪用资金的三种不同用途，分别在挪用的时间和挪用的数额上作不同的要求，且没有明确规定要造成什么样的后果才能构成犯罪；后者虽在挪用的时间及数额上没有作明确的要求，但规定挪用行为情节严重，致使国家和人民群众利益遭受重大损害的，才构成犯罪。（5）犯罪的主体不同。前者的主体只能是公司、企业或者其他单位中不属于国家工作人员的人员；而后者的主体则是掌管、经手用于救灾、抢险、防汛、优抚、扶贫、移民、救济款物的直接责任人员。

（三）挪用资金罪的处罚

根据《刑法》第272条的规定，犯本罪的，处3年以下有期徒刑或者拘役；挪用本单位资金数额巨大的，或者数额较大不退还的，处3年以上10年以下有期徒刑。

四、挪用特定款物罪

挪用特定款物罪，是指违反财经管理制度，挪用用于救灾、抢险、防汛、优抚、扶贫、移民、救济款物，情节严重，致使国家和人民群众利益遭受重大损害的行为。本罪具有如下构成要件：

1. 本罪侵害的客体是复杂客体，其中主要是公私财产的所有权，其次为财经管理制度。犯罪对象只限于用于救灾、抢险、防汛、优抚、扶贫、移民、救济款物。挪用其他款物的，不构成本罪。

2. 本罪在客观方面表现为违反财经管理制度，挪用特定款物，情节严重，致使国家和人民群众利益遭受重大损害的行为。“挪用”，是指不经合法批准，擅自将自己经管或支配的用于救灾、抢险、防汛、优抚、扶贫、移民、救济款物调拨、使用到其他方面。挪用特定款物情节严重，致使国家和人民群众利益遭受重大损害，是构成本罪的必要条件。如果只有挪用特定款物的行为，但没有达到情节严重，致使国家和人民群众利益遭受重大损害的程度，不构成犯罪。此外，构成本罪还要求是将特定款物挪作公用。如果挪用特定款物归个人使用，则应以挪用公款罪论处。

3. 本罪的主体为特殊主体，即掌管、经手用于救灾、抢险、防汛、优抚、扶贫、移民、救济款物的直接责任人员。

4. 本罪主观方面是故意。因过失动用上述款物的，不构成本罪。

根据《刑法》第 273 条的规定，犯本罪的，对直接责任人员处 3 年以下有期徒刑或者拘役；情节特别严重的，处 3 年以上 7 年以下有期徒刑。

五、拒不支付劳动报酬罪

拒不支付劳动报酬罪，是指以转移财产、逃匿等方法逃避支付劳动者的劳动报酬或者有能力支付而不支付劳动者的劳动报酬，数额较大，经政府有关部门责令支付仍不支付的行为。本罪具有如下构成要件：

1. 本罪侵犯的客体是劳动者的获取劳动报酬权。本罪中的“劳动者的劳动报酬”，不限于《劳动合同法》规定的劳动合同所约定的“劳动者的劳动报酬”，也包括民法调整的雇佣合同所约定的“劳动者的劳动报酬”。

2. 本罪在客观方面表现为以转移财产、逃匿等方法逃避支付劳动者的劳动报酬或者有能力支付而不支付劳动者的劳动报酬，数额较大，经政府有关部门责令支付仍不支付的行为。以转移财产、逃匿等方法逃避支付劳动者的劳动报酬和有能力支付而不支付劳动者的劳动报酬，是本罪的两种行为方式，不管哪种行为，构成本罪，均需具备数额较大和经政府有关部门责令支付仍不支付两个要素。

3. 本罪主体为负有向劳动者支付劳动报酬义务的自然人和单位。

4. 本罪的主观方面是故意。

根据《刑法》第 276 条之一的规定，犯本罪的，处 3 年以下有期徒刑或者拘役，并处或者单处罚金；造成严重后果的，处 3 年以上 7 年以下有期徒刑，并处罚金。单位犯本罪的，对单位判处罚金，并对其直接负责的主管人员和其他直接责任人员，依照上述规定处罚。根据《刑法》第 276 条之一第 3 款的规定，犯本罪尚未造成严重后果，在提起公诉前支付劳动者的劳动报酬，并依法承担相应赔偿责任的，可以减轻或者免除处罚。

第五节　破坏型财产犯罪

一、故意毁坏财物罪

故意毁坏财物罪，是指故意毁灭或者损坏公私财物，数额较大或者有其他严重情节的行为。本罪具有如下构成要件：

1. 本罪侵犯的客体是公私财物所有权，侵犯的对象是各种公私财物。但是破坏某些特定的公私财物，侵犯了其他客体，如故意毁坏使用中的交通工具、通讯设备等，可能同时构成本罪和其他犯罪，应按想象竞合犯从一重罪处理。

2. 本罪在客观方面表现为故意毁坏公私财物，数额较大或者有其他严重情节的行为。所谓毁坏，是指毁灭、损坏，也就是使财物的价值或使用价值全部丧失或使物品受到破坏而部分地丧失价值或使用价值。毁坏的方法各种各样，但如果使用放火、爆炸等危险方法毁坏公私财物，而且足以危害公共安全的，则应以放火罪、爆炸罪等危害公共安全罪论处。同时，故意毁坏公私财物必须达到数额较大或情节严重的程度。如果情节轻微或数额较小，不构成本罪。

3. 本罪的主体为一般主体，即任何已满 16 周岁，具有刑事责任能力的自然人。

4. 本罪在主观方面表现为故意，犯罪目的只是毁坏公私财物，使其丧失价值，而不是非法占有。

根据《刑法》第 275 条的规定，犯本罪的，处 3 年以下有期徒刑、拘役或者罚金；数额巨大或者有其他特别严重情节的，处 3 年以上 7 年以下有期徒刑。

二、破坏生产经营罪

破坏生产经营罪，是指由于泄愤报复或者其他个人目的，以毁坏机器设备、残害耕畜或者其他方法破坏生产经营的行为。本罪具有如下构成要件：

1. 侵犯的客体是生产经营活动。本罪侵犯的对象为生产经营中正在使用的设备和用具。

2. 在客观方面表现为以毁坏机器设备、残害耕畜或者其他方法破坏生产经营的行为。这里的“其他方法”，指除《刑法》第 276 条所列举的方法以外的任何其他方法。

3. 本罪的主体为一般主体，即任何已满 16 周岁，具有刑事责任能力的自然人。

4. 本罪在主观方面只能出自故意，并且具有泄愤报复或者其他个人目的。

根据《刑法》第276条的规定，犯本罪的，处3年以下有期徒刑、拘役或者管制；情节严重的，处3年以上7年以下有期徒刑。

【问题与思考】

1. 侵犯财产罪中“非法占有的目的”如何理解？
2. 如何理解侵犯财产罪中“财物”？
3. 如何理解抢劫罪中的暴力？
4. 如何理解转化型抢劫罪的构成要件？
5. 如何区分抢劫罪与绑架罪、抢夺罪、敲诈勒索罪的界限？
6. 如何理解盗窃罪的客观方面？
7. 如何理解诈骗罪的客观方面？
8. 侵占罪的构成要件有哪些？
9. 职务侵占罪的构成要件有哪些？
10. 挪用资金罪的构成要件有哪些？

【推荐阅读论著】

1. 赵秉志. 侵犯财产罪. 北京：中国人民公安大学出版社，2003
2. 刘明祥. 侵犯财产罪比较研究. 北京：中国政法大学出版社，2001
3. 金泽刚，张正新. 抢劫罪详论. 北京：知识产权出版社，2013
4. 董玉庭. 盗窃罪研究. 北京：中国检察出版社，2002
5. 魏海. 盗窃罪研究. 北京：中国政法大学出版社，2012
6. 丁天球. 侵犯财产罪重点疑点难点问题判解研究. 北京：人民法院出版社，2005
7. 张明楷. 诈骗罪与金融诈骗罪研究. 北京：清华大学出版社，2006
8. 刘志伟. 侵占犯罪研究. 北京：中国检察出版社，2000

第七章
妨害社会管理秩序罪

内容导读

《刑法》分则第六章共规定了136种妨害社会管理秩序的具体犯罪。本章在论述妨害社会管理秩序罪的概念和一般构成要件的基础上，重点对妨害公务罪，招摇撞骗罪，聚众扰乱社会秩序罪，聚众斗殴罪，寻衅滋事罪，组织、领导、参加黑社会性质组织罪，传授犯罪方法罪，组织、利用会道门、邪教组织、利用迷信破坏法律实施罪，赌博罪，伪证罪，窝藏、包庇罪，脱逃罪，组织他人偷越国（边）境罪，医疗事故罪，污染环境罪，盗伐林木罪，走私、贩卖、运输、制造毒品罪，非法持有毒品罪，组织卖淫罪，引诱、容留、介绍卖淫罪，传播性病罪，制作、复制、出版、贩卖、传播淫秽物品牟利罪，组织播放淫秽音像制品罪等23种具体犯罪的概念、构成和认定等问题进行比较详细的论述，对其他妨害社会管理秩序的犯罪则简单地介绍了其概念、构成与处罚。

第一节　妨害社会管理秩序罪概述

一、妨害社会管理秩序罪的概念和构成

妨害社会管理秩序罪，是指妨害国家对社会的管理活动，破坏社会秩序，依法应当受到刑罚处罚的行为。本类罪规定在《刑法》分则第六章，共分9节92条，表明《刑法》将妨害社会管理秩序罪这一大类犯罪又分为9小类。根据《刑法》以及《刑法修正案（三）》、《刑法修正案（四）》、《刑法修正案（六）》的规定，妨害社会管理秩序罪一章中共有125个罪名，其中，《刑法》最初规定的罪名为119个，《刑法修正案（三）》增加了2个，即投放虚假危险物质罪和编造、故意传播虚假恐怖信息罪，《刑法修正案（四）》增加了1个，即非法收购、运输、加工、出售国家重点保护植物、国家重点保护植物制品罪，《刑法修正案（六）》增加了1个，即开设赌场罪；《刑法修正案

（七）》增加2个，即非法获取计算机信息系统数据、非法控制计算机信息系统罪和提供侵入、非法控制计算机信息系统程序、工具罪。《刑法修正案（九）》则增加了13个罪名，同时将走私制毒物品罪和非法买卖制毒物品罪合并为非法生产、买卖、运输制毒物品、走私制毒物品罪，并取消了嫖宿幼女罪。上述九个刑法修正案还对本章中众多犯罪的罪状及法定刑进行了修改。

本类罪具有以下构成要件：

1. 本类犯罪的客体是社会管理秩序。这里的社会管理秩序，是指因国家机关依法对社会进行管理而形成的有序的、稳定的状态。国家通过制定各种规范，形成一整套管理制度，进而建立起覆盖社会各个领域的管理秩序。犯罪则严重破坏了这些秩序。从广义上看，所有犯罪都侵犯了一定的社会管理秩序，不过，由于《刑法》分则其他各章分别对侵犯国家安全、公共安全、市场经济、人身权利、民主权利、财产权利、国防利益、职务廉洁、国家机关正常活动以及军事利益等方面的管理秩序的行为作出了规定，所以，本类犯罪的客体不包括上述社会管理秩序，而仅指这些社会管理秩序之外的其他社会管理秩序。具体包括公共秩序、司法秩序、国（边）境管理秩序、公共卫生秩序、环境资源保护秩序、毒品管制秩序、社会风化秩序。

2. 本类犯罪在客观上表现为各种妨害国家机关对社会的管理活动，破坏社会管理秩序的行为。具体包括以下九类行为：（1）扰乱公共秩序；（2）妨害司法机关的正常活动；（3）妨害对国（边）境的管理；（4）妨害对文物的管理；（5）危害公共卫生安全；（6）破坏对环境资源的保护；（7）走私、贩卖、运输、制造毒品；（8）组织、强迫、引诱、容留、介绍卖淫；（9）制作、贩卖、传播淫秽物品。这些行为构成犯罪或者达到犯罪既遂必须具备的其他客观方面要件有所不同，有的以严重危害结果的发生为犯罪构成要件，如传染病菌种、毒种扩散罪；有的只要法定的危害行为完成即达到犯罪既遂，如走私、贩卖、运输、制造毒品罪；有的只要法定的危害行为一经实施即告犯罪既遂，如煽动暴力抗拒法律实施罪；有的则以严重危险状态的出现作为犯罪成立的要件，如妨害国境卫生检疫罪；还有的需要达到法定的情节严重的程度才成立，如非法狩猎罪。本类犯罪行为多数表现为作为，少数以不作为的方式也能实施，如妨害传染病防治罪，还有的只能以不作为的方式实施，如故意延误投递邮件罪。

3. 本类犯罪的主体多数为一般主体，少数为特殊主体，如伪证罪；多数只能是自然人，少数既可以是自然人，也可以是单位，如倒卖文物罪、非法捕捞水产品罪，个别的只能是单位，如非法出售、私赠文物藏品罪，采集、供应血液、制作、供应血液制品事故罪；绝大多数的自然人犯罪主体的刑事责任年龄起点为16周岁，但贩卖毒品罪的刑事责任年龄的起点为14周岁。

4. 本类犯罪在主观方面多数表现为故意，少数表现为过失，如医疗事故罪。有的故意犯罪在主观方面还以特定的犯罪目的为构成要件，如制作、复制、出版、贩卖、传播淫秽物品牟利罪须以牟利为目的。

二、妨害社会管理秩序罪的种类

根据《刑法》分则第六章的规定，妨害社会管理秩序罪共分9类，有136种具体犯罪。这 9 类犯罪依次为：

1. 扰乱公共秩序罪。这类犯罪共有 50 种，分别是：妨害公务罪，煽动暴力抗拒法律实施罪，招摇撞骗罪，伪造、变造、买卖国家机关公文、证件、印章罪，盗窃、抢夺、毁灭国家机关公文、证件、印章罪，伪造公司、企业、事业单位、人民团体印章罪，伪造、变造、买卖身份证件罪，使用虚假身份证件、盗用身份证件罪，非法生产、买卖警用装备罪，非法获取国家秘密罪，非法持有国家绝密、机密文件、资料、物品罪，非法生产、销售专用间谍器材、窃听、窃照专用器材罪，非法使用窃听、窃照专用器材罪，组织考试作弊罪，非法出售、提供试题、答案罪，代替考试罪，非法侵入计算机信息系统罪，非法获取计算机信息系统数据、非法控制计算机信息系统罪，提供侵入、非法控制计算机信息系统程序、工具罪，破坏计算机信息系统罪，拒不履行信息网络安全管理义务罪，非法利用信息网络罪，帮助信息网络犯罪活动罪，扰乱无线电通信管理秩序罪，聚众扰乱社会秩序罪，聚众冲击国家机关罪，扰乱国家机关工作秩序罪，组织、资助非法聚集罪，聚众扰乱公共场所秩序、交通秩序罪，投放虚假危险物质罪，编造、故意传播虚假恐怖信息罪，编造、故意传播虚假信息罪，聚众斗殴罪，寻衅滋事罪，组织、领导、参加黑社会性质组织罪，入境发展黑社会组织罪，包庇、纵容黑社会性质组织罪，传授犯罪方法罪，非法集会、游行、示威罪，非法携带武器、管制刀具、爆炸物参加集会、游行、示威罪，破坏集会、游行、示威罪，侮辱国旗、国徽罪，组织、利用会道门、邪教组织、利用迷信破坏法律实施罪，组织、利用会道门、邪教组织、利用迷信致人重伤、死亡罪，聚众淫乱罪，引诱未成年人聚众淫乱罪，盗窃、侮辱、故意毁坏尸体、尸骨、骨灰罪，赌博罪，开设赌场罪，故意延误投递邮件罪。

2. 妨害司法罪。这类犯罪共有 20 种，分别是：伪证罪，辩护人、诉讼代理人毁灭证据、伪造证据、妨害作证罪，妨害作证罪，帮助毁灭、伪造证据罪，虚假诉讼罪，打击报复证人罪，泄露不应公开的案件信息罪，披露、报道不应公开的案件信息罪，扰乱法庭秩序罪，窝藏、包庇罪，拒绝提供间谍犯罪、恐怖主义犯罪、极端主义犯罪证据罪，掩饰、隐瞒犯罪所得、犯罪所得收益罪，拒不执行判决、裁定罪，非法处置查封、扣押、冻结的财产罪，破坏监管秩序罪，脱逃罪，劫夺被押解人员罪，组织越狱罪，暴动越狱罪，聚众持械劫狱罪。

3. 妨害国（边）境管理罪。这类犯罪共有 8 种，分别是：组织他人偷越国（边）境罪，骗取出境证件罪，提供伪造、变造的出入境证件罪，出售出入境证件罪，运送他人偷越国（边）境罪，偷越国（边）境罪，破坏界碑、界桩罪，破坏永久性测量标志罪。

4. 妨害文物管理罪。这类犯罪共有 10 种，分别是：故意损毁文物罪，故意损毁名胜古迹罪，过失损毁文物罪，非法向外国人出售、赠送珍贵文物罪，倒卖文物罪，非法出售、私赠文物藏品罪，盗掘古文化遗址、古墓葬罪，盗掘古人类化石、古脊椎动物化石罪，抢夺、窃取国有档案罪，擅自出卖、转让国有档案罪。

5. 危害公共卫生罪。这类犯罪共有 11 种，分别是：妨害传染病防治罪，传染病菌种、毒种扩散罪，妨害国境卫生检疫罪，非法组织卖血罪，强迫卖血罪，非法采集、供应血液、制作、供应血液制品罪，采集、供应血液、制作、供应血液制品事故罪，医疗事故罪，非法行医罪，非法进行节育手术罪，妨害动植物防疫、检疫罪。

6. 破坏环境资源保护罪。这类犯罪共有15种，分别是：污染环境罪，非法处置进口的固体废物罪，擅自进口固体废物罪，非法捕捞水产品罪，非法猎捕、杀害珍贵、濒危野生动物罪，非法收购、运输、出售珍贵、濒危野生动物、珍贵、濒危野生动物制品罪，非法狩猎罪，非法占用农用地罪，非法采矿罪，破坏性采矿罪，非法采伐、毁坏国家重点保护的植物罪，非法收购、运输、加工、出售国家重点保护植物、国家重点保护植物制品罪，盗伐林木罪，滥伐林木罪，非法收购、运输盗伐、滥伐的林木罪。

7. 走私、贩卖、运输、制造毒品罪。这类犯罪共有11种，分别是：走私、贩卖、运输、制造毒品罪，非法持有毒品罪，包庇毒品犯罪分子罪，窝藏、转移、隐瞒毒品、毒赃罪，非法生产、买卖、运输制毒物品、走私制毒物品罪，非法种植毒品原植物罪，非法买卖、运输、携带、持有毒品原植物种子、幼苗罪，引诱、教唆、欺骗他人吸毒罪，强迫他人吸毒罪，容留他人吸毒罪，非法提供麻醉药品、精神药品罪。

8. 组织、强迫、引诱、容留、介绍卖淫罪。这类犯罪共有6种，分别是：组织卖淫罪，强迫卖淫罪，协助组织卖淫罪，引诱、容留、介绍卖淫罪，引诱幼女卖淫罪，传播性病罪。

9. 制作、贩卖、传播淫秽物品罪。这类犯罪共有5种，分别是：制作、复制、出版、贩卖、传播淫秽物品牟利罪，为他人提供书号出版淫秽书刊罪，传播淫秽物品罪，组织播放淫秽音像制品罪，组织淫秽表演罪。

第二节　扰乱公共秩序罪

一、妨害公务罪

（一）妨害公务罪的概念和构成

妨害公务罪，是指以暴力、威胁方法阻碍国家机关工作人员、各级人民代表大会代表依法执行职务，或者在自然灾害和突发事件中，以暴力、威胁方法阻碍红十字会工作人员依法履行职责，或者故意阻碍国家安全机关、公安机关依法执行国家安全工作任务，虽未使用暴力、威胁方法，但造成严重后果的行为。本罪的构成要件如下：

1. 本罪侵犯的客体是国家机关工作人员、各级人民代表大会代表、红十字会工作人员、国家安全机关以及公安机关依法履行职责而形成的社会秩序。国家法律赋予上述人员和机关在相关领域履行职责的权力，由此形成了相应的社会秩序。阻碍有关人员依法履行职责，必然破坏相应的社会秩序。例如，公安机关有依法维护社会治安的权力，由此形成了相应的社会治安管理秩序。阻碍公安机关依法执行维护社会治安的任务，就破坏了相应的治安管理秩序。

本罪的犯罪对象包括三类人员和两类单位。三类人员分别是国家机关工作人员、各级人大代表以及红十字会工作人员；两类单位分别是国家安全机关和公安机关。根据司法解释的规定，以暴力、威胁方法阻碍国有事业单位人员依照法律、行政法规的规定执行行政执法职务的，或者以暴力、威胁方法阻碍国家机关中受委托从事行政执法活动的事业编制人员执行行政执法职务的，也可以对侵害人以妨害公务罪论处。[①] 据此解释，这里的国家机关工作人员，应当扩大解释为既包括有公务员身份和编制的国家机关工作人员，也包括没有公务员身份和编制，但在依法执行行政执法职务的国有事业单位人员和国家机关中受委托从事行政执法活动的事业编制人员。

2. 本罪在客观上表现为以下行为之一：(1) 以暴力、威胁方法阻碍国家机关工作人员、人大代表依法执行职务；(2) 在自然灾害和突发事件中，以暴力、威胁方法阻碍红十字会工作人员依法履行职责；(3) 故意阻碍国家安全机关、公安机关依法执行国家安全工作任务，虽未采用暴力、威胁方法，但造成严重后果。行为人只要实施了上述行为之一，即可构成本罪。

针对不同的犯罪对象而实施的妨害公务行为，构成本罪的要求不同。阻碍国家机关工作人员、各级人大代表依法执行职务，通常必须以暴力、威胁的方法才构成本罪。这里的“暴力”，是指对有关人员的身体进行打击或者强制，如殴打、捆绑、推搡等。这里的“威胁”，是指以杀害、伤害、毁坏财产等相威胁。阻碍红十字会工作人员依法履行职责，不但要以暴力、威胁方法，而且必须在自然灾害和突发事件中。在阻碍国家安全机关、公安机关依法执行任务的情况下，如果阻碍执行的是国家安全工作任务，则不采用暴力、威胁方法也可以构成本罪，但必须造成严重后果，如果阻碍执行的不是国家安全工作任务，则仍然必须采用暴力、威胁方法才能构成本罪，但不要求造成严重后果。

本罪的危害行为通常只能发生在有关人员或者单位依法执行职务、履行职责或者执行工作任务期间。在执行职务、履行职责或者执行工作任务之前或者之后对有关人员进行阻碍，通常不会影响这些人执行职务、履行职责或者执行工作任务，因而不可能构成本罪。

3. 本罪的主体是一般主体。凡已满 16 周岁、具有刑事责任能力的自然人，均可成为本罪的主体。

4. 本罪在主观上是故意，即明知自己是在阻碍国家机关工作人员、人大代表、红十字会工作人员、国有事业单位人员或者国家安全机关、公安机关依法执行职务，履行职责或者执行工作任务，并且有意这样做，希望或者放任有关职务、职责、任务无法得到执行的结果发生。行为人不但要认识到被阻碍的对象是上述人员或者单位，而且必须认识到这些人员或者单位正处于执行职务、履行职责或者执行任务中。

(二) 妨害公务罪的认定

认定本罪，应当注意如下问题：

1. 本罪与非罪的界限

首先，对于情节显著轻微的妨害公务行为，不宜以犯罪论处。虽然《刑法》第 277

---

① 参见最高人民检察院《关于以暴力威胁方法阻碍事业编制人员依法执行行政执法职务是否可对侵害人以妨害公务罪论处的批复》(2000 年 4 月 24 日)。

条并没有明文规定构成本罪需要达到情节严重的程度，但是，根据《刑法》总则第13条的“但书”，对民众不服国家机关工作人员管理的行为，即便存在轻度的威胁甚至暴力行为，只要没有造成人员受伤、财产损失等严重后果或者恶劣的社会影响，通常也不宜以犯罪论处。

其次，阻止国家机关工作人员及上述其他人员滥用职权，违法从事公务活动的，不构成本罪。由于本罪侵犯的客体是国家机关工作人员、各级人民代表大会代表、红十字会工作人员、国家安全机关以及公安机关依法执行职务、履行职责而形成的社会秩序。国家机关工作人员滥用职权，违法从事公务活动，本身已经破坏了相应的社会秩序，对这类行为进行制止，并不会进一步破坏有关社会秩序，因而不可能构成本罪。

2. 一罪与数罪的界限

行为人在采用暴力手段妨害公务时，如果暴力手段又触犯了其他罪名，则成立想象竞合犯，应当按从一重处断原则，选择其中的重罪定罪处罚。例如，甲为了阻止工商行政管理人员查处其伪劣产品，用刀将一名工作人员刺成重伤，对甲应当以故意伤害罪一罪论处。如果行为人先实施一个犯罪行为，后在有关人员依法执行公务时又实施了妨害公务的行为，那么，应构成数罪，按数罪实行并罚。如行为人先实施了一个独立的走私犯罪，为了抗拒缉私，随后又实施了妨害公务的犯罪行为，对此，应按相关的走私犯罪与本罪实行数罪并罚。另外，根据《刑法》第318条第1款第5项、第321条第2款的规定，在组织他人偷越国（边）境中，以暴力、威胁方法抗拒检查的，或者在运送他人偷越国（边）境中，以暴力、威胁方法抗拒检查的，只定组织他人偷越国（边）境罪或者运送他人偷越国（边）境罪一罪，直接按照《刑法》第318条或者第321条规定的法定刑处罚，而不适用数罪并罚。根据司法解释的规定，以暴力、威胁方法阻碍行政执法人员依法行使盐业管理职务的，以本罪追究刑事责任；其非法经营行为已构成犯罪的，依照数罪并罚的规定追究刑事责任。[①]

（三）妨害公务罪的处罚

根据《刑法》第277条的规定，犯本罪的，处3年以下有期徒刑、拘役、管制或者罚金。暴力袭击正在依法执行职务的人民警察的，依照上述规定从重处罚

二、煽动暴力抗拒法律实施罪

煽动暴力抗拒法律实施罪，是指煽动群众暴力抗拒国家法律、行政法规实施，破坏社会秩序的行为。本罪的构成要件是：

1. 本罪侵犯的客体是国家法律、行政法规的实施秩序。

2. 本罪在客观上表现为煽动群众以暴力抗拒国家法律、行政法规实施的行为。所谓煽动，是指以语言、文字等方式进行诱惑、鼓动。煽动的对象是群众，即普通公民，并且人数众多。至于被煽动的群众是否是特定的，是否本来就具有抗拒国家法律、行政法规实施的意愿，不影响本罪的成立。煽动的内容是暴力抗拒国家法律、行政法规

---

① 参见最高人民检察院2002年9月4日公布，2002年9月13日起施行的《关于办理非法经营食盐刑事案件具体应用法律若干问题的解释》第5条。

的实施。这里的暴力，是指针对人或者物进行打击或者强制。不是煽动群众以暴力方法进行抗拒，或者煽动群众抗拒的不是国家法律、行政法规的实施，均不构成本罪。

3. 本罪的主体是一般主体。凡已满 16 周岁、具有刑事责任能力的自然人，均可成为本罪的主体。

4. 本罪在主观上是直接故意，即明知自己是在煽动群众暴力抗拒国家法律、行政法规实施，会发生国家法律、行政法规不能实施的后果，并且希望这种危害结果的发生。

根据《刑法》第 278 条的规定，犯本罪的，处 3 年以下有期徒刑、拘役、管制或者剥夺政治权利；造成严重后果的，处 3 年以上 7 年以下有期徒刑。

三、招摇撞骗罪

(一) 招摇撞骗罪的概念和构成

招摇撞骗罪是指冒充国家机关工作人员招摇撞骗的行为。本罪的构成要件如下：

1. 本罪侵犯的客体是国家机关的威信及其正常活动。冒充国家机关工作人员招摇撞骗，首先，败坏了国家机关的形象，使国家机关的威信下降；其次，由于以假充真，致使群众真假难辨，又必然扰乱国家机关的正常管理活动。

2. 本罪在客观上表现为冒充国家机关工作人员招摇撞骗的行为。这里的冒充国家机关工作人员包括两种情形，一是非国家机关工作人员冒充国家机关工作人员的身份、职位，二是具有此一身份、职位的国家机关工作人员冒充其他国家机关工作人员的身份、职位。这里的招摇撞骗，是指以假冒的国家机关工作人员的身份、职位进行炫耀，以骗取利益，如骗取职位、荣誉、他人感情或者少量财物。

3. 本罪的主体是一般主体。凡已满 16 周岁、具有刑事责任能力的自然人，均可成为本罪的主体。

4. 本罪在主观上是直接故意，即明知自己是在冒充国家机关工作人员招摇撞骗，会发生他人误将自己当做真正的国家机关工作人员的结果，并且希望这种结果发生。

(二) 招摇撞骗罪的认定

认定本罪，应当注意如下问题：

1. 招摇撞骗罪与非罪的界限

对于情节显著轻微、危害不大的招摇撞骗行为，不宜以犯罪论处。通常情况下，对于没有造成实际危害结果和恶劣社会影响的招摇撞骗行为，可以不作为犯罪处理。例如，为了达到与他人结婚的目的而冒充国家机关工作人员，如果被骗人知情后没有发生严重后果，通常不宜认定为犯罪。

2. 本罪与诈骗罪的界限

本罪与诈骗罪都可能表现为以虚构事实、隐瞒真相的方法骗取财物，因而与诈骗罪存在相似之处。两罪的主要区别在于：第一，犯罪客体不同。本罪侵犯的是国家机关的威信及其正常活动，而诈骗罪侵犯的是公私财产所有权。第二，欺骗行为的具体内容不同。本罪只能表现为冒充国家机关工作人员进行欺骗，即只能是虚构自己是国家机关工作人员或者是另一身份国家机关工作人员的事实，而诈骗罪则可以是虚构各种事实。本罪所骗取的利益具有多样性，诈骗罪骗取的只能是财物。第三，犯罪成立的标准不同。本罪不以行为人骗取数额较大的财物为成立要件，诈骗罪则以骗取数额较大的财物为成立要件。冒充国家机关工作人员骗取数额较大的财物的，属于招摇撞骗罪与诈骗罪的法条竞合犯，其中关于招摇撞骗罪的法条属于特别法条，应当以该罪论处。但是，如果骗取财物的数额特别巨大，则超出了招摇撞骗罪的法条能够评价的范围，应当以诈骗罪论处。

（三）招摇撞骗罪的处罚

根据《刑法》第279条的规定，犯本罪的，处3年以下有期徒刑、拘役、管制或者剥夺政治权利；情节严重的，处3年以上10年以下有期徒刑。冒充人民警察招摇撞骗的，依照前款的规定从重处罚。

四、伪造、变造、买卖国家机关公文、证件、印章罪

伪造、变造、买卖国家机关公文、证件、印章罪，是指伪造、变造、买卖国家机关的公文、证件、印章的行为。本罪的构成要件是：

1. 本罪侵犯的客体是国家机关的正常活动和信誉。

2. 本罪在客观上表现为伪造、变造、买卖国家机关的公文、证件、印章的行为。“伪造”，是指无制作权的人冒用国家机关的名义制作虚假的国家机关公文、证件、印章；“变造”，是指采用涂改、擦消、拼接等方法，对真实的国家机关公文、证件、印章进行篡改；“买卖”，是指购买或者销售国家机关公文、证件、印章。“公文”，是指国家机关在其权限范围内以其名义制作的处理公务的书面文件。“证件”，是指国家机关在其权限范围内制作的证明事实的凭证。“印章”，是指依法制作的刻有国家机关组织名称的公章或者有某种特殊用途的专用章。根据全国人大常委会的有关决定、最高人民法院的有关司法解释以及最高人民检察院研究室的有关答复，对于买卖伪造的国家机关证件的行为，依法应当追究责任的，以本罪论处[①]；伪造、变造、买卖各级人民政府设立的行使行政管理权的临时性机构的公文、证件、印章，构成犯罪的，应当以本罪追究刑事责任[②]；但是，对买卖尚未加盖发证机关的行政印章或者通行专用章印鉴的空白“中华人民共和国边境管理区通行证”的行为，不宜以买卖国家机关证件罪追究刑事责任。国家机关工作人员实施上述行为，构成犯罪的，可以按滥用职权等相关犯罪依法追究刑事责任。[③]

3. 本罪的主体是一般主体。凡已满16周岁、具有刑事责任能力的自然人，均可成为本罪的主体。

---

① 参见最高人民法院1998年8月28日公布，1998年9月1日起施行的《关于审理骗购外汇、非法买卖外汇刑事案件具体应用法律若干问题的解释》第2条，全国人大常委会1998年12月29日颁布的《关于惩治骗购外汇、逃汇和非法买卖外汇犯罪的决定》第2条，最高人民检察院法律政策研究室《关于买卖伪造的国家机关证件行为是否构成犯罪的问题的答复》（1999年6月21日）。

② 参见最高人民检察院法律政策研究室《关于伪造、变造、买卖政府设立的临时性机构的公文、证件、印章行为如何适用法律问题的答复》（2003年6月3日）。

③ 参见最高人民检察院研究室《关于买卖尚未加盖印章的空白〈边境证〉行为如何适用法律问题的答复》（2002年9月25日）。

4. 本罪在主观上是直接故意，即明知自己在伪造、变造或者买卖国家机关的公文、证件、印章，会发生国家机关的公文、证件、印章被伪造、变造或者买卖的结果，并且希望这种结果发生。

根据《刑法》第280条的规定，犯本罪的，处3年以下有期徒刑、拘役、管制或者剥夺政治权利，并处罚金；情节严重的，处3年以上10年以下有期徒刑，并处罚金。

五、盗窃、抢夺、毁灭国家机关公文、证件、印章罪

盗窃、抢夺、毁灭国家机关公文、证件、印章罪，是指盗窃、抢夺、毁灭国家机关的公文、证件、印章的行为。本罪的构成要件是：

1. 本罪侵犯的客体是国家机关的正常活动和信誉。

2. 本罪在客观上表现为盗窃、抢夺、毁灭国家机关的公文、证件、印章的行为。这里的盗窃，是指秘密窃取国家机关的公文、证件、印章；抢夺，是指乘人不备，公开夺取国家机关的公文、证件、印章；毁灭，是指使国家机关的公文、证件、印章遭到毁坏或者灭失，以及其他一切使国家机关的公文、证件、印章丧失功能的行为。行为人只要实施盗窃、抢夺、毁灭行为之一，即构成本罪。实施两种以上的行为，也只成立一罪。

3. 本罪的主体是一般主体。凡已满16周岁、具有刑事责任能力的自然人，均可成为本罪的主体。

4. 本罪在主观上是故意，即明知自己在盗窃、抢夺国家机关的公文、证件、印章，会发生国家机关的公文、证件、印章被窃走、夺取的结果，并且希望这种结果发生，或者明知自己的行为可能发生国家机关的公文、证件、印章被毁灭的结果，并且希望或者放任这种结果的发生。

根据《刑法》第280条第1款的规定，犯本罪的，处3年以下有期徒刑、拘役、管制或者剥夺政治权利，并处罚金；情节严重的，处3年以上10年以下有期徒刑，并处罚金。

六、伪造公司、企业、事业单位、人民团体印章罪

伪造公司、企业、事业单位、人民团体印章罪，是指伪造公司、企业、事业单位、人民团体印章的行为。本罪的构成要件是：

1. 本罪侵犯的客体是公司、企业、事业单位、人民团体的正常活动和信誉。

2. 本罪在客观上表现为伪造公司、企业、事业单位、人民团体印章的行为。这里的伪造，是指无制作权的人冒用公司、企业、事业单位、人民团体的名义制作虚假的公司、企业、事业单位、人民团体印章。本罪的危害行为只能表现为伪造，对变造和毁灭公司、企业、事业单位、人民团体印章的行为不能以本罪论处。本罪伪造的内容仅限于公司、企业、事业单位、人民团体印章，伪造公司、企业、事业单位、人民团体文件、证件的行为通常不构成本罪，但是，根据有关司法解释的规定，对于伪造高

等院校印章制作学历、学位证明的行为，应当以伪造事业单位印章罪定罪处罚。明知是伪造高等院校印章制作的学历、学位证明而贩卖的，以伪造事业单位印章罪的共犯论处。[①]

3. 本罪的主体是一般主体。凡已满16周岁、具有刑事责任能力的自然人，均可成为本罪的主体。

4. 本罪在主观上是直接故意，即明知自己在伪造公司、企业、事业单位、人民团体印章，会发生公司、企业、事业单位、人民团体印章被伪造的结果，并且希望这种结果发生。

根据《刑法》第280条第2款的规定，犯本罪的，处3年以下有期徒刑、拘役、管制或者剥夺政治权利，并处罚金。

七、伪造、变造、买卖身份证件罪

伪造、变造居民身份证件罪，是指伪造、变造居民身份证件的行为。本罪的构成要件是：

1. 本罪侵犯的客体是公安机关对身份证件的管理制度。

2. 本罪在客观上表现为伪造、变造、买卖居民身份证、护照、社会保障卡、驾驶证等依法可以用于证明身份的证件的行为。

3. 本罪的主体是一般主体。凡已满16周岁、具有刑事责任能力的自然人，均可成为本罪的主体。

4. 本罪在主观上是直接故意，即明知自己是在伪造、变造、买卖身份证件，会发生身份证件被伪造、变造、买卖的结果，并且希望这种结果发生。

根据《刑法》第280条第3款的规定，犯本罪的，处3年以下有期徒刑、拘役、管制或者剥夺政治权利，并处罚金；情节严重的，处3年以上7年以下有期徒刑，并处罚金。

八、使用虚假身份证件、盗用身份证件罪

使用虚假身份证件、盗用身份证件罪，是指在依照国家规定应当提供身份证明的活动中，使用伪造、变造的或者盗用他人的居民身份证、护照、社会保障卡、驾驶证等依法可以用于证明身份的证件，情节严重的行为。这是《刑法修正案（九）》以第23条为《刑法》第280条之一增设的新罪名。本罪的构成要件是：

1. 本罪侵犯的客体是国家对公民身份证件正常的管理活动。

2. 本罪在客观方面表现为，使用伪造、变造身份证件或者盗用他人身份证件的行为。所谓伪造，是指无权制作身份证件的人，擅自制作公民身份证件的，我们认为，也应当包括有权制作人制作虚假的居民身份证件的行为；所谓变造，是指对真实有效

① 参见最高人民法院、最高人民检察院《关于办理伪造、贩卖伪造的高等院校学历、学位证明刑事案件如何适用法律问题的解释》（2001年7月5日起施行）。

的公民身份证件的非本质部分进行加工、修改，则属于伪造公民身份证件。所谓盗用是指未经同意或批准而非法使用。所谓身份证件，是指居民身份证、护照、社会保障卡、驾驶证等依法可以用于证明身份的证件。这里的“等”字，应该理解为等外，即也包括立法上没有明确列举的“户口簿、港澳通行证”等证件。

3. 本罪的犯罪主体为一般主体，即年满16周岁且具有刑事责任能力的自然人，单位不能成为本罪的主体。

4. 犯罪主观方面。本罪主观方面是直接故意，过失不构成犯罪。

根据《刑法》第280条之一的规定，犯本罪的，处拘役或者管制，并处或者单处罚金。有上述规定，同时构成其他犯罪的，依照处罚较重的规定定罪处罚。

九、非法生产、买卖警用装备罪

非法生产、买卖警用装备罪，是指非法生产、买卖人民警察制式服装、车辆号牌等专用标志、警械，情节严重的行为。本罪的构成要件是：

1. 本罪侵犯的客体是国家对警用装备的管理制度。

2. 本罪在客观上表现为非法生产、买卖人民警察制式服装、车辆号牌等专用标志、警械，情节严重的行为。这里的非法生产、买卖，包括两种情形：一是没有生产、购买或者销售警用装备资格的个人或者单位擅自生产、购买或者销售警用装备，二是具有生产、购买或者销售警用装备资格的个人或者单位违反有关规定生产、购买或者销售警用装备。警用装备是指《人民警察法》规定的人民警察制式服装、专用标志、警械。这里的情节严重，是指多次非法生产、买卖警用装备，非法生产、买卖警用装备数量巨大，非法生产、买卖警用装备造成严重危害后果或者恶劣影响等情形。

3. 本罪的主体是一般主体，凡已满16周岁、具有刑事责任能力的自然人以及单位，均可成为本罪的主体。

4. 本罪在主观上是直接故意，即明知自己是在非法制造、买卖警用装备，会发生警用装备被非法制造、买卖的结果，并且希望这种结果的发生。

根据《刑法》第281条第1款的规定，自然人犯本罪的，处3年以下有期徒刑、拘役或者管制，并处或者单处罚金。根据《刑法》第281条第2款的规定，单位犯本罪的，对单位判处罚金，并对其直接负责的主管人员和其他直接责任人员，依照第281条第1款的规定处罚。

十、非法获取国家秘密罪

非法获取国家秘密罪，是指以窃取、刺探、收买的方法，非法获取国家秘密的行为。本罪的构成要件是：

1. 本罪侵犯的客体是国家保密制度。

2. 本罪在客观上表现为以窃取、刺探、收买方法，非法获取国家秘密的行为。这里的窃取，是指以盗窃、窃听、窃照等方式非法秘密取得国家秘密；刺探，是指以打听、实地观察以及其他侦察手段非法取得国家秘密；收买，是指以金钱等利益换取国家秘密。这里的国家秘密需作广义理解，包括《保守国家秘密法》规定的国家绝密、国家机密以及国家秘密。行为人只要实施了窃取、刺探、收买国家秘密这三种行为之一，即构成本罪；实施了两个以上的行为，也只按本罪一罪论处，不数罪并罚。

3. 本罪的主体是一般主体。凡已满16周岁、具有刑事责任能力的自然人，均可成为本罪的主体。

4. 本罪在主观上是直接故意，即明知自己是在非法窃取、刺探、收买国家秘密，会发生国家秘密被非法获取的结果，并且希望这种结果发生。

根据《刑法》第282条第1款的规定，犯本罪的，处3年以下有期徒刑、拘役、管制或者剥夺政治权利；情节严重的，处3年以上7年以下有期徒刑。

十一、非法持有国家绝密、机密文件、资料、物品罪

非法持有国家绝密、机密文件、资料、物品罪，是指非法持有属于国家绝密、机密的文件、资料或者其他物品，拒不说明来源与用途的行为。本罪的构成要件是：

1. 本罪侵犯的客体是国家保密制度。

2. 本罪在客观上表现为非法持有属于国家绝密、机密的文件、资料或者其他物品，拒不说明来源与用途的行为。首先，行为人必须非法持有属于国家绝密、机密的文件、资料或者其他物品。非法持有，是指根据《保守国家秘密法》以及其他国家规定不该持有而持有。这里的持有，包括随身携带、保存、传递等控制行为。持有的对象只能是属于国家绝密、机密的文件、资料或者其他物品。非法持有属于狭义的国家秘密的文件、资料或者其他物品不构成本罪。其次，行为人必须拒不说明来源与用途。如果被发现非法持有属于国家绝密、机密的文件、资料或者其他物品后，说明了来源与用途的，不构成本罪。

3. 本罪的主体是一般主体。凡已满16周岁、具有刑事责任能力的自然人，均可成为本罪的主体。

4. 本罪在主观上是直接故意，即明知自己非法持有属于国家绝密、机密的文件、资料或者其他物品，拒不说明来源与用途，并且希望这种结果发生。

根据《刑法》第282条第2款的规定，犯本罪的，处3年以下有期徒刑、拘役或者管制。

十二、非法生产、销售专用间谍器材、窃听、窃照专用器材罪

非法生产、销售专用间谍器材、窃听、窃照专用器材罪，是指非法生产、销售专用间谍器材或者窃听、窃照专用器材的行为。本罪的构成要件是：

1. 本罪侵犯的客体是国家对专用间谍器材以及窃听、窃照专用器材的管理制度。

2. 本罪在客观上表现为非法生产、销售专用间谍器材或者窃听、窃照专用器材的行为。非法生产、销售包括两种情形，一是指根据《国家安全法》以及其他国家规定无权生产、销售专用间谍器材或者窃听、窃照专用器材的人，擅自生产、销售；二是依法有权生产、销售专用间谍器材或者窃听、窃照专用器材的人，违反规定生产、销

售，如超范围、超数量生产、销售。专用间谍器材，是指《国家安全法实施细则》第20条所规定的用于间谍活动特殊需要的器材。

3. 本罪的主体是一般主体。凡已满16周岁、具有刑事责任能力的自然人，均可成为本罪的主体。

4. 本罪在主观上是直接故意，即明知自己在非法生产、销售窃听、窃照专用间谍器材或者窃听、窃照专用器材，并且希望此类器材被非法制造出来的结果发生。

根据《刑法》第283条的规定，犯本罪的，处3年以下有期徒刑、拘役或者管制，并处或者单处罚金；情节严重的，处3年以上7年以下有期徒刑，并处罚金。单位犯本罪的，对单位判处罚金，并对其直接负责的主管人员和其他直接责任人员，依照上述规定处罚。

十三、非法使用窃听、窃照专用器材罪

非法使用窃听、窃照专用器材罪，是指非法使用窃听、窃照专用器材，造成严重后果的行为。本罪的构成要件是：

1. 本罪侵犯的客体是国家对窃听、窃照专用器材的管理制度。

2. 本罪在客观上表现为非法使用窃听、窃照专用器材，造成严重后果的行为。首先，行为人必须非法使用了窃听、窃照专用器材。非法使用，是指违反国家规定使用窃听、窃照专用器材，包括两种情形，一是无权使用者擅自使用，二是有权使用者违规使用。窃听、窃照专用器材，是指具有秘密听取或者秘密拍照、摄录功能的器材，如窃听器、微型录音机、微型照相机等。其次，行为必须造成了严重后果。所谓严重后果，主要是指造成恶性事件，如他人自杀、凶杀、国家秘密泄露等。

3. 本罪的主体是一般主体。凡已满16周岁、具有刑事责任能力的自然人，均可成为本罪的主体。

4. 本罪在主观上对于非法使用窃听、窃照专用器材是直接故意，对于严重后果的发生是出于间接故意或者过失。

根据《刑法》第284条的规定，犯本罪的，处2年以下有期徒刑、拘役或者管制。

十四、组织考试作弊罪

组织考试作弊罪，是指在法律规定的国家考试中，组织作弊的，或者为他人实施组织作弊犯罪提供作弊器材或者其他帮助的行为。这是《刑法修正案（九）》第25条以《刑法》第284条之一增设的新罪名。本罪的构成要件如下：

1. 本罪侵犯的客体是国家正常的考试秩序。

2. 本罪的客观行为表现为在法律规定的国家考试中，组织作弊，或者为他人实施组织作弊犯罪提供作弊器材或者其他帮助的行为。所谓“法律规定的国家考试”主要有以下几种：一是学历考试，即高等教育考试。如高考，即普通高等学校招生全国统一考试、成人高等教育入学考试、全国研究生（包括硕士研究生和博士研究生）招生入学考试、高等教育自学考试等。二是资格考试，如全国法律职业资格考试、全国注

册会计师资格考试、全国执业医师资格考试、执业药师考试等。三是公务员考试，如国家公务员考试、地方公务员考试。四是测试水平等级的考试，如国家英语（四）六级考试、计算机等级考试等。至于教育机构内部组织的考试，如大、中、小学内部的学科考试，则并非此处所谓“法律规定的国家考试”。所谓组织作弊，是指为了使他人在考试中增强“竞争力”，通过不正当手段，组织、策划、指挥多人考试作弊的行为。所谓作弊器材，是指能为考试作弊提供帮助或者服务的高科技电子产品，主要包括窃听、窃照专用器材、针孔摄像机、新型数字接收设备、无线耳塞等高科技电子产品。所谓“其他帮助”，是指为他人实施组织作弊犯罪提供除了作弊器材以外的其他物质、心里支持等方式进行帮助的行为。

3. 本罪的犯罪主体是一般主体，即年满16周岁且具有刑事责任的自然人。

4. 本罪在主观方面是故意，被胁迫参与作弊的不能追究刑事责任。

根据《刑法》第284条之一第1款的规定，犯本罪的，处3年以下有期徒刑或者拘役，并处或者单处罚金；情节严重的，处3年以上7年以下有期徒刑，并处罚金。

十五、非法出售、提供考试试题、答案罪

非法出售、提供考试试题、答案罪，是指为实施考试作弊行为，向他人非法出售或者提供法律规定的国家考试的试题、答案的行为。这是《刑法修正案（九）》第25条第3款增设的新罪名。本罪的构成要件如下：

1. 本罪侵犯的客体是国家正常的考试秩序。

2. 本罪客观行为表现为为实施考试作弊行为，向他人非法出售、提供法律规定的国家考试的试题、答案的行为。所谓非法出售，是指掌握试题的人，以金钱或者物质进行交易的行为。所谓提供，是指不以出卖为目的向他人提供试题、答案的行为。

3. 本罪的犯罪主体是一般主体，即年满16周岁且具有刑事责任的自然人。

4. 本罪在主观方面表现为故意，过失行为不构成本罪。所谓答案，是指考试试题的标准答案或参考答案。

根据《刑法》第284条之一第3款、第1款的规定，犯本罪的，处3年以下有期徒刑或者拘役，并处或者单处罚金；情节严重的，处3年以上7年以下有期徒刑，并处罚金。

十六、代替考试罪

代替考试罪，是指代替他人或者让他人代替自己参加法律规定的国家考试的行为。这是《刑法修正案（九）》第25第4款增设的新罪名。本罪的构成要件如下：

1. 本罪侵犯的客体是国家正常的考试秩序。

2. 本罪的客观行为表现为代替他人或者让他人代替自己参加规定的考试行为。所谓代替考试，是指考场中的一种作弊行为，是用各种欺骗手段假以他人身份代为参加考试的行为。代替考试行为又分为两种：一是代替他人考试，二是让他人代替自己考试。所谓代替他人考试，是指在法律规定的国家考试中代替他人参加考试的行为。所

谓让他人代替自己考试，是指在法律规定的国家考试中，让他人代替自己参加考试。

3. 本罪的犯罪主体是一般主体，即年满 16 周岁且具有刑事责任的自然人。

4. 本罪在主观方面表现为故意，过失行为不构成本罪。

根据《刑法》第 284 条之一第 4 款的规定，犯本罪的，处拘役或者管制，并处或者单处罚金。

十七、非法侵入计算机信息系统罪

非法侵入计算机信息系统罪，是指违反国家规定，侵入国家事务、国防建设、尖端科学技术领域的计算机信息系统的行为。本罪的构成要件是：

1. 本罪侵犯的客体是国家对国家事务、国防建设、尖端科学技术领域的计算机信息系统安全的管理秩序。

2. 本罪在客观上表现为违反国家规定，侵入国家事务、国防建设、尖端科学技术领域的计算机信息系统的行为。违反国家规定，是指违反国家关于保护计算机安全的规定。侵入，是指未取得国家有关主管部门合法授权或批准，通过计算机终端访问国家事务、国防建设、尖端科学技术领域的计算机信息系统，或者进行数据截收。非法侵入国家事务、国防建设、尖端科学技术领域的计算机信息系统以外的计算机信息系统的行为不构成本罪。非法侵入国家事务、国防建设、尖端科学技术领域的计算机信息系统后窃取国家秘密的，应当以本罪和非法获取国家秘密罪数罪并罚；如果是为境外的机构、组织、人员窃取国家秘密，应当以本罪和为境外窃取国家秘密罪数罪并罚。

3. 本罪的主体是一般主体。凡已满 16 周岁、具有刑事责任能力的自然人，均可成为本罪的主体。单位也可以构成本罪。

4. 本罪在主观上是直接故意，即明知自己是非法进入国家事务、国防建设、尖端科学技术领域的计算机信息系统，并且希望非法侵入的结果发生。

根据《刑法》第 285 条的规定，犯本罪的，处 3 年以下有期徒刑或者拘役。单位犯本罪的，对单位判处罚金，并对直接负责的主管人员和其他直接责任人员，依照上述规定处罚。

十八、非法获取计算机信息系统数据、非法控制计算机信息系统罪

非法获取计算机信息系统数据、非法控制计算机信息系统罪，是指违反国家规定，侵入国家事务、国防建设、尖端科学技术领域的计算机信息系统以外的计算机信息系统，或者采用其他技术手段，获取该计算机信息系统中存储、处理或者传输的数据，或者对该计算机信息系统实施非法控制，情节严重的行为。本罪的构成要件是：

1. 本罪侵犯的客体是国家对计算机信息系统的管理秩序。

2. 本罪在客观上表现为违反国家规定，实施以下行为之一：（1）侵入国家事务、国防建设、尖端科学技术领域的计算机信息系统以外的计算机信息系统。（2）采用非法侵入以外的其他技术手段，获取前述计算机信息系统中存储、处理或者传输的数据。

（3）对前述计算机信息系统实施非法控制。上述行为须达到情节严重的程度才构成犯罪。

3. 本罪的主体是一般主体。凡已满 16 周岁、具有刑事责任能力的自然人，均可成为本罪的主体。单位也可以构成本罪。

4. 本罪在主观上是直接故意，即明知自己是在非法获取计算机信息系统数据、或者非法控制计算机信息系统，并且希望有关数据被非法获取、有关系统被非法控制的结果发生。

根据《刑法》第 285 条第 2 款的规定，犯本罪的，处 3 年以下有期徒刑或者拘役，并处或者单处罚金；情节特别严重的，处 3 年以上 7 年以下有期徒刑，并处罚金。单位犯本罪的，对单位判处罚金，并对直接负责的主管人员和其他直接责任人员，依照上述规定处罚。

十九、提供侵入、非法控制计算机信息系统程序、工具罪

提供侵入、非法控制计算机信息系统程序、工具罪，是指提供专门用于侵入、非法控制计算机信息系统的程序、工具，或者明知他人实施侵入、非法控制计算机信息系统的违法犯罪行为而为其提供程序、工具，情节严重的行为。本罪的构成要件是：

1. 本罪侵犯的客体是国家对计算机信息系统的管理秩序。

2. 本罪在客观上表现为以下行为之一：（1）提供专门用于侵入、非法控制计算机信息系统的程序、工具。（2）为实施侵入、非法控制计算机信息系统的违法犯罪行为的人提供程序、工具。这两种行为的主要区别在于前者是对不特定对象提供有特定非法用途的程序、工具，后者是对特定对象提供不具有特定用途的程序、工具，二者造成的危害结果则是相同的，即都使计算机信息系统陷入被侵入、非法控制的危险。上述行为须达到情节严重的程度才构成犯罪。

3. 本罪的主体是一般主体。凡已满 16 周岁、具有刑事责任能力的自然人，均可成为本罪的主体。单位也可以构成本罪。

4. 本罪在主观上是直接故意，即明知自己是在提供侵入、非法控制计算机信息系统的程序、工具，并且希望将有关程序、工具提供给他人的结果发生。

根据《刑法》第 285 条第 3 款的规定，犯本罪的，处 3 年以下有期徒刑或者拘役，并处或者单处罚金；情节特别严重的，处 3 年以上 7 年以下有期徒刑，并处罚金。单位犯本罪的，对单位判处罚金，并对直接负责的主管人员和其他直接责任人员，依照上述规定处罚。

二十、破坏计算机信息系统罪

破坏计算机信息系统罪，是指违反国家规定，对计算机信息系统功能进行删除、修改、增加、干扰，造成计算机信息系统不能正常运行，或者对计算机信息系统中存储、处理或者传输的数据和应用程序进行删除、修改、增加的操作，或者故意制作、传播计算机病毒等破坏性程序，影响计算机系统正常运行，后果严重的行为。本罪的

构成要件是：

1. 本罪侵犯的客体是国家对计算机信息系统的管理秩序。

2. 本罪在客观上表现为以下行为之一：（1）违反国家规定，对计算机信息系统功能进行删除、修改、增加、干扰，造成计算机信息系统不能正常运行；（2）对计算机信息系统中存储、处理或者传输的数据和应用程序进行删除、修改、增加的操作；（3）故意制作、传播计算机病毒等破坏性程序，影响计算机系统正常运行。上述行为都必须造成严重后果，才构成本罪。实施上述行为之一，即可构成本罪，实施两个以上的行为，也只按一罪论处，但均必须后果严重。所谓后果严重，主要表现为使国家、单位或者个人遭受重大损失或者造成恶劣社会影响。破坏计算机信息系统，尚未造成严重后果的，不构成本罪。

3. 本罪的主体是一般主体。凡已满 16 周岁、具有刑事责任能力的自然人，均可成为本罪的主体。单位也可以构成本罪。

4. 本罪在主观上是故意，即明知自己破坏计算机信息系统的行为会造成严重后果，并且希望或者放任危害结果的发生。

非法侵入国家事务、国防建设、尖端科学技术领域的计算机信息系统后又临时起意破坏有关计算机信息系统的，应当以非法侵入计算机信息系统罪和本罪数罪并罚。利用计算机实施金融诈骗、盗窃、贪污、挪用公款、窃取国家秘密或者其他犯罪的，依照《刑法》有关规定定罪处罚。

根据《刑法》第 286 条的规定，犯本罪的，处 5 年以下有期徒刑或者拘役；后果特别严重的，处 5 年以上有期徒刑。单位犯本罪的，对单位判处罚金，并对直接负责的主管人员和其他直接责任人员，依照上述规定处罚。

二十一、拒不履行信息网络安全管理义务罪

拒不履行信息网络安全管理义务罪，是指网络服务提供者不履行法律、行政法规规定的信息网络安全管理义务，经监管部门责令采取改正措施而拒不改正的行为。这是《刑法修正案（九）》第 28 条增设的罪名。本罪的构成特征如下：

1. 本罪侵犯的是国家对网络安全的管理制度。

2. 本罪在客观方面表现为网络服务提供者不履行法律、行政法规规定的信息网络安全管理义务，经监管部门责令采取改正措施而拒不改正的行为。首先，行为人必须具有不履行法律、行政法规规定的信息网络安全管理义务的行为。其次，须经监管部门责令采取改正措施而拒不改正。监管部门包括国家网信部门、工业和信息化部、工商行政管理部门、通信主管部门、新闻出版部门、教育部门、卫生部门、药品监督管理部门、公安部门和国家安全部门等。“责令改正而拒不改正”反映出网络服务提供者的不负责任和放任态度。如果网络服务提供者在被责令改正后采取了相关措施，但是已经无法控制或者损害结果已经出现，因其主观上没有犯罪故意，客观上采取了改正措施，不构成本罪。最后，必须造成严重后果或情节严重。具体表现为：（1）致使违法信息大量传播的；（2）致使用户信息泄露，造成严重后果的；（3）致使刑事案件证据灭失，情节严重的；（4）有其他严重情节的。

3. 本罪的主体为特殊主体，即网络服务提供者，自然人和单位均可构成。网络服务提供者包括网络技术服务提供者和网络信息服务提供者。其中，网络技术服务提供者是网络服务提供者的基本组成部分，属于网络服务提供者的当然内涵；网络信息服务提供者是在信息网络飞速发展下，对网络服务提供者这一概念的适当延伸。具体来说，网络技术服务提供者是指为网络信息传播提供链接等各种技术服务的主体，包括提供基础网络传输设施的网络接入服务提供者、提供服务器空间和系统支持的网络平台提供者等。网络信息服务提供者，是指通过信息采集、开发、处理和信息平台的建设，通过通信网络直接向终端用户提供语音信息服务或在线信息和数据检索等信息服务。信息服务的类型包括内容服务、娱乐游戏、商业信息和定位信息等服务。综上，网络服务提供者包括但不限于网络接入服务提供者、网络平台或者空间提供者（包括提供博客空间、BBS空间、服务器空间出租等）、网络内容及产品服务提供者比如搜索引擎服务提供者、传输通道服务提供者（如电信运营商）等媒介或者个人。

4. 本罪在主观方面表现为故意，既可以是直接故意也可以是间接故意。具体来说网络服务提供者在监管部门责令采取改正措施后，明知不采取删除、封锁、移除等改正措施，会导致严重后果，依然希望或者放任危害结果的发生。如果网络服务提供者事先与不法分子共谋，在主观上有共同实行犯罪的意思联络，在不法分子散布违法信息、攻击网络安全时不管不顾，故意消极放任，不进行报告也不采取技术措施，最终造成严重后果，可能与不法分子构成共同犯罪，比如诽谤罪、诈骗罪等。

根据《刑法》第286条之一的规定，犯本罪的，处3年以下有期徒刑、拘役或者管制，并处或者单处罚金。单位犯本罪的，对单位判处罚金，并对其直接负责的主管人员和其他直接责任人员，依照前款的规定处罚。有前两款行为，同时构成其他犯罪的，依照处罚较重的规定定罪处罚。

二十二、非法利用信息网络罪

非法利用信息网络罪，是指利用信息网络，设立用于实施诈骗、传授犯罪方法、制作或者销售违禁物品、管制物品等违法犯罪活动的网站、通讯群组，或者发布有关制作或者销售毒品、枪支、淫秽物品等违禁物品、管制物品或者其他违法犯罪信息，或者为实施诈骗等违法犯罪活动发布信息，情节严重的行为。这是《刑法修正案（九）》第29条增设的罪名。本罪的构成特征如下：

1. 本罪侵犯的客体是我国正常有序的信息网络管理秩序和信息安全。

2. 本罪在客观方面表现为非法利用信息网络，设立用于实施诈骗、传授犯罪方法、制作或者销售违禁物品、管制物品等违法犯罪活动的网站、通讯群组，或者发布有关制作或者销售毒品、枪支、淫秽物品等违禁物品、管制物品或者其他违法犯罪信息，或者为实施诈骗等违法犯罪活动发布信息，情节严重的行为。信息网络包括以计算机、电视机、固定电话机、移动电话机等电子设备为终端的计算机互联网、广播电视网、固定通信网、移动通信网等信息网络，以及向公众开放的局域网络。具体行为方式包括：（1）设立违法犯罪活动的网站、通讯群组。这里的设立既包括注册域名、制作界面、购买或者租赁服务器等建立网站行为或者注册通讯群组行为，也包括在已有合法网站或者通讯群组基础上，更改网站内容或者变更通讯群组人员，从而使更改后的网站和通讯群组主要用于实施诈骗、传授犯罪方法、制作或者销售违禁物品、管制物品等违法犯罪活动。网站是指可以通过互联网域名、IP 地址等方式访问的内容提供站点。通讯群组是指利用互联网建立的主要用于传播淫秽电子信息的群组，比如微信群、QQ 群、聊天室等。(2) 发布违法犯罪信息。具体包括两类，一是发布关于毒品、枪支、淫秽物品等违禁物品、管制物品的制作或者销售信息；二是发布其他违法犯罪信息。(3) 为实施诈骗等违法犯罪活动发布信息。此项突出发布信息的目的性，即为了实施诈骗等违法犯罪活动而发布信息，主要针对近年来人民群众反映强烈的短信诈骗、电信诈骗、网络诈骗。

3. 犯罪主体是一般主体，可以是自然人，也可以是单位。

4. 本罪的主观方面表现为故意，且要求行为人对犯罪对象有认识。

根据《刑法》第 287 条之一的规定，犯本罪的，处 3 年以下有期徒刑或者拘役，并处或者单处罚金。单位犯本罪的，对单位判处罚金，并对其直接负责的主管人员和其他直接责任人员，依照前款规定处罚。有前两款行为，同时构成其他犯罪的，依照处罚较重的规定定罪处罚。

二十三、帮助信息网络犯罪活动罪

帮助信息网络犯罪活动罪，是指明知他人利用信息网络实施犯罪，为其犯罪提供互联网接入、服务器托管、网络存储、通讯传输等技术支持，或者提供广告推广、支付结算等帮助，情节严重的行为。这是《刑法修正案（九）》第 29 条增设的罪名。本罪的构成特征如下：

1. 本罪所侵犯的客体是国家对信息网络环境的正常管理秩序。

2. 本罪在客观方面表现为明知他人利用信息网络实施犯罪，为其犯罪提供互联网接入、服务器托管、网络存储、通讯传输等技术支持，或者提供广告推广、支付结算等帮助，情节严重的行为。互联网接入指负责将用户的计算机或局域网与公用网连接在一起，为其他企业或个人提供互联网接入服务的企业叫做互联网接入服务提供商 (IAP) 或互联网服务商 (ISP)。服务器托管是指将自己的服务器放置在提供托管服务的机房中，借助机房完备的网络接入、稳定性保障等方面的优势，运营网站。网络存储，是指帮助犯罪分子将存储设备连接在计算机网络，并配以辅助软件和硬件，实现数据存储、数据传输和数据共享，从而提高犯罪分子存储设备的利用率、降低数据存储成本。通讯传输是指为犯罪分子提供信息网络，实现数据传递，实现远程连接。广告推广是指帮助犯罪分子制作或者投放广告，进行广告宣传，对产品或者服务进行营销，从而推广产品或者服务。支付结算又称转账结算，是指单位、个人在社会经济活动中使用票据、信用卡和汇兑、托收承付、委托收款等结算方式进行货币给付及资金清算的行为。支付结算的帮助行为表现为服务方为网络犯罪分子提供平台，完成资金从一方当事人向另一方当事人的转移。

3. 本罪的主体是一般主体，可以是自然人，也可以是单位。

4. 本罪在主观方面为故意，即明知自己为他人实施的信息网络犯罪提供技术支持或者其他帮助行为，会给国家的信息网络管理秩序造成危害，仍然希望或者放任信息网络犯罪危害结果发生的心理态度。

根据《刑法》第287条之二的规定，犯本罪的，处3年以下有期徒刑或者拘役，并处或者单处罚金。单位犯前款罪的，对单位判处罚金，并对其直接负责的主管人员和其他直接责任人员，依照第一款的规定处罚。有前两款行为，同时构成其他犯罪的，依照处罚较重的规定定罪处罚。

二十四、扰乱无线电通讯管理秩序罪

扰乱无线电通讯管理秩序罪，是指违反国家规定，擅自设置、使用无线电台（站），或者擅自使用无线电频率，干扰无线电通讯秩序，情节严重的行为。本罪的构成要件是：

1. 本罪侵犯的客体是国家对无线电通讯的管理秩序。

2. 本罪在客观上表现为违反国家规定，擅自设置、使用无线电台（站），或者擅自使用无线电频率，干扰无线电通讯秩序，情节严重的行为。（1）必须违反了《无线电管理条例》等国家对无线电的管理规定。（2）必须实施了擅自设置、使用无线电台（站）的行为或者擅自使用无线电频率的行为。只要实施这两种行为之一，即构成本罪，两种均实施，也只按一罪论处。（3）必须干扰了无线电通讯秩序，并且情节严重。客观上只有同时具备上述三方面的条件，才构成本罪。

3. 本罪的主体是自然人一般主体和单位。凡已满16周岁、具有刑事责任能力的自然人和单位，均可成为本罪的主体。

4. 本罪在主观上对于擅自设置、使用无线电台（站），或者擅自使用无线电频率的行为是直接故意，对严重后果的发生则通常持放任心态。

根据司法解释的规定，违反国家规定，擅自设置、使用无线电台（站），或者擅自占用频率，非法经营国际电信业务或者涉港澳台电信业务进行营利活动，同时构成非法经营罪和本罪的，依照处罚较重的规定定罪处罚。①

根据《刑法》第288第1款的规定，自然人犯本罪的，处3年以下有期徒刑、拘役或者管制，并处或者单处罚金；情节特别严重的，处3年以上7年以下有期徒刑，并处罚金。根据《刑法》第288第2款的规定，单位犯本罪的，对单位判处罚金，并对其直接负责的主管人员和其他直接责任人员，依照前款的规定处罚。

二十五、聚众扰乱社会秩序罪

（一）聚众扰乱社会秩序罪的概念和构成

聚众扰乱社会秩序罪，是指聚众扰乱社会秩序，情节严重，致使工作、生产、营业和教学、科研、医疗无法进行，造成严重损失的行为。本罪的构成要件如下：

---

① 参见最高人民法院2000年4月28日通过、自2000年5月24日起施行的《关于审理扰乱电信市场管理秩序案件具体应用法律若干问题的解释》第5条。

1. 本罪侵犯的客体是社会秩序。这里的社会秩序，是指机关、公司、企业、事业单位、团体等单位的工作秩序、生产秩序、营业秩序、教学秩序、科研秩序和医疗秩序。

2. 本罪在客观上表现为聚众扰乱社会秩序，情节严重，致使工作、生产、营业和教学、科研、医疗无法进行，造成严重损失的行为。（1）必须实施了聚众扰乱社会秩序的行为。聚众，是指纠集多人于同一时间汇聚在同一地点。扰乱社会秩序，在这里是指采取聚众侵入、占领、封闭、哄闹、辱骂等方式，扰乱机关、公司、企业、事业单位、团体等单位的工作秩序、生产秩序、营业秩序、教学秩序、科研秩序和医疗秩序。（2）必须达到情节严重，致使工作、生产、营业和教学、科研、医疗无法进行的程度。这里的情节严重，主要是指扰乱时间长、聚集人数多、扰乱的秩序重要或者造成的影响恶劣等情形。（3）必须造成了严重损失。这里的严重损失，主要是指财产损失以及因工作、生产、营业、教学、科研和医疗活动无法进行而带来的实际危害结果，如使生产停止而造成的经济损失，因科研失败而造成的损失等。上述三方面的条件必须同时具备才构成本罪。

3. 本罪的主体是一般主体。凡已满 16 周岁、具有刑事责任能力的自然人，均可成为本罪的主体。但是，只有对聚众扰乱社会秩序的首要分子和其他积极参加的，才能以本罪论处。

4. 本罪在主观上是故意，即明知自己是在纠集众人或者与众人共同扰乱社会秩序，会使工作、生产、营业和教学、科研、医疗无法进行，遭受严重损失，并且希望或者放任这种结果发生。

（二）聚众扰乱社会秩序罪的认定

认定本罪，应当注意如下问题：

1. 本罪与非罪的界限

对于聚众扰乱社会秩序，尚未达到情节严重的程度，或者虽然达到情节严重的程度，但尚未造成严重损失的，不应以犯罪论处。

2. 本罪与非法集会、游行、示威罪的界限

本罪与非法集会、游行、示威罪在客观上都可能表现为众人聚集于机关、公司、企业、事业单位或者团体等单位门前，扰乱工作、生产等社会秩序的行为。两罪的主要区别在于：第一，侵犯的客体不同。本罪侵犯的客体是工作秩序、生产秩序、营业秩序、教学秩序、科研秩序和医疗秩序等社会秩序，非法集会、游行、示威罪侵犯的是国家对集会、游行、示威活动的管理秩序。第二，危害行为不同。虽然两罪在客观上都可能扰乱社会秩序，但本罪在客观上表现为采取聚众侵入、占领、封闭、哄闹、辱骂等方式，直接扰乱机关、公司、企业、事业单位、团体等单位的工作、生产、营业、教学和科研秩序的行为。非法集会、游行、示威罪则表现为未经批准或者不按批准进行集会、游行或者示威的行为，对工作、生产、营业、教学和科研秩序的破坏通常是非法集会、游行或者示威所造成的危害结果。第三，对危害结果的要求不同。本罪除了实施情节严重的扰乱社会秩序行为，还必须造成严重后果，非法集会、游行、示威罪则只要行为人不服从解散命令，严重破坏社会秩序即可构成。

3. 本罪与其他相关犯罪的界限

由于《刑法》另设专款对聚众冲击国家机关的行为作出了规定，因而对于这种扰

乱社会秩序的行为不能以本罪论处，而应以聚众冲击国家机关罪论处。在聚众扰乱社会秩序的过程中，进行打、砸、抢，致人伤残、死亡的，应当以故意伤害罪或者故意杀人罪论处；抢走公私财物的，应当以抢劫罪论处。根据有关司法解释的规定，组织和利用邪教组织聚众围攻、冲击企业事业单位，扰乱企业事业单位的工作、生产、经营、教学、科研和医疗秩序的，不以本罪论处，而是依照《刑法》第 300 条第 1 款的规定定罪处罚，即以组织、利用邪教组织破坏法律实施罪定罪处罚。

（三）聚众扰乱社会秩序罪的处罚

根据《刑法》第 290 条第 1 款的规定，犯本罪的，对首要分子，处 3 年以上 7 年以下有期徒刑；对其他积极参加的，处 3 年以下有期徒刑、拘役、管制或者剥夺政治权利。

二十六、聚众冲击国家机关罪

聚众冲击国家机关罪是指聚众冲击国家机关，致使国家机关工作无法进行，造成严重损失的行为。本罪的构成要件是：

1. 本罪侵犯的客体是国家机关的工作秩序。

2. 本罪在客观上表现为聚众冲击国家机关，致使国家机关工作无法进行，造成严重损失的行为。首先，必须实施了聚众冲击国家机关的行为。所谓聚众冲击国家机关，是指聚集多人包围、堵塞、冲入国家机关。其次，必须达到使国家机关无法进行工作的程度。最后，必须造成严重损失。这里的严重损失，主要是指被冲击的国家机关财产遭到损坏，经济损失严重。上述三方面条件必须同时具备，才能构成本罪。

3. 本罪的主体是一般主体。凡已满 16 周岁、具有刑事责任能力的自然人，均可成为本罪的主体。但是，只有对冲击国家机关的首要分子和其他积极参加者，才能以本罪论处。

4. 本罪在主观上是故意，即明知自己是在纠集众人或者与众人共同冲击国家机关，会使国家机关无法进行工作，遭受严重损失，并且希望或者放任这种结果发生。

根据有关司法解释的规定，组织和利用邪教组织聚众围攻、冲击国家机关，扰乱国家机关的工作秩序的，不以本罪论处，而是依照《刑法》第 300 条第 1 款的规定定罪处罚，即以组织、利用邪教组织破坏法律实施罪定罪处罚。

根据《刑法》第 290 条第 2 款的规定，犯本罪的，对首要分子，处 5 年以上 10 年以下有期徒刑；对其他积极参加的，处 5 年以下有期徒刑、拘役、管制或者剥夺政治权利。

二十七、扰乱国家机关工作秩序罪

扰乱国家机关工作秩序罪，是指多次扰乱国家机关工作秩序，经行政处罚后仍不改正，造成严重后果的行为。这是《刑法修正案（九）》第 31 条增设的罪名。本罪的构成特征如下：

1. 本罪的客体为国家机关运行秩序和社会公共秩序。

2. 本罪在客观方面表现为行为人多次扰乱国家机关工作秩序，经行政处罚后仍不改正，造成严重后果的行为。多次，即实施 3 次以上扰乱国家机关工作秩序的行为。此处所谓“造成严重后果”是指严重扰乱国家机关工作秩序，致使工作无法正常开展，造成恶劣社会影响，引起社会舆论负面炒作，影响国家机关声誉和形象等。

3. 本罪的主体为一般主体，即年满 16 周岁，具有刑事责任能力的自然人。

4. 本罪在主观方面表现为故意，行为人基于何种动机则不影响本罪的成立。

根据《刑法》第 290 条第 3 款的规定，犯本罪的，处 3 年以下有期徒刑、拘役或者管制。

二十八、组织、资助非法聚集罪

组织、资助非法聚集罪，是指多次组织、资助他人非法聚集，扰乱社会秩序，情节严重的行为。这是《刑法修正案（九）》第 31 条增设的罪名。本罪的构成特征如下：

1. 本罪的客体为社会公共秩序。

2. 本罪在客观方面表现为行为人多次组织、资助他人非法聚集，扰乱社会秩序，情节严重的行为。所谓组织，是指召集多人为首发起或者实施招募、雇佣、拉拢、鼓动、劝说多人参与非法聚集活动。所谓资助，是指通过提供场所、经费、物资等进行支持和帮助。资助，应当限定为物质资助，而不包括精神方面给予的鼓励、声援以及发表文章表示支持等。资助可以是事先提供，也可以是事后提供，在法律性质上，资助的行为是一种帮助行为，但立法将其规定为实行行为，是独立的犯罪，不按照共同犯罪的从犯论处。本罪是选择罪名，根据实际实施的行为具体确定犯罪的名称。

3. 本罪的主体为一般主体，即年满 16 周岁，具有刑事责任能力的自然人。

4. 本罪在主观方面为故意，至于行为人的动机如何则不影响本罪的成立。

根据《刑法》第 290 条第 4 款的规定，犯本罪的，处以 3 年以下有期徒刑、拘役或者管制。

二十九、聚众扰乱公共场所秩序、交通秩序罪

聚众扰乱公共场所秩序、交通秩序罪，是指聚众扰乱车站、码头、民用航空站、商场、公园、影剧院、展览会、运动场或者其他公共场所秩序，聚众堵塞交通或者破坏交通秩序，抗拒、阻碍国家治安管理工作人员依法执行职务，情节严重的行为。本罪的构成要件是：

1. 本罪侵犯的客体是公共场所秩序和交通秩序。

2. 本罪在客观上表现为聚众扰乱车站、码头、民用航空站、商场、公园、影剧院、展览会、运动场或者其他公共场所秩序，聚众堵塞交通或者破坏交通秩序，抗拒、阻碍国家治安管理工作人员依法执行职务，情节严重的行为。首先，必须实施了聚众扰乱公共场所秩序或者聚众扰乱交通秩序的行为之一。其次，必须实施了抗拒、阻碍国家治安管理工作人员依法执行职务的行为。最后，必须达到情节严重的程度。所谓情节严重，至要是指对公共场所秩序或者交通秩序造成严重破坏，或者造成人员伤亡或财产损失等严重后果。上述三方面的条件必须同时具备，才可能构成本罪。

3. 本罪的主体是一般主体。凡已满 16 周岁、具有刑事责任能力的自然人，均可成为本罪的主体。但是，只有对聚众扰乱公共场所秩序、交通秩序的首要分子，才能以本罪论处。

4. 本罪在主观上是直接故意，即明知自己是在纠集众人扰乱公共场所秩序或者交通秩序，会造成公共场所秩序或者交通秩序混乱，并且希望这种结果发生。

根据有关司法解释的规定，组织和利用邪教组织非法举行集会、游行、示威，煽动、欺骗、组织其成员或者其他人聚众围攻、冲击、强占、哄闹公共场所，扰乱社会秩序的，不以本罪论处，而是依照《刑法》第 300 条第 1 款的规定定罪处罚，即以组织、利用邪教组织破坏法律实施罪定罪处罚。[①]

根据《刑法》第 291 条的规定，犯本罪的，对首要分子，处 5 年以下有期徒刑、拘役或者管制。

三十、投放虚假危险物质罪

投放虚假危险物质罪，是指投放虚假的爆炸性、毒害性、放射性、传染病病原体等物质，严重扰乱社会秩序的行为。本罪的构成要件是：

1. 本罪侵犯的客体是社会秩序，包括工作、生产、生活、教学、科研等各方面的社会秩序。

2. 本罪在客观上表现为投放虚假的爆炸性、毒害性、放射性、传染病病原体等物质，严重扰乱社会秩序的行为。首先，必须实施了投放虚假危险物质的行为，即明知不是危险物质，却使人误以为是危险物质并加以投放。其次，必须严重扰乱了社会秩序。所谓严重扰乱社会秩序，主要是指引起公众严重恐慌，或者使正常的工作、生产、教学等秩序陷入严重混乱。上述两方面条件必须同时具备，才构成本罪。

3. 本罪的主体是一般主体。凡已满 16 周岁、具有刑事责任能力的自然人，均可成为本罪的主体。

4. 本罪在主观上是直接故意，即明知自己在投放虚假危险物质，并且希望虚假危险物质被投放的结果发生。

根据《刑法》第 291 条之一的规定，犯本罪的，处 5 年以下有期徒刑、拘役或者管制；造成严重后果的，处 5 年以上有期徒刑。

三十一、编造、故意传播虚假恐怖信息罪

编造、故意传播虚假恐怖信息罪是指编造爆炸威胁、生化威胁、放射威胁等恐怖信息，或者明知是编造的恐怖信息而故意传播，严重扰乱社会秩序的行为。本罪的构成要件是：

1. 本罪侵犯的客体是社会秩序，包括工作、生产、生活、教学、科研等各方面的

---

① 参见最高人民法院、最高人民检察院 1999 年 10 月 20 日公布、10 月 30 日施行的《关于办理组织和利用邪教组织犯罪案件具体应用法律若干问题的解释》第 2 条第 2 款。

社会秩序。

2. 本罪在客观上表现为编造爆炸威胁、生化威胁、放射威胁等恐怖信息，或者明知是编造的恐怖信息而加以传播，严重扰乱社会秩序的行为。首先，必须实施了编造虚假恐怖信息或者传播虚假恐怖信息的行为。所谓恐怖信息，是指有关危害公共安全，足以引起公众恐慌的信息。其次，必须严重扰乱了社会秩序。上述两方面条件必须同时具备，才构成本罪。编造、故意传播虚假恐怖信息尚未严重扰乱社会秩序的，或者将虚假恐怖信息误当做真实恐怖信息加以传播，不应以犯罪论处。

3. 本罪的主体是一般主体。凡已满 16 周岁、具有刑事责任能力的自然人，均可成为本罪的主体。

4. 本罪在主观上是故意，即明知自己是在编造虚假恐怖信息，或者是在传播虚假恐怖信息，并且希望虚假恐怖信息被编造或者被传播的结果发生。

组织、领导、参加恐怖组织并编造、传播虚假恐怖信息，严重扰乱社会秩序的，以组织、领导、参加恐怖组织罪和本罪数罪并罚；非法侵入国家事务、国防建设、尖端科学技术领域的计算机信息系统，并在系统内编造、故意传播虚假恐怖信息，严重扰乱社会秩序的，以非法侵入计算机信息系统罪和本罪数罪并罚。

根据《刑法》第 291 条之一的规定，犯本罪的，处 5 年以下有期徒刑、拘役或者管制；造成严重后果的，处 5 年以上有期徒刑。

三十二、编造、故意传播虚假信息罪

编造、故意传播虚假信息罪，是指编造虚假的险情、疫情、灾情、警情，在信息网络或者其他媒体上传播，或者明知是上述虚假信息，故意在信息网络或者其他媒体上传播，严重扰乱社会秩序的行为。这是《刑法修正案（九）》第 32 条增设的罪名。本罪的构成特征如下：

1. 本罪侵犯的客体是正常、有序的社会公共秩序。

2. 本罪在客观方面表现为编造虚假的险情、疫情、灾情、警情，在信息网络或者其他媒体上传播，或者明知是上述虚假信息，故意在信息网络或者其他媒体上传播，严重扰乱社会秩序的行为。虚假信息是没有根据的信息，人为捏造的不真实的信息，既包括捏造不存在的信息，也包括对真实信息的篡改。虚假信息的范围是险情、疫情、灾情、警情。险情，是指对生命、财产及环境安全构成威胁的事件，险情不一定产生严重损害后果，在及时采取措施后，其后果可以得到控制、减轻甚至没有后果。灾情是指自然变异活动作用于人类社会，并造成明显危害的情况。比如旱灾、水灾等。警情是在社会生活中，公民、机关、企事业单位、社会团体等，遇到刑事犯罪的侵害，或治安案件的侵害，需要进行救治的紧急情况。编造是指凭空捏造，或者在真实信息基础上严重曲解和篡改。传播可以是在信息网络上直接转发，也可以是以“求辟谣”、“求真相”为名参与讨论并扩散，还可以是直接通过其他媒体进行报道。这里的传播媒介必须是信息网络或者其他媒体。所谓严重扰乱社会秩序，需要根据虚假信息在网络上被发、评论或者收藏的数量以及虚假信息的传播范围和影响程度来判断。具体表现形式为：危害国家安全和社会稳定；影响相关单位工作、生产、经营、教学、科研等活动；造成公众生活秩序混乱；影响正常经济秩序等。

3. 本罪的犯罪主体是一般主体，即年满16周岁且具有刑事责任能力的自然人。

4. 本罪在主观方面表现为故意。

根据《刑法》第291条之一第2款的规定，犯本罪的，处3年以下有期徒刑、拘役或者管制；造成严重后果的，处3年以上7年以下有期徒刑。造成严重后果包括引发群体性群众事件，引发社会恐慌，造成重大经济损失等。

三十三、聚众斗殴罪

（一）聚众斗殴罪的概念和构成

聚众斗殴罪是指在首要分子的组织、策划、指挥下，多人纠集进行打斗，破坏社会治安秩序的行为。本罪的构成要件如下：

1. 本罪侵犯的客体是人身权利和社会治安管理秩序，即与公众的安全感相关的社会秩序。

2. 本罪在客观上表现为聚众斗殴的行为。所谓聚众，是指在首要分子的组织、策划、指挥下，三人以上纠集在一起。所谓斗殴，是指打斗。聚众斗殴一般是对立双方均聚集多人进行打斗，但也不排除单方聚集多人与另一方进行打斗或者多方混斗的情形。

3. 本罪的主体是一般主体，凡已满16周岁、具有刑事责任能力的自然人，均可成为本罪的主体，但只有聚众斗殴的首要分子和其他积极参加者才以本罪论处。

4. 本罪在主观上是直接故意，即明知是在聚众斗殴，并且希望组织、指挥或者积极参与。行为人往往是出于泄私愤、图报复等不正当动机而实施本罪，但不以存在不正当动机为构成本罪要件。

（二）聚众斗殴罪的认定

认定本罪，应当注意如下问题：

1. 聚众斗殴罪与非罪的界限

对于情节显著轻微、危害不大的聚众斗殴行为，应当根据《刑法》第13条“但书”的规定，不作为犯罪处理。群众因民间纠纷而引发的多人参与的打斗，一般也不宜按本罪处理，但如果是聚众械斗，严重破坏公共秩序，则可以按本罪处理。

2. 聚众斗殴罪与故意伤害罪、故意杀人罪的界限

在聚众斗殴过程中，必然会侵犯人身权利，但是，聚众斗殴罪对人身权利的侵犯不会达到十分严重的程度，如果在聚众斗殴中，致人重伤、死亡的，则不再以本罪论处，而是分别按故意伤害罪、故意杀人罪定罪处罚。

（三）聚众斗殴罪的处罚

根据《刑法》第292条的规定，犯本罪的，对首要分子和其他积极参加者，处3年以下有期徒刑、拘役或者管制；有下列情形之一的，对首要分子和其他积极参加的，处3年以上10年以下有期徒刑：（1）多次聚众斗殴的；（2）聚众斗殴人数多，规模大，社会影响恶劣的；（3）在公共场所或者交通要道聚众斗殴，造成社会秩序严重混乱的；（4）持械聚众斗殴的。

三十四、寻衅滋事罪

（一）寻衅滋事罪的概念和构成

寻衅滋事罪，是指故意挑起事端、制造纠纷，破坏社会秩序的行为。本罪的构成要件如下：

1. 本罪侵犯的客体是社会治安管理秩序，即与公众的安全感相关的社会秩序。

2. 本罪在客观上表现为下列寻衅滋事行为之一：（1）随意殴打他人，情节恶劣；（2）追逐、拦截、辱骂他人，情节恶劣；（3）强拿硬要或者任意损毁、占用公私财物，情节严重；（4）在公共场所起哄闹事，造成公共场所秩序严重混乱。根据相关司法解释，利用信息网络辱骂、恐吓他人，情节恶劣，破坏社会秩序的，应依照上述第2项的规定，以寻衅滋事罪定罪处罚。编造虚假信息，或者明知是编造的虚假信息，在信息网络上散布，或者组织、指使人员在信息网络上散布，起哄闹事，造成公共秩序严重混乱的，应依照上述第4项的规定，以寻衅滋事罪定罪处罚。

3. 本罪的主体是一般主体，凡已满16周岁、具有刑事责任能力的自然人，均可成为本罪的主体。

4. 本罪在主观上是直接故意，即明知自己是在寻衅滋事，并且希望这样做。此外，行为人主观上还必须有寻开心、找刺激、耍威风等寻求精神满足的动机。

（二）寻衅滋事罪的认定

认定本罪，应当注意如下问题：

1. 寻衅滋事罪与非罪的界限

根据罪刑法定原则，只有实施了《刑法》明文规定的四种寻衅滋事行为之一，并且具备相应的严重情节，才构成本罪。

2. 寻衅滋事过程中强制猥亵、侮辱妇女，如何认定

在寻衅滋事过程中强制猥亵、侮辱妇女，如果先后出于两个独立的犯罪故意，并且两种行为分别具备寻衅滋事罪和强制猥亵、侮辱罪的构成要件，应当以寻衅滋事罪和强制猥亵、侮辱罪数罪并罚；如果其他寻衅滋事行为不构成犯罪，应当以强制猥亵、侮辱罪从重处罚；如果寻衅滋事行为具体表现为强制猥亵、侮辱妇女，则不构成本罪，而构成强制猥亵、侮辱罪。

3. 强拿硬要型寻衅滋事罪与抢劫罪的界限

强拿硬要型寻衅滋事罪与抢劫罪在客观上都表现为违背受害人意志，强行非法占有公私财物。二者的区别在于：第一，侵犯的客体不完全相同。强拿硬要型寻衅滋事罪侵犯的是财产所有权和社会治安秩序，抢劫罪侵犯的则是财产所有权和人身权利。第二，犯罪客观方面表现不完全相同。强拿硬要型寻衅滋事罪在客观上既可以是以暴力、威胁等侵犯人身权利的方法强行拿走公私财物，也可以是以非侵犯人身权利的方法强行拿走公私财物；抢劫罪则只能表现为以暴力、威胁以及其他侵犯人身权利的方法强行拿走公私财物。第三，对犯罪主体的要求不同。强拿硬要型寻衅滋事罪的主体必须是已满16周岁、具有刑事责任能力的自然人；抢劫罪的主体则是已满14周岁、具有刑事责任能力的自然人。第四，犯罪主观方面不同。实施强拿硬要型寻衅滋事罪

的行为人在主观上表现为寻衅滋事的故意，并具有寻开心、找刺激、耍威风等寻求精神满足的动机；抢劫罪的行为人主观上表现为以暴力、威胁等侵犯人身权利的方法强行夺取公私财物的故意，犯罪动机则不限。

（三）寻衅滋事罪的处罚

根据《刑法》第293条的规定，犯本罪的，处5年以下有期徒刑、拘役或者管制；纠集他人多次实施寻衅滋事行为，严重破坏社会秩序的，处5年以上10年以下有期徒刑，可以并处罚金。

三十五、组织、领导、参加黑社会性质组织罪

（一）组织、领导、参加黑社会性质组织罪的概念和构成

组织、领导、参加黑社会性质组织罪，是指组织、领导、参加各种黑社会性质组织的行为。本罪的构成要件如下：

1. 本罪侵犯的客体是复杂客体，包括经济秩序和社会治安管理秩序。

2. 本罪在客观上表现为组织、领导、参加黑社会性质组织的行为。根据《刑法》第294条第1款的规定，所谓黑社会性质组织，是指以暴力、威胁或者其他手段，有组织地进行违法犯罪活动，称霸一方，为非作恶，欺压、残害群众，严重破坏经济、社会生活秩序的犯罪组织。根据《刑法修正案（八）》第43条第5款的规定，黑社会性质的组织应当具备以下特征：（1）形成较稳定的犯罪组织，人数较多，有明确的组织者、领导者，骨干成员基本固定；（2）有组织地通过违法犯罪活动或者其他手段获取经济利益，具有一定的经济实力，以支持该组织的活动；（3）以暴力、威胁或者其他手段，有组织地多次进行违法犯罪活动，为非作恶，欺压、残害群众；（4）通过实施违法犯罪活动，或者利用国家工作人员的包庇或者纵容，称霸一方，在一定区域或者行业内，形成非法控制或者重大影响，严重破坏经济、社会生活秩序。本罪属于选择式罪名，行为人只要实施组织、领导、参加行为之一，即构成本罪，实施两个以上的行为，也按本罪一罪论处。

3. 本罪的主体是一般主体，凡已满16周岁、具有刑事责任能力的自然人，均可成为本罪的主体，且无论是组织者、领导者、积极参加者，还是其他参加者，均可能犯本罪。

4. 本罪在主观上是直接故意，即明知自己是在组织、领导或者参加黑社会性质组织，并且希望这样做。

（二）组织、领导、参加黑社会性质组织罪的认定

1. 组织、领导、参加黑社会性质组织罪与非罪的界限

根据有关司法解释，参加黑社会性质组织，没有实施其他违法犯罪活动的，或者受蒙蔽、胁迫参加黑社会性质组织，情节轻微的，可以不作为犯罪处理。①

2. 黑社会性质组织与一般犯罪集团的区别

黑社会性质组织是一种特殊的犯罪集团，具有犯罪集团的共同特征。它与一般犯

---

① 参见最高人民法院2000年12月5日公布、12月10日起施行的《关于审理黑社会性质组织犯罪的案件具体应用法律若干问题的解释》第3条第2款。

罪集团主要存在以下不同：第一，最低组成人数不同。黑社会性质组织的人数较多，至少不能低于5人；一般犯罪集团的最低人数为3人。第二，对经济实力的要求不同。黑社会性质组织必须具有获取经济利益的目的，并具有一定的经济实力以支持该组织的活动，一般犯罪集团的成立没有这方面的要求。第三，对是否残害群众的要求不同。黑社会性质组织必须以暴力、威胁或者其他手段欺压、残害群众，一般犯罪集团的成立没有这方面的要求。第四，对社会是否形成控制的要求不同。黑社会性质组织必须在一定区域或者行业内形成非法控制或者重大影响，严重破坏经济、社会生活秩序，一般犯罪集团的成立没有这方面的要求。

3. 组织、领导、参加黑社会性质组织罪一罪与数罪的认定

根据《刑法》的规定，犯组织、领导、参加黑社会性质组织罪，又实施了其他犯罪行为的，以本罪和所构成的其他罪，依照《刑法》关于数罪并罚的规定处罚。

（三）组织、领导、参加黑社会性质组织罪的处罚

根据《刑法》第294条第1款的规定，犯本罪，组织、领导黑社会性质的组织的，处7年以上有期徒刑，并处没收财产；积极参加的，处3年以上7年以下有期徒刑，可以并处罚金或者没收财产；其他参加的，处3年以下有期徒刑、拘役、管制或者剥夺政治权利，可以并处罚金。根据有关司法解释的规定，国家机关工作人员组织、领导、参加黑社会性质组织的，从重处罚。[①]

三十六、入境发展黑社会组织罪

入境发展黑社会组织罪，是指我国大陆境外的黑社会组织的人员到大陆境内发展组织成员的行为。本罪的构成要件是：

1. 本罪侵犯的客体是社会治安管理秩序。

2. 本罪在客观上表现为我国大陆境外的黑社会组织的人员到大陆境内发展组织成员的行为。根据有关司法解释，“发展组织成员”，是指将境内、外人员吸收为该黑社会组织成员。对黑社会组织成员进行内部调整等行为，可视为“发展组织成员”。港、澳、台黑社会组织到内地发展组织成员的，也按入境发展黑社会组织罪处理。[②] 因此，在我国大陆境内吸收境外的人员为该黑社会组织成员，或者将原来成员在组织内的职位加以提升，均构成本罪。

3. 本罪的主体是特殊主体，只有境外的黑社会组织的人员才可能构成本罪。

4. 本罪在主观上是直接故意，即行为人明知是在入境发展黑社会组织成员，并且希望黑社会组织成员得到发展的结果发生。

根据《刑法》第294条第4款的规定，入境发展黑社会组织后又与组织成员实施其他犯罪的，以本罪和所构成的其他犯罪，依照数罪并罚的规定处罚。境外恐怖组织入境发展组织成员的，不构成本罪。

根据《刑法》第294条第2款的规定，犯本罪的，处3年以上10年以下有期徒刑。

---

① 参见最高人民法院《关于审理黑社会性质组织犯罪的案件具体应用法律若干问题的解释》第4条。

② 参见最高人民法院《关于审理黑社会性质组织犯罪的案件具体应用法律若干问题的解释》第2条第2款。

三十七、包庇、纵容黑社会性质组织罪

包庇、纵容黑社会性质组织罪，是指国家机关工作人员包庇黑社会性质的组织，或者纵容黑社会性质的组织进行违法犯罪活动的行为。本罪的构成要件是：

1. 本罪侵犯的客体是国家机关的正常活动和社会治安管理秩序。

2. 本罪在客观上表现为包庇黑社会性质的组织，或者纵容黑社会性质的组织进行违法犯罪活动的行为。根据有关司法解释，这里的“包庇”，是指国家机关工作人员为使黑社会性质组织及其成员逃避查禁，而通风报信，隐匿、毁灭、伪造证据，阻止他人作证、检举揭发，指使他人作伪证，帮助逃匿，或者阻挠其他国家机关工作人员依法查禁等行为。“纵容”，是指国家机关工作人员不依法履行职责，放纵黑社会性质组织进行违法犯罪活动的行为。①

3. 本罪的主体是特殊主体，只有国家机关工作人员才可能构成本罪。

4. 本罪在主观上是直接故意，即明知自己是在包庇或者纵容黑社会性质的组织，并且希望黑社会性质组织受到包庇、纵容的结果发生。失职或者滥用职权，致使黑社会性质组织逃脱法律制裁或者犯罪猖獗，国家、人民利益遭受重大损失，但主观上并无包庇、纵容黑社会性质组织之意的，不构成本罪，应按玩忽职守或者滥用职权罪论处。

根据《刑法》第294条第3款的规定，犯本罪的，处5年以下有期徒刑；情节严重的②，处5年以上有期徒刑。

三十八、传授犯罪方法罪

（一）传授犯罪方法罪的概念和构成

传授犯罪方法罪，是指将犯罪方法传授给他人的行为。本罪的构成要件如下：

1. 本罪侵犯的客体是社会秩序。

2. 本罪在客观上表现为将犯罪方法传授给他人的行为。这里的犯罪方法，主要是指犯罪的手段、经验及技能，包括犯罪的基本内容、具体步骤、逃避侦查的手段、顺利完成犯罪的技巧等。传授犯罪方法的方式不受限制，既可以是口头的，也可以是书面的，既可以是秘密的，也可以是公开的，既可以是文字，也可以是图像，还可以是具体动作。

3. 本罪的主体是一般主体，凡已满16周岁、具有刑事责任能力的自然人，均可成为本罪的主体。

4. 本罪在主观上是故意，既可以是直接故意，即明知自己在传授犯罪方法，并且希望将犯罪方法传授给他人的结果发生，也可以是间接故意，即明知他人可能从自己

---

① 参见最高人民法院《关于审理黑社会性质组织犯罪的案件具体应用法律若干问题的解释》第5条。

② 关于情节严重的具体表现，参见最高人民法院《关于审理黑社会性质组织犯罪的案件具体应用法律若干问题的解释》第6条。

的行为中学到犯罪方法，并且放任这种结果的发生。

(二) 传授犯罪方法罪的认定

认定本罪，应当注意如下问题：

1. 传授犯罪方法罪与非罪的界限

本罪属行为犯，法定的传授犯罪方法的行为一经实施完毕，即可构成本罪既遂，无须他人学会或用所传授的方法实施犯罪，但情节显著轻微危害不大的，不应作为犯罪处理。

2. 传授犯罪方法罪与教唆犯的界限

传授犯罪方法罪与教唆犯之间具有较多的共同之处，容易混淆，需要认真区分。两者的主要区别如下：第一，传授犯罪方法罪是独立的罪名，具有独立的法定刑，其罪名和法定刑并不依传授的是何种犯罪的方法而改变，教唆犯罪不是独立的罪名，也不具有独立的法定刑，其罪名和法定刑依教唆他人实施的犯罪罪名和法定刑而确定。第二，传授犯罪方法罪有自己固定的客体即社会管理秩序；而教唆犯罪并无固定的客体，其实际侵犯的直接客体应依照教唆他人实施的犯罪而确定。第三，传授犯罪方法罪中的对象并不要求必须是达到负刑事责任的年龄、具有刑事责任能力的人，而教唆犯罪中的对象必须是具备刑事责任能力的人，否则属于间接实行犯，而不是教唆犯。第四，传授犯罪方法罪与教唆犯罪在行为方式上虽然没有大的区别，但在行为内容上，前者仅是向他人教授犯罪的方法，并不要求必须使他人产生实施具体犯罪的意图；而后者则是要通过教唆使他人产生犯罪意图。第五，传授犯罪方法罪的主体必须是已满16周岁的人，而教唆犯罪的主体则因其教唆他人实施的犯罪的不同而有不同的要求，即教唆他人犯《刑法》第17条第2款规定的8种犯罪的，教唆人的年龄可以是已满14周岁，教唆他人犯除此之外的其他犯罪的，教唆人的年龄必须是已满16周岁。第六，传授犯罪方法罪中，行为人向同一对象或不同对象传授了数种犯罪的方法，通常也只能构成一罪；而教唆犯罪中，行为人向同一对象教唆了数个不同的犯罪行为，则构成数个犯罪，应实行数罪并罚。

传授犯罪方法同时教唆他人犯罪的，通常应当以传授犯罪方法罪和教唆他人所犯之罪数罪并罚，但如果行为人传授犯罪方法是为了让被教唆者顺利实施所教唆之罪，则两罪之间存在牵连关系，应当在两罪之间择一重罪处断。

(三) 传授犯罪方法罪的处罚

根据《刑法》第295条的规定，犯本罪的，处5年以下有期徒刑、拘役或者管制；情节严重的，处5年以上10年以下有期徒刑；情节特别严重的，处10年以上有期徒刑或者无期徒刑。

三十九、非法集会、游行、示威罪

非法集会、游行、示威罪，是指举行集会、游行、示威，未依照法律规定申请或者申请未获许可，或者未按照主管机关许可的起止时间、地点、路线进行，又拒不服从解散命令，严重破坏社会秩序的行为。本罪的构成要件是：

1. 本罪侵犯的客体是国家对集会、游行、示威活动的管理秩序以及其他社会秩序。

2. 本罪在客观上表现为举行集会、游行、示威，未依照法律规定申请或者申请未获许可，或者未按照主管机关许可的起止时间、地点、路线进行，又拒不服从解散命令，严重破坏社会秩序的行为。首先，必须实施了未依照法律规定申请或者申请未获许可而举行集会、游行、示威的行为，或者实施了未按照主管机关许可的起止时间、地点、路线进行集会、游行、示威的行为。其次，必须拒不服从解散命令。最后，必须严重破坏了社会秩序。上述三方面的条件必须同时具备，才构成本罪。

3. 本罪的主体是特殊主体，只能是集会、游行、示威的负责人和直接责任人员。

4. 本罪在主观上是直接故意，即明知自己未按规定进行集会、游行、示威，并且希望这种非法的集会、游行、示威发生。

根据《刑法》第296条的规定，犯本罪的，对集会、游行、示威的负责人和直接责任人员，处5年以下有期徒刑、拘役、管制或者剥夺政治权利。

四十、非法携带武器、管制刀具、爆炸物参加集会、游行、示威罪

非法携带武器、管制刀具、爆炸物参加集会、游行、示威罪，是指违反法律规定，携带武器、管制刀具或者爆炸物参加集会、游行、示威的行为。本罪的构成要件是：

1. 本罪侵犯的客体是国家对集会、游行、示威活动的管理秩序。

2. 本罪在客观上表现为违反法律规定，携带武器、管制刀具或者爆炸物参加集会、游行、示威的行为。这里的法律规定，是指《集会游行示威法》等法律中关于集会、游行、示威的管理规定。武器、管制刀具以及爆炸物的范围，应以有关法律规定为准。

3. 本罪的主体是一般主体，凡已满16周岁、具有刑事责任能力的自然人，均可成为本罪的主体。

4. 本罪在主观上是直接故意，即明知自己是在携带武器、管制刀具、爆炸物参加集会、游行、示威，并且希望这样做。

根据《刑法》第297条的规定，犯本罪的，处3年以下有期徒刑、拘役、管制或者剥夺政治权利。

四十一、破坏集会、游行、示威罪

破坏集会、游行、示威罪，是指扰乱、冲击或者以其他方法破坏依法举行的集会、游行、示威，造成公共秩序混乱的行为。本罪的构成要件是：

1. 本罪侵犯的客体是国家对集会、游行、示威活动的管理秩序和公共秩序。

2. 本罪在客观上表现为扰乱、冲击或者以其他方法破坏依法举行的集会、游行、示威，造成公共秩序混乱的行为。首先，必须存在扰乱、冲击或者以其他方法破坏依法举行的集会、游行、示威的行为。破坏行为方式可以多种多样，其共同特征在于使集会、游行、示威活动不能正常进行。其次，必须造成公共秩序混乱。所谓造成公共

秩序混乱，是指造成集会、游行、示威活动经过地区或者举行场所的公共秩序，如交通秩序、治安秩序陷入混乱、失控状态。

3. 本罪的主体是一般主体，凡已满 16 周岁、具有刑事责任能力的自然人，均可成为本罪的主体。

4. 本罪在主观上是直接故意，即明知自己在破坏集会、游行、示威，并且希望集会、游行、示威遭到破坏的结果发生。

根据《刑法》第 298 条的规定，犯本罪的，处 5 年以下有期徒刑、拘役、管制或者剥夺政治权利。

四十二、侮辱国旗、国徽罪

侮辱国旗、国徽罪，是指在公众场合故意以焚烧、毁损、涂画、玷污、践踏等方式侮辱中华人民共和国国旗、国徽的行为。本罪的构成要件是：

1. 本罪侵犯的客体是复杂客体，包括我国国旗、国徽的管理秩序和我国国家尊严。

2. 本罪在客观上表现为在公众场合故意以焚烧、毁损、涂画、玷污、践踏等方式侮辱中华人民共和国国旗、国徽的行为。首先，必须存在侮辱中华人民共和国国旗、国徽的行为。侮辱行为的具体表现可以多种多样，常见的有焚烧、毁损、涂画、玷污、践踏等。其次，侮辱行为必须发生在公众场合，即公众能够自由出入的场所或者人群聚集的场所。

3. 本罪的主体是一般主体，凡已满 16 周岁、具有刑事责任能力的自然人，均可成为本罪的主体。

4. 本罪在主观上是直接故意，即明知自己在侮辱中华人民共和国国旗、国徽，并且希望国旗、国徽受到侮辱的结果发生。

根据《刑法》第 299 条的规定，犯本罪的，处 3 年以下有期徒刑、拘役、管制或者剥夺政治权利。

四十三、组织、利用会道门、邪教组织、利用迷信破坏法律实施罪

（一）组织、利用会道门、邪教组织、利用迷信破坏法律实施罪的概念和构成

组织、利用会道门、邪教组织、利用迷信破坏法律实施罪，是指组织和利用会道门、邪教组织或者利用迷信破坏国家法律、行政法规实施的行为。本罪的构成要件如下：

1. 本罪侵犯的客体是国家实施法律、行政法规的活动。

2. 本罪在客观上表现为组织和利用会道门、邪教组织或者利用迷信破坏国家法律、行政法规实施的行为。“会道门”是封建迷信活动组织的总称；“邪教组织”，是指冒用宗教、气功或者其他名义建立，神化首要分子，利用制造、散布迷信邪说等手段蛊惑、蒙骗他人，发展、控制成员，危害社会的非法组织。“破坏国家法律、行政法规实施”，主要是指以下情形：（1）制作、传播邪教、迷信宣传品，宣扬邪教、迷信。（2）邪教组织被取缔后，仍聚集滋事、公开进行邪教活动，或者聚众冲击国家机关、

新闻机构等单位。(3) 为组织、策划邪教组织人员聚集滋事、公开进行邪教活动而进行聚会、串联等活动。

3. 本罪的主体是一般主体，凡已满 16 周岁、具有刑事责任能力的自然人，均可成为本罪的主体。

4. 本罪在主观上是直接故意，即明知自己是在组织、利用会道门、邪教组织、利用迷信破坏法律实施，并且希望法律实施活动遭到破坏的结果发生。

（二）组织、利用会道门、邪教组织、利用迷信破坏法律实施罪的认定

认定本罪，应当注意如下问题：

1. 组织、利用会道门、邪教组织、利用迷信破坏法律实施罪与非罪的界限

根据有关司法解释的规定，组织、利用会道门、邪教组织、利用迷信破坏法律实施需要达到一定严重的程度，才能以本罪论处。

2. 组织、利用会道门、邪教组织、利用迷信破坏法律实施罪与他罪的界限

组织、利用会道门、邪教组织制作、传播邪教宣传品，煽动分裂国家、破坏国家统一，或者煽动颠覆国家政权、推翻社会主义制度的，不以本罪论处，而以煽动分裂国家罪或者煽动颠覆国家政权罪定罪处罚。

组织、利用会道门、邪教组织、利用迷信制作、传播邪教、迷信宣传品，公然侮辱他人或者捏造事实诽谤他人的，以侮辱罪或者诽谤罪定罪处罚。

组织、利用会道门、邪教组织、利用迷信唆使会道门成员、邪教组织人员或者迷信人员以暴力、威胁方法阻碍国家机关工作人员依法执行职务的，不以本罪论处，而以妨害公务罪定罪处罚。

组织、利用会道门、邪教组织、利用迷信唆使会道门成员、邪教组织人员或者迷信人员为境外窃取、刺探、收买、非法提供国家秘密、情报的，以窃取、刺探、收买方法非法获取国家秘密的，或者泄露国家秘密情节严重的，分别以为境外窃取、刺探、收买、非法提供国家秘密、情报罪，非法获取国家秘密罪，或者故意泄露国家秘密罪、过失泄露国家秘密罪定罪处罚，而不以本罪论处。

组织、利用会道门、邪教组织、利用迷信组织、策划、煽动、教唆、帮助会道门成员、邪教组织人员、迷信人员自杀、自残的，以故意杀人罪、故意伤害罪定罪处罚。

组织、利用会道门、邪教组织、利用迷信指使、煽动会道门成员、邪教组织人员或者迷信人员以自焚、自爆或者其他危险方法危害公共安全的，以放火罪、爆炸罪或者以危险方法危害公共安全罪定罪处罚。

3. 组织、利用会道门、邪教组织、利用迷信破坏法律实施罪一罪与数罪的认定

应当注意在实施本罪的过程中又触犯其他罪名的情形，如果是同一行为触犯了两个以上的罪名，应当依照处罚较重的规定定罪处罚；如果实施了两个独立的行为，具备两个完整的犯罪构成，应当进行数罪并罚。[①] 犯组织、利用会道门、邪教组织、利用迷信破坏法律实施罪，又有奸淫妇女、诈骗财物等犯罪行为的，依照数罪并罚的规定处罚。

---

① 具体处理办法参见最高人民法院、最高人民检察院《关于办理组织和利用邪教组织犯罪案件具体应用法律若干问题的解释（二）》。

(三) 组织、利用会道门、邪教组织、利用迷信破坏法律实施罪的处罚

根据《刑法》第300条第1款的规定，犯本罪的，处3年以上7年以下有期徒刑，并处罚金；情节特别严重的[①]，处7年以上有期徒刑或者无期徒刑，并处罚金或者没收财产；情节较轻的，处3年以下有期徒刑，拘役，管制，或者剥夺政治权利，并处或者单处罚金。

四十四、组织、利用会道门、邪教组织、利用迷信致人重伤、死亡罪

组织、利用会道门、邪教组织、利用迷信致人死亡罪是指组织和利用会道门、邪教组织或者利用迷信蒙骗他人，致人重伤、死亡的行为。本罪的构成要件是：

1. 本罪侵犯的客体是复杂客体，包括社会管理秩序和公民的生命权。

2. 本罪在客观上表现为组织和利用会道门、邪教组织或者利用迷信蒙骗他人，致人重伤、死亡的行为。根据有关司法解释，这里的致人重伤、死亡，是指组织和利用会道门、邪教组织或者利用迷信制造、散布迷信邪说，蒙骗会道门或者邪教组织成员或者其他人实施绝食、自残、自虐等行为，或者阻止病人进行正常治疗，致人重伤、死亡的情形。

3. 本罪的主体是一般主体，凡已满16周岁、具有刑事责任能力的自然人，均可成为本罪的主体。实务中的行为人多为会道门、邪教组织首要分子或者骨干成员或者巫婆、神棍等笃信迷信人员。

4. 本罪在主观上是过失，即应当预见自己组织和利用会道门、邪教组织或者利用迷信蒙骗他人，可能致人死亡，因为疏忽大意而没有预见，或者已经预见而轻信能够避免，以致他人死亡的心理态度。

根据《刑法》第300条第1款、第2款的规定，犯本罪的，处3年以上7年以下有期徒刑，并处罚金；情节特别严重的[②]，处7年以上有期徒刑或者无期徒刑，并处罚金或者没收财产；情节较轻的，处3年以下有期徒刑，拘役，管制，或者剥夺政治权利，并处或者单处罚金。

四十五、聚众淫乱罪

聚众淫乱罪，是指多人聚集在一起进行淫乱活动的行为。本罪的构成要件是：

1. 本罪侵犯的客体是社会良好道德风尚。

2. 本罪在客观上表现为多人聚集在一起进行淫乱活动的行为。所聚集的多人多数情况下是男女混合，也不排除均为男性或者均为女性。这里的淫乱活动主要是指违背社会主义善良道德风俗的性活动，如多人混杂进行性交活动。

3. 本罪的主体是一般主体，凡已满16周岁、具有刑事责任能力的自然人，均可

---

①② 情节特别严重的具体情形，参见最高人民法院、最高人民检察院《关于办理组织和利用邪教组织犯罪案件具体应用法律若干问题的解释》第3条第2款。

成为本罪的主体，但只处罚聚众淫乱的首要分子或者多次参加者。

4. 本罪在主观上是直接故意，即明知自己是在组织或者参与聚众淫乱活动，并且希望聚众淫乱的结果发生。

根据《刑法》第301条第1款的规定，犯本罪的，处5年以下有期徒刑、拘役或者管制。

四十六、引诱未成年人聚众淫乱罪

引诱未成年人聚众淫乱罪是指引诱未成年人参加聚众淫乱活动的行为。本罪的构成要件是：

1. 本罪侵犯的客体是复杂客体，包括国家对未成年人的保护制度和社会良好道德风尚。

2. 本罪在客观上表现为引诱未成年人参加聚众淫乱活动的行为。引诱，是指以语言、图像、动作等各种手段，诱惑未成年男女参加淫乱活动。这里的未成年人，是指不满18周岁的未成年男女。

3. 本罪的主体是一般主体，凡已满16周岁、具有刑事责任能力的自然人，均可成为本罪的主体。

4. 本罪在主观上是直接故意，即明知自己在引诱未成年人参加聚众淫乱活动，并且希望未成年人参加聚众淫乱活动的结果发生。

根据《刑法》第301条的规定，犯本罪的，应当在5年以下有期徒刑、拘役或者管制的量刑幅度内，从重处罚。

四十七、盗窃、侮辱、故意毁坏尸体、尸骨、骨灰罪

盗窃、侮辱、故意毁坏尸体、尸骨、骨灰罪，是指秘密窃取、侮辱、故意毁坏尸体、尸骨、骨灰的行为。本罪的构成要件是：

1. 本罪侵犯的客体是社会良好道德风尚。

2. 本罪在客观上表现为秘密窃取或者以猥亵、奸淫等方式侮辱或者故意毁坏尸体、尸骨、骨灰的行为。本罪属于选择式罪名，只要实施盗窃、侮辱或者毁坏尸体、尸骨、骨灰的行为之一，或者针对尸体、尸骨、骨灰三者之一的，即构成本罪。

3. 本罪的主体是一般主体，凡已满16周岁、具有刑事责任能力的自然人，均可成为本罪的主体。

4. 本罪在主观上是直接故意，即明知自己在实施盗窃、侮辱、毁坏尸体、尸骨、骨灰的行为，并且希望尸体、尸骨、骨灰被窃取、侮辱或者毁坏的结果发生。

根据《刑法》第302条的规定，犯本罪的，处3年以下有期徒刑、拘役或者管制。

四十八、赌博罪

（一）赌博罪的概念和构成

赌博罪是指以营利为目的，聚众赌博或者以赌博为业的行为。本罪构成要件如下：

1. 本罪侵犯的客体是复杂客体，包括社会良好风尚和社会管理秩序。

2. 本罪在客观上表现为聚众赌博或者以赌博为业的行为。根据司法解释的规定，聚众赌博，是指下列情形之一：(1) 组织 3 人以上赌博，抽头渔利数额累计达到 5 000 元以上的；(2) 组织 3 人以上赌博，赌资数额累计达到 5 万元以上的；(3) 组织 3 人以上赌博，参赌人数累计达到 20 人以上的；(4) 组织中华人民共和国公民 10 人以上赴境外赌博，从中收取回扣、介绍费的。[①] 以赌博为业，是指以赌博为常业，并将其作为生活主要来源。

3. 本罪的主体是一般主体，凡已满 16 周岁、具有刑事责任能力的自然人，均可成为本罪的主体。

4. 本罪在主观上是直接故意，即明知自己是在聚众赌博或者以赌博为业，并且希望这样做。同时，行为人还必须具有营利的目的。

（二）赌博罪的认定

认定本罪，应当注意如下问题：

1. 赌博罪与非罪的界限

不以营利为目的，进行带有少量财物输赢的娱乐活动，或者仅仅实施一般性的赌博行为，而没有聚众赌博或者以赌博为业，均不构成本罪。

2. 赌博罪与他罪的界限

未经国家批准，擅自发行、销售彩票，构成犯罪的，不以本罪论处，而是依照《刑法》第 225 条第 4 项的规定，以非法经营罪定罪处罚。设置圈套诱骗他人参赌获取钱财，仍属赌博行为，构成犯罪的，应当以赌博罪定罪处罚[②]，但是，纯属设赌博骗局，以欺骗手段骗取他人财物的，应当以诈骗罪论处。在赌博过程抢劫赌场的，如果抢劫之外的行为还构成赌博罪，应当以赌博罪和抢劫罪数罪并罚，否则单独以抢劫罪定罪处罚；在赌博过程中抢回自己赌资的，由于缺乏非法占有他人财物的故意，不宜以抢劫罪论处。明知他人实施赌博犯罪活动，而为其提供资金、计算机网络、通信、费用结算等直接帮助的，以赌博罪的共犯论处。

（三）赌博罪的处罚

根据《刑法》第 303 条第 1 款的规定，犯本罪的，处 3 年以下有期徒刑、拘役或者管制，并处罚金。

四十九、开设赌场罪

开设赌场罪，是指营业性地为赌博活动提供场所、赌具，吸引他人参加赌博的行为。本罪的构成要件是：

1. 本罪侵犯的客体是复杂客体，包括社会良好风尚和社会管理秩序。

2. 本罪在客观上表现为开设赌场的行为。所谓开设赌场，是指各种营业性地为赌

---

① 参见最高人民法院、最高人民检察院 2005 年 5 月 11 日公布，自 2005 年 5 月 13 日起施行的《关于办理赌博刑事案件具体应用法律若干问题的解释》第 1 条。

② 参见最高人民法院 1995 年 11 月 6 日《关于对设置圈套诱骗他人参赌又向索还钱财的受骗者施以暴力或暴力威胁的行为应如何定罪问题的批复》。

博活动提供场所、赌具，吸引他人参加赌博的行为。在计算机网络上建立赌博网站，或者为赌博网站担任代理，接受投注的，也属于开设赌场行为。[①]

3. 本罪的主体是一般主体，凡已满16周岁、具有刑事责任能力的自然人，均可成为本罪的主体。

4. 本罪在主观上是直接故意，即明知自己是在开设赌场，并且希望赌场被开设的结果发生。行为人通常具有营利的目的，但本罪的成立不以具有营利的目的为要件。

根据《刑法》第303条第2款的规定，犯本罪的，处3年以下有期徒刑、拘役或者管制，并处罚金；情节严重的，处3年以上10年以下有期徒刑，并处罚金。

五十、故意延误投递邮件罪

故意延误投递邮件罪，是指邮政工作人员严重不负责任，故意延误投递邮件，致使公共财产、国家和人民利益遭受重大损失的行为。本罪的构成要件是：

1. 本罪侵犯的客体是国家邮政管理秩序。

2. 本罪在客观上表现为邮政工作人员严重不负责任，故意延误投递邮件，致使公共财产、国家和人民利益遭受重大损失的行为。首先，必须存在故意延误投递邮件的行为，这种行为表现为不作为。其次，故意延误投递邮件的行为必须致使公共财产、国家和人民利益遭受重大损失。上述两方面的条件必须同时具备，才能构成本罪。

3. 本罪的主体是特殊主体，只能是邮政工作人员。

4. 本罪在主观上对延误投递邮件的行为是直接故意，对公共财产、国家和人民利益遭受重大损失的结果可以出于故意，也可以出于过失。

根据《刑法》第304条的规定，犯本罪的，处2年以下有期徒刑或者拘役。

第三节　妨害司法罪

一、伪证罪

（一）伪证罪的概念和构成

伪证罪，是指在刑事诉讼中，证人、鉴定人、记录人、翻译人对与案件有重要关系的情节，故意作虚假证明、鉴定、记录、翻译，意图陷害他人或者隐匿罪证的行为。本罪的构成要件如下：

1. 本罪侵犯的客体是司法机关刑事诉讼的正常活动。作伪证必然妨害司法机关查明案件事实。由于本罪仅限于在刑事诉讼中作伪证，因而破坏的只是司法机关查明和

① 参见最高人民法院、最高人民检察院2005年5月11日公布，自2005年5月13日起施行的《关于办理赌博刑事案件具体应用法律若干问题的解释》第2条。

证实犯罪的刑事诉讼活动。

2. 本罪在客观上表现为在刑事诉讼中，证人、鉴定人、记录人、翻译人对与案件有重要关系的情节，故意作虚假证明、鉴定、记录、翻译，意图陷害他人或者隐匿罪证的行为。这里的“与案件有重要关系的情节”，是指对犯罪嫌疑人或者被告人罪与非罪、罪重与罪轻、刑罚轻重有重要影响的情节。“刑事诉讼”，包括刑事案件从立案侦查到起诉、审判的整个过程。“作虚假证明、鉴定、记录、翻译”，是指作各种违背事实真相的证明、鉴定、记录、翻译，包括虚构、隐瞒、篡改等各种形式。

3. 本罪的主体是特殊主体，仅限于刑事诉讼中的证人、鉴定人、记录人、翻译人。

4. 本罪在主观上是直接故意，即明知自己在作虚假的证明、鉴定、记录、翻译，并且希望这样做。同时，行为人还必须具有陷害他人或者隐匿罪证的意图。

（二）伪证罪的认定

认定本罪，应当注意如下问题：

1. 伪证罪与非罪的界限

如果违背事实真相的证明、鉴定、记录、翻译行为不是出于故意，伪证行为不是发生在刑事诉讼过程中，伪证内容不是与案件有重要关系的情节，或者没有陷害他人或者隐匿罪证的意图，都不构成本罪。

2. 伪证罪与诬告陷害罪的界限

伪证罪与诬告陷害罪都可能表现为虚构事实陷害他人，需要认真加以区分。二者存在以下不同：（1）主体范围不同。伪证罪的主体仅限于刑事诉讼中的证人、鉴定人、记录人、翻译人这四种人；诬告陷害罪的主体是一般主体，凡已满 16 周岁、具有刑事责任能力的自然人，均可成为诬告陷害罪的主体。（2）主观方面不同。伪证罪的行为人既可能是为了诬陷他人，也可能是为了隐匿罪证；诬告陷害罪的行为人则只是为了陷害他人。（3）客观方面不同。伪证罪客观方面表现为对与案件有重要关系的情节作虚假证明、鉴定、记录、翻译，行为只能发生在刑事诉讼过程中；诬告陷害罪则是捏造整个犯罪事实，行为基本上发生在刑事诉讼活动开始以前。

（三）伪证罪的处罚

根据《刑法》第 305 条的规定，犯本罪的，处 3 年以下有期徒刑或者拘役；情节严重的，处 3 年以上 7 年以下有期徒刑。

二、辩护人、诉讼代理人毁灭证据、伪造证据、妨害作证罪

辩护人、诉讼代理人毁灭证据、伪造证据、妨害作证罪，是指在刑事诉讼中，辩护人、诉讼代理人毁灭、伪造证据，帮助当事人毁灭、伪造证据，威胁、引诱证人违背事实改变证言或者作伪证的行为。本罪的构成要件是：

1. 本罪侵犯的客体是司法机关刑事诉讼的正常活动。

2. 本罪在客观上表现为在刑事诉讼中，辩护人、诉讼代理人实施以下行为之一：（1）毁灭、伪造证据；（2）帮助当事人毁灭、伪造证据；（3）威胁、引诱证人违背事实改变证言或者作伪证。本罪属于选择式罪名，只要实施上述三种行为之一，即构成本罪；实施了两种以上的行为，也以本罪一罪论处。

3. 本罪的主体是特殊主体，只能是刑事诉讼中的辩护人或者诉讼代理人。

4. 本罪在主观上是直接故意，即明知自己是在实施毁灭证据、伪造证据、妨害作证的行为，并且希望证据被毁灭、伪造或者妨害作证的结果发生。

辩护人、诉讼代理人威胁、引诱证人作伪证的，同时又属于伪证罪的教唆犯，因而触犯了伪证罪，对于这种情况，应当按照《刑法》分则的规定，直接以本罪论处。

根据《刑法》第306条的规定，犯本罪的，处3年以下有期徒刑或者拘役；情节严重的，处3年以上7年以下有期徒刑。

三、妨害作证罪

妨害作证罪，是指以暴力、威胁、贿买等方法阻止证人作证或者指使他人作伪证的行为。本罪的构成要件是：

1. 本罪侵犯的客体是司法机关的正常活动。

2. 本罪在客观上表现为以下两种行为之一：（1）阻止证人作证；（2）指使他人作伪证。采用的方法主要是暴力、威胁或者贿买，也可以是其他方法，如提供色情服务。作为其他方法，对证人的影响力应当与暴力、威胁、贿买方法基本相当。妨害作证的行为可以发生在刑事、民事、行政等各种诉讼活动中。

3. 本罪的主体是一般主体，凡已满16周岁、具有刑事责任能力的自然人，均可成为本罪的主体。

4. 本罪在主观上是直接故意，即明知自己是在阻止证人作证或者指使他人作伪证，并且希望证人不作证或者作伪证的结果发生。

如果在刑事诉讼中，辩护人、诉讼代理人威胁、引诱证人作伪证的，则同时触犯了本罪和辩护人、诉讼代理人妨害作证罪，属于法条竞合犯，应当适用特殊法，即以辩护人、诉讼代理人妨害作证罪定罪处罚。

根据《刑法》第307条第1款的规定，犯本罪的，处3年以下有期徒刑或者拘役；情节严重的，处3年以上7年以下有期徒刑。根据《刑法》第307条第3款的规定，司法工作人员犯本罪的，从重处罚。

四、帮助毁灭、伪造证据罪

帮助毁灭、伪造证据罪，是指帮助当事人毁灭、伪造证据，情节严重的行为。本罪的构成要件是：

1. 本罪侵犯的客体是司法机关的正常活动。

2. 本罪在客观上表现为帮助当事人毁灭、伪造证据，情节严重的行为。首先，必须实施了帮助当事人毁灭证据或者帮助当事人伪造证据的行为。帮助当事人，是指受当事人指使或者与当事人共谋，为当事人毁灭证据、伪造证据提供帮助。当事人的范围，由《刑事诉讼法》和《民事诉讼法》加以规定。其次，必须达到情节严重的程度。所谓情节严重，主要是指帮助行为严重妨碍了司法机关的正常活动，或者为大案要案的当事人提供帮助，或者帮助行为造成了严重危害后果等情况。本罪属于选择式罪名，只要实施了帮助毁灭证据及帮助伪造证据行为之一，即可构成本罪，实施了两个行为，也只以本罪一罪论处。

3. 本罪的主体是一般主体，凡已满 16 周岁、具有刑事责任能力的自然人，均可成为本罪的主体。

4. 本罪在主观上是直接故意，即明知自己是在帮助当事人毁灭、伪造证据，并且希望证据被毁灭或者被伪造的结果发生。

根据《刑法》第 307 条第 2、3 款的规定，犯本罪的，处 3 年以下有期徒刑或者拘役；司法工作人员犯本罪的，从重处罚。

五、虚假诉讼罪

虚假诉讼罪，是指行为人以捏造的事实提起民事诉讼，妨害司法秩序或者严重侵害他人合法权益的行为。这是《刑法修正案（九）》第 35 条增设的罪名。其构成要件为：

1. 本罪侵犯的客体是复杂客体，包括国家的正常司法秩序以及个人、单位的合法权益。

2. 本罪在客观方面表现为捏造事实提起民事诉讼，妨害司法秩序或者严重侵害他人合法权益的。所谓捏造，是指无中生有，凭空虚构虚假事实。在司法实践中，也可能存在行为人捏造的事实部分是虚构的事实，部分是真实的事实。

3. 本罪的主体为一般主体，既可以是一般自然人，也可以是单位。

4. 本罪属于故意犯罪，其主观方面只能是直接故意。

根据《刑法》第 307 条之一的规定，犯本罪的，处 3 年以下有期徒刑、拘役或者管制，并处或者单处罚金；情节严重的，处 3 年以上 7 年以下有期徒刑，并处罚金。单位犯本罪的，对单位判处罚金，并对其直接负责的主管人员和其他直接责任人员，依照前款的规定处罚。司法工作人员利用职权，与他人共同实施上述行为的，从重处罚；同时构成其他犯罪的，依照处罚较重的规定定罪从重处罚。

六、打击报复证人罪

打击报复证人罪，是指对证人进行打击报复的行为。本罪的构成要件是：

1. 本罪侵犯的客体是复杂客体，即司法机关的正常活动和证人的合法权利。

2. 本罪在客观上表现为各种打击报复证人的行为。这里的证人包括刑事、民事、行政诉讼活动中能够证明案件真实情况的自然人。打击报复行为表现为各种使证人身心受到伤害的侵害行为，如暴力伤害、开除、解雇、停薪停职、骚扰恐吓、侮辱诽谤、加害亲属。如果打击报复行为又触犯了其他罪名，如故意伤害罪、故意杀人罪，应当从一重处断，即以法定刑更重的犯罪定罪处罚。

3. 本罪的主体是一般主体，凡已满 16 周岁、具有刑事责任能力的自然人，均可成为本罪的主体。

4. 本罪在主观上是直接故意，即明知自己在对证人进行打击报复，并且希望证人受到打击报复的结果发生。

根据《刑法》第 308 条的规定，犯本罪的，处 3 年以下有期徒刑或者拘役；情节严重的，处 3 年以上 7 年以下有期徒刑。所谓情节严重，主要是指打击报复手段恶劣，或者造成了严重的危害结果，如证人自杀、精神失常等。

七、泄露不应公开的案件信息罪

泄露不应公开的案件信息罪，是指司法工作人员、辩护人、诉讼代理人或者其他诉讼参与人，泄露依法不公开审理的案件中不应当公开的信息，造成信息公开传播或者其他严重后果的行为。这是《刑法修正案（九）》第 36 条增设的罪名。其构成要件为：

1. 本罪侵犯的客体为国家正常的司法秩序。犯罪对象是依法不应当公开审理案件中不应当公开的信息。

2. 本罪在客观方面表现为泄露依法不公开审理的案件中不应当公开的信息，造成信息公开传播或者其他严重后果的行为。所谓“泄露”，是指知悉不公开审理案件中不应当公开信息的司法工作人员、辩护人、诉讼代理人以及其他诉讼参与人，以明示或者暗示的方式将相关信息泄露给不应知悉的人员。

3. 本罪的主体为特殊主体，只能由司法工作人员、辩护人、诉讼代理人或者其他诉讼参与人构成。

4. 本罪在主观方面表现为故意，包括直接故意和间接故意。

根据《刑法》第 308 条之一的规定，犯本罪的，处 3 年以下有期徒刑、拘役或者管制，并处或者单处罚金。单位犯本罪的，对单位判处罚金，并对直接负责的主管人员和其他直接责任人员，依照前述规定处罚。

八、披露、报道不应公开的案件信息罪

披露、报道不应公开的案件信息罪，是指行为人公开披露报道依法不公开审理的案件中不应当公开的信息，情节严重的行为。这也是《刑法修正案（九）》第 36 条增设的罪名。其构成要件为：

1. 本罪侵犯的客体为国家正常的司法秩序。犯罪对象是依法不应当公开审理案件中不应当公开的信息。

2. 本罪在客观方面表现为公开披露报道依法不公开审理的案件中不应当公开的信息，情节严重的行为。

3. 本罪的主体为一般主体，只能由司法工作人员、辩护人、诉讼代理人或者其他诉讼参与人以外的其他人构成。通常由媒体从业人员和自媒体发布者构成。

4. 本罪在主观方面表现为故意。

根据《刑法》第 308 条之一的规定，犯本罪的，处 3 年以下有期徒刑、拘役或者管制，并处或者单处罚金。单位犯本罪的，对单位判处罚金，并对直接负责的主管人员和其他直接责任人员，依照前述规定处罚。

九、扰乱法庭秩序罪

扰乱法庭秩序罪，是指聚众哄闹、冲击法庭，或者殴打司法工作人员或诉讼参与人，或者侮辱、诽谤、威胁司法工作人员或者诉讼参与人，不听法庭制止，严重扰乱法庭秩序，或者有毁坏法庭设施，抢夺、损毁诉讼文书、证据等扰乱法庭秩序，情节严重的行为。本罪的构成要件是：

1. 本罪侵犯的客体是法庭正常秩序。

2. 本罪在客观上表现为聚众哄闹、冲击法庭，或者殴打司法工作人员或诉讼参与人，或者侮辱、诽谤、威胁司法工作人员或者诉讼参与人，不听法庭制止，严重扰乱法庭秩序，或者有毁坏法庭设施，抢夺、损毁诉讼文书、证据等扰乱法庭秩序，情节严重的行为。首先，必须实施了聚众哄闹法庭，聚众冲击法庭，或者殴打司法工作人员或诉讼参与人，或者侮辱、诽谤、威胁司法工作人员或者诉讼参与人，或者有毁坏法庭设施，抢夺、损毁诉讼文书、证据等扰乱法庭秩序的行为。聚众哄闹法庭，是指聚集多人在法庭上起哄闹事，扰乱法庭秩序。聚众冲击法庭，是指聚集多人未经许可而强行进入法庭，扰乱法庭秩序。殴打司法工作人员或者诉讼参与人，是指在庭审过程中殴打审判员、陪审员、检察员、书记员、法警、辩护人、诉讼代理人等司法工作人员或者其他诉讼参与人。所谓侮辱，是指以暴力或者其他方法公然贬低他人人格，破坏他人名誉的行为；所谓“诽谤”，是指故意捏造并散布某种事实，损坏他人人格，破坏他人名誉的行为；所谓“威胁”，是指对司法工作人员或者诉讼参与人实行恫吓、恐吓，达到精神上的强制，主要以杀害、伤害、毁坏财产、损害名誉等相威胁。只要实施了上述行为之一，即可能构成本罪。其次，必须达到情节严重的程度。情节严重，通常表现为严重扰乱法庭秩序，影响审判活动正常进行。

3. 本罪的主体是一般主体，凡已满 16 周岁、具有刑事责任能力的自然人，均可成为本罪的主体。

4. 本罪在主观上是直接故意。

根据《刑法》第 309 条的规定，犯本罪的，处 3 年以下有期徒刑、拘役、管制或者罚金。

十、窝藏、包庇罪

（一）窝藏、包庇罪的概念和构成

窝藏、包庇罪，是指明知是犯罪的人而为其提供隐藏处所、财物，帮助其逃匿，或者作假证明包庇的行为。本罪的构成要件如下：

1. 本罪侵犯的客体是司法机关追查犯罪的正常活动。

2. 本罪在客观上表现为以下两种行为之一：（1）窝藏行为。具体包括以下三种行为：其一，为犯罪人提供隐藏处所。其二，为犯罪分子提供财物，以便于其隐藏或者逃匿；其三，提供其他帮助，以便犯罪分子逃匿，如给犯罪分子提供用于逃跑的交通工具、指示逃跑方向等。（2）包庇行为。即作假证明包庇犯罪分子。如明明亲眼看到犯罪分子作案，却谎称案发时与犯罪分子一起在别处，犯罪分子没有作案机会。本罪属于选择式罪名，只要行为人实施窝藏或者包庇行为之一，即构成本罪，实施两个以上的行为，也以本罪一罪论处。

3. 本罪的主体是一般主体，凡已满16周岁、具有刑事责任能力的自然人，均可成为本罪的主体。

4. 本罪在主观上是直接故意，即明知自己是在窝藏、包庇犯罪的人，并且有意这样做。这里的“犯罪的人”，既可以是已经被法院判决确定为有罪的人，也可以是实施了犯罪行为尚未受到司法追究的人。

（二）窝藏、包庇罪的认定

认定本罪，应当注意如下问题：

1. 窝藏、包庇罪与非罪的界限

要注意区分本罪与知情不举行为。本罪客观方面必须有为犯罪人提供隐藏处所、提供交通工具用于逃匿、作假证明等作为行为，知情不举则只是一种不作为。窝藏、包庇实施了一般违法行为的人，通常不构成本罪，但根据《刑法》第362条的规定，旅馆业、饮食服务业、文化娱乐业、出租汽车业等单位的人员，在公安机关查处卖淫、嫖娼活动时，为违法分子通风报信，情节严重的，构成本罪。

2. 窝藏、包庇罪与包庇黑社会性质组织罪的界限

窝藏、包庇罪与包庇黑社会性质组织罪在客观方面都可能表现为作假证明包庇犯罪分子的行为，但存在以下明显不同：（1）犯罪主体不同。包庇罪是一般主体；包庇黑社会性质组织罪是特殊主体，只能是国家机关工作人员。（2）行为对象不同。包庇罪的行为对象是一切犯罪分子，包庇黑社会性质组织罪的行为对象是黑社会性质组织及其成员。（3）行为内容有所不同。包庇罪是行为人亲自作伪证以包庇犯罪分子；包庇黑社会性质组织罪中，行为人通常不会亲自作伪证，而是指使他人作伪证以包庇黑社会性质组织及其成员。如果国家机关工作人员亲自作假证明包庇黑社会性质组织成员，则同时触犯包庇罪和包庇黑社会性质组织罪，属于法条竞合犯，应当以特别法，即包庇黑社会性质组织罪论处。

（三）窝藏、包庇罪的处罚

根据《刑法》第310条的规定，犯本罪的，处3年以下有期徒刑、拘役或者管制；情节严重的，处3年以上10年以下有期徒刑。这里的情节严重，主要是指窝藏、包庇重大案犯，或者窝藏、包庇行为对司法机关查处犯罪分子的活动造成严重阻碍。犯窝藏、包庇罪，与被窝藏、包庇的犯罪分子事前通谋的，以共同犯罪论处。

十一、拒绝提供间谍犯罪、恐怖主义犯罪、极端主义犯罪证据罪

拒绝提供间谍犯罪恐怖主义犯罪、极端主义犯罪证据罪，是指明知他人有间谍犯罪、恐怖主义犯罪、极端主义犯罪行为，在司法机关向其调查有关情况、收集有关证据时，拒绝提供，情节严重的行为。本罪的构成要件是：

1. 本罪侵犯的客体是国家司法机关调查间谍犯罪、恐怖主义犯罪、极端主义犯罪

的正常活动。

2. 本罪在客观上表现为明知他人有间谍犯罪恐怖主义犯罪、极端主义犯罪行为，在司法机关向其调查有关情况、收集有关证据时，拒绝提供，情节严重的行为。首先，必须实施了拒绝向司法机关提供其知道的他人间谍犯罪、恐怖主义犯罪、极端主义犯罪情况和证据的行为。这种行为表现为不作为，并且只有在司法机关向其调查有关情况、收集有关证据时实施，才可能构成本罪。纯粹的知情不举，不构成本罪。例如，根据《国家安全法》的规定，公民和组织负有维护国家安全的义务，在国家安全机关调查了解有关危害国家安全的情况、收集有关证据时，公民和有关组织应当如实提供，不得拒绝。本罪的行为人违反的就是《国家安全法》规定的上述法定义务。其次，必须达到情节严重的程度。这里的情节严重，主要表现为致使间谍犯罪、恐怖主义犯罪、极端主义犯罪分子逃脱了法律制裁，或者使国家利益遭受严重损害，或者严重妨碍了司法机关的正常活动等。

3. 本罪的主体是一般主体，凡已满 16 周岁、具有刑事责任能力的自然人，均可成为本罪的主体。

4. 本罪在主观上是直接故意，即明知自己是在拒绝向司法机关提供他所知道的他人间谍犯罪、恐怖主义犯罪、极端主义犯罪的有关情况、证据，并且希望这样做。

根据《刑法》第 311 条的规定，犯本罪的，处 3 年以下有期徒刑、拘役或者管制。

十二、掩饰、隐瞒犯罪所得、犯罪所得收益罪

掩饰、隐瞒犯罪所得、犯罪所得收益罪，是指明知是犯罪所得及其产生的收益而予以窝藏、转移、收购、代为销售或者以其他方法掩饰、隐瞒的行为。本罪的构成要件是：

1. 本罪侵犯的客体是司法机关的正常活动。

2. 本罪在客观上表现为窝藏、转移、收购、代为销售或者以其他方法掩饰、隐瞒犯罪所得及其产生的收益的行为。窝藏，是指将犯罪所得及其产生的收益加以藏匿，以免被他人发现或者被司法机关获取。转移，是指将犯罪所得及其产生的收益转移到他处，以使司法机关不能查获。收购，是指购买犯罪所得及其产生的收益。代为销售，在这里是指为犯罪分子出卖犯罪所得及其产生的收益，或者自己低价买进高价卖出犯罪所得及其产生的收益。其他方法，是指窝藏、转移、收购、代为销售之外的其他掩饰、隐瞒犯罪所得及其产生的收益的方法，如为犯罪所得及其产生的收益提供合法投资渠道，以掩饰其真实性质，或者作假证以隐瞒其真实性质等。只要行为人实施了上述行为之一，即可构成本罪，实施了两种以上的行为，也以本罪一罪论处。

3. 本罪的主体是一般主体，凡已满 16 周岁、具有刑事责任能力的自然人和单位，均可成为本罪的主体。

4. 本罪在主观上是直接故意，即明知自己在窝藏、转移、收购、代为销售或者以其他方法掩饰、隐瞒犯罪所得及其产生的收益，并且希望犯罪所得及其产生的收益被掩饰、隐瞒的结果发生。

不知是犯罪所得及其产生的收益而予以窝藏、转移、收购、代为销售或者以其他方法掩饰、隐瞒，不构成本罪。实施情节显著轻微、危害不大的窝藏、转移、收购、

代为销售或者其他掩饰、隐瞒犯罪所得及其产生的收益的行为，如购买价值不高的赃物自用，不宜以犯罪论处。与犯罪分子事先通谋，然后按事先约定窝藏、转移、收购、代为销售或者以其他方法掩饰、隐瞒犯罪所得及其产生的收益，是按本罪论处还是按共同犯罪论处，法律没有明确规定，从法理上分析，对这类行为以共同犯罪论处较妥。

根据《刑法》第312条的规定，犯本罪的，处3年以下有期徒刑、拘役或者管制，并处或者单处罚金；情节严重的，处3年以上7年以下有期徒刑，并处罚金。单位犯本罪的，对单位判处罚金，并对其直接负责的主管人员和其他直接责任人员，依照自然人犯本罪的规定处罚。

十三、拒不执行判决、裁定罪

拒不执行判决、裁定罪，是指对人民法院的判决、裁定有能力执行而拒不执行，情节严重的行为。本罪的构成要件是：

1. 本罪侵犯的客体是法院判决、裁定的正常执行秩序。

2. 本罪在客观上表现为对人民法院的判决、裁定有能力执行而拒不执行，情节严重的行为。首先，必须是在有能力执行人民法院的判决、裁定的情况下，实施了拒不执行的行为。这种行为表现为不作为，即有义务、有能力执行人民法院的判决、裁定而不执行。根据有关立法解释和司法解释的规定，“判决、裁定”，是指人民法院依法作出的，具有执行内容并且已经发生法律效力的判决、裁定。人民法院为依法执行支付令、生效的调解书、仲裁裁决、公证债权文书等所作的裁定属于该条规定的裁定。“有能力执行”，是指根据查实的证据证明，负有执行人民法院判决、裁定义务的人有可供执行的财产或者具有履行特定行为义务的能力。[①] 其次，必须达到情节严重的程度。根据有关立法解释和司法解释的规定，这里的“情节严重”，是指以下情形：（1）被执行人隐藏、转移、故意毁损财产或者无偿转让财产、以明显不合理的低价转让财产，致使判决、裁定无法执行的；（2）担保人或者被执行人隐藏、转移、故意毁损或者转让已向人民法院提供担保的财产，致使判决、裁定无法执行的；（3）协助执行义务人接到人民法院协助执行通知书后，拒不协助执行，致使判决、裁定无法执行的；（4）被执行人、担保人、协助执行义务人与国家机关工作人员通谋，利用国家机关工作人员的职权妨害执行，致使判决、裁定无法执行的；（5）其他有能力执行而拒不执行，情节严重的情形。如以暴力、威胁方法妨害或者抗拒执行，致使执行工作无法进行；聚众哄闹、冲击执行现场，围困、扣押、殴打执行人员，致使执行工作无法进行；毁损、抢夺执行案件材料、执行公务车辆和其他执行器械、执行人员服装以及执行公务证件，造成严重后果；等等。[②]

3. 本罪的主体是特殊主体，只有负有执行人民法院判决、裁定义务的自然人，才

---

① 参见全国人大常委会2002年8月29日通过的《关于〈中华人民共和国刑法〉第三百一十三条的解释》；最高人民法院1998年4月8日通过、自1998年4月25日起施行的《关于审理拒不执行判决、裁定案件具体应用法律若干问题的解释》第1、2条。

② 参见全国人大常委会《关于〈中华人民共和国刑法〉第三百一十三条的解释》；最高人民法院《关于审理拒不执行判决、裁定案件具体应用法律若干问题的解释》第4条。

可能成为本罪主体。单位不能成为本罪主体。但是，根据最高人民法院1998年4月8日通过、自1998年4月25日起施行的《关于审理拒不执行判决、裁定案件具体应用法律若干问题的解释》第4条的规定，负有执行人民法院判决、裁定义务的单位直接负责的主管人员和其他直接责任人员，为了本单位的利益，拒不执行判决、裁定，情节严重，且造成特别严重后果的，对该主管人员和其他直接责任人员以本罪定罪处罚。

4. 本罪在主观上是直接故意，即明知自己有能力、有义务执行人民法院的判决、裁定，而有意拒不执行，希望判决、裁定得不到执行的结果发生。

因没有执行能力，或者因判决、裁定错误，或者因执行人员存在过错，导致行为人拒不执行判决、裁定的，不应以本罪论处。行为人以暴力、威胁方法抗拒人民法院执行判决、裁定，同时触犯了本罪和妨害公务罪，本应按其中的重罪定罪处罚，但由于两罪法定刑完全一致，因而无法从一重处断，对此，可以按具体行为（即抗拒法院执行判决、裁定）所指向的罪名，即本罪定罪处罚。行为人以暴力抗拒人民法院执行判决、裁定，杀害、重伤执行人员的，同时触犯了本罪和故意杀人罪、故意伤害罪，应当以其中的重罪，即故意杀人罪、故意伤害罪定罪处罚。

根据《刑法》第313条的规定，犯本罪的，处3年以下有期徒刑、拘役或者罚金；情节特别严重的，处3年以上7年以下有期徒刑，并处罚金。单位犯前款罪的，对单位判处罚金，并对其直接负责的主管人员和其他直接责任人员，依照前款的规定处罚。

十四、非法处置查封、扣押、冻结的财产罪

非法处置查封、扣押、冻结的财产罪，是指隐藏、转移、变卖、故意毁损已被司法机关查封、扣押、冻结的财产，情节严重的行为。本罪的构成要件是：

1. 本罪侵犯的客体是司法机关对被查封、扣押、冻结的财产的管理活动。

2. 本罪在客观上表现为隐藏、转移、变卖、故意毁损已被司法机关查封、扣押、冻结的财产，情节严重的行为。首先，必须实施了隐藏、转移、变卖、故意毁损已被司法机关查封、扣押、冻结的财产的行为。其次，必须达到情节严重的程度。所谓情节严重，主要是指隐藏、转移、变卖或者故意毁损已被司法机关查封、扣押、冻结的财产数额巨大，或者导致人民法院的判决、裁定无法执行，或者造成了恶劣的社会影响或其他严重后果。

3. 本罪的主体是一般主体，凡已满16周岁、具有刑事责任能力的自然人，均可成为本罪的主体。

4. 本罪在主观上是直接故意，即明知自己是在隐藏、转移、变卖或者故意毁损已被司法机关查封、扣押、冻结的财产，并且希望有关财产被隐藏、转移、变卖或者毁损的结果发生。

过失处置被查封、扣押、冻结的财产，故意非法处置被查封、扣押、冻结的财产数量不大，或者未影响司法机关诉讼活动的顺利进行，不应以犯罪论处；非法处置被司法机关违法或者明显不合理查封、扣押、冻结的财产，不宜按本罪论处。以非法占有为目的，秘密窃取他人被查封、扣押、冻结的财产，数额较大的，可能同时触犯本罪和盗窃罪，应当按其中的重罪，即盗窃罪定罪处罚。判决、裁定生效后，为了不执

行判决、裁定，非法处置查封、扣押、冻结的财产，情节严重，同时触犯了本罪和拒不执行判决、裁定罪，本应按其中的重罪定罪处罚，但由于两罪法定刑完全一致，因而无法从一重处断，对此，可以按具体行为（即非法处置查封、扣押、冻结的财产）所指向的罪名，即本罪定罪处罚。但是，如果后一行为又触犯了盗窃罪，则应当按盗窃罪定罪处罚。

根据《刑法》第314条的规定，犯本罪的，处3年以下有期徒刑、拘役或者罚金。

十五、破坏监管秩序罪

破坏监管秩序罪，是指依法被关押的罪犯，破坏监管秩序，情节严重的行为。本罪的构成要件是：

1. 本罪侵犯的客体是国家监管机关对罪犯的监管秩序。

2. 本罪在客观上表现为破坏监管秩序，情节严重的行为。首先，必须实施了下列破坏监管秩序的行为之一：其一，殴打监管人员；其二，组织其他被监管人破坏监管秩序；其三，聚众闹事，扰乱正常监管秩序；其四，殴打、体罚或者指使他人殴打、体罚其他被监管人。其次，必须达到情节严重的程度。所谓情节严重，主要是指破坏监管秩序的行为造成了恶劣的影响，或者造成了严重的后果，或者多次实施破坏监管秩序的行为，或者使监管工作陷入严重混乱状态。如果殴打、体罚或者指使他人殴打、体罚其他被监管人严重损害被害人身体健康，符合故意伤害罪的构成要件，应当以故意伤害罪论处。

3. 本罪的主体是特殊主体，只有被关押的罪犯，才可能实施本罪。

4. 本罪在主观上是直接故意，即明知自己是在实施破坏监管秩序的行为，并且希望行为得到实施。

根据《刑法》第315条的规定，犯本罪的，处3年以下有期徒刑。

十六、脱逃罪

（一）脱逃罪的概念和构成

脱逃罪，是指依法被关押的罪犯、被告人、犯罪嫌疑人逃脱司法机关的关押的行为。本罪的构成要件如下：

1. 本罪侵犯的客体是司法机关的监管秩序。国家对已经作出生效判决的罪犯，正处于起诉、审判阶段的刑事被告人，以及有证据表明其有犯罪可能，处于立案侦查或者审查起诉阶段的犯罪嫌疑人，均规定了一系列关押制度，以保证刑事诉讼活动和罪犯改造活动的正常进行。罪犯、被告人、犯罪嫌疑人从司法机关的关押之下逃脱，破坏了依法建立的司法机关监管秩序。

2. 本罪在客观上表现为逃脱司法机关关押的行为。脱逃行为既可以表现为从司法机关的关押场所逃跑，也可以表现为在押解途中逃跑。脱逃方式可以多种多样，既可以表现为乘羁押监管人员疏忽之时秘密脱逃，也可以表现为采用暴力、威胁或者其他手段公然强行脱逃。这里的关押场所包括监狱、劳改队、羁押、监管少年犯的少年管教所、看守所等剥夺人身自由的场所。

3. 本罪的主体是特殊主体，只有依法被关押的罪犯、被告人、犯罪嫌疑人才可能成为本罪主体。没有被关押，或者是被非法关押的罪犯、被告人、犯罪嫌疑人，不能成为本罪主体。这里的被告人，是指刑事案件的被告人。被告人、犯罪嫌疑人不一定是最终被判决有罪的人，只要是依法被关押的被告人、犯罪嫌疑人，即便最终判决其行为不构成犯罪，也可能成为本罪主体。依法被关押，是指根据查明的案件事实及法律规定，应当或者可以关押而予以关押的情形。

4. 本罪在主观上是直接故意，即明知自己是从司法机关的关押之下逃跑，并且希望脱离司法机关关押的结果发生。

(二) 认定脱逃罪的认定

认定本罪，应当注意如下问题：

1. 脱逃罪与非罪的界限

被司法机关违反法律规定（包括实体法和程序法）非法关押的人脱逃，不构成犯罪。事实上不构成犯罪，但被司法机关错定为有罪的人脱逃，一旦无罪判决作出，通常不得再以本罪论处，已经按本罪处理的，应当立即撤销原判，宣告其无罪。最终被确定不构成犯罪的被告人、犯罪嫌疑人脱逃，一般不宜按本罪论处，但是，如果对其予以关押具有法律和事实依据，而行为人的脱逃行为又严重破坏了监管秩序的，仍然可以以本罪论处。

被采取取保候审、监视居住、保外就医等措施的罪犯、被告人、犯罪嫌疑人逃离其限制活动区域，由于不是从被关押的状态下逃脱，不符合本罪客观特征，不宜以本罪论处。

司法工作人员私放在押的犯罪嫌疑人、被告人或者罪犯，被押人犯乘机脱逃，是否构成本罪？对此存在不同看法，有人认为对脱逃者仍应以本罪论处，另有人认为此种情况下在押人犯不脱逃具有不可期待性，因而对其脱逃行为不应定罪。① 我们认为，对于与司法工作人员合谋，由司法工作人员私放，乘机脱逃的在押人犯，应当以本罪论处。并未与司法工作人员合谋，纯粹是乘司法工作人员私放在押人犯之机脱逃的，同样破坏了监管秩序，仍然可以按本罪论处，但考虑到在这种情况下，要求在押人犯遵守监管秩序的期待可能性减弱，可以考虑对行为人减轻或者免除处罚。

2. 脱逃罪既遂与未遂的判断

脱逃罪属于行为犯，应以法定的脱逃行为实施完毕与否作为判断既遂与未遂的标准，即以脱逃者是否实际脱离监管机关或监管人员的控制范围为标准。具体而言，如果脱逃者已经逃出关押场所，并且摆脱了监管人员的控制，则构成脱逃罪既遂；如果脱逃者尚未逃出关押场所，或者虽然逃出了关押场所，但尚未脱离监管人员的控制范围便被发现和抓获，均属于脱逃罪的未遂。例如，服刑犯甲于深夜翻越监狱围墙脱逃，翻出围墙没跑几步，便被监管人员发现并追捕，追出数百米后被抓回。对甲应以脱逃罪（未遂）论处。

3. 脱逃罪与他罪的界限

为了脱逃而杀害或者故意伤害看守人员，然后脱逃的，属于牵连犯，应选择其中

---

① 参见高铭暄、马克昌主编：《刑法学》，2版，620页，北京，北京大学出版社、高等教育出版社，2005。

的重罪处断，具体而言，故意杀害或者重伤看守人员的，以故意杀人罪和故意伤害罪论处，轻伤看守人员的，以脱逃罪论处。故意杀害或者伤害看守人员后，临时起意脱逃的，应以脱逃罪和故意杀人罪或者故意伤害罪数罪并罚。

（三）脱逃罪的处罚

根据《刑法》第 316 条第 1 款的规定，犯本罪的，处 5 年以下有期徒刑或者拘役。

十七、劫夺被押解人员罪

劫夺被押解人员罪，是指劫夺押解途中的罪犯、被告人、犯罪嫌疑人的行为。本罪的构成要件是：

1. 本罪侵犯的客体是司法机关对在押人员的监管秩序。

2. 本罪在客观上表现为劫夺押解途中的罪犯、被告人、犯罪嫌疑人的行为。劫夺，是指从押解人员的控制之下，强行将处于被押解途中的罪犯、被告人、犯罪嫌疑人劫走。劫夺的方式可以多种多样，如暴力、威胁、麻醉等，但是，如果以暴力进行劫夺造成押解人员伤亡，则可能同时触犯了本罪和故意伤害罪或者故意杀人罪，应当从一重处断。具体而言，如果造成押解人员轻伤的，仍以本罪论处，如果造成押解人员重伤或者死亡，应当根据行为人的主观故意内容，以故意伤害罪或者故意杀人罪论处。

3. 本罪的主体是一般主体，凡已满 16 周岁、具有刑事责任能力的自然人，均可成为本罪的主体。

4. 本罪在主观上是直接故意，即明知自己在劫夺押解途中的罪犯、被告人、犯罪嫌疑人，并且希望罪犯、被告人、犯罪嫌疑人被劫夺的结果发生。

根据《刑法》第 316 条第 2 款的规定，犯本罪的，处 3 年以上 7 年以下有期徒刑；情节严重的，处 7 年以上有期徒刑。

十八、组织越狱罪

组织越狱罪是指依法被关押的罪犯、刑事被告人、犯罪嫌疑人有组织地集体越狱逃跑的行为。本罪的构成要件是：

1. 本罪侵犯的客体是司法机关对在押人员的监管秩序。

2. 本罪在客观上表现为有组织地集体越狱逃跑的行为，即在首要分子的组织、策划、指挥下，3 人以上集体越狱逃跑的行为。本罪客观方面包括两类行为，第一类为组织、策划、指挥他人集体从被羁押场所逃跑，第二类为参加集体从被羁押场所逃跑。

3. 本罪的主体是特殊主体，只有在押的罪犯、刑事被告人、犯罪嫌疑人才可能成为本罪主体。

4. 本罪在主观上是直接故意，即明知自己在组织多人集体越狱逃跑，或者在参加集体越狱逃跑，并且希望越狱逃跑的结果发生。

根据《刑法》第 317 条第 1 款的规定，犯本罪的，对首要分子和积极参加的，处 5 年以上有期徒刑；其他参加的，处 5 年以下有期徒刑或者拘役。

十九、暴动越狱罪

暴动越狱罪，是指依法被关押的罪犯、刑事被告人、犯罪嫌疑人使用暴力手段越狱逃跑的行为。本罪的构成要件是：

1. 本罪侵犯的客体是司法机关对在押人员的监管秩序。

2. 本罪在客观上表现为暴动越狱行为，即使用暴力手段越狱逃跑的行为。这里的暴力手段是指针对监管设施或者监管人员使用刀枪棍棒等各种凶器或者徒手进行破坏或者侵害，以便逃离关押场所。根据《刑法》的规定，暴动越狱只能表现为在首要分子的组织、策划、指挥下以暴力手段集体越狱，单个人以暴力手段越狱，或者多人共同以暴力手段越狱，但缺乏起组织、策划、指挥作用的首要分子的，不能以本罪论处，而应当以脱逃罪论处。

3. 本罪的主体是特殊主体，只有依法被关押的罪犯、刑事被告人、犯罪嫌疑人才可能成为本罪主体。

4. 本罪在主观上是直接故意，即明知自己在组织、策划、指挥他人暴动越狱，或者明知自己在参加暴动越狱，并且希望从关押场所逃跑的结果发生。

根据《刑法》第317条第2款的规定，犯本罪的，对首要分子和积极参加的，处10年以上有期徒刑或者无期徒刑；情节特别严重的，处死刑；其他参加的，处3年以上10年以下有期徒刑。

二十、聚众持械劫狱罪

聚众持械劫狱罪，是指狱外多人聚集在一起，携带、使用器械，劫夺依法被关押的罪犯、刑事被告人、犯罪嫌疑人的行为。本罪的构成要件是：

1. 本罪侵犯的客体是司法机关对在押人员的监管秩序。

2. 本罪在客观上表现为聚众持械劫狱的行为，即多人聚集在一起，在首要分子的组织、策划、指挥下，携带、使用器械，劫夺依法被关押的罪犯、刑事被告人、犯罪嫌疑人。根据《刑法》的规定，本罪客观方面表现为两种行为，一是组织、策划、指挥他人持械劫夺依法被关押的罪犯、刑事被告人、犯罪嫌疑人的行为，二是参加持械劫夺依法被关押的罪犯、刑事被告人、犯罪嫌疑人的行为。实施其中的一种行为即构成本罪。没有携带、使用器械劫夺依法被关押的人犯，或者携带、使用器械劫夺的不是依法被关押的人犯，而是被采取其他强制措施的人犯，均不构成本罪。单个人持械劫狱，或者虽然是多人持械劫狱，但缺乏起组织、策划、指挥作用的首要分子的，也不构成本罪。

3. 本罪的主体是一般主体，凡已满16周岁、具有刑事责任能力的自然人，均可成为本罪的主体。

4. 本罪在主观上是直接故意，即明知自己在组织、策划、指挥他人持械劫夺被关押的人犯，或者明知自己在参加聚众持械劫夺被关押的人犯的行为，并且希望被关押的人犯被劫夺的结果发生。

根据《刑法》第 317 条第 2 款的规定，犯本罪的，对首要分子和积极参加的，处 10 年以上有期徒刑或者无期徒刑；情节特别严重的，处死刑；其他参加的，处 3 年以上 10 年以下有期徒刑。

第四节　妨害国（边）境管理罪

一、组织他人偷越国（边）境罪

（一）组织他人偷越国（边）境罪的概念和构成

组织他人偷越国（边）境罪，是指违反国（边）境管理法规，组织他人偷越国（边）境的行为。本罪的构成要件如下：

1. 本罪侵犯的客体是国家对国（边）境的管理制度。“国（边）境”的含义包括两个方面：一方面是指国境，即国家与国家之间的疆界；另一方面是指边境，通常是指我国大陆与我国香港、澳门、台湾地区间在地域上的交界，个别情况下还包括我国与其他国家之间尚未划定但实际控制的界限。相应地，国（边）境管理制度，既指我国与邻国的国境出入管理制度，又指我国大陆地区与我国香港、澳门、台湾地区以及我国与其他国家之间尚未划定但实际控制的边境出入管理制度。

2. 本罪在客观方面表现为违反出入境管理法规，实施了组织他人偷越国（边）境的行为。组织，是指策划指挥、劝说动员、串联拉拢他人偷越国（边）境。根据最高人民法院 2002 年 2 月 6 日施行的《关于审理组织、运送他人偷越国（边）境等刑事案件适用法律若干问题的解释》（以下简称《偷越国境司法解释》）第 1 条的规定，领导、策划、指挥他人偷越国（边）境或者在首要分子指挥下，实施拉拢、引诱、介绍他人偷越国（边）境等行为的，属于“组织他人偷越国（边）境”。组织者既可以只是组织他人偷越国（边）境而自己并不偷越，也可以组织他人与自己共同偷越国（边）境。

3. 本罪的主体是已满 16 周岁、具有刑事责任能力的自然人，既可以是一人组织，也可以多人共同组织。

4. 本罪在主观上必须出于故意。虽然行为人通常是为了营利，但《刑法》没有将营利目的规定为本罪的主观要件。

（二）组织他人偷越国（边）境罪的认定

认定本罪，应当注意如下问题：

1. 如何认定介绍他人偷越国（边）境的行为

实践中，在组织他人偷越国（边）境的犯罪分子和偷越国（边）境的犯罪分子之间往往存在着引见、撮合、牵线搭桥的人，也就是将试图偷越国（边）境者介绍给“蛇头”的人。对这类人员的介绍行为，应如何处理，理论上颇有争议。

有人认为行为人的上述行为应成立组织他人偷越国（边）境罪，有人认为应成立偷越国（边）境罪；有人认为不成立犯罪。[①] 我们认为，介绍他人偷越国（边）境行为的内涵是丰富的，应区分不同情况，根据具体情况具体分析。（1）介绍人明知是组织他人偷越国（边）境，而采取引诱、欺骗、煽动等手段，诱使他人与组织者相联系，虽然介绍人没有参与偷越国（边）境，但可以构成组织他人偷越国（边）境罪的共犯。因为，其与组织者具有共同的犯罪故意，也实施了共同的犯罪行为，符合共同犯罪的成立要件。（2）介绍人自己偷越了国（边）境，又介绍他人偷越国（边）境，并在偷越国（边）境过程中起到组织联络作用的，可以定组织他人偷越国（边）境罪。介绍人的行为实际上既成立了偷越国（边）境罪，又成立组织他人偷越国（边）境罪。根据刑法理论中的吸收犯的基本原理，应从一重罪处理，即以组织他人偷越国（边）境罪论处。（3）在自己偷越国（边）境的过程中，又拉拢几个人为伴，如果没有起到联络组织作用的，可以定偷越国（边）境罪。（4）介绍人受到组织他人偷越国（边）境犯罪分子的欺骗，而又介绍他人偷越国（边）境的，由于其主观上没有介绍他人偷越国（边）境的故意，故不成立犯罪。

2．本罪与运送他人偷越国（边）境罪的区别

两罪在犯罪主体、犯罪主观要件、犯罪客体方面基本相同，但是在客观要件方面具有明显区别。组织他人偷越国（边）境罪在客观方面表现为通过拉拢、诱使、煽动等方式，有组织、有计划地安排他人偷越国（边）境的行为；而运送他人偷越国（边）境罪在客观方面则表现为行为人用车辆、船只、航空器等交通运输工具将偷渡者带出或者运送他人出入国（边）境的行为。如果行为人既组织、又运送，而且运送行为是组织他人偷越国（边）境行为的组成部分，被运送者与被组织者具有同一性，则应以组织他人偷越国（边）境罪定罪处罚；如果运送行为不是组织行为的组成部分，被运送者与被组织者不具有同一性，则应分别定罪，实行数罪并罚。

3．本罪与偷越国（边）境罪的区别

两罪在主观方面、犯罪客体方面基本相同，区别主要有以下两点：（1）犯罪主体不同。组织他人偷越国（边）境罪的主体尽管是一般主体，但实际上，只有偷越国（边）境犯罪活动的组织者，即组织他人偷越国（边）境犯罪的“蛇头”，才能构成组织他人偷越国（边）境罪；而偷越国（边）境罪的犯罪主体在立法上无任何特殊要求，只要是具备刑事责任能力的自然人，均可以成为偷越国（边）境罪的犯罪主体。所以，如果不是从事组织他人偷越国（边）境犯罪活动的“蛇头”有组织、有计划地煽动、拉拢、动员、安排他人偷越国（边）境，而是在共同偷越国（边）境的过程中，出于江湖义气或亲友私情，为个别偷越国（边）境的人员提供帮助的行为，不构成组织他人偷越国（边）境罪，其中情节严重的，可以以偷越国（边）境罪的共犯处理。（2）犯罪客观方面的表现形式不同。组织他人偷越国（边）境罪在客观方面表现为以拉拢、诱使、煽动等方式，有组织、有计划地安排他人偷越国（边）境；而偷越国（边）境罪在客观方面则表现为，违反国（边）境管理法规，偷越国（边）境的行为。

4．罪数的认定

（1）在犯本罪的过程中，造成被组织人重伤、死亡的（如从海上偷渡造成偷渡者

---

① 参见赵秉志主编：《疑难刑事问题司法对策》，第3集，270页，长春，吉林人民出版社，1999。

落水淹死、运输工具空间太过狭窄而造成被组织人闷死）或者以暴力、威胁方法抗拒检查的，不以数罪论处，而是本罪的结果加重犯，对行为人仍应定本罪，并适用本罪加重处罚的规定。

（2）在犯本罪的过程中，对被组织人有杀害、伤害、强奸、拐卖等犯罪行为，或者对检查人员有杀害、伤害等犯罪行为的，依照数罪并罚的规定处罚。

（三）组织他人偷越国（边）境罪的处罚

根据《刑法》第318条的规定，犯本罪的，处2年以上7年以下有期徒刑，并处罚金；有下列情形之一的，处7年以上有期徒刑或者无期徒刑，并处罚金或者没收财产：（1）组织他人偷越国（边）境集团的首要分子。这是指在组织他人偷越国（边）境集团中起组织、领导、策划作用的犯罪分子。（2）多次组织他人偷越国（边）境或者组织他人偷越国（边）境人数众多的。根据《偷越国境司法解释》第2条的规定，“人数众多”，一般是指组织、运送他人偷越国（边）境人数在10人以上。（3）造成被组织人重伤、死亡的。（4）剥夺或者限制被组织人人身自由的。这是指在组织他人偷越国（边）境的过程中，行为人为防止被组织人逃跑或者其他目的，采取种种防范措施，以剥夺或限制被组织人的自由，例如将被组织人关押在特定场所、给被组织人服用安眠药等使被组织人失去知觉的方法而加以禁闭、不允许被组织人自由活动等。（5）以暴力、威胁方法抗拒检查的。这是指在组织他人偷越国（边）境的过程中，遇到国家工作人员执行检查任务时，行为人采取暴力、威胁的方法，阻碍国家机关工作人员执行公务。所谓暴力，是指对国家工作人员实施殴打、冲砸、强行留置等行为，不包括故意伤害和故意杀人。如果采取故意杀人或者伤害的手段，阻碍执行公务的，则应数罪并罚。所谓威胁，是指公然以杀害、伤害、毁坏财产、败坏名誉等相要挟，不包括一般性的吵闹与谩骂。（6）违法所得数额巨大的。（7）有其他特别严重情节的。在犯本罪的过程中，对被组织人有杀害、伤害、强奸、拐卖等犯罪行为，或者对检查人员有杀害、伤害等犯罪行为的，依照数罪并罚的规定处罚。

二、骗取出境证件罪

骗取出境证件罪，是指自然人或者单位以劳务输出、经贸往来或者其他名义，弄虚作假，骗取护照、签证等出境证件，为组织他人偷越国（边）境使用的行为。本罪行为如果是偷越国（边）境的组织者实施的，则是组织他人偷越国（边）境的预备行为；如果是其他人实施的，则属于组织他人偷越国（边）境罪的帮助行为。但《刑法》鉴于妨害国（边）境管理犯罪的严重危害程度，将其规定为独立犯罪。本罪的构成要件是：

1. 本罪侵犯的客体是国家对出境证件的管理制度。

2. 本罪的客观方面表现为行为人实施了骗取出境证件的行为。其具体表现特征是：（1）假借劳务输出、经贸往来或者其他名义，弄虚作假。所谓的“其他名义”，应包括行为人为掩盖其非法目的而采取的各种“合法”手段，例如组织旅游团队、留学、商务考察等有组织的合法出国（边）境方式；（2）骗取护照、签证等出境证件，为组织他人偷越国（边）境使用。

3. 本罪的主体是一般主体，包括自然人和单位。

4. 本罪在主观上表现为故意，而且行为人具有在组织他人偷越国（边）境过程中使用骗取的出境证件之意图。其中的“为组织他人偷越国（边）境使用”，应属于主观要件。因此，如果行为人出于为组织他人偷越国（边）境的目的，采取上述手段骗取了护照、签证等出境证件的，即使实际上还没有用于组织他人偷越国（边）境，也成立本罪。

根据《刑法》第319条的规定，犯本罪的，处3年以下有期徒刑，并处罚金；情节严重的，处3年以上10年以下有期徒刑，并处罚金。根据《偷越国境司法解释》第3条的规定，为组织他人偷越国（边）境使用、骗取出境证件5份以上，或者非法收取办证费30万元以上的，属于“情节严重”。单位犯本罪的，对单位判处罚金，并对其直接负责的主管人员和其他直接责任人员，依照上述规定处罚。

三、提供伪造、变造的出入境证件罪

提供伪造、变造的出入境证件罪，是指为他人提供伪造、变造的护照、签证等出入境证件的行为。本罪的构成要件是：

1. 本罪侵犯的客体是国家对出入境证件的管理制度。犯罪对象除护照、签证外，也包括通行证、海员证、旅行证等出境证件。①

2. 本罪在客观方面表现为行为人实施了为他人提供伪造、变造的出入境证件的行为，其中的“提供”既可以是有偿的，也可以是无偿的。“伪造”，一般是指无权制作护照、签证等出入境证件的人非法制作假的出入境证件，而“变造”则是指用涂改、抹擦、拼接等方法，对真实的出入境证件进行加工改制，改变其真实内容的活动。

3. 本罪的主体为一般主体。

4. 本罪在主观方面为故意，但不要求出于特定目的。

值得注意的是，本罪的基本行为方式是“提供”伪造、变造的出入境证件，但是在行为人提供伪造、变造的出入境证件之前，常常有“伪造”、“变造”的行为，有可能触犯伪造、变造国家机关公文、证件、印章罪，对此，应按处理牵连犯的原则处理，原则上从一重罪处罚。

根据《刑法》第320条的规定，犯本罪的，处5年以下有期徒刑，并处罚金；情节严重的，处5年以上有期徒刑，并处罚金。根据《偷越国境司法解释》，具有下列情形之一的，属于“情节严重”：（1）为他人提供伪造、变造的护照、签证等出入境证件5份以上或者出售护照、签证等出入境证件5份以上的；（2）违法所得30万元以上的；（3）有其他严重情节的。

四、出售出入境证件罪

出售出入境证件罪，是指向他人出售护照、签证等出入境证件的行为。本罪的构成要件是：

---

① 参见公安部2000年《关于妨害国（边）境管理犯罪案件立案标准及有关问题的通知》第1条。

1. 本罪侵犯的客体是国家对出入境证件的管理制度。犯罪对象除护照、签证外，也包括通行证、海员证、旅行证等出境证件。

2. 本罪的客观方面表现为行为人实施了出售出入境证件的行为，其中的“出售”是指有偿转让，既可以是出售本人出入境的护照等出入境证件，也可以是倒卖他人出入境的护照、签证等证件。

3. 本罪的主体为一般主体。

4. 本罪的主观方面为故意，行为人一般具有营利的目的。

出售出入境证件的行为，可能同时触犯买卖国家机关证件罪，对此，应认定为一行为触犯数罪名，应从一重罪论处。但对于出售伪造、变造的出入境证件的行为，则应以提供伪造、变造的出入境证件罪论处。

根据《刑法》第320条的规定，犯本罪的，处5年以下有期徒刑，并处罚金；情节严重的，处5年以上有期徒刑，并处罚金。根据《偷越国境司法解释》，具有下列情形之一的，属于“情节严重”：（1）为他人提供伪造、变造的护照、签证等出入境证件5份以上或者出售护照、签证等出入境证件5份以上的；（2）违法所得30万元以上的；（3）有其他严重情节的。

五、运送他人偷越国（边）境罪

运送他人偷越国（边）境罪，是指违反国（边）境管理法规，将偷越国（边）境的人员送出或者送入国（边）境的行为。本罪的构成要件是：

1. 本罪侵犯的客体是国家对国境、边境的管理制度。

2. 本罪的客观方面表现为使用车辆、船只等交通工具将偷越国（边）境的人运送出、入国（边）境或者徒步带领他人偷越国（边）境的行为。被运送的人既可能是中国人、也可能是外国人和无国籍人；既可以是一人、二人，也可以是三人以上的多人，但不包括运送人自己。

3. 本罪的主体为一般主体。

4. 本罪在主观上表现为明知被运送者是偷越国（边）境人员，而故意运送。

根据《刑法》第321条的规定，犯本罪的，处5年以下有期徒刑、拘役或者管制，并处罚金；有下列情形之一的，处5年以上10年以下有期徒刑，并处罚金：（1）多次实施运送行为或者运送人数众多的；（2）所使用的船只、车辆等交通工具不具备必要的安全条件，足以造成严重后果的；（3）违法所得数额巨大的；（4）有其他特别严重情节的。在运送他人偷越国（边）境中造成被运送人重伤、死亡，或者以暴力、威胁方法抗拒检查的，处7年以上有期徒刑，并处罚金。犯运送他人偷越国（边）境罪，对被运送人有杀害、伤害、强奸、拐卖等犯罪行为，或者对检查人员有杀害、伤害等犯罪行为的，依照数罪并罚的规定处罚。

六、偷越国（边）境罪

偷越国（边）境罪，是指违反国（边）境管理法规，偷越国（边）境，情节严重的行为。本罪的构成要件是：

1. 本罪侵犯的客体是国家对国境、边境的管理制度。

2. 本罪客观方面表现为违反国（边）境管理法规，偷越国（边）境，情节严重的行为。偷越国（边）境，是指行为人在没有依法获得出入境管理部门的批准，擅自出入国（边）境。其具体表现形式多种多样，例如不在出入境口岸、边防站等规定的地点出入国（边）境，或者使用伪造的出入境证件在规定的地点出入国（边）境。偷越行为情节严重的，才成立本罪。根据《偷越国境司法解释》第 5 条的规定，偷越国（边）境，具有下列情形之一的，属于“情节严重”：（1）在境外实施损害国家利益的行为的；（2）偷越国（边）境 3 次以上的；（3）拉拢、引诱他人一起偷越国（边）境的；（4）因偷越国（边）境被行政处罚后 1 年内又偷越国（边）境的；（5）有其他严重情节的。

3. 本罪的主体为一般主体。偷越的主体既可以是中国公民，也可以是外国公民。

4. 本罪的主观方面为故意。

在认定本罪时需要注意的是，走私犯偷越国（边）境的，按走私罪处理，不另认定为本罪；国家机关工作人员或者掌握国家秘密的国家工作人员偷越国边（境）叛逃的，以叛逃罪论处，也不另认定为本罪。

根据《刑法》第 322 条的规定，犯本罪的，处 1 年以下有期徒刑，拘役或者管制，并处罚金；为参加恐怖活动组织、接受恐怖活动培训或者实施恐怖活动，偷越国（边）境的，处 1 年以上 3 年以下有期徒刑，并处罚金。

七、破坏界碑、界桩罪

破坏界碑、界桩罪，是指故意破坏国家边境的界碑、界桩行为。本罪的构成要件是：

1. 本罪侵犯的客体是国家对国境、边境的界碑、界桩的管理制度。

2. 本罪客观方面表现为破坏界碑、界桩的行为。破坏，是指使国家边境的界碑、界桩丧失或者减少其应有功能的一切行为，如拆除、损坏、移动、掩埋、盗窃等。

3. 本罪的主体是一般主体，包括中国人、外国人以及无国籍人。

4. 本罪主观方面是故意，过失破坏国家边境的界碑、界桩的，不构成犯罪。

根据《刑法》第 323 条的规定，犯本罪的，处 3 年以下有期徒刑或者拘役。

八、破坏永久性测量标志罪

破坏永久性测量标志罪，是指故意破坏永久性测量标志的行为。本罪的构成要件是：

1. 本罪侵犯的客体是国家对永久性测量标志的管理制度。本罪的犯罪对象是永久性测量标志，即国家测量机关建造或埋设的各种永久性的测量标志，例如各种等级的水准点、重力点、地形点、天文点、海控点等。

2. 本罪客观方面表现为破坏国家设立的永久性测量标志的行为。

3. 本罪犯罪主体是一般主体。

4. 本罪主观方面是故意。

根据《刑法》第323条的规定，犯本罪的，处3年以下有期徒刑或者拘役。

第五节 妨害文物[①]管理罪

一、故意损毁文物罪

故意损毁文物罪，是指故意损毁国家保护的珍贵文物或者被确定为全国重点文物保护单位、省级文物保护单位的文物的行为。本罪的构成要件是：

1. 本罪侵犯的客体是国家的文物管理制度。犯罪对象必须是国家保护的珍贵文物或者被确定为全国重点文物保护单位、省级文物保护单位的文物。根据2002年10月28日修订的《文物保护法》第2条的规定，文物是指具有历史、艺术、科学价值的遗址或者遗物：(1) 具有历史、艺术、科学价值的古文化遗址、古墓葬、古建筑、石窟寺和石刻、壁画；(2) 与重大历史事件、革命运动或者著名人物有关的以及具有重要纪念意义、教育意义或者史料价值的近现代重要史迹、实物、代表性建筑；(3) 历史上各时代珍贵的艺术品、工艺美术品；(4) 历史上各时代重要的文献资料以及具有历史、艺术、科学价值的手稿和图书资料等；(5) 反映历史上各时代、各民族社会制度、社会生产、社会生活的代表性实物。

2. 本罪客观方面表现为故意损毁国家保护的珍贵文物或者被确定为全国重点文物保护单位、省级文物保护单位的文物的行为。损毁，是指损坏、毁坏、破坏文物以及其他使文物的历史、艺术、科学、史料、经济价值或纪念意义、教育意义丧失或者减少的行为。

3. 本罪的主体是一般主体。

4. 本罪主观方面必须出于故意，即明知自己的行为会发生损毁文物的危害结果，并且希望或者放任这种结果发生。

根据《刑法》第324条第1款的规定，犯本罪的，处3年以下有期徒刑或者拘役，并处或者单处罚金；情节严重的，处3年以上10年以下有期徒刑，并处罚金。

二、故意损毁名胜古迹罪

故意损毁名胜古迹罪，是指故意损毁国家保护的名胜古迹，情节严重的行为。本罪的构成要件是：

---

① 根据2005年12月29日全国人大常委会《关于〈中华人民共和国刑法〉有关文物的规定适用于具有科学价值的古脊椎动物化石、古人类化石的解释》的规定，具有科学价值的古脊椎动物化石、古人类化石也可以成为本节犯罪侵犯的对象。

1. 本罪侵犯的客体是国家对名胜古迹的管理制度。根据《文物保护法》第 2 条的规定，“名胜古迹”是指“具有重大历史、艺术、科学价值，并被核定为国家或者地方重点文物保护单位的风景区或与名人事迹、历史事件有关而值得后人登临凭吊的圣地和建筑物”。

2. 本罪客观方面表现为故意毁损国家保护的名胜古迹，情节严重的行为。本罪的损毁，是指导致名胜古迹丧失或减少其历史、艺术、科学、游览等价值的一切行为，例如炸毁、污损、刻画、砸烂、拆卸、挖掘、焚烧等。值得注意的是，并不是一切损毁名胜古迹的行为都构成犯罪，法律只是把那些故意损毁名胜古迹且情节严重的行为作为犯罪处理。所谓的情节严重，目前尚无立法与司法解释，但根据最高人民检察院、公安部 2008 年 6 月 25 日公布施行的《关于公安机关管辖的刑事案件立案追诉标准的规定（一）》，造成国家保护的名胜古迹严重损毁的；损毁国家保护的名胜古迹 3 次以上或者 3 处以上，尚未造成严重损毁后果的；损毁手段特别恶劣的以及其他情节严重的情形，应予立案追诉。

3. 本罪的主体是一般主体。

4. 本罪主观方面是故意。

在认定这类案件性质时，要注意区分故意毁损名胜古迹罪与故意损毁文物罪的界限。区别在于：(1) 犯罪对象不同，一个是名胜古迹，一个是文物。当行为人损毁的对象具有文物与名胜古迹的双重性质时，例如行为人故意损毁了名胜古迹组成部分的属国家重点文物保护单位的某千年古建筑，此种情况属于想象数罪，应当按照想象竞合犯的原则——从一重罪处断。(2) 对情节的要求不同。构成故意损毁名胜古迹罪以情节严重为条件；而构成故意损毁文物罪没有情节严重的限制条件。

根据《刑法》第 324 条第 2 款的规定，犯本罪的，处 5 年以下有期徒刑或者拘役，并处或者单处罚金。

三、过失损毁文物罪

过失损毁文物罪，是指过失损毁国家保护的珍贵文物或者被确定为全国重点文物保护单位、省级文物保护单位的文物，造成严重后果的行为。本罪的构成要件是：

1. 本罪侵犯的客体是国家对文物的保护制度。

2. 本罪客观方面表现为过失损毁国家保护的珍贵文物或者被确定为全国重点文物保护单位、省级文物保护单位的文物，造成严重后果的行为。值得注意的是，本罪是结果犯，过失损毁珍贵文物的行为，必须是造成了严重后果的，才能以本罪论处。

3. 本罪的主体是一般主体。

4. 本罪主观方面是故意。

根据《刑法》第 324 条第 3 款的规定，犯本罪的，处 3 年以下有期徒刑或者拘役。

四、非法向外国人出售、赠送珍贵文物罪

非法向外国人出售、赠送珍贵文物罪，是指自然人或者单位，违反文物保护法规，

将收藏的国家禁止出口的珍贵文物私自出售或者赠送给外国人的行为。本罪的构成要件是：

1. 本罪侵犯的客体是国家对珍贵文物的管理制度。

2. 本罪客观方面表现为违反文物保护法规，将收藏的国家禁止出口的珍贵文物私自出售或者私自赠送给外国人的行为。收藏，既指国有单位、集体单位收藏，也指个人收藏。出售，是有偿转让行为；赠送，为无偿转让行为。外国人，包括具有外国国籍的人与无国籍人。

3. 本罪的主体是一般主体。

4. 本罪主观方面是故意。

根据《刑法》第325条的规定，犯本罪的，处5年以下有期徒刑或者拘役，可以并处罚金；单位犯本罪的，对单位判处罚金，并对其直接负责的主管人员和其他直接责任人员，依照上述规定处罚。

五、倒卖文物罪

倒卖文物罪，是指以牟利为目的，倒卖国家禁止经营的文物，情节严重的行为。本罪的构成要件是：

1. 本罪侵犯的客体是国家对文物的管理制度。

2. 本罪客观方面表现为倒卖国家禁止经营的文物，情节严重的行为。其具体表现有以下几点：（1）行为人之行为违反了国家文物经营管理法规。根据《文物保护法》及其《实施细则》的规定，国家禁止一切非法买卖文物的行为：经营文物的单位，应当经国家文物局或者省、自治区、直辖市人民政府文物行政管理部门批准，并经工商行政管理部门办理登记手续；经营文物对外销售业务，应经国家文物局批准；未经许可不得经营一、二、三级珍贵文物，以及其他受国家保护并由有关主管部门核定公布禁止自由买卖的文物；私人收藏的文物，只能卖给国家文物局或者其指定的国有文物收藏单位和收购单位，严禁倒卖牟利等。这些规定说明，国家并非禁止所有的文物买卖行为，只是禁止文物的非法买卖。（2）行为人实施了倒卖文物的行为。倒卖，是指低价买进高价卖出或者转手贩卖文物。倒卖行为是一个整体，包含对文物的收购、出卖以及转手倒卖等行为，因此，应对其作整体理解。如果行为人为了牟利而实施了非法收购文物的行为，但尚未来得及转手出卖，仍可以成立倒卖文物罪。行为人所倒卖的文物，必须是国家禁止经营的文物，其具体范围由国家文物主管部门确定。成立本罪，还要求情节严重，这需要根据行为人倒卖文物的数量、等级、次数、获利数额等事实进行综合判断，例如倒卖三级以上珍贵文物的、多次倒卖文物或大量倒卖文物的；以倒卖文物为业的；因倒卖文物受到行政处罚后而继续倒卖的等。

3. 本罪的主体既可以是自然人，也可以是单位。

4. 本罪主观上只能出于故意，即明知是国家禁止经营的文物而故意倒卖，行为人必须具有牟利目的。因此，如果仅仅是为了个人欣赏或收藏的而购买文物的，不构成本罪。

司法实践中，要注意本罪与非法向外国人出售珍贵文物罪的区别。二者的相同之处在于：客观方面均表现为“卖”或“出售”文物的行为；侵犯的客体均是国家对文物的管理制度；二者均可以由单位构成。但是二者也有显著区别：（1）售卖对象不同。本罪中行为人售卖文物的对象可以是中国人，也可以是外国人；而非法向外国人出售珍贵文物罪中行为人售卖文物的对象只能是外国人。（2）犯罪对象不同。本罪的犯罪对象是国家禁止非法经营的一切文物，包括珍贵文物和一般文物；非法向外国人出售珍贵文物罪的犯罪对象限于单位或个人收藏的且是国家禁止出口的珍贵文物。（3）行为人的故意内容不同。本罪的成立，要求行为人必须具有牟利的目的，而非法向外国人出售珍贵文物罪的成立，并不以特定目的为必要。（4）犯罪主体不同。本罪的主体为一般主体，任何未经许可经营文物的单位或个人都可成为本罪主体。而非法向外国人出售珍贵文物罪的主体是特殊主体，即限于收藏文物的单位或个人。应当注意的是，如果行为人倒卖的是自己收藏的国家禁止出口的文物，且售卖的对象又是外国人，这就产生了法条竞合的问题，对此应按照法条竞合的处断原则，即特殊法优于一般法的原则处断。

根据《刑法》第326条的规定，犯本罪的，处5年以下有期徒刑或者拘役，并处罚金；情节特别严重的，处5年以上10年以下有期徒刑，并处罚金。单位犯本罪的，对单位判处罚金，并对其直接负责的主管人员和其他直接责任人员，依照上述规定处罚。

六、非法出售、私赠文物藏品罪

非法出售、私赠文物藏品罪，是指国有博物馆、图书馆等单位，违反文物保护法规，将国家保护的文物藏品出售或者私自送给非国有单位或者个人的行为。本罪的构成要件是：

1. 本罪侵犯的客体是国家对文物的管理制度和国有文物藏品的所有权，对象仅限于国家保护的文物藏品。

2. 本罪客观方面表现为违反文物保护法规，将国家保护的文物藏品出售或者私自赠送给非国有单位或者个人的行为。出售或者私自赠送的对象仅限于国内的非国有单位或者个人，如果出售或者私自赠送给外国机构、组织或者个人，则成立非法向外国人出售、赠送珍贵文物罪。

3. 本罪的主体是特殊主体，只限于国有博物馆、图书馆等国有单位。非国有单位和个人不能成为本罪的主体。

4. 本罪的主观方面只能出于故意。至于行为人出于何种动机与目的，均不影响本罪的成立。

本罪与非法向外国人出售、赠送珍贵文物罪所侵犯的客体都是国家的文物管理制度，都有出售、赠送文物的行为，具有一定的相似之处。其区别是：（1）犯罪对象有所不同。本罪行为人出售、赠送的是国有博物馆、图书馆等单位的文物藏品，可以是珍贵文物，也可以是一般文物；而非法向外国人出售、赠送珍贵文物罪之行为人售卖、赠送的文物，限于国家禁止出口的珍贵文物。（2）出售、赠送文物的对象不同。本罪行为人出售、赠送文物的对象可以是中国人，也可以是外国人；而非法向外国人出售、赠送珍贵文物罪行为人出售、赠送珍贵文物的对象，只能是外国人。(3) 犯罪主体不同。本罪是纯正的单位犯罪，其犯罪主体仅限于国有博物馆、图书馆等单位，自然人不能单独构成本罪。而非法向外国人出售、赠送珍贵文物罪是一种不纯正的单位犯罪，单位或者个人都可以单独成为该罪的主体，其中的单位既可以是国有单位，也可以是非国有单位。如果国有博物馆、图书馆等国有单位非法出售、赠送的文物藏品属于国家禁止出口的珍贵文物，且又非法出售、赠送给了外国人，此种情况属于法条竞合的场合，应按照处理法条竞合的原则处理，即特殊法优于一般法原则处断。

根据《刑法》第 327 条的规定，犯本罪的，对单位判处罚金，并对其直接负责的主管人员和其他直接责任人员，处 3 年以下有期徒刑或者拘役。

七、盗掘古文化遗址、古墓葬罪

盗掘古文化遗址、古墓葬罪，是指违反文物保护法规，盗掘具有历史、艺术、科学价值的古文化遗址、古墓葬的行为。本罪的构成要件是：

1. 本罪侵犯的客体是国家对古文化遗址、古墓葬的管理制度和国家对古文化遗址、古墓葬的所有权。对象是具有历史、艺术、科学价值的古文化遗址、古墓葬。根据最高人民法院、最高人民检察院 1987 年 11 月 27 日《关于办理盗窃、盗掘、非法经营和走私文物的案件具体应用法律的若干问题的解释》的规定，古文化遗址、古墓葬是指清代和清代以前的具有历史、艺术、科学价值的古文化遗址、古墓葬以及辛亥革命后与著名历史事件有关的名人墓葬、遗址和纪念地。

2. 本罪客观方面表现为盗掘具有历史、艺术、科学价值的古文化遗址、古墓葬的行为。盗掘既不是单纯的盗窃，也不是单纯的损毁，而是指未经国家文物主管部门批准，私自挖掘古文化遗址、古墓葬。其行为方式可以是秘密的，也可以是公开进行的；可以是采取人工挖掘方式，也可以是动用现代化的挖掘工具进行；可以是个人实施，也可以是多人合伙甚至聚众实施。本罪属于行为犯，只要行为人实施了盗掘古文化遗址、古墓葬的行为，不论是否挖到文物，便可以成立本罪。

3. 本罪主体为已满 16 周岁、具有刑事责任能力的自然人。

4. 主观方面只能出于故意，即明知是古文化遗址、古墓葬而私自挖掘。

认定犯罪时，应当注意本罪与其他相关犯罪的区别：

1. 区分盗掘古文化遗址、古墓葬罪与故意损毁文物罪、故意损毁名胜古迹罪的界限。这三个犯罪有相似之处，它们的区别主要在于：(1) 行为对象不同。本罪的对象限于古文化遗址、古墓葬，而后两罪一个限于珍贵文物、国家级、省级文物保护单位的文物，一个限于名胜古迹。(2) 行为方式不同。本罪限于盗掘的方式，而后两罪可以包括任何方式的损毁。如果是在盗掘古文化遗址、古墓葬的过程中，又损毁珍贵文物或者名胜古迹的，应当以本罪处罚。

2. 区分盗掘古文化遗址、古墓葬罪与盗窃罪的界限。盗掘古文化遗址、古墓葬并窃取文物的，仍以本罪论处；盗掘其他墓葬窃取财物数额较大的，以盗窃罪论处；窃取他人已挖掘出来的珍贵文物的，也应当以盗窃罪论处。

根据《刑法》第 328 条的规定，犯本罪的，处 3 年以上 10 年以下有期徒刑，并处罚金；情节较轻的，处 3 年以下有期徒刑、拘役或者管制，并处罚金；有下列情形之一的，处 10 年以上有期徒刑、无期徒刑，并处罚金或者没收财产：（1）盗掘确定为全国重点文物保护单位和省级文物保护单位的古文化遗址、古墓葬的；（2）盗掘古文化遗址、古墓葬集团的首要分子；（3）多次盗掘古文化遗址、古墓葬的；（4）盗掘古文化遗址、古墓葬，并盗窃珍贵文物或者造成珍贵文物严重破坏的。

八、盗掘古人类化石、古脊椎动物化石罪

盗掘古人类化石、古脊椎动物化石罪，是指盗掘国家保护的具有科学价值的古人类化石和古脊椎动物化石的行为。本罪的构成要件是：

1. 本罪侵犯的客体是国家文物保护制度和国家对古人类化石、古脊椎动物化石的所有权。犯罪对象是国家保护的具有科学价值的古人类化石和古脊椎动物化石。古人类化石是指保存在各地质时期岩层中或者埋藏于地下的一万年前的直立人和早晚期智人的遗骸和遗迹。古脊椎动物化石，是指保存在各地质时期岩层中或埋藏于地下的一万年前古爬行动物、哺乳动物和鱼类的遗骸和遗迹。

2. 本罪客观方面表现为盗掘国家保护的具有科学价值的古人类化石和古脊椎动物化石的行为。盗掘，即未经国家有关主管部门批准而私自挖掘，并不限于秘密挖掘。

3. 本罪主体为一般主体。

4. 本罪主观方面为故意，即明知是国家保护的具有科学价值的古化石而盗掘。

在认定这类案件性质时，要注意区分盗掘古人类化石、古脊椎动物化石罪与盗掘古文化遗址、古墓葬罪的界限。主要区别在于行为对象不同。

根据《刑法》第 328 条的规定，犯本罪的，依照盗掘古文化遗址、古墓葬罪的法定刑处罚。

九、抢夺、窃取国有档案罪

抢夺、窃取国有档案罪，是指抢夺、窃取国家所有的档案的行为。本罪的构成要件是：

1. 本罪侵犯的客体是国家对档案的管理制度和国家对国有档案的所有权。犯罪对象是国有档案。根据 1996 年修正的《档案法》第 2 条的规定，档案，是指过去和现在由国家机构、社会组织以及个人从事政治、军事、经济、科学、技术、文化、宗教等活动直接形成的对国家和社会有保存价值的各种文字、图表、声像等不同形式的历史记录。但本罪的对象仅限于国家所有的档案，即由国家档案部门、国家机关、国有公司、企业、事业单位、人民团体管理的档案。档案的复制件也属于档案的范畴，因此本罪的犯罪对象包含国有档案的复制件。

2. 本罪客观方面表现为抢夺、窃取国家所有的档案的行为。但对抢劫国有档案的行为，应认定为本罪。

3. 本罪犯罪主体是一般主体。

4. 本罪主观方面是故意，并且具有非法占有国有档案的目的。

在认定这类案件性质时，需要注意以下两个问题：

第一，区分抢夺、窃取国有档案罪与抢夺罪、盗窃罪的界限。主要区别在于行为对象不同。前者的行为对象是国有档案，后两者的行为对象是公私财物。

第二，如果抢夺、窃取的国有档案属于国家秘密的，同时又触犯非法获取国家秘密罪的，是想象竞合犯，应当按照其中的重罪处罚。

根据《刑法》第329条的规定，犯本罪的，处5年以下有期徒刑或者拘役。犯本罪又构成《刑法》规定的其他犯罪的，依照处罚较重的规定定罪处罚。例如，如果盗窃属于国家秘密的国家档案，则行为触犯了窃取国有档案罪与非法获取国家秘密罪，应从一重罪论处。

十、擅自出卖、转让国有档案罪

擅自出卖、转让国有档案罪，是指违反档案法的规定，擅自出卖、转让国家所有的档案，情节严重的行为。本罪的构成要件是：

1. 本罪侵犯的客体是国家档案管理制度和档案的国家所有权。

2. 本罪在客观上表现为违反档案法的规定，擅自将国家所有的档案有偿出卖或者无偿转让给其他单位或者个人。所谓的“擅自”，是指未经国家档案行政管理部门批准，自作主张，出售或转让国有档案或其复制件。

3. 本罪主体没有特殊限定，主要是负责保管国家所有的档案的工作人员，也不排除其他人实施本罪行为的可能性。

4. 本罪在主观上是故意，即明知是国家所有的档案，而故意擅自出卖、转让给其他单位或者个人。

成立本罪还要求情节严重，如多次擅自出卖、转让国有档案的，一次擅自出卖、转让大量国家档案的，擅自出卖、转让国家重要档案的，擅自出卖、转让行为造成严重后果的。

根据《刑法》第329条的规定，犯本罪的，处3年以下有期徒刑或者拘役。犯本罪又构成其他犯罪的，依照处罚较重的规定定罪处罚。

第六节　危害公共卫生罪

一、妨害传染病防治罪

妨害传染病防治罪，是指违反传染病防治法的规定，引起甲类传染病传播或者有传播严重危险的行为。本罪的构成要件是：

1. 本罪侵犯的客体是国家防治甲类传染病的管理秩序。甲类传染病的范围，由《传染病防治法》和国务院有关规定确定。

2. 本罪在客观上表现为违反《传染病防治法》的规定，引起甲类传染病传播或者有传播严重危险的行为。传播，是指使甲类传染病在社会上扩散。有传播严重危险，是指具有使不特定多数人感染上甲类传染病，从而使该传染病在社会上扩散的严重危险。虽然存在违反《传染病防治法》的行为，但并未引起甲类传染病传播，也没有传播的严重危险，不构成本罪。本罪客观方面通常表现为以下行为之一：（1）供水单位供应的饮用水不符合国家规定的卫生标准；（2）拒绝按照卫生防疫机构提出的卫生要求，对传染病病原体污染的污水、污物、粪便进行消毒处理；（3）准许或者纵容传染病病人、病原携带者和疑似传染病病人从事国务院卫生行政部门规定禁止从事的易使该传染病扩散的工作；（4）拒绝执行卫生防疫机构依照《传染病防治法》提出的预防、控制措施。

3. 本罪的主体是自然人一般主体和单位，凡年满16周岁、具有刑事责任能力的自然人，以及《刑法》第30条规定的单位，均可成为本罪主体。

4. 本罪在主观上是过失，即行为人应当预见自己的行为可能引起甲类传染病传播，或者具有引起甲类传染病传播的严重危险，因为疏忽大意没有预见，或者虽然预见，却轻信能够避免。故意违反《传染病防治法》的规定，意图引起甲类传染病传播，或者放任甲类传染病传播结果的发生，应当按以危险方法危害公共安全罪论处。

根据《刑法》第330条的规定，犯本罪的，处3年以下有期徒刑或者拘役；后果特别严重的，处3年以上7年以下有期徒刑。单位犯本罪的，对单位判处罚金，并对其直接负责的主管人员和其他直接责任人员，依照自然人犯本罪的规定处罚。

二、传染病菌种、毒种扩散罪

传染病菌种、毒种扩散罪，是指从事实验、保藏、携带、运输传染病菌种、毒种的人员，违反国务院卫生行政部门的有关规定，造成传染病菌种、毒种扩散，后果严重的行为。本罪的构成要件是：

1. 本罪侵犯的客体是国家对传染病菌种、毒种的管理制度。传染病毒种、菌种的范围，由《传染病防治法》规定。

2. 本罪在客观上表现为从事实验、保藏、携带、运输传染病菌种、毒种的过程中，违反国务院卫生行政部门的有关规定，造成传染病菌种、毒种扩散，后果严重的行为。首先，行为人必须违反了国务院卫生行政部门的规定。国务院卫生行政部门的有关规定，主要是指《传染病防治法实施办法》等规定。这些规定对传染病菌种、毒种的保藏、携带、运输等事项作出了详细具体规定。其次，必须造成了传染病菌种、毒种扩散。所谓传染病菌种、毒种扩散，是指传染病菌种、毒种超越被严格控制的存放和活动空间，进入其他场所。最后，必须产生了严重后果。所谓后果严重，通常是指引起传染病传播，致使人畜感染。如果仅仅发生传染病传播的严重危险，没有引发其他严重后果，不宜认定为后果严重。上述三方面的条件必须同时具备，才能构成本罪。

3. 本罪的主体是特殊主体，只有从事实验、保藏、携带、运输传染病菌种、毒种的人员才可能成为本罪主体。

4. 本罪在主观上是过失，即应当预见自己的行为可能导致传染病菌种、毒种扩散，造成严重后果，因为疏忽大意而没有预见，或者已经预见而轻信能够避免，以致危害结果发生的心理态度。

根据《刑法》第 331 条的规定，犯本罪的，处 3 年以下有期徒刑或者拘役；后果特别严重的，处 3 年以上 7 年以下有期徒刑。

三、妨害国境卫生检疫罪

妨害国境卫生检疫罪，是指违反国境卫生检疫规定，引起检疫传染病传播或者有传播严重危险的行为。本罪的构成要件是：

1. 本罪侵犯的客体是国家对国境卫生的检疫制度。

2. 本罪在客观上表现为违反国境卫生检疫规定，逃避或者拒绝接受卫生检疫，引起检疫传染病传播或者有传播严重危险的行为。首先，必须存在违反国境卫生检疫规定，逃避或者拒绝接受卫生检疫的行为。违反国境卫生检疫规定，是指违反《国境卫生检疫法》中关于检疫的规定。其次，必须引起了检疫传染病传播或者有传播严重危险。引起检疫传染病传播，是指使他人感染上检疫传染病，并且使社会上出现一定数量的患者。检疫传染病的范围由国务院确定和公布。有传播严重危险，是指虽然尚未实际造成检疫传染病的传播，但具有造成检疫传染病传播的较大现实可能性。引起检疫传染病传播或者有传播严重危险是本罪成立的选择要件，两者只需具备其一，即可构成本罪。因此，本罪属于危险犯，只要有引起检疫传染病传播的严重危险，即构成本罪。

3. 本罪的主体是自然人一般主体和单位，凡年满 16 周岁、具有刑事责任能力的自然人，以及《刑法》第 30 条规定的单位，均可成为本罪主体。

4. 本罪在主观上是过失，即应当预见自己逃避或拒绝接受卫生检疫的行为可能引起检疫传染病传播或者有传播严重危险，因疏忽大意没有预见，或者已经预见而轻信能够避免，以致危害结果发生的心理态度。

根据《刑法》第 332 条的规定，犯本罪的，处 3 年以下有期徒刑或者拘役，并处或者单处罚金。单位犯本罪的，对单位判处罚金，并对其直接负责的主管人员和其他直接责任人员，依照自然人犯本罪的规定处罚。

四、非法组织卖血罪

非法组织卖血罪，是指违反法律规定，组织他人出卖血液的行为。本罪的构成要件是：

1. 本罪侵犯的客体是国家对血液采集、供应的管理秩序。

2. 本罪在客观上表现为非法组织他人出卖血液的行为。非法组织他人出卖血液，是指未经卫生行政主管部门批准，或者虽经卫生主管部门批准，但违反《献血法》等法律、法规的规定，在不具有血液采集、供应许可资格或者未受有关血液采供部门的指派或委托的情况下，擅自以招募、雇佣、纠集、诱骗等方法，安排、控制多人出卖血液。随着《献血法》规定的无偿献血制度的全面贯彻，所有组织他人出卖血液的行为都将成为非法行为。这里的血液，包括用于临床的全血、成分血和用于血液制品生产的血浆。

3. 本罪的主体是一般主体，凡年满 16 周岁、具有刑事责任能力的自然人，均可成为本罪主体。实践中经常是一些惯犯在从事这种犯罪活动。

4. 本罪在主观上是直接故意，即明知自己是未经批准或者授权组织他人出卖血液，并且希望他人被组织起来卖血的结果发生。

根据《刑法》第 333 条第 1 款的规定，犯本罪的，处 5 年以下有期徒刑，并处罚金。

根据《刑法》第 333 条第 2 款的规定，非法组织他人卖血，对他人造成伤害的，不再按本罪处罚，而是一律以故意伤害罪定罪处罚。

五、强迫卖血罪

强迫卖血罪，是指以暴力、威胁方法强迫他人出卖血液的行为。本罪的构成要件是：

1. 本罪侵犯的客体是复杂客体，包括国家对血液采集、供应活动的管理秩序和人身权利。

2. 本罪在客观上表现为以暴力、威胁方法强迫他人违背意愿出卖血液的行为。这里的暴力，是指对他人人身进行打击或实施强制，如殴打、捆绑等，但不包括杀害。这里的威胁，是指以杀害、伤害等直接危及人身安全的暴力手段进行要挟。这种暴力、威胁通常导致行为人丧失选择自由，不得不违背自己意志出卖血液。

3. 本罪的主体是一般主体，凡年满 16 周岁、具有刑事责任能力的自然人，均可成为本罪主体。

4. 本罪在主观上是直接故意，即明知自己是在以暴力、威胁方法强迫他人出卖血液，并且希望他人被强迫出卖血液的结果发生。

在非法组织他人卖血的过程中，以暴力、威胁方法强迫他人卖血的，如果非法组织行为和暴力、威胁行为是各自独立的，应当以非法组织卖血罪与本罪数罪并罚；如果组织行为本身表现为暴力、强迫行为，应当以强迫卖血罪定罪处罚。

根据《刑法》第 333 条第 1 款的规定，犯本罪的，处 5 年以上 10 年以下有期徒刑，并处罚金。

六、非法采集、供应血液、制作、供应血液制品罪

非法采集、供应血液、制作、供应血液制品罪，是指非法采集、供应血液或者制作、供应血液制品，不符合国家规定的标准，足以危害人体健康的行为。本罪的构成要件是：

1. 本罪侵犯的客体是复杂客体，包括国家对血液及血液制品的管理秩序和人体健康权。

2. 本罪在客观上表现为非法采集、供应血液或者制作、供应血液制品，不符合国家规定的标准，足以危害他人身体健康的行为。首先，必须存在以下两种行为之一：其一，非法采集、供应血液，不符合国家规定的标准。非法采集、供应血液，是指无权采集、供应血液的人，违反国家规定擅自采集、供应血液，或者有权采集、供应血液的人，违反采集、供应血液应当遵守的规定采集、供应血液。不符合国家规定的标准，是指所采集、供应的血液质量不符合国家规定的标准。其二，非法制作、供应血液制品，不符合国家规定的标准。非法制作、供应血液制品，是指无权制作、供应血液制品的个人、单位擅自制作、供应血液制品。其次，必须达到足以危害人体健康的程度，即一旦受血者输入有关血液，或者使用有关血液制品，身体健康就可能受到严重损害。虽然非法采集、供应血液、制作、供应血液制品，但所采集、供应的血液、制作、供应的血液制品符合国家标准，不会危害人体健康，不构成本罪。本罪属于危险犯，只要出现危害人体健康的现实危险，而无须实际危害结果发生，便成立本罪。本罪属于选择式罪名，只要实施了非法采集血液、非法供应血液、非法制作血液制品、非法供应血液制品四种行为之一，即可能构成本罪；实施了两种以上的行为，也只以本罪一罪论处。

3. 本罪的主体是一般主体，凡年满 16 周岁、具有刑事责任能力的自然人，均可成为本罪主体。

4. 本罪在主观上既可以表现为间接故意，即明知自己非法采集、供应血液、制作、供应血液制品的行为足以危害人体健康，并且放任危害结果的发生，也可以表现为过失，即应当预见自己非法采集、供应血液、制作、供应血液制品的行为足以危害人体健康，因为疏忽大意没有预见，或者已经预见而轻信能够避免。以危害公共安全为目的，非法采集、供应足以危及人体健康的血液或者制作、供应足以危及人体健康的血液制品，应当按以危险方法危害公共安全罪论处。

根据《刑法》第 334 条的规定，犯本罪的，处 5 年以下有期徒刑或者拘役，并处罚金；对人体健康造成严重危害的，处 5 年以上 10 年以下有期徒刑，并处罚金；造成特别严重后果的，处 10 年以上有期徒刑或者无期徒刑，并处罚金或者没收财产。对人体造成严重危害，是指因非法采集血液，造成供血者身体严重损害，或者因使用不符合国家规定标准的血液、血液制品，致使受血者感染严重疾病。如因输入含有乙肝病毒的血液而导致使用者感染乙肝等。造成特别严重后果，是指因非法采集血液，造成供血者死亡，或者因使用了不合格的血液或者血液制品而造成使用者死亡，使多人感染严重疾病，或者使用血者感染特别严重疾病，如艾滋病等。

七、采集、供应血液、制作、供应血液制品事故罪

采集、供应血液、制作、供应血液制品事故罪，是指经国家主管部门批准采集、供应血液或者制作、供应血液制品的部门，不依照规定进行检测或者违背其他操作规定，造成危害他人身体健康后果的行为。本罪的构成要件是：

1. 本罪侵犯的客体是复杂客体，包括国家对采集、供应血液、制作、供应血液制品活动的管理秩序以及人体健康权。

2. 本罪在客观上表现为在采集、供应血液或者制作供应血液制品的过程中，不依照规定进行检测或者违背其他操作规定，危害他人身体健康的行为。首先，必须实施了在采集、供应血液或者制作供应血液制品的过程中，不依照规定进行检测或者违背其他操作规定的行为。这里的规定，是指国务院和国家卫生行政主管部门制定的《献血者健康检查标准》、《供血浆者健康检查标准》、《血液制品管理条例》等法规、规章中关于采集、供应血液或者制作、供应血液制品方面的操作规定。其次，必须造成了危害他人身体健康的后果。

3. 本罪的主体只能是单位，只有经国家主管部门批准采集、供应血液或者制作、供应血液制品的单位，才可能构成本罪。

4. 本罪在主观上是过失，即应当预见在采集、供应血液或者制作、供应血液制品的过程中，不依照规定进行检测或者违背其他操作规定，可能发生危害他人身体健康的后果，因为疏忽大意而没有预见，或者已经预见而轻信能够避免。

根据《刑法》第 334 条第 2 款的规定，犯本罪的，对单位判处罚金，并对其直接负责的主管人员和其他直接责任人员，处 5 年以下有期徒刑或者拘役。

八、医疗事故罪

(一) 医疗事故罪的概念和构成

医疗事故罪，是指医务人员由于严重不负责任，造成就诊人死亡或者严重损害就诊人身体健康的行为。本罪的构成要件如下：

1. 本罪侵犯的客体是复杂客体，包括国家对医疗工作的管理秩序和就诊人的生命健康权利。

2. 本罪在客观上表现为医务人员严重不负责任，造成就诊人死亡或者严重损害就诊人身体健康的行为。首先，必须存在严重不负责任的行为。严重不负责任，是指在诊疗过程中严重违反规章制度和诊疗护理常规，不履行或者不正确履行自己的职责。规章制度，是指与保障就诊人的生命、健康安全有关的诊疗护理规章制度，包括诊断、处方、化验、消毒、麻醉、手术、输血、护理、医嘱、查房等各个环节的规程、规则、守则、制度、职责要求等。诊疗护理常规，是指长期以来在诊疗护理实践中被公认的行之有效的操作习惯与惯例。其次，严重不负责任的行为必须发生在医务工作中。发生在医务工作中，是指在医务人员履行自己的职责的过程中。医务人员在正当合法的医务工作之外严重不负责任，造成就诊人死亡或者严重损害就诊人身体健康，不构成本罪。最后，严重不负责任行为必须造成就诊人死亡或者身体健康受到严重损害的结果。对此应当从两个方面把握，其一，必须有就诊人死亡或者身体健康受到严重损害的结果发生。其二，行为人严重不负责任的行为与就诊人死亡或者身体健康受到严重损害的结果之间必须存在刑法上的因果关系。

需要注意的是，医疗过程中就诊人伤亡结果的发生过程不同于一般加害行为致人伤亡结果的发生过程。后者通常是加害行为本身直接引起人体机体损伤，而前者则可以表现为三种不同的发生过程：(1) 医疗措施对就诊人员造成直接侵害，引起病人伤亡；(2) 医疗措施未能有效阻止病情发展，致使病情恶化而引起伤残或死亡；(3) 医疗措施加重了病情，与疾病共同促使病人伤亡。可见，医疗事故造成的伤亡结果可能既同医疗行为有关，又同原患疾病有关。无论是哪一种情形，都应当认定违章医疗行为与病人伤亡结果之间存在因果关系，应当认定为医疗事故。不过，只有医疗行为严重违反医疗规章制度，才能由行为人对病人伤亡结果承担刑事责任。

3. 本罪的主体是特殊主体，只有医务人员才可能成为本罪主体。所谓医务人员，是指直接从事诊疗护理工作的人员。通常是经过考核和卫生行政机关批准或承认，取得相应资格的诊疗护理工作人员，具体包括医疗防疫人员（如医师、妇幼保健员），药剂人员（如药剂师），护理人员（如护士），其他技术人员（如技师、技士）。

4. 本罪在主观上是过失，即应当预见自己严重不负责任的行为可能造成就诊人死亡或者严重损害就诊人的身体健康，因为疏忽大意没有预见，或者已经预见而轻信能够避免。

（二）医疗事故罪的认定

认定本罪，应当注意如下问题：

1. 医疗事故罪与非罪的界限

医务人员由于技术水平不高或者经验不足，以致发生就诊人员生命健康受到损害的结果，属于医疗技术事故，不构成本罪。医务人员虽然存在严重不负责任的行为，但尚未造成就诊人死亡或者严重损害就诊人身体健康的结果，或者有关结果不是由严重不负责任的行为造成的，不应以犯罪论处。

2. 医疗事故罪与非法行医罪的界限

本罪和非法行医罪存在一定相近之处，如两罪的主体都是特殊主体，并且都可以是医务人员；两罪在客观方面都表现为对患者进行诊断、治疗、护理等行为。两罪的主要区别如下：第一，两罪所侵犯的客体不同。本罪侵犯的客体是国家对医疗工作的管理秩序和就诊人的生命健康权，非法行医罪侵犯的客体是国家对医疗活动的管理秩序。第二，两罪行为性质不同。本罪的行为表现为在从事合法的医疗活动时严重不负责任，即行为人所从事的医疗活动是合法的，但是在从事合法的医疗活动时却违反法律规定，不履行或者不正确履行职责；非法行医罪的行为则表现为本没有资格从事医疗活动的人非法从事医疗活动，即行为人在从事医疗活动时可能是认真负责的，问题在于他根本就没有从事医疗活动的资格，其行医行为无论负责与否，都是非法的。第三，两罪的成立对危害结果的要求不同。本罪以危害行为严重损害就诊人身体健康或者造成就诊人死亡为成立条件；非法行医罪不要求具备上述危害结果，只要非法行医情节严重即构成该罪。第四，两罪的主体不同。本罪的主体是医务人员，即在医疗机构中从事对病人救治、护理工作的医生和护士。非法行医罪的主体是未取得医生执业资格的人员，即不具备有关法律、法规或者部门规章所规定的申请从事医疗、预防、保健等方面执业活动必须具备的卫生技术职称、医师执业证书、临床工作年限等条件的人员。需要注意的是，医务人员并非一定是已经取得医生执业资格的人员，在医疗机构中从事对病人救治、护理工作的医生和护士如果不具备申请个体开业行医条件而擅自从事个体行医活动，也属于未取得医生执业资格的人，可以构成非法行医罪。第五，两罪的主观方面不同。本罪的主观方面表现为过失，即行为人对就诊人死亡或者身体健康受到严重损害的危害结果的发生是过失心态。非法行医罪的主观方面表现为故意，即行为人明知自己未取得医生执业资格而擅自从事行医活动，并且有意这样做。

(三) 医疗事故罪的处罚

根据《刑法》第335条的规定，犯本罪的，处3年以下有期徒刑或者拘役。

九、非法行医罪

非法行医罪，是指未取得医生执业资格的人非法行医，情节严重的行为。本罪的构成要件是：

1. 本罪侵犯的客体是国家对医疗活动的管理秩序。

2. 本罪在客观上表现为未取得医生执业资格的人非法行医，情节严重的行为。所谓“未取得医生执业资格”，是指不具备从事医生执业活动应当具备的条件，如未通过国家医师执业资格考试。医生执业资格不同于医师资格，已经取得医师资格，但没有领取医师执业许可证的人也属于未取得医生执业资格的人，这种人非法行医，情节严重的，也应当以本罪论处。所谓“非法行医”，是指违反国家卫生管理法规，未取得医生执业资格而从事疾病诊断、治疗、病人护理等医务工作。所谓“情节严重”，是指严重损害就诊人身体健康以及造成就诊人死亡之外的严重情节，主要是指以下情形之一：(1) 造成多名就诊人身体健康受到轻度损害；(2) 医疗条件恶劣，医疗设备严重不符合国家规定的基本标准；(3) 在卫生管理部门责令停业后，继续非法行医；(4) 非法行医过程中伴有乱收费等损害就诊人权益的行为；(5) 非法行医时间长或者非法获利数额巨大。

3. 本罪的主体是特殊主体，只有没有取得医生执业资格的人才可能成为本罪主体。

4. 本罪在主观上是直接故意，即明知自己是在没有取得医生执业资格的情况下从事诊疗活动，并且希望这样做。

根据《刑法》第336条的规定，犯本罪的，处3年以下有期徒刑、拘役或者管制，并处或者单处罚金；严重损害就诊人身体健康的，处3年以上10年以下有期徒刑，并处罚金；造成就诊人死亡的，处10年以上有期徒刑，并处罚金。

十、非法进行节育手术罪

非法进行节育手术罪，是指未取得医生执业资格的人擅自为他人进行节育复通手术、假节育手术、终止妊娠手术或者摘取宫内节育器，情节严重的行为。本罪的构成要件是：

1. 本罪侵犯的客体是国家对计划生育的管理秩序。

2. 本罪在客观上表现为擅自为他人进行节育复通手术、假节育手术、终止妊娠手术或者摘取宫内节育器，情节严重的行为。行为人只要实施情节严重的上述四种行为之一，即可构成本罪，实施了两种以上的行为，也只以本罪一罪论处。

3. 本罪的主体是特殊主体，只有未取得医生执业资格的人才可能成为本罪主体。

4. 本罪在主观上是直接故意，即明知自己在擅自为他人进行节育手术，并且希望这样做。

在非法行医过程中非法进行节育手术的，如果两种行为都达到了情节严重的程度，应当以非法行医罪和非法进行节育手术罪进行数罪并罚；如果仅有一种行为达到情节严重的程度，应当按达到情节严重的行为性质定罪处罚，另一行为可以作为量刑时考虑的情节。

根据《刑法》第 336 条第 2 款的规定，犯本罪的，处 3 年以下有期徒刑、拘役或者管制，并处或者单处罚金；严重损害就诊人身体健康的，处 3 年以上 10 年以下有期徒刑，并处罚金；造成就诊人死亡的，处 10 年以上有期徒刑，并处罚金。

十一、妨害动植物防疫、检疫罪

妨害动植物防疫、检疫罪，是指违反有关动植物防疫、检疫的国家规定，引起重大动植物疫情的，或者有引起重大动植物疫情危险，情节严重的行为。本罪的构成要件是：

1. 本罪侵犯的客体是进出境动植物检疫秩序。

2. 本罪在客观上表现为违反有关动植物防疫、检疫的国家规定，引起重大动植物疫情的，或者有引起重大动植物疫情危险，情节严重的行为。

3. 本罪的主体是一般主体，凡年满 16 周岁，具有刑事责任能力的自然人，均可成为本罪主体。

4. 本罪在主观上是过失。

根据《刑法》第 337 条的规定，犯本罪的，处 3 年以下有期徒刑或者拘役，并处或者单处罚金。单位犯本罪的，对单位判处罚金，并对其直接负责的主管人员和其他直接责任人员，依照自然人犯本罪的规定处罚。

第七节　破坏环境资源保护罪

一、污染环境罪

（一）污染环境罪的概念和构成

根据《刑法修正案（八）》，污染环境罪是指违反国家规定，排放、倾倒或者处置有放射性的废物、含传染病病原体的废物、有毒物质或者其他有害物质，严重污染环境的行为。本罪的构成要件如下：

1. 本罪侵犯的客体是国家环境保护制度。

2. 本罪客观方面表现为违反国家规定，排放、倾倒或者处置有放射性的废物、含传染病病原体的废物、有毒物质或者其他有害物质，严重污染环境的行为。本罪客观方面具有两个特征：（1）行为人的行为违反了国家规定，这主要是指违反《大气污染防治法》《固体废物污染环境防治法》《水污染防治法》《海洋环境保护法》《环境保护法》等法律以及国务院颁布的有关实施细则。（2）排放、倾倒或者处置有放射性的废物、含传染病病原体的废物、有毒物质或者其他有害物质，严重污染环境。排放，通常而言，是指将液态与气态的有放射性的废物等危险物质和有害物质排入水体、大气、土地等；倾倒，通常是指将固态的有放射性的废物等危险物质和有害物质弃置于土地、水体；处置，是指以不符合环境保护要求的方式来处理有放射性的废物等危险物质和有害物质。在对重大环境污染事故罪的修改中，《刑法修正案（八）》取消了“造成重大环境污染事故，致使公私财产遭受重大损失或者人身伤亡的严重后果”，而代之以“严重污染环境”，从而污染环境罪的成立，就不要求必须发生重大环境污染事故，具备重大财产损失或人身伤亡的严重后果，使得实践中一些没有造成重大事故的、累积性的严重污染环境的行为也能得到刑事处罚。

3. 本罪的主体既可以是自然人，也可以是单位。

4. 本罪的主观要件。在本罪的前身重大环境污染事故罪的主观要件问题上，理论界存在多种不同观点。有的认为是故意[①]，有的认为是过失[②]，有的认为既可以是故意又可以是过失。[③] 通说认为，构成该罪的主观罪过形式只能是过失，而不能是故意。至于污染环境罪的主观罪过，仍存在上述争议。本书认为，从法条的表述来看，本罪似乎既可以由故意构成，也可以由过失构成，但是，这种混合罪过形式并未得到刑法理论界的普遍赞同，也不符合刑事立法规则。从惩治污染环境犯罪的现实需要来看，宜将故意污染环境罪与过失污染环境罪分开规定。

（二）污染环境罪的认定

1. 本罪与意外事件的区别

现实生活中，难免有因种种非人为原因而严重污染环境事件的发生。例如，雷电击中存储有毒有害化学液体的容器，致使有毒有害化学物质流入饮水源，从而使饮用该水源的群众发生中毒。此类事件与本罪在客观表现上极为相似。但是由于意外事件缺乏犯罪构成的主体与主观内容，因而不具有可罚性。因此，对于意外事件引起的环境污染，即使造成的后果很严重，也不能以犯罪论处。

2. 本罪与投放危险物质罪的区别

如何区分本罪与投放危险物质罪的界限，是理论上与实践上面临的一个重要问题。（1）两罪都可能造成财产损失与人身伤亡，但本罪行为是通过污染环境进而造成公私财产的重大损失与人身伤亡的结果；而投放危险物质罪的行为是直接造成公私财产的重大损失与人身伤亡的结果。（2）本罪的行为方式是排放、倾倒或者处置有放射性的废物、含传染病病原体的废物、有毒物质或者其他有害物质；投放危险物质罪一般是将毒害性、放射性、传染病病原体等物质，投放于供不特定或者多数人饮食的食品或者饮料中，供人、畜等使用的河流、池塘、水井中或者不特定人、多数人通行的场所。（3）本罪的行为人主观上不具有危害公共安全的故意；投放危险物质罪的行为人具有

---

① 参见周道鸾等主编：《刑法的修改与适用》，691页，北京，人民法院出版社，1997。

② 参见赵秉志主编：《中国刑法实用》，1264页，郑州，河南人民出版社，2001。

③ 参见张穹主编：《刑法适用手册》，1201页，北京，中国人民公安大学出版社，1997。

危害公共安全的故意。

3. 本罪与危险物品肇事罪的区别

危险物品肇事罪，是指违反爆炸性、易燃性、放射性、毒害性、腐蚀性物品的管理规定，在生产、存储、运输、使用中发生重大事故，造成严重后果的行为。由于危险物品肇事罪一旦发生，其“危险物品”常常引起污染环境的后果，因此，它与本罪有一定的相似之处。二者的区别是：(1) 侵害的客体不同。本罪侵害的客体是国家环境保护制度；而危险物品肇事罪侵害的客体是公共安全。(2) 客观表现不同。本罪的客观方面，表现为违反国家规定，排放、倾倒、处置危险废物和有害物质的行为，就行为人的“排放”、“倾倒”、“处置”行为而言，一般是故意实施的；而危险物品肇事罪则表现为行为人在生产、储存、运输、使用危险物品过程中因过失而导致了严重后果，行为人始终没有故意排放、倾倒或处置的行为。

(三) 污染环境罪的处罚

根据《刑法》第338条与第346条的规定，犯本罪的，处3年以下有期徒刑或者拘役，并处或者单处罚金；后果特别严重的，处3年以上7年以下有期徒刑，并处罚金。单位犯本罪的，对单位判处罚金，并对其直接负责的主管人员和其他直接责任人员，依照上述规定处罚。根据《关于审理环境污染刑事案件具体应用法律若干问题的解释》(以下简称《环境污染刑事司法解释》) 第3条的规定，具有下列情形之一的，属于“后果特别严重”：(1) 致使公私财产损失100万元以上的；(2) 致使水源污染、人员疏散转移达到《国家突发环境事件应急预案》中突发环境事件分级Ⅱ级以上情形的；(3) 致使基本农田、防护林地、特种用途林地15亩以上，其他农用地30亩以上，其他土地60亩以上基本功能丧失或者遭受永久性破坏的；(4) 致使森林或者其他林木死亡150立方米以上，或者幼树死亡7 500株以上的；(5) 致使3人以上死亡、10人以上重伤、30人以上轻伤，或者3人以上重伤并10人以上轻伤的；(6) 致使传染病发生、流行达到《国家突发公共卫生事件应急预案》中突发公共卫生事件分级Ⅱ级以上情形的；(7) 其他后果特别严重的情形。

二、非法处置进口的固体废物罪

非法处置进口的固体废物罪，是指自然人或者单位违反国家规定，故意将境外的固体废物进境倾倒、堆放、处置的行为。[①] 本罪的构成要件是：

1. 本罪侵犯的客体是国家的环境保护制度。

2. 本罪客观方面表现为违反国家规定，将境外的固体废物进境倾倒、堆放、处置的行为。我国《固体废物污染环境防治法》第24条规定，禁止中国境外的固体废物进境倾倒、堆放、处置，“违反国家规定”主要是指违反该法的规定。根据该法第74、75条的规定，固体废物是指在生产建设、日常生活和其他活动中产生的污染环境的固态、

---

① 有学者认为，本罪名存在缺陷。例如，某外国的公司将一船固体废物进境倾倒于中国领海内的，理当成立本罪。但不能说其行为属于“非法处置进口的固体废物”，因为进境与进口毕竟不是等同概念（参见张明楷：《刑法学》，2版，859页，北京，法律出版社，2003）。我们认同这种观点。

半固态废弃物质。包括国家禁止进口的固体废物和限制进口的固体废物。处置，是指将固体废物焚烧和用其他改变固体废物的物理、化学、生物特性的方法，达到减少已产生的固体废物数量、缩小固体废物体积、减少或者消除其危险成分的活动，或者将固体废物最终置于符合环境保护规定要求的场所或者设施并不再回取的活动。

3. 本罪犯罪主体是一般主体，既包括自然人，也包括单位。

4. 本罪主观方面是故意。

根据《刑法》第339条和第346条的规定，犯本罪的，处5年以下有期徒刑或者拘役，并处罚金；造成重大环境污染事故，致使公私财产遭受重大损失或者严重危害人体健康的，处5年以上10年以下有期徒刑，并处罚金；后果特别严重的，处10年以上有期徒刑，并处罚金。单位犯本罪的，对单位判处罚金，并对其直接负责的主管人员和其他直接责任人员，依照上述规定处罚。根据国家环境保护局《报告环境污染与破坏事故的暂行办法》第5条第3项的规定，凡符合下列情况之一的，为重大环境污染与破坏事故：(1) 由于污染或者破坏行为造成直接经济损失5万元以上10万元以下(不含10万元)；(2) 人员发生明显中毒症状、辐射伤害或者可能导致伤残后果；(3) 人群发生中毒症状；(4) 因环境污染使社会安定受到影响；(5) 对环境造成较大危害。根据《环境污染刑事司法解释》第1、2、4条的规定，“公私财产遭受重大损失”是指具有下列情形之一的：(1) 致使公私财产损失30万元以上的；(2) 致使基本农田、防护林地、特种用途林地5亩以上，其他农用地10亩以上，其他土地20亩以上基本功能丧失或者遭受永久性破坏的；(3) 致使森林或者其他林木死亡50立方米以上，或者幼树死亡2 500株以上的。“严重危害人体健康”是指具有下列情形之一的：(1) 致使1人以上死亡、3人以上重伤、10人以上轻伤，或者1人以上重伤并且5人以上轻伤的；(2) 致使传染病发生、流行或者人员中毒达到《国家突发公共卫生事件应急预案》中突发公共卫生事件分级Ⅲ级情形，严重危害人体健康的；(3) 其他致使“人身伤亡的严重后果”或者“严重危害人体健康”的情形。“公私财产损失”，包括污染环境行为直接造成的财产损毁、减少的实际价值，为防止污染扩大以及消除污染而采取的必要的、合理的措施而发生的费用。“后果特别严重的”的认定标准，与污染环境罪中“后果特别严重的”的标准相同。

三、擅自进口固体废物罪

擅自进口固体废物罪，是指未经国务院有关主管部门许可，擅自进口固体废物用作原料，造成重大环境污染事故，致使公私财产遭受重大损失或者严重危害人体健康的行为。本罪的构成要件是：

1. 本罪侵犯的客体是国家对废物进口管理制度和环境保护制度。

2. 本罪客观方面表现为未经国务院有关主管部门许可，擅自进口固体废物用作原料，造成重大环境污染事故，致使公私财产遭受重大损失或者严重危害人体健康的行为。根据国家环境保护局等单位1999年修订的《关于废物进口环境保护管理暂行规定的补充规定》第1项的规定，“废物进口”指一切废物（含废料）以任何贸易方式和无偿提供、捐赠等方式进入我国境内。根据《环境污染刑事司法解释》，本罪中“公私财产遭受重大损失”、“严重危害人体健康”、“后果特别严重的”的认定标准，与非法处置进口的固体废物罪中“公私财产遭受重大损失”、“严重危害人体健康”、“后果特别严重的”的标准相同。

3. 本罪犯罪主体是一般主体，既包括自然人，也包括单位。

4. 本罪主观方面是故意。

在认定这类案件性质时，需要注意以下三个问题：

第一，区分擅自进口固体废物罪与非法处置进口的固体废物罪的界限。主要区别在于目的不同。本罪具有利用废物作原料的目的，而后罪则是以将境外的固体废物进境倾倒、堆放、处置为目的。

第二，区分擅自进口固体废物罪与走私废物罪的界限。主要区别在于是否逃避海关监管。走私废物罪必须有逃避海关监管的行为，而本罪没有逃避海关监管的行为。

第三，根据2002年12月28日全国人大常委会通过的《刑法修正案（四）》第5条的规定，以原料利用为名，进口不能用作原料的固体废物、液态废物和气态废物的，依照《刑法》第152条第2、3款规定的走私废物罪定罪处罚。

根据《刑法》第339条和第346条的规定，犯本罪的，处5年以下有期徒刑或者拘役，并处罚金；后果特别严重的，处5年以上10年以下有期徒刑，并处罚金。单位犯本罪的，对单位判处罚金，并对其直接负责的主管人员和其他直接责任人员，依照上述规定处罚。

四、非法捕捞水产品罪

非法捕捞水产品罪，是指违反保护水产资源法规，在禁渔区、禁渔期或者使用禁用的工具、方法捕捞水产品，情节严重的行为。本罪的构成要件是：

1. 本罪侵犯的客体是国家对水产资源的保护制度。

2. 本罪客观方面表现为违反水产资源保护法规，在禁渔区、禁渔期或者使用禁用的工具、方法捕捞水产品，情节严重的行为。本罪客观方面以违反《渔业法》、《水产资源繁殖保护条例》等保护水产资源的法律、法规为前提。行为表现为四种情况：一是在禁渔区捕捞水产品。禁渔区，是指渔业行政主管部门依照有关法律或国际渔业协定，对某些重要鱼虾蟹贝藻类以及其他主要水生生物产卵场、幼体索饵场、越冬场和洄游通道及生长、繁殖场所等，划定禁止全部作业或者部分作业、限定某些作业的渔具数量的一定区域。二是在禁渔期捕捞水产品。禁渔期，是指根据上述主要水生生物及其幼体出现的不同盛期，划定禁止全部作业或者部分作业的一定期限。三是使用禁用的工具捕捞水产品。禁用的工具，是指禁止使用的超过国家按不同捕捞对象所分别规定的最小网眼尺寸的渔具或其他禁止使用的渔具。四是使用禁用的方法。禁用的方法，是指禁止使用的损害水产资源正常繁殖、生长的方法，如炸鱼、毒鱼、滥用电力捕捞等。实施上述行为之一的，即可构成本罪；同时实施上述行为的，也只成立一罪。但如果使用炸鱼、毒鱼等危险方法捕捞水产品，危害公共安全的，应以危害公共安全的有关犯罪论处。成立本罪还要求情节严重，如聚众非法捕捞的，捕捞数量巨大的，多次非法捕捞的，非法捕捞后果严重的，抗拒管理的，等等。

3．本罪犯罪主体是一般主体，既包括自然人，也包括单位。

4．本罪主观方面是故意。即明知是禁渔区、禁渔期或明知使用的是禁用的工具或方法，而故意捕捞水产品。

实施本罪行为同时构成盗窃等罪的，应从一重罪论处。

根据《刑法》第340条与第346条的规定，犯本罪的，处3年以下有期徒刑、拘役、管制或者罚金。单位犯本罪的，对单位判处罚金，并对其直接负责的主管人员和其他直接责任人员，依照上述规定处罚。

五、非法猎捕、杀害珍贵、濒危野生动物罪

非法猎捕、杀害珍贵、濒危野生动物罪，是指非法猎捕、杀害国家重点保护的珍贵、濒危野生动物的行为。本罪的构成要件是：

1．本罪侵犯的客体是国家对珍贵、濒危野生动物的保护制度。本罪的对象是国家重点保护的珍贵、濒危野生动物。珍贵的野生动物，是指在生态平衡、科学研究、文化艺术、发展经济以及国际交往等方面具有重要价值的陆生、水生野生动物。濒危的野生动物，是指品种和数量稀少且濒于灭绝危险的陆生、水生野生动物。根据最高人民法院2000年12月11日施行的《关于审理破坏野生动物资源刑事案件具体应用法律若干问题的解释》（以下简称《野生动物资源刑事司法解释》）第1条的规定，“珍贵、濒危野生动物”，包括列入国家重点保护野生动物名录的国家一、二级保护野生动物，列入《濒危野生动植物种国际贸易公约》附录一、附录二的野生动物以及驯养繁殖的上述物种。根据《野生动物保护法》的规定，一级野生动物，是指中国特产或者濒于灭绝的野生动物；二级野生动物，是指数量稀少有濒于灭绝危险的野生动物。

2．本罪客观方面表现为违反野生动物保护法规，未经有关部门批准，非法猎捕、杀害国家重点保护的珍贵、濒危野生动物的行为。

3．本罪主体既可以是自然人，也可以是单位。

4．本罪主观方面只能出于故意，即明知是国家重点保护的珍贵、濒危野生动物，而故意猎捕、杀害。

使用爆炸、投毒、设置电网等危险方法破坏野生动物资源，构成非法猎捕、杀害珍贵、濒危野生动物罪，同时构成《刑法》第114条或者第115条规定之罪的，依照处罚较重的规定定罪处罚。实施本罪行为，又以暴力、威胁方法抗拒查处，构成其他犯罪的，依照数罪并罚的规定处罚。故意伤害珍贵、濒危野生动物的，应以故意毁坏财物罪论处。

根据《刑法》第341条第1款和第346条的规定，犯本罪的，处5年以下有期徒刑或者拘役，并处罚金；情节严重的，处5年以上10年以下有期徒刑，并处罚金；情节特别严重的，处10年以上有期徒刑，并处罚金或者没收财产。单位犯本罪的，对单位判处罚金，并对其直接负责的主管人员和其他直接责任人员，依照上述规定处罚。根据《野生动物资源刑事司法解释》，情节严重，主要是指非法猎捕、杀害的珍贵、濒危野生动物数量较多；情节特别严重，是指非法猎捕、杀害的珍贵、濒危野生动物数量较多，并具有下列情形之一的：（1）犯罪集团的首要分子；（2）严重影响对野生动物

的科研、养殖等工作顺利进行的；（3）以武装掩护方法实施犯罪的；（4）使用特种车、军用车等交通工具实施犯罪的；（5）造成其他重大损失的。

六、非法收购、运输、出售珍贵、濒危野生动物、珍贵、濒危野生动物制品罪

非法收购、运输、出售珍贵、濒危野生动物、珍贵、濒危野生动物制品罪，是指故意非法收购、运输、出售国家重点保护的珍贵、濒危野生动物及其制品的行为。本罪的构成要件是：

1. 本罪侵犯的客体是国家对珍贵、濒危野生动物和珍贵、濒危野生动物制品的保护制度。

“珍贵、濒危野生动物”的含义与非法猎捕、杀害珍贵、濒危野生动物罪中“珍贵、濒危野生动物”的含义相同。“珍贵、濒危野生动物制品”，是指以珍贵、濒危野生动物为原料所制作的成品和半成品，如标本、皮张和其他具有极高经济价值的动物部位及其肉食等。

2. 本罪客观方面表现为违反野生动物保护法规，未经有关部门批准，非法收购、运输、出售国家重点保护的珍贵、濒危野生动物、珍贵、濒危野生动物制品的行为。行为方式表现为收购、运输、出售。根据《野生动物资源刑事司法解释》，“收购”，包括以营利、自用等为目的的购买行为；“运输”，包括采用携带、邮寄、利用他人、使用交通工具等方法进行运送的行为；“出售”，包括出卖和以营利为目的的加工利用行为。

3. 本罪犯罪主体是一般主体，既包括自然人，也包括单位。

4. 本罪的主观方面是故意。

直接向走私人非法收购国家禁止进出口的珍贵动物及其制品（包括国家重点保护的珍贵、濒危野生动物及其制品）的，在内海、领海运输、收购、贩卖国家禁止进出口的珍贵动物及其制品的，非法将珍贵、濒危野生动物运输出境的，都构成走私珍贵动物、珍贵动物制品罪，而不成立本罪。对于行为人非法猎捕、杀害珍贵、濒危野生动物或收购珍贵、濒危野生动物及其制品后，又走私的，宜实行数罪并罚。

根据《刑法》第 341 条第 1 款和第 346 条的规定，犯本罪的，处 5 年以下有期徒刑或者拘役，并处罚金；情节严重的，处 5 年以上 10 年以下有期徒刑，并处罚金；情节特别严重的，处 10 年以上有期徒刑，并处罚金或者没收财产。单位犯本罪的，对单位判处罚金，并对其直接负责的主管人员和其他直接责任人员，依照上述规定处罚。根据《野生动物资源刑事司法解释》第 3、4 条的规定，非法收购、运输、出售珍贵、濒危野生动物“情节严重”以及“情节特别严重”的标准与非法猎捕、杀害珍贵、濒危野生动物罪“情节严重”、“情节特别严重”的标准相同；非法收购、运输、出售珍贵、濒危野生动物制品行为“情节严重”是指具有下列情形之一的：（1）价值在 10 万元以上的；（2）非法获利 5 万元以上的；（3）具有其他严重情节的。非法收购、运输、出售珍贵、濒危野生动物制品行为“情节特别严重”是指具有下列情形之一的：（1）价值在 20 万元以上的；（2）非法获利 10 万元以上的；（3）具有其他特别严重情节的。

七、非法狩猎罪

非法狩猎罪，是指违反狩猎法规，在禁猎区、禁猎期或者使用禁用的工具、方法进行狩猎，破坏野生动物资源，情节严重的行为。本罪的构成要件是：

1. 本罪侵犯的客体是国家对野生动物的保护制度。本罪的对象是一般的陆生野生动物，不包括国家保护的珍贵、濒危野生动物，也不包括水生野生动物。

2. 本罪客观方面表现为违反狩猎法规，在禁猎区、禁猎期或者使用禁用的工具、方法进行狩猎，破坏野生动物资源，情节严重的行为。违反狩猎法规，主要是指违反我国《野生动物保护法》等有关野生动物保护的法律法规。禁猎区，是指国家对适宜野生动物生息繁衍或者资源贫乏、破坏比较严重的地区，划定禁止狩猎的区域。禁猎期，是指国家野生动物行政管理部门根据野生动物的繁殖或者皮毛、肉食、药材的成熟季节，分别规定的禁止狩猎的期间。禁用的工具，是指足以破坏野生动物资源，危害人兽安全以及破坏森林的工具，如军用武器、气枪、地弓、地枪、大铁夹子等。禁用的方法，是指禁止使用的损害野生动物资源正常繁殖、生长以及破坏森林、草原等的方法，如化学物品毒杀、歼灭性围攻、爆炸、烟熏、掏窝、捡蛋、夜间照明行猎等方法。根据《野生动物资源刑事司法解释》第6条的规定，具有下列情形之一的，属于非法狩猎“情节严重”：（1）非法狩猎野生动物20只以上的；（2）违反狩猎法规，在禁猎区或者禁猎期使用禁用的工具、方法狩猎的；（3）具有其他严重情节的。

3. 本罪的主体是一般主体，既包括自然人，也包括单位。

4. 本罪主观方面是故意。

使用爆炸、投毒、设置电网等危险方法破坏野生动物资源，构成非法狩猎罪，同时构成《刑法》第114条或者第115条规定之罪的，依照处罚较重的规定定罪处罚。实施本罪行为，又以暴力、威胁方法抗拒查处，构成其他犯罪的，依照数罪并罚的规定处罚。

本罪与非法猎捕、杀害珍贵、濒危野生动物罪的区别在于：（1）二者的犯罪对象不同。本罪的犯罪对象是一般野生动物；而非法猎捕、杀害珍贵、濒危野生动物罪侵害的对象是国家重点保护的珍贵、濒危野生动物。（2）犯罪时间、地点、工具、方法对于犯罪成立的意义不同。对于本罪来说，特定的时间、地点、工具、方法是本罪成立的必要条件；而对于非法猎捕、杀害珍贵、濒危野生动物罪来说，犯罪的时间、地点、工具、方法并非犯罪成立的必要条件。（3）本罪属于情节犯，只有非法狩猎情节严重的，才构成犯罪；而非法猎捕、杀害珍贵、濒危野生动物罪属于行为犯，只要实施了非法猎捕、杀害珍贵、濒危野生动物的行为，不论情节如何，都可成立犯罪。非法狩猎行为同时触犯非法猎捕、杀害珍贵、濒危野生动物罪的，应根据行为性质与具体情况，以非法猎捕、杀害珍贵、濒危野生动物罪论处或者实行数罪并罚。

根据《刑法》第341条第2款以及第346条的规定，犯本罪的，处3年以下有期徒刑、拘役、管制或者罚金。单位犯本罪的，对单位判处罚金，并对其直接负责的主管人员和其他直接责任人员，依照上述规定处罚。

八、非法占用农用地罪

非法占用农用地罪，是指自然人或者单位违反土地管理法规，非法占用耕地、林地等农用地，改变被占用土地用途，数量较大，造成耕地、林地等农用地大量毁坏的行为。[①] 本罪的构成要件是：

1. 本罪侵犯的客体是国家的土地管理制度。犯罪对象是农用地，根据《土地管理法》第4条的规定，农用地是指直接用于农业生产的土地，包括耕地、林地、草地、农田水利用地、养殖水面等。耕地一般是指种植农作物的土地，包括菜地、园地，其中园地包括苗圃、花圃、茶园、果园、桑园和其他种植经济林木的土地。

2. 本罪客观方面表现为违反土地管理法规，非法占用耕地、林地等农用地，改变被占用土地用途，数量较大，造成耕地、林地等农用地大量毁坏的行为。根据全国人大常委会2001年8月31日施行的《刑法修正案（二）》和全国人大常委会2001年8月31日《关于〈中华人民共和国刑法〉第二百二十八条、第三百四十二条、第四百一十条的解释》，“违反土地管理法规”，是指违反《土地管理法》《森林法》《草原法》等法律以及有关行政法规中关于土地管理的规定。“非法占用农用地”，包括：（1）未经批准占用农用地，即未经国家土地管理机关审核批准而擅自占用农用地；（2）超过批准的数量、权限占用农用地，即其中一部分占用的农用地经过合法的批准，而另一部分未经批准；（3）采取欺骗的手段骗取批准占用农用地的。“改变被占用土地用途”，是指行为人将土地管理部门批准专用的土地用途改作其他方面使用。本罪是结果犯，非法占用农用地或改变被占用土地用途的行为“造成农用地大量毁坏”的结果的，才构成犯罪。根据最高人民法院2000年6月22日施行的《关于审理破坏土地资源刑事案件具体应用法律若干问题的解释》第3条的规定，非法占用耕地“数量较大”，是指非法占用基本农田5亩以上或者非法占用基本农田以外的耕地10亩以上；造成耕地“大量毁坏”，是指行为人非法占用耕地建窑、建坟、建房、挖沙、采石、采矿、取土、堆放固体废弃物或者进行其他非农业建设，造成基本农田5亩以上或者基本农田以外的耕地10亩以上种植条件严重毁坏或者严重污染。根据最高人民法院2005年12月30日施行的《关于审理破坏林地资源刑事案件具体应用法律若干问题的解释》第1条的规定，违反土地管理法规，非法占用林地，改变被占用林地用途，在非法占用的林地上实施建窑、建坟、建房、挖沙、采石、采矿、取土、种植农作物、堆放或排泄废弃物等行为或者进行其他非林业生产、建设，造成林地的原有植被或林业种植条件严重毁坏或者严重污染，并具有下列情形之一的，属于“数量较大、造成林地大量毁坏”：（1）非法占用并毁坏防护林地、特种用途林地数量分别或者合计达到5亩以上；（2）非法占用并毁坏其他林地数量达到10亩以上；（3）非法占用并毁坏本条第（1）、（2）项规定的林地，数量分别达到相应规定的数量标准的50%以上；（4）非法占用并毁坏本条第

① 本罪是1997年《刑法》新增罪名，但当时称为“非法占用耕地罪”，其犯罪对象仅限于耕地。后来为惩治毁林开垦和乱占滥用林地的犯罪和切实保护森林资源，全国人大常委会2001年《刑法修正案（二）》将本罪的犯罪对象扩大到林地等其他农用地，2002年最高人民法院、最高人民检察院《关于执行〈中华人民共和国刑法〉确定罪名的补充规定》将本罪罪名确定为“非法占用农用地罪”。

(1)、(2) 项规定的林地，其中一项数量达到相应规定的数量标准的 50%以上，且两项数量合计达到该项规定的数量标准。

3. 本罪犯罪主体是一般主体，既包括自然人，也包括单位。

4. 本罪主观方面是故意。

根据《刑法》第 342 条与第 346 条的规定，犯本罪的，处 5 年以下有期徒刑或者拘役，并处或者单处罚金。单位犯本罪的，对单位判处罚金，并对其直接负责的主管人员和其他直接责任人员，依照上述规定处罚。

九、非法采矿罪

非法采矿罪，是指自然人或者单位违反矿产资源法的规定，未取得采矿许可证擅自采矿，擅自进入国家规划矿区、对国民经济具有重要价值的矿区和他人矿区范围采矿，或者擅自开采国家规定实行保护性开采的特定矿种，情节严重的行为。本罪的构成要件是：

1. 本罪侵犯的客体是国家的矿产资源保护制度。所谓矿产资源，是指由地质作用形成的，埋藏于地壳之中，在可预见的时间内对人类具有利用价值或经济价值，呈固态、液态、气态的富集物。

2. 本罪客观方面表现为违反矿产资源法的规定，未取得采矿许可证擅自采矿，擅自进入国家规划矿区、对国民经济具有重要价值的矿区和他人矿区范围采矿，擅自开采国家规定实行保护性开采的特定矿种，情节严重的行为。根据最高人民法院 2003 年 6 月 3 日施行的《关于审理非法采矿、破坏性采矿刑事案件具体应用法律若干问题的解释》第 2 条的规定，具有下列情形之一的，属于“未取得采矿许可证擅自采矿”：(1) 无采矿许可证开采矿产资源的；(2) 采矿许可证被注销、吊销后继续开采矿产资源的；(3) 超越采矿许可证规定的矿区范围开采矿产资源的；(4) 未按采矿许可证规定的矿种开采矿产资源的（共生、伴生矿种除外）；(5) 其他未取得采矿许可证开采矿产资源的情形。

3. 本罪犯罪主体是一般主体，既包括自然人，也包括单位。

4. 本罪主观方面是故意。

根据《刑法》第 343 条与第 346 条的规定，犯本罪的，处 3 年以下有期徒刑、拘役或者管制，并处或者单处罚金；情节特别严重的，处 3 年以上 7 年以下有期徒刑，并处罚金。单位犯本罪的，对单位判处罚金，并对其直接负责的主管人员和其他直接责任人员，依照上述规定处罚。

十、破坏性采矿罪

破坏性采矿罪，是指自然人或者单位违反矿产资源法的规定，采取破坏性的方法开采矿产资源，造成矿产资源严重破坏的行为。本罪的构成要件是：

1. 本罪侵犯的客体是国家的矿产资源保护制度。

2. 本罪客观方面表现为违反矿产资源法的规定，采取破坏性的开采方法开采矿产资源，造成矿产资源严重破坏的行为。具体包括使用不合理的开采顺序、选矿工艺等开采方法开采矿产资源的行为。根据最高人民法院《关于审理非法采矿、破坏性采矿刑事案件具体应用法律若干问题的解释》第4条的规定，“采取破坏性的开采方法开采矿产资源”，是指行为人违反地质矿产主管部门审查批准的矿产资源开发利用方案开采矿产资源，并造成矿产资源严重破坏的行为。根据该解释第5条的规定，破坏性采矿造成矿产资源破坏的价值，数额在30万元以上的，属于“造成矿产资源严重破坏”。

3. 本罪的主体是特殊主体，即取得采矿许可证的单位和个人。如果是未取得采矿许可证的人或单位采取破坏性的方法开采矿产资源，则应以非法采矿罪论处。

4. 本罪主观方面是故意。

根据《刑法》第343条第2款与第346条的规定，犯本罪的，处5年以下有期徒刑或者拘役，并处罚金。单位犯本罪的，对单位判处罚金，并对其直接负责的主管人员和其他直接责任人员，依照上述规定处罚。

十一、非法采伐、毁坏国家重点保护植物罪

非法采伐、毁坏国家重点保护植物罪，是指违反国家规定，非法采伐、毁坏珍贵树木或者国家重点保护的其他植物的行为。本罪的构成要件是：

1. 本罪侵犯的客体是国家的森林资源保护制度。犯罪对象是珍贵树木或者国家重点保护的其他植物。“珍贵树木”，包括由省级以上林业主管部门或者其他部门确定的具有重大历史纪念意义、科学研究价值或者年代久远的古树名木，国家禁止、限制出口的珍贵树木以及列入国家重点保护野生植物名录的树木。“国家重点保护的其他植物”，应是指国家重点保护野生植物名录中除去前面所指的树木以外的其他植物和《濒危野生动植物种贸易公约》附录一、附录二中非原产于我国的野生植物。

2. 本罪客观方面表现为违反国家规定，非法采伐、毁坏珍贵树木或者国家重点保护的其他植物的行为。本罪行为表现为非法采伐、毁坏两种情况：非法采伐，是指违反国家规定，未经允许擅自砍伐或采集珍贵树木或国家重点保护的植物；非法毁坏，是指违反国家规定，造成珍贵树木、国家重点保护的植物死亡或者影响其正常生长的一切行为。

3. 本罪犯罪主体既可以是自然人，也可以是单位。

4. 本罪主观方面必须出于故意，过失不成立本罪。

根据《刑法》第344条与第346条的规定，犯本罪的，处3年以下有期徒刑、拘役或者管制，并处罚金；情节严重的，处3年以上7年以下有期徒刑，并处罚金。单位犯本罪的，对单位判处罚金，并对其直接负责的主管人员和其他直接责任人员，依照上述规定处罚。根据最高人民法院2000年12月11日施行的《关于审理破坏森林资源刑事案件具体应用法律若干问题的解释》，“情节严重”是指具有下列情形之一的：（1）非法采伐珍贵树木2株以上或者实施毁坏行为使珍贵树木死亡3株以上的；（2）非法采伐珍贵树木2立方米以上的；（3）为首组织、策划、指挥非法采伐或者毁坏珍贵树木的；（4）其他情节严重的情形。

十二、非法收购、运输、加工、出售国家重点保护植物、国家重点保护植物制品罪

非法收购、运输、加工、出售国家重点保护植物、国家重点保护植物制品罪，是指违反国家规定，非法收购、运输、加工、出售珍贵树木或者国家重点保护的其他植物及其制品的行为。本罪的构成要件是：

1. 本罪侵犯的客体是国家的森林资源保护制度。

2. 本罪客观方面表现为违反国家规定，非法收购、运输、加工、出售珍贵树木或者国家重点保护的其他植物及其制品的行为。

3. 本罪犯罪主体是一般主体，既包括自然人，也包括单位。

4. 本罪主观方面是故意。

根据《刑法》第344条与第346条的规定，犯本罪的，处3年以下有期徒刑、拘役或者管制，并处罚金；情节严重的，处3年以上7年以下有期徒刑，并处罚金。单位犯本罪的，对单位判处罚金，并对其直接负责的主管人员和其他直接责任人员，依照上述规定处罚。

十三、盗伐林木罪

(一) 盗伐林木罪的概念和构成

盗伐林木罪，是指盗伐森林或者其他林木，数量较大的行为。本罪的构成要件如下：

1. 本罪侵犯的客体是国家的森林资源保护制度和国家、集体或公民的林木所有权。其犯罪对象是森林和其他较大面积的林木。这里的“森林”，是指大面积的原始森林和人造林，包括防护林、用材林、经济林、薪炭林和特种用途林等；“其他林木”，是指小面积的树林和零星树木，但不包括农村农民房前屋后个人所有的零星树木。

2. 本罪客观方面表现为盗伐森林或者其他林木，数量较大的行为。具体包括以下两点：(1) 必须有盗伐行为。所谓盗伐，是指以不法所有为目的，擅自砍伐森林或者其他林木的行为。根据最高人民法院2000年11月17日《关于审理破坏森林资源刑事案件具体应用法律若干问题的解释》第3条的规定，盗伐行为包括：擅自砍伐国家、集体、他人所有或者他人承包经营管理的森林或者其他林木；擅自砍伐本单位或者本人承包经营管理的森林或者其他林木；在林木采伐许可证规定的地点以外采伐国家、集体、他人所有或者他人承包经营管理的森林或者其他林木。(2) 数量较大。根据上述司法解释，盗伐林木“数量较大”，以2立方米至5立方米或者幼树100株至200株为起点。对于1年内多次盗伐少量林木未经处罚的，累计其盗伐林木的数量，构成犯罪的，依法追究刑事责任。

3. 本罪的主体既可以是自然人，也可以是单位。

4. 本罪主观方面是故意，即明知是国家、集体或者他人的林木而盗伐，行为人主观上还具有不法所有的目的。以毁坏为目的砍伐国家、集体或者他人的林木的，应认

定为故意毁坏财物罪。

（二）盗伐林木罪的认定

1. 应当正确区分本罪与盗窃罪中盗窃树木的界限

由于本罪在侵犯国家林业管理制度的同时，也侵犯了树木的所有权，这就使本罪与盗窃罪中的盗窃树木行为具有相似之处。二者的区别在于：（1）侵犯的客体有所不同。本罪侵犯的客体虽然也包括国家、集体或他人的林木所有权，但是侵犯的主要客体还是国家的林业管理制度；而盗窃罪中盗窃树木的行为侵犯的客体只是公私财产的所有权。（2）行为方式不尽相同。虽然二者都有“盗”，但是盗伐林木罪中的“盗”不一定是秘密进行的，而盗窃罪中的“盗”则是秘密窃取。（3）犯罪主体也不相同，单位可以成为盗伐林木罪主体，但不能成为盗窃罪的主体。（4）成立犯罪的标准不同。本罪的成立，须符合盗伐林木“数量较大”的要求，而盗窃罪中盗窃树木的犯罪的成立标准是“数额较大”。

对于将国家、集体或者他人所有并且已经伐倒的树木窃为己有的，以及偷砍他人房前屋后、自留地种植的零星树木数额较大或者多次盗伐的，应认定为盗窃罪。非法实施采种、采脂、挖笋、掘根、剥树皮等行为，牟取经济利益数额较大的，以盗窃罪定罪处罚；同时构成其他犯罪的，依照处罚较重的规定定罪处罚。

2. 应当正确处理盗伐林木罪与非法采伐、毁坏国家重点保护的植物罪的关系。盗伐珍贵树木、保护植物的行为，实际上触犯了盗伐林木罪与非法采伐、毁坏国家重点保护植物罪两个罪名，对此应从一重罪论处。对于盗伐林木数额较大，同时另有盗伐珍贵树木、国家重点保护植物行为的，应实行数罪并罚。

（三）盗伐林木罪的处罚

根据《刑法》第 345 条第 1、4 款与第 346 条的规定，犯本罪的，处 3 年以下有期徒刑、拘役或者管制，并处或者单处罚金；数量巨大的，处 3 年以上 7 年以下有期徒刑，并处罚金；数量特别巨大的，处 7 年以上有期徒刑，并处罚金。盗伐国家级自然保护区内的森林或者其他林木的，从重处罚。单位犯本罪的，对单位判处罚金，并对其直接负责的主管人员和其他直接责任人员，依照上述规定处罚。根据上述司法解释，盗伐林木“数量巨大”，以 20 立方米至 50 立方米或者幼树 1 000 株至 2 000 株为起点；盗伐林木“数量特别巨大”，以 100 立方米至 200 立方米或者幼树 5 000 株至 1 万株为起点。

十四、滥伐林木罪

滥伐林木罪，是指违反森林法的规定，滥伐森林或者其他林木，数量较大的行为。本罪的构成要件是：

1. 本罪侵犯的客体是国家的森林资源保护制度。

2. 本罪客观方面表现为违反森林法的规定，滥伐森林或者其他林木，数量较大的行为。这里的森林与其他林木的范围与盗伐林木罪的对象范围基本相同。根据最高人民法院《关于审理破坏森林资源刑事案件具体应用法律若干问题的解释》，下列行为属于滥伐林木：（1）未经林业行政主管部门及法律规定的其他主管部门批准并核发林木采伐许可证，或者虽持有林木采伐许可证，但违反林木采伐许可证规定的时间、数量、树种或者方式，任意采伐本单位所有或者本人所有的森林或者其他林木的。（2）超过林木采伐许可证规定的数量采伐他人所有的森林或者其他林木的。林木权属争议一方在林木权属确权之前，擅自砍伐森林或者其他林木，数量较大的，以滥伐林木罪论处。滥伐林木“数量较大”，以10立方米至20立方米或者幼树500株至1 000株为起点。对于1年内多次滥伐少量林木未经处罚的，累计其滥伐林木的数量，构成犯罪的，应当追究刑事责任。根据最高人民法院2004年4月1日施行的《关于在林木采伐许可证规定的地点以外采伐本单位或者本人所有的森林或者其他林木的行为如何适用法律问题的批复》的规定，违反森林法的规定，在林木采伐许可证规定地点以外，采伐本单位或者本人所有的森林或者其他林木的，除农村居民采伐自留地和房前屋后个人所有的零星林木以外，数量较大的，应以滥伐林木罪处罚。

3. 本罪的主体是一般主体，既可以是自然人，也可以是单位。

4. 本罪主观方面只能出于故意。

在认定这类案件性质时，需要注意以下两个问题：

1. 区分滥伐林木罪与盗伐林木罪的界限。（1）犯罪客体不完全相同：前者侵犯了林业资源保护制度；后者不仅侵犯了林业资源保护制度，而且侵犯了林木的所有权。（2）犯罪对象不完全相同：前者可能包括自己所有的林木；后者不包括自己所有的林木。（3）行为方式不同：前者是不按要求任意砍伐的行为；后者是盗伐行为。（4）主观故意内容不完全相同：前者不具有非法所有的目的；而后者具有不法所有的目的。

2. 区分滥伐林木罪与非法采伐、毁坏国家重点保护植物罪的界限。主要区别在于对象不同。前罪的对象是普通林木，后者的对象是珍贵树木。滥伐珍贵树木，同时构成滥伐林木罪与非法采伐、毁坏国家重点保护植物罪的，依照处罚较重的规定定罪处罚。

根据《刑法》第345条第2、4款和第346条的规定，犯本罪的，处3年以下有期徒刑、拘役或者管制，并处或者单处罚金；数量巨大的，处3年以上7年以下有期徒刑，并处罚金。滥伐国家级自然保护区的森林或者其他林木的，从重处罚。单位犯本罪的，对单位判处罚金，并对其直接负责的主管人员和其他直接责任人员，依照上述规定处罚。根据上述司法解释，滥伐林木“数量巨大”，以50立方米至100立方米或者幼树2 500株至5 000株为起点。

十五、非法收购、运输盗伐、滥伐的林木罪

非法收购、运输盗伐、滥伐的林木罪，是指自然人或者单位非法收购、运输明知是盗伐、滥伐的林木，情节严重的行为。本罪的构成要件是：

1. 本罪侵犯的客体是国家的森林资源保护制度。

2. 本罪客观方面表现为非法收购、运输明知是盗伐、滥伐的林木，情节严重的行为。本罪中的收购、运输行为既可以发生在林区，也可以发生在非林区。根据最高人民法院《关于审理破坏森林资源刑事案件具体应用法律若干问题的解释》第11条的规定，“情节严重”是指具有下列情形之一的：（1）非法收购盗伐、滥伐的林木20立方

米以上或者幼树 1 000 株以上；（2）非法收购盗伐、滥伐的珍贵林木 2 立方米以上或者 5 株以上的；（3）其他情节严重的情形。

3. 本罪的主体是一般主体，既包括自然人，也包括单位。

4. 本罪主观方面是故意，行为人一般具有营利的目的，但是《刑法》并没有将营利规定为本罪的目的。构成本罪，需要行为人对自己运输、收购的对象明知是盗伐、滥伐的林木。所谓"明知"，根据上述司法解释，是指知道或者应当知道。具有下列情形之一的，可以视为应当知道，但是有证据证明确属被蒙骗的除外：（1）在非法的木材交易场所或者销售单位收购木材的；（2）收购以明显低于市场价格出售的木材的；（3）收购违反规定出售的木材的。

在认定本罪时，还需要注意以下几个问题：

1. 区分非法收购、运输盗伐、滥伐的林木罪与掩饰、隐瞒犯罪所得、犯罪所得收益罪的界限。盗伐、滥伐的林木在广义上也属于赃物，因此对其进行非法收购的行为也属于一种收购赃物的行为。区分的关键在于收购的对象不同。对非法收购盗伐、滥伐的林木的行为，应以本罪论处；对非法收购盗伐、滥伐的林木以外的其他赃物的行为，应以掩饰、隐瞒犯罪所得、犯罪所得收益罪论处。

2. 区分非法收购、运输盗伐、滥伐的林木罪与盗伐、滥伐林木罪共犯的界限。唆使他人盗伐、滥伐林木而后予以低价收购的或者与盗伐、滥伐的犯罪分子事先通谋，承担盗伐、滥伐林木的运输分工的，应以盗伐、滥伐林木罪的共犯论处。

3. 区分非法收购、运输盗伐、滥伐的林木罪与非法经营罪的界限。主要区别在于对象不同。

根据《刑法》第 345 条第 3 款与第 346 条的规定，犯本罪的，处 3 年以下有期徒刑、拘役或者管制，并处或者单处罚金；情节特别严重的，处 3 年以上 7 年以下有期徒刑，并处罚金。单位犯本罪的，对单位判处罚金，并对其直接负责的主管人员和其他直接责任人员，依照上述规定处罚。根据上述司法解释，"情节特别严重的"是指有下列情形之一的：（1）非法收购盗伐、滥伐的林木 100 立方米以上或者幼树 5 000 株以上的；（2）非法收购盗伐、滥伐的珍贵林木 5 立方米以上或者 10 株以上的；（3）其他情节特别严重的情形。

第八节　走私、贩卖、运输、制造毒品罪

一、走私、贩卖、运输、制造毒品罪

（一）走私、贩卖、运输、制造毒品罪的概念和构成

走私、贩卖、运输、制造毒品罪，是指违反国家毒品管理法规，走私、贩卖、运输、制造毒品的行为。本罪名与本节标题虽然相同，但范围并不相同，本节标题的罪名实际上包括了所有的毒品犯罪。本罪是选择性罪名，凡是实施了走私、贩卖、运输、

制造毒品行为之一的，即以该行为确定罪名。本罪的构成要件如下：

1. 本罪侵犯的客体是国家的毒品管理制度。本罪的犯罪对象是毒品。根据《刑法》第357条的规定，毒品，是指鸦片、海洛因、甲基苯丙胺（冰毒）、吗啡、大麻、可卡因以及国家规定管制的其他能够使人形成瘾癖的麻醉药品和精神药品。其中，麻醉药品是指连续使用后易产生生理依赖性、能成瘾癖的药品；精神药品是指直接作用于中枢神经系统，使之兴奋或抑制，连续使用能产生依赖性的药品。

2. 本罪客观方面表现为明知是毒品而故意实施走私、贩卖、运输、制造的行为。

（1）走私毒品。走私毒品是指违反海关法规，逃避海关监管，运输、携带、邮寄毒品进出国（边）境的行为。行为方式主要是输入毒品与输出毒品。此外对在领海、内海运输、收购、贩卖国家禁止进出口的毒品，以及直接向走私毒品的犯罪人购买毒品的，应视为走私毒品。依法从事生产、运输、管理、使用国家管制的麻醉药品、精神药品的人员，违反国家规定，向走私犯罪分子提供国家规定管制的能够使人形成瘾癖的麻醉药品、精神药品的，也属于走私毒品行为。

（2）贩卖毒品。贩卖毒品是指明知是毒品而非法销售或者以贩卖为目的而非法收买毒品的行为。销售毒品，即行为人将毒品交付给对方，并从对方获取物质利益。贩卖方式既可能是公开的，也可能是秘密的；既可能是行为人请求对方购买，也可能是对方请求行为人转让；既可能是直接交付给对方，也可能是间接交付给对方。在间接交付的场合，如果中间人认识到是毒品而帮助转交给买方的，则该中间人的行为也属于贩卖毒品；如果中间人没有认识到是毒品，则不构成贩卖毒品罪。贩卖是有偿转让，但行为人交付毒品既可能是获取金钱，也可能是获取其他物质利益；既可能在交付毒品的同时获取物质利益，也可能先交付毒品后获取物质利益或者先获取物质利益后交付毒品。如果是无偿转让毒品，如赠与等，则不属于贩卖毒品。行为人出卖毒品的价格既可能高于买进的价格，也可能等于或低于买进的价格，因此贩卖毒品的行为既可能赚钱，也可能赔钱，但这并不影响贩卖毒品罪的成立。毒品的来源既可能是自己制造的毒品，也可能是自己所购买的毒品，还可能是通过其他方法取得的毒品，例如出售自己治病时剩下的杜冷丁或者卖掉自己捡来的、盗窃来的海洛因等均属于贩卖毒品的行为。贩卖的对方没有限制，即不问对方是否达到法定年龄，是否具有刑事责任能力，是否与贩卖人具有某种关系。出于贩卖目的而非法收买毒品的，也应认定为贩卖毒品。依法从事生产、运输、管理、使用国家管制的麻醉药品、精神药品的人员，违反国家规定，向贩卖毒品的犯罪分子或者以牟利为目的向吸食、注射毒品的人提供国家规定管制的能够使人形成瘾癖的麻醉药品、精神药品的，也属于贩卖毒品行为。

（3）运输毒品。运输毒品是指采用携带、邮寄、利用他人或者使用交通工具等方法在我国领域内转移毒品。运输毒品必须限制在国内，而且不是在领海、内海运输国家禁止进出口的毒品，否则便是走私毒品。运输毒品具体表现为转移毒品的所在地，如将毒品从甲地运往乙地。但应注意，从结局上看没有变更毒品所在地却使毒品的所在地曾经发生了变化的行为，也是运输毒品。例如，行为人先将毒品从甲地运往乙地，由于某种原因，又将毒品运回甲地的，属于运输毒品。

（4）制造毒品。制造毒品不仅包括非法用毒品原植物直接提炼和用化学方法加工、配制毒品的行为，也包括以改变毒品成分和效用为目的，用混合等物理方法加工、配制毒品的行为，如将甲基苯丙胺或者其他苯丙胺类毒品与其他毒品混合成麻古或者摇头丸。为便于隐蔽运输、销售、使用、欺骗购买者，或者为了增重，对毒品掺杂使假，添加或者去除其他非毒品物质，不属于制造毒品的行为。广义的制造毒品，应该也包括种植毒品原植物的行为，1979 年《刑法》就是以此认定的，但是，1997 年《刑法》单独设立了非法种植毒品原植物罪。这样，制造毒品罪的行为方式就不再包括非法种植毒品原植物的行为。

根据本条的规定，制造毒品行为包含两个主要内容，一是制毒的原料，二是制毒的方式。制毒原料包括天然原料和化学原料两大类。常见的天然原料都是植物类的，即所谓的“毒品原植物”，例如罂粟（可制成鸦片、吗啡、海洛因等）、大麻（可制成大麻油、大麻脂、大麻烟等）、古柯（可制成可卡因）。化学原料是指一些能提炼毒品的化工产品，例如甲基苯丙胺（俗称冰毒）就是用苯丙酮、甲酸、甲胺、氢氧化钠等化工产品提炼而成。实践中，制毒方式主要包括以下几种：一是将毒品以外的物作为原料，提取或制作成毒品。如将罂粟制成鸦片。二是毒品的精制，即去掉毒品中的不纯物，使之成为纯毒品或纯度更高的毒品。如去除海洛因中所含的不纯物。三是使用化学方法使一种毒品变为另一种毒品。如使用化学方法将吗啡制作成海洛因。四是使用化学方法以外的方法使一种毒品变为另一种毒品。如将盐酸吗啡加入蒸馏水，使之成为注射液。五是非法按照一定的处方针对特定人的特定情况调制毒品。无论采取何种方式，也无论制造何种毒品，均不影响到制造毒品罪的成立。

3. 本罪的主体既可以是自然人，也可以是单位。在自然人主体中，已满 14 周岁不满 16 周岁、具有刑事责任能力的人，可以成为贩卖毒品罪的主体；走私、运输、制造毒品罪的主体必须是已满 16 周岁，具有刑事责任能力的人。

4. 本罪主观方面只能由故意构成，过失不能构成本罪。（1）行为人认识到自己走私、贩卖、运输、制造的是毒品。故意是明知自己的行为会发生危害社会的结果，并且希望或者放任这种结果发生的心理态度。就本罪而言，行为人要认识到自己的行为会发生危害社会的结果，就必须首先认识到自己走私、贩卖、运输、制造的是毒品。如果没有认识到是毒品，就不可能具有本罪的故意。即使行为人实施了走私、贩卖、运输与制造毒品的行为，但只要行为人没有认识到行为对象是毒品，就不能构成本罪。因此，明知不是毒品而欺骗他人说是毒品以贩卖的，不构成贩卖毒品罪，而构成诈骗罪。但是，本罪只要求行为人认识到自己走私、贩卖、运输、制造的是毒品，而不要求行为人认识到毒品的名称、化学成分、纯度等具体性质。至于行为人是认识到肯定是毒品，还是认识到可能是毒品，都属于认识到是毒品，不影响本罪的成立。（2）行为人实施本罪通常是以营利为目的，但是《刑法》并没有将以营利为目的规定为本罪构成要件，所以行为人不以营利为目的而实施本罪行为的，也可以构成本罪。例如，行为人为了自己吸食而制造毒品，单纯受他人委托运输毒品或走私毒品等，都构成犯罪。

（二）走私、贩卖、运输、制造毒品罪的认定

认定本罪，应当注意如下问题：

1. 关于罪名

走私、贩卖、运输、制造毒品罪是选择性罪名，对同一宗毒品实施了两种以上犯

罪行为的，应当按照所实施的犯罪行为的性质并列确定罪名，毒品数量不重复计算，不实行数罪并罚。对同一宗毒品可能实施了两种以上犯罪行为，但相应证据只能认定其中一种或者几种行为，认定其他行为的证据不够确实充分的，则只按照依法能够认定的行为的性质定罪。对不同宗毒品分别实施了不同种犯罪行为的，应对不同行为并列确定罪名，累计毒品数量，不实行数罪并罚。对被告人一人走私、贩卖、运输、制造两种以上毒品的，不实行数罪并罚，量刑时可综合考虑毒品的种类、数量及危害，依法处理。

2. 关于毒品的数量

由于本罪的处罚与行为人走私、贩卖、运输、制造的数量有重大关系，因此，准确认定毒品数量具有十分重要的意义。(1) 根据《刑法》第 347 条第 7 款的规定，对多次走私、贩卖、运输、制造毒品而未经处理的，其毒品数量累计计算。(2) 根据《刑法》第 357 条第 2 款的规定，毒品的数量以查证属实的走私、贩卖、运输、制造的数量计算，不以纯度折算。(3) 根据《刑法》第 347 条第 1 款的规定，走私、贩卖、运输、制造毒品的，无论数量多少，都应当追究刑事责任，予以刑事处罚。这主要是考虑到即使是微量的毒品，也具有显著的药理作用，连续使用会造成依赖性，损害使用者的健康。因此，只要认定案件中的物品是刑法规制对象的毒品，不管其质量如何、药理作用的程度如何、含有量多少等，都应当认定为犯罪。但对于查获的毒品有证据证明大量掺假，经鉴定查明毒品含量极少，确有大量掺假成分的，在处刑时应酌情考虑。特别是掺假之后毒品的数量才达到判处死刑的标准的，对被告人可不判处死刑立即执行。为掩护运输而将毒品融入其他物品中的，不应将其他物品计入毒品的数量。

3. 本罪既遂与未遂的界限

走私、贩卖、运输、制造毒品罪有四种行为方式，其既遂与未遂的标准因行为方式而异。

(1) 走私毒品罪的既遂与未遂。如何正确认定走私毒品罪的既遂与未遂，在刑法理论界有不同看法。有的学者认为，应区分毒品的输入与输出两种情况：将毒品带入我国国（边）境的，以毒品越过我国国（边）境为既遂；将毒品带出我国国境的，只要行为人出于走私的目的而买进、运输毒品的，即构成既遂，不以行为人是否将毒品已带出国境为标准。[①] 也有学者认为，应区分毒品是通过陆路、海路还是空路走私的，对于通过陆路走私的，应当以毒品逾越国境线为既遂标准；对于通过海路、空路走私毒品的，应以装载毒品的船舶到达本国港口或者航空器到达本国领土时为既遂。[②] 还有学者认为，走私毒品的既遂应以行为人将毒品带入走私环节为准，只要在走私现场查获毒品，即可认为已构成既遂，而不需要走私行为实际跨越海关。[③] 我们认为，应以毒品是否出境或入境为标志。走私的毒品已经入境或者已经出境的为犯罪既遂。因行为人意志以外的原因，毒品尚未出入境或不能出入境的，则构成走私毒品罪的未遂。至

---

① 参见李少平、左振声：《关于审理毒品犯罪案件中的若干问题》，毒品犯罪与治理对策研讨会交流论文。转引自曾粤兴、贾凌：《走私、贩卖、运输、制造毒品罪形态研究》，载《中国人民公安大学学报》，2002 (2)。

② 参见张明楷：《刑法学》，2 版，872～873 页，北京，法律出版社，2003。

③ 参见郑伟：《走私、贩卖、运输、制造毒品罪》，载《中国刑法解释》下，2422 页，北京，中国社会科学出版社，2005。

于入境或出境的具体标准，则应根据行为人走私毒品的具体方式来判断。如果行为人是直接通过海关运输、邮寄或携带毒品的，以通过海关为既遂；如果行为人是绕过海关走私毒品的，则应以绕过国（边）境线为标准。

（2）贩卖毒品罪的既遂与未遂。贩卖以毒品实际上转移给买方为既遂，转移毒品后行为人是否已经获取了利益，并不影响既遂的成立。毒品实际上没有转移时，即使已经达成转移的协议，或者行为人已经获得了利益，也不宜认定为既遂。以下几种行为应认定为贩卖毒品罪未遂：贩毒分子已购入毒品，但尚未卖出就被查获的；对盗窃、抢劫、拾得、祖传、赠与等以非购买方式获得的毒品，产生出卖牟利的故意，并着手实施出卖行为，尚未卖出就被查获的；不知道是假毒品而贩卖的等。

（3）运输毒品罪的既遂与未遂。行为人为了运输而开始搬运毒品时，是运输毒品罪的着手，由于行为人意志以外的原因不能或没有进入正式的运输状态时为未遂；否则即为既遂。例如，行为人以邮寄方式运输毒品时，在邮件包装过程中被查获的，属于未遂；如果已将装有毒品的邮件交付给邮局，则为既遂。

（4）制造毒品罪的既遂与未遂。制造毒品罪应以实际上制造出毒品为既遂标准，至于所制造出来的毒品的数量多少、纯度高低等，都不影响既遂的成立。着手制造毒品后，由于原料、配剂或技术等原因没有实际上制造出毒品的，则是制造毒品罪未遂。

4. 本罪与其他犯罪的界限

行为人故意以非毒品冒充真毒品或者明知是假毒品而贩卖牟利的，应认定为诈骗罪，而非贩卖毒品罪；行为人在生产、销售的食品中掺入微量毒品的（例如在火锅中加入大烟壳），应视性质与情节，认定为生产、销售有毒、有害食品罪或欺骗他人吸毒罪，不宜认定为贩卖毒品罪。

5. 一罪与数罪的界限

盗窃、抢夺、抢劫毒品的，应当分别以盗窃罪、抢夺罪或者抢劫罪定罪，但不计犯罪数额，根据情节轻重予以定罪量刑。盗窃、抢夺、抢劫毒品后又实施其他毒品犯罪的，对盗窃罪、抢夺罪、抢劫罪和所犯的具体毒品犯罪分别定罪，依法数罪并罚。走私毒品，又走私其他物品构成犯罪的，以走私毒品罪和其所犯的其他走私罪分别定罪，依法数罪并罚。

6. 本罪共犯的认定

根据《刑法》第349条第3款的规定，犯包庇毒品犯罪分子罪与窝藏、转移、隐瞒毒品、毒赃罪而事先与走私、贩卖、运输、制造毒品犯罪分子通谋的，以走私、贩卖、运输、制造毒品罪的共犯论处。根据《刑法》第350条第2款的规定，明知他人制造毒品而为其提供制毒物品的，对行为人应以制造毒品罪的共犯论处。

此外，根据最高人民法院2008年《全国部分法院审理毒品犯罪案件工作座谈会纪要》（以下简称《审理毒品犯罪案件纪要》），认定共犯时还应当注意以下问题：（1）正确区分主犯和从犯。区分主犯和从犯，应当以各共同犯罪人在毒品共同犯罪中的地位和作用为根据。要从犯意提起、具体行为分工、出资和实际分得毒赃多少以及共犯之间相互关系等方面，比较各个共同犯罪人在共同犯罪中的地位和作用。在毒品共同犯罪中，为主出资者、毒品所有者或者起意、策划、纠集、组织、雇佣、指使他人参与犯罪以及其他起主要作用的是主犯；起次要或者辅助作用的是从犯。受雇佣、受指使实施毒品犯罪的，应根据其在犯罪中实际发挥的作用具体认定为主犯或者从犯。(2) 要正确认定共同犯罪案件中主犯和从犯的毒品犯罪数量。对于毒品犯罪集团的首要分子，应按集团毒品犯罪的总数量处罚；对一般共同犯罪的主犯，应按其所参与的或者组织、指挥的毒品犯罪数量处罚；对于从犯，应当按照其所参与的毒品犯罪的数量处罚。(3) 要根据行为人在共同犯罪中的作用和罪责大小确定刑罚。

(三) 走私、贩卖、运输、制造毒品罪的处罚

根据《刑法》第 347 条的规定，走私、贩卖、运输、制造毒品罪的法定刑分为三个档次：(1) 走私、贩卖、运输、制造毒品，有下列情形之一的，处 15 年有期徒刑、无期徒刑或者死刑，并处没收财产：第一，走私、贩卖、运输、制造鸦片 1 000 克以上、海洛因或者甲基苯丙胺 50 克以上或者其他毒品数量大的；第二，走私、贩卖、运输、制造毒品集团的首要分子；第三，武装掩护走私、贩卖、运输、制造毒品的；第四，以暴力抗拒检查、拘留、逮捕，情节严重的；第五，参与有组织的国际贩毒活动的。(2) 走私、贩卖、运输、制造鸦片 200 克以上不满 1 000 克、海洛因或者甲基苯丙胺 10 克以上不满 50 克或者其他毒品数量较大的，处 7 年以上有期徒刑，并处罚金。(3) 走私、贩卖、运输、制造鸦片不满 200 克、海洛因或者甲基苯丙胺不满 10 克或者其他少量毒品的，处 3 年以下有期徒刑、拘役或者管制，并处罚金；情节严重①的，处 3 年以上 7 年以下有期徒刑，并处罚金。毒品的数量以查证属实的走私、贩卖、运输、制造的数量计算，不以纯度折算；对多次走私、贩卖、运输、制造毒品，未经处理的，毒品数量累计计算。

根据《刑法》第 347 条第 6 款的规定，利用、教唆未成年人走私、贩卖、运输、制造毒品或者向未成年人出售毒品的，从重处罚。这里的未成年人是指未满 18 周岁的人。对教唆不满 18 周岁的人犯罪，《刑法》第 29 条已经规定了应当从重处罚，而《刑法》第 347 条又特别规定了对上述情况从重处罚。这不意味着教唆不满 18 周岁的人走私、贩卖、运输、制造毒品的犯罪分子具有两个从重处罚的情节。因为《刑法》第 347 条的规定只是对第 29 条的重申，而不是说在《刑法》第 29 条从重处罚的基础上再根据该规定从重处罚。根据《刑法》第 349 条第 2 款的规定，缉毒人员或者其他国家机关工作人员掩护、包庇走私、贩卖、运输、制造毒品的犯罪分子且事先通谋的，依照走私、贩卖、运输、制造毒品罪从重处罚。

根据《刑法》第 356 条的规定，因走私、贩卖、运输、制造、非法持有毒品被判过刑，又犯走私、贩卖、运输、制造毒品罪的，从重处罚。这是关于毒品犯罪再犯从重处罚的规定。不论前罪何时受处罚，不论判处何种刑罚，也不论处刑轻重，对新罪一律从重处罚。这也是鉴于毒品犯罪的特殊危害所作的特殊规定。这里有一个问题需要研究：对再犯中又符合累犯条件的，是仅适用《刑法》总则关于累犯的规定，还是仅适用本规定，抑或同时适用累犯规定与本规定。《审理毒品犯罪案件纪要》指出："关于同时构成再犯和累犯的被告人适用法律和量刑的问题。对依法同时构成再犯和累

① 根据最高人民法院《关于审理毒品案件定罪量刑标准有关问题的解释》，"情节严重"是指具有下列情形之一的：(1) 走私、贩卖、运输、制造鸦片 140 克以上不满 200 克、海洛因或者甲基苯丙胺 7 克以上不满 10 克或者其他数量相当毒品的；(2) 国家工作人员走私、制造、运输、贩卖毒品的；(3) 在戒毒监管场所贩卖毒品的；(4) 向多人贩毒或者多次贩毒的；(5) 其他情节严重的行为。

犯的被告人，今后一律适用刑法第三百五十六条规定的再犯条款从重处罚，不再援引刑法关于累犯的条款。”但有学者对这一观点提出疑问，认为《刑法》第356条是鉴于毒品犯罪的严重性才作出再犯规定的，如果对符合累犯条件的也仅适用该再犯规定，则意味着对符合累犯条件的毒品犯罪人可以适用缓刑、假释，而其他犯罪的累犯则不得适用缓刑与假释，显然有失公允。因此，该学者认为，对于符合累犯条件的，必须适用总则关于累犯的条款，而不再适用《刑法》第356条关于再犯的规定。也就是说，《刑法》第356条应仅适用于不符合累犯条件的再犯。[①] 我们认同该学者的观点。

根据《刑法》第347条的规定，单位犯走私、贩卖、运输、制造毒品罪的，对单位判处罚金，并对其直接负责的主管人员和其他直接责任人员，依照前述规定处罚。

二、非法持有毒品罪

（一）非法持有毒品罪的概念和构成

非法持有毒品罪，是指明知是毒品而非法持有且数量较大的行为。本罪的构成要件如下：

1. 本罪侵犯的客体是国家对毒品的管理制度。犯罪对象是国家禁止个人非法持有的毒品。

2. 本罪客观方面表现为行为人非法持有数量较大的毒品。(1) 行为人所持有的必须是毒品。(2) 持有毒品的行为必须具有非法性。我国《药品管理法》《麻醉药品和精神药品管理条例》等法律、法规对个人和单位持有毒品的行为作了详细规定。“非法”，是指行为人持有毒品时，违反了上述法律、法规的规定。如果行为人合法持有毒品，则不构成犯罪。也就是说，依法生产、使用、储存、运输毒品以及对毒品进行科学研究的人持有毒品的，是正当行为，不构成犯罪。例如，医生因病人病情的需要，为使用毒品而持有毒品的，经过有权机关批准从事毒品运输、储存职业而持有毒品的，都是合法行为，不构成非法持有毒品罪。(3) 必须实施持有毒品的行为。持有是一种事实上的支配，行为人与物之间存在一种事实上的支配与被支配的关系，它具体表现为直接占有、携有、藏有或者以其他方法支配毒品的行为。第一，持有不要求行为人时时刻刻将毒品握在手中、放在身上或装在口袋里，只要行为人认识到它的存在，能够对之进行支配，就是持有。第二，持有并不要求行为人是毒品的“所有者”或“占有者”；即使属于他人“所有”或“占有”的毒品，但事实上置于行为人支配之下时，行为人即属于持有毒品；行为人是否知道“所有者”或者“占有者”是谁，并不影响持有的成立。第三，持有不要求单独持有，二人以上共同持有毒品的，也成立本罪。第四，持有是一种持续行为，只有当毒品在一定时间内由行为人支配时，才构成持有；至于时间的长短，则并不影响持有的成立，只是一种量刑情节，但如果时间过短，不足以说明行为人事实上支配着毒品时，则不能认为是持有。(4) 非法持有毒品达到一定数量才构成犯罪。即非法持有鸦片200克以上、海洛因或者甲基苯丙胺10克以上或者其他毒品数量较大的，才成立非法持有毒品罪。

---

① 参见张明楷：《刑法学》，2版，875～876页，北京，法律出版社，2003。

3. 本罪的主体是一般主体。

4. 本罪的主观方面是故意，行为人明知是毒品而非法持有。就本罪而言，是否是毒品是一个关键因素，行为人对此必须有认识；只有明知自己所持有的是毒品时，才能认识到自己行为的危害结果，才能进一步希望或者放任危害结果的发生。对于没有认识到是毒品而持有的，不能认定为本罪。

(二) 非法持有毒品罪的认定

1. 本罪与走私、贩卖、运输、制造毒品罪的区别

实施走私、贩卖、运输、制造毒品的犯罪行为，一般都会持有毒品一段时间。这就使其与本罪具有了相似之处。二者的区别是：(1) 成立犯罪的标准不同。本罪属于数额犯，需行为人持有法定数量的毒品才构成犯罪；而走私、贩卖、运输、制造毒品罪属于行为犯，只要行为人实施了走私、贩卖、运输、制造毒品的行为之一，不论数量多少，便足以成立犯罪。(2) 客观表现不同。本罪的行为特点是各种形式的“持有”，而走私、贩卖、运输、制造毒品罪的行为方式限于“走私、贩卖、运输、制造”四种。虽然走私、贩卖、运输、制造毒品的过程中行为人伴随有“持有”毒品的行为，但这种附带的持有行为要么是走私、贩卖、运输、制造毒品行为的当然结果或者必经阶段，因而属于吸收犯；要么是一行为触犯数罪名，因而只依一个重罪论处。所以，如果行为人是因为走私、贩卖、运输、制造毒品而非法持有毒品的，不能认定为非法持有毒品罪，而应认定为走私、贩卖、运输、制造毒品罪，也不能将该罪与非法持有毒品罪实行并罚。但是，行为人非法持有毒品数量达到构成犯罪的数量标准，但没有证据证明行为人实施了走私、贩卖、运输、制造毒品等犯罪行为的，仍应以非法持有毒品罪定罪处罚。

如果行为人不以牟利为目的，为他人代购仅用于吸食的毒品，毒品数量超过《刑法》第348条规定的最低数量标准的，对托购者、代购者应以非法持有毒品罪定罪。代购者从中牟利，变相加价贩卖毒品的，对代购者应以贩卖毒品罪定罪。明知他人实施毒品犯罪而为其居间介绍、代购代卖的，无论是否牟利，都应以相关毒品犯罪的共犯论处。

2. 持有假毒品行为的定性

如果行为人误将假毒品当做真毒品而持有，是否可以构成非法持有毒品罪？这涉及刑法的认识错误理论中关于对象不能犯场合是否作为犯罪处理的问题。我国多数学者认为，此种情况下行为人主观上具有犯罪的故意，客观上实施了持有毒品的行为，这属于事实上的认识错误，可以构成非法持有毒品罪。

3. 吸毒者实施的非法持有毒品犯罪的认定

根据《审理毒品犯罪案件纪要》的规定，对于吸毒者实施的毒品犯罪，在认定犯罪事实和确定罪名上一定要慎重。吸毒者在购买、运输、存储毒品过程中被抓获的，如没有证据证明被告人实施了其他毒品犯罪行为的，一般不应定罪处罚，但查获的毒品数量大的，应以其实际实施的毒品犯罪行为定罪处罚；毒品数量未超过本罪的数量最低标准的，不定罪处罚。有证据证明行为人不是以营利为目的，为他人代买仅用于吸食的毒品，毒品数量超过本罪的数量最低标准，构成犯罪的，托购者、代购者均构成非法持有毒品罪。

（三）非法持有毒品罪的处罚

根据《刑法》第348条的规定，非法持有鸦片1 000克以上、海洛因或甲基苯丙胺50克以上或者其他毒品数量大的，处7年以上有期徒刑或者无期徒刑，并处罚金；非法持有鸦片200克以上不满1 000克、海洛因或甲基苯丙胺10克以上不满50克或者其他毒品数量较大的，处3年以下有期徒刑、拘役或者管制，并处罚金；情节严重的，处3年以上7年以下有期徒刑，并处罚金。量刑时，应注意适用《刑法》第356条关于再犯从重处罚的规定。

三、包庇毒品犯罪分子罪

包庇毒品犯罪分子罪，是指包庇走私、贩卖、运输、制造毒品的犯罪分子的行为。本罪的构成要件是：

1. 本罪侵犯的客体是国家司法机关同毒品犯罪作斗争的正常活动。本罪行为人包庇的对象，限于“走私、贩卖、运输、制造毒品罪”的犯罪分子，不是泛指所有毒品犯罪分子。

2. 本罪客观方面表现为明知是走私、贩卖、运输、制造毒品的犯罪分子，而向司法机关作虚假证明掩盖其罪行，或者帮助其湮灭罪证，以使其逃避法律制裁的行为。

3. 本罪的主体是一般主体。

4. 本罪的主观方面是故意。

在认定这类案件性质时，需要注意以下两个问题：（1）区分包庇毒品犯罪分子罪与走私、贩卖、运输、制造毒品罪的共犯的界限。二者的主要区别在于是否事先通谋。犯包庇毒品犯罪分子罪，与走私、贩卖、运输、制造毒品罪的行为人事先通谋的，以走私、贩卖、运输、制造毒品罪的共犯论处。（2）区分包庇毒品犯罪分子罪与窝藏、包庇罪的界限。二者的主要区别在于行为对象不同。包庇毒品犯罪分子罪包庇的对象限于走私、贩卖、运输、制造毒品罪的犯罪分子，而窝藏、包庇罪的犯罪对象则不包括走私、贩卖、运输、制造毒品罪的犯罪分子。因此，本罪是一种特殊的包庇罪，对符合本罪构成要件的行为，不能认定为包庇罪。

根据《刑法》第349、356条的规定，犯本罪的，处3年以下有期徒刑、拘役或者管制；情节严重的，处3年以上10年以下有期徒刑。缉毒人员或者其他国家机关工作人员掩护、包庇走私、贩卖、运输、制造毒品的犯罪分子的，依照上述规定从重处罚。因走私、贩卖、运输、制造、非法持有毒品罪被判过刑，又犯本罪的，从重处罚。

四、窝藏、转移、隐瞒毒品、毒赃罪

窝藏、转移、隐瞒毒品、毒赃罪，是指为走私、贩卖、运输、制造毒品的犯罪分子窝藏、转移、隐瞒毒品或者犯罪所得的财物的行为。本罪的构成要件是：

1. 本罪侵犯的客体是国家司法机关同毒品犯罪作斗争的正常活动。犯罪对象是毒品、通过毒品犯罪所得的财物。

2. 本罪客观方面表现为明知是毒品或者毒品犯罪所得的财物而为犯罪分子窝藏、

转移、隐瞒的行为。

3. 本罪的主体是一般主体。

4. 本罪的主观方面是故意，即行为人明知是走私、贩卖、运输、制造毒品的犯罪分子的毒品、毒赃而故意予以窝藏、转移、隐瞒。

在认定这类案件性质时，需要注意以下三个问题：(1) 区分窝藏、转移、隐瞒毒品、毒赃罪与非法持有毒品罪的界限。主要区别在于毒品是其他毒品犯罪分子的还是本人的。如果毒品是本人的，可能构成非法持有毒品罪；如果毒品是其他毒品犯罪分子的，则可能构成窝藏、转移、隐瞒毒品罪。(2) 区分窝藏、转移、隐瞒毒品、毒赃罪与掩饰、隐瞒犯罪所得、犯罪所得收益罪的界限。二者的主要区别在于对象不同。本罪的犯罪对象是走私、贩卖、运输、制造毒品的犯罪分子的毒品、毒赃，而掩饰、隐瞒犯罪所得、犯罪所得收益罪的对象则不包括走私、贩卖、运输、制造毒品的犯罪分子的毒品、毒赃。本罪是一种特殊的掩饰、隐瞒犯罪所得、犯罪所得收益罪，对符合本罪构成要件的行为，不能认定为掩饰、隐瞒犯罪所得、犯罪所得收益罪。(3) 区分窝藏、转移、隐瞒毒品、毒赃罪与毒品犯罪共犯的界限。二者的主要区别在于是否事先通谋。犯本罪，事先通谋的，以走私、贩卖、运输、制造毒品罪的共犯论处。

根据《刑法》第349、356条的规定，犯本罪的，处3年以下有期徒刑、拘役或者管制；情节严重的，处3年以上10年以下有期徒刑。因走私、贩卖、运输、制造、非法持有毒品罪被判过刑，又犯本罪的，从重处罚。

五、非法生产、买卖、运输制毒物品、走私制毒物品罪

非法生产、买卖、运输制毒物品、走私制毒物品罪，是指自然人或者单位，违反国家规定，非法生产、买卖、运输醋酸酐、乙醚、三氯甲烷或者其他用于制造毒品的原料、配剂，或者携带上述物品进出境，情节较重的行为。本罪的构成要件是：

1. 本罪侵犯的客体是国家对制毒物品的管理制度。犯罪对象限于醋酸酐、乙醚、三氯甲烷或者其他用于制造毒品的原料或者配剂。“其他用于制造毒品的原料或者配剂”，可以参考联合国《禁止非法贩运麻醉药品和精神药物公约》附件表一、表二所列物质。

2. 本罪客观方面表现为违反国家规定，非法生产、买卖、运输醋酸酐、乙醚、三氯甲烷或者其他用于制造毒品的原料或者配剂，或者携带上述物品进出境，情节较重的行为。

3. 本罪的主体是一般主体，既包括自然人，也包括单位。

4. 本罪的主观方面是故意，要求行为人对非法生产、买卖、运输或者走私的物品是制毒物品有认识，对此，最高人民法院、最高人民检察院、公安部2009年《关于办理制毒物品犯罪案件适用法律若干问题的意见》规定：有下列情形之一，且查获了易制毒化学品，结合犯罪嫌疑人、被告人的供述和其他证据，经综合审查判断，可以认定其“明知”是制毒物品而走私或者非法买卖，但有证据证明确属被蒙骗的除外：(1) 改变产品形状、包装或者使用虚假标签、商标等产品标志的；(2) 以藏匿、夹带或者其他隐蔽方式运输、携带易制毒化学品逃避检查的；(3) 抗拒检查或者在检查时

丢弃货物逃跑的；（4）以伪报、藏匿、伪装等蒙蔽手段逃避海关、边防等检查的；（5）选择不设海关或者边防检查站的路段绕行出入境的；（6）以虚假身份、地址办理托运、邮寄手续的；（7）以其他方法隐瞒真相，逃避对易制毒化学品依法监管的。

在认定这类案件性质时，需要注意以下两个问题：（1）区分走私制毒物品罪与走私毒品罪的界限。主要区别在于对象不同。前罪对象只限于制毒物品，即用于制造毒品的原料或者配剂，例如醋酸酐、乙醚、三氯甲烷等；后罪对象则是一切毒品，包括海洛因、可卡因、吗啡等。（2）区分走私制毒物品罪与制造毒品罪共犯的界限。对于明知他人制造毒品而为其提供制毒物品的，应当以制造毒品罪的共犯论处。

根据《刑法》第350、356条的规定，犯本罪的，处3年以下有期徒刑、拘役或者管制，并处罚金；情节严重的，处3年以上7年以下有期徒刑，并处罚金；情节特别严重的，处7年以上有期徒刑，并处罚金或者没收财产。单位犯本罪的，对单位判处罚金，并对其直接负责的主管人员和其他直接责任人员，依照上述规定处罚。因走私、贩卖、运输、制造、非法持有毒品罪被判过刑，又犯本罪的，从重处罚。

六、非法种植毒品原植物罪

非法种植毒品原植物罪，是指违反国家毒品原植物种植管制法规，非法种植罂粟、大麻等毒品原植物，情节严重的行为。本罪的构成要件是：

1. 本罪侵犯的客体是国家对毒品原植物种植的监督管理制度。犯罪对象限于罂粟、大麻、古柯等毒品原植物。所谓“毒品原植物”，是指含有毒品成分，主要是含有麻醉性生物碱，能够被用于提取或加工成毒品的一切植物。

2. 本罪的客观方面表现为非法种植罂粟、大麻等毒品原植物而且数量较大，或者经公安机关处理后又种植，或者抗拒铲除的行为。所谓“种植”，是指为了获得毒品原植物而进行的播种、培植、施肥、灌溉等农作活动。所谓“数量较大”，是指种植罂粟500株以上不满3 000株或者其他毒品原植物数量较大的。所谓“经公安机关处理后又种植”，是指种植毒品原植物，经公安机关的批评教育、治安处罚或提出刑事起诉意见，行为人自行铲除或被强制铲除后，又非法种植毒品原植物的。所谓“抗拒铲除”，是指行为人在执法机关实施强制铲除时，使用暴力、威胁或者其他方法对抗有关机关实施的强制铲除行为。

3. 本罪的主体是一般主体。

4. 本罪的主观方面是故意，即明知是毒品原植物而种植或拒绝铲除。

非法种植毒品原植物罪与制造毒品罪的关键区别是：前者的行为特点是对毒品原植物进行农业耕作；而后者的行为特点则是对各种毒品原料进行工业性加工，如提炼、合成等。另外，前者有数量与情节限制；后者没有数量与情节限制。对于非法种植毒品原植物后，利用自己种植的原植物制造毒品的，认定为制造毒品罪，不实行数罪并罚。但一方面非法种植毒品原植物，另一方面利用其他毒品原植物制造毒品的，则应当实行数罪并罚。

根据《刑法》第351、356条的规定，犯本罪的，处5年以下有期徒刑、拘役或者管制，并处罚金；非法种植罂粟 3 000 株以上或者其他毒品原植物数量大的，处 5 年以上有期徒刑，并处罚金或者没收财产。根据最高人民法院《关于审理毒品案件定罪量刑标准有关问题的解释》的规定，非法种植大麻 5 000 株以上不满 3 万株，应当认定为非法种植大麻“数量较大”；非法种植大麻 3 万株以上，应当认定为非法种植大麻“数量大”。因走私、贩卖、运输、制造、非法持有毒品罪被判过刑，又犯本罪的，从重处罚。此外，非法种植罂粟或者其他毒品原植物，在收获前自动铲除的，可以免除处罚。

七、非法买卖、运输、携带、持有毒品原植物种子、幼苗罪

非法买卖、运输、携带、持有毒品原植物种子、幼苗罪，是指非法买卖、运输、携带、持有未经灭活的罂粟等毒品原植物种子或者幼苗，数量较大的行为。本罪的构成要件是：

1. 本罪侵犯的客体是国家对毒品原植物种子、幼苗的监督管理制度。犯罪对象是未经灭活的罂粟等毒品原植物种子或者幼苗。

2. 客观方面表现为非法买卖、运输、携带、持有未经灭活的罂粟等毒品原植物种子或者幼苗，数量较大的行为。所谓“未经灭活”，是指没有经过烘烤、放射线照射等方法，进行消灭植物繁殖和生长机能的处理。

3. 本罪的主体是一般主体。

4. 本罪的主观方面是故意。

根据《刑法》第 352、356 条的规定，犯本罪的，处 3 年以下有期徒刑、拘役或者管制，并处或者单处罚金。因走私、贩卖、运输、制造、非法持有毒品罪被判过刑，又犯本罪的，从重处罚。

八、引诱、教唆、欺骗他人吸毒罪

引诱、教唆、欺骗他人吸毒罪，是指引诱、教唆、欺骗他人吸食、注射毒品的行为。本罪的构成要件是：

1. 本罪侵犯的客体是国家对毒品的管制制度和他人的身心健康。犯罪对象既可以是未吸过毒的人，也可以是已经戒毒的人。

2. 本罪客观方面表现为通过引诱、教唆、欺骗的方法使他人吸食、注射毒品的行为。

引诱、教唆，是指在他人本无吸食、注射毒品意愿的情况下，通过向他人宣扬吸食、注射毒品后的感受、传授或示范吸毒方法、技巧以及利用金钱、物质等进行诱惑的方法，引起他人产生吸食、注射毒品的意愿或者欲望的行为。欺骗，是指行为人用虚构事实或者隐瞒真相的方法，使原本没有吸毒意愿的人在不知情的情况下，误食毒品。例如把毒品掺入香烟里欺骗他人吸食的行为。

3. 本罪的主体是一般主体。

4. 本罪的主观方面是故意。

实践中，有人将罂粟壳掺入食品以招揽顾客、吸引回头客，扩大生意。罂粟壳（俗称大烟壳）含有吗啡等物质，易使人体产生瘾癖，对人体肝脏、心脏有毒害作用。由于顾客都是在不知道的情况下被骗食用的，因此这种行为属于欺骗他人吸食毒品的违法犯罪行为。对在食品中掺用罂粟壳的，应以欺骗他人吸毒罪处理。

根据《刑法》第353条第1、3款和356条的规定，犯本罪的，处3年以下有期徒刑、拘役或者管制，并处罚金；情节严重的，处3年以上7年以下有期徒刑，并处罚金。引诱、教唆、欺骗未成年人吸食、注射毒品的，从重处罚。因犯走私、贩卖、运输、制造、非法持有毒品罪被判过刑，又犯本罪的，从重处罚。

九、强迫他人吸毒罪

强迫他人吸毒罪，是指使用暴力、威胁等生理强制或心理强制方法，迫使他人吸食、注射毒品的行为。本罪的构成要件是：

1. 本罪侵犯的客体是国家对毒品的管制制度和他人的身心健康。犯罪对象一般是未吸过毒或者已经戒毒的人，但也可以包括吸毒者。

2. 本罪的客观方面表现为违背他人意志，迫使他人吸食、注射毒品的行为。强迫，是指违背他人意志，采用暴力、胁迫或者其他强制手段，迫使他人吸毒，或者使毒品强行进入他人体内，造成吸毒事实的行为。采用某种方法使他人暂时丧失知觉或者利用他人暂时丧失知觉的状态，给他人注射毒品的，属于这里的“强迫”。

3. 本罪的主体是一般主体。

4. 本罪的主观方面是故意。

根据《刑法》第353条第2、3款和第356条的规定，犯本罪的，处3年以上10年以下有期徒刑，并处罚金。强迫未成年人吸食、注射毒品的，从重处罚。因犯走私、贩卖、运输、制造、非法持有毒品罪被判过刑，又犯本罪的，从重处罚。

十、容留他人吸毒罪

容留他人吸毒罪，是指为他人吸食、注射毒品提供场所的行为。本罪的构成要件是：

1. 本罪侵犯的客体是国家对毒品的管制制度和他人的身心健康。

2. 本罪的客观方面表现为为他人吸食、注射毒品提供场所的行为。容留，是指允许他人在自己管理的场所吸食、注射毒品或者为他人吸食、注射毒品提供场所的行为。容留行为既可以主动实施，也可以被动实施，既可以是有偿的，也可以是无偿的。场所，泛指一切可供吸毒的空间，如住宅、宾馆、办公室、娱乐场所等。

3. 本罪的主体是一般主体。

4. 本罪的主观方面是故意。

根据《刑法》第354、356条的规定，犯本罪的，处3年以下有期徒刑、拘役或者管制，并处罚金。因犯走私、贩卖、运输、制造、非法持有毒品罪被判过刑，又犯本罪的，从重处罚。

十一、非法提供麻醉药品、精神药品罪

非法提供麻醉药品、精神药品罪，是指依法从事生产、运输、管理、使用国家管制的麻醉药品、精神药品的人员与单位，违反国家规定，向吸食、注射毒品的人提供国家规定管制的能够使人形成瘾癖的麻醉药品或者精神药品的行为。本罪的构成要件是：

1. 本罪侵犯的客体是国家对麻醉药品、精神药品的管理制度。

2. 本罪客观方面表现为违反国家规定，向吸食、注射毒品的人提供国家管制的能够使人形成瘾癖的麻醉药品、精神药品的行为。提供，应限定为本人无偿提供，因此包括对使用者而言是有偿使用，但对行为人而言是无偿提供的情况。例如，医院的医生明知他人吸食、注射毒品，而在处方中给其开具某种麻醉药品或精神药品。

3. 犯罪主体是特殊主体，是依法从事生产、运输、管理、使用国家管制的麻醉药品、精神药品的单位和人员。

4. 本罪在主观上是故意，即明知他人是吸食、注射毒品的人而向其提供麻醉药品、精神药品，但没有牟利目的。

以牟利为目的，向吸食、注射毒品的人有偿提供上述麻醉药品或者精神药品的，应认定为贩卖毒品罪；明知是走私、贩卖毒品的犯罪人，而向其提供上述麻醉药品或者精神药品的，不管是有偿提供，还是无偿提供，均应认定为走私、贩卖毒品罪。

根据《刑法》第 355、356 条的规定，犯本罪的，处 3 年以下有期徒刑或者拘役，并处罚金；情节严重的，处 3 年以上 7 年以下有期徒刑，并处罚金。单位犯本罪的，对单位判处罚金，并对其直接负责的主管人员和其他直接责任人员，依照上述规定处罚。因犯走私、贩卖、运输、制造、非法持有毒品罪被判过刑，又犯本罪的，从重处罚。

第九节　组织、强迫、引诱、容留、介绍卖淫罪

一、组织卖淫罪

(一) 组织卖淫罪的概念和构成

组织卖淫罪是指以招募、雇用、强迫、引诱、容留等方法，纠集、控制多人从事卖淫活动的行为。本罪的构成要件如下：

1. 本罪侵犯的客体是社会良好道德风尚。

2. 本罪在客观上表现为组织他人卖淫的行为，即采用招募、雇用、强迫、引诱、容留等方法纠集、控制多人从事卖淫活动。实务中主要表现为两种情况，一是设置固定的卖淫场所，组织他人卖淫。如在旅店、宾馆、娱乐场所中组织他人卖淫。二是没

有固定的卖淫场所，通过掌握分散的卖淫人员的活动情况和联系方式，纠集、控制多人卖淫。所谓卖淫，是指以营利为目的，与不特定的异性性交或者进行与性交相类似的淫乱活动。这里的他人，主要是指女性，但不排除男性。

3. 本罪的主体是一般主体，凡年满 16 周岁、具有刑事责任能力的自然人，均可成为本罪主体。本罪的主体必须是卖淫的组织者，可以是几个人，也可以是一个人，关键要看其在卖淫活动中是否起组织者的作用。

4. 本罪在主观上是直接故意，即明知自己是在组织他人卖淫，并且希望这样做。行为人大多数是为了营利而组织他人卖淫，但构成本罪无须以营利为目的。

（二）组织卖淫罪的认定

认定本罪，应当注意如下问题：

1. 组织卖淫罪与非罪的界限

组织卖淫活动中的被组织者，即卖淫人员，不构成本罪；居住在一起，共同从事卖淫活动的人员，只要不存在组织与被组织的关系，均不构成本罪，但如果其中有人从事了组织卖淫活动，则对该人应当以本罪论处。

2. 组织卖淫罪与他罪的界限

无论是采用何种方法，都必须是为了纠集、控制多人从事卖淫活动，才以本罪论处。根据有关司法解释的规定，在组织他人卖淫的犯罪活动中，对被组织卖淫的人有强迫、引诱、容留、介绍卖淫行为的，应当作为组织卖淫罪的量刑情节予以考虑，不实行数罪并罚。如果这些行为是对被组织者以外的其他人实施的，仍应当分别定罪，实行数罪并罚。

（三）组织卖淫罪的处罚

根据《刑法》第 358 条第 1 款的规定，犯本罪的，处 5 年以上 10 年以下有期徒刑，并处罚金；情节严重的，处 10 年以上有期徒刑或者无期徒刑，并处罚金或者没收财产。所谓情节严重，主要是指组织多人卖淫或者多次组织他人卖淫，组织不满 14 周岁的幼女卖淫，或者组织卖淫造成严重后果等情形。第 358 条第 2 款规定，组织未成年人卖淫的，依照前款规定从重处罚。其第 3 款规定，犯前两款罪，并有杀害、伤害、强奸、绑架等犯罪行为的，依照数罪并罚的规定处罚。另外，根据《刑法》第 361 条的规定，旅馆业、饮食服务业、文化娱乐业、出租汽车业等单位的主要负责人，利用本单位的条件组织他人卖淫的，从重处罚。

二、强迫卖淫罪

强迫卖淫罪，是指以暴力、威胁等方法强迫他人卖淫的行为。本罪的构成要件是：

1. 本罪侵犯的客体是复杂客体，包括社会良好道德风尚和人身权利。

2. 本罪在客观上表现为强迫他人卖淫的行为，即以暴力、威胁及其他方法，迫使不愿意卖淫的人卖淫。暴力，是指除杀害以外的其他对人身直接加以打击和强制的行为，如殴打、捆绑等。威胁，是指以将要实施杀害、伤害等暴力行为对被害人进行威逼或者胁迫。其他方法，主要是指非暴力的逼迫手段，如以揭发隐私、散布不利于被害人的图片资料等手段，使被害人陷入绝境，被迫违背自己意志从事卖淫活动。

3. 本罪的主体是一般主体，凡年满 16 周岁、具有刑事责任能力的自然人，均可成为本罪主体。

4. 本罪在主观上是直接故意，即明知自己在强迫他人卖淫，并且希望这样做。

根据《刑法》第 358 条的规定，犯本罪的，处 5 年以上 10 年以下有期徒刑，并处罚金；情节严重的，处 10 年以上有期徒刑或者无期徒刑，并处罚金或者没收财产。强迫未成年人卖淫的，依照前款规定从重处罚。犯前两款罪，并有杀害、伤害、强奸、绑架等行为的，依照数罪并罚的规定处罚。另外，根据《刑法》第 361 条的规定，旅馆业、饮食服务业、文化娱乐业、出租汽车业等单位的主要负责人，利用本单位的条件，强迫他人卖淫的，以本罪从重处罚。

三、协助组织卖淫罪

协助组织卖淫罪，是指为组织他人卖淫者提供帮助的行为。本罪的构成要件是：

1. 本罪侵犯的客体是社会良好道德风尚。

2. 本罪在客观上表现为向组织他人卖淫者提供帮助的行为。如为组织卖淫者充当打手、担任领班、皮条客等。这种行为本质上属于组织卖淫共同犯罪中的从犯，只不过《刑法》将其单独规定为一个罪名加以惩治。

3. 本罪的主体是一般主体，凡年满 16 周岁、具有刑事责任能力的自然人，均可成为本罪主体。

4. 本罪在主观上是直接故意，即明知自己在为组织卖淫者提供帮助，并且希望这样做。

根据《刑法》第 358 条第 3 款的规定，犯本罪的，处 5 年以下有期徒刑，并处罚金；情节严重的，处 5 年以上 10 年以下有期徒刑，并处罚金。

四、引诱、容留、介绍卖淫罪

(一) 引诱、容留、介绍卖淫罪的概念和构成

引诱、容留、介绍卖淫罪，是指引诱、容留、介绍他人卖淫的行为。本罪的构成要件如下：

1. 本罪侵犯的客体是社会良好道德风尚。

2. 本罪在客观上表现为引诱、容留、介绍他人卖淫的行为。所谓“引诱”，是指用金钱、物质等为诱饵，勾引、劝说本无卖淫之心的人卖淫。“容留”，是指为从事卖淫活动的人提供卖淫场所或者允许其在自己管理或者拥有的场所卖淫。“介绍”，是指在卖淫者和嫖娼者之间进行撮合，促使卖淫活动实现。行为人只要实施了上述三种行为之一，即已具备本罪客观要件；实施两个以上的行为，也只以本罪一罪论处。

3. 本罪的主体是一般主体，凡年满 16 周岁、具有刑事责任能力的自然人，均可能成为本罪主体。

4. 本罪在主观上是直接故意，即明知自己是在引诱、容留、介绍他人卖淫，并且希望这样做。

（二）引诱、容留、介绍卖淫罪的认定

认定本罪，应当注意如下问题：

1. 引诱、容留、介绍卖淫罪与非罪的界限

对已有卖淫意图的人进行鼓励、赞许，使其卖淫决心更加坚定，不构成本罪，但是，对当时没有卖淫意图的卖淫者或者曾经卖淫者进行勾引、劝说，诱使其卖淫，应当以本罪论处。

2. 引诱、容留、介绍卖淫罪与他罪的界限

在组织他人卖淫的过程中，引诱、容留、介绍被组织者从事卖淫活动，属于组织卖淫的具体方法，应当以组织卖淫罪论处。在组织他人卖淫的过程中，又引诱、容留、介绍未被组织起来的个人卖淫，应当以组织卖淫罪和本罪数罪并罚。在引诱他人卖淫的过程中，因他人不肯，转而威逼、强迫的，应当以强迫卖淫罪论处。

（三）引诱、容留、介绍卖淫罪的处罚

根据《刑法》第 359 条第 1 款的规定，犯本罪的，处 5 年以下有期徒刑、拘役或者管制，并处罚金；情节严重的，处 5 年以上有期徒刑，并处罚金。

五、引诱幼女卖淫罪

引诱幼女卖淫罪是指引诱不满 14 周岁的幼女卖淫的行为。本罪的构成要件是：

1. 本罪侵犯的客体是复杂客体，包括社会良好道德风尚和幼女身心健康。

2. 本罪在客观上表现为引诱不满 14 周岁的幼女卖淫的行为。引诱，是指以金钱、物资以及其他手段进行勾引、诱导。引诱的对象只能是不满 14 周岁的幼女。引诱不满 14 周岁的幼男卖淫的，应当按照《刑法》第 359 条第 1 款的规定，以引诱卖淫罪定罪处罚。

3. 本罪的主体是一般主体，凡年满 16 周岁、具有刑事责任能力的自然人，均可成为本罪主体。

4. 本罪在主观上是直接故意，即明知自己是在引诱不满 14 周岁的幼女卖淫，并且希望这样做。

根据《刑法》第 359 条第 2 款的规定，犯本罪的，处 5 年以上有期徒刑，并处罚金。

六、传播性病罪

（一）传播性病罪的概念和构成

传播性病罪，是指明知自己患有梅毒、淋病等严重性病而卖淫、嫖娼的行为。本罪的构成要件如下：

1. 本罪侵犯的客体是复杂客体，包括社会良好道德风尚和他人的健康权。

2. 本罪在客观上表现为患有梅毒、淋病等严重性病而卖淫、嫖娼的行为。所谓严重性病，是指梅毒、淋病等传染性强、对人体健康危害性大的性病。对人体健康的危害性明显小于梅毒、淋病的普通性病，不属于严重性病。患有普通性病而卖淫、嫖娼

的，不构成本罪。只要患有梅毒、淋病等严重性病的人从事了卖淫、嫖娼的行为之一，即已具备本罪的客观要件。是否将严重性病传染给他人，不影响本罪的成立。

3. 本罪的主体是特殊主体，只有患有严重性病的人才可能成为本罪主体。

4. 本罪在主观上是直接故意，即明知自己是在患有梅毒、淋病等严重性病的情况下卖淫、嫖娼，并且希望这样做。至于是否希望或者放任性病的传播，不影响本罪的成立。构成本罪不需要行为人明知自己患有何种性病，而只需认识到自己患有严重性病。

(二) 传播性病罪的认定

认定本罪，应当注意如下问题：

1. 传播性病罪与非罪的界限

行为人没有认识到自己患有严重性病而卖淫、嫖娼，即使客观上患有严重性病并且造成了性病传播的后果，也不构成本罪。明知自己患有严重性病，在采取某些预防性病传播的措施后继续卖淫、嫖娼的，如果没有造成危害后果，可以不以本罪论处，如果造成性病传播的危害后果，仍应当以本罪论处。

2. 传播性病罪与他罪的界限

在明知自己患有严重性病的情况下，为了将严重性病传播给他人而卖淫、嫖娼的，同时触犯了本罪和故意伤害罪，属于想象竞合犯，应当选择其中的重罪论处。明知他人患有严重性病而组织、强迫、引诱、容留、介绍卖淫的，同时触犯了本罪（教唆犯或者帮助犯）和组织卖淫罪、强迫卖淫罪或者引诱、容留、介绍卖淫罪，也属于想象竞合犯，应当选择其中的重罪论处。

(三) 传播性病罪的处罚

根据《刑法》第 360 条的规定，犯本罪的，处 5 年以下有期徒刑、拘役或者管制，并处罚金。

第十节 制作、贩卖、传播淫秽物品罪

一、制作、复制、出版、贩卖、传播淫秽物品牟利罪

(一) 制作、复制、出版、贩卖、传播淫秽物品牟利罪的概念和构成

制作、复制、出版、贩卖、传播淫秽物品牟利罪，是指以牟利为目的，制作、复制、出版、贩卖、传播淫秽物品的行为。本罪的构成要件如下：

1. 本罪侵犯的客体是复杂客体，包括社会良好道德风尚和国家对文化市场的管理秩序。

2. 本罪在客观上表现为制作、复制、出版、贩卖、传播淫秽物品的行为。“制作”，是指创造、生产淫秽物品。表现为编写、翻译、录制、印刷等方式。“复制”，是指将原已存在的淫秽物品重复制作。表现为翻印、翻拍、翻录等方式。“出版”，是指

将淫秽作品编辑加工后，经过复制向公众发行。[①] “贩卖”，是指有偿转让淫秽物品。“传播”，是指让淫秽物品在社会上流传或者为多数人感知。表现为播放、出租、邮寄等方式。行为人只要实施了上述五种行为之一，就已具备本罪的客观要件。根据《刑法》第367条的规定，“淫秽物品”，是指具体描绘性行为或者露骨宣扬色情的诲淫性的书刊、影片、录像带、录音带、图片及其他淫秽物品。其他淫秽物品，包括具体描绘性行为或者露骨宣扬色情的诲淫性的视频文件、音频文件、电子刊物、图片、文章、短信息等互联网、移动通讯终端电子信息和声讯台语音信息。[②] 有关人体生理、医学知识的科学著作不是淫秽物品。包含有色情内容的有艺术价值的文学、艺术作品不视为淫秽物品。判断某一物品是否属于淫秽物品时，应当从整体上进行客观评价。名义上是文学艺术作品，实际上以具体描绘性行为或者露骨宣扬色情为主要内容，应认定为淫秽物品；虽有少量具体描绘性行为或者宣扬色情的内容，但整体上看属于具有较高艺术价值的作品，不应认定为淫秽物品。

3. 本罪的主体是自然人一般主体和单位，凡年满16周岁、具有刑事责任能力的自然人，以及《刑法》第30条所规定的单位，均可成为本罪主体。

4. 本罪在主观上是直接故意，即明知自己在制作、复制、出版、贩卖、传播具体描绘性行为或者露骨宣扬色情的物品，并且希望这样做。构成本罪，行为人主观上还必须具有牟利的目的。

（二）制作、复制、出版、贩卖、传播淫秽物品牟利罪的认定

认定本罪，应当注意如下问题：

1. 制作、复制、出版、贩卖、传播淫秽物品牟利罪与非罪的界限

以牟利为目的，制作、复制、出版、贩卖、传播淫秽物品，情节显著轻微、危害不大的，不应以犯罪论处。具体而言，只有具备最高人民法院有关司法解释[③]所规定的情形时，才以犯罪论处。制作、复制、出版、贩卖、传播的物品虽然带有色情内容，但经鉴定不属于淫秽物品的，不构成本罪。根据《刑法》第363条第2款后半段以及有关司法解释的规定，明知他人用于出版淫秽书刊而提供书号的，应当以本罪论处，具体罪名为出版淫秽物品牟利罪。[④] 从理论上分析，这种行为属于出版淫秽物品牟利罪的帮助犯。

2. 制作、复制、出版、贩卖、传播淫秽物品牟利罪与他罪的界限

从境外走私淫秽物品入境后，又加以贩卖、传播，其中的贩卖、传播淫秽物品行

---

① 关于淫秽出版物的范围，参见国家新闻出版署1988年12月27日《关于认定淫秽及色情出版物的暂行规定》第2条。

② 参见最高人民法院、最高人民检察院2004年9月3日公布，自2004年9月6日起施行的《关于办理利用互联网、移动通讯终端、声讯台制作、复制、出版、贩卖、传播淫秽电子信息刑事案件具体应用法律若干问题的解释》第1、5、9条。

③ 参见最高人民法院1998年12月17日公布，自1998年12月23日起施行的《关于审理非法出版物刑事案件具体应用法律若干问题的司法解释》第8条；最高人民法院、最高人民检察院《关于办理利用互联网、移动通讯终端、声讯台制作、复制、出版、贩卖、传播淫秽电子信息刑事案件具体应用法律若干问题的解释》第1条、第5条第1款；最高人民法院、最高人民检察院《关于办理利用互联网、移动通讯终端、声讯台制作、复制、出版、贩卖、传播淫秽电子信息刑事案件具体应用法律若干问题的解释（二）》第1条第1款、第4条第1款、第6条第1款、第7条第1款。

④ 参见最高人民法院《关于审理非法出版物刑事案件具体应用法律若干问题的司法解释》第9条第3款。

为属于走私淫秽物品罪的结果行为，二者之间存在牵连关系，应当按从一重处断原则，选择其中的重罪，即走私淫秽物品罪定罪量刑。

（三）制作、复制、出版、贩卖、传播淫秽物品牟利罪的处罚

根据《刑法》第363条第1款和第366条的规定，犯本罪的，处3年以下有期徒刑、拘役或者管制，并处罚金；情节严重的，处3年以上10年以下有期徒刑，并处罚金；情节特别严重的，处10年以上有期徒刑或者无期徒刑，并处罚金或者没收财产。何谓情节严重以及情节特别严重，应以有关司法解释为准。[①] 单位犯本罪的，对单位判处罚金，并对其直接负责的主管人员和其他直接责任人员，依照自然人犯本罪的规定处罚。

二、为他人提供书号出版淫秽书刊罪

为他人提供书号出版淫秽书刊罪是指违反国家出版法规，为他人提供书号出版淫秽书刊的行为。本罪的构成要件是：

1. 本罪侵犯的客体是复杂客体，包括国家对出版行业的管理秩序和社会良好道德风尚。

2. 本罪在客观上表现为违反国家出版法规，为他人提供书号出版淫秽书刊的行为。这里的书号，首先包括狭义的书号、刊号，即国家依法对出版物按类别、科目、顺序所作的统一编号，它是国家允许特定书刊出版、发行的标志。无书号而出版、发行即属非法出版物。其次，根据有关司法解释的规定，为他人提供版号，出版淫秽音像制品的，也以本罪论处。[②] 因此，这里的书号还包括版号。出版淫秽书刊，在这里是指将淫秽书刊装订成册，进入流通、发行领域。本罪客观方面必须发生了他人利用书号出版淫秽书刊的结果。虽然为他人提供了书号，但他人没有用所提供的书号出版淫秽书刊，或者是用其他书号出版淫秽书刊，提供书号者不构成犯罪。虽然为他人提供了书号，他人也已经在用所提供的书号编辑、印刷书刊，准备发行，但未能进入流通、发行领域，提供书号者也不构成本罪。

3. 本罪的主体是自然人一般主体和单位，凡年满16周岁、具有刑事责任能力的自然人，以及《刑法》第30条所规定的单位，均可成为本罪主体。实践中通常是出版单位及其工作人员。

4. 本罪在主观上是过失，即应当知道违反国家出版法规，为他人提供书号可能导致他人出版淫秽书刊的结果，因为疏忽大意没有预见，或者虽然预见却轻信能够避免。

根据《刑法》第363条第2款和第366条的规定，自然人犯本罪的，处3年以下有期徒刑、拘役或者管制，并处或者单处罚金。单位犯本罪的，对单位判处罚金，并对

① 参见最高人民法院《关于审理非法出版物刑事案件具体应用法律若干问题的司法解释》第8条；最高人民法院、最高人民检察院《关于办理利用互联网、移动通讯终端、声讯台制作、复制、出版、贩卖、传播淫秽电子信息刑事案件具体应用法律若干问题的解释》第2条、第5条第2款、第6条；最高人民法院、最高人民检察院《关于办理利用互联网、移动通讯终端、声讯台制作、复制、出版、贩卖、传播淫秽电子信息刑事案件具体应用法律若干问题的解释（二）》第1条第2款、第4条第2款、第6条第2款、第7条第2款。

② 参见最高人民法院《关于审理非法出版物刑事案件具体应用法律若干问题的司法解释》第9条第2款。

其直接负责的主管人员和其他直接责任人员，依照自然人犯本罪的规定处罚。

三、传播淫秽物品罪

传播淫秽物品罪，是指传播淫秽的书刊、影片、音像、图片或者其他淫秽物品，情节严重的行为。本罪的构成要件是：

1. 本罪侵犯的客体是复杂客体，包括国家对文化市场的管理秩序和社会良好道德风尚。

2. 本罪在客观上表现为传播淫秽的书刊、影片、音像、图片或者其他淫秽物品，情节严重的行为。其他淫秽物品的范围应当以有关司法解释的规定为准。[①] 情节严重的标准也应以有关司法解释为准。[②]

3. 本罪的主体是自然人一般主体和单位，凡年满16周岁、具有刑事责任能力的自然人，以及《刑法》第30条所规定的单位，均可成为本罪主体。

4. 本罪在主观上是直接故意，即明知自己在传播淫秽的书刊、影片、音像、图片或者其他淫秽物品，并且希望这样做。本罪行为人主观上必须不以牟利为目的，否则应当以传播淫秽物品牟利罪论处。

根据《刑法》第364条第1、4款和第366条的规定，自然人犯本罪的，处2年以下有期徒刑、拘役或者管制；向不满18周岁的未成年人传播淫秽物品的，从重处罚。单位犯本罪的，对单位判处罚金，并对其直接负责的主管人员和其他直接责任人员，依照自然人犯本罪的规定处罚。

四、组织播放淫秽音像制品罪

（一）组织播放淫秽音像制品罪的概念和构成

组织播放淫秽音像制品罪，是指组织播放淫秽的电影、录像等音像制品的行为。本罪的构成要件如下：

1. 本罪侵犯的客体是复杂客体，包括国家对音像市场的管理秩序和社会良好道德风尚。

2. 本罪在客观上表现为组织播放淫秽音像制品的行为。组织播放，是指通过策划、指挥、安排，聚集多人播放淫秽音像制品。淫秽音像制品，包括具体描绘性行为或者露骨宣扬色情的诲淫性的电影、录像带、录音带、光盘、CD等音像制品和网上视频文件、音频文件等。

---

① 参见最高人民法院、最高人民检察院《关于办理利用互联网、移动通讯终端、声讯台制作、复制、出版、贩卖、传播淫秽电子信息刑事案件具体应用法律若干问题的解释》第3条。

② 参见最高人民法院《关于审理非法出版物刑事案件具体应用法律若干问题的司法解释》第10条第1款；最高人民法院、最高人民检察院《关于办理利用互联网、移动通讯终端、声讯台制作、复制、出版、贩卖、传播淫秽电子信息刑事案件具体应用法律若干问题的解释》第3、9条；最高人民法院、最高人民检察院《关于办理利用互联网、移动通讯终端、声讯台制作、复制、出版、贩卖、传播淫秽电子信息刑事案件具体应用法律若干问题的解释（二）》第2条、第3条、第5条。

3. 本罪的主体是自然人一般主体和单位，凡年满 16 周岁、具有刑事责任能力的自然人，以及《刑法》第 30 条所规定的单位，均可成为本罪主体。

4. 本罪在主观上是直接故意，即明知自己是在组织播放淫秽音像制品，并且希望这样做。本罪行为人主观上必须不以牟利为目的，否则应当以传播淫秽物品牟利罪论处。

（二）组织播放淫秽音像制品罪的认定

认定本罪，应当注意如下问题：

1. 组织播放淫秽音像制品罪与非罪的界限

组织播放淫秽音像制品，情节显著轻微、危害不大的，不应以犯罪论处。根据最高人民法院有关司法解释的规定，组织播放淫秽的电影、录像等音像制品达 15 场次至 30 场次以上，或者造成恶劣社会影响的，才以本罪论处。①

2. 组织播放淫秽音像制品罪与他罪的界限

本罪实质上是一种特殊的传播淫秽物品犯罪，因此，《刑法》关于本罪的规定和关于传播淫秽物品罪的规定之间存在法条竞合关系，其中，关于本罪的规定属于特别规定，关于传播淫秽物品罪的规定属于一般规定，因此，对于不以牟利为目的的组织播放淫秽音像制品行为，应当适用特别规定，一概以本罪论处。但是，对于以牟利为目的组织播放淫秽音像制品的行为，《刑法》在第 363 条第 1 款也作出了规定，因此，对于以牟利为目的组织播放淫秽音像制品的行为，《刑法》第 363 条第 1 款和第 364 条第 2 款存在交叉竞合关系。在这种情况下，原则上应当适用重法条来处理有关行为，即应当以传播淫秽物品牟利罪论处。根据《刑法》第 364 条第 3 款的规定，制作、复制淫秽的电影、录像等音像制品并组织播放的，只以本罪一罪论处。

（三）组织播放淫秽音像制品罪的处罚

根据《刑法》第 364 条第 2、3、4 款和第 366 条的规定，自然人犯本罪的，处 3 年以下有期徒刑、拘役或者管制，并处罚金；情节严重的，处 3 年以上 10 年以下有期徒刑，并处罚金。制作、复制淫秽的电影、录像等音像制品组织播放的，以本罪从重处罚。向不满 18 周岁的未成年人传播淫秽物品的，从重处罚。单位犯本罪的，对单位判处罚金，并对其直接负责的主管人员和其他直接责任人员，依照自然人犯本罪的规定处罚。

五、组织淫秽表演罪

组织淫秽表演罪，是指组织进行淫秽表演的行为。本罪的构成要件是：

1. 本罪侵犯的客体是复杂客体，包括国家对音像市场的管理秩序和社会良好道德风尚。

2. 本罪在客观上表现为通过策划、指挥、安排，聚集多人进行性交表演或者露骨地宣扬色情的诲淫性表演的行为。对于组织一般性的色情表演的行为，不宜以本罪论处。

3. 本罪的主体是自然人一般主体和单位，凡年满 16 周岁、具有刑事责任能力的

① 参见最高人民法院《关于审理非法出版物刑事案件具体应用法律若干问题的司法解释》第 10 条第 2 款。

自然人，以及《刑法》第30条所规定的单位，均可成为本罪主体。

4. 本罪在主观上是直接故意，即明知自己是在组织淫秽表演，并且希望这样做。行为目的多数是为了牟利，但本罪不以具有牟利目的为成立要件。

根据《刑法》第365、366条的规定，犯本罪的，处3年以下有期徒刑、拘役或者管制，并处罚金；情节严重的，处3年以上10年以下有期徒刑，并处罚金。单位犯本罪的，对单位判处罚金，并对其直接负责的主管人员和其他直接责任人员，依照自然人犯本罪的规定处罚。

【问题与思考】

1. 什么是妨害公务罪？妨害公务罪的构成要件是什么？
2. 组织、领导、参加黑社会性质组织罪的构成需要具备哪些构成要件？
3. 如何区别传授犯罪方法罪与教唆犯？
4. 伪证罪的构成要件有哪些？伪证罪和诬告陷害罪的区别何在？
5. 盗掘古文化遗址、古墓葬罪的构成要件是什么？该罪与故意损毁文物罪有哪些区别？
6. 医疗事故罪的构成要件是什么？如何区分该罪与非法行医罪的界限？
7. 走私、贩卖、运输、制造毒品罪的构成要件是什么？
8. 污染环境罪的成立需要具备哪些构成要件？
9. 组织卖淫罪的构成要件是什么？
10. 制作、复制、出版、贩卖、传播淫秽物品牟利罪的成立需要具备哪些构成要件？

【推荐阅读论著】

1. 赵秉志，于志刚．毒品犯罪．北京：中国人民公安大学出版社，2003
2. 黄京平主编．危害公共卫生犯罪比较研究．北京：法律出版社，2004
3. 李希慧主编．妨害社会管理秩序罪新论．武汉：武汉大学出版社，2001
4. 薛瑞麟．文物犯罪研究．北京：中国政法大学出版社，2002
5. 王秀梅．破坏环境资源保护罪的定罪与量刑．北京：人民法院出版社，1999
6. 徐志伟．妨害社会管理秩序罪．北京：中国民主法制出版社，2014
7. 赵秉志，刘志伟．论扰乱公共秩序罪的基本问题．政法论坛，1999（2）
8. 张明楷．论走私、贩卖、运输、制造毒品罪的几个问题．广东法学，1994（4）

第八章
危害国防利益罪

内容导读

《刑法》分则第七章规定了23种危害国防利益的具体犯罪。本章在论述危害国防利益罪的概念和一般构成要件的基础上，重点对阻碍军人执行职务罪、阻碍军事行动罪、冒充军人招摇撞骗罪、接送不合格兵员罪等4种犯罪的概念、构成、认定等问题进行了比较详细的论述，对其他危害国家安全的具体犯罪则简单地介绍了其概念、构成与处罚。

第一节　危害国防利益罪概述

一、危害国防利益罪的概念和构成

危害国防利益罪，是指破坏或者干扰国防活动，严重危害国防利益的行为。本类犯罪的构成要件是：

1. 本类犯罪的客体是国防利益。根据《宪法》和《国防法》的规定，我国的国防是指国家为防备和抵抗侵略，制止武装颠覆，保卫国家的主权、统一、领土完整和安全所进行的军事活动，以及与军事有关的政治、经济、外交、科技、教育等方面的活动。我国的国防利益，是指国防活动能够顺利进行的正常状态及其所产生的国家安全效益。国防事关国家生死存亡，国防利益直接影响国家安全，因此，国防活动和国防利益体现着国家和人民的根本利益，在《刑法》中规定危害国防利益罪，有重大实践意义。

2. 本类犯罪的客观方面主要表现为破坏或者干扰国防的行为。危害国防利益罪的犯罪对象主要是军事人员、军事设施、武器装备和其他军用物品。这类犯罪行为包括作为与不作为。例如，阻碍军人执行职务罪、阻碍军事行动罪、聚众冲击军事禁区罪、冒充军人招摇撞骗罪等是作为；而战时拒绝、逃避征召、军事训练罪，战时拒绝、逃避服役罪，战时拒绝、故意延误军事订货罪等则可以是不作为。有些危害国防利益的犯罪无须发生结果就可构成，如阻碍军人执行职务罪、煽动军人逃离部队罪、战时造谣扰乱军心罪等；也有的危害国防利益罪要求危害结果发生才成立犯罪，如阻碍军事行动罪，过失提供不合格武器装备、军事设施罪，战时故意提供虚假敌情罪等。此外，在一些危害国防利益的犯罪中，“战时”这一时间因素是成立犯罪所必不可少的条件。对“战时”的规定，《刑法》条文和《刑法》解释均无专门说明，在实践中应用时，可参照《刑法》分则第十章“军人违反职责罪”中的有关规定理解和掌握。

3. 本类犯罪的主体大多为一般主体。危害国防利益罪的主体包括自然人和单位，多数为一般主体，也有特殊主体。此外，大多数危害国防利益的犯罪主体仅限于非军人而不包括军人，但有一些罪的主体既可以是非军人也可以是军人。

4. 本类犯罪在主观方面绝大多数是出于故意，但也有个别罪名是过失。

二、危害国防利益罪的种类

危害国防利益罪列于《刑法》分则第七章，共 14 个条文（第 368 条至第 381 条），含有 23 个罪名。对于危害国防利益罪，可以根据成立犯罪是否要求特定的时间，将其分为“平时或战时均能犯的危害国防利益罪”和“战时才能犯的危害国防利益罪”两个大类。

平时与战时均能犯的危害国防利益罪（以下简称平时危害国防利益的犯罪）的具体罪名有：阻碍军人执行职务罪，阻碍军事行动罪，破坏武器装备、军事设施、军事通信罪，过失损坏武器装备、军事设施、军事通信罪，故意提供不合格武器装备、军事设施罪，过失提供不合格武器装备、军事设施罪，聚众冲击军事禁区罪，聚众扰乱军事管理区秩序罪，冒充军人招摇撞骗罪，煽动军人逃离部队罪，雇用逃离部队军人罪，接送不合格兵员罪，伪造、变造、买卖武装部队公文、证件、印章罪，盗窃、抢夺武装部队公文、证件、印章罪，非法生产、买卖武装部队制式服装罪，伪造、盗窃、买卖、非法提供、非法使用武装部队专用标志罪。

战时才能犯的危害国防利益罪的罪名具体有：战时拒绝、逃避征召、军事训练罪，战时拒绝、逃避服役罪，战时故意提供虚假敌情罪，战时造谣扰乱军心罪，战时窝藏逃离部队军人罪，战时拒绝、故意延误军事订货罪，战时拒绝军事征用罪。

第二节　平时危害国防利益的犯罪

一、阻碍军人执行职务罪

（一）阻碍军人执行职务罪的概念和构成

阻碍军人执行职务罪是指以暴力、威胁方法阻碍军人依法执行职务，危害国防利益的行为。本罪的构成要件如下：

1. 本罪的客体是军队担负的国防职能。国防职能的中心任务是作战和备战。军队是专门担负国防职能的武装集团，而其职能又是通过全体军人执行法定职务来实现的，因此，阻碍军人依法执行职务，实质上是侵害了军队所担负的国防职能。本罪的犯罪对象主要是现役军人，包括正在或正要依法执行职务的中国人民解放军的现役军官、文职干部、士兵及有军籍的学员，也可包括正在执行军事任务的预备役人员和其他人员。阻碍军人依法执行职务时，无论是否实际造成军人人身伤害，都侵害了军队所担负的国防职能。不能把阻碍军人执行职务的行为单纯理解为是对军人个人的侵害。

2. 本罪在客观上表现为以暴力、威胁方法阻碍军人依法执行职务的行为。军人依法执行职务，是指军人依照有关军事法规规定的权限、内容、条件、方法和程序，行使职权或履行职责的活动。阻碍行为必须以暴力、威胁方法实施才能构成本罪。只要以暴力、威胁方法实施了阻碍军人依法执行职务的行为，无论是否造成军人伤亡，也无论是否导致军人难以或无法履行职务，即可构成本罪。

3. 本罪的主体是不具有军人身份且未执行军事任务的非军职人员。军职人员阻碍其他军人依法执行职务的，应按军人违反职责罪的有关罪名认定。

4. 本罪在主观上是出于故意。行为人实施行为时必须明知军人正在或正要执行职务，否则，不构成本罪。至于行为人的动机可以是多种多样的，有的因为军人依法执行职务触犯了某个人的利益；有的出于私仇宿怨而泄愤报复；有的是为了庇护他人进行非法活动或者逃避法律责任等。具体动机如何，不影响阻碍军人执行职务罪的成立，但应当作为量刑情节予以考虑。如果行为人不知道其所侵害的对象是军人，或者虽然知道是军人但不知道其正在依法执行职务，或者误认为其所执行的职务不合法而加以阻碍的，那么其主观上就缺乏阻碍军人执行职务罪所需的犯罪故意，不能以本罪论处，而应按照“认识错误”的刑法原理，依法不以犯罪论处或者以其他犯罪论处。

（二）阻碍军人执行职务罪的认定

1. 本罪与其他以军人为对象的暴力犯罪的界限

因使用暴力犯本罪，致军人重伤、死亡的，或者犯本罪时抢夺、抢劫军人枪支、弹药以及其他武器装备，从而构成杀人、抢夺、抢劫等罪名的，应当按想象竞合犯的原则处断。但是，在军人集体执行职务的情况下，因阻碍多名军人执行职务的行为导致其中部分军人伤亡，应按本罪和有关罪名认定为数罪。

2. 本罪与妨害公务罪的区别

主要区别是公务范围不同，具体体现为犯罪对象不同。因此，凡对军人执行公务的行为进行阻碍的行为，均应认定为本罪。

（三）阻碍军人执行职务罪的处罚

根据《刑法》第 368 条第 1 款的规定，犯本罪的，处 3 年以下有期徒刑、拘役、管制或者罚金。

二、阻碍军事行动罪

（一）阻碍军事行动罪的概念和构成

阻碍军事行动罪，是指故意阻碍武装部队军事行动，造成严重后果，危害国防利益的行为。本罪的构成要件如下：

1. 本罪的客体与阻碍军人执行职务罪的客体基本相同。但是，本罪的对象范围要宽于阻碍军人执行职务罪的对象范围，即本罪不仅可以针对参与武装部队军事行动的军人，也可以针对军事行动所需的物品和设施等。

2. 本罪在客观上表现为阻碍武装部队军事行动的行为和该行为造成的严重后果。军事行动，是指武装部队奉命执行作战、演习、戒严、平暴、调防等任务的活动以及与此相联系的武装开进或驻扎过程。对正在执行救助自然灾害任务的部队进行阻碍的，亦可构成本罪。阻碍军事行动的方法多种多样，包括暴力、威胁的方法或者其他方法。其他方法主要指各种设障阻拦、肆意骚扰、制造破坏等阻碍手段，也可以是不履行自己担负的为正在执行军事任务的武装部队提供必要条件的义务的不作为方式。构成本罪，还必须发生严重后果，主要是指阻碍行为造成了军事行动的迟延或影响了军事行动的效果，或者造成武装部队人员伤亡、武器装备受到较大损失等情况。

3. 本罪的主体是一般主体，即只要达到刑事责任年龄（年满 16 周岁），具备刑事责任能力的自然人，都可以成为本罪的主体，既可以是军人，也可以是非军人。单位不能成为本罪的主体。

4. 本罪在主观上是出于故意。行为人的目的就是要使武装部队的军事行动无法完成或者难以完成。犯罪动机一般不影响本罪的构成，但是，如果行为人阻碍武装部队军事行动是为了颠覆或者背叛国家，则应按危害国家安全罪的有关罪名处断。过失阻碍军事行动的，不构成本罪。

（二）阻碍军事行动罪的认定

1. 本罪与阻碍军人执行职务罪的界限

二罪都是危害军队担负的国防职能的故意犯罪且都表现为阻碍军队职能活动的行为。区别主要是：本罪的犯罪对象包括人与物，而后者的对象仅限于军人；本罪在客观上除了行为还需发生结果才能构成，而后者并不把结果作为构成要件。

2. 本罪与某些危害公共安全罪的界限

有时，阻碍武装部队的行为是以破坏公共设施或设备的方法实施的，例如，以放火、决水、爆炸、投毒等危险方法或者通过破坏交通、通信工具和设施，破坏电力、易燃易爆设备等来阻碍军事行动，就会在触犯本罪的同时，也触犯了某些危害公共安全罪的罪名，此时，可按从一重原则处断。

3. 本罪与某些妨害社会管理秩序罪的界限

有时，阻碍武装部队的行为是以扰乱公共秩序、制造社会混乱的方法实施的，例如，非法举行游行示威，煽动群众围攻部队，聚众对部队“打砸抢”，侵扰部队计算机系统，扰乱公共场所或阻碍交通等，就会在触犯本罪的同时，也触犯某些妨害社会管理秩序罪的罪名，此时，亦可从一重处断。

（三）阻碍军事行动罪的处罚

根据《刑法》第 368 条第 2 款的规定，犯本罪的，处 5 年以下有期徒刑或者拘役。

三、破坏武器装备、军事设施、军事通信罪

破坏武器装备、军事设施、军事通信罪，是指出于贪图私利、发泄私愤或者其他

个人目的，故意破坏武器装备、军事设施或者军事通信的行为。本罪的构成要件是：

1. 本罪侵犯的客体是国防建设秩序。武器装备、军事设施、军事通信，是保卫祖国、抵抗侵略、维护国家安全利益和领土、主权完整的保证。破坏武器装备、军事设施、军事通信，必然危害国防建设，影响国防任务的完成。

本罪侵害的对象是：(1) 武器装备，是指军队直接用于实战和保障作战的武器和器材的总称，包括枪支、火炮、弹药、爆破器材、地雷、鱼雷、炸弹、导弹、核弹、坦克、装甲车或其他运兵车辆、军舰、军用飞机、雷达、电子对抗装备、通信指挥器材、军用测绘器材、气象保障器材、侦察探测器材、情报处理器材、野战工程机械。(2) 军事设施，是指国家直接用于军事目的的建筑、场地和设备，包括指挥部、地面和地下的指挥工程、作战工程；军用机场、港口、码头、营区、训练场、试验场；军用洞库、仓库；军用通信、侦察、导航、观测台站和测量、导航、助航标志；军用公路、铁路专用线；军用通信、军用输油、输水管道等。(3) 军事通信，是指军队专用的各种通信手段，表现为各种军用通信设施、设备和工具，如通信站、电台、电话系统、通讯线路、计算机通信网络系统、信号通信系统、军用邮件等。

2. 本罪在客观上表现为用各种方法破坏武装力量的武器装备、军事设备、军事通信的行为。破坏武器装备、军事设施、军事通信的行为是多种多样的，例如爆炸、放火、水淹、冲撞、拆卸、放入异物、改变结构、换入部件、信息或能量干扰、无谓运转或损耗等。只要实施了足以导致武器装备、军事设施、军事通信损坏、毁灭、失去应有功能或不能发挥应有作用、严重缩短使用寿命的破坏行为，即可构成本罪。是否导致了危害结果的实际发生，不影响本罪的成立。

3. 本罪的主体是一般主体，即只要达到刑事责任年龄（年满 16 周岁），具备刑事责任能力的自然人，都可以成为本罪的主体，既可以是军人，也可以是非军人。单位不能成为本罪的主体。

4. 本罪在主观上是出于故意。犯罪动机通常不影响本罪的构成，但如果行为人为了颠覆国家或投敌叛国而实施破坏武器装备、军事设施、军事通信的行为，不构成本罪，应按危害国家安全罪的有关罪名处断。

认定本罪时，首先应注意其与危害公共安全罪的界限。在危害公共安全罪中，有一系列以危险手段破坏公用设施、设备或工具的罪名，这些罪名与本罪的区别主要在于犯罪对象及体现的犯罪客体：本罪的对象是武器装备、军事设施、军事通信，危害公共安全罪有关罪名中不存在这些对象；本罪的客体是国防建设秩序，包括军事活动物质基础的正常和安全状态，危害公共安全罪的客体是公共安全，与国防利益无直接关联。其次应注意本罪与盗窃罪的界限。盗窃武器装备、军事设施、军事通信的零件或部件，导致或足以导致武器装备、军事设施、军事通信被破坏的情况，属想象的竞合犯，即触犯了本罪与盗窃罪两个罪名。按从一重处断原则，此种情况应认定为本罪。

根据《刑法》第 369 条第 1、3 款的规定，犯本罪的，处 3 年以下有期徒刑、拘役或者管制；破坏重要武器装备、军事设施、军事通信的，处 3 年以上 10 年以下有期徒刑；情节特别严重的，处 10 年以上有期徒刑、无期徒刑或者死刑。战时犯本罪，从重处罚。

四、过失损坏武器装备、军事设施、军事通信罪

过失损坏武器装备、军事设施、军事通信罪，是指行为人因过失而损坏武器装备、军事设施或者军事通信，造成严重后果的行为。本罪的构成要件是：

1. 本罪侵犯的客体是国防建设秩序。武器装备、军事设施、军事通信，是保卫祖国、抵抗侵略、维护国家安全利益和领土、主权完整的保证。过失损坏武器装备、军事设施、军事通信，必然危害国防建设，影响国防任务的完成。

2. 本罪在客观上的表现是行为人实施了损坏武装力量的武器装备、军事设施、军事通信的行为并造成了严重后果。所谓造成严重后果，是指造成武器装备、军事设施、军事通信的大量毁损、造成严重经济损失、影响部队完成重要任务等。是否造成严重后果，是区分过失损坏武器装备、军事设施、军事通信罪与破坏武器装备、军事设施、军事通信罪的重要标志。

3. 本罪的主体是一般主体，即只要达到刑事责任年龄（年满 16 周岁），具备刑事责任能力的自然人，都可以成为本罪的主体，既可以是军人，也可以是非军人。单位不能成为本罪的主体。

4. 本罪在主观上是出于过失，即行为人应当预见自己的行为会造成损坏武器装备、军事设施或者军事通信的严重后果，因为疏忽大意而没有预见，或者已经预见而轻信能够避免，以致发生这种结果的心理态度。

根据《刑法》第 369 条第 2、3 款的规定，犯本罪的，处 3 年以下有期徒刑或者拘役；造成特别严重后果的，处 3 年以上 7 年以下有期徒刑。战时犯本罪，从重处罚。

五、故意提供不合格武器装备、军事设施罪

故意提供不合格武器装备、军事设施罪是指明知是不合格的武器装备、军事设施而提供给武装部队的行为。本罪的构成要件是：

1. 本罪侵犯的客体是武器装备、军事设施的质量管理秩序。

2. 本罪在客观上表现为提供不合格武器装备、军事设施的行为。所谓不合格，是指不符合规定的质量标准，如用于制作、建造武器装备、军事设施的原材料不合格，产品性能不符合要求，或者所建造的军事设施的外形、内部结构、坚固程度未达到规定的设计要求等。所谓提供，应作广义上的理解，不仅包括将不合格的武器装备、军事设施交给使用单位这一最后环节，还包括在武器装备或军事设施的科研、勘探、设计、建造、生产、销售、修理、验收等各环节中故意提供不合格的武器装备或者军事设施。其提供的不合格武器装备、军事设施是否造成了严重后果，接收单位是否接收了这些不合格的武器装备、军事设施，不影响本罪的构成。

3. 本罪的主体是特殊主体，限于负责生产、建造、维修、采购武器装备或军事设施的军队或地方的单位和自然人。

4. 本罪在主观上是出于故意，即明知武器装备、军事设施不合格，却仍将其提供给武装部队。

根据《刑法》第 370 条第 1、3 款的规定，个人犯本罪的，处 5 年以下有期徒刑或者拘役；情节严重的，处 5 年以上 10 年以下有期徒刑；情节特别严重的，处 10 年以上有期徒刑、无期徒刑或者死刑。单位犯本罪的，对单位判处罚金，并对其直接负责的主管人员和其他直接责任人员，依照个人犯本罪的规定处罚。

六、过失提供不合格武器装备、军事设施罪

过失提供不合格武器装备、军事设施罪是指负责提供武器装备、军事设施的人员因过失而提供了不合格武器装备、军事设施，造成严重后果的行为。本罪的构成要件是：

1. 本罪侵犯的客体是武器装备、军事设施的质量管理秩序。

2. 本罪在客观上表现为提供不合格武器装备、军事设施的行为，并且，所提供的不合格武器装备、军事设施已被接收并因此导致了严重后果。严重后果，是指造成人员重伤、死亡或重大财产损失、严重影响军事任务完成等情况。

3. 本罪的主体是负责提供武器装备、军事设施的个人，包括军人和非军人。单位不能成为本罪的犯罪主体。

4. 本罪在主观上是出于过失，即行为人应当预见自己提供给武装部队的武器装备、军事设施不合格，将会造成严重后果，因为疏忽大意而没有预见，或者已经预见而轻信能够避免，以致发生这种结果的心理态度。

根据《刑法》第 370 条第 2 款的规定，犯本罪的，处 3 年以下有期徒刑或者拘役；造成特别严重后果的，处 3 年以上 7 年以下有期徒刑。

七、聚众冲击军事禁区罪

聚众冲击军事禁区罪是指聚众冲击军事禁区，严重扰乱军事禁区秩序的行为。本罪的构成要件是：

1. 本罪侵犯的客体是军事禁区秩序。所谓军事禁区，是指国家根据军事设施的性质、作用、安全保密的需要和使用效能的特殊要求，在依法划定的范围内，采取特殊措施重点保护的区域，可以是陆域、水域或空域。聚众冲击军事禁区罪的犯罪对象是军事禁区，包括禁区内的军事设施、各种建筑、自然环境、周围设置的障碍物等。

2. 本罪在客观上表现为聚众冲击军事禁区的行为和严重扰乱军事禁区秩序的各种后果。聚众冲击，是指组织、策划、指挥、带领众多人员以各种方法强行进入军事禁区。三人以上即可理解为众多人员。严重扰乱军事禁区秩序是指冲击行为使得军事禁区在一定程度上失控、禁区内的正常活动无法进行或难以进行、无法或难以正常地出入禁区等情况。

3. 本罪的主体是符合一般主体条件的聚众冲击军事禁区的首要分子或积极参加者。首要分子在聚众犯罪中起核心作用，既可能只有一个，也可能有数个，具体应根据其在犯罪中的地位、所起的作用认定。积极参加者可从行为人在聚众冲击军事禁区的活动中的表现、地位和作用等方面来认定，一般说来，包括以下人员：（1）事前有通谋的案件中，聚首密切联系的骨干分子；（2）积极主动地参加到犯罪中，亲自参加

了犯罪中的大多数扰乱行为的人；（3）在犯罪中特别卖力，直接造成严重损失的人；（4）有其他严重情节的人员。对于围观起哄的人；只是一般性参与，没有其他违法行为的人；虽然参加扰乱行为但没有直接造成严重损失的人，都不宜以犯罪论处。

4. 本罪在主观上是出于故意，即行为人明知聚集多人冲击军事禁区会危害国防军事利益，而希望或者放任危害结果的发生。

根据《刑法》第371条的规定，对犯罪的首要分子，处5年以上10年以下有期徒刑；对犯本罪的积极参加者，处5年以下有期徒刑、拘役、管制或者剥夺政治权利。

八、聚众扰乱军事管理区秩序罪

聚众扰乱军事管理区秩序罪是指聚众扰乱军事管理区秩序，情节严重，致使军事管理区的工作无法进行，造成严重损失的行为。本罪的构成要件是：

1. 本罪侵犯的客体是军事管理区秩序。所谓军事管理区，是指由军队保护和管理的营区、军事设施区域及其他因特殊需要而划定的区域的统称。本罪的犯罪对象是军事管理区，包括管理区的军事设施、各种建筑和山、水、林木等。

2. 本罪在客观上表现为聚众扰乱军事管理区且情节严重，从而导致军事管理区工作无法进行、造成严重损失的行为。情节严重，一般是指聚众人数多、冲击区域大、持续时间长、携有凶器、武器弹药或爆炸物等情况。军事管理区工作，包括对此区域的管理执勤工作和在此区域内进行的其他各种活动。严重损失，是指上述行为导致的人员伤亡、财物损毁、军事任务无法完成或难以进行等情况。

3. 本罪的主体是一般主体，即达到刑事责任年龄（年满16周岁），具备刑事责任能力的自然人，但必须是首要分子或积极参加者。

4. 本罪在主观上是出于故意，即行为人明知聚集多人扰乱军事管理区秩序会发生危害国防军事利益的结果而希望或者放任这种结果的发生。从行为人主观方面的认识因素来看，行为人应当认识到自己是在与他人一起扰乱军事管理区秩序。其中，首要分子应当认识到自己实施的是组织、策划、指挥扰乱军事管理区秩序的行为；认识到其他积极参加的人是在自己的组织、指挥下实施行为的。相应地，积极参加者应当认识到自己是在首要分子的组织、策划、指挥之下实施扰乱行为。

根据《刑法》第371条第2款的规定，对犯本罪的首要分子，处3年以上7年以下有期徒刑；对犯本罪的积极参加者，处3年以下有期徒刑、拘役、管制或者剥夺政治权利。

九、冒充军人招摇撞骗罪

（一）冒充军人招摇撞骗罪的概念和构成

冒充军人招摇撞骗罪，是指不具有军人身份的人员冒充军人，骗取私利的行为。本罪的构成要件如下：

1. 本罪侵犯的客体是军人和军队的良好信誉。中国共产党领导下的我国军队是人民的子弟兵，我军及其成员在人民群众中的良好信誉，是克敌制胜的重要条件。冒充军人招摇撞骗，必然会对军人和军队的良好信誉造成损害，危害国防利益。冒充军人招摇撞骗罪的犯罪对象是中国人民解放军和中国人民武装警察部队的现役军人身份。

2. 本罪在客观上表现为冒充军人招摇撞骗的行为。冒充军人的行为大致有几种情况：(1) 通过花言巧语伪称军人；(2) 利用能够证明他人军人身份的真实证件或证明冒名顶替；(3) 通过能够起到标示军人身份作用的服装或其他物品冒充军人；(4) 利用假证件或假证明冒充军人；(5) 冒充军人使用伪造、变造、盗窃的武装部队车辆号牌，造成恶劣影响。[①] 招摇撞骗，是指假借军人的名义和身份进行诈骗活动。骗取的利益，主要是人身利益、政治地位、社会地位以及各种社会活动的机会等，也可包括一定的经济利益。是否实际取得这些利益，不影响本罪的构成。由于艺术表演等原因而穿着军服或佩戴军人标志的，不构成犯罪。

3. 本罪的主体是特殊主体，具体是指不具有军人身份的非军职人员。军人不能成为本罪主体。

4. 本罪在主观上是出于故意。故意的内容包括两方面：一是故意地冒充军人，即明知自己的行为是冒充军人而为之；二是故意地冒充军人身份到处炫耀，进行欺骗。犯罪目的主要是骗取一定利益。单纯地出于好奇或为了炫耀而冒充军人的，不构成犯罪。但是，为了丑化军人而冒充军人，虽无骗取私利的目的，也应构成本罪。

(二) 冒充军人招摇撞骗罪的认定

认定本罪，应当注意如下问题：

1. 本罪与招摇撞骗罪的界限

两罪主体、主观方面和客观行为相似，但客体和对象明显不同：本罪客体是军人和军队良好信誉，后罪的客体是国家机关的威信；本罪对象是军人，后罪的对象是国家机关工作人员。军人冒充军队机关人员或其他军人，或者伪称自己具有军队的某种级别、职务、军衔，并招摇撞骗的，应按招摇撞骗罪处断。

2. 本罪与诈骗罪的界限

实施本罪骗取钱财的情况与诈骗罪相似，但实际上是根本不同的：实施本罪骗取钱财固然会侵犯财产所有权，但作为本罪构成要件的客体是军人和军队的良好信誉，诈骗罪的客体是公私财产所有权；本罪犯罪目的内容宽泛，追求的利益有多种情况，而诈骗罪的犯罪目的单一，只能是追求钱财；本罪骗取的钱财数额不是太大，而诈骗罪则以骗取财物的数额为构成要件。故冒充军人诈骗的钱财数额不大时，按本罪处断；数额巨大时，应认定为诈骗罪。

(三) 冒充军人招摇撞骗罪的处罚

根据《刑法》第 372 条的规定，犯本罪的，处 3 年以下有期徒刑、拘役、管制或者剥夺政治权利；情节严重的，处 3 年以上 10 年以下有期徒刑。

十、煽动军人逃离部队罪

煽动军人逃离部队罪是指煽动军人逃离部队，情节严重的行为。本罪的构成要件是：

---

① 根据 2002 年 4 月 10 日最高人民法院《关于审理非法生产、买卖武装部队车辆号牌等刑事案件具体应用法律若干问题的解释》第 4 条，冒充军人使用伪造、变造、盗窃的武装部队车辆号牌，造成恶劣影响的，依照《刑法》第 372 条的规定定罪处罚。

1. 本罪侵犯的客体是部队的兵员管理秩序。建立正常的兵员管理秩序是部队完成作战、战备、训练、值勤等任务的需要和保证。煽动军人逃离部队情节严重的行为，势必危害部队的兵员管理秩序，削弱部队的战斗力，影响部队作战、训练、战备、值勤、抢险救灾等任务的完成，危害国防利益。

本罪的犯罪对象是军人，即指中国人民解放军的现役军官、文职干部、士兵及具有军籍的学员和中国人民武装警察部队的现役警官、文职干部、士兵及具有军籍的学员以及执行军事任务的预备役人员和其他人员。

2. 本罪在客观上表现为以语言、文字、图画等形式鼓动军人逃离部队，情节严重的行为。煽动，是指各种以口头或书面的形式唆使、怂恿、鼓动军人离开部队。该行为只能是作为。情节严重，主要是指战时或军人执行重大任务时的煽动、煽动多人、煽动的对象是指挥人员或重要部门和关键岗位的军人等情况。

3. 本罪的主体是一般主体，即只要达到刑事责任年龄（年满16周岁），具备刑事责任能力的自然人，都可以成为本罪的主体，既可以是军人，也可以是非军人。单位不能成为本罪的主体。

4. 本罪在主观上是出于故意，即行为人明知煽动军人逃离部队会造成危害国防利益的结果，却希望或放任这种结果的发生。煽动军人逃离部队罪的犯罪动机可能多种多样，有的是出于对部队的报复，有的是怕亲友打仗伤亡，有的是怕被煽动人吃苦，有的是为被煽动人多挣钱或找好工作等。行为人的动机如何，不影响本罪的成立。

根据《刑法》第373条的规定，犯本罪的，处3年以下有期徒刑、拘役或者管制。

十一、雇用逃离部队军人罪

雇用逃离部队军人罪是指明知是逃离部队的军人而雇用，情节严重的行为。本罪的构成要件是：

1. 本罪侵犯的客体是部队正常的兵员管理秩序。维持正常的兵员管理秩序是部队完成作战、战备、训练、值勤等任务的需要和保证。雇用逃离部队军人的行为，势必危害部队的兵员管理秩序，削弱部队的战斗力，影响作战、训练、战备、值勤、抢险救灾等任务的完成，危害国防利益。本罪的犯罪对象是逃离部队的现役军人，具体指的是为逃避服兵役而离开部队的现役军人，包括未经领导批准擅自离开部队和虽经领导批准，但逾期不归两种情形。

2. 本罪在客观上表现为雇用逃离部队的军人，情节严重的行为。雇用，是经他人同意，使他人在自己的管理和领导之下工作或劳动，并付给报酬的行为。逃离部队军人，是指未经部队允许而脱离部队且不准备归队的军人。情节严重，主要是指雇用战时或执行重大任务时逃离部队的军人、雇用多名逃跑军人、多次雇用逃跑军人、雇用担负重要职务或处于重要岗位的逃跑军人、因雇用逃跑军人而使其难以被追究、逃跑军人在雇用期间犯罪等情况。

3. 本罪的主体是一般主体，即只要达到刑事责任年龄（年满16周岁），具备刑事责任能力的自然人，都可以成为本罪的主体，主要是各类企业、事业单位、团体以及个体工商户的负责人员。单位不能成为本罪的主体。

4. 本罪在主观上是出于故意，即明知他人是逃离部队的军人而仍然决意加以雇用。雇用逃离部队军人罪的犯罪动机可能多种多样，如贪图廉价劳动力，碍于熟人或亲属关系的情面，出于利用逃离部队的军人所掌握的某种熟练技术或者知识等。行为人动机如何，不影响本罪的成立。

根据《刑法》第 373 条的规定，犯本罪的，处 3 年以下有期徒刑、拘役或者管制。

十二、接送不合格兵员罪

（一）接送不合格兵员罪的概念和构成

接送不合格兵员罪，是指在征兵工作中徇私舞弊，接送不合格兵员，情节严重的行为。本罪的构成要件如下：

1. 本罪侵犯的客体是我国的兵役制度。兵员是军队战斗力的基本构成因素，通过征兵工作向部队输送合格兵员，是保持和加强军队战斗力的重要环节。在征兵工作中接送不合格兵员的犯罪所侵犯的客体，正是体现着重大国防利益的兵役制度。本罪的犯罪对象是不合格兵员。不合格兵员，是指不符合年龄、身体、精神、政审等法定标准的兵员。符合一般兵员标准但不符合特种兵员标准的，如被作为特种兵员接送，亦是接送不合格兵员。

2. 本罪在客观上表现为在征兵工作中徇私舞弊，接送不合格兵员，情节严重的行为。徇私舞弊，是指在征兵工作中徇私情或图私利，弄虚作假，违法乱纪。只接送了不合格兵员而没有徇私舞弊，不构成本罪。犯本罪还必须是情节严重的行为。情节严重，主要是指多次接送不合格兵员、接送多个不合格兵员、所接送的兵员中有犯罪嫌疑人或逃犯、弄虚作假的手段恶劣，或给征兵工作带来严重困难、造成严重经济损失、给部队工作带来重大损失等。

3. 本罪的主体是特殊主体。具体讲，本罪的主体只能是在征兵工作中担负有征兵职权和职责的人员，包括接收兵员的部队中负责接兵的人员，地方有关部门负有征兵职责的非军职人员，人民武装工作部门的军职人员等。

4. 本罪在主观上是出于故意，即行为人明知接送的是不合格兵员，也明知不合格兵员入伍后会影响部队建设，危害国防利益，却希望或者放任这种危害结果的发生。过失接送不合格兵员的，不构成本罪。行为人明知是不合格兵员是指行为人明知应征人不符合兵役法规规定的年龄条件、文化程度条件、身体条件和政治条件而将其鉴定为合格。如果行为人是因受欺骗而以为应征人员符合年龄、文化程度、政治条件的，以及在体检中由于设备老化等原因导致检查结果错误的，不能构成本罪。接送不合格兵员罪的犯罪动机可能多种多样，如碍于亲属、朋友的情面，贪图钱财，迫于上级压力等。但犯罪动机如何，并不影响本罪的构成。

（二）接送不合格兵员罪的认定

在认定本罪时，对在征兵工作中收受贿赂数额较大或有索贿等严重情节，并利用职务之便接送不合格兵员的，应以受贿罪一罪论处。另外，由于本罪的行为特征是弄虚作假，故在弄虚作假的过程中，往往触犯其他罪名，例如，伪造、变造、买卖国家机关公文、证件、印章罪，伪造公司、企业、事业单位、人民团体印章罪，伪造、变造居民身份证罪，伪造、变造、买卖武装部队公文、证件、印章罪等，对此，应按处罚牵连犯的原则从一重罪论处。

（三）接送不合格兵员罪的处罚

根据《刑法》第374条的规定，犯本罪的，处3年以下有期徒刑或者拘役；造成特别严重后果的，处3年以上7年以下有期徒刑。特别严重后果，主要包括：不合格兵员入伍后实施了犯罪行为或造成严重事故或因不合格兵员而导致军事行动受挫或影响重大任务的完成，不合格兵员是重大犯罪嫌疑人或重大逃犯，因接送不合格兵员而导致矛盾激化或发生伤亡事件等情况。

十三、伪造、变造、买卖武装部队公文、证件、印章罪

伪造、变造、买卖武装部队公文、证件、印章罪是指伪造、变造、买卖武装部队公文、证件、印章的行为。本罪的构成要件是：

1. 本罪侵犯的客体是武装部队的公文、证件、印章管理秩序。公文、证件、印章制作和使用的合法性直接关系到武装部队的信誉和正常活动的进行。无论是伪造、变造还是买卖武装部队公文、证件、印章，都会影响武装部队的正常管理活动，损害人民军队的声誉，危害国防利益。本罪的犯罪对象是武装部队的公文、证件、印章，不管行为人是侵犯其中的一种还是数种，均构成本罪。

2. 本罪在客观上表现为伪造、变造、买卖几种方式，其对象是武装部队的公文、证件、印章。伪造，就是无制作权的人和单位，非法制造公文、证件、印章，以假充真的行为。如私刻公章、私制假公文、证件等。变造，是指利用涂改、擦消、拼接、更换照片等方法，对真实的武装部队公文、证件、印章进行加工，改变其真实内容，使之适合其非法需要。买卖，是指以金钱或其他财物为代价购进或出售武装部队的公文、证件、印章。

3. 本罪的主体是一般主体，即只要达到刑事责任年龄（年满16周岁），具备刑事责任能力的自然人，都可以成为本罪的主体，既可以是军人，也可以是非军人。

4. 本罪在主观上是出于故意，即行为人明知是武装部队公文、证件、印章而仍然予以伪造、变造、买卖的心理状态。伪造、变造、买卖武装部队公文、证件、印章罪的动机是多种多样的。一般的都是为了贪利，如伪造、变造、买卖武装部队公文、证件、印章从中赚钱；有的可能是为了取得某种权利，如为了找工作而伪造部队复员转业介绍信等公文；也有的可能是为了实施另一种犯罪而伪造、变造、买卖部队公文、证件、印章，如伪造、变造、买卖部队公文、证件、印章进行诈骗活动。但无论动机如何，均不影响本罪成立。

根据《刑法》第375条第1款的规定，犯本罪的，处3年以下有期徒刑、拘役、管制或者剥夺政治权利；情节严重的，处3年以上10年以下有期徒刑。

十四、盗窃、抢夺武装部队公文、证件、印章罪

盗窃、抢夺武装部队公文、证件、印章罪是指以秘密手段窃取或者公然夺取武装

部队公文、证件、印章的行为。本罪的构成要件是：

1. 本罪侵犯的客体是武装部队的公文、证件、印章管理秩序。公文、证件、印章是一个单位的标志之一，特别是武装部队的公文、证件、印章，关系到国家的国防利益，只能由一定范围内的人员合法持有。无论是盗窃，还是抢夺武装部队的公文、证件、印章，都会影响武装部队的正常活动，乃至直接危害国防利益。本罪的犯罪对象是武装部队的公文、证件、印章。武装部队公文、证件、印章是本罪具有可选择性的三种犯罪对象，不管行为人是侵害其中的一种还是数种，均构成本罪。

2. 本罪在客观上表现为以秘密手段窃取或者公然夺取武装部队公文、证件、印章的行为。

3. 本罪的主体是一般主体，即只要达到刑事责任年龄（年满16周岁），具备刑事责任能力的自然人，都可以成为本罪的主体，既可以是军人，也可以是非军人。

4. 本罪在主观上是出于故意，并且有非法占有武装部队公文、证件、印章的目的。如果行为人主观上不具有非法占有公文、证件、印章的目的，不构成本罪。盗窃、抢夺武装部队公文、证件、印章罪的犯罪动机可能多种多样，如为了发泄对部队的不满，为了取得公文、证件、印章以进行其他非法活动等。但无论动机如何，均不影响本罪成立。

根据《刑法》第375条第1款的规定，犯本罪的，处3年以下有期徒刑、拘役、管制或者剥夺政治权利；情节严重的，处3年以上10年以下有期徒刑。

十五、非法生产、买卖武装部队制式服装罪

非法生产、买卖武装部队制式服装罪是指生产、买卖武装部队制式服装，情节严重的行为。本罪的构成要件是：

1. 本罪侵犯的客体是武装部队制式服装的管理秩序。本来，武装部队制式服装属于一种军用标志，故非法生产、买卖武装部队制式服装的行为侵犯了军用标志的管理秩序，但国家立法机关着眼于实践中这类案件的特殊性而将其单列为一种犯罪，表明了对武装部队制式服装这种具体的军用标志管理秩序的专门保护。

2. 本罪在客观上表现为非法生产、买卖武装部队制式服装，情节严重的行为。非法生产、买卖是指在无法定依据或合法授权的情况下制造、销售或购买武装部队制式服装的行为。非法生产和非法买卖两种行为具备其一即满足本罪行为要件，二者兼有时也只构成本罪一罪。本罪要求情节严重，至于何谓“情节严重”可依照相关司法解释执行。[①]

3. 本罪的主体是一般主体，包括个人和单位。对于个人来说，只要达到刑事责任年龄（年满16周岁），具备刑事责任能力，都可以成为本罪的主体，既可以是军人，也可以是非军人。单位也可以成为本罪的主体。

4. 本罪在主观上是出于故意。非法生产、买卖武装部队制式服装罪的犯罪动机主

---

① 参见最高人民法院、最高人民检察院2011年8月施行的《关于办理妨害武装部队制式服装、车辆号牌管理秩序等刑事案件具体应用法律若干问题的解释》第3条。

要是图利，但犯罪动机如何，不影响本罪的构成。

根据《刑法》第375条第2、4款的规定，对犯本罪的个人，处3年以下有期徒刑、拘役或者管制，并处或单处罚金。对犯本罪的单位处以罚金，并对其直接负责的主管人员和其他直接责任人员，依照个人犯本罪的规定处罚。

十六、伪造、盗窃、买卖、非法提供、非法使用武装部队专用标志罪

伪造、盗窃、买卖、非法提供、非法使用武装部队专用标志罪，是指伪造、盗窃、买卖、非法提供、非法使用武装部队专用标志，情节严重的行为。本罪的构成要件是：

1. 本罪侵犯的客体是武装部队专用标志（或军用标志）的管理秩序。武装部队有关部门依据军用标志管理法规进行军用标志的生产、采购、保存、发放、使用、回收。军用标志只能由武装部队及其成员依法使用，是用以表明其身份的外部特征，是武装部队进行各种活动，履行其巩固国防、抵抗侵略、保卫祖国、维护社会秩序的职责的重要凭证。伪造、盗窃、买卖、非法提供、非法使用武装部队专用标志的行为，侵害了军用标志管理秩序，危害了国家的国防利益。这里的武装部队专用标志或军用标志，包括武装部队专用的车辆号牌，但不包括武装部队制式服装，该对象专属于非法生产、买卖武装部队制式服装罪。

2. 本罪在客观上表现为伪造、盗窃、买卖、非法提供、非法使用武装部队专用标志，情节严重的行为。与《刑法修正案（七）》修订之前的“非法生产、买卖军用标志罪”相比，虽然对象中少了“武装部队制式服装”，但行为类别由2种增至5种，即“伪造、盗窃、买卖、非法提供、非法使用”。其中，“伪造”相当于过去的“非法生产”，其结果只能是假冒的武装部队专用标志；“盗窃”行为所针对的只能是真正的武装部队专用标志，单纯盗窃假冒的军用标志，不构成本罪；“买卖”所针对的既可以是真也可以是假的军用标志、“非法提供、非法使用”所针对的主要是真正的军用标志，也不排除假冒的军用标志。实施伪造、盗窃、买卖、非法提供、非法使用行为之一的，即成立本罪，同时实施的，也只以本罪论处，不能数罪并罚。本罪在实施上述行为之一的基础上，要求情节严重。

3. 本罪的主体是一般主体，包括个人和单位。对于个人来说，只要达到刑事责任年龄（年满16周岁），具备刑事责任能力，都可以成为本罪的主体，既可以是军人，也可以是非军人。单位也可以成为伪造、盗窃、买卖、非法提供、非法使用武装部队专用标志罪的犯罪主体。

4. 本罪在主观上是出于故意。伪造、盗窃、买卖、非法提供、非法使用武装部队专用标志罪的犯罪动机可能是多种多样的，例如贪图高额利润，为了道路通行方便或者招摇过市等。但犯罪动机如何，不影响本罪的构成。

根据《刑法》第375条第3、4款的规定，对犯本罪的个人，处3年以下有期徒刑、拘役或者管制，并处或单处罚金；情节特别严重的，处3年以上7年以下有期徒刑，并处罚金。对犯本罪的单位处以罚金，并对其直接负责的主管人员和其他直接责任人

员，依照个人犯本罪的规定处罚。

第三节　战时危害国防利益的犯罪

一、战时拒绝、逃避征召、军事训练罪

战时拒绝、逃避征召、军事训练罪是指预备役人员战时拒绝、逃避征召或者军事训练，情节严重的行为。本罪的构成要件是：

1. 本罪侵犯的客体是战时预备役人员管理秩序。预备役是我国兵役的组成部分。预备役人员是国家武装力量的重要组成部分，有参军参战、抵抗侵略、保卫祖国和维护社会治安的责任和义务，必须按照《国防法》《兵役法》《预备役军官法》和《征兵工作条例》等军事法律、法规的规定进行登记，参加军事训练，随时准备参军参战，保卫祖国。预备役人员违反法律、法规关于其应参加军事训练和响应国家征召的规定，在战时拒绝、逃避征召或军事训练，会影响部队兵员的补充和人员素质的提高，危害部队建设和国防利益。

2. 本罪在客观上表现为战时拒绝、逃避征召或者军事训练，情节严重的行为。战时是构成本罪的时间条件，包括国家宣布进入战争状态时、部队受领作战任务时、遭敌突然袭击时、部队执行戒严任务时、部队处置突发性暴力事件时等 5 种情形。所谓拒绝，是指拒不接受征召或军事训练的通知，或者接通知后拒不报到。所谓逃避，是指以各种手段有意躲避征召或军事训练。情节严重，是指影响作战或重要军事任务的完成、以暴力抗拒征召或军事训练、多人共同抗拒或聚众抗拒等。

3. 本罪的主体是特殊主体，即只能是预备役人员，具体指编入民兵组织或者经过登记服预备役的人员，包括预备役军官和预备役士兵。预备役军官包括以下 5 类人员：(1) 退出现役转入预备役的军官；(2) 确定服军官预备役的退出现役的士兵；(3) 确定服军官预备役的高等院校毕业生；(4) 确定服军官预备役的专职人民武装干部和民兵干部；(5) 确定服军官预备役的非军事部门的干部和专业技术人员。预备役士兵分为两类。第一类包括下列人员：(1) 经过登记服士兵预备役的 35 岁以下的退出现役的士兵；(2) 经过登记服士兵预备役的 35 岁以下的地方与军事专业对口的技术人员；(3) 其他编入预备役部队和预编到现役部队的 28 岁以下的预备役士兵。第二类包括下列人员：(1) 除服第一类士兵预备役的人员外编入民兵组织的人员；(2) 其他经过登记服士兵预备役的 35 岁以下的男性公民。单位不能成为本罪的主体。对于单位拒绝、阻挠本单位职工中的预备役人员响应征召或参加军事训练的，我们不能对该单位定罪处罚，但可对该单位的直接负责的主管人员和其他直接责任人员按战时拒绝、逃避征召、军事训练罪的教唆、帮助犯论处。

4. 本罪在主观上是出于故意。如果由于客观原因没有收到征召和军事训练通知，或者由于客观原因不能按时报到或者无法去报到的，因为行为人主观方面不具有拒绝、

逃避征召或军事训练的故意，所以这些情形不能被认定为犯罪。战时拒绝、逃避征召、军事训练罪的动机可能多种多样，例如贪生怕死，怕苦怕累，怕减少个人或家庭收入等。不论动机如何，不影响本罪的成立。

根据《刑法》第 376 条第 1 款的规定，犯本罪的，处 3 年以下有期徒刑或者拘役。

二、战时拒绝、逃避服役罪

战时拒绝、逃避服役罪是指公民战时拒绝、逃避服役，情节严重的行为。本罪的构成要件是：

1. 本罪侵犯的客体是国家战时兵役管理秩序。战时公民依法服兵役是兵役制度的重要组成部分，拒绝、逃避服兵役直接影响部队兵员的补充，妨害我国兵役制度的贯彻实施，尤其在战时，情节严重的行为，会严重影响部队的扩编和作战行动，危害国家的国防利益。

2. 本罪在客观上表现为战时拒绝或逃避服役且情节严重的行为。拒绝，是指拒不接受服兵役。逃避，是指以某种行为或虚假理由躲避服兵役。情节严重，是指以下几种情形：（1）以暴力、威胁方法拒绝、逃避服兵役的；（2）不但自己拒绝、逃避服兵役，而且结伙带头以及煽动他人拒绝、逃避服兵役的；（3）拒绝、逃避服役影响完成作战或其他重要军事任务的；（4）经多次教育后仍然拒绝、逃避服兵役的；（5）以行贿等方式拒绝、逃避服兵役的；（6）其他情形。这由司法机关根据行为人战时拒绝、逃避服役行为的具体情况综合认定。

3. 本罪的主体是除现役军职人员和预备役人员之外的普通公民。根据我国兵役法律、法规，下列人员不能成为本罪主体：（1）外国公民或无国籍人；（2）不满 18 周岁、年满 45 周岁的公民；（3）有严重生理缺陷或者严重残疾不适合服兵役的人；（4）符合《兵役法》规定，应征公民是维持家庭生活的唯一劳动力或者正在全日制学校就学的学生，经批准可以缓征的人员；（5）依法被剥夺政治权利的人；（6）被羁押正在受侦查、起诉、审判的或被判处徒刑、拘役、管制正在服刑的人员。单位不能成为本罪的主体。对实践中，单位鼓动、支持应征公民拒绝、逃避服兵役的，我们可对该单位的直接负责的主管人员和其他直接负责人员按战时拒绝、逃避服役罪的教唆犯、帮助犯论处。

4. 本罪在主观上是出于故意。如果由于客观原因没有收到兵役登记、体检、入伍通知，或者虽然接到通知但由于客观原因不能按时到指定地点进行兵役登记、参加体检、到部队报到的，由于行为人主观方面不具有拒绝、逃避服役的故意，不构成本罪。战时拒绝、逃避服役罪的动机可能多种多样，例如贪生怕死，怕苦怕累，担心减少个人或家庭收入等。不论动机如何，不影响本罪的成立。

根据《刑法》第 376 条的规定，犯本罪的，处 2 年以下有期徒刑或者拘役。

三、战时故意提供虚假敌情罪

战时故意提供虚假敌情罪是指战时故意提供虚假敌情，造成严重后果的行为。本罪的构成要件是：

1. 本罪侵犯的客体是武装部队作战指挥秩序。部队作战指挥秩序是我军夺取战斗、战役胜利的重要保障。向武装部队提供虚假敌情的行为，使武装部队难以制定出符合客观实际的战略部署和行动方案，就会使部队招致危险，给作战利益带来损害，甚至导致战斗、战役的失利或者作战将士的无辜伤亡。惩治那些故意向武装部队提供虚假敌情、危害我军作战利益的犯罪行为，是保证我军战斗胜利、维护国防利益的需要。本罪的犯罪对象是武装部队。

2. 本罪在客观上表现为战时提供虚假敌情的行为和该行为导致的严重后果。虚假敌情，是指与实际情况不相符合的有关敌方活动的信息。这里的虚假，可以是纯属凭空捏造，也可以是对有关事实的歪曲，可以是行为人本人编造，也可能是他人编造。提供虚假敌情，是将虚假敌情谎称为真实敌情而正式报告给武装部队、有关部门和人员，可以是在被问及敌情时提供，也可以是主动提供。本罪只能是作为且限于战时。严重后果，指因行为人提供的虚假敌情导致作战行动受阻或付出本不应付出的较大代价等情况。

3. 本罪的主体是除军人之外的其他人员，军人不能成为本罪的主体。军人的此种行为，按军人违反职责罪处理。

4. 本罪在主观上是出于故意，即必须是行为人明知所提供的情况是虚假敌情。战时过失向武装部队提供虚假敌情，即使造成严重后果，也不能构成本罪。战时故意提供虚假敌情罪的动机可能是多种多样的，例如为了邀功请赏，或者为了发泄对部队的不满，或者为了蛊惑军心等。但是动机如何，不影响本罪的成立。

根据《刑法》第 377 条的规定，犯本罪的，处 3 年以上 10 年以下有期徒刑；造成特别严重后果的，处 10 年以上有期徒刑或者无期徒刑。特别严重后果，是指因行为人提供的虚假敌情导致作战行动失利、重大作战行动受阻或付出本不应付出的极大代价等情况。

四、战时造谣扰乱军心罪

战时造谣扰乱军心罪是指战时造谣惑众，扰乱军心的行为。本罪的构成要件是：

1. 本罪侵犯的客体是部队的战时宣传舆论秩序。战时造谣惑众，违反公民的国防义务，破坏正常的宣传舆论，危害部队的战时秩序，必然扰乱军心，阻碍作战，甚至导致战斗失利。

2. 本罪在客观上表现为战时造谣惑众，扰乱军心的行为。造谣惑众，是指制造并散布谣言或者散布他人制造的谣言，歪曲军情、敌情，混淆视听，蛊惑官兵，煽动厌战、怯战、恐怖或者急躁、不满、失望情绪等情况。扰乱军心，是指动摇或足以动摇军队的士气，影响参战或担负军事任务的人员的正常情绪。虽然有造谣惑众，但与军队士气无关或不足以扰乱军心的，不构成本罪。本罪只能以作为形式实施且限于战时。

3. 本罪的主体是除军人之外的其他人员，军人不能成为本罪的主体。军人的此种行为，按军人违反职责罪的有关罪名处理。

4. 本罪在主观上是出于故意，即行为人明知自己造谣惑众、扰乱军心的行为，会影响部队士气，危害作战行动，却希望或者放任这种危害结果的发生。战时造谣扰乱军心罪的犯罪动机可能多种多样，例如为了显示自己消息灵通，无所不知；为了发泄对政府或者军队的不满等。但动机如何不影响本罪的成立。

根据《刑法》第 378 条的规定，犯本罪的，处 3 年以下有期徒刑、拘役或者管制；情节严重的，处 3 年以上 10 年以下有期徒刑。情节严重，主要是指：谣言散布面广，谣言内容涉及重大军事行动，在执行重大军事行动的部队中散布谣言或对担负重大军事任务的人员散布谣言，因谣言而导致参战或担负军事任务的人员士气严重低落或情绪极不稳定，因造谣惑众并扰乱军心的行为而导致军事行动、军事人员、军事物资受到重大损失等情况。

五、战时窝藏逃离部队军人罪

战时窝藏逃离部队军人罪是指战时明知是逃离部队的军人而为其提供隐蔽处所、财物，情节严重的行为。本罪的构成要件是：

1. 本罪侵犯的客体是战时部队正常的兵员管理秩序。扰乱战时部队正常的兵员管理秩序，影响部队作战、训练、战备、值勤、抢险救灾等任务的完成，危害作战和国防利益。本罪的犯罪对象是逃离部队的军人，为其他人员或并未逃跑的军人提供处所或财物，不构成本罪。

2. 本罪在客观上的表现是在战时为逃离部队的军人提供隐蔽处所、财物，情节严重的行为。本罪只能发生于战时。隐避处所，是指行为人自认为不被人发现的处所。仅提供处所或仅提供财物或同时提供二者，均可构成本罪。情节严重，主要指因窝藏行为而使被窝藏者得以隐藏或足以隐藏。

3. 本罪的主体是一般主体，即只要达到刑事责任年龄（年满 16 周岁），具备刑事责任能力，战时实施为逃离部队的军人提供隐避处所、财物，情节严重的行为的自然人，都可以成为本罪的主体，既可以是军人，也可以是非军人。

4. 本罪在主观上是出于故意，即行为人必须明知其行为所窝藏的是逃跑军人。如果行为人虽然知道对方是军人但为该逃离部队军人欺骗，而认为是因路过、出差等合理理由外出而提供住处并借与财物的，不构成本罪。战时窝藏逃离部队军人罪的犯罪动机可能多种多样，如出于帮助逃离部队军人逃避作战、演习、执行重大军事任务、艰苦生活，碍于亲属关系或熟人的情面等。但行为人的动机如何，不影响本罪的成立。

根据《刑法》第 379 条的规定，犯本罪的，处 3 年以下有期徒刑或者拘役。

六、战时拒绝、故意延误军事订货罪

战时拒绝、故意延误军事订货罪是指战时拒绝、故意延误军事订货，情节严重的行为。本罪的构成要件是：

1. 本罪侵犯的客体是国家的军事订货秩序。接受国家军事订货任务和按期交货是企业事业单位应尽的国防义务。如果企业事业单位在战时不履行这一义务，拒绝军事订货或者故意延误军事订货，将会直接危害我国的战时军事订货秩序乃至国防利益。

2. 本罪在客观上表现为战时拒绝或者故意延误军事订货，情节严重的行为。军事订货，是指军事单位向有关企业发出的订购武器装备、军用设施或设备、军用物资，由企业生产、供货的要约。情节严重主要是指：多次拒绝军事订货，拒绝或延误紧缺、急需军事订货，因拒绝或延误军事订货而影响了部队战斗力或军事任务的完成等情况。本罪只能发生在战时。

3. 本罪的主体是有生产能力或供货能力的企业单位。自然人不能单独成为本罪的主体。

4. 本罪在主观上是出于故意，即明知是军事订货而仍然故意拒绝或者虽然接受订货，但是却以各种借口拖延生产、拖延供货等。因无生产或供货能力而拒绝接受军事订货任务、因不可抗力而延误了军事订货的，不构成犯罪。

根据《刑法》第380条的规定，犯本罪的，对单位判处罚金，并对其直接负责的主管人员和其他直接责任人员处5年以下有期徒刑或者拘役；造成严重后果的，处5年以上有期徒刑。严重后果，主要是指因犯本罪而致军事行动失利或遭受重大损失，贻误战机，重大军事任务未能完成或严重受阻等情况。

七、战时拒绝军事征收、征用罪

战时拒绝军事征收、征用罪是指战时拒绝军事征收、征用，情节严重的行为。本罪的构成要件是：

1. 本罪侵犯的客体是国家的战时军事征收、征用秩序。军事征收、征用，是指有权代表国家的军事部门出于军事目的，取得集体、个人财产所有权并给予适当补偿，或者接管、使用他人所有、经管或使用的土地、房屋、设施、运输工具以及其他物质资源或人力资源的行为。

2. 本罪在客观上表现为战时拒绝军事征收、征用，情节严重的行为。本罪只能发生在战时。所谓拒绝军事征收、征用，就是有条件、有能力提供政府或武装部队所要求征收、征用的物质资料，而拒不提供。情节严重，主要是指：暴力抗拒，纠集多人共同拒绝，因拒绝而致使军事行动无法进行或遭受损失。

3. 本罪主体是一般主体，即只要达到刑事责任年龄（年满16周岁），具备刑事责任能力的自然人，都可以成为本罪的主体。单位不能成为本罪的主体。

4. 本罪在主观上是出于故意，即行为人明知是军事征收、征用而予以拒绝。行为人必须是有条件、有能力接受军事征收、征用，而拒不接受。如果行为人确实没有条件、没有能力接受军事征收、征用，而拒绝军事征收、征用的，不构成本罪。本罪的犯罪动机是多种多样的，例如为避免减少个人或家庭损失、敌视部队、政府等。但犯罪动机如何，不影响本罪的成立。

根据《刑法》第381条的规定，犯本罪的，处3年以下有期徒刑或者拘役。

【问题与思考】

1. 怎样理解危害国防利益罪的概念和构成？
2. 什么是国防和国防利益？

3. 危害国防利益罪中的具体犯罪对象主要有哪些？
4. 阻碍军人执行职务罪的成立必须具备哪些构成要件？
5. 阻碍军事行动罪的构成要件是什么？

【推荐阅读论著】

1. 黄林异. 危害国防利益罪. 北京：中国人民公安大学出版社，1999
2. 许江瑞，方宁. 国防法概论. 北京：军事科学出版社，1999
3. 夏勇. 中国军事法学基础理论研究. 北京：中国财政经济出版社，2005
4. 曾志平. "危害国防利益罪"中的若干概念辨析. 西安政治学院学报，1999 (4)
5. 夏勇，袁剑湘. 危害国防利益罪适用中的竞合问题. 中南大学学报（社会科学版），2003 (3)

第九章
贪污贿赂罪

内容导读

《刑法》分则第八章共规定了 14 种具体的贪污贿赂犯罪。本章在论述贪污贿赂罪的概念和一般构成要件的基础上，重点对贪污罪、挪用公款罪、私分国有资产罪、巨额财产来源不明罪、受贿罪、利用影响力受贿罪等 6 种具体犯罪的概念、构成及认定等问题进行了比较详细的论述，对其他贪污贿赂犯罪则简单地介绍了其概念、构成与处罚。

第一节　贪污贿赂罪概述

一、贪污贿赂罪的概念和构成

贪污贿赂罪，是《刑法》分则第八章规定的国家工作人员实施的贪污、受贿、挪用公款等一类犯罪的统称。本类犯罪具有如下共同构成要件：

1. 侵犯的客体主要是国家工作人员职务行为的廉洁性和公共财产权。

2. 在客观上表现为利用职务上便利，侵吞、挪用、私分公共财产或者利用职务便利收受他人财物等行为。其中大多数犯罪行为具有利用职权为个人非法获取财产的特征，其他犯罪行为则与此关联或具有对向性，如行贿、介绍贿赂，则以财产收买职务行为，获取不正当利益。

3. 本类罪的主体多属特殊主体，因为本类犯罪大多具有渎职贪利的性质，所以，大多要求犯罪主体具有国家工作人员的身份。关于“国家工作人员”的定义和范围，《刑法》第 93 条规定：“本法所称国家工作人员，是指国家机关中从事公务的人员。国有公司、企业、事业单位、人民团体中从事公务的人员和国家机关、国有公司、企业、事业单位委派到非国有公司、企业、事业单位、社会团体从事公务的人员，以及其他依照法律从事公务的人员，以国家工作人员论。”根据本条，国家工作人员的范围具体包括：

（1）国家机关中从事公务的人员，包括各级国家权力机关、行政机关、司法机关、军事机关中从事公务的人员。另外，在乡（镇）以上中国共产党机关、人民政协机关中从事公务的人员，视为国家机关工作人员。①

（2）国有公司、企业、事业单位、人民团体中从事公务的人员。这里的“国有公司、企业”，指国有独资公司、国有独资企业，“国有事业单位”，指国家使用财政税收兴办、运营、管理的教育、科研、文化、医疗卫生、体育、新闻、广播、出版等单位。人民团体指各民主党派、各级工会、共青团、妇联等群众性组织。“从事公务”，是指代表国家机关、国有公司、企业、事业单位、人民团体等履行组织、领导、监督、管理等职责。公务主要表现为与职权相联系的公共事务以及监督、管理国有财产的职务活动。如国家机关工作人员依法履行职责，国有公司的董事、经理、监事、会计、出纳人员等管理、监督国有财产等活动，属于从事公务。那些不具备职权内容的劳务活动、技术服务工作，如售货员、售票员等所从事的工作，一般不认为是公务。②

（3）国家机关、国有公司、企业、事业单位委派到非国有公司、企业、事业单位、社会团体从事公务的人员。根据最高人民法院、最高人民检察院《关于办理国家出资企业中职务犯罪案件具体应用法律若干问题的意见》（以下简称《办理国资企职务犯罪意见》），其中以下人员应当认定为国家工作人员：1）经国家机关、国有公司、企业、事业单位提名、推荐、任命、批准等，在国有控股、参股公司及其分支机构中从事公务的人员，具体的任命机构和程序，不影响国家工作人员的认定。2）经国家出资企业（包括国有独资公司、企业和国有资本控股公司、参股公司）中负有管理、监督国有资产职责的组织批准或者研究决定，代表其在国有控股、参股公司及其分支机构中从事组织、领导、监督、经营、管理工作的人员。国家出资企业中的国家工作人员，在国家出资企业中持有个人股份或者同时接受非国有股东委托的，不影响其国家工作人员身份的认定。

国家工作人员在国家出资企业改制前利用职务上的便利实施犯罪，在其不再具有国家工作人员身份后又实施同种行为，依法构成不同犯罪的，应当分别定罪，实行数罪并罚。

（4）其他依照法律从事公务的人员，根据司法解释包括：1）依法履行职责的各级人民代表大会代表；2）依法履行职责的各级人民政协委员；3）依法履行审判职责的人民陪审员；4）协助乡镇人民政府、街道办事处从事行政管理工作的村民委员会、居民委员会等农村和城市基层组织人员；5）其他由法律授权从事公务的人员。③

本类犯罪中还包括与国家工作人员贪利渎职有关的犯罪，如行贿罪、介绍贿赂罪等，其主体属于一般主体。另外，本类犯罪中有的犯罪主体是单位，如单位受贿罪，其主体限于国家机关、国有公司、企业、事业单位、人民团体。

4. 在主观上是故意，有的犯罪在主观方面还需要具备特定的目的，如行贿罪、单位行贿罪需具有谋取不正当利益的目的。过失不构成本类犯罪。

---

①②③ 参见2003年11月最高人民法院《全国法院审理经济犯罪案件工作座谈会纪要》。

二、贪污贿赂罪的种类

《刑法》分则第八章贪污贿赂罪自第382条至第396条共规定有13个罪名。对这类罪，可以根据客体的细微差别进一步划分为两类：

1. 贪污犯罪，具体包括贪污罪、挪用公款罪、私分国有资产罪、私分罚没财物罪、巨额财产来源不明罪和隐瞒境外存款罪。

2. 贿赂犯罪，具体包括受贿罪、单位受贿罪、利用影响力受贿罪、行贿罪、对单位行贿罪、单位行贿罪、对有影响力的人行贿罪和介绍贿赂罪。

第二节　贪污犯罪

一、贪污罪

(一) 贪污罪的概念和构成

贪污罪，是指国家工作人员利用职务上的便利，侵吞、窃取、骗取或者以其他手段非法占有公共财物的行为。本罪的构成要件如下：

1. 本罪侵犯的客体是职务行为的廉洁性和公共财产权，属于复杂客体。本罪行为对象主要是“公共财产”，即《刑法》第91条规定的下列财产：(1) 国有财产；(2) 劳动群众集体所有的财产；(3) 用于扶贫和其他公益事业的社会捐助或者专项基金的财产；(4) 在国家机关、国有公司、企业、集体企业和人民团体管理、使用或者运输中的私人财产，以公共财产论。但本罪的对象并不以公共财物为限。由于非国有公司、企业或者其他非国有单位的财物并非公共财物，而根据《刑法》第271条第2款的规定，国有公司、企业或者其他单位委派到非国有公司、企业或其他非国有单位中从事公务的人员，利用职务上的便利非法占有本单位财物的，以贪污罪定罪处罚，所以，贪污罪的对象在特定情况下也可以是非公共财物。

2. 本罪在客观上表现为利用职务上的便利，侵吞、窃取、骗取或者以其他手段非法占有公共财物的行为。“利用职务上的便利”，是指利用职务范围内的权力和地位形成的有利条件，具体表现为主管、保管、出纳、经手等便利条件。利用因工作关系熟悉作案环境、凭工作人员身份便于接近作案目标等与职务无关的便利条件，不属于利用职务上的便利。“侵吞”，指将自己管理、支配的公共财物非法据为己有，如将自己保管、使用的公共财物加以扣留，应交而隐匿不交，应支付而不支付，收款不入账或非法转卖或者私自赠与他人，等等。“窃取”，将自己经管的公共财物擅自从单位的特定存放场所窃取据为己有，即通常所说的“监守自盗”。如银行职员或单位的会计出纳利用职务便利将自己经管的库款擅自取走。“骗取”，是指行为人利用职务上的便利骗取审批手续，非法占有公共财物的行为，常见的是“虚报冒领”情形，如涂改单据谎报开支冒领差旅费、工资、补贴等；谎报亏损，非法占有公款；虚构或隐瞒事实，冒领款物，等等。所谓“其他手段”，是指侵吞、窃取、骗取以外的其他利用职务上的便利，非法占有公共财物的行为，比如挪用公款之后携款潜逃，又如《刑法》第394条规定，国家工作人员在国内公务活动或者对外交往中接受礼物，依照国家规定应当交公而不交公，数额较大的，以贪污罪定罪处罚。这是国家工作人员利用职务之便，侵吞公共财物的一种特殊形式。其中，“侵吞”是贪污罪的典型行为方式，因为利用职务便利往往是利用本人因为职务关系管理、支配公共财物的便利，由管理而变为领有，即把公共财产仿佛本人私有财产一样地占有、支配、使用，并通过做假账等方式予以掩盖。往往表现为做假账把账目做平，使自己经管的公共财产在账面上消失，从而侵占公共财产。而“窃取”、“骗取”则属于较为特殊的贪污方式。

3. 本罪的主体是特殊主体，包括两种特殊身份的人：(1) 国家工作人员。关于国家工作人员的定义和范围，见本章第一节概述部分。(2) 受委托管理、经营国有财产的人员，这“主要是指因承包、租赁、临时聘用等授权管理、经营国有财产的人员，不应包括国有单位正式、长期聘用的工作人员，正式、长期聘用的工作人员，应当认定为国有单位中从事公务的人员”。“受委托管理、经营国有财产的人员”不是国家工作人员，只是《刑法》为了加强对国有财产的保护而作出的特殊规定，只能成为贪污犯罪的主体，不能成为受贿、挪用公款等犯罪的主体。[①]

国家工作人员以外的人员不能构成贪污罪的实行犯。但是其他人员与上述国家工作人员以及《刑法》第382条规定的“受委托管理、经营国有财产的人员”勾结，伙同贪污的，以贪污罪的共犯论处。

4. 本罪在主观上是故意，并且具有非法占有公共财物的目的。“非法占有的目的”，需要根据行为人的客观表现认定。在司法经验上，行为人将单位财物置于个人支配下，并且在单位财务账上弄虚作假将账目“冲平”，使该笔单位财物在财务账上没有记载反映，或者销毁账本掩盖财物的踪迹，就认定行为人具有非法占有的目的。此外，虽然没有“平账”，但携款潜逃的、有能力还拒不退还的、截留单位收入不入账且无归还表现的，也可认定具有非法占有的目的。

（二）贪污罪的认定

认定本罪，应当注意如下问题：

1. 本罪与非罪行为的界限

在区分本罪与非罪行为的界限时，应当注意把握如下几个方面的问题：

(1) 企业所有制性质存在争议的案件。贪污罪的对象是公共财产，通常表现为贪污国家、集体所有制企业的财产。企业所有制性质一般根据企业领取的“营业执照”登记的性质认定，但是有时可能发生企业领取的“营业执照”不能真实反映企业的所有制性质的情况，如私人经营的工商业“挂靠”国有或集体所有的企业，被登记为国有或集体所有的企业，或者国营或集体单位以下属企业名义代私人经营者申请登记时，被登记为国有或集体企业，出现企业所有制性质名实不符的情况。对此，应当甄别企业的所有制性质，如果确属个人投资、家庭投资、合伙人投资的私人经营的工商业，其所有人将应

---

① 参见最高人民法院《全国法院审理经济犯罪案件工作座谈会纪要》。

得的收入据为己有的，不成立贪污罪。对于企业确属国家、集体所有，受委托经营管理的人员利用职务便利侵占企业或公共财物的，应以贪污罪依法追究其刑事责任。

(2) 贪污罪与违反财经制度行为的区别。在受国家机关、国有单位委托承包、租赁经营国有财产的场合，有的承包、租赁人因为企业经济效益很好，个人可获得丰厚回报，就产生了各种各样的顾虑，比如担心政策变化，担心合同条件改变，担心别人眼红等，并为此采取弄虚作假的手法从单位获取或隐瞒收入。这属于违反财经制度的行为。如果承包、租赁国有企业的经营者确属勤劳致富，合法经营，并且履行了合同规定的义务，按规定上缴了税款，发放了工资奖金，不应以贪污罪论处。

2. 本罪与盗窃罪、诈骗罪的界限

两者的区别主要在于：(1) 犯罪主体不同。贪污罪属于特殊主体的犯罪；而盗窃罪、诈骗罪属于一般主体的犯罪。(2) 行为方式与行为对象有所不同。贪污罪必须利用职务上的便利，侵犯公共财产；而盗窃、诈骗罪无此限制。在认定案件时，区别二者应着重分析行为人究竟是利用职务上的便利还是仅仅利用工作方便。如果国家工作人员仅仅是利用在单位工作，熟悉环境、了解情况、进出方便等与本人职务没有直接关系的便利条件，而窃取公共财产的，是盗窃罪。例如某会计总管，知道本单位在某日发工资，财务室金库有巨额现金，便提前偷配了出纳经管的金库的钥匙，于晚上潜入单位财务室，用配制的钥匙打开金库，偷走巨款。该行为人没有直接利用本人的职权，属于盗窃罪。相反，如果该财务总管利用本人经管公共财物的职务之便，窃取本人经管的公共财物，然后伪造外部人员作案的假象的，就属于贪污罪。

3. 本罪与侵占罪的界限

贪污罪与侵占罪在侵占本人管理的他人财物之点上具有相似性。在认定案件时区别二者，关键看是否因为公务的职务关系而持有财物。贪污罪是行为人因为公务或职务的关系而持有该公共财物；侵占罪是行为人因受他人委托而持有该财物或者因偶然因素而持有他人遗忘物、埋藏物，与公务或职务无关。

4. 本罪与职务侵占罪的界限

两者有如下主要区别：(1) 犯罪主体不同。贪污罪的主体是“国家工作人员”和“受委托管理、经营国有财产的人员”；职务侵占罪的主体是上述贪污罪主体范围以外的公司、企业或者其他单位的人员。(2) 侵犯的客体不同。贪污罪的客体是公务职务行为的廉洁性和公共财产所有权；职务侵占罪的客体是业务职务诚实信用和本单位财产的所有权。

在认定案件时区别两者的界限，主要应分析主体职务性质的差别，看是否属于“从事公务”。(1) 国有公司的董事、经理、监事、会计、出纳、购销人员在职务范围内从事的活动一般认为具有管理性，应当属于从事公务，他们利用职务上的便利侵吞、窃取、骗取单位财产的行为，属于贪污性质。而国有公司的售货员、收银员、售票员等所从事的工作一般不具备职权内容，属于劳务活动、技术服务工作，不认为是从事公务[①]，他们利用职务上的便利侵吞、窃取、骗取单位财产的行为，属于职务侵占性质。同理，在国家机关中工作但仅仅从事劳务活动、技术服务工作的人员，利用职务便利侵占单位财产的，也只构成职

① 参见最高人民法院《全国法院审理经济犯罪案件工作座谈会纪要》。

务侵占罪，例如在国家机关中烧锅炉的工人，利用工作便利监守自盗烧锅炉燃料油的，只成立职务侵占罪。(2) 非国有单位中利用职务便利侵占单位财产的行为一般是职务侵占性质，只有受委派从事公务的人员才能成立贪污罪。(3) 在农村，村民委员会等村基层组织人员利用协助人民政府从事行政管理工作的职务之便，侵吞、窃取、骗取公共财产的，认定为贪污罪；如果他们没有利用“协助人民政府从事行政管理工作”的职务之便，而是利用其他管理村务的职务便利，侵吞村集体财产的，仅成立职务侵占罪。村民小组长利用职务上的便利非法占有公共财产，数额较大的，只成立职务侵占罪。

5. 国企改制中涉贪污案件的处理

根据《办理国资企职务犯罪意见》，国家工作人员利用职权在改制中以低估资产、隐瞒债权、虚设债务、虚构产权交易等方式隐匿财产归个人持股的改制后企业所有的，以贪污罪论。贪污数额以所隐匿财产全额计算；改制后企业仍有国有股份的，按股份比例扣除归于国有的部分。非国家工作人员实施前述行为的，以职务侵占罪论。二种人勾结共同实施的，以贪污罪共同犯罪论。

隐匿企业财产转为职工集体持股的改制后企业所有的，对其责任人以私分国有资产罪论处。改制后企业中只有改制前企业的管理人员或者少数职工持股，以贪污罪论处。

国家工作人员在国有资产处置过程中徇私舞弊，将国有资产低价折股或者低价出售给特定关系人持有股份或者本人实际控制的公司、企业，致使国家利益遭受重大损失的，以贪污罪论。因而受贿的，择一重罪处罚。

6. 本罪既遂与未遂的认定

因为贪污罪所侵吞、骗取、窃取的公共财产一般是行为人经管或者经手的财产，所以当行为人实施弄虚作假侵吞公共财物的行为充分暴露出非法占有意图并将公共财物仿佛是私有财产一样占有、支配、使用时，就构成犯罪既遂。只有在侵犯的公共财产不在行为人占有之下或者不完全在行为人占有之下的场合，才可能发生未遂的情况，行为人“实施虚假平账等贪污行为，但公共财物尚未实际转移或尚未被行为人控制就被查获的，应当认定为贪污未遂”①。例如，行为人利用职务上的便利将单位存款从单位账户上划出，但因为意志以外的原因未能入到个人账户上，单位尚未失控而行为人也尚未控制该笔存款，可以认为是贪污罪未遂。

7. 贪污罪共犯的认定

贪污罪主体限于国家工作人员和受委托经营管理国有财产的人员，但是其他人如果与国家工作人员勾结，利用国家工作人员的职务便利，共同侵吞、窃取、骗取或者以其他手段非法占有公共财物的，以贪污罪共犯论处。公司、企业或者其他单位中不具有国家工作人员身份的人与国家工作人员勾结，分别利用各自的职务便利，共同将本单位财物非法占为己有的，按照主犯的犯罪性质定罪。②

（三）贪污罪的处罚

根据《刑法》第383条的规定，对犯贪污罪的，根据情节轻重，分别依照下列规定处罚：

---

① 最高人民法院《全国法院审理经济犯罪案件工作座谈会纪要》。

② 参见最高人民法院《关于审理贪污、职务侵占案件如何认定共同犯罪几个问题的解释》(2000年7月8日起施行)。

1. 贪污数额较大或者有其他较重情节的，处3年以下有期徒刑或者拘役，并处罚金。

2. 贪污数额巨大或者有其他严重情节的，处3年以上10年以下有期徒刑，并处罚金或者没收财产。

3. 贪污数额特别巨大或者有其他特别严重情节的，处10年以上有期徒刑或者无期徒刑，并处罚金或者没收财产；数额特别巨大，并使国家和人民利益遭受特别重大损失的，处无期徒刑或者死刑，并处没收财产。①

对多次贪污未经处理的，按照累计贪污数额处罚。所谓多次贪污未经处理，是指两次以上（含两次）的贪污行为，既没有受过刑事处罚，也没有受过行政处理。在计算贪污数额时，应依《刑法》有关追诉时效的规定执行，在追诉时效期限内的贪污数额应累计计算，已过追诉时效期限的贪污数额不予计算。

犯本罪，在提起公诉前如实供述自己罪行、真诚悔罪、积极退赃，避免、减少损害结果的发生，有前述第一项规定情形的，可以从轻、减轻或者免除处罚；有第二项、第三项规定情形的，可以从轻处罚。

犯本罪，有前述第三项规定情形被判处死刑缓期执行的，人民法院根据犯罪情节等情况可以同时决定在其死刑缓期执行二年期满依法减为无期徒刑后，终身监禁，不得减刑、假释。

二、挪用公款罪

（一）挪用公款罪的概念和构成

挪用公款罪是指国家工作人员利用职务上的便利，挪用公款归个人使用，进行非法活动的，或者挪用公款数额较大、进行营利活动的，或者挪用公款数额较大、超过3个月未还的行为。本罪的构成要件如下：

1. 本罪侵犯的客体是国家工作人员职务行为的廉洁性和公款的占有、使用、收益权。挪用公款罪的行为对象主要是“公款”，公物一般不能成为挪用公款罪的对象。所谓公款，特指以货币等形式存在的公共财产。挪用金融票证、有价证券为他人提供担保与挪用公款为他人担保没有实质差别，但挪用金额应当以承担风险数额为准，所以挪用公款存单为本人或者他人质押贷款的行为应认定为构成挪用公款罪。② 但是，根据《刑法》第384条规定，挪用用于救灾、抢险、防汛、优抚、扶贫、移民、救济款物归个人使用的，可以构成挪用公款罪。特定款物中不仅包括特定的公款也包括特定的公物。因此，挪用公款罪的对象之中还包括“特定公物”。特定公物以外的普通公物，不属于挪用公款罪对象的范围。国家工作人员挪用非特定公物归个人使用的行为，不以挪用公款罪论处。③

2. 本罪在客观方面表现为利用职务上的便利，有下列三种挪用公款归个人使用行为之一：

（1）挪用公款归个人使用，进行非法活动的。这是指挪用公款归自己或者其他人

---

① 至于贪污罪数额和情节标准的确定，需按照最高人民法院、最高人民检察院2016年4月18日施行的《关于办理贪污贿赂刑事案件适用法律若干问题的解释》执行。

② 参见《刑事审判参考》，2001年第1辑，207页，北京，法律出版社，2001。

③ 参见最高人民检察院《关于国家工作人员挪用非特定公物能否定罪的请示的批复》（2000年3月15日起施行）。

使用，进行各种法律禁止的活动，如进行走私、赌博、嫖娼等违法犯罪活动以及进行放高利贷等非法经营活动。挪用公款用于归还个人贷款或者私人借款，如果该贷款、借款是用于非法活动的，应视为挪用公款进行非法活动。这类挪用公款的情形可称之为“非法活动型”。对挪用公款进行违法犯罪活动的行为（即非法活动型），在法律上没有规定定罪的起点数额，体现出法律对挪用公款进行非法活动从严惩处的精神。但是，在司法实践中认定这种情形的挪用公款行为，还是有一个基本的定罪起点数额。根据有关司法解释，应以挪用3万元以上为定罪的数额起点。但挪用时间的长短，对构成犯罪没有影响。

（2）挪用公款数额较大，归个人进行营利活动的。所谓进行营利活动，通常是指进行经商、办企业等经营性活动。挪用公款为个人进行营利活动做准备，如用作私有公司、企业的资信证明，以取得工商登记等，属于挪用公款用于营利活动。以获取利息、股息为目的，个人挪用公款存入银行、用于集资、购买股票、国债等，属于挪用公款进行营利活动。所获取的利息、股息应作为违法所得，连同被告人挪用的公款一并依法追缴，但不作为挪用公款的犯罪数额计算。挪用公款用于归还个人贷款或者私人借款，如果该贷款、借款是用于营利活动的，应视为挪用公款进行营利活动。至于经营性活动是否获利，不影响本罪的成立。这种挪用公款的情形，可称之为“营利活动型”。对挪用公款进行营利活动的行为（即营利活动型），一般以挪用数额较大，即挪用5万元为定罪的数额起点，不受挪用时间长短的限制。在案发前部分或者全部归还本息的，可以从轻处罚；情节轻微的，可以免除处罚。对被挪用公款在挪用（包括银行库存款）后至案发前所生的利息，不作为挪用公款的数额计算。

（3）挪用公款归个人使用，数额较大，超过3个月未还的。这里的归个人使用，是指归自己或者他人进行非法活动、营利活动以外的用途。这种挪用公款的情形可称之为“超期未还型”。挪用公款归个人使用，包括挪用者本人使用或者给其他自然人使用。挪用公款归个人使用的（即超期未还型），也是以挪用数额较大，即挪用5万元为定罪的数额起点，但同时还受超过3个月未还的限制。所谓“超过3个月未还”，是挪用公款后被司法机关、主管部门或者有关单位发现前超过3个月尚未归还。如果挪用公款数额较大，超过3个月后但在案发前已经全部归还本息的，可以酌情从轻处罚。

本罪中所谓的挪用公款“归个人使用”，根据立法解释①，包括下列三种情形：（1）将公款供本人、亲友或者其他自然人使用的；（2）以个人名义将公款供其他单位使用的；（3）个人决定以单位名义将公款供其他单位使用，谋取个人利益的。

3. 本罪的主体是特殊主体，即国家工作人员；限于自然人，不包括单位，单位挪用公款行为不构成本罪。因此，（1）经单位领导集体研究决定挪用公款给个人使用；（2）单位负责人为了单位的利益决定将公款给个人使用的，“实际上属于单位行为，不应当以挪用公款罪追究单位负责人的刑事责任。但是，构成其他犯罪的，仍应追究有关责任人员的刑事责任”②。如厂长甲为了本厂的利益，经集体研究决定把厂里10万元

① 参见2002年4月28日起施行的《全国人民代表大会常务委员会关于〈中华人民共和国刑法〉第三百八十四条第一款的解释》的规定。

② 最高人民法院《全国法院审理经济犯罪案件工作座谈会纪要》。

公款借给工商局局长的亲戚做生意。因为这实质上是单位行为，也不认为构成本罪。

4. 本罪在主观上是故意，故意的认识内容应当符合法律规定的具体挪用行为形式，即认定构成“非法活动型”挪用公款的，行为人应明知公款被用于非法活动；认定构成“营利活动型”挪用公款的，行为人应明知公款被用于营利活动；认定构成“超期未还型”挪用公款的，行为人应明知公款被用于其他个人用途。挪用公款供他人或单位使用，行为人不知道使用人用公款进行非法活动或营利活动的，不能依据挪用公款“非法活动型”或者“营利活动型”的标准定罪处罚，但是可以依据“超期未还型”挪用公款的标准定罪处罚。相反，如果行为人“以为”公款被使用人用于非法活动而实际上被用于其他个人用途的，比如用于购买自住房屋的，应当根据实际的用途依据“超期未还型”的标准定罪处罚。因为行为人“以为”的非法活动用途毕竟没有实际发生，不应据此作出不利于行为人的法律适用。挪用公款罪的主观意志因素，是以暂时使用为目的的，具有打算归还的意思。不过，如何认定行为人有“暂时使用将来归还”的意思？这是有关主观心理事实个案的判断问题。在司法经验上，公款虽然已经被挪作他用，甚至因为经营亏损等客观原因行为人已经没有能力归还，如果行为人没有在账目上弄虚作假把账目“做平”，不消除公款在账簿上的记载，通常认为行为人在行为时有“暂时使用将来归还”的意思，即只有挪用的故意。这种惯常的认定方式，与其说是证实了行为人有挪用的故意还不如说尚不足以认定具有非法占有的故意。在有的案件中，行为人将公款供个人使用，对其中的部分公款通过做假账方式消除了记载，对其中的部分公款没有消除账簿上的记载，司法机关定性时，往往对消除账簿记载的金额，以贪污罪论处；对没有消除账簿记载的金额，以挪用公款罪论处，例如甲从单位陆续挪出100万元供个人使用，使用假发票等虚假的支出凭证冲平其中的30万元（销账），而其余的部分依然如实记载在账簿中（“挂账”），对已经销账处理的30万元，因为在账目上已经被冲平而看不出该笔公款的存在，认定为贪污性质；对“挂账”的70万元，认定为挪用公款性质。

（二）挪用公款罪的认定

认定本罪，应当注意如下问题：

1. 本罪与贪污罪的界限

两者的主要区别在于：（1）侵犯的客体略有差异。挪用公款罪侵犯的客体是国家工作人员职务行为的廉洁性和公款的占有、使用、收益权；贪污罪侵犯的客体是职务行为的廉洁性和公共财产所有权。（2）行为手段不同。挪用公款罪的行为手段是擅自私用公款，实际案件中行为人一般没有涂改、销毁、伪造账簿的非法行为；贪污罪的行为手段是侵吞、窃取、骗取等非法手段，实际案件中行为人往往有涂改、销毁、伪造账簿的非法行为。（3）行为对象有所不同。挪用公款罪的对象限于公款和“特定款物”；贪污罪的对象是公共财物，既包括公款，也包括公物。（4）主体范围略有不同，挪用公款罪的主体是国家工作人员；贪污罪的主体除包括国家工作人员外，还包括“受委托管理、经营国有财产的人员”。（5）故意的内容或犯罪目的不同。挪用公款罪以非法使用为目的，即暂时地挪用公款归个人使用打算将来归还；贪污罪以非法占有为目的，即意图永远地非法占有公共财物。

根据司法经验，判断行为人是否具有非法占有目，主要看该笔公款在财务账目上是否“平账”。占有公款并采取虚假发票“平账”，或销毁有关账目等，使所占用公款已难以在单位财务账目上反映出来，且没有归还行为的，认定具有非法占有目的，应定贪污罪。此外，尽管没有“平账”或“做假账”，但（1）“携带挪用的公款潜逃的”，（2）有能力归还所挪用的公款而拒不归还，并隐瞒挪用的公款去向的，（3）截取单位收入不入账，非法占有，使所占有的公款难以在单位财务账目上反映出来，且没有归还行为的。推定具有非法占有目的，应定贪污罪。如果占用公款但没有“平账”或“毁账”，该被占用公款仍然在单位财务账上有反映（挂账），一般能接受被告人暂时挪用打算归还的辩解，认定为挪用公款罪。因挪用公款用于炒股、赌博、经营等导致不能归还的，一般不影响挪用性质。

2. 本罪与挪用特定款物罪的界限

两者的区别主要在于：（1）侵犯的客体不同。挪用公款罪侵犯的客体是国家工作人员职务行为的廉洁性和公款的占有、使用、收益权；挪用特定款物罪的客体是特定款物的占有、使用、收益权和财经管理制度。（2）客观行为要件有所不同。本罪在客观上只要求挪用公款归个人使用并达到一定的数额标准，就认为具备构成客观要件，不包含造成一定的损害结果；而挪用特定款物罪则在客观上要求致使国家和人民群众利益遭受重大损害的结果发生，否则不构成犯罪。（3）行为对象不同。本罪的行为对象是公款，包括特定款物在内；挪用特定款物罪的行为对象仅限于特定款物，即救灾、抢险、防汛、优抚、扶贫、移民、救济款物。（4）犯罪主体不同，本罪主体是国家工作人员；挪用特定款物罪的主体是经管救灾、救济等特定款物的直接责任人员。[①]（5）挪用的目的或者用途不同。本罪是挪用公款归个人使用，即挪作私用；挪用特定款物罪则是为了其他公用，即挪作他用。如果行为人挪用特定款物归个人使用，应以挪用公款罪从重处罚。

3. 本罪与挪用资金罪的界限

两者的区别主要在于：（1）犯罪主体不同。本罪主体是国家工作人员；挪用资金罪主体是非国家工作人员，即国家工作人员以外的公司、企业或者其他单位的工作人员。（2）行为对象和客体上也有所不同。本罪行为对象是公款和特定款物中的特定公物，在经济性质上属于公共财产；客体是公款的占有、使用、收益权和国家工作人员职务行为廉洁性。而挪用资金罪的行为对象是本单位的资金，侵犯的客体是公司、企业或者其他单位的财产所有权和单位的财经管理制度。

4. 根据《办理国资企职务犯罪意见》，国家出资企业的工作人员在公司、企业改制过程中为购买公司、企业股份，利用职务上的便利，将公司、企业的资金或者金融凭证、有价证券等用于个人贷款担保的，以挪用资金罪或者挪用公款罪定罪处罚。行为人在改制前的国家出资企业持有股份的，不影响挪用数额的认定，但量刑时应当酌情考虑。

经有关主管部门批准或者按照有关政策规定，国家出资企业的工作人员为购买改

① 在修订前的旧《刑法》中，挪用特定款物罪属于渎职罪的一种，属于特殊主体的犯罪。在修订后的新《刑法》中，挪用特定款物罪被规定在侵犯财产罪中，与此相应其主体有所变化，侧重于经管特定款物的直接责任人，结合该罪挪作其他“公用”的客观表现，似乎属于单位犯罪；其客体也相应有所变化，侧重于专款专用的财经管理制度。

制公司、企业股份实施前款行为的，可以视具体情况不作为犯罪处理。

5. 本罪中罪数的认定

罪数认定需要注意：(1) 因挪用公款供其他个人和单位使用而索取、收受贿赂构成犯罪的，依照数罪并罚的规定处罚；(2) 挪用公款用于进行非法活动构成其他犯罪的，比如构成非法经营罪、赌博罪、贩卖毒品罪的，依照数罪并罚的规定处罚。

6. 本罪中共犯的认定

本罪的共同犯罪有两种情形：(1) 数人共同利用职务便利挪用公款归个人使用的，构成挪用公款罪的共犯。(2) 使用人与挪用人共谋，指使或者参与策划取得挪用款的，以挪用公款罪的共犯定罪处罚。使用人构成挪用公款罪的共犯，既不需要具有国家工作人员的身份也不需要利用本人的职务上的便利，但需要具备两个要件：其一，在主观上与挪用人共谋，与挪用人具有挪用公款的共同犯罪故意。其二，在客观上实施了教唆、帮助挪用人挪用公款的行为，对挪用公款起到了一定的作用。使用人只有使用被挪用公款的行为不构成挪用公款罪的共犯。如果使用人不知道是挪用的公款的，不构成共犯；如果使用人知道是挪用的公款但没有实施帮助、教唆他人挪用公款行为的，也不构成共犯。

(三) 挪用公款罪的处罚

根据《刑法》第384条的规定，犯本罪的，处5年以下有期徒刑或者拘役；情节严重的，处5年以上有期徒刑。挪用公款数额巨大不退还的，处10年以上有期徒刑或者无期徒刑。挪用用于救灾、抢险、防汛、优抚、扶贫、移民、救济款物归个人使用的，从重处罚。根据“两高”《关于办理贪污贿赂刑事案件适用法律若干问题的解释》第5条、第6条的规定，此处之所谓“情节严重”，需要根据公款的使用去向区分为两种情况分别认定：一是挪用公款归个人使用，进行非法活动，具有下列情形之一的，应当认定为“情节严重”：(1) 挪用公款数额在100万元以上的：(2) 挪用救灾、抢险、防汛、优抚、扶贫、移民、救济特定款物，数额在50万元以上不满100万元的；(3) 挪用公款不退还，数额在50万元以上不满100万元的；(4) 其他严重的情节。二是挪用公款归个人使用，进行营利活动或者超过三个月未还，具有下列情形之一的，应当认定为“情节严重”：(1) 挪用公款数额在200万元以上的；(2) 挪用救灾、抢险、防汛、优抚、扶贫、移民、救济特定款物，数额在100万元以上不满200万元的；(3) 挪用公款不退还，数额在100万元以上不满200万元的；(4) 其他严重的情节。至于所谓挪用公款数额巨大不退还的，是指行为人挪用数额巨大的公款之后，因客观原因导致在一审宣判前不能退还的情况，如大部分款项借给他人而无法追回，挪用公款进行营利活动造成重大亏损而无法返还等。根据前述司法解释，此处的“数额巨大”也需要区分为以上两种情况，分别以300万元和500万元为认定标准。

三、私分国有资产罪

(一) 私分国有资产罪的概念和构成

私分国有资产罪是指国家机关、国有公司、企业、事业单位、人民团体，违反国家规定，以单位名义将国有资产集体私分给个人，数额较大的行为。本罪的构成要件是：

1. 本罪的客体是复杂客体，既侵犯国家工作人员职务的廉洁性，也侵犯国有资产的所有权。

2. 本罪在客观上表现为违反国家规定，以单位名义将国有资产集体私分给个人，数额较大的行为。所谓违反国家规定，指违反国家有关国有资产管理使用和保护方面的法律规定。所谓以单位名义将国有资产集体私分给个人，是指由单位负责人或单位决策机构讨论决定，分给单位的所有职工或绝大多数职工，通常具有按照一定的标准分发、在单位职工中公开的特点。例如：违反国家规定，超越权限，擅自提高补贴标准、奖金或者擅自将企业生产的产品或者购置的物品分给个人等。本罪对象是国有资产，主要是国家机关、国有单位使用、管理的国有财产，包括国家拨付的资金、投资形成的固定资产，也包括国家机关、国有单位的各种收入。所谓数额较大，根据司法经验，涉嫌私分国有资产，累计数额在10万元以上的，应予立案。[①] 这里的数额较大指单位私分的总额，而不是本人或单位个人分取得金额。多次私分未经处理的，累积计算。

3. 本罪的主体是国家机关、国有公司、企业、事业单位、人民团体中对私分国有资产直接负责的主管人员和其他直接责任人员。

4. 本罪在主观上是故意。

（二）私分国有资产罪的认定

认定本罪主要是区别本罪与贪污罪的界限。其关键是认定私分国有资产是单位集体行为还是个人行为。本罪的特点是以单位名义集体私分国有财产，通常表现为：（1）单位的意志，即由单位的负责人或者决策机构集体讨论决定的；（2）按照一定的方案或者标准分发给全体或大多数职工；（3）一般采取奖金、补贴等“合法”形式公开进行且财务列账。贪污罪通常是单位少数经管公共财物的人员在小范围内秘密进行的，往往利用职务上便利采取侵吞、骗取、盗取等非法手段侵占公共财产，并且在账目上弄虚作假以掩盖侵占的事实。经验上，区分要点看单位人员是否（基本）“人人有份”。

根据《办理国资企职务犯罪意见》，国有公司、企业违反国家规定，在改制过程中隐匿公司、企业财产，转为职工集体持股的改制后公司、企业所有的，对其直接负责的主管人员和其他直接责任人员，以私分国有资产罪定罪处罚。

（三）私分国有资产罪的处罚

根据《刑法》第396条的规定，犯本罪的，对其直接负责的主管人员和其他直接责任人员，处3年以下有期徒刑或者拘役，并处或者单处罚金；数额巨大的，处3年以上7年以下有期徒刑，并处罚金。

四、私分罚没财物罪

私分罚没财物罪是指司法机关、行政执法机关违反国家规定，将应当上缴国家的罚没财物，以单位名义集体私分给个人的行为。本罪的构成要件是：

1. 本罪侵犯的客体是复杂客体，既侵犯国家工作人员职务的廉洁性，也侵犯国有财产的所有权。

---

① 参见1999年9月最高人民检察院《关于人民检察院直接受理立案侦查案件立案标准的规定（试行）》。

2. 本罪在客观上表现为违反国家规定，将应当上缴国家的罚没财物，以单位名义集体私分给个人的行为。本罪的行为对象是罚没财物。所谓罚没财物是指司法机关、行政执法机关和法律、法规授权的机构依据法律、法规对公民、法人和其他组织实施处罚所得的罚款以及追缴、没收的财物。依照国家规定，罚没财物除依法发还给有关公民、法人和其他组织的以外，一律上缴财政，严禁集体私分。涉嫌私分罚没财物，累计数额在10万元以上，应予立案。[①]

3. 本罪的主体是司法机关、行政执法机关中对私分国有资产直接负责的主管人员和其他直接责任人员。

4. 本罪在主观上是故意。

根据《刑法》第396条的规定，犯本罪的，对其直接负责的主管人员和其他直接责任人员，处3年以下有期徒刑或者拘役，并处或者单处罚金；数额巨大的，处3年以上7年以下有期徒刑，并处罚金。

五、巨额财产来源不明罪

（一）巨额财产来源不明罪的概念和构成

巨额财产来源不明罪是指国家工作人员的财产或者支出明显超过合法收入，差额巨大，而本人又不能说明其来源合法的行为。本罪的构成要件是：

1. 本罪侵犯的客体是国家工作人员的职务廉洁性和司法机关的正常活动。国家工作人员拥有差额巨大的财产，对司法机关责令说明的要求，拒绝如实说明，妨害了司法机关反腐败活动的顺利进行。正因为如此，国家为了加强反腐败的力度，采取举证责任倒置的诉讼方式，追究国家工作人员拥有巨额来源不明财产的行为的刑事责任。

2. 本罪在客观上表现为国家工作人员的财产或者支出明显超过合法收入，差额巨大，而本人又不能说明其来源是合法的行为。(1)“不能说明其来源合法”包括：1) 拒不说明财产来源；2) 无法说明财产具体来源；3) 说出的财产来源经查不属实；4) 说出的来源因线索不具体等原因无法查明，且能排除财产来源合法的可能性和合理性的。[②] (2) 对于不能说明其来源为合法的部分以“非法所得”论。“非法所得”一般是指行为人的全部财产与能够认定的所有支出的总和减去能够证实的有真实来源的所得。在具体计算时，应注意以下问题：1) 应把国家工作人员个人财产和与其共同生活的家庭成员的财产、支出等一并计算，而且一并减去他们所有的合法收入以及确属与其共同生活的家庭成员个人的非法收入。2) 行为人所有的财产包括房产、家具、生活用品、学习用品及股票、债券、存款等动产和不动产；行为人的支出包括合法支出和不合法的支出，包括日常生活、工作、学习费用、罚款及向他人行贿的财物等；行为人的合法收入包括工资、奖金、稿酬、继承等法律和政策允许的各种收入。3) 为了便于计算犯罪数额，对于行为人的财产和合法收入，一般可以从行为人有比较确定的收

---

① 参见1999年9月最高人民检察院《关于人民检察院直接受理立案侦查案件立案标准的规定（试行）》。

② 参见最高人民法院《全国法院审理经济犯罪案件工作座谈会纪要》。

入和财产时开始计算。[①]（3）“差额巨大”，指行为人不能说明其来源的财产或者支出与合法收入之间的差额，即被推定为非法所得的数额在30万元以上的。[②]

3. 本罪的主体是特殊主体，即国家工作人员，非国家工作人员不能构成本罪。

4. 本罪在主观上是直接故意，即行为人明知自己的财产或支出与合法收入之间存在巨大差额。

（二）巨额财产来源不明罪的认定

认定本罪，主要是区分本罪中一罪与数罪的界限。如果国家工作人员说明或者被查明财产的来源是贪污、受贿所得的，应当直接按贪污罪、受贿罪或者挪用公款罪论处。如果说明或者被查明其中的部分财产是贪污、贿赂所得，部分财产来源不明且数额巨大的，应当实行数罪并罚。

（三）巨额财产来源不明罪的处罚

根据《刑法》第395条第1款的规定，犯本罪的，处5年以下有期徒刑或者拘役；差额特别巨大的，处5年以上10年以下有期徒刑。财产的差额部分予以追缴。

六、隐瞒境外存款罪

隐瞒境外存款罪，指国家工作人员违反国家规定，故意隐瞒不报在境外的存款，数额较大的行为。本罪的构成要件是：

1. 本罪侵犯的客体是国家工作人员的财产申报制度。

2. 本罪在客观上表现为违反国家规定的国家工作人员申报境外存款的义务，不申报自己在境外的财产的行为。本罪的对象是“境外存款”，所谓境外存款，是指在我国国（边）境以外的国家和地区（包括我国香港、澳门、台湾地区）存入金融机构的各种货币、有价证券、金融票证以及可兑付货币的贵重金属等。不申报的境外存款数额较大，一般指折合人民币数额在30万元以上。[③] 存款的来源是否合法，不影响本罪的成立。

3. 本罪的主体是国家工作人员。

4. 本罪在主观上是故意，即行为人明知自己的境外存款应当申报而故意隐瞒不报。

根据《刑法》第395条第2款的规定，犯本罪的，处2年以下有期徒刑或者拘役；情节较轻的，由其所在单位或者上级主管机关酌情给予行政处分。

第三节　贿赂犯罪

一、受贿罪

（一）受贿罪的概念和构成

受贿罪是指国家工作人员利用职务上的便利，索取他人财物，或者非法收受他人

---

① 参见最高人民法院《全国法院审理经济犯罪案件工作座谈会纪要》。

②③ 参见最高人民检察院《关于人民检察院直接受理立案侦查案件立案标准的规定（试行）》。

财物，为他人谋取利益的行为。本罪的构成要件是：

1. 本罪侵犯的客体是国家工作人员职务行为的廉洁性。国家机关工作人员除了从国家领取薪酬以外，不得向公务活动的相对人收取报酬。这既是法律对国家工作人员的基本要求，也是国家工作人员自律的道德行为准则。受贿行为，破坏了公务行为的不可收买性和国家工作人员必须保持清正廉明的行为准则，势必破坏公务行为的廉洁公正。

2. 本罪在客观上表现为利用职务上的便利，索取他人财物或者非法收受他人财物，为他人谋取利益。把握本罪的客观要件，应当注意以下几个问题：

(1)“利用职务上的便利”，包括三种情况：1) 利用本人职务上主管、负责、承办某项公共事务的职权。2) 利用职务上有隶属、制约关系的其他国家工作人员的职权。如，法院主管刑事的副院长指示民庭庭长，让其按照指示办事，也属于利用职务上的便利。3) 担任单位领导职务的国家工作人员通过不属自己主管的下级部门的国家工作人员的职务为他人谋取利益的。如成克杰通过银行为请托人办贷款。成克杰身居广西壮族自治区政府主席的要职，对不归其主管的银行仍有隶属关系。①

(2) 受贿有两种基本形式：1) 利用职务便利，索取他人财物。即通常所说的索贿。索贿不是一个独立的罪名。以索贿形式受贿的，不论是否“为他人谋取利益”均可构成受贿罪。2) 利用职务便利，非法收受他人财物，即在行贿人主动行贿的情况下，行为人非法收受他人财物的情况。非法收受他人财物的，必须同时具备“为他人谋取利益”的条件，才能构成受贿罪。这种利益既包括物质性的利益也包括非物质性的利益，如提职升迁、迁移户口、调动工作及提供就业、就学、出国的机会等。为他人谋取的利益是否正当，为他人谋取的利益是否实现，不影响受贿罪的成立。至于“为他人谋取利益”的时间是在非法收受他人财物的同时还是之前或者之后，不影响受贿罪的成立。至于何谓“为他人谋取利益”，理论与实务中存在诸多争议。不过，根据“两高”《关于办理贪污贿赂刑事案件适用法律若干问题的解释》第 13 条明确规定，具有下列情形之一的，应当认定为“为他人谋取利益”：1) 实际或者承诺为他人谋取利益的；2) 明知他人有具体请托事项的；3) 履职时未被请托，但事后基于该履职事由收受他人财物的。国家工作人员索取、收受具有上下级关系的下属或者具有行政管理关系的被管理人员的财物价值 3 万元以上，可能影响职权行使的，视为承诺为他人谋取利益。

收受贿赂的时间在我国《刑法》上没有限制。根据最高人民法院、最高人民检察院《关于办理受贿刑事案件适用法律若干问题的意见》(以下简称《办理受贿案意见》)，国家工作人员利用职务上的便利为请托人谋取利益之前或者之后，约定在其离职后收受请托人财物，并在离职后收受的，以受贿论处。

国家工作人员利用职务上的便利为请托人谋取利益，离职前后连续收受请托人财物的，离职前后收受部分均应计入受贿数额，这是指行为人在离退休以后按照过去的约定实际从行贿人处收取了贿赂。如果行为人利用职务之便为他人谋取利益，约定将来收取贿赂，尚未兑现或者到了约定兑现的时候没有实际兑现的，从理论上讲可以认

① 参见最高人民法院《全国法院审理经济犯罪案件工作座谈会纪要》。

为是受贿未遂。就实际的情况而言，对于这种期约受贿的行为，根据我国目前的法律规定和司法实践，无论从实体上讲还是从证据上讲，恐怕都难以定罪。

(3) 在经济往来中的受贿行为。《刑法》第 385 条第 2 款规定："国家工作人员在经济往来中，违反国家规定，收受各种名义的回扣、手续费，归个人所有的，以受贿论处。"所谓"经济往来"，是指国家工作人员参与的国家经济管理活动和因职务关系而参与的购销商品或者提供、接受服务等交易活动。例如建筑工程立项、承包、发包；为国家、国家机关、国有单位订货、采购商品等。所谓违反国家规定，收受各种名义的回扣、手续费，是指国家有关规定禁止国家工作人员在因职务关系参与的经济往来中收受各种名义的回扣、手续费归个人所有，因此收受归个人所有的，就属于违反国家规定。所谓归个人所有，是指个人"账外暗中"据为已有。如果国家工作人员收受了回扣、手续费之后，入账上交本单位，而没有归个人所有的，不构成犯罪。

(4) 利用影响力受贿以受贿论处。《刑法》第 388 条规定："国家工作人员利用本人职权或者地位形成的便利条件，通过其他国家工作人员职务上的行为，为请托人谋取不正当利益，索取请托人财物或者收受请托人财物的，以受贿论处。"这也称"斡旋受贿"，有以下两个特征：1) 利用职权的间接性。行为人不是直接利用本人职权而是通过其他人的职务行为为请托人谋取利益，但利用了本人职权或者地位形成的便利条件。该便利条件如：a. 单位内不同部门的国家工作人员之间；b. 上下级单位没有隶属、制约关系的国家工作人员之间；c. 有工作联系的不同单位的国家工作人员之间等。[①] 2) 谋取利益的不正当性。鉴于斡旋受贿行为利用职权的间接性质，其违法性明显轻于直接利用本人职权受贿的情况，所以立法上对其构成要件作了较为严格的限制。无论是索取财物还是收受财物，都必须具有为请托人谋取"不正当利益"的条件。不正当利益，指违反法律、政策的利益，包括该利益本身违法和获取非法的帮助、便利条件。

(5) "财物"。根据"两高"《关于办理贪污贿赂刑事案件适用法律若干问题的解释》第 12 条的规定，此处之所谓"财物"，包括货币、物品和财产性利益。财产性利益包括可以折算为货币的物质利益如房屋装修、债务免除等，以及需要支付货币的其他利益如会员服务、旅游等。后者的犯罪数额，以实际支付或者应当支付的数额计算。非财产性利益，如提升职务、迁移户口、升学就业、提供女色等，不属于财物。

3. 本罪的主体是国家工作人员。

4. 本罪在主观上是故意，即行为人明知自己在利用职务便利向他人索取财物或者收受他人的财物。受贿故意的一项重要内容是认识到索取、收受财物与职务行为的关联性。这种关联性可以从两方面判断：其一是存在"职务上请托事项"，给予财物人在有关事项上有求于自己职务行为，或者他人送来财物与自己职权管辖的事项有关；其二是明显超出了基于亲情、友情一般礼尚往来的范围，这又表现为数量较大或者巨大，远远超出了人情交往的常规，或者表现为送予者与收受者素不相识，根本不存在友情交往的关系。

(二) 受贿罪的认定

认定本罪，应当注意如下问题：

---

① 参见最高人民法院《全国法院审理经济犯罪案件工作座谈会纪要》。

1. 本罪与非罪行为的界限

区分本罪与非罪行为的界限，主要应当把握如下几个问题：

(1) 区分贿赂与馈赠。最高人民法院、最高人民检察院《关于办理商业贿赂刑事案件适用法律若干问题的意见》(以下简称《办理商业贿赂案意见》)指出："主要应当结合以下因素全面分析、综合判断：(1) 发生财物往来的背景，如双方是否存在亲友关系及历史上交往的情形和程度；(2) 往来财物的价值；(3) 财物往来的缘由、时机和方式，提供财物方对于接受方有无职务上的请托；(4) 接受方是否利用职务上的便利为提供方谋取利益。"其中，首先看有无"请托事项"。如果没有请托事项，收受他人主动送给的礼物的，属于感情投资、灰色收入的范畴，一般不宜认定为受贿。如果有请托事项，体现出"钱"与"权"交易两方面内容，则属于收受财物为他人谋利的受贿行为。至于财物交付是在请托事项之前还是之后，不影响受贿成立。因此，如果行为人过去为他人办理过具体的请托事项，事后收取财物的，具有"权钱交易"的特征，应当认定为受贿。其次看方式和数量是否符合社会礼尚往来的分寸。受贿往往采取隐蔽的、不正常的方式进行，其财物的价值往往明显超出礼尚往来的尺度；馈赠则合亲友交往通常的尺度。在实践中经常遇到，因为婚丧嫁娶、逢年过节收受礼金、压岁钱，因为生病住院收受看望慰问礼金，打牌、打麻将赢取钱财等情况。对此，如果没有超出礼尚往来、朋友、上下级之间交往的一般限度的，不宜认定为受贿。但是借婚丧嫁娶大肆聚敛钱财的，可以认定为受贿行为。逢年过节收受他人或者下级高额礼金、压岁钱，他人有具体的请托事项和本人有利用职务上便利为请托人谋取利益的行为的，应当认定为受贿行为。在他人有具体请托事由的情况下，借打牌、玩麻将的娱乐方式，利用他人"点炮、放水"赢得大量钱财，利用职务上的便利为他人谋取利益的，应当认定为受贿行为。

(2) 受贿与收取合理报酬的区别。国家工作人员在法律、政策和行政纪律允许的范围内，或者利用业余时间、休假时间，为他人临时进行某项工作或提供某项服务，而收取合理劳动报酬的，不属受贿行为。如果是违反国家的法律和政策，利用职务之便为他人谋取利益而从中收受贿赂的行为，属受贿行为。

(3) 根据《办理受贿案意见》，国家工作人员收受请托人财物后及时退还或者上交的，不是受贿。国家工作人员受贿后，因自身或者与其受贿有关联的人、事被查处，为掩饰犯罪而退还或者上交的，不影响受贿罪认定。

(4) 根据《办理受贿案意见》，国家工作人员利用职务上的便利为请托人谋取利益，收受请托人房屋、汽车等物品，未变更权属登记或者借用他人名义办理权属变更登记的，不影响受贿罪的认定。

认定以房屋、汽车等物品为对象的受贿，应注意与借用的区分。具体认定时，除双方交代或者书面协议之外，主要应当结合以下因素进行判断：1) 有无借用的合理事由；2) 是否实际使用；3) 借用时间的长短；4) 有无归还的条件；5) 有无归还的意思表示及行为。

2. 根据《办理受贿案意见》，国家工作人员利用职务上的便利为请托人谋取利益，以下列形式收受请托人财物的，以受贿论处：

(1) 以明显低于或高出市场的价格与请托人交易房屋、汽车等物品的，其差额视为受贿额。

（2）收受请托人干股的。股份转让了的，受贿额按转让行为时股份价值计算，所分红利按受贿孳息处理。股份未实际转让，以股份分红名义获取利益的，实际获利数额视为受贿额。

（3）由请托人出资，“合作”开办公司或者进行其他“合作”投资的。受贿额为请托人给国家工作人员的出资额。

（4）没有实际出资和参与管理、经营，以合作开办公司或者其他合作投资的名义获取“利润”的。

（5）以委托请托人投资证券、期货或者其他委托理财的名义，未实际出资而获取“收益”，或者虽然实际出资，但获取“收益”明显高于出资应得收益的。“收益”额或以收益额与出资应得收益额的“差额”为受贿额。

（6）要求或者接受请托人以给特定关系人安排工作为名，使特定关系人不实际工作却获取所谓薪酬的。“特定关系人”指与国家工作人员有近亲属、情妇（夫）以及其他共同利益关系的人。

（7）授意请托人将有关财物给予特定关系人的。这实际只是官员“向第三人赠贿”的一种情形。官员授意请托人将有关财物给予特定关系人之外的人，仍可成立受贿罪。

3. 本罪与诈骗罪、敲诈勒索罪的界限

区别主要在于是否利用职务之便。国家工作人员以利用职务上的便利为他人谋取利益为名，骗取他人数额较大的财物，但并没有而且也不打算利用职务之便为他人谋取利益的，是诈骗罪，不是受贿罪。国家工作人员以要挟、威胁的方式勒索他人财物，但并没有利用职务之便的，是敲诈勒索罪，不是受贿罪。

4. 本罪与非国家工作人员受贿罪的界限

两者的区别主要是主体和职务的性质不同。受贿罪的主体是国家工作人员，职务的性质是公务。非国家工作人员受贿罪的主体是公司、企业或者其他单位的工作人员，职务的性质是业务。

5. 本罪与贪污罪的界限

两者的区别主要在于行为方式和行为对象不同。受贿罪是利用职务之便索取或者收受其他个人或单位的财物，财物通常不是行为人在职务上经手或者经管的；贪污罪是利用自己主管、管理、经手公共财物的职务之便，用侵吞、窃取、骗取等方法非法占有公共财物，这财物是行为人在职务上直接管理、经手、经管的。行为人利用主管、管理、经手公共财产的职务上的便利，将本单位的公共财产以某种名义转给其他单位或个人，然后又以回扣、手续费等名义收回据为已有的，应以贪污罪论处。因为在这种场合，行为人利用的是经管公共财产的职务之便，侵害的是国家和本单位的公共财产权，具有贪污罪的特征。

6. 本罪中一罪与数罪的认定

国家工作人员因为受贿为请托人谋取非法利益的，往往会同时构成其他犯罪，例如，因为受贿而挪用公款给他人使用的，因为受贿而徇私枉法或者枉法裁判的，因为受贿而犯玩忽职守、滥用职权、私放在押人员等渎职罪的。对于这类情形在理论上通常解释为牵连犯。应当注意，根据司法经验对于这类因为受贿而犯其他罪的情况，如果没有法律特别规定的，通常需要实行数罪并罚。例如，因为受贿而犯挪用公款罪的，因为受贿而犯玩忽职守、滥用职权等渎职犯罪的，一般应当实行数罪并罚。但是，如果属于法律明文规定的择一重罪处罚的情形，依法不实行数罪并罚。例如，《刑法》第399条规定司法工作人员贪赃枉法有徇私枉法或民事、行政枉法裁判行为的，"依照处罚较重的规定定罪处罚"，不实行数罪并罚。对此，《关于办理贪污贿赂刑事案件适用法律若干问题的解释》第17条亦明确，国家工作人员利用职务上的便利，收受他人财物，为他人谋取利益，同时构成受贿罪和渎职犯罪的，除刑法另有规定外，以受贿罪和渎职犯罪数罪并罚。

7. 本罪共犯的认定

根据《办理受贿案意见》，"特定关系人与国家工作人员通谋，共同收受财物的，对特定关系人以受贿罪的共犯论处。特定关系人以外的其他人与国家工作人员通谋，由国家工作人员利用职务上的便利为请托人谋取利益，收受请托人财物后双方共同占有的，以受贿罪的共犯论处"。

"通谋"，指与国家工作人员共谋，接受并转达请托事项或者教唆、帮助国家工作人员收受请托人财物。国家工作人员的"特定关系人"成立共犯的场合，因为存在特殊的利益关系，不以共同收受或占有贿赂物为必要。特定关系人以外的人成立共犯，在这种场合，"双方共同占有财物"是构成受贿共犯的条件，否则不能构成受贿。例如，甲某收取丙某的财物，请乙某利用职权为丙某办事，乙某应甲某之请托，为丙某办事。但是，乙某并未从甲某处收取丙某给的财物，也未从丙某处直接收取财物，乙某不构成受贿。

《办理商业贿赂案意见》指出，"非国家工作人员与国家工作人员通谋，共同收受他人财物，构成共同犯罪的，根据双方利用职务便利的具体情形分别定罪追究刑事责任：

"(1) 利用国家工作人员的职务便利为他人谋取利益的，以受贿罪追究刑事责任。

"(2) 利用非国家工作人员的职务便利为他人谋取利益的，以非国家工作人员受贿罪追究刑事责任。

"(3) 分别利用各自的职务便利为他人谋取利益的，按照主犯的犯罪性质追究刑事责任，不能分清主从犯的，可以受贿罪追究刑事责任。"

8. 本罪既遂的认定

本罪通常以收取财物为既遂。行为人受贿后，将收取的贿赂转送他人、捐赠公益事业的，属于犯罪后对财物的处分行为，不影响受贿罪成立。行为人收取财物后，没有实际给他人谋到利益的，也不影响受贿罪既遂的成立。行为人在受贿之后，得知被举报、查处而将收受的财物退还给行贿人的，即所谓"闻风退赃"的，也不影响受贿罪既遂的成立。

(三) 受贿罪的处罚

根据《刑法》第386条的规定，犯本罪的，根据受贿所得数额及情节[①]，依照《刑

① 具体数额、情节标准按照《关于办理贪污贿赂刑事案件适用法律若干问题的解释》第1条至第4条的规定执行。

法》第383条（贪污罪）规定的法定刑处罚。索贿的从重处罚。

二、利用影响力受贿罪

（一）利用影响力受贿罪的概念和构成

与国家工作人员的关系密切的人或者离职的国家工作人员及与其关系密切的人利用对国家工作人员职务行为的直接、间接的影响力，为请托人谋取不正当利益，收受请托人财物数额较大或者有其他较重情节的行为。

1. 本罪侵犯的客体是国家工作人员职务行为的正当性。关系密切的人等利用情感因素通过国家工作人员的职务行为为请托人谋取不正当利益，使国家工作人员职务行为的正当性受到侵害。

2. 本罪的客观方面，包括四种类型：（1）关系密切的人通过国家工作人员职务上的行为为请托人谋取不正当利益，索取或收受请托人财物。（2）关系密切的人利用国家工作人员职权或者地位形成的便利条件，通过其他国家工作人员职务上的行为，为请托人谋取不正当利益，索取或者收受请托人财物。（3）离职的国家工作人员利用原职权或者地位形成的便利条件，通过国家工作人员职务上的行为，为请托人谋取不正当利益，索取或者收受请托人财物。（4）与离职的国家工作人员的关系密切的人，利用原职权或者地位形成的便利条件，通过国家工作人员职务上的行为，为请托人谋取不正当利益，索取或者收受请托人财物。

3. 本罪的主体为特殊主体：（1）与国家工作人员的关系密切的人，主要包括国家工作人员的近亲属，情人等。此外，同学、战友、老部下、老上级等其他与国家工作人员交往密切具有足够影响力的人，也可属于关系密切的人。（2）离职的国家工作人员。（3）与离职的国家工作人员关系密切的人。

4. 本罪主观方面是故意。

（二）利用影响力受贿罪的认定

1. 利用影响力受贿罪的特点：官员的“身边人”利用对官员的影响力“斡旋收财”，或者离职官员及其“身边人”利用离职官员的影响力“斡旋收财”。“斡旋收财”，也可通俗地解说为“说情收财”。

2. 利用影响力受贿罪与受贿罪的区别。主体身份不同。受贿罪的主体是国家工作人员，利用影响力受贿罪的主体是国家工作人员的“关系密切的人”、离职国家工作人员及与其关系密切的人。根据《刑法》第388条规定，国家工作人员利用现任职务上的影响力斡旋受贿的，以受贿罪论处。根据《刑法修正案（七）》修正第388条之一的规定，“关系密切的人”等利用非本人职务上的影响力，或者离职的国家工作人员利用非现任职务的影响力斡旋受贿的，构成利用影响力受贿罪。其实质是影响力的来源不同，影响力来自本人现任职务上的，属于受贿罪；影响力来自非本人现任职务上的，属于本罪。行为人尽管有国家工作人员的身份，但没有利用本人现任职务上的影响力的，仅仅利用亲情、人情上（对官员）的影响力的，不是受贿罪而是利用影响力受贿罪。

3. 利用影响力受贿罪与受贿罪共犯的区别：

(1) 受贿罪的共犯。任何人（包括关系密切的人等）与国家工作人员共谋并共同收受贿赂的，构成受贿罪的共犯。例如，甲是张局长的儿子（关系密切的人），接受建筑商乙的请托收受50万元向张局长说情，把某桥梁工程发包给乙。甲担心张局长不答应，就向张局长明说乙给了50万元好处。张局长于是就把工程发包给乙。在本案中，足以认定甲与张局长有共谋，张局长构成受贿罪，甲构成受贿罪的共犯。对甲不必要也不应当按照利用影响力受贿罪处罚。

(2) 利用影响力受贿罪。由上例张局长与其子甲受贿共犯案可知，任何人包括关系人一旦与国家工作人员构成受贿罪共犯，即排斥适用利用影响力受贿罪。这表明，利用影响力受贿罪的适用总是暗含着一个前提：不能认定构成受贿罪共犯。假如上例中张局长虽然接受儿子甲的说情把工程发包给了乙，但是不知道儿子甲收了乙50万元的好处，或者不能证实张局长知道。既然张局长本人没有收财，也不知道儿子收财，当然不能定张局长受贿罪。这时才根据甲利用对其父的影响力说情收财，通过其父的职务行为为请托人乙谋取不正当利益，对甲以利用影响力受贿罪定罪处罚。

这正是《刑法修正案（七）》对原有的贿赂犯罪立法的补充之处。按照原有的贿赂犯罪立法，当无法证实张局长知道其子甲收50万元好处时，不仅不能对张局长定罪，也不能对甲定罪。经《刑法修正案（七）》增加规定利用影响力受贿罪后，则至少可以对说情收财的甲定罪处罚。如果有证据表明张局长与甲共谋收受50万元好处的，则对二人以受贿罪（共犯）论处。

(三) 利用影响力受贿罪的处罚

根据《刑法》第388条之一的规定，犯本罪的，处3年以下有期徒刑或者拘役，并处罚金；数额巨大或者有其他严重情节的，处3年以上7年以下有期徒刑，并处罚金；数额特别巨大或者有其他特别严重情节的，处7年以上有期徒刑，并处罚金或者没收财产。

三、单位受贿罪

单位受贿罪，是指国家机关、国有公司、企业、事业单位、人民团体，索取、非法收受他人财物，为他人谋取利益，情节严重的行为。本罪的构成要件是：

1. 本罪侵犯的客体是国有单位公务活动的廉洁制度。

2. 本罪在客观上表现为索取、非法收受他人财物，为他人谋取利益，情节严重的行为。构成本罪，不论是索取还是收受，均以“为他人谋取利益”为要件；同时，还要求受贿的行为达到情节严重的程度。

3. 本罪的主体是国家机关、国有公司、企业、事业单位、人民团体。

4. 本罪在主观上是故意。

根据《刑法》第387条的规定，犯本罪的，对单位判处罚金，并对其直接负责的主管人员和其他直接责任人员，处5年以下有期徒刑或者拘役。

四、行贿罪

行贿罪是指为谋取不正当利益，给予国家工作人员以财物的行为。本罪的构成要件是：

1. 本罪侵害的客体是复杂客体，主要是国家工作人员职务行为的廉洁性，其次是国家经济管理的正常活动。

2. 本罪在客观上表现为给予国家工作人员以财物的行为。在经济往来中，违反国家规定，给予国家工作人员以财物，数额较大的，或者违反国家规定，给予国家工作人员以各种名义的回扣、手续费的，以行贿论。所谓违反国家规定，主要表现为在账外暗中给予财物或者回扣、手续费等。行贿罪的行为对象是国家工作人员，即受贿罪的主体。因此行贿罪和受贿罪成为一种“对向性”犯罪，被统称为贿赂罪。尽管立法上对行贿的入罪数额标准未作规定，但通常认为行贿罪仍应以一定的数额标准作为追究刑事责任的起点。根据“两高”《关于办理贪污贿赂刑事案件适用法律若干问题的解释》第 7 条规定，为谋取不正当利益，向国家工作人员行贿，数额在 3 万元以上的，应当以行贿罪追究刑事责任。行贿数额在 1 万元以上不满 3 万元，具有下列情形之一的，亦应当以行贿罪追究刑事责任：(1) 向 3 人以上行贿的；(2) 将违法所得用于行贿的；(3) 通过行贿谋取职务提拔、调整的：(4) 向负有食品、药品、安全生产、环境保护等监督管理职责的国家工作人员行贿，实施非法活动的；(5) 向司法工作人员行贿，影响司法公正的；(6) 造成经济损失数额在 50 万元以上不满 100 万元的。

3. 本罪的主体是一般主体。

4. 本罪在主观上是直接故意，具有谋取不正当利益的目的。《办理商业贿赂案意见》指出，“‘谋取不正当利益’，是指行贿人谋取违反法律、法规、规章或者政策规定的利益，或者要求对方违反法律、法规、规章、政策、行业规范的规定提供帮助或者方便条件。在招标投标、政府采购等商业活动中，违背公平原则，给予相关人员财物以谋取竞争优势的，属于‘谋取不正当利益’”。需要注意，因被勒索给予国家工作人员以财物，没有获得不正当利益的，不是行贿。

根据《刑法》第 390 条的规定，对犯本罪的，处 5 年以下有期徒刑或者拘役，并处罚金；因行贿谋取不正当利益，情节严重的，或者使国家利益遭受重大损失的，处 5 年以上 10 年以下有期徒刑，并处罚金；情节特别严重的，或者使国家利益遭受特别重大损失的，处 10 年以上有期徒刑或者无期徒刑，可以并处罚金或者没收财产。根据“两高”《关于办理贪污贿赂刑事案件适用法律若干问题的解释》第 8 条之规定，此处所谓“情节严重”是指具有下列情形之一：(1) 行贿数额在 100 万元以上不满 500 万元的；(2) 行贿数额在 50 万元以上不满 100 万元，并具有本解释第 7 条第 2 款第 1 项至第 5 项规定的情形之一的；(3) 其他严重的情节。所谓“使国家利益遭受重大损失”，是指行贿造成经济损失数额在 100 万元以上不满 500 万元的。根据该司法解释第 9 条的规定，具有下列情形之一的，应当认定为“情节特别严重”：(1) 行贿数额在 500 万元以上的；(2) 行贿数额在 250 万元以上不满 500 万元，并具有本解释第 7 条第

2 款第 1 项至第 5 项规定的情形之一的。行贿造成经济损失数额在 500 万元以上的，应当认定为“使国家利益遭受特别重大损失”。

行贿人在被追诉前主动交代行贿行为的，可以从轻或者减轻处罚。其中，犯罪较轻的，对侦破重大案件起关键作用的，或者有重大立功表现的，可以减轻或者免除处罚。

五、对有影响力的人行贿罪

对有影响力的人行贿罪，是指行为人为谋取不正当利益，向国家工作人员的近亲属或者其他与该国家工作人员关系密切的人，或者向离职的国家工作人员或者其近亲属以及其他与其关系密切的人行贿的行为。这是《刑法修正案（九）》第 46 条增设的罪名。其构成要件为：

1. 本罪侵犯的客体为国家工作人员职务行为的廉洁性。本罪的犯罪对象为国家工作人员的近亲属或者其他与该国家工作人员关系密切的人行贿；或者向离职的国家工作人员或者其近亲属以及其他与其关系密切的人行贿。

2. 本罪在客观方面表现为为利用影响力而行贿的行为。具体包括两种：即行为人向国家工作人员的近亲属或者其他与该国家工作人员关系密切的人行贿；或者行为人向离职的国家工作人员或者其近亲属以及其他与其关系密切的人行贿。

3. 本罪的主体应是一般主体，既包括 16 周岁以上具有刑事责任能力的自然人，也包括单位。

4. 本罪的主观方面是出于故意。

根据《刑法》第 390 条之一的规定，构成本罪的，处 3 年以下有期徒刑或者拘役，并处罚金；情节严重的，或者使国家利益遭受重大损失的，处 3 年以上 7 年以下有期徒刑，并处罚金；情节特别严重的，或者使国家利益遭受特别重大损失的，处 7 年以上 10 年以下有期徒刑，并处罚金。单位构成本罪的，对单位判处罚金，并对其直接负责的主管人员和其他直接责任人员，处 3 年以下有期徒刑或者拘役，并处罚金。

六、对单位行贿罪

对单位行贿罪，指为谋取不正当利益，给予国家机关、国有公司、企业、事业单位、人民团体以财物，或者在经济往来中，违反国家规定，给予各种名义的回扣、手续费的行为。本罪的构成要件是：

1. 本罪侵犯的客体是国家机关、国有公司、企业、事业单位、人民团体等国有单位的正常活动。

2. 本罪在客观上表现为给予国家机关、国有公司、企业、事业单位、人民团体以财物的行为，或者在经济往来中，违反国家规定，给予各种名义的回扣、手续费的行为。

3. 本罪的主体是一般主体，既包括自然人也包括单位。

4. 本罪在主观上是故意，并具有谋取不正当利益的目的。

根据《刑法》第 391 条的规定，犯本罪的，处 3 年以下有期徒刑或者拘役，并处罚金。单位犯本罪的，对单位判处罚金，并对其直接负责的主管人员和其他直接责任人员，处 3 年以下有期徒刑或者拘役。

七、单位行贿罪

单位行贿罪，是指单位为谋取不正当利益而行贿，或者违反国家规定，给予国家工作人员以回扣、手续费，情节严重的行为。本罪的构成要件是：

1. 本罪侵犯的客体主要是国家工作人员职务行为的廉洁性，其次是国家经济管理的正常活动。

2. 本罪在客观上表现为给予国家工作人员以财物，或者违反国家规定，给予国家工作人员以回扣、手续费，情节严重的行为。

3. 本罪的主体是单位，即公司、企业、事业单位、机关、团体。

4. 本罪在主观上是故意，且具有为单位谋取不正当利益的目的。

根据《刑法》第 393 条的规定，犯本罪的，对单位判处罚金，并对其直接负责的主管人员和其他直接责任人员，处 5 年以下有期徒刑或者拘役，并处罚金。因行贿取得的违法所得归个人所有的，依照刑法第 389 条、第 390 条的规定定罪处罚。

八、介绍贿赂罪

介绍贿赂罪是指向国家工作人员介绍贿赂，情节严重的行为。本罪的构成要件是：

1. 本罪侵犯的客体主要是国家工作人员职务行为的廉洁性。

2. 本罪在客观上表现为向国家工作人员介绍贿赂，情节严重的行为。所谓介绍贿赂，即为行贿人和受贿人（国家工作人员）进行沟通、撮合，促使行贿与受贿得以实现的行为。构成本罪，要求介绍贿赂行为的情节达到严重的程度。

3. 本罪主体为一般主体。

4. 本罪在主观上是故意。

根据《刑法》第 392 条的规定，犯本罪，处 3 年以下有期徒刑或者拘役，并处罚金。介绍贿赂人在被追诉前主动交代介绍贿赂行为的，可以减轻处罚或者免除处罚。需注意此情形同样排斥自首的适用且不属于立功。

【问题与思考】

1. “国家工作人员”的概念和范围如何？
2. 如何理解贪污罪的构成要件？认定贪污罪应注意哪些问题？
3. 如何理解挪用公款罪的构成要件？认定挪用公款罪应注意哪些问题？
4. 如何理解私分国有资产罪的构成要件？认定私分国有资产罪应注意哪些问题？
5. 如何理解巨额财产来源不明罪的构成要件？认定巨额财产来源不明罪应注意哪些问题？
6. 如何理解受贿罪的构成要件？认定受贿罪应注意哪些问题？

【推荐阅读论著】

1. 肖中华. 贪污贿赂罪疑难解析. 上海：上海人民出版社，2006
2. 赵秉志. 中国刑法案例与学理研究. 第 6 卷. 北京：法律出版社，2004
3. 孙国祥. 贪污贿赂犯罪疑难问题学理与判解. 北京：中国检察出版社，2004

4. 王作富. 刑法论衡. 北京：法律出版社，2004

5. 赵秉志. 贪污受贿犯罪定罪量刑标准问题研究. 中国法学，2015（1）

6. 李辰. 受贿犯罪研究. 北京：中国政法大学出版社，2011

7. 最高人民法院刑事审判第一、二、三、四、五庭主办：中国刑事审判指导案例（贪污贿赂罪、渎职罪、军人违反职责罪）. 北京：法律出版社，2009

8. 熊选国. 刑法罪名适用指南——贪污贿赂罪. 北京：中国人民公安大学出版社，2007

第十章 渎职罪

内容导读

《刑法》分则第九章规定了37种具体的渎职犯罪。本章在论述渎职罪的概念和一般构成要件的基础上，重点对滥用职权罪、玩忽职守罪、故意泄露国家秘密罪、徇私枉法罪、民事、行政枉法裁判罪、私放在押人员罪等5种犯罪的概念、构成、认定等问题进行了比较详细的论述，对其他的具体渎职犯罪则简单地介绍了其概念、构成与处罚。

第一节 渎职罪概述

一、渎职罪的概念和构成

渎职罪是指国家机关工作人员滥用职权、玩忽职守，或者利用职权徇私舞弊，违背公务职责的公正性、廉洁性、勤勉性，妨害国家机关正常的职能活动，严重损害国家和人民利益的行为。本类犯罪具有以下的共同构成要件：

1. 本类犯罪侵犯的客体是国家机关的正常职能和人民利益。

2. 本类犯罪在客观上主要表现为两大类渎职行为：其一是滥用职权或者不负责任、玩忽职守，其中以《刑法》第397条第1款所规定的滥用职权罪和玩忽职守罪最具一般性和代表性；其二是故意利用职权徇私舞弊，其中以《刑法》第399条所规定的徇私枉法罪和民事、行政枉法裁判罪最具代表性。多数渎职犯罪，以使国家和人民的利益遭受重大损失或造成重大损失结果为要件。因此认定渎职犯罪行为造成的重大损失结果就显得非常重要。如《刑法》规定玩忽职守、滥用职权等渎职犯罪是以致使公共财产、国家和人民利益遭受重大损失为要件。其中，公共财产的重大损失，通常是指渎职行为已经造成的重大经济损失，分为“直接经济损失”和“间接经济损失”，前者指与行为有直接因果关系而造成的财产损毁、减少的实际价值；后者指由直接经济损失引起和牵连产生的其他损失，包括失去在正常情况下可以获得的利益和为恢复正常的管理活动或者挽回已有损失所支付的各种开支、费用等。[①] 在司法实践中，有以下情形之一的，虽然公共财产作为债权存在，但已无法实现债权的，可以认定为行为人的渎职行为造成了经济损失：（1）债务人已经法定程序被宣告破产；（2）债务人潜逃，去向不明；（3）因行为人责任，致使超过诉讼时效；（4）有证据证明债权无法实现的其他情况。[②]

3. 本类犯罪的主体，除个别犯罪外，都是特殊主体，即国家机关工作人员。根据《刑法》第93条及其立法解释，这里所称国家机关工作人员包括：（1）国家机关工作人员，即在国家权力机关、行政机关、审判机关、检察机关、军事机关从事公务的人员，如乡政府、街道办事处的公务员，法院的审判人员等。（2）在非国家机关的组织中从事公务的人员。包括：1）在依照法律、法规规定行使国家行政管理职权的组织中从事公务的人员，这主要指法律授权规定在某些领域行使国家行政管理职权的非国家机关的组织，或者在机构改革中由原来的国家机关调整为非国家机关，但仍然保留其行使某些行政管理的职能的事业单位。如证券监督管理委员会、地方烟草专卖局、土地所及房产所工作人员等。2）在受国家机关委托代表国家机关行使职权的组织中从事公务的人员，如新疆生产建设兵团工作人员等。（3）没有列入国家机关人员编制但在国家机关中从事公务的人员。上述人员在代表国家机关行使职权时，有渎职行为，构成犯罪的，依照《刑法》关于渎职罪的规定追究刑事责任。[③] 在乡（镇）以上中国共产党机关、人民政协机关中从事公务的人员，司法实践中也应当视为国家机关工作人员。[④]

4. 本类犯罪在主观方面既有故意也有过失。典型的过失，通常具有对待职责马虎草率、漫不经心或者自以为是、恣意妄为、严重不负责任的心理。典型的故意则通常具有徇私舞弊之“徇私”的动机。这里所说的故意、过失主要是对渎职行为所造成之损害结果的心态，而非对待渎职行为本身的态度。在这种场合，行为人对渎职行为本身是故意还是过失并非是确立罪过形式的主要因素。

二、渎职罪的种类

对于这类犯罪根据具体犯罪主体的特点，大致可分为如下三类：

1. 一般国家工作人员的渎职罪，具体包括滥用职权罪，玩忽职守罪，故意泄露国家秘密罪，过失泄露国家秘密罪，国家机关工作人员签订、履行合同失职被骗罪，非法批准征用、占用土地罪，非法低价出让国有土地使用权罪，招收公务员、学生徇私

① 参见2006年7月26日最高人民检察院《关于渎职侵权犯罪案件立案标准的规定》。此处关于直接经济损失、间接经济损失的认定，因为出自该规定，代表了检察机关的认定标准，可适用于本章所有渎职罪经济损失的认定。

② 参见最高人民法院《全国法院审理经济犯罪案件工作座谈会纪要》中关于“渎职犯罪行为造成的公共财产重大损失的认定”的规定。

③ 参见2002年12月《全国人民代表大会常务委员会关于〈中华人民共和国刑法〉第九章渎职罪主体适用问题的解释》。

④ 参见最高人民法院《全国法院审理经济犯罪案件工作座谈会纪要》。

舞弊罪和失职造成珍贵文物毁损、流失罪9个罪名。

2. 司法工作人员的渎职罪，具体包括徇私枉法罪，民事、行政枉法裁判罪，执行判决、裁定失职罪，执行判决、裁定滥用职权罪，枉法仲裁罪，私放在押人员罪，失职致使在押人员脱逃罪和徇私舞弊减刑、假释、暂予监外执行罪8个罪名。

3. 特定机关工作人员的渎职罪，具体包括徇私舞弊不移交刑事案件罪，滥用管理公司、证券职权罪，徇私舞弊不征、少征税款罪，徇私舞弊发售发票、抵扣税款、出口退税罪，违法提供出口退税凭证罪，违法发放林木采伐许可证罪，环境监管失职罪，食品监管渎职罪，传染病防治失职罪，非法批准征收、征用、占用土地罪，放纵走私罪，商检徇私舞弊罪，商检失职罪，动植物检疫徇私舞弊罪，动植物检疫失职罪，放纵制售伪劣商品犯罪行为罪，办理偷越国（边）境人员出入境证件罪，放行偷越国（边）境人员罪，不解救被拐卖、绑架的妇女、儿童罪，阻碍解救被拐卖、绑架的妇女、儿童罪，帮助犯罪分子逃避处罚罪20个罪名。

第二节　一般国家机关工作人员的渎职罪

一、滥用职权罪

（一）滥用职权罪的概念和构成

滥用职权罪，是指国家机关工作人员超越职权，违法决定、处理其无权决定、处理的事项，或者违反规定处理公务，致使公共财产、国家和人民利益遭受重大损失的行为。本罪的构成要件如下：

1. 本罪侵犯的客体是公务职责的公正、勤勉性和国家机关的正常职能活动。

2. 本罪在客观上表现为滥用职权，致使公共财产国家和人民利益遭受重大损失的行为。滥用职权一般表现为两种类型：（1）超越职权，违法决定、处理其无权决定、处理的事项；或者（2）违反规定处理公务。所谓致使公共财产和人民利益遭受重大损失，根据“两高”《关于办理渎职刑事案件适用法律若干问题的解释》第1条的规定，是指滥用职权具有下列情形之一的：（1）造成死亡1人以上，或者重伤3人以上，或者轻伤9人以上，或者重伤2人、轻伤3人以上，或者重伤1人、轻伤6人以上的；（2）造成经济损失30万元以上的；（3）造成恶劣社会影响的；（4）其他致使公共财产、国家和人民利益遭受重大损失的情形。

3. 本罪主体是国家机关工作人员。

4. 本罪主观上是故意[①]，即行为人明知自己滥用职权的行为可能致使公共财产、

---

① 关于本罪的罪过形式存在不同的见解。一种观点认为是故意，且包括间接故意和直接故意。参见高铭暄、马克昌主编：《刑法学》，649页，北京，北京大学出版社，高等教育出版社，2000。本书采此说。另一观点认为本罪的罪过形式是过失，关于此说，参见周道鸾、张军、高憬宏、熊选国：《刑法实务若干问题研究》，载《刑事审判参考》，2004年第1辑，129页，北京，法律出版社，2004。

国家和人民利益遭受重大损失，并且希望或放任这种结果发生。

（二）滥用职权罪的认定

认定本罪，应当注意如下问题：

1. 本罪与非罪行为的界限

是否造成严重后果，是区分滥用职权罪与一般渎职行为的主要标准。滥用职权造成严重后果的，构成犯罪；未造成严重后果的，属于工作中的渎职行为。

2. 本罪与《刑法》另有规定的滥用职权犯罪的关系

《刑法》另有规定的特定的滥用职权（徇私舞弊）的犯罪有：第399条之徇私枉法罪，民事、行政枉法裁判罪，执行判决、裁定滥用职权罪；第400条之私放在押人员罪；第401条之徇私舞弊减刑、假释、暂予监外执行罪；第402条之徇私舞弊不移交刑事案件罪；第404条之徇私舞弊不征、少征税款罪；第405条之徇私舞弊发售发票、抵扣税款、出口退税罪、违法提供出口退税凭证罪；第407条之违法发放林木采伐许可证罪；第410条之非法批准征用、占用土地罪、非法低价出让国有土地使用权罪；第411条之放纵走私罪；第412条之商检徇私舞弊罪；第413条之动植物检疫徇私舞弊罪；第414条之放纵制售伪劣商品犯罪行为罪；第415条之办理偷越国（边）境人员出入境证件罪；放行偷越国（边）境人员罪；第416条第2款之阻碍解救被拐卖、绑架妇女、儿童罪；第417条之帮助犯罪分子逃避处罚罪等。本罪与上列其他具有滥用职权（徇私舞弊）性质的犯罪是一般与特别的关系，行为人的行为触犯《刑法》第399条的规定和其他有关条款规定的，应择特别规定定罪处罚。最高人民检察院在立案标准中指出：国家机关工作人员滥用职权，符合《刑法》第九章所规定的特殊渎职罪构成要件的，按照该特殊规定追究刑事责任；主体不符合《刑法》第九章所规定的特殊渎职罪的主体要件，但滥用职权涉嫌具有该罪应予立案的第1项至第9项规定情形之一的，按照《刑法》第397条的规定以滥用职权罪追究刑事责任。[①]

3. 本罪与其他近似犯罪的界限

《刑法》第165条之非法经营同类营业罪，第166条之为亲友非法牟利罪，第168条之国有公司、企业、事业单位人员滥用职权罪，第169条之徇私舞弊低价折股、出售国有资产罪，这些犯罪都具有滥用职权（徇私舞弊）的性质，十分相似，本罪与它们的区别是：（1）主体不同，本罪主体为国家机关工作人员；后几罪的主体为国有公司、企业、事业单位的负责人或者工作人员。（2）职务的性质不同，本罪的职务是公务性职务；后几罪的职务是企业、事业单位的经营、管理业务性职务。（3）客体不同。本罪侵犯的客体是公务职责的公正、勤勉性和国家机关的正常职能活动；后几罪侵犯的客体是公司、企业的管理秩序。

（三）滥用职权罪的处罚

根据《刑法》第397条第1款的规定，犯本罪的，处3年以下有期徒刑或者拘役；情节特别严重的，处3年以上7年以下有期徒刑。

《刑法》第397条第2款规定，犯本罪且徇私舞弊的，处5年以下有期徒刑或者拘役；情节特别严重的，处5年以上10年以下有期徒刑。

---

① 参见最高人民检察院《关于渎职侵权犯罪案件立案标准的规定》。

所谓“情节特别严重”，是指滥用职权，具有下列情形之一的：（1）造成伤亡达到前述司法解释第1条第1款第1项规定人数3倍以上的；（2）造成经济损失150万元以上的；（3）造成前述司法解释第1条第1款规定的损失后果，不报、迟报、谎报或者授意、指使、强令他人不报、迟报、谎报事故情况，致使损失后果持续、扩大或者抢救工作延误的；（4）造成特别恶劣社会影响的；（5）其他特别严重的情节。

二、玩忽职守罪

（一）玩忽职守罪的概念和构成

玩忽职守罪，是指国家机关工作人员严重不负责任，不履行或者不认真履行职责，致使公共财产、国家和人民利益遭受重大损失的行为。本罪的构成要件如下：

1. 本罪侵害的客体是公务职责的公正、勤勉性和国家机关的正常职能活动。

2. 本罪在客观上表现为玩忽职守，致使公共财产和人民利益遭受重大损失的行为。所谓玩忽职守，表现为两种类型：（1）不履行职责；或者（2）不认真履行职责，致使公共财产、国家和人民利益遭受重大损失。根据“两高”《关于办理渎职刑事案件适用法律若干问题的解释》第1条的规定，是指玩忽职守，具有下列情形之一的：（1）造成死亡1人以上，或者重伤3人以上，或者轻伤9人以上，或者重伤2人、轻伤3人以上，或者重伤1人、轻伤6人以上的；（2）造成经济损失30万元以上的；（3）造成恶劣社会影响的，（4）其他致使公共财产、国家和人民利益遭受重大损失的情形。

3. 本罪主体是国家机关工作人员。

4. 本罪在主观上是过失，即行为人应当预见自己玩忽职守的行为可能致使公共财产、国家和人民利益遭受重大损失，或者已经预见而轻信能够避免，以致这种重大损失发生的严重不负责任的心理态度。行为人玩忽职守行为本身也可能是故意的，但对损害结果，则是过失的。

（二）玩忽职守罪的认定

认定本罪，应当注意如下问题：

1. 本罪与滥用职权罪的界限

玩忽职守罪与滥用职权罪在犯罪主体、犯罪客体、罪过的性质、犯罪结果、加重情节等方面是相同的。两者的主要区别在于：（1）渎职的客观行为方式不同。玩忽职守罪主要表现为以不作为的方式不履行职责或者怠于履行职责；滥用职权罪主要表现为以作为的方式超越权限处理无权处理的事务或者不顾职责的程序和宗旨随心所欲地处理事务。（2）主观方面也有所不同。玩忽职守罪的主观方面往往表现为马虎草率、敷衍塞责之类的对工作严重不负责任的态度，行为人对玩忽职守行为本身可能是有意的也可能是无意的；滥用职权的主观方面主要表现为行使职权时自以为是、为所欲为的态度，行为人对渎职行为本身往往是有意的。

2. 本罪与《刑法》另有规定的玩忽职守犯罪的关系

《刑法》另有规定的具有玩忽职守性质的渎职犯罪有：第398条之过失泄露国家秘密罪；第399条之执行判决、裁定失职罪；第400条之失职致使在押人员脱逃罪；第406条之国家机关工作人员签订、履行合同失职被骗罪；第407条之违法发放林木采伐许可证罪；第 408 条之环境监管失职罪；第 409 条之传染病防治失职罪；第 412 条之商检失职罪；第 413 条之动植物检疫失职罪；第 414 条之放纵制售伪劣商品犯罪行为罪；第 416 条之不解救被拐卖、绑架妇女、儿童罪；第 419 条之失职造成珍贵文物损毁、流失罪等。本罪与上列有关犯罪是一般与特殊的法条竞合关系，因此行为人触犯《刑法》另有规定的特定玩忽职守犯罪的，虽然也触犯了第 397 条的规定，但依法应以特别的规定定罪处罚。

3. 本罪与有关重大责任事故的犯罪的界限

从广义上讲本罪以造成重大损失为要件，亦属于一种责任事故型犯罪，与其他事故型犯罪所不同者，在于它是公务型责任事故。因此本罪与其他责任事故型犯罪有相似之处，认定时应予注意。这些事故型犯罪主要有《刑法》第 131 条之重大飞行事故罪、第 132 条之铁路运营安全事故罪、第 134 条之重大责任事故罪、第 135 条之重大劳动安全事故罪、第 136 条之危险物品肇事罪、第 137 条之工程重大安全事故罪、第 138 条之教育设施重大安全事故罪、第 139 条之消防责任事故罪、第 330 条之妨害传染病防治罪、第 331 条之传染病菌种、毒种扩散罪、第 335 条之医疗事故罪、第 338 条之污染环境罪等。本罪与上述事故型犯罪的主要区别是：（1）犯罪主体不同，本罪主体为国家机关工作人员，而有关事故型犯罪的主体一般为厂矿企业、事业单位的职工或者工作人员。（2）发生的场合不同，本罪发生于国家机关的公务活动过程中，而有关事故型犯罪，一般发生于生产、作业等业务活动中以及直接指挥生产、作业或者管理生产、作业等业务活动过程中。（3）侵犯的客体不同。本罪侵害的客体是公务职责的公正、勤勉性和国家机关的正常职能活动；而有关事故型犯罪侵犯的客体为公共安全、公共卫生或者自然环境的保护、管理秩序。

4. 本罪与《刑法》第 167 条之签订、履行合同失职被骗罪及第 168 条之国有公司、企业、事业单位人员失职罪的界限

区别主要在于：（1）犯罪主体不同。本罪主体为国家机关工作人员；后两者的主体为国有公司、企业、事业单位直接负责的主管人员。（2）渎职的性质不同。本罪为公务职权，后两者为国有公司、企业、事业单位的经营、管理权。（3）侵犯的客体不同。本罪侵害的客体是公务职责的公正、勤勉性和国家机关的正常职能活动；而后两者侵犯的客体则是公司、企业的管理秩序。

5. 本罪与金融机构工作人员业务失职犯罪的界限

金融机构工作人员业务失职犯罪有：《刑法》第 186 条第 2 款之违法发放贷款罪、第 188 条之违规出具金融票证罪、第 189 条之对违法票据承兑、付款、保证罪等。本罪与上列几罪的主要区别在于：（1）犯罪主体不同。本罪主体为国家机关工作人员；后几罪的主体为金融机构工作人员。（2）渎职的性质不同。本罪为公务活动；后几罪为金融业务活动。（3）侵犯的客体不同。本罪侵害的客体是公务职责的公正、勤勉性和国家机关的正常职能活动；而后几罪侵犯的客体则是金融管理秩序。

（三）玩忽职守罪的处罚

根据《刑法》第 397 条第 1 款的规定，犯本罪的，处 3 年以下有期徒刑或者拘役；情节特别严重的，处 3 年以上 7 年以下有期徒刑。

《刑法》第 397 条第 2 款规定，犯本罪且徇私舞弊的，处 5 年以下有期徒刑或者拘

役；情节特别严重的，处 5 年以上 10 年以下有期徒刑。

所谓“情节特别严重”，是指玩忽职守，具有下列情形之一的：（1）造成伤亡达到前述司法解释第 1 条第 1 款第 1 项规定人数 3 倍以上的；（2）造成经济损失 150 万元以上的；（3）造成前述司法解释第 1 条第 1 款规定的损失后果，不报、迟报、谎报或者授意、指使、强令他人不报、迟报、谎报事故情况，致使损失后果持续、扩大或者抢救工作延误的；（4）造成特别恶劣社会影响的；（5）其他特别严重的情节。

三、故意泄露国家秘密罪

（一）故意泄露国家秘密罪的概念和构成

故意泄露国家秘密罪，是指国家机关工作人员或者非国家机关工作人员违反保守国家秘密法，故意使国家秘密被不应知悉者知悉，或者故意使国家秘密超出了限定的接触范围，情节严重的行为。本罪构成要件如下：

1. 本罪侵犯的客体是国家保密制度。

2. 本罪客观上表现为违反保守国家秘密法的规定，泄露国家秘密的行为。所谓泄露，就是行为人把自己掌握或知道的国家秘密泄露给不应知悉的人，或者故意使国家秘密超出了限定的接触范围。泄露的方式多种多样，不论何种方式，均不影响本罪的成立。

构成本罪，必须是泄露国家秘密情节严重的。所谓情节严重，根据有关司法解释的规定[①]，应是国家机关工作人员涉嫌故意泄露国家秘密具有下列情形之一的：（1）泄露绝密级国家秘密 1 项（件）以上的；（2）泄露机密级国家秘密 2 项（件）以上的；（3）泄露秘密级国家秘密 3 项（件）以上的；（4）向非境外机构、组织、人员泄露国家秘密，造成或者可能造成危害社会稳定、经济发展、国防安全或者其他严重危害后果的；（5）通过口头、书面或者网络等方式向公众散布、传播国家秘密的；（6）利用职权指使或者强迫他人违反国家保守秘密法的规定泄露国家秘密的；（7）以牟取私利为目的泄露国家秘密的；（8）其他情节严重的情形。

3. 本罪的主体一般是国家机关工作人员。但根据《刑法》第 398 条第 2 款规定，非国家机关工作人员也可构成本罪。

4. 本罪主观上是故意。泄露国家秘密的动机是多种多样的，无论出于何种动机都不影响定罪，但对量刑有重要意义。

（二）故意泄露国家秘密罪的认定

认定本罪，应当注意如下问题：

1. 本罪与为境外窃取、刺探、收买、非法提供国家秘密、情报罪的界限

两者的主要区别在于：（1）犯罪主体不同，本罪的主体一般为有权知悉国家秘密的国家机关工作人员；而后者则为一般主体。（2）客观方面不同，本罪泄密的对象不分何人；后者则必须是为境外机构、组织、人员窃取、刺探、收买、非法提供国家秘密、情报的行为。（3）侵犯的客体不同，前者为国家保密制度；后者为国家安全。

---

① 参见最高人民检察院《关于渎职侵权犯罪案件立案标准的规定》。

(4) 区分罪与非罪行为的标准不同，前者必须情节严重才构成犯罪；后者则无此限制。

2. 本罪与非法获取国家秘密罪的界限

两者的区别主要在于在获取国家秘密上是否使用了窃取、收买、刺探等“非法”手段。本罪的行为人往往是有权知悉国家秘密或掌管国家秘密的人员，在取得国家秘密上没有也不需要使用“非法”手段，因此不存在“非法获取”的问题，只存在“泄漏”的问题。相反，如果行为人在取得国家秘密上就采取了非法的手段，则还构成非法获取国家秘密罪。而在非法获取之后向他人泄露的，则属于非法获取国家秘密罪的牵连犯。

(三) 故意泄露国家秘密罪的处罚

根据《刑法》第 398 条的规定，犯本罪的，处 3 年以下有期徒刑或者拘役；情节特别严重的，处 3 年以上 7 年以下有期徒刑。对非国家机关工作人员犯本罪的，依照此规定酌情处罚。

四、过失泄露国家秘密罪

过失泄露国家秘密罪，是指国家机关工作人员或者非国家机关工作人员违反保守国家秘密法，过失泄露国家秘密，或者遗失国家秘密载体，致使国家秘密被不应知悉者知悉或者超出了限定的接触范围，情节严重的行为。本罪的构成要件是：

1. 本罪侵犯的客体是国家保密制度。

2. 本罪在客观上表现为违反国家保守秘密法的规定，造成泄露国家秘密结果的行为。构成本罪必须是泄露国家秘密情节严重的行为。

3. 主体是国家机关工作人员，根据《刑法》第 398 条第 2 款规定，非国家机关工作人员也可构成本罪。

4. 主观方面是过失。

根据《刑法》第 398 条的规定，犯本罪的，处 3 年以下有期徒刑或者拘役；情节特别严重的，处 3 年以上 7 年以下有期徒刑。对非国家机关工作人员犯本罪的，依照本规定酌情处罚。

五、国家机关工作人员签订、履行合同失职被骗罪

国家机关工作人员签订、履行合同失职被骗罪是指国家机关工作人员在签订、履行合同过程中，因严重不负责任，不履行或者不认真履行职责被诈骗，致使国家利益遭受重大损失的行为。本罪的构成要件是：

1. 本罪客体是国家机关正常的经贸活动。

2. 本罪在客观上表现为在签订、履行合同过程中，因严重不负责任被诈骗，致使国家利益遭受重大损失。包括以下要素：(1) 行为发生于签订、履行合同的过程中。(2) 因严重不负责任被诈骗。所谓严重不负责任，就其客观表现而言，往往违反经贸活动的规章制度、惯例以及国家机关的工作程序、工作纪律等，如不认真审查对方当事人的合同主体资格、资信情况、履约能力，盲目签订、履行合同，或者应当公证、

签证的不予公证、签证；应当经集体研究或者上级审批的，擅自越权，签订或者履行经济合同；或者违反规定为他人签订经济合同提供担保等。（3）致使国家利益遭受重大损失。

3. 本罪主体是国家机关工作人员。

4. 本罪主观上是过失。

根据《刑法》第406条的规定，犯本罪的，处3年以下有期徒刑或者拘役；致使国家利益遭受特别巨大损失的，处3年以上7年以下有期徒刑。

六、非法批准征收、征用、占用土地罪

非法批准征收、征用、占用土地罪，是指国家机关工作人员徇私舞弊，违反土地管理法、森林法、草原法等法律以及有关行政法规中关于土地管理的规定，滥用职权，非法批准征收、征用、占用耕地、林地等农用地以及其他土地，情节严重的行为。本罪的构成要件是：

1. 本罪侵犯的客体是国家机关的土地管理职能。

2. 本罪在客观上表现为违反国家土地管理法、森林法、草原法等规定，滥用职权，非法批准征收、征用、占用耕地、林地等农用地以及其他土地，情节严重的行为。滥用职权，非法批准征收、征用、占用土地，指无权批准征收、征用、占用土地的国家机关工作人员，利用职务上的便利，采取欺骗、隐瞒的方法作弊，非法批准征收、占用土地；或者有权批准征收、征用、占用土地的国家工作人员，利用职务上的便利，采取欺骗、隐瞒的方法作弊，超越其批准土地种类、数量等方面的权限，非法批准征收、占用土地；或者对不符合征收、征用、占用土地条件的，违法予以批准。

3. 本罪的主体是国家机关工作人员。

4. 本罪在主观上出于故意。

根据《刑法》第410条的规定，犯本罪的，处3年以下有期徒刑或者拘役；致使国家或者集体利益遭受特别重大损失的，处3年以上7年以下有期徒刑。

七、非法低价出让国有土地使用权罪

非法低价出让国有土地使用权罪，是指国家机关工作人员徇私舞弊，违反土地管理法、森林法、草原法等法律以及有关行政法规中关于土地管理的规定，滥用职权，非法低价出让国有土地使用权，情节严重的行为。本罪的构成要件是：

1. 本罪侵害的客体是国家机关的土地管理职能。

2. 本罪在客观上表现为违反国家土地管理法、森林法、草原法等法律、法规的规定，滥用职权，非法低价出让国有土地使用权，情节严重的行为。

3. 本罪主体是国家机关工作人员。

4. 本罪主观上是故意，必须出于徇私情的动机。

根据《刑法》第410条的规定，犯本罪的，处3年以下有期徒刑或者拘役；致使国家或者集体利益遭受特别重大损失的，处3年以上7年以下有期徒刑。

八、招收公务员、学生徇私舞弊罪

招收公务员、学生徇私舞弊罪，是指国家机关工作人员在招收公务员、省级以上教育行政部门组织招收的学生工作中徇私舞弊，情节严重的行为。本罪的构成要件是：

1. 本罪侵犯的客体是招收公务员、学生的制度。

2. 本罪客观上表现为在招收公务员、学生工作中徇私舞弊，情节严重的行为。具体包括两种行为：一是在招收公务员的工作中徇私舞弊；二是在招收省级以上教育行政部门组织招收的学生的工作中徇私舞弊。无论哪种行为，构成本罪，其行为情节均须达到严重的程度。

3. 本罪的主体是国家机关工作人员。

4. 本罪主观上是故意，并且必须出于徇私舞弊的动机。

根据《刑法》第418条的规定，犯本罪的，处3年以下有期徒刑或者拘役。

九、失职造成珍贵文物损毁、流失罪

失职造成珍贵文物损毁、流失罪，是指国家机关工作人员严重不负责任，造成珍贵文物损毁或者流失，后果严重的行为。本罪的构成要件是：

1. 本罪侵犯的客体是国家机关的文物管理、保护职能。

2. 本罪在客观上表现为严重不负责任，造成珍贵文物损毁或者流失，后果严重的行为。所谓严重不负责任，是指不履行法律规定或者职务要求的保护、管理文物的职责，或者在履行职务中敷衍塞责，草率应付，并且达到了相当严重的程度。这里所谓“损毁”是指致使珍贵文物损伤、毁坏无法修复或者价值受到影响；所谓“流失”是指珍贵文物被他人持有、带走或者下落不明无法追回，如被偷运境外、被窃、丢失等。

3. 本罪的主体是国家机关工作人员。

4. 本罪主观方面是过失。

根据《刑法》第419条的规定，犯本罪的，处3年以下有期徒刑或者拘役。

第三节　司法工作人员的渎职罪

一、徇私枉法罪

（一）徇私枉法罪的概念和构成

徇私枉法罪是指司法工作人员徇私枉法、徇情枉法，对明知是无罪的人而使他受追诉、对明知是有罪的人而故意包庇不使他受追诉，或者在刑事审判活动中故意违背事实和法律作枉法裁判的行为。本罪的构成要件如下：

1. 本罪侵犯的客体是司法机关的正常职能。司法工作人员滥用职权、徇私枉法行为，都会破坏司法机关正常活动，破坏社会主义法制。

2. 本罪在客观上表现为利用司法上的职务之便，进行枉法追诉或者枉法裁判的行为。具体表现为利用司法职务上的便利，实施以下三种枉法行为：（1）对明知无罪的人而使他受追诉，即对没有实施危害社会行为，或者根据《刑法》第13条的规定，情节显著轻微危害不大，不认为是犯罪以及其他依照《刑法》规定不负刑事责任的人，采取伪造、隐匿、毁灭证据或者其他隐瞒事实、违背法律的手段，以追究刑事责任为目的进行侦查（含采取强制性措施）、起诉、审判等追诉活动。（2）对明知有罪的人而故意包庇不使他受追诉。这是指对有确凿事实证明其实施犯罪的人，采取伪造、隐匿、毁灭证据或者其他隐瞒事实、违背法律的手段，故意包庇使其不受侦查（含采取强制措施）、起诉或者审判；故意包庇不使受追诉的犯罪事实，既可以是全部的犯罪事实，也可以是部分犯罪事实或情节。另外，故意违背事实真相，违法变更强制措施，或者虽然采取强制措施，但实际放任不管，致使人犯逃避刑事追诉的，亦属枉法包庇的情形。（3）在刑事审判活动中故意违背事实和法律枉法裁判，这是指枉法进行裁定、判决，将有罪判无罪、无罪判有罪或者重罪轻判、轻罪重判。

3. 本罪主体是司法工作人员。所谓司法工作人员，根据《刑法》第94条的规定，是指有侦查、检察、审判、监管职责的工作人员。在审判实践中，司法机关中任职的专业技术人员在办案中故意提供虚假材料和意见，或者故意作虚假鉴定，严重影响刑事追诉活动的，也可构成本罪。但是其他专业技术人员故意作虚假鉴定的，可成立伪证罪。

4. 本罪在主观上是故意。即明知案件的事实真相，出于屈从私利、私情的动机，而有意枉法追诉、包庇、裁判。徇私、徇情的动机是各种各样的，有的是贪图钱财、女色；有的是袒护、包庇亲友、同事或者泄愤报复。

（二）徇私枉法罪的认定

认定本罪，应注意如下问题：

1. 本罪与非罪行为的界限

确定徇私枉法者的刑事责任，要综合考虑其行为给国家、社会和人民利益造成的损失，给有关当事人的人身、财产等方面的权益造成的损失，以及造成的政治影响等方面的情况。根据有关司法解释的规定[①]，徇私枉法涉嫌下列情形之一的，应予立案：（1）对明知是没有犯罪事实或者其他依法不应当追究刑事责任的人，采取伪造、隐匿、毁灭证据或者其他隐瞒事实、违反法律的手段，以追究刑事责任为目的立案、侦查、起诉、审判的；（2）对明知是有犯罪事实需要追究刑事责任的人，采取伪造、隐匿、毁灭证据或者其他隐瞒事实、违反法律的手段，故意包庇使其不受立案、侦查、起诉、审判的；（3）采取伪造、隐匿、毁灭证据或者其他隐瞒事实、违反法律的手段，故意使罪重的人受较轻的追诉，或者使罪轻的人受较重的追诉的；（4）在立案后，采取伪造、隐匿、毁灭证据或者其他隐瞒事实、违反法律的手段，应当采取强制措施而不采取强制措施，或者虽然采取强制措施，但中断侦查或者超过法定期限不采取任何措施，

① 参见最高人民检察院《关于渎职侵权犯罪案件立案标准的规定》。

实际放任不管，以及违法撤销、变更强制措施，致使犯罪嫌疑人、被告人实际脱离司法机关侦控的；（5）在刑事审判活动中故意违背事实和法律，作出枉法判决、裁定，即有罪判无罪、无罪判有罪，或者重罪轻判、轻罪重判的；（6）其他徇私枉法应予追究刑事责任的情形。对于由于认识水平、工作能力而造成错案，不应以徇私枉法罪论处。由于隶属关系，不得不执行上级错误命令，造成错案，如果不具有徇私枉法的共同故意和行为，也不能以徇私枉法罪追究刑事责任。

2. 本罪与帮助毁灭、伪造证据罪的界限

司法工作人员在徇私枉法的行为过程中，可能采取毁灭、伪造证据的方法进行枉法追诉、裁判，这与帮助毁灭、伪造证据罪相似。两者的主要区别是：（1）本罪的毁灭、伪造证据行为是作为徇私枉法犯罪的方法行为，在实行徇私枉法犯罪过程中实施的；而后罪则不是在徇私枉法犯罪过程中实施的。（2）本罪毁灭、伪造证据的行为必须利用司法职权；而后者则无此限制。在徇私枉法的犯罪过程中，利用司法职权毁灭、伪造证据的，实质属于方法行为牵连到帮助毁灭、伪造证据罪，应择较重的罪，即本罪论处。

3. 本罪与伪证罪的界限

伪证罪与徇私枉法罪，均为特殊主体，均有陷害或包庇的目的，均发生于刑事诉讼过程中，均可能有妨害证据的行为，极为近似。两者的主要区别是：（1）犯罪主体不同，徇私枉法罪的主体限于有侦查、起诉、审判等司法职责的人员，通常为公安、国家安全人员、检察员、审判员及陪审员；而伪证罪的主体为证人、鉴定人、翻译人和记录人。（2）客观方面不同，徇私枉法罪限于利用司法职务之便；而伪证罪则无利用司法职务之便的行为特征。（3）侵犯的客体不同，徇私枉法罪是一种滥用司法职权的行为；而伪证罪是一种妨害司法活动的行为。

4. 本罪中涉及受贿问题的处理

司法工作人员因受贿而枉法追诉、裁判的，依法应择一重罪定罪处罚，不实行数罪并罚。

（三）徇私枉法罪的处罚

根据《刑法》第399条的规定，犯本罪的，处5年以下有期徒刑或者拘役；情节严重的，处5年以上10年以下有期徒刑；情节特别严重的，处10年以上有期徒刑。

二、民事、行政枉法裁判罪

（一）民事、行政枉法裁判罪的概念和构成

民事、行政枉法裁判罪，是指审判人员在民事、行政审判活动中，故意违背事实和法律作枉法裁判，情节严重的行为。本罪的构成要件如下：

1. 本罪侵犯的客体是人民法院的审判职能。

2. 本罪在客观上表现为在民事、行政审判活动中作出违背事实和法律的判决、裁定的行为。所谓民事、行政审判活动，是指非刑事诉讼的审判活动，包括民事案件、行政案件、经济纠纷案件、海商、海事案件的司法审判活动。所谓违背事实和法律的判决、裁定，是指不依据已有的证据查清、认定案件的事实或者不依据已查清的案件

事实正确地适用法律，作出颠倒、歪曲事实的认定和颠倒是非、歪曲法律的判决、裁定。通常表现为有意偏袒一方当事人，或者损害一方当事人的利益。证据确凿充分的，认定为证据不足；证据不足的，认定为确凿充分；不依据已查清的事实公正地确定当事人的责任等。对于有充分的事由和证据应予立案而有意裁定不予立案的，也属于枉法裁判的一种形式。

依据《刑法》第 399 条第 2 款的规定，在民事、行政审判活动中枉法裁判的行为必须情节严重，才能构成犯罪。所谓情节严重，主要指从行为人的动机、手段及所造成的后果等方面综合考虑，其社会危害性比较严重，应予刑罚处罚。根据有关司法解释的规定①，情节严重指涉嫌下列情形之一的：（1）枉法裁判，致使当事人或者其近亲属自杀、自残造成重伤、死亡，或者精神失常的；（2）枉法裁判，造成个人财产直接经济损失 10 万元以上，或者直接经济损失不满 10 万元，但间接经济损失 50 万元以上的；（3）枉法裁判，造成法人或者其他组织财产直接经济损失 20 万元以上，或者直接经济损失不满 20 万元，但间接经济损失 100 万元以上的；（4）伪造、变造有关材料、证据，制造假案枉法裁判的；（5）串通当事人制造伪证，毁灭证据或者篡改庭审笔录而枉法裁判的；（6）徇私情、私利，明知是伪造、变造的证据予以采信，或者故意对应当采信的证据不予采信，或者故意违反法定程序，或者故意错误适用法律而枉法裁判的；（7）其他情节严重的情形。

3. 本罪主体是在民事、行政诉讼活动中行使审判职责的人员。

4. 本罪在主观上是故意，即明知案件的事实或应当适用的法律，而故意违背事实和法律作出裁定或判决。

（二）民事、行政枉法裁判罪的认定

认定本罪，应当注意如下问题：

1. 本罪与非罪行为的界限

对于不是有意枉法裁判，而是由于认识水平、工作能力的原因而作出显失公平裁判的，或者由于工作隶属关系，迫于上级的压力而作出显失公平裁判的，不能以犯罪论处。虽然有意徇私作出了枉法裁判，但综合其动机、手段及后果考虑，尚未达到情节严重程度的，亦不要以犯罪论处。

2. 本罪与徇私枉法罪的界限

两者均有徇私的动机和枉法裁判的行为，相当近似。主要区别是：（1）行为发生的场合不同，民事、行政枉法裁判罪限于发生在民事、行政诉讼的审判活动中；而徇私枉法罪限于发生在刑事诉讼活动中。（2）构成犯罪的条件不同，构成民事、行政枉法裁判罪以情节严重为要件；而徇私枉法罪无此要件的限定。尤其注意，如果对刑事案件作枉法裁判的，应当以徇私枉法罪论处。

3. 本罪中的罪数问题

本罪中的罪数问题主要包括两种情况：（1）负有审判职责的人利用职务之便，在民事、行政枉法裁判的过程中采取了毁灭、伪造证据的手段，应视为牵连犯，只需以民事、行政枉法裁判罪定罪处罚。（2）犯民事、行政枉法裁判罪又犯受贿罪的，择一

---

① 参见最高人民检察院《关于渎职侵权犯罪案件立案标准的规定》。

重罪定罪处罚，无须实行数罪并罚。

(三) 民事、行政枉法裁判罪的处罚

根据《刑法》第399条的规定，犯本罪的，处5年以下有期徒刑或者拘役；情节特别严重的，处5年以上10年以下有期徒刑。

三、执行判决、裁定失职罪

执行判决、裁定失职罪，是指司法工作人员在执行判决、裁定活动中，严重不负责任，不依法采取诉讼保全措施、不履行法定执行职责，或者违法采取保全措施、强制执行措施，致使当事人或者其他人的利益遭受重大损失的行为。本罪的构成要件是：

1. 本罪侵犯的客体是人民法院的正常执行活动。

2. 本罪在客观方面表现为在执行判决、裁定活动中，严重不负责任。具体表现为：(1) 不依法采取诉讼保全措施；(2) 不履行法定执行职责，致使当事人或者其他人的利益遭受重大损失。这里的当事人，指有关案件的原告人、被告人和第三人；其他人指前述当事人以外的人。

3. 本罪的主体是人民法院从事执行工作的人员。

4. 本罪在主观方面是过失。

根据《刑法》第399条的规定，犯本罪的，处5年以下有期徒刑或者拘役；情节特别严重的，处5年以上10年以下有期徒刑。因为受贿而犯执行判决、裁定失职罪的，择一重罪处罚，不数罪并罚。

四、执行判决、裁定滥用职权罪

执行判决、裁定滥用职权罪，是指司法工作人员在执行判决、裁定活动中，滥用职权，不依法采取诉讼保全措施、不履行法定执行职责，或者违法采取保全措施、强制执行措施，致使当事人或者其他人的利益遭受重大损失的行为。本罪的构成要件是：

1. 本罪侵犯的客体是人民法院的正常执行活动。

2. 本罪在客观上表现为在执行判决、裁定活动中滥用职权，违法采取诉讼保全措施、强制执行措施，致使当事人或者其他人的利益遭受重大损失的行为。

3. 本罪主体是人民法院从事执行工作的人员。

4. 本罪在主观上是故意，故意的内容主要体现在滥用职权行为本身。[①]

根据《刑法》第399条的规定，犯本罪的，处5年以下有期徒刑或者拘役；情节特别严重的，处5年以上10年以下有期徒刑。因为受贿而犯本罪的，择一重罪处罚，不数罪并罚。

五、枉法仲裁罪

枉法仲裁罪，指依法承担仲裁职责的人员，在仲裁活动中故意违背事实和法律作

---

① 参见陈兴良：《陈兴良刑法学教科书之规范学刑法》，702页，北京，中国政法大学出版社，2003。

枉法裁决，情节严重的行为。本罪的构成要件是：

1. 本罪侵犯的客体是仲裁活动的公正性。

2. 本罪在客观上表现为，在仲裁活动中故意违背事实和法律作枉法裁决，情节严重的行为。仲裁制度是指民（商）事争议的双方当事人达成协议，自愿将争议提交选定的第三者根据一定程序规则和公正原则作出裁决，并有义务履行裁决的一种法律制度。所谓违背事实和法律作出枉法裁决，是指不依据已有的证据查清、认定仲裁案件的事实或者不依据已查清的案件事实正确地适用法律，作出颠倒、歪曲事实的认定和颠倒是非、歪曲法律的仲裁裁决。通常表现为有意偏袒一方当事人，或者损害一方当事人的利益。证据确凿充分的，认定为证据不足；证据不足的，认定为确实充分；不依据已查清的事实公正地确定当事人的责任等。枉法仲裁的行为必须情节严重，才能构成犯罪。

3. 本罪的主体是依法承担仲裁职责的人员。

4. 本罪在主观上是故意，即明知案件的事实或应当适用的法律，而故意违背事实和法律作出仲裁裁决。

根据《刑法》第399条之一的规定，犯本罪的，处3年以下有期徒刑或者拘役；情节特别严重的，处3年以上7年以下有期徒刑。

六、私放在押人员罪

（一）私放在押人员罪的概念和构成

私放在押人员罪，是指司法工作人员私放在押（包括在羁押场所和押解途中）的犯罪嫌疑人、被告人或者罪犯的行为。本罪的构成要件如下：

1. 本罪侵犯的客体是国家对在押人员的监管制度。

2. 本罪在客观上表现为私放在押人员的行为。在押人员包括：（1）犯罪嫌疑人；（2）刑事被告人；（3）已经被判决有罪的罪犯。私放的场所包括羁押场所和押解途中。根据有关司法解释的规定①，私放在押人员涉嫌下列情形之一的，应予立案：（1）私自将在押的犯罪嫌疑人、被告人、罪犯放走，或者授意、指使、强迫他人将在押的犯罪嫌疑人、被告人、罪犯放走的；（2）伪造、变造有关法律文书、证明材料，以使在押的犯罪嫌疑人、被告人、罪犯逃跑或者被释放的；（3）为私放在押的犯罪嫌疑人、被告人、罪犯，故意向其通风报信、提供条件，致使该在押的犯罪嫌疑人、被告人、罪犯脱逃的；（4）其他私放在押的犯罪嫌疑人、被告人、罪犯应予追究刑事责任的情形。

3. 本罪的主体是司法工作人员。

4. 本罪在主观上是故意。

（二）私放在押人员罪的认定

认定本罪，应当注意如下问题：

1. 本罪与徇私枉法罪的界限

两者都可能出于包庇罪犯的动机，并产生使罪犯逃避刑事追究的效果。两者的区

① 参见最高人民检察院《关于渎职侵权犯罪案件立案标准的规定》。

别主要在于：本罪的私放使在押人员摆脱人身羁押，由于摆脱人身羁押可能导致罪犯逃避刑事追诉或处罚；而徇私枉法罪则是通过对犯罪嫌疑人、被告人或罪犯的实体内容进行枉法的调查、认定、裁判而致使罪犯逃避应有的处罚。

2. 本罪与窝藏罪的界限

“私放”的行为本身包含有利用司法工作人员的身份或监管、押解职务上便利的内容。如果司法工作人员没有利用身份或职务上的便利，帮助在押人员脱逃或摆脱羁押状态的，应当认定为窝藏罪。

(三) 私放在押人员罪的处罚

根据《刑法》第400条第1款的规定，犯本罪的，处5年以下有期徒刑或者拘役；情节严重的，处5年以上10年以下有期徒刑；情节特别严重的，处10年以上有期徒刑。

七、失职致使在押人员脱逃罪

失职致使在押人员脱逃罪，是指司法工作人员由于严重不负责任，不履行或者不认真履行职责，致使在押的犯罪嫌疑人、被告人、罪犯脱逃，造成严重后果的行为。本罪的构成要件是：

1. 本罪侵犯的客体是司法机关的监管职能和刑事诉讼活动的正常秩序。

2. 本罪在客观上表现为由于严重不负责任致使在押人员脱逃，造成严重后果的行为。具体包括三个要素：(1) 严重不负责任，就其客观方面而言，有严重的玩忽监管职守的行为，如在羁押场所、押解途中未按规定采取有关看守、监管措施；擅离看守、监管岗位；发现在押人员有脱逃迹象，不及时采取有效的防范措施等。(2) 致使在押人员实际脱离关押。(3) 造成严重后果。

3. 本罪的主体是司法工作人员。

4. 本罪在主观上是过失。

根据《刑法》第400条第2款的规定，犯本罪的，处3年以下有期徒刑或者拘役；造成特别严重后果的，处3年以上10年以下有期徒刑。

八、徇私舞弊减刑、假释、暂予监外执行罪

徇私舞弊减刑、假释、暂予监外执行罪，是指司法工作人员徇私舞弊，对不符合减刑、假释、暂予监外执行条件的罪犯予以减刑、假释、暂予监外执行的行为。本罪的构成要件是：

1. 本罪侵犯的客体是司法机关的职能和刑罚执行制度。

2. 本罪在客观上表现为利用职权上的便利枉法，使罪犯获取减刑、假释、监外执行的行为。

3. 本罪的主体是司法工作人员。

4. 本罪在主观上是故意，并具有徇私的动机。

根据《刑法》第401条的规定，犯本罪的，处3年以下有期徒刑或者拘役；情节严重的，处3年以上7年以下有期徒刑。

第四节 特定国家机关工作人员的渎职罪

一、徇私舞弊不移交刑事案件罪

徇私舞弊不移交刑事案件罪，是指行政执法人员徇私舞弊，对依法应当移交司法机关追究刑事责任的案件不移交，情节严重的行为。本罪的构成要件是：

1. 本罪侵犯的客体是行政机关的正常活动和司法职权。

2. 本罪在客观上表现为利用行政执法的职权舞弊枉法，对依法应当移交司法机关追究刑事责任的案件不移交的行为。这是指行政执法人员在履行职责、查处行政违法活动的过程中，发现所查处的违法行为已构成犯罪，依法应当移送司法机关追究刑事责任却违背职责不予移送，而非法以其他方式处置。

3. 本罪主体是行政执法人员，即在国家公安、工商、税务、海关、检疫等行政机关中依法行使行政职权的国家机关工作人员。

4. 本罪在主观上是故意。动机是徇私利、私情。

根据《刑法》第402条的规定，犯本罪的，处3年以下有期徒刑或者拘役；造成严重后果的，处3年以上7年以下有期徒刑。

二、滥用管理公司、证券职权罪

滥用管理公司、证券职权罪，是指国家有关主管部门的国家机关工作人员，徇私舞弊，滥用职权，对不符合法律规定的公司设立、登记申请或者股票、债券发行上市申请，予以批准或者登记，致使公共财产、国家和人民利益遭受重大损失的行为。本罪的构成要件是：

1. 本罪客体是国家对证券、公司的正常管理活动。

2. 本罪客观方面表现为徇私舞弊，滥用职权，对不符合法律规定的公司设立、登记申请或者股票、债券发行上市申请，予以批准或者登记，致使公共财产、国家和人民利益遭受重大损失的行为。

3. 本罪主体是国家有关主管部门的国家机关工作人员，主要是指工商行政管理、金融、证券管理等国家有关主管部门的工作人员。

4. 本罪主观方面是故意，并具有徇私的动机。

根据《刑法》第403条的规定，犯本罪的，处5年以下有期徒刑或者拘役。

三、徇私舞弊不征、少征税款罪

徇私舞弊不征、少征税款罪是指税务机关工作人员徇私舞弊，不征、少征应征税款，致使国家税收遭受重大损失的行为。本罪的构成要件是：

1. 本罪侵犯的客体是国家税务征收管理制度。

2. 本罪在客观上表现为非法不征、少征应征税款，致使国家税收遭受重大损失的行为。

3. 本罪主体是税务机关工作人员。

4. 本罪在主观上是故意，并具有徇私动机。

根据《刑法》第404条的规定，犯本罪的，处5年以下有期徒刑或者拘役；造成特别重大损失的，处5年以上有期徒刑。

四、徇私舞弊发售发票、抵扣税款、出口退税罪

徇私舞弊发售发票、抵扣税款、出口退税罪，是指税务机关的工作人员违反法律、行政法规的规定，在办理发售发票、抵扣税款、出口退税工作中，为徇私情私利，对明知不符合条件的单位或者个人发售发票、抵扣税款、出口退税，致使国家利益遭受重大损失的行为。本罪的构成要件是：

1. 本罪侵犯的客体是国家税务制度与税务机关的正常活动。

2. 本罪在客观上表现为违反法律、行政法规的规定，在办理发售发票、抵扣税款、出口退税工作中利用职权舞弊，致使国家利益遭受重大损失的行为。

3. 本罪主体是税务机关工作人员。

4. 本罪在主观上是故意，并且出于徇私的动机。

根据《刑法》第405条的规定，犯本罪的，处5年以下有期徒刑或者拘役；致使国家利益遭受特别重大损失的，处5年以上有期徒刑。

五、违法提供出口退税凭证罪

违法提供出口退税凭证罪，是指国家机关工作人员违反国家规定，在提供出口货物报关单、出口收汇核销单等出口退税凭证的工作中，徇私舞弊，致使国家利益遭受特别重大损失的行为。本罪的构成要件是：

1. 本罪侵犯的客体是国家税务制度与税务机关的正常活动。

2. 本罪在客观上表现为违反国家规定，在提供出口货物报关单、出口收汇核销单等出口退税凭证的工作中，徇私舞弊，致使国家利益遭受特别重大损失的行为。违法提供出口退税凭证的舞弊行为，主要表现为海关工作人员、银行工作人员，违反出口退税的规定，对明知没有货物出口或者以少报多、以劣报优的行为予以纵容，违背事实、弄虚作假，在其报关单上加盖海关验讫章或者出具出口货物银行收汇单。

3. 本罪主体是国家机关工作人员，如办理出口退税的国家机关工作人员、海关工作人员和银行工作人员等。

4. 本罪在主观上是故意，并且出于徇私的动机。

根据《刑法》第405条的规定，犯本罪的，处5年以下有期徒刑或者拘役；致使国家利益遭受特别重大损失的，处5年以上有期徒刑。

六、违法发放林木采伐许可证罪

违法发放林木采伐许可证罪，是指林业主管部门的工作人员违反森林法的规定，超过批准的年采伐限额发放林木采伐许可证或者违反规定滥发林木采伐许可证，情节严重，致使森林遭受严重破坏的行为。本罪的构成要件是：

1. 本罪侵犯的客体是国家林业管理的正常活动。

2. 本罪在客观上表现为滥用职权违法发放林木采伐许可证，致使森林遭受严重破坏的行为。滥用职权违法发放林木采伐许可证有两种形式：一是超过批准的年采伐限额发放林木采伐许可证。即国家批准的林木年采伐限额已经届满，仍然继续发放采伐许可证。二是违反规定滥发林木采伐许可证，即超越自己的权限发放采伐许可证或者对采伐许可证申请的内容不符合法律规定的条件，仍然予以批准并发放采伐许可证。违法发放林木采伐许可证的行为必须致使森林遭受严重破坏的，才能构成犯罪。

3. 本罪主体是林业主管部门的工作人员，主要是负责采伐许可证发放的市、县级林业局的工作人员。

4. 主观方面是故意。

根据《刑法》第 407 条的规定，犯本罪的，处 3 年以下有期徒刑或者拘役。

七、环境监管失职罪

环境监管失职罪，是指负有环境保护监督管理职责的国家机关工作人员严重不负责任，导致发生重大环境污染事故，致使公私财产遭受重大损失或者造成人身伤亡的严重后果的行为。本罪的构成要件是：

1. 本罪侵犯的客体是国家机关的环境保护职能。

2. 本罪在客观上表现为严重不负责任，导致重大环境污染事故，致使公私财产遭受重大损失或者造成人身伤亡的严重后果。

3. 本罪的主体是负有环境保护监督管理职责的国家机关工作人员。

4. 本罪在主观上是过失。

根据《刑法》第 408 条规定，犯本罪的，处 3 年以下有期徒刑或者拘役。

八、食品监管渎职罪

食品监管渎职罪，是指负有食品安全监督管理职责的国家机关工作人员严重不负责任，滥用职权或者玩忽职守，导致发生重大食品安全事故或者造成其他严重后果的行为。本罪的构成要件是：

1. 侵犯的客体是国家食品安全监督管理的职能。

2. 本罪在客观上表现为严重不负责任，滥用职权或者玩忽职守，导致发生重大食品安全事故或者造成其他严重后果。“重大食品安全事故”，指食物中毒、食源性疾病、食品污染等源于食品，对人体有严重危害的事故。“其他严重后果”，应是与食品安全有关的严重后果。参照有关滥用职权、玩忽职守的司法解释，指发生了致人重伤、死亡或者造成数十万元经济损失的结果。

3. 本罪的主体是负有食品安全管理监督职责的国家机关工作人员。

4. 本罪在主观上包括故意或过失。无论是玩忽职守、滥用职权场合均不以主观明知自己的行为会“导致发生重大食品安全事故或者造成其他严重后果”为必要。

根据《刑法》第408条之一的规定，犯本罪的，处5年以下有期徒刑或者拘役；造成特别严重后果的，处5年以上10年以下有期徒刑。徇私舞弊的，从重处罚。

九、传染病防治失职罪

传染病防治失职罪是指从事传染病防治的政府卫生行政部门的工作人员严重不负责任，不履行或者不认真履行传染病防治监管职责导致传染病传播或者流行，情节严重的行为。本罪的构成要件是：

1. 本罪侵犯的客体是政府部门防治传染病的职能。

2. 本罪在客观上表现为严重不负责任，不履行或者不认真履行传染病防治监管职责导致传染病传播或者流行，情节严重的行为。

3. 本罪的主体是各级卫生行政主管部门中对传染病的防治工作有统一管理职责的人员。

4. 本罪在主观上是过失。

根据《刑法》第409条的规定，犯本罪的，处3年以下有期徒刑或者拘役。

十、放纵走私罪

放纵走私罪，是指海关工作人员贪图钱财、袒护亲友或者徇其他私情私利，明知是走私行为而予以放纵，使之不受追究，情节严重的行为。本罪的构成要件是：

1. 本罪侵犯的客体是国家海关机关的管理职能。

2. 本罪在客观上表现为利用职权舞弊，放纵走私的行为。所谓利用职权舞弊，是指利用海关监管、查处走私的职权，采取欺骗、隐瞒的方法进行违法活动。所谓放纵走私，是指违背职责，对走私行为、走私行为人、走私货物物品纵容或者放任不管。这里的走私，既包括走私犯罪行为，也包括走私违法行为；既包括走私行为人也包括走私的货物、物品。

3. 本罪的主体是海关工作人员。

4. 本罪在主观上是故意，并且必须出自徇私情私利的动机。

根据《刑法》第411条的规定，犯本罪的，处5年以下有期徒刑或者拘役；情节特别严重的，处5年以上有期徒刑。

十一、商检徇私舞弊罪

商检徇私舞弊罪，是指国家商检部门、商检机构的工作人员徇私舞弊，故意伪造商品检验结果的行为。本罪的构成要件是：

1. 本罪侵犯的客体是国家商品检验机关的职能。

2. 本罪在客观上表现为在商品检验过程中，对报检的商品采取伪造、变造的手段对商检的单证、印章、标志、封识、质量认证标志等作虚假的证明或者出具不真实的结论，包括将送检的合格商品检验为不合格，或者将不合格商品检验为合格等行为。

3. 本罪的主体是国家商检部门、商检机构的工作人员。

4. 本罪在主观上是故意，并具有徇私动机。

根据《刑法》第 412 条第 1 款的规定，犯本罪的，处 5 年以下有期徒刑或者拘役；造成严重后果的，处 5 年以上 10 年以下有期徒刑。

十二、商检失职罪

商检失职罪，是指国家商检部门、商检机构的工作人员严重不负责任，对应当检验的物品不检验，或者延误检验出证、错误出证，致使国家和人民利益遭受重大损失的行为。本罪的构成要件是：

1. 本罪侵犯的客体是国家商品检验机关的职能。

2. 本罪在客观上表现为严重不负责任，对应当检验的物品不检验，或者延误检验出证、错误出证，致使国家和人民利益遭受重大损失的行为。具体包括以下两个要素：（1）严重不负责任，有对应当检验的物品不检验、延误检验出证、错误出证行为之一。所谓对应当检验的物品不检验，是指对列入国家商检部门制定的《商检机构实施检验的进出口商品种类表》，必须经过检验才能进出口的商品，不进行检验。所谓延误检验出证，是指超出了法定检验出证期限而没有检验。所谓错误出证，是指在检验工作中因严重不负责任，过失出具了与被检验商品的客观情况不相符合的检验证明文件。（2）致使国家和人民利益遭受重大损失。

3. 本罪的主体是国家商检部门、商检机构的工作人员。

4. 本罪在主观上是过失。

根据《刑法》第 412 条第 2 款的规定，犯本罪的，处 3 年以下有期徒刑或者拘役。

十三、动植物检疫徇私舞弊罪

动植物检疫徇私舞弊罪，是指动植物检疫机关的检疫人员利用职权徇私舞弊，故意伪造检疫结果的行为。本罪的构成要件是：

1. 本罪侵犯的客体是国家动植物检疫机关的职能。

2. 本罪在客观上表现为利用职权徇私舞弊，故意伪造检疫结果的行为。具体是指在动植物检疫过程中，采取伪造、变造的手段对检疫的单证、印章、标志、封识等作虚假的证明或出具不真实的结论，包括将合格商品检为不合格，或者将不合格商品检为合格，等等。

3. 本罪的主体是动植物检疫机关的检疫人员。

4. 本罪在主观上是故意，并具有徇私动机。

根据《刑法》第 413 条第 1 款的规定，犯本罪的，处 5 年以下有期徒刑或者拘役；

造成严重后果的，处5年以上10年以下有期徒刑。

十四、动植物检疫失职罪

动植物检疫失职罪，是指国家检验检疫部门及检验检疫机构中从事动植物检疫工作的人员严重不负责任，对应当检疫的检疫物不检疫，或者延误检疫出证、错误出证，致使国家利益遭受重大损失的行为。本罪的构成要件是：

1. 本罪侵犯的客体是国家检疫机关的工作职能。

2. 本罪在客观上表现为严重不负责任，对应当检疫的检疫物不检疫，或者延误检疫出证、错误出证，致使国家利益遭受重大损失的行为。具体包括：(1) 严重不负责任，有对应当检疫的物品不检疫、延误检疫出证、错误出证三种检疫失职行为之一。所谓对应当检疫的物品不检疫，是指检疫人员放弃检疫职责或不履行检疫职责，对依法应当检疫出证的物品没有检疫出证。根据《进出境动植物检疫法》的规定，进出境、过境的动植物及其产品和其他检疫物；装载动植物、动植物产品和其他检疫物的装载容器、包装物、铺垫材料；来自动植物疫区的运输工具；进境拆解的废旧船舶等，都应当实施检疫。所谓延误检疫出证，是指在检疫工作中推诿或者拖拉，效率低下，在规定的期限内未能检疫出证。所谓错误出证，是指出具、签发的检疫单证与被检疫物的客观情况不相符合，将不合格的检疫为合格，将合格的检疫为不合格。(2) 致使国家利益遭受重大损失。

3. 本罪的主体是动植物检疫机关的检疫人员。

4. 本罪在主观上是过失。

根据《刑法》第413条第2款的规定，犯本罪的，处3年以下有期徒刑或者拘役。

十五、放纵制售伪劣商品犯罪行为罪

放纵制售伪劣商品犯罪行为罪，是指对生产、销售伪劣商品犯罪行为负有追究责任的国家工商行政管理、质量技术监督等机关工作人员徇私舞弊，不履行法律规定的追究职责，情节严重的行为。本罪的构成要件是：

1. 本罪侵犯的客体是国家机关查处生产、销售伪劣商品犯罪行为的职能。

2. 本罪在客观上表现为违背职责舞弊，不履行法律规定的对生产、销售伪劣商品犯罪行为追究责任的职责，情节严重的行为。具体包括三个要素：(1) 负有特定的追究职责。追究职责的对象为生产、销售伪劣商品的犯罪行为，即《刑法》分则第三章第一节所规定的犯罪行为。(2) 违背职责，弄虚作假，不履行法律规定的追究职责。由于负有追究职责的人员的权限不同，其不履行追究职责的表现形式也不相同，主管查禁伪劣商品的人员表现为对所发现的生产、销售伪劣商品的犯罪行为不直接查处、不责令其他部门查处、不同意或不批准其他部门查处。技术监督部门、工商行政管理部门则表现为不查处，或者在查处后，发现违法行为构成犯罪的，不移交司法机关追究刑事责任，包括仅给予行政处罚结案或者根本不作任何处罚。司法机关则表现为对举报、控告、移交的生产、销售伪劣商品的犯罪行为，不立案侦查、起诉、审判，依法追究刑事责任。(3) 行为情节严重。

3. 本罪的主体是对生产、销售伪劣商品犯罪行为负有追究责任的国家机关工作人员。

4. 本罪在主观上是故意，并且必须出于徇私情私利的动机。

根据《刑法》第414条的规定，犯本罪的，处5年以下有期徒刑或者拘役。

十六、办理偷越国（边）境人员出入境证件罪

办理偷越国（边）境人员出入境证件罪，是指负责办理护照、签证以及其他出入境证件的国家机关工作人员，对明知是企图偷越国（边）境的人员予以办理出入境证件的行为。本罪的构成要件是：

1. 本罪侵犯的客体是国家机关出入境管理的职能和国（边）境管理秩序。

2. 本罪在客观上表现为为企图偷越国（边）境的人员办理护照、签证及其他出入境证件的行为。只要为企图偷越国（边）境的人员发放出入境证件，就构成本罪。至于企图偷越国（边）境的人员是否使用了其所发放的出入境证件偷越国（边）境，不影响定罪。所谓其他出入境证件，是指除护照、签证之外用以出入境的证件，包括赴港、澳、台地区的探亲证、回乡证、通行证等。

3. 本罪的主体是负责办理出入境证件的国家工作人员。

4. 本罪在主观上是故意，即行为人明知是企图偷越国（边）境的人员而予以办理出入境证件。

根据《刑法》第415条的规定，犯本罪的，处3年以下有期徒刑或者拘役；情节严重的，处3年以上7年以下有期徒刑。

十七、放行偷越国（边）境人员罪

放行偷越国（边）境人员罪，是指边防、海关等国家机关工作人员，对明知是偷越国（边）境的人员，予以放行的行为。本罪的构成要件是：

1. 本罪侵犯的客体是边防、海关机关的职能和国（边）境管理秩序。

2. 本罪在客观上表现为对偷越国（边）境的人员予以放行的行为，即利用职务上的便利让偷越国（边）境人员通过边卡口岸，进出国（边）境。

3. 本罪的主体是边防、海关等国家机关工作人员。

4. 本罪在主观上是故意，即明知是偷越国（边）境的人员，而予以放行。

根据《刑法》第415条的规定，犯本罪的，处3年以下有期徒刑或者拘役；情节严重的，处3年以上7年以下有期徒刑。

十八、不解救被拐卖、绑架妇女、儿童罪

不解救被拐卖、绑架妇女、儿童罪，是指对被拐卖的妇女、儿童负有解救职责的国家机关工作人员，接到被拐卖妇女、儿童及其家属的解救要求或者接到其他人的举

报，而对被拐卖、绑架的妇女、儿童不进行解救，造成严重后果的行为。本罪的构成要件是：

1. 本罪侵犯的客体是各级人民政府的职能、威信和妇女、儿童的人身权利。

2. 本罪在客观上表现为接到被拐卖妇女、儿童及其家属的解救要求或者接到其他人的举报，而对被拐卖、绑架的妇女、儿童不进行解救，造成严重后果的行为。具体包括以下三个要素：（1）已知悉案件的具体情况，即由于接到被拐卖、绑架妇女、儿童及其家属的解救要求或者接到其他人的举报，大致知道被拐卖、绑架妇女、儿童的情况及其下落。这是构成本罪的前提。如果因不知被拐卖、绑架妇女、儿童的情况及其下落，无法采取解救措施的，不能构成本罪。（2）有不履行解救职责的行为，即在接到解救要求或者举报后，有法定的义务也有条件履行解救职责，而不采取任何的解救行动，或者推诿、拖延解救工作。不予解救的行为对象是被拐卖、绑架的妇女、儿童，包括在拐卖、绑架妇女、儿童犯罪分子和收买被拐卖、绑架的妇女、儿童的犯罪分子控制之下的妇女、儿童。（3）造成严重后果。

3. 本罪的主体是对被拐卖、绑架的妇女、儿童负有解救职责的国家机关工作人员。

4. 本罪在主观上是故意，即在已接到解救请求或举报、已知道比较具体的案情后，仍不履行解救职责。

根据《刑法》第416条第1款的规定，犯本罪的，处5年以下有期徒刑或者拘役。

十九、阻碍解救被拐卖、绑架妇女、儿童罪

阻碍解救被拐卖、绑架妇女、儿童罪，是指对被拐卖、绑架的妇女、儿童负有解救职责的国家机关工作人员，利用职务阻碍解救的行为。本罪的构成要件是：

1. 本罪侵犯的客体是国家机关正常的职能和被拐卖、绑架妇女、儿童的人身权利。

2. 本罪在客观上表现为利用职务之便阻碍解救被拐卖、绑架的妇女、儿童的行为。这是指利用负责或者参与、协助解救工作的职务或者其职权范围内的便利条件，对解救工作人为地设置障碍，阻拦、干扰解救工作的顺利进行。

3. 本罪的主体是负有解救被拐卖、绑架妇女、儿童职责的国家机关工作人员。

4. 本罪在主观上是故意，即明知被解救者是被拐卖、绑架的妇女、儿童，而有意阻拦解救。

根据《刑法》第416条第2款的规定，犯本罪的，处2年以上7年以下有期徒刑；情节较轻的，处2年以下有期徒刑或者拘役。

二十、帮助犯罪分子逃避处罚罪

帮助犯罪分子逃避处罚罪，是指有查禁犯罪活动职责的司法及公安、国家安全、海关、税务等国家机关的工作人员向犯罪分子通风报信、提供便利，帮助犯罪分子逃避处罚的行为。本罪的构成要件是：

1. 本罪侵犯的客体是国家机关查禁犯罪活动的正常活动。

2. 本罪在客观上表现为向犯罪分子通风报信、提供便利，帮助犯罪分子逃避处罚的行为。所谓通风报信，是指向犯罪分子有意泄露或者直接通报有关部门查禁犯罪活动的部署、方案、措施、时间、地点、规模等情况。通报的内容，既包括集中统一的查禁活动，也包括对个别刑事案件的查处行动，既包括已有确定方案的查处行动，也包括拟议中的查处行动及其他有关秘密的信息。通风报信的内容应是具体的尚未公开的查禁活动。通报国家政策、法律一般性动向的，或者通报公开的、已在新闻媒体广为宣传报道的会议内容、会议精神的，或者通报公开的控告内容的，不属于本罪的通风报信。所谓提供便利，是指除通风报信以外的各种各样的帮助犯罪分子逃避处罚的行为，例如，提供隐藏处所、逃离的交通工具，在查处活动中网开一面放纵犯罪分子脱身，指点躲避或者向犯罪分子指示案件的要点，使其串供、翻供、隐匿、毁灭、伪造证据逃避法律追究的，等等。

3. 本罪的主体是有查禁犯罪活动职责的国家机关工作人员。

4. 本罪在主观上是故意，并且具有帮助犯罪分子逃避处罚的目的。

根据《刑法》第417条的规定，犯本罪的，处3年以下有期徒刑或者拘役；情节严重的，处3年以上10年以下有期徒刑。

【问题与思考】

1. 如何理解滥用职权罪的构成要件？认定滥用职权罪应注意哪些问题？
2. 如何理解玩忽职守罪的构成要件？认定玩忽职守罪应注意哪些问题？
3. 如何理解故意泄露国家秘密罪的构成要件？认定故意泄露国家秘密罪应注意哪些问题？
4. 如何理解徇私枉法罪的构成要件？认定徇私枉法罪应注意哪些问题？
5. 如何理解民事、行政枉法裁判罪的构成要件？认定民事、行政枉法裁判罪应注意哪些问题？
6. 如何理解私放在押人员罪的构成要件？认定私放在押人员罪应注意哪些问题？

【推荐阅读论著】

1. 高铭暄．刑法专论．2版．北京：高等教育出版社，2006
2. 敬大力．渎职罪．北京：中国人民公安大学出版社，2003
3. 赵秉志．渎职犯罪疑难问题司法对策．长春：吉林人民出版社，2000
4. 廖树权．渎职侵权案件重点、难点问题的司法适用．北京：中国法制出版社，2006
5. 蒋小燕，王安异．渎职罪比较研究．北京：中国人民公安大学出版社，2004
6. 赵秉志．中国刑法案例与学理研究．第6卷．北京：法律出版社，2004
7. 贾济东．渎职罪构成研究．北京：知识产权出版社，2005

第十一章　军人违反职责罪

内容导读

《刑法》分则第十章规定了31种具体的军人违反职责犯罪。本章在论述军人违反职责罪的概念和一般构成要件的基础上，重点对战时违抗命令罪、战时临阵脱逃罪、军人叛逃罪、逃离部队罪、故意泄露军事秘密罪、武器装备肇事罪、盗窃、抢夺武器装备、军用物资罪、非法出卖、转让武器装备罪等8种犯罪的概念、构成、认定等问题进行了比较详细的论述，对其他违反军人职责的具体犯罪则简单地介绍了其概念、构成与处罚。

第一节　军人违反职责罪概述

一、军人违反职责罪的概念和构成

军人违反职责罪，简称军职罪，是中外历史上最古老的犯罪之一，惩治军职罪的军事刑法是最早出现的法律门类。我国夏朝已有表现为“誓”的军事刑法规范，古巴比伦的《汉穆拉比法典》规定对违反军人权利义务的行为处以极刑。[①] 一般而言，法律与国家互为条件，但唯独军法可以相对独立于国家而存在。军队是执行政治任务的高度集中统一的武装集团，要完成自己的使命，必须有严格的行为规范，包括惩治越轨的刑法规范。刑始于兵，兵刑同制，是法律发展的普遍规律。我军初创时就制定了《红军惩罚条例》等军事刑律，整个革命战争时期积累了大量的军事刑事法规。新中国的建立和人民解放军正规化建设的开始，为制定统一的军事刑事法规创造了条件，有

① 参见张晋藩：《中国法制史》，19～20页，北京，群众出版社，1982；陈盛清：《外国法制史》，7页，北京，北京大学出版社，1982。

关部门先后拟出《中国人民解放军暂行军法条例》、《中国人民解放军军事刑法暂行条例》等草案。“文化大革命”结束后，军事刑事立法重新开始并加快了步伐。《中华人民共和国惩治军人违反职责罪暂行条例》于 1981 年 6 月 10 日经全国人大常委会第 19 次会议通过并于 1982 年 1 月 1 日起施行。

在制定 1979 年《刑法》时，国家立法机关曾考虑将军人违反职责罪一并规定，但限于当时的历史条件，来不及对这方面的内容研究清楚，故决定在《刑法》出台后另行制定单行条例，作为《刑法》的补充和续编，待施行一个时期并取得经验后，再修改补入《刑法》。《惩治军人违反职责罪暂行条例》的实施，为维护国家军事利益，促进军队的革命化、现代化、正规化建设，发挥了重要作用。随着改革开放的深入，国家和军队建设的发展，出现了许多新情况、新问题，《惩治军人违反职责罪暂行条例》显现出自身局限，立法机关决定修改军职罪并纳入《刑法》。1997 年通过的新《刑法》中列入了经过修订的军职罪，作为分则第十章。该章第 420 条规定了军职罪的概念：“军人违反职责，危害国家军事利益，依照法律应当受刑罚处罚的行为，是军人违反职责罪。”这一定义是犯罪一般定义在军职罪上的具体体现。犯罪的社会危害性、刑事违法性和刑罚可罚性三个特征在军职罪中表现为：军职罪是危害国家军事利益的行为；军职罪是违反军人职责的行为；军职罪是依照《刑法》分则第十章的具体法条及罪名和《刑法》总则的规定应当受到刑罚处罚的行为。

军人违反职责罪，是指军人违反职责，危害国家军事利益，依照法律应当受刑罚处罚的行为。本类犯罪具有如下共同构成要件：

1. 本类犯罪侵犯的客体是国家军事利益。军事，是一切有关武装斗争事项的总称。国家军事利益是指与军事活动有直接关系的国家利益。国家军事利益集中体现在军队的职能活动之中。军队职能活动的内容主要包括作战、平暴、战备、行军、演习、训练、设施建设、武器保养、装备维护、物资保障、军事科研、军校培训、军工生产等。军队的各种职能活动通过军事法规变为军职人员的职责，全体军职人员切实履行其法定职责的行为才会使军队职能得到实现。因此，违反军人职责与危害国家军事利益是一个问题的两个方面，是法律形式与实质内容的关系。军人违反法定职责，必然危害国家军事利益，如果危害严重，应当受到刑罚处罚。依法惩治军人违反职责的犯罪行为，是维护国家军事利益的需要。

2. 本类犯罪在客观方面主要表现为违反军人职责的行为。军人职责，是指由有关军事法加以明确的对军人履行军队职能的行为所提出的要求。军人职责包括一般职责和具体职责，一般职责是对所有军人的共同要求，具体职责是对不同职务、不同岗位上的军人分别提出的特殊要求。规定军人职责的有关军事法形式主要是军队的各种条令、条例，包括《内务条令》、《纪律条令》等共同条令和《战斗条令》、《舰艇条令》、《飞行条令》、《保密条例》、《政工条例》等专业条令和条例。违反军人职责的行为既有作为也有不作为。危害结果以及“战场上”、“战时”等空间和时间因素也是一部分军人违反职责罪的构成要件。《刑法》第 451 条对“战时”作了明确规定：“本章所称战时，是指国家宣布进入战争状态、部队受领作战任务或者遭敌突然袭击时。部队执行戒严任务或者处置突发性暴力事件时，以战时论。”需要明确的是，并非所有违反军人职责的行为都是犯罪，违反军人职责情节显著轻微、危害不大的，仅仅是违反军纪的行为，不构成军人违反职责罪。

3. 本类犯罪的主体是军职人员。根据《刑法》第450条的规定，作为特殊主体的军职人员包括具有军籍的现役人员和正在执行军事任务的非现役人员。现役人员包括中国人民解放军的现役军官、文职干部、士兵及具有军籍的学员和中国人民武装警察部队的现役警官、文职干部、士兵及具有军籍的学员。一般说来，现役军人的起止时间，应当从公民依法被正式批准入伍之日开始，至被正式批准退役、退休、离休或被除名、开除军籍之日为止。正在服刑或被劳教的军人在理论上也属于军人违反职责罪的主体，但由于这类军人实际上已暂停履行军人职责，故一般不可能在此期间因违反职责而犯罪。非现役人员是指执行军事任务的预备役人员和其他人员。未执行军事任务的预备役人员不能成为军人违反职责罪的主体。执行军事任务的其他人员，是指执行军事任务但不具有军籍的军队在编人员和受命临时执行军事任务的人员。

4. 本类犯罪在主观方面多数是出于故意，也有的是出于过失。在一些情况下，行为人故意实施军人违反职责罪中规定的某些行为，但行为人的主观意图是要危害国家主权、领土完整和安全，分裂国家或破坏国家统一，颠覆或动摇国家政权，应按危害国家安全罪处断。

二、军人违反职责罪的种类

《刑法》分则第十章第420条至第451条规定了军人违反职责罪，共有32个条文，其中规定罪名的有28个条文，共含有31个罪名。为了学习、研究和司法适用的方便，可对这些罪名进行分类。对于军职罪，可从其侵害的直接客体、犯罪主体、犯罪发生的时空等多种角度分类，较多的是依直接客体分类，学界已有的分类并不一致，有四分法、五分法、六分法、七分法和八分法等。[①] 无论哪一种分法，都只具有相对意义。军职罪的许多罪名侵犯的是复杂客体。复杂客体既可能是国家军事利益与非军事的利益并存，也可能是国家军事利益的某种形态与另一种形态并存，由于后一种情况，无论以怎样的直接客体对军职罪分类，都难免有一些罪名会跨类别交叉。因此，很难说哪一种分类就比另一种分类更优越，不应固守于某一种分类而将其绝对化。当然，对于复杂客体的军职罪名，归类时应以立法者首先或主要保护的客体为准。本书大致以《刑法》第十章设置的罪名顺序为准，采取五分法，具体如下：

1. 危害作战利益的犯罪。具体包括战时违抗命令罪，隐瞒、谎报军情罪，拒传、假传军令罪，投降罪，战时临阵脱逃罪，违令作战消极罪，拒不救援友邻部队罪，战时造谣惑众罪和战时自伤罪9个罪名。

2. 违反部队管理制度的犯罪。具体包括擅离、玩忽军事职守罪，阻碍执行军事职务罪，指使部属违反职责罪，军人叛逃罪，逃离部队罪和私放俘虏罪6个罪名。

3. 危害军事秘密的犯罪。具体包括非法获取军事秘密罪，为境外窃取、刺探、收买、非法提供军事秘密罪，故意泄露军事秘密罪和过失泄露军事秘密罪4个罪名。

4. 危害部队物资保障的犯罪。包括武器装备肇事罪，擅自改变武器装备编配用途

① 参见高铭暄、马克昌主编：《中国刑法解释》下卷，2936页，北京，中国社会科学出版社，2005。

罪，盗窃、抢夺武器装备、军用物资罪，非法出卖、转让武器装备罪，遗弃武器装备罪，遗失武器装备罪和擅自出卖、转让军队房地产罪7个罪名。

5. 违反人道主义义务的犯罪。虐待部属罪，遗弃伤病军人罪，战时拒不救治伤病军人罪，战时残害居民、掠夺居民财物罪和虐待俘虏罪5个罪名。

第二节　危害作战利益的犯罪

一、战时违抗命令罪

（一）战时违抗命令罪的概念和构成

战时违抗命令罪，是指军职人员在战时违抗命令，对作战造成危害的行为。本罪的构成要件如下：

1. 本罪侵犯的客体是军事指挥关系和作战利益。在战时，军队的各种活动都以作战为中心，而要保证作战的胜利，必须严格要求军人做到令行禁止，否则，军队的战略意图和战术安排难以实现，必然会危害作战利益，轻者贻误战机，重者导致作战失利。因此，《刑法》规定惩治战时违抗命令、干扰作战指挥关系、危害作战利益的行为。

2. 本罪在客观上表现为战时违抗上级命令并对作战造成危害的行为。命令，指军队中的上级对下级发出的行动指令，包括作战、开进、撤退、驻守、兵力和装备调配、行政管理、人事任免等方面的军令或政令。本罪中的上级，主要是指职务高的首长。这里的违抗命令行为包括作为与不作为，但必须是在战时实施并对作战造成了危害。对作战造成危害，主要指因违抗命令而迟延了军事行动；严重扰乱军心，影响了士气；导致了不必要的人员伤亡或装备损失；致使军事行动未能完全达到预定目的等。

3. 本罪的主体是军职人员。主要是指战时或非常情况下执行军事任务的解放军官兵、武警官兵和预备役人员。通常，本罪的主体是作为首长部属的下级人员。

4. 本罪在主观上是故意。犯罪动机不影响本罪的构成。

（二）战时违抗命令罪的认定

认定本罪，应当注意区分其与违纪行为的界限。军队的条令要求军人必须坚决执行命令，违抗命令是违反军纪的行为。本罪当然也是违反军纪的行为，但违反军纪的行为并非都能构成本罪。战时虽有违抗命令的行为，但情节显著轻微，未对作战造成危害的，以及平时发生的违抗命令的行为，不构成本罪，可按军纪处罚。

（三）战时违抗命令罪的处罚

根据《刑法》第421条的规定，犯本罪的，处3年以上10年以下有期徒刑；致使战斗、战役遭受重大损失的，处10年以上有期徒刑、无期徒刑或者死刑。

二、隐瞒、谎报军情罪

隐瞒、谎报军情罪，是指故意隐瞒、谎报军情，对作战造成危害的行为。本罪的构成要件是：

1. 本罪侵犯的客体是作战利益。作战，俗称打仗，一般是指相互敌对的武装集团彼此进行军事打击的活动，这里是指我军打击或抗制敌方的行动。作战是军事的核心，具体而突出地体现了国家军事利益。

2. 本罪在客观上表现为隐瞒或者谎报军情，对作战造成危害的行为。军情，指与军事有关的情况，特别是与作战有关的情况，包括敌军的兵力、装备、部署、活动等情况，我军的兵员、装备、作战准备、战斗进展等情况，战区的地形、地貌、水文、气象等自然情况，以及与军事有关的政治、经济、科技等方面的情况等。军事情报机关搜集的情报，不论其内容与军事活动有无直接关系，都属军情。隐瞒，是指知情不报。谎报，是指歪曲或编造。本罪可表现为其中一种行为，也可是两种兼而有之。隐瞒、谎报军情罪是行为犯，客观方面只要求实施了隐瞒军情或谎报军情的行为就可构成隐瞒、谎报军情罪。本罪常发生于战时，但也能发生于战前。

3. 本罪的主体是所有军人。

4. 本罪在主观上是故意，即行为人明知自己隐瞒或谎报军情的行为会危害作战利益，却希望这种危害发生。

根据《刑法》第422条的规定，犯本罪的，处3年以上10年以下有期徒刑；致使战斗、战役遭受重大损失的，处10年以上有期徒刑、无期徒刑或者死刑。

三、拒传、假传军令罪

拒传、假传军令罪，是指军人拒绝传递军令或者故意传递虚假军令，对作战造成危害的行为。本罪的构成要件是：

1. 本罪侵犯的客体是作战利益。拒传、假传军令会使军令得不到执行或被错误执行，从而影响军队的指挥，对作战造成危害。

2. 本罪在客观上表现为拒传或者假传军令。军令，是指军队中的上级对下级发出的具有强制性法律效力的指示。拒传军令是指明知是军令而拒绝传达、传递、发布的行为，包括拒绝传达军令的内容和拒绝传递军令的载体以及发出表示军令内容的信号等。假传军令即故意传达、传递、发布虚假的军令，虚假的军令既可以是编造的，也可以是（口头）歪曲或（书面）篡改的，既可以由行为人自己编造、歪曲或篡改，也可以由他人编造、歪曲或篡改。一般说来，拒传既可以是不作为，也可以是作为，而假传只能是作为。本罪是选择罪名，行为人可能实施拒传或假传两种行为中的一种而构成拒传、假传军令罪，但不可能既实施拒传军令的行为又实施假传军令的行为，因为两种行为是相互排斥，不可兼容的。拒传、假传军令罪属于行为犯，且没有“战时”限制，即战时和平时都适用。

3. 本罪的主体是《刑法》第450条规定的军人和其他人员，特别是负有传达、传递、发布军令的特定义务的军人，如各级指挥人员、通信或通讯人员、机要人员等。

4. 本罪在主观上是故意。即行为人明知自己拒传军令或假传军令的行为会危害作战利益，却希望这种危害发生。因过失而忘记未传、漏传或错传军令，不构成拒传、假传军令罪，但可能构成擅离、玩忽军事职守罪。既没有过失，也不是故意，而是由于不能预见或不能抗拒的原因而未按要求传达、传递或发布军令，不构成犯罪。

根据《刑法》第422条的规定，犯本罪的，处3年以上10年以下有期徒刑；致使战斗、战役遭受重大损失的，处10年以上有期徒刑、无期徒刑或者死刑。

四、投降罪

投降罪，是指在战场上贪生怕死，自动放下武器投降敌人的行为。本罪的构成要件是：

1. 本罪侵犯的客体是作战利益和军队荣誉。军人是军队战斗力的基本构成和首要因素，如果军人在战场上违背职责，临阵投降，必然造成部队减员，削弱战斗力，也会瓦解斗志，动摇军心，给敌人以可乘之机，损害我军军威和声誉，这些人员投降后，还可能发生失密或向敌人泄密甚至自首和叛变，从而多方面危害作战利益和其他国家军事利益。

2. 本罪在客观上表现为在战场上自动放下武器投降敌人的行为。平时投靠敌对势力，在战场上因弹尽粮绝或寡不敌众或伤病昏迷而被俘等情况的，不构成本罪。

3. 本罪的主体可以是任何由《刑法》第450条规定的军职人员，指挥员和非指挥员，战斗员和非战斗员，突击队员和预备队员，均可构成投降罪。

4. 本罪在主观上是故意，且要求具备“贪生怕死”的动机。

根据《刑法》第423条的规定，犯本罪的，处3年以上10年以下有期徒刑；情节严重的，处10年以上有期徒刑或无期徒刑；投降后为敌人效劳的，处10年以上有期徒刑、无期徒刑或者死刑。

五、战时临阵脱逃罪

（一）战时临阵脱逃罪的概念和构成

战时临阵脱逃罪，是指军人在其所在部队已经领受作战任务或正在作战时擅自脱离部队的行为。本罪的构成要件如下：

1. 本罪侵犯的客体是军队的作战利益。参与作战行动的军人是战时军队战斗力的基本构成因素。军人临阵脱逃，不仅造成非战斗减员，而且动摇军心，瓦解斗志，严重危害作战利益。

2. 本罪在客观上表现为临阵脱逃的行为。临阵，是指行为人所在的部队或分队正在执行作战任务，或者尚未实际执行但已经领受作战任务的情况。行为人已知自己即将担负作战任务而脱逃，亦可构成本罪。脱逃，是指擅自离开自己所在的部队或分队的行为，可以是秘密离开，也可以是公然离开。本罪可由作为和不作为构成。作为形式的临阵脱逃主要有：与敌作战时擅自撤出战斗，遇敌攻击时逃离阵地，接敌路上溜之大吉，等等。不作为形式的临阵脱逃主要有：攻击敌人时原地不动，敌人攻击时不进入阵地，接敌路上故意掉队，等等。无论临阵脱逃的行为是何种形式，其实质都是脱离阵地或逃避作战行动。临阵脱逃是否造成危害结果，不影响本罪构成。本罪以战时为成立条件。

3. 本罪的主体是执行或面临执行作战任务的军人。

4. 本罪在主观上是故意，且行为人必须有脱逃的目的。无此目的，因伤病、体力或其他客观原因而掉队或与部队失去联系的，不构成犯罪。

（二）战时临阵脱逃罪的认定

认定本罪，应当注意如下问题：

1. 本罪与非罪行为的界限

要正确区分战时临阵脱逃罪与作战中退却行为的界限。此外，如果某军人临阵发现危害我方作战利益的重大危险隐患需要及时排除，而当时因他人忙于进攻或防御等战斗行动或因距离较远来不及报告和告知他人，脱离部队阵地或作战行动去处理紧急情况并实际消除了隐患或减轻了损失，其脱离行为又不至于对作战行动有较大影响时，可认定为紧急避险。

2. 本罪与战时违抗命令罪的界限

两者都是战时犯罪。一般说来，犯战时违抗命令罪并不一定伴随临阵脱逃的行为，但是，犯战时临阵脱逃罪却往往伴随着战时违抗命令的行为。如果行为人因临阵脱逃而违抗命令或以临阵脱逃来违抗命令，应按从一重的原则，依照法定刑较重的战时临阵脱逃罪认定。

（三）战时临阵脱逃罪的处罚

根据《刑法》第 424 条的规定，犯本罪的，处 3 年以下有期徒刑；情节严重的，处 3 年以上 10 年以下有期徒刑。情节严重，主要是指率众或组织临阵脱逃，处于重要岗位的军人临阵脱逃，在紧要或危急关头脱逃，携带重要机密脱逃，采用恶劣手段脱逃等。致使战斗、战役遭受重大损失的，处 10 年以上有期徒刑、无期徒刑或者死刑。

六、违令作战消极罪

违令作战消极罪，是指军队的指挥人员在战时违抗命令，临阵畏缩，作战消极，造成严重后果的行为。本罪的构成要件是：

1. 本罪侵犯的客体是作战利益。在作战中，军人应当英勇战斗，不怕牺牲。作为各级指挥人员，应当坚决服从命令，勇敢战斗，坚决完成任务。借口保护自己，临阵畏缩，作战消极，必将贻误战机，影响作战的胜利。因此，本罪虽然由军队指挥人员实施，危害了指挥秩序，但从其发生的场所、行为方式和后果来看，违令消极作战罪侵害的主要还是作战利益。

2. 本罪在客观上表现为战时违抗命令，临阵畏缩，作战消极，造成严重后果的行为。本罪只能发生于战时，违抗的是作战命令，具体表现是临阵畏缩或者作战消极。临阵畏缩，是指行为人面对上级交给的作战任务却步不前、不敢上阵；作战消极，是指行为人在执行上级交给的作战任务过程中无故拖延、不尽全力。两种行为表现都是不作为。严重后果，是指贻误战机、增加伤亡等情况。

3. 本罪的主体是负有一定指挥职责的军人。无论是处于固定指挥职务的人员，还是临时担当指挥职责的人员。违令作战消极罪主体也不限于军官，部队中的班长甚至战斗小组长虽是士兵，仍会负有一定指挥职责，故也能成为违令作战消极罪主体。

4. 本罪在主观上主要是故意，即出于贪生怕死、个人本位主义、对上级不满等动机，明知自己的行为可能发生危害结果却希望或放任其发生。本罪在主观上也可以是过失，即行为人往往出于侥幸心理，轻信能够避免。无论如何，违令作战消极罪是有认识的罪过形式，因为指挥人员在接受作战命令时就已经知道了不执行命令的行为性质。违令作战消极罪不可能由疏忽大意的过失构成。

根据《刑法》第428条的规定，犯本罪的，处5年以下有期徒刑；致使战斗、战役遭受重大损失或者有其他特别严重情节的，处5年以上有期徒刑。

七、拒不救援友邻部队罪

拒不救援友邻部队罪，是指军队指挥人员在战场上明知友邻部队处境危急请求救援，能救援而不救援，致使友邻部队遭受重大损失的行为。本罪的构成要件是：

1. 本罪侵犯的客体是军队的作战利益。不救援友邻部队致其遭受重大损失，不仅是违反了救援义务的问题，也不是单纯损耗战斗力的问题，而是关系到军队的作战部署能否实现或作战能否取得胜利的问题，因此，拒不救援友邻部队罪的客体是军队的作战利益。

2. 本罪在客观方面表现为能救援而不救援因处境危急而请求救援的友邻部队的行为。友邻部队，主要是指与行为人所在部队并肩作战或协同执行作战任务的其他任务部队。处境危急，是指友邻部队已难以抵挡敌人的进攻而又无法摆脱敌人，面临被敌人消灭或俘获的危险境地。请求救援，是指友邻部队直接或间接地向行为人所在部队发出请求。能救援而不救援，是指行为人所在部队有能力有条件救援而有意回避、按兵不动、消极观望的不作为。本罪属于战时犯罪，且必须发生在战场上。

3. 本罪的主体是军队的指挥人员，指根据职权能够调动本部队或者分队且有权组织救援的人员。

4. 本罪在主观上是故意。行为人明知友邻部队处境危急，如不救援会发生危害国家军事利益的后果，仍然消极不加以救援，只能是故意。[①]

根据《刑法》第429条的规定，犯本罪的，处5年以下有期徒刑。

八、战时造谣惑众罪

战时造谣惑众罪，是指军人在战时造谣惑众，动摇军心的行为。本罪的构成要件是：

1. 本罪侵犯的客体是军队的战斗力。战斗力是一个综合概念，它包括人和物两大方面以及这两方面的有机结合。所谓“军心”，即部队的凝聚力和士气，这是战斗力中

---

① 参见黄林异、王小鸣：《军人违反职责罪》，99～100页，北京，中国人民大学出版社，1998。

人的因素中最重要的因素之一。即便有了良好的武器装备，有了身强力壮的兵员，但是，如果军人没有士气，部队缺乏凝聚力，照样可能打败仗，这是一条为战争史所证明了的普遍规律。因此，动摇军心的实质就是危害军队的战斗力，最终危害作战利益。

2. 本罪在客观上表现为战时造谣惑众，动摇军心的行为，即制造谣言、混淆视听、蛊惑人心、引起混乱的行为。成立本罪，只要谣言足以惑众和动摇军心即可，至于众人是否相信了谣言，军心是否因此动摇，不影响本罪的构成。本罪以战时为成立条件，但行为人行为时是在战场上还是在临战时，是在前方还是在后方，均不影响战时造谣惑众罪的构成。

3. 本罪的主体是军职人员。其他公民战时造谣惑众，动摇军心的，应以《刑法》第 378 条的战时造谣扰乱军心罪论处。

4. 本罪在主观上是故意。如果行为人因不知情而传播不实消息，不构成本罪。

根据《刑法》第 433 条的规定，犯本罪的，处 3 年以下有期徒刑；情节严重的，处 3 年以上 10 年以下有期徒刑；情节特别严重的，处 10 年以上有期徒刑或者无期徒刑。

九、战时自伤罪

战时自伤罪，是指军人战时自伤身体，逃避军事义务的行为。本罪的构成要件是：

1. 本罪侵犯的客体是军队的战斗力。在现代刑法中，行为人针对自己的生命、身体健康、财产所实施的危害行为通常不会被作为犯罪，战时自伤罪将行为人自己的身体作为其行为的对象，是一个例外。这主要是因为，战时条件下军职人员的身体状况不仅关系到本人的健康，而且直接体现和影响部队的战斗力。

2. 本罪在客观上表现为战时自伤身体的行为。自伤身体，是指行为人用各种方法伤害自己的身体，其伤害结果足以导致自己承担的军事义务无法履行或难以履行。本罪以战时为条件。平时自伤身体，逃避军事义务的行为，不构成犯罪。战时自伤罪是战时罪，但不局限于战场，战时的任何场合都有可能犯战时自伤罪。

3. 本罪的主体可以是任何军职人员，在实践中，多是那些领受了危险性较大的军事任务的军职人员。

4. 本罪在主观上是故意。如果军人在战时因过失而导致自己身体伤害，不构成本罪。

根据《刑法》第 434 条的规定，犯本罪的，处 3 年以下有期徒刑；情节严重的，处 3 年以上 7 年以下有期徒刑。

第三节　违反部队管理制度的犯罪

一、擅离、玩忽军事职守罪

擅离、玩忽军事职守罪，是指军队中的指挥人员和值班、值勤人员擅离职守或者玩忽职守，造成严重后果的行为。本罪的构成要件是：

1. 本罪侵犯的客体是军队的指挥、值班、值勤的正常秩序。军队的指挥、值班、值勤制度是部队正常秩序的体现，是保持军队高度集中统一，保障部队自身安全，充分发挥军队职能的必要条件。军队中负有指挥、值班、值勤职能的人员违反职责，将直接对军队指挥、值班、值勤的正常秩序造成危害。

2. 本罪在客观上表现为擅离职守或者玩忽职守，造成严重后果的行为。擅离职守，是指无合法依据或未经允许擅自离开指挥、值班、值勤岗位；玩忽职守，是指在指挥、值班、值勤岗位上粗心大意、马虎草率、不尽职责。构成本罪必须是造成了严重后果。造成严重后果，是指在部队引起严重混乱；延误了重要军事行动；给敌特或其他破坏分子以可乘之机等情况。擅离、玩忽职守罪既可以在平时实施，也可能在战时实施。

3. 本罪的主体是军队的指挥人员、值班人员、值勤人员。

4. 本罪在主观上主要是过失，但在擅离职守的情况下也可能是故意。

根据《刑法》第425条的规定，犯本罪的，处3年以下有期徒刑或者拘役；造成特别严重后果的，处3年以上7年以下有期徒刑。战时犯本罪的，处5年以上有期徒刑。

二、阻碍执行军事职务罪

阻碍执行军事职务罪，是指军人以暴力、威胁方法阻碍指挥人员、值班人员、值勤人员执行职务的行为。本罪的构成要件是：

1. 本罪侵犯的客体是军队的指挥、值班、值勤的正常秩序。阻碍执行军事职务罪与擅离、玩忽军事职守罪的客体是相同的，只不过，在擅离、玩忽军事职守罪中，侵害该客体的是军队指挥人员或值班、值勤人员本身违反职责的行为，而在阻碍执行军事职务罪中，侵害该客体的是其他军人以暴力、威胁方法阻碍指挥人员或值班、值勤人员的行为。

2. 本罪在客观上表现为以暴力、威胁方法，阻碍指挥人员或者值班、值勤人员执行职务的行为。本罪必须以暴力、威胁方法实施。阻碍行为的对象是正在执行军事职务的指挥人员、值班人员、值勤人员。

3. 本罪的主体是军人。一般公民以暴力、威胁方法阻碍任何军人执行职务的，应以《刑法》第368条规定的阻碍军人执行职务罪论处。

4. 本罪在主观上是故意。即明知对方是正在执行职务的指挥人员、值班、值勤人员而故意对其实施暴力、威胁方法，阻碍其执行职务。

根据《刑法》第426条的规定，犯本罪的，处5年以下有期徒刑或者拘役；情节严重的，处5年以上10年以下有期徒刑；情节特别严重的，处10年以上有期徒刑或者无期徒刑。战时犯本罪的，从重处罚。

三、指使部属违反职责罪

指使部属违反职责罪，是指军人滥用职权，指使部属进行违反职责的活动并造成严重后果的行为。本罪的构成要件是：

1. 本罪侵犯的客体是军队的正常秩序。根据军队的条令条例，军队的各种人员担负的具体职责有所不同，军人履行职责的行为构成军队正常秩序的整体。行为人通过指使部属违反职责实际上危害了这些职责所共同体现的军队秩序。

2. 本罪在客观上表现为滥用职权指使部属违反职责，导致严重后果的行为。这里的滥用职权，指行为人不按照军队条令条例规定的内容和事项行使权力。滥用职权的表现是多种多样的，指使部属违反职责罪中的滥用职权则是指特定的表现——指使部属进行违反职责的活动。指使，是指利用职权和由职权带来的威信指令和唆使部属进行违反职责的活动。指使的对象必须是行为人的部属。严重后果，主要是指被指使的部属实施了违反职责的犯罪行为，被指使的部属不堪指使而自杀或精神失常等情况。

3. 本罪的主体是处于首长或上级职位的军人。

4. 本罪在主观上是故意，即明知是违反军人职责的活动而故意指示部属实施。

根据《刑法》第427条的规定，犯本罪的，处5年以下有期徒刑或者拘役；情节特别严重的，处5年以上10年以下有期徒刑。

四、军人叛逃罪

(一) 军人叛逃罪的概念和构成

军人叛逃罪，是指军人在履行公务期间，擅离岗位，叛逃境外或者在境外叛逃，危害国家利益的行为。本罪的构成要件如下：

1. 本罪侵犯的客体是军事安全和我军的声誉。军职人员通常对部队和我军的情况十分了解，处在履行公务岗位上的军职人员更是清楚其具体职责的内容及重要性，尤其在境外履行公务，其使命往往特别重大，一旦这些军职人员叛逃，对我军各项军事事务及活动的安全必然构成危害或潜在的危险。同时，我军军职人员在履行公务时非但不尽心尽职，反而乘机叛逃，影响极坏，严重损害我军声誉。

2. 本罪在客观上表现为在履行公务期间擅离岗位并叛逃境外或者在境外叛逃的行为。在此，擅离岗位和叛逃互相结合在一起构成本罪的行为。擅离岗位，是指军人在履行公务期间未经允许而自行放弃公务的履行并脱离军队指挥管理系统。叛逃，是指以背叛国家为目的而逃亡于境外。逃亡境外有两种方式：一是由境内逃至境外，是作为形式的犯罪；二是滞留境外不归，是行为人合法停留于境外时的不作为形式的犯罪。逃往或滞留外国驻华使馆或领事馆，应属叛逃境外或在境外叛逃。无论用哪种方式逃亡境外，都必须是在履行公务期间并擅离职守。如果行为人因私合法出境后，与其单位和有关部门脱离关系，滞留境外不归，属于非法出走，不构成军人叛逃罪。如果出走后有投敌叛变行为，可以投敌叛变罪论处。

3. 本罪的主体是军人。非军人在履行公务期间擅离岗位并叛逃境外或在境外叛逃，不构成本罪。

4. 本罪在主观上是出于故意，且具有背叛国家、滞留境外的目的。

(二) 军人叛逃罪的认定

认定本罪，应当注意如下问题：

1. 本罪与投敌叛变罪的界限

两者具有如下区别：（1）本罪必须在背叛国家的同时背叛军队，危害国家军事利益；而后罪不一定涉及军队和军事利益。（2）本罪以境外为叛逃去向，不一定与敌对势力接触；而后罪以敌对国家和地区为去向并投靠敌人。（3）本罪主体是特殊主体；而后罪主体是一般主体。

2. 本罪与叛逃罪的界限

两者具有如下区别：（1）本罪主要危害国家军事利益；叛逃罪主要危害国家安全利益。（2）军人叛逃罪的主体是军人；而叛逃罪的主体是不包括军人在内的国家机关工作人员。

3. 本罪与投降罪的界限

两者的区别主要在于：本罪可犯于任何时间和场所，投降罪则仅限于战时，而且必须是在战场上；本罪以境外为叛逃去向，投降罪则表现为投降敌人。

（三）军人叛逃罪的处罚

根据《刑法》第430条的规定，犯本罪的，处5年以下有期徒刑或者拘役；情节严重的，处5年以上有期徒刑。情节严重，是指结伙叛逃；在履行重要公务期间叛逃；叛逃至敌对国家或地区等情况。驾驶航空器、舰船犯本罪，或者有其他特别严重情节的，处10年以上有期徒刑、无期徒刑或者死刑。其他特别严重情节，是指胁迫他人叛逃；策动多人叛逃；携带重要军事机密叛逃等情况。

五、逃离部队罪

（一）逃离部队罪的概念和构成

逃离部队罪，是指军人违反兵役法规，逃离部队，情节严重的行为。本罪构成要件如下：

1. 本罪侵犯的客体是国家的兵役制度和军队的战斗力。兵役制度，是国家关于公民参军服役、承担军事任务、接受军事训练等国防义务履行的制度。已经在军队中服役的军人逃离部队，必然会在侵害国家兵役制度的同时也侵害军队的战斗力。

2. 本罪在客观上表现为违反兵役法规规定，非法逃离部队且情节严重的行为。非法逃离部队，是指军人未经允许而脱离部队的行为。可以是私自从部队出走的作为，也可以是在探亲或休假时拒不归队的不作为；可以是秘密的，也可以是公然的。逃离部队情节严重的才构成本罪。情节严重，是指携带武器弹药或重要装备逃离部队；驾驶军用机动装备逃离部队；结伙或多人共同逃离部队；在执行重要任务时逃离部队等情况。情节一般的逃离部队行为，尤其是刚刚入伍因不习惯部队生活而逃离部队的行为，通常不构成犯罪。根据《刑法》第435条第1款的规定以及最高人民法院、最高人民检察院2000年《对军人非战时逃离部队的行为能否定罪处罚问题的批复》，逃离部队罪既可以发生在战时，也可以发生在平时。

3. 本罪的主体是正在服役的军人。正在服役的军人，是指依法应征入伍并已经到部队服役，尚未被依法批准退役、退休、离休的人员。

4. 本罪在主观上是出于故意。行为人的目的是意图永久脱离部队。如果行为人无此目的，只是一时离岗或为躲避某项任务而暂时离队，不构成本罪。

(二) 逃离部队罪的认定

认定本罪，应当注意如下问题：

1. 本罪与非罪行为的界限

虽然违反兵役法规，实施了逃离部队的行为，但情节显著轻微，危害不大，不构成犯罪，可按军纪处理。因伤病、体力、敌人炮火阻隔、迷路等方面的原因而掉队，不构成犯罪。

2. 本罪与战时拒绝、逃避征召、军事训练罪的界限

两者具有如下区别：(1) 本罪在侵害国家兵役制度的同时，也造成了部队非战斗减员，侵害了军队战斗力；而后罪只是侵犯了国防利益，还不会直接减弱军队战斗力。(2) 本罪主体主要是现役军人；而后罪主体只能是预备役人员。(3) 本罪在平时和战时都能成立；而后罪是战时犯罪。

3. 本罪与战时拒绝、逃避服役罪的界限

两者具有如下区别：(1) 本罪必然侵害军队战斗力；后罪还不会直接影响到部队战斗力。(2) 本罪主体主要是现役军人；后罪主体是一般公民。(3) 本罪在任何时候都能成立；而后罪的成立以战时为条件。

4. 本罪与战时临阵脱逃罪的界限

两罪在客体、客观行为和主观方面相同或基本相同，只是战时临阵脱逃罪加有“战时临阵”的限制，故规定两罪的条文属普通条款与特别条款的关系，应按特别法条优于普通法条的原则来决定条文的适用。

5. 本罪与军人叛逃罪的界限

两者具有如下区别：(1) 本罪以脱离部队为目的；而后罪行为人在主观上不仅希望脱离部队，而且希望生活于境外即脱离国家。(2) 本罪不以在履行公务时实施为条件；而后罪必须是在履行一定公务期间实施才构成。

(三) 逃离部队罪的处罚

根据《刑法》第435条的规定，犯本罪的，处3年以下有期徒刑或者拘役；战时犯本罪，处3年以上7年以下有期徒刑。

六、私放俘虏罪

私放俘虏罪，是指军人非法释放俘虏的行为。本罪的构成要件是：

1. 本罪侵犯的客体是俘虏监管制度。俘虏敌军人员是我军消灭敌人有生力量的直接成果之一，私放俘虏的行为，违反了俘虏管理制度的要求，破坏了俘虏管理的正常秩序，使我军丧失作战成果，甚至增强敌人的实力，对我军作战造成严重的危害。

2. 本罪在客观上表现为私放俘虏的行为。俘虏，是指在战争或武装冲突中俘获的敌方军职人员。私放俘虏是指未经批准，擅自将俘虏放走的行为。

3. 本罪的主体是军职人员，尤其是负有看押、管理俘虏的具体职责的军职人员。

4. 本罪在主观上是故意。如果行为人因为过失而导致其看押、管理的俘虏逃跑，不构成私放俘虏罪，造成严重后果的，可按玩忽军事职守罪认定处理；未造成严重后

果的，可按军纪处理。

根据《刑法》第 447 条的规定，犯本罪的，处 5 年以下有期徒刑；私放重要俘虏、私放俘虏多人或者有其他严重情节的，处 5 年以上有期徒刑。

第四节　危害军事秘密的犯罪

一、非法获取军事秘密罪

非法获取军事秘密罪，是指军人以窃取、刺探、收买方法，非法获取军事秘密的行为。本罪的构成要件是：

1. 本罪侵犯的客体是军事秘密的安全。军事秘密的安危关系到国家军事利益的得失和国家的安危，其意义非常重大。军职人员非法获取军事秘密的行为直接对国家军事秘密构成严重的危害，从而也危害了国家军事利益和国家安全。

2. 本罪在客观上表现为以窃取、刺探、收买方法，非法获取军事秘密的行为。军事秘密，是指事关国家军事利益，依照规定的权限和程序，在一定时间只限一定范围的人员知悉的事项。窃取，是以避免他人知道的方法取得军事秘密；刺探，是以听或看的方法获取军事秘密；收买，是以钱物从掌握军事秘密的人员那里换取军事秘密。非法获取军事秘密罪是行为犯，客观上只需有非法获取军事秘密的行为即可。行为人是否实际掌握了军事秘密的内容或其载体，不影响本罪的构成。

3. 本罪的主体是所有军人。

4. 本罪在主观上是故意，即明知自己获取军事秘密的行为是非法的，仍希望以窃取、刺探、收买的方法加以获取。行为人非法获取军事秘密的动机如何，不影响该罪的成立。

根据《刑法》第 431 条第 1 款的规定，犯本罪的，处 5 年以下有期徒刑；情节严重的，处 5 年以上 10 年以下有期徒刑；情节特别严重的，处 10 年以上有期徒刑。

二、为境外窃取、刺探、收买、非法提供军事秘密罪

为境外窃取、刺探、收买、非法提供军事秘密罪，是指军人为境外的机构、组织、人员窃取、刺探、收买、非法提供军事秘密的行为。本罪的构成要件是：

1. 本罪侵犯的客体是军事秘密的安全。

2. 本罪在客观上表现为为境外机构、组织或人员窃取、刺探、收买、非法提供军事秘密的行为。境外的机构、组织、人员是指外国的或者境外地区的机构、组织、人员，既包括这些机构、组织、人员本身，也包括其代理、中介机构、组织、人员。

3. 本罪的主体是军人。在非法提供军事秘密的情况下，主体只能是合法掌握军事秘密的军人。

4. 本罪在主观上是故意。行为人的明知内容应当包括“为境外”的因素，如果确认行为人明知其行为是为境内的敌对势力或敌对分子而实施，则不构成为境外窃取、刺探、非法提供军事秘密罪，而应认定为非法获取军事秘密罪。

根据《刑法》第431条第2款的规定，犯本罪的，处10年以上有期徒刑、无期徒刑或者死刑。

三、故意泄露军事秘密罪

（一）故意泄露军事秘密罪的概念和构成

故意泄露军事秘密罪，是指军人违反保守国家秘密法规，故意泄露军事秘密，情节严重的行为。本罪的构成要件如下：

1. 本罪侵犯的客体是军事秘密的安全或者国家军事保密制度。国家军事保密制度即军事秘密的管理制度，是指有关军事秘密的确定、了解、持有、保管等方面的法定权限、义务和责任。根据军事秘密对国防和军队的安全和利益的重要程度，军事秘密分为绝密、机密、秘密三个等级。军人向他人告知不宜外传但无密级的内部消息或文件，不构成本罪。

2. 本罪在客观上表现为非法泄露军事秘密且情节严重的行为。本罪必须是违反保守国家秘密法规的行为。保守国家秘密法规，主要是指《保守国家秘密法》《中国人民解放军保密条例》等法律和军事法规。泄露，是指以各种方式将自己知悉的军事秘密透露给不应掌握该项军事秘密的人员。情节严重，主要是指泄露的军事秘密被广为传播而失控；利用军事秘密进行非法活动；出卖军事秘密；在危及关头泄露军事秘密；因泄露军事秘密而使军事行动受损等情况。

3. 本罪的主体是合法掌握一定军事秘密的军职人员。军职人员对于自己无权知悉的军事秘密，先通过非法途径获取，然后再告知他人，不能成为本罪的主体。

4. 本罪在主观上为故意。即行为人在明知自己掌握的是军事秘密且不应向他人透露的情况下，向他人透露该军事秘密。

（二）故意泄露军事秘密罪的认定

认定本罪，主要应注意区分本罪与故意泄露国家秘密罪的区别。两者具有如下区别：（1）本罪中的秘密只能是军事秘密；而后罪中的秘密是包括军事秘密在内的国家秘密。（2）本罪的主体是军职人员；而后罪的主体是国家机关工作人员。因此，对符合本罪构成要件的，应认定为本罪而不按故意泄露国家秘密罪论处。

（三）故意泄露军事秘密罪的处罚

根据《刑法》第432条的规定，犯本罪的，处5年以下有期徒刑或者拘役；情节特别严重的，处5年以上10年以下有期徒刑；战时犯本罪，处5年以上10年以下有期徒刑；情节特别严重的，处10年以上有期徒刑或者无期徒刑。

四、过失泄露军事秘密罪

过失泄露军事秘密罪，是指军人违反保守国家秘密法规，过失泄露军事秘密，情节严重的行为。本罪的构成要件是：

1. 本罪侵犯的客体是军事秘密的安全。

2. 本罪在客观上表现为违反保守国家秘密法规而泄露军事秘密且情节严重的行为。行为方式除了口头或书面透露出军事秘密内容，也包括行为人因自己没有管护好自己负责管护的军事秘密，以致军事秘密内容被不该知悉的人员知悉，或自己管护的军事秘密载体丢失等。成立本罪必须是行为情节严重。关于情节严重，尚无明确法律解释。一般可从以下几个方面加以判断：一是军事秘密的内容的重要程度；二是军事秘密泄露的范围；三是军事秘密泄露后行为人的表现，等等。

3. 本罪的主体是合法掌握一定军事秘密的军人。

4. 本罪在主观上是过失，即行为人保密观念不强，由于疏忽大意或过于自信而泄露军事秘密。如果行为人对保守军事秘密尽职尽责，由于不能预见或不能抗拒的原因导致泄密或者是从他人处泄密，不构成犯罪。

根据《刑法》第432条的规定，犯本罪的，处5年以下有期徒刑或者拘役；情节特别严重的，处5年以上10年以下有期徒刑。战时犯本罪，处5年以上10年以下有期徒刑；战时犯本罪，情节特别严重的，处10年以上有期徒刑或者无期徒刑。

第五节　危害部队物资保障的犯罪

一、武器装备肇事罪

（一）武器装备肇事罪的概念和构成

武器装备肇事罪，是指军人违反武器装备使用规定，情节严重，因而发生责任事故，致人重伤、死亡或者造成其他严重后果的行为。本罪的构成要件如下：

1. 本罪侵犯的客体是武器装备使用管理制度。部队的武器装备是战斗力的重要构成因素。按规定使用武器装备，才能充分发挥武器装备的效能，否则，不仅不能物尽其用，而且可能损坏武器装备并引发事故，削弱部队战斗力，对部队造成严重危害。

2. 本罪在客观上表现为违规使用武器装备，情节严重，因而发生责任事故，致人重伤、死亡或者造成其他严重后果的行为。武器装备使用规定，是指军队制定的有关武器装备使用的管理规定和操作规程。情节严重，主要是指在管理、使用武器装备过程中严重不负责任、违规使用武器装备不听劝告和制止、经常或多次违规使用武器装备而屡教不改、随意动用自己无权动用的武器装备等情况。严重后果，即造成人员重伤、死亡或者其他严重后果。其他严重后果主要是指重要武器装备严重毁损，因武器装备肇事引起爆炸、火灾、大面积污染，造成严重财产损失等。

3. 本罪的主体是军职人员，具体是具有使用武器的合法资格的人员。如果不具有合法使用武器资格的军职人员非法擅自使用武器，或者不具有合法使用武器装备资格的非军职人员非法擅自使用武器，情节严重，造成严重后果的，可按照行为方式和危害后果的情况认定相应的罪名。

4. 本罪在主观上是过失。犯本罪的行为人违反武器使用规定的行为通常是有意的，但相对于武器装备肇事罪所要求的危害后果来看，武器装备肇事罪的主观方面构成要件应该是过失，包括疏忽大意的过失和过于自信的过失。

（二）武器装备肇事罪的认定

认定本罪，应当注意以下问题：

1. 武器装备肇事罪与过失致人死亡罪、过失致人重伤罪等侵犯人身权利的犯罪的界限

两者具有如下区别：（1）武器装备肇事罪侵害的主要是国家军事利益；而有关侵犯人身权利的犯罪的客体是公民个人的人身权利。（2）武器装备肇事罪以违反武器装备使用规定为前提，致人死亡或伤害只能是违规使用武器装备的结果；而有关侵犯人身权利的犯罪并没有这样的限制。

2. 武器装备肇事罪与过失爆炸罪、过失投放危险物质罪、过失以危险方法危害公共安全罪、过失损坏交通工具罪、重大飞行事故罪、交通肇事罪、重大责任事故罪、危险物品肇事罪等危害公共安全的犯罪的界限

两者具有如下区别：（1）武器装备肇事罪侵害的主要是国家军事利益；而有关危害公共安全的犯罪的客体是社会的公共安全。（2）武器装备肇事罪以违反武器装备使用规定为前提；有关危害公共安全的犯罪并没有这样的要求。

3. 武器装备肇事罪与战时自伤罪的界限

两者具有如下区别：（1）武器装备肇事罪既可以在战时犯也可在平时犯；而战时自伤罪只能在战时犯。（2）武器装备肇事罪是过失犯罪；而战时自伤罪是故意犯罪，且必须具有自伤以逃避军事义务的故意。

（三）武器装备肇事罪的处罚

根据《刑法》第436条的规定，犯本罪的，处3年以下有期徒刑或者拘役；造成特别严重后果的，处3年以上7年以下有期徒刑。所谓后果特别严重，主要是指造成重伤、死亡的，毁损特别重要武器装备的，严重毁损大量重要武器装备的，致使国家财产遭受重大损失的等。

二、擅自改变武器装备编配用途罪

擅自改变武器装备编配用途罪，是指军人违反武器装备管理规定，擅自改变武器装备编配用途，造成严重后果的行为。本罪的构成要件是：

1. 本罪侵犯的客体是武器装备管理制度及秩序。部队武器装备管理秩序主要体现在武器装备管理规定当中，具体地说，是有关武器装备编配用途方面的管理规定，违反这些规定，必然侵害部队武器装备的管理秩序。

2. 本罪在客观上表现为违反武器装备管理规定，擅自改变武器装备编配用途，造成严重后果的行为。服务于一定的军事目的，编配于军队的每一种武器装备都有其特定的军事用途，擅自改变武器装备的编配用途，必然有害于国家军事利益。擅自改变武器装备编配用途，可以是擅自对武器装备进行改装而使其用途发生改变，也可以是

不按武器装备编配用途直接将武器装备用作他途；可以是私自将武器装备改作民用，也可以是自作主张将武器装备由编配用途改为另一种非编配军事用途。无论何种情况，都必须是造成严重后果的才成立本罪。严重后果，是指造成武器装备损毁、影响部队执行任务、引发伤亡或事故、导致泄密、被犯罪活动所利用等情况。

3. 本罪的主体是军职人员，尤其是实际管理和操作武器装备的军职人员，包括各级指挥人员和武器装备的专门管理人员。

4. 本罪主观方面是故意。有学者认为擅自改变武器装备编配用途罪的主观方面是过失，这是值得商榷的。[①]

根据《刑法》第437条的规定，犯本罪的，处3年以下有期徒刑或者拘役；造成特别严重后果的，处3年以上7年以下有期徒刑。

三、盗窃、抢夺武器装备、军用物资罪

（一）盗窃、抢夺武器装备、军用物资罪的概念和构成

盗窃、抢夺武器装备、军用物资罪，是指以非法占有为目的，盗窃或者抢夺武器装备、军用物资的行为。本罪的构成要件如下：

1. 本罪侵犯的客体是军队战斗力。军队战斗力是人与物的有机结合，而武器装备和军用物资正是军队战斗力的基本物质构成。将武器装备、军用物资作为犯罪对象的盗窃或抢夺行为，已不是单纯侵害财产所有权的犯罪，而是侵犯了军队战斗力的物质基础，危害了国家军事利益。

2. 本罪在客观上表现为盗窃或者抢夺武器装备、军用物资的行为。行为人使用暴力、胁迫或其他强制性手段抢劫武器装备、军用物资的，也应构成本罪。行为人是否实际取得武器装备、军用物资，不影响本罪的成立。

3. 本罪的主体是军人。

4. 本罪在主观上出于故意，且行为人具有非法持有武器装备、军用物资的目的。

（二）盗窃、抢夺武器装备、军用物资罪的认定

认定本罪，应当注意如下问题：

1. 本罪与盗窃、抢夺枪支、弹药、爆炸物罪的界限

两者具有如下区别：（1）本罪的对象是武器装备、军用物资，危害的是国家军事利益；后罪的对象是枪支、弹药和爆炸物，危害的是公共安全。（2）本罪行为方式可包括抢劫；而后罪行为方式不包括抢劫。（3）本罪主体是特殊主体即军人；而后罪的主体是包括军人在内的一般主体。军人盗窃、抢夺非军用的枪支、弹药、爆炸物的，应认定为盗窃、抢夺枪支、弹药、爆炸物罪。

2. 本罪与盗窃罪、抢夺罪和抢劫罪的界限

本罪与后几罪具有如下区别：（1）本罪属于军人违反职责罪；而后几罪属侵犯财产罪。（2）本罪是特殊主体的犯罪；而后几罪是一般主体的犯罪。

---

① 参见周道鸾、张军主编：《刑法罪名精释》，1079页，北京，人民法院出版社，1998；高铭暄、马克昌主编：《中国刑法解释》下卷，3007页，北京，中国社会科学出版社，2005。

(三) 盗窃、抢夺武器装备、军用物资罪的处罚

根据《刑法》第438条规定，犯本罪的，处5年以下有期徒刑或者拘役。情节严重的，处5年以上10年以下有期徒刑。情节严重，主要是指多次盗窃或抢夺、盗窃或抢夺的数量较多，因盗窃或抢夺而干扰或阻碍了军事行动等情况。情节特别严重的，处10年以上有期徒刑、无期徒刑或者死刑。情节特别严重，主要是指盗窃或抢夺大型或高新技术的武器装备和军用物资、因盗窃或抢夺行为而导致军事行动失利或重大伤亡后果等情况。

四、非法出卖、转让武器装备罪

(一) 非法出卖、转让武器装备罪的概念和构成

非法出卖、转让武器装备罪，是指军人无合法的根据而擅自出卖武器装备的行为。本罪的构成要件如下：

1. 本罪侵犯的客体是军队武器装备管理制度。本罪的犯罪对象是军队在编的武器装备。非法出卖或转让武器装备，直接侵犯的是军队武器装备管理制度。

2. 本罪在客观上表现为非法出卖或转让武器装备的行为。非法，是指既无法律依据，也无合法授权，违反了武器装备管理规定。有关管理规定主要体现于军队的条令、条例中。出卖是指有偿地销售；转让，是无偿地给予。非法出卖或转让的武器装备，既可以是自己合法掌握的，也可以是非法取得的。如果是盗窃或抢夺武器装备后又出卖或转让的，应依本罪与盗窃、抢夺武器装备、军用物资罪数罪并罚。在平时，向谁出卖或转让武器装备，不影响本罪构成，但战时将武器装备出卖或转让给敌人的，应按资敌罪处断。

3. 本罪的主体是军人。在理论上，非法出卖、转让武器装备罪完全有可能存在单位犯罪主体，但是根据《刑法》，单位犯罪必须由《刑法》明文规定，本条没有这种规定，故不存在单位犯罪主体。非军人将其非法持有的武器装备出卖或转让的，不构成本罪。

4. 本罪在主观上是故意。本罪中的出卖，行为人主观上往往是为了牟利，但转让的情况又表明，本罪行为人并非都是为了钱财。本罪行为人必须明知其出卖或转让的是武器装备，否则，不构成本罪。如果行为人明知他人非法购买武器装备是为了实施某种其他犯罪，仍然向其非法出卖、转让武器装备，可以与他人构成其他犯罪的共犯。

(二) 非法出卖、转让武器装备罪的认定

认定本罪，应当注意如下问题：

1. 本罪与违规制造、销售枪支罪的界限

两者具有如下区别：(1) 本罪的对象是军队在编的武器装备，侵害的是国家军事利益；而后罪的对象是尚未入编或并非军用的枪支，侵害的是公共安全。(2) 本罪行为不包括制造；而后罪行为不包括转让。(3) 本罪主体是军人；而后罪主体是依法被指定、确定的枪支制造企业、销售企业及其主管人员和其他直接责任人员。

2. 本罪与非法出租、出借枪支罪的界限

两者具有如下区别：(1) 本罪对象是军队在编武器装备，侵害的是国家军事利益；而后罪对象不排除非军用枪支，侵害的是公共安全。(2) 本罪中的出卖、转让行为明显不同于非法出租、出借枪支的行为。(3) 本罪主体是军人且不一定是武器装备的合法持有人；而后罪主体是依法配备公务用枪或依法配置枪支的人员，这些人员显然就是枪支的合法持有人。

(三) 非法出卖、转让武器装备罪的处罚

根据《刑法》第439条的规定，犯本罪的，处3年以上10年以下有期徒刑；出卖、转让大量武器装备或者有其他特别严重情节的，处10年以上有期徒刑、无期徒刑或者死刑。其他特别严重情节，主要是指将武器装备出卖或转让给敌对势力或犯罪分子，出卖或转让大型或高新技术武器装备，因出卖或转让武器装备而导致危害公共安全或危害国家军事利益的严重后果等情况。

五、遗弃武器装备罪

遗弃武器装备罪，是指军人违抗命令，遗弃武器装备的行为。本罪的构成要件是：

1. 本罪侵犯的客体是部队的战斗力。武器装备是军队战斗力的物质构成因素和重要保障。任何减损这些物质构成要素和重要保障的犯罪行为都会严重地损害国家军事利益。

2. 本罪在客观上表现为违抗命令，遗弃武器装备的行为。遗弃是指抛弃丢掉，弃置不顾，既可以是作为，即从自己手中将武器装备抛弃，也可以是不作为，即让武器装备遗留于所在之处而放弃管理。遗弃的对象是行为人合法持有或管理的武器装备。违抗命令是指违反并拒不执行上级的命令。遗弃武器装备罪是行为犯，只要实施了违抗命令，遗弃武器装备的行为就足以构成遗弃武器装备罪。遗弃武器装备的犯罪既可以发生于战时，也可以发生于平时。

3. 本罪的主体是合法持有、使用或管理武器装备的军职人员。

4. 本罪在主观上是故意。实践中，行为人犯本罪多半是出于自我保全的目的而急于遗弃武器，而对部队战斗力的削弱采取了一种漠不关心的态度，从而其主观上属于间接故意的心理。

根据《刑法》第440条的规定，犯本罪的，处5年以下有期徒刑或者拘役。遗弃重要或者大量武器装备的，或者有其他严重情节的，处5年以上有期徒刑。

六、遗失武器装备罪

遗失武器装备罪，是指军人遗失武器装备，不及时报告或者有其他严重情节的行为。本罪的构成要件是：

1. 本罪侵犯的客体是武器装备管理制度。

2. 本罪在客观上表现为遗失武器装备，不及时报告或者有其他严重情节的行为。严重情节，是指遗失大量武器装备或重要武器装备；因遗失武器装备而给军事行动带来重大损失；所遗失的武器装备被敌人或犯罪分子利用；所遗失的武器装备造成伤亡事故等。遗失武器装备后及时报告且无上述严重情节的，不构成犯罪。

3. 本罪的主体是合法持有一定武器装备的军人。

4. 本罪在主观上是过失。

根据《刑法》第441条的规定，犯本罪的，处3年以下有期徒刑或者拘役。

七、擅自出卖、转让军队房地产罪

擅自出卖、转让军队房地产罪，是指军人违反规定，擅自出卖、转让军队房地产，情节严重的行为。本罪的构成要件是：

1. 本罪侵犯的客体是军队房地产管理制度。军队房地产是国防资产的重要组成部分，是军队设施的基本依托。任何擅自出卖、转让军队房地产的犯罪行为都严重损害了国家和军队的资产利益。

2. 本罪在客观上表现为违反军队房地产管理法规，非法出卖、转让军队房地产且情节严重的行为。情节严重，是指出卖、转让大量或重要的军队房地产；因出卖、转让行为而造成了不可挽回的损失；出卖、转让的房地产被犯罪分子利用等情况。

3. 本罪的主体是依法担负军队房地产管理职责，对擅自出卖、转让房地产行为负有直接责任的军人。

4. 本罪在主观上是故意，行为人是为本单位利益还是牟取私利，不影响本罪的构成。

根据《刑法》第442条的规定，犯本罪的，处3年以下有期徒刑或者拘役；情节特别严重的，处3年以上10年以下有期徒刑。

第六节　违反人道主义义务的犯罪

一、虐待部属罪

虐待部属罪，是指军队中的首长滥用职权，虐待部属，情节恶劣，致人重伤或者造成其他严重后果的行为。本罪的构成要件是：

1. 本罪侵犯的客体是官兵一致的上下级关系和部属的人身权利。我军是中国共产党领导的新型人民军队，官兵之间和上下级之间虽有职位、军阶等指挥和管理层级上的区分，但在政治上历来是平等的同志关系、在组织上是平等的同事关系、在军事上是平等的战友关系、在人身上是平等的公民关系，虐待部属的犯罪严重破坏了我军这种彰显人道的优良关系，并且削弱我军的凝聚力和战斗力。

2. 本罪在客观上表现为滥用职权，虐待部属，情节恶劣的行为，以及该行为引起的重伤或其他严重后果。情节恶劣，是指虐待多人；长期虐待；采用暴力或严重侮辱人格的手段虐待等情况。其他严重后果，是指因其犯罪而致部属逃离部队、行凶报复、自杀未遂等情况。对部属采取粗暴行为，但未滥用职权，或者对上级或同级军人采取粗暴行为，均不构成本罪。

3. 本罪的主体是被害人的首长或上级。

4. 本罪在主观上是故意。具体而言，行为人对其实施的恶劣行为具有直接故意的心理，而对其行为导致的严重后果却是间接故意。

根据《刑法》第443条的规定，犯本罪的，处5年以下有期徒刑或者拘役；致人死亡的，处5年以上有期徒刑。

二、遗弃伤病军人罪

遗弃伤病军人罪，是指在战场上故意遗弃伤病军人，情节恶劣的行为。本罪的构成要件是：

1. 本罪侵犯的客体是我军内部指战员之间的亲密关系和凝聚力。我军是人民军队，战友之间亲如兄弟，相互关心和爱护，战时积极救护伤病的军人是这种高尚人道关系在战场上的具体体现。故意遗弃伤病军人的行为，伤害广大官兵的人道感情，影响部队士气。

2. 本罪在客观上表现为在战场上遗弃伤病军人，情节恶劣的行为。本罪以发生于战场上为条件。遗弃，是指有能力、有条件救助而不予救助。情节恶劣，是指遗弃多名伤病军人；遗弃负有重大指挥职权的首长；遗弃时采取了非法强制手段；被遗弃的伤病军人被敌人俘获或致残、致死；被遗弃的伤病军人投降敌人等情况。

3. 本罪的主体是遗弃伤病军人的直接责任人员。

4. 本罪在主观上是故意。在战场上由于过失或不能预见或不能抗拒的原因遗弃伤病军人的，不构成犯罪。

根据《刑法》第444条的规定，犯本罪的，处5年以下有期徒刑。

三、战时拒不救治伤病军人罪

战时拒不救治伤病军人罪，是指战时在救护治疗职位上的军人或有关人员，有条件救治而不救治危重伤病军人的行为。本罪的构成要件是：

1. 本罪侵犯的客体是战时救护秩序。战时救护是我军奉行的高尚人道精神的体现。任何战时拒不救治伤病军人，违背医务人员职责的行为都破坏了战时救护秩序，也削弱了部队的凝聚力。

2. 本罪在客观上表现为战时有条件救治而拒不救治危重伤病军人的不作为。危重伤病军人是指伤情或病情危险、紧急、严重的军人，如不对其及时救治，将会危及生命安全。救治，是指抢救、治疗，以控制、缓解伤情或病情，尽可能挽救伤病军人的生命或避免造成终生严重残疾。成立本罪的前提是行为人有救治义务并在当时有条件救治。行为人的救治义务主要来源于其岗位职责。救治条件包括行为人自身的主观技术条件和当时的客观医疗条件，前者主要指行为人的医术和经验，后者则指医疗器具和药品。是否发生严重结果，不影响本罪构成。本罪以战时为成立条件。

3. 本罪的主体是战时在救护治疗职位上的军人或有关人员。

4. 本罪在主观上是故意。战时因过失而未能救治危重伤病军人，不构成战时拒不救治伤病军人罪，导致严重后果的，可认定玩忽军事职守罪。

根据《刑法》第445条的规定，犯本罪的，处5年以下有期徒刑或者拘役；造成伤病军人重残、死亡或有其他严重情节的，处5年以上10年以下有期徒刑。

四、战时残害居民、掠夺居民财物罪

战时残害居民、掠夺居民财物罪，是指军人战时在军事行动地区，残害无辜居民或者掠夺无辜居民财物的行为。本罪的构成要件是：

1. 本罪侵犯的客体是我军珍视的人道主义精神及其声誉。我军是一支文明之师，在战场上严格遵守群众纪律，任何时候都保护群众的正当利益。战时残害无辜居民、掠夺无辜居民财物的行为，不仅背离了我军的光荣传统，而且严重违反了国际社会在日内瓦公约中确认的普遍性人道义务，败坏我军声誉，也会使我军陷于被动。

2. 本罪在客观上表现为战时在军事行动地区残害无辜居民或者掠夺无辜居民财物的行为。残害，是指对无辜居民加以杀害、伤害、奸淫、摧残的行为；掠夺，是指对无辜居民的财物进行抢劫、抢夺、掠取的行为。本罪只能发生于战时的军事行动地区，主要是指敌我双方交战地区、部队进行作战任务所经之处、实行军事占领之地等。

3. 本罪的主体是任何军职人员。

4. 本罪在主观上是故意。

根据《刑法》第446条的规定，犯本罪的，处5年以下有期徒刑；情节严重的，处5年以上10年以下有期徒刑；情节特别严重的，处10年以上有期徒刑、无期徒刑或者死刑。

五、虐待俘虏罪

虐待俘虏罪，是指军人虐待俘虏，情节严重的行为。本罪的构成要件是：

1. 本罪侵犯的客体是俘虏管理秩序。我军对放下武器的敌军官兵，实行宽待政策，给予人道待遇，这是我军奉行人道主义和瓦解敌军原则的具体体现。虐待俘虏的行为违反了上述要求，直接妨害了我军的俘虏管理秩序，损害了我军名誉，也削弱了我军俘虏政策的威力。

2. 本罪在客观上表现为虐待俘虏，情节严重的行为。情节严重，是指以残酷手段虐待；虐待多人；虐待重要俘虏；经常虐待而屡教不改；因虐待而致俘虏伤残或自杀、逃跑、闹事等情况。

3. 本罪的主体是任何军职人员，尤其是负有看押、管理俘虏的具体职责的军职人员。

4. 本罪在主观上是故意。过失伤害俘虏，不构成虐待俘虏罪，可根据后果严重程度，考虑过失伤害罪、过失致人死亡罪。

根据《刑法》第448条的规定，犯本罪的，处3年以下有期徒刑。

【问题与思考】

1. 如何理解战时违抗命令罪的构成要件？
2. 如何理解战时临阵脱逃罪的构成要件？
3. 如何理解军人叛逃罪的构成要件？
4. 如何理解故意泄露军事秘密罪的构成要件？
5. 如何理解武器装备肇事罪的构成要件？
6. 如何理解盗窃、抢夺武器装备、军用物资罪的构成要件？
7. 如何理解非法出卖、转让武器装备罪的构成要件？

【推荐阅读论著】

1. 黄林异，王小鸣. 军人违反职责罪. 北京：中国人民大学出版社，2003
2. 夏勇. 中国军事法学基础理论研究. 北京：中国财政经济出版社，2005
3. 张建田. 新刑法的施行与军事司法实践. 法学研究，1999（2）
4. 吴洪波. 新刑法对军人违反职责罪的修订. 河北法学，1999（4）
5. 司风德. 试论对军职罪的处罚原则. 东南大学学报（哲学社会科学版），2001（2）

图书在版编目（CIP）数据

刑法各论/赵秉志，李希慧主编. —3版. —北京：中国人民大学出版社，2016.1
现代刑事法学系列教材
ISBN 978-7-300-22435-0

Ⅰ.①刑… Ⅱ.①赵…②李… Ⅲ.①中华人民共和国刑法-高等学校-教材 Ⅳ.①D924

中国版本图书馆CIP数据核字（2016）第025558号

国家级精品课程教材
中国刑法学研究会推荐教材
现代刑事法学系列教材
总主编 赵秉志
刑法各论（第三版）
主 编 赵秉志 李希慧
Xingfa Gelun

出版发行 中国人民大学出版社
社 址 北京中关村大街31号 邮政编码 100080
电 话 010－62511242（总编室） 010－62511770（质管部）
010－82501766（邮购部） 010－62514148（门市部）
010－62515195（发行公司） 010－62515275（盗版举报）
网 址 http：//www.crup.com.cn
http：//www.ttrnet.com（人大教研网）
经 销 新华书店
印 刷 北京七色印务有限公司
规 格 185 mm×260 mm 16开本 版 次 2007年7月第1版
2016年7月第3版
印 张 29.75 插页2 印 次 2020年8月第3次印刷
字 数 670 000 定 价 49.80元

《　　　　　》※任课教师调查问卷

为了能更好地为您提供优秀的教材及良好的服务，也为了进一步提高我社法学教材出版的质量，希望您能协助我们完成本次小问卷，完成后您可以在我社网站中选择与您教学相关的1本教材作为今后的备选教材，我们会及时为您邮寄送达！如果您不方便邮寄，也可以申请加入我社的**法学教师QQ群：83961183（申请时请注明法学教师）**，然后下载本问卷填写，并发往我们指定的邮箱（cruplaw@163.com）。

邮寄地址：北京市海淀区中关村大街31号中国人民大学出版社411室收

邮　　编：100080

再次感谢您在百忙中抽出时间为我们填写这份调查问卷，您的举手之劳，将使我们获益匪浅！

基本信息及联系方式：※

姓名：__________ 性别：__________ 课程：__________

任教学校：__________________ 院系（所）：__________

邮寄地址：__________________ 邮编：__________

电话（办公）：__________ 手机：__________ 电子邮件：__________

调查问卷：※

1. 您认为图书的哪类特性对您使用教材最有影响力？（　　）（可多选，按重要性排序）

   A. 各级规划教材、获奖教材　　B. 知名作者教材

   C. 完善的配套资源　　D. 自编教材

   E. 行政命令

2. 在教材配套资源中，您最需要哪些？（　　）（可多选，按重要性排序）

   A. 电子教案　　B. 教学案例

   C. 教学视频　　D. 配套习题、模拟试卷

3. 您对于本书的评价如何？（　　）

   A. 该书目前仍符合教学要求，表现不错将继续采用。

   B. 该书的配套资源需要改进，才会继续使用。

   C. 该书需要在内容或实例更新再版后才能满足我的教学，才会继续使用。

   D. 该书与同类教材差距很大，不准备继续采用了。

4. 从您的教学出发，谈谈对本书的改进建议：__________________

____

____

选题征集：如果您有好的选题或出版需求，欢迎您联系我们：

联系人：黄　强　联系电话：010-62515955

索取样书：书名：__________________

书号：__________________

备注：※为必填项。